CHV

Die Zauberschale

Erzählungen vom Leben
japanischer Damen, Mönche, Herren und Knechte

Ausgewählt und aus dem Japanischen übersetzt
von Nelly und Wolfram Naumann

Carl Hanser Verlag

Dieses Werk erscheint in der Reihe von Übersetzungen asiatischer Literaturen, die durch die United Nations Educational, Scientific and Cultural Organization (UNESCO) im Rahmen ihres Hauptprogramms zur weiteren Verständigung zwischen Ost und West gefördert wird.

ISBN 3 446 11773 3

Gesetzt aus der Sabon-Antiqua
Umschlagentwurf: Claus J. Seitz
Gesamtherstellung:
Druck- und Buchbinderei-Werkstätten
May & Co Nachf., Darmstadt
Printed in Germany

Aufzeichnungen alter Geschehnisse

Wie man sich des stummen Prinzen Homujiwake annahm und wie er schliesslich die Sprache gewann

Des Prinzen Homujiwake, der ein Sohn des Kaisers Suinin war, nahm man sich auf folgende Weise an: Man stellte aus einer gegabelten Zeder in Aitsu in Owari einen gegabelten Kahn her, brachte ihn herauf zur Hauptstadt und ließ ihn im Ichishi-Teich und im Karu-Teich von Yamato schwimmen. Solcherart nahm man sich des erlauchten Sohnes an. Dieser Kaisersohn trug zwar bereits einen Bart von acht Handbreiten, der ihm bis zum Herzen herunterreichte, er sprach jedoch kein Wort. Als er einmal die Stimme eines hoch dahinziehenden Schwanes vernahm, gab er zum erstenmal stammelnde Laute von sich. Da wurde dem Ōtaka aus Yamanobe aufgetragen, jenen Vogel zu fangen. Dieser verfolgte daher den Vogel und forschte nach ihm, und gelangte so von der Provinz Ki nach der Provinz Harima, jagte ihm weiter nach durch die Provinz Inaba, kam in die Provinzen Taniwa und Tajima, folgte ihm im Kreise herum weiter nach Osten und erreichte die Provinz Chikatsu-Ōmi, dann durchquerte er die Provinz Mino, und von der Provinz Owari eilte er ihm nach in die Provinz Shinano, bis ihn schließlich die Verfolgungsjagd in die Provinz Koshi führte, wo er beim Wasserzufluß von Wanami ein Netz ausspannte und den Vogel fing, den er sodann in die Hauptstadt brachte und darreichte. Daher gab man jenem Wasserzufluß einen Namen und nannte ihn den Wasserzufluß von Wanami, das ist Schlingennetz. Man hatte gedacht, der Kaisersohn würde sprechen, wenn er den Vogel zu sehen bekäme, aber nun sprach er doch nicht, wie man erwartet hatte.

Der Kaiser war darüber bekümmert, und als er sich in erlauchtem Schlaf befand, wurde ihm im Traum Belehrung zuteil mit den Worten: »Wenn du meinen Schrein gleich dem Palast des Kaisers herrichtest, wird der Kaisersohn gewiß die Sprache finden!« Als er so belehrt wurde, und als er daraufhin durch die Große Weissagung weissagen ließ um festzustellen, welcher Gottheit Absicht sich hier zeige, stellte sich heraus, daß der Fluch der Stummheit der Absicht des Großen Gottes von Izumo entsprungen war. Deshalb ließ der Kaiser nun weissagen, wen er am besten zur Begleitung ausersehe, sobald er den erlauchten Sohn aussende, um im Schrein jenes Großen Gottes zu beten. Die Weissagung traf auf den Prinzen Aketatsu. Er beauftragte also den Prinzen Aketatsu und ließ ihn schwören mit den Worten: »Wenn uns durch das Verehren des Großen Gottes tatsächlich Erfolg beschieden sein wird, so soll der Reiher, der dort auf dem Baume an jenem Reihernest-Teich haust, bei diesem Schwur herabfallen!« Als er so sprach, fiel jener Reiher infolge des Schwures auf die Erde herab und war tot. Wie er wiederum sprach: »Bei meinem Schwure soll er leben!«, da war er wieder lebendig. Weiterhin ließ er die breitblätterige Bären-Eiche, die sich an der Spitze von Amakashi befindet, durch seinen Schwur verdorren und durch seinen Schwur wieder grünen. Da verlieh der Kaiser dem Prinzen Aketatsu einen Namen und nannte ihn den Prinzen Aketatsu von Yamato Shikitomi Toyoasakura. Als man nun zwei Prinzen, den Prinzen Aketatsu und Prinz Unakami, dem Kaisersohn als Begleiter gesandt und durch Weissagung erfahren hatte, daß am Nara-Tor Lahme und Blinde angetroffen würden, daß auch am Ōsaka-Tor Lahme und Blinde angetroffen würden, und daß nur das Ki-Tor, welches ein Seitentor ist, ein glückliches Tor sei, und als sie nun durch dieses davongegangen waren, da setzten sie an jedem Ort, zu dem sie gelangten, eine Gruppe von Leuten ein, die zur Erinnerung an den Kaisersohn seinen Namen tragen.

So gelangten sie nach Izumo und vollzogen die Verehrung des Großen Gottes, und als sie auf dem Rückweg zur Hauptstadt waren, errichteten sie mitten im Flusse Hi eine Nestbrücke aus unentrindeten Hölzern und boten dies als provisorischen Palast dem Kaisersohn zur Wohnung an. Als hierauf nun der Ahn der Provinzherren von Izumo mit Namen Kihisatsumi einen Berg aus grünem Laubwerk schmückte, im Unterlauf des Flusses aufstellte und ein großes Mahl darreichen wollte, da sprach der Kaisersohn und fragte: »Was im Unterlauf des Flusses einem Berg aus grünem Laubwerk gleicht, das sieht aus wie ein Berg und ist doch kein Berg. Ist es wohl gar der Große Hof der Priester, die dem Großen Gott Ashihara Shikoo dienen, der im So-Schrein von Iwakuma in der Provinz Izumo residiert?« Die Prinzen, die ihm als Begleiter mitgegeben worden waren, hörten es mit Freude und sahen es mit Freude, sie ließen den Kaisersohn im Nagaho-Palast zu Ajimasa Wohnung nehmen und schickten Eilboten zum Kaiser.

Der Kaisersohn hielt nun eine Nacht ehelichen Verkehr mit Hinaga-hime. Doch als er heimlich nach dem Mädchen blickte, war es eine Schlange. Er sah dies mit Grauen und ergriff die Flucht. Darüber war Hinaga-hime verärgert und das Meeresgefilde erleuchtend kam sie zu Schiff hinter ihm her. Dieser Anblick erfüllte die Fliehenden nur noch mehr mit Furcht und sie flohen der Hauptstadt entgegen, indem sie ihr Boot über die Bergsenken hinwegzogen. Hier nun meldeten sich die Prinzen zurück mit den Worten: »Indem wir die Große Gottheit verehrt haben, hat der erlauchte Sohn die Sprache erlangt. So sind wir denn hierhergekommen.« Da freute sich der Kaiser; er schickte den Prinzen Unakami nach Izumo zurück und hieß ihn dort der Gottheit einen Schrein errichten.

Die Gottheiten »Mann der Röte herbstlicher Berge« und »Mann der Nebel um Frühlingsberge«

Die Tochter der Achtfachen Großen Gottheit von Izushi hieß mit Namen Izushi-otome, Mädchen von Izushi. Obwohl achtzig Gottheiten sich diese Izushi-otome zu erringen trachteten, konnte keiner von ihnen sie zur Gattin gewinnen. Da gab es nun zwei Gottheiten. Der ältere der Brüder trug den Namen Akiyama no Shitabi-otoko, das ist »Mann der Röte herbstlicher Berge«, der jüngere hieß Haruyama no Kasumi-otoko, das ist »Mann der Nebel um Frühlingsberge«. Nun sprach der ältere zu seinem jüngeren Bruder: »Ich habe mich zwar um Izushi-otome beworben, doch konnte ich sie nicht zur Ehe gewinnen. Wirst du dieses Mädchen wohl erlangen?« Da antwortete dieser, er werde sie mit Leichtigkeit erlangen. Hierauf sprach der ältere Bruder: »Wenn es dazu käme, daß du dieses Mädchen erwirbst, so würde ich mein oberes und mein unteres Gewand ablegen, in einem bauchigen Krug so hoch wie ich selbst würde ich Reisbier brauen, und alles, was Berg und Fluß bieten, würde ich zurichten und als Wetteinsatz bieten!« So sprach er. Da berichtete der jüngere Bruder seiner Mutter ausführlich, was der ältere Bruder gesagt hatte. Daraufhin nahm die Mutter Glyzinienranken und wob und nähte daraus in einer einzigen Nacht Gewand und Hose, Strümpfe und Schuhe, ferner fertigte sie daraus Bogen und Pfeile, hieß ihn Gewand, Hose und das übrige anziehen, ließ ihn Bogen und Pfeile nehmen, und als sie ihn so zu dem Haus jenes Mädchens geschickt hatte, da wurden Gewandstücke, Bogen und Pfeile samt und sonders zu Glyzinienblüten. Haruyama no Kasumi-otoko hing nun Bogen und Pfeile im am Bache gelegenen Abtritthäuschen des Mädchens auf. Als sich Izushi-otome hier über die Blüten verwunderte und sie mit sich nahm, ging er hinter ihr her und betrat mit ihr das Haus und nahm sie so zur Frau. Darauf brachte sie ein Kind zur Welt. Nun machte er seinem älteren Bruder Mitteilung und sprach: »Ich habe Izushi-otome erlangt.« Der ältere Bruder war vergrämt darüber, daß der jüngere sie zur Frau hatte und lieferte ihm den Wetteinsatz nicht aus. Als sich dieser nun bei der Mutter hierüber beklagte, antwortete ihm diese seine erlauchte Ahne: »Während meiner Lebenszeit hat man sich genauestens nach den Göttern zu richten! Er aber richtet sich wohl nach dem gegenwärtigen grünen Menschengras und gibt die Sachen nicht heraus.« So grollte sie ihrem älteren Sohn, und daher nahm sie einknotigen Bambus von einer Flußinsel des Izushi-Flusses, fertigte daraus einen groben Achtmaschenkorb, nahm Kiesel aus dem Fluß, mischte sie mit Salz und wickelte sie in die Blätter dieses Bambus, und hieß den jüngeren Sohn dies zu besprechen mit den Worten: »Wie die Blätter dieses Bambus grünen und wie die Blätter dieses Bambus welken, so soll jener gedeihen und dahinwelken!

Und wie das Salzmeer flutet und ebbt, so soll er fluten und verebben! Und wie diese Kiesel sinken, so soll er sinken und darniederliegen!« So ließ sie ihn besprechen und hängte den Korb in den Rauch über seinem Herd. Dadurch geschah es, daß der ältere Bruder im Verlauf von acht Jahren austrocknete und dahinwelkte, daß er siechte und verdorrte. Als nun der ältere Bruder klagte und weinte und seine Mutter anflehte, ließ sie sich den Sitz des Zaubers (jenen Korb) zurückgeben. Da wurde ihm wieder wohl wie zuvor.

Die Taten des Prinzen Yamato-takeru

Der Kaiser Ōtarashihiko Oshirowake nahm seinen Sitz im Hishiro-Palast, das ist Palast des Sonnen-Stellvertreters, in Makimuku und herrschte über das Land.

Dieser Kaiser nahm zur Gattin Inabi no Ōiratsume von Harima, die Tochter des Wakatake Kibitsuhiko, des Ahnen der Fürsten von Kibi, und die Kinder, die geboren wurden, waren Prinz Kushitsunuwake, dann Prinz Ōusu, dann Prinz Wousu – mit anderem Namen heißt er auch Prinz Yamato-oguna, dann Prinz Yamato-neko, dann Prinz Kamukushi ...

Er nahm sich weiterhin Gattinnen und Nebenfrauen, und von den Kindern dieses Kaisers Ōtarashihiko sind einundzwanzig aufgezeichnet, neunundfünfzig sind nicht in die Berichte aufgenommen, und von den insgesamt achtzig Prinzen trugen drei Prinzen den Titel Thronfolger, nämlich Prinz Wakatarashihiko, Prinz Yamato-takeru und Prinz Ihoki no Irihiko ...

Daher herrschte Wakatarashihiko über das Land, und Prinz Wousu unterwarf die ungestümen Gottheiten und die unbotmäßigen Menschen im Osten und im Westen.

Nun hörte der Kaiser für gewiß, daß die beiden Mädchen Ehime und Otohime, die Töchter des Prinzen Ōne, des Ahnen der Provinzherren von Mino, schön seien, und er entsandte seinen Sohn Prinz Ōusu, sie herbeizubringen. Aber Prinz Ōusu, den er ausgesandt hatte, brachte die beiden Mädchen nicht herbei, sondern hatte selbst ehelichen Verkehr mit ihnen, und er suchte nach anderen Mädchen, gab sie betrügerisch als diese Mädchen aus und brachte sie vor den Kaiser. Der Kaiser erkannte, daß es andere Mädchen waren, machte fortwährend lange Augen, verkehrte aber doch nicht mit ihnen, und quälte sie dadurch.

Der Kaiser rief den Prinzen Wousu und sprach: »Warum erscheint dein älterer Bruder nicht zu meinem Morgen- und Abendmahle? Gehe hin und ermahne und belehre ihn!«

Fünf Tage waren bereits vergangen, seit er so gesprochen hatte, doch jener kam immer noch nicht. Da fragte der Kaiser den Prinzen Wousu: »Warum kommt dein älterer Bruder so lange nicht? Hast du ihn noch nicht unterwiesen?« Wousu antwortete: »Ich habe ihn bereits unterwiesen.« Als der Kaiser weiter fragte: »Wie hast du ihn denn ermahnt?«, antwortete er und sprach: »In der Morgenfrühe, als er in das Abtritthäuschen am Bach trat, habe ich auf ihn gewartet, habe ihn gepackt und festgehalten und zusammengedrückt, und ich habe seine Glieder ausgerissen, habe sie in eine Matte gewickelt und weggeworfen.«

Da fürchtete sich der Kaiser vor dem starken und wilden Herzen dieses seines Sohnes, und er sprach: »Im Westen gibt es zwei Männer, die Kumaso-takeru. Das sind unbotmäßige, unehrerbietige Menschen. Daher gehe hin und nimm sie dir!« So sprach er und schickte ihn fort.

Zu dieser Zeit trug Prinz Wousu sein Haar noch über der Stirn zusammengebunden. Prinzessin Yamato-hime, seine Tante, gab ihm Obergewand und Rock, und er steckte ein Schwert zu sich und machte sich auf den Weg.

Als er zum Haus der Kumaso-takeru kam und sich umsah, war dieses Haus von Kriegern dreifach umstellt, und sie waren dabei, ein Grubenhaus herzurichten, und sie befanden sich darinnen. Überall hieß es, anläßlich des neuen Grubenhauses wolle man ein großes Fest feiern, und man bereitete Speisen vor. Deshalb trieb er sich in der Nähe herum und wartete auf den Tag des Festes. Als der Tag des Festes kam, band er sein Haar auf und ließ es herunterhängen wie das Haar eines Mädchens, und zog das Obergewand und den Rock seiner Tante an, so hatte er ganz das Aussehen eines jungen Mädchens, und er mischte sich unter die Frauen und trat in das Grubenhaus. Als die beiden Brüder Kumaso-takeru dieses Mädchen sahen, gefiel es ihnen, und sie ließen es zwischen sich sitzen, und das Fest ging munter voran. Als das Fest aber mitten im Gange war, zog er das Schwert aus dem Busen, faßte das Gewand des einen Kumaso am Kragen und stieß ihm das Schwert durch die Brust, und als der jüngere Takeru das sah, ward er von Furcht erfüllt und ergriff die Flucht. Wousu lief ihm aber nach und erreichte ihn am Fuß der Stiege, und packte ihn am Rücken, und durchbohrte ihn von hinten mit dem Schwert. Da sprach dieser Kumaso-takeru: »Bewege das Schwert nicht! Ich habe etwas zu sagen.« Und Wousu verstattete ihm eine Weile, indem er ihn niederdrückte. Da sprach er: »Wer bist du?« Und jener sagte: »Ich bin der Sohn des Kaisers Ōtarashihiko Oshirowake, der im Hishiro-Palast von Makimuku sitzt und über das Land der Großen Acht Inseln herrscht; mein Name ist Prinz Yamato-oguna. Als der Kaiser hörte, daß ihr beiden Brüder Kumaso-takeru unbotmäßig und unehrerbietig seid, schickte er mich hierher und befahl mir, euch zu töten.« Da sprach der Kumaso-takeru: »Das muß wohl wahr sein. Denn im Westen gibt es außer uns beiden keine tapferen und starken Männer. In Yamato jedoch gibt es einen Mann, der uns an Tapferkeit übertrifft. Deshalb will ich dir einen Namen geben: von nun an soll man dich als den Prinzen Yamato-takeru preisen!«

Als er so gesprochen hatte, spaltete jener ihn auf wie eine reife Melone und tötete ihn. Von da an pries man seinen Namen, indem man ihn Yamato-takeru nannte. Auf seinem Rückweg aber trat er allen Gottheiten der Berge, der Flüsse und der Meerengen entgegen und beschwichtigte sie.

Darauf kam Yamato-takeru in die Provinz Izumo, und in der Absicht, den Izumo-takeru zu töten, schloß er mit ihm Freundschaft. Zu diesem Zweck nahm er heimlich Eibenholz und machte daraus ein falsches Schwert und steckte es ein, und sie badeten zusammen im Flusse Hi. Da stieg nun Yamato-takeru zuerst aus dem Flusse heraus, nahm das Schwert, das Izumo-takeru abgelegt hatte, und steckte es ein, und er sprach: »Wir wollen die Schwerter tauschen!« Daraufhin stieg Izumo-takeru aus dem Fluß und steckte das Holzschwert des Yamato-takeru ein. Da forderte Yamato-takeru ihn auf: »Wir wollen einen Schwertkampf machen!« Und als jener sein Schwert zog, konnte Izumo-takeru das falsche Schwert nicht ziehen. Aber Yamato-takeru zog sein Schwert und erschlug den Izumo-takeru. Und er machte ein Lied:

Der Izumo-takeru
trägt ein Schwert, das ist
von Ranken dicht umwunden,
doch weh! – es fehlt die Klinge!

So beseitigte und unterwarf er alles, begab sich zum Kaiser und erstattete Bericht.

Da sprach der Kaiser wiederum zu Yamato-takeru und befahl: »Nun tritt den ungestümen Gottheiten und den unbotmäßigen Menschen der Zwölf Wege des Ostens entgegen und unterwirf sie!«, und er sandte mit ihm den Ahn der Fürsten von Kibi mit Namen Misukitomomimi Takehiko, und er verlieh ihm einen Acht-Klafter-Speer aus Steineichen-Holz. Und Yamato-takeru nahm den Befehl entgegen, und als er aufbrach, begab er sich zum Palast der Großen Gottheit von Ise, und er verneigte sich am Hofe der Großen Gottheit, und er sprach zu seiner Tante Yamato-hime: »Ist es, weil der Kaiser will, daß ich schon sterbe? Was hat er mich ausgeschickt, die Bösewichte im Westen zu schlagen, und kaum, daß ich für eine kleine Weile zurückgekehrt, schickt er mich jetzt, die Bösewichte der Zwölf Wege des Ostens niederzuwerfen, ohne daß er mir dazu Truppen gibt? Bedenke ich dies, so wünscht er, daß ich bald sterbe«, und er weinte und klagte. Da gab Yamato-hime ihm das Schwert »Grasmäher«, und sie gab ihm weiterhin einen Beutel, und sie sprach: »Wenn es etwas Unvorhergesehenes gibt, mache diesen Beutel auf.«

Als er nun in die Provinz Owari kam, ging er in das Haus der

Miyazuhime, der Ahnfrau der Provinzherren von Owari. Er wollte ihr ehelich beiwohnen, doch wollte er ihr erst auf dem Rückweg beiwohnen, und so gaben sie sich ein Eheversprechen, und er machte sich auf in die Ostlande, und dort trat er den ungestümen Gottheiten der Berge und Flüsse und den unbotmäßigen Menschen entgegen und unterwarf sie.

Als er aber in die Provinz Sagamu kam, betrog ihn der dortige Provinzherr, indem er sagte: »Inmitten dieser Gefilde gibt es einen großen Sumpf. Der Gott, der in diesem Sumpfe wohnt, ist ein sehr ungestümer Gott.« Da ging er in dieses Gefilde, um den Gott zu sehen. Der Provinzherr aber setzte das Gefilde in Brand. Da merkte er, daß man ihn betrogen hatte, und er machte den Beutel auf, den ihm seine Tante Yamato-hime gegeben hatte, und er sah, daß darinnen ein Feuerzeug war. Da mähte er zunächst mit seinem Schwert das Gras ab, dann nahm er das Feuerzeug, schlug Feuer und zündete ein Gegenfeuer an, und das Feuer zog in eine andere Richtung davon, und er kehrte zurück, und er schlug und vernichtete diesen Provinzherrn und die Seinen, und er legte Feuer an und verbrannte sie. Deshalb nennt man diesen Ort Yakizu, das ist »Brennende Furt«.

Als er von hier weiterging und das Meer von Hashirimizu überquerte, brachte der Gott dieses Übergangs die Wellen in Aufruhr und bewirkte, daß das Schiff sich drehte und nicht vorankommen konnte. Da sprach seine kaiserliche Gemahlin mit Namen Prinzessin Ototachibanahime: »Ich werde anstelle des Prinzen in das Meer gehen. Der Prinz muß den kaiserlichen Auftrag erfüllen und zurückkehren, um Bericht zu erstatten«, und als sie sich in das Meer begeben wollte, breitete man acht Lagen von Schilfmatten, acht Lagen von Felldecken und acht Lagen von Seidendecken auf den Wellen aus, und auf diese stieg sie hinab. Da legten sich die wilden Wellen von alleine, und das Schiff konnte vorankommen. Da sang die kaiserliche Gemahlin:

Auf Sagamus Gefilden
brannte das Feuer,
und inmitten des Feuers
standest du, nach dem ich rief.

Sieben Tage danach trieb der Kamm der kaiserlichen Gemahlin am Meeresstrand an. Da nahm er diesen Kamm, machte ein Grabmal und legte ihn hinein.

Von hier aus ging er weiter, und er trat den ungestümen Emishi entgegen, und er befriedete die ungestümen Gottheiten der Berge und der Flüsse, und als er auf dem Rückweg war, gelangte er an den Fuß des Ashigara-Passes, und als er dort Speise zu sich nahm, hatte sich der Gott jenes Berghangs in einen weißen Hirsch verwandelt, kam und stand da. Er nahm ein Stück Knoblauch, das er beim Essen übriggelassen hatte, und schlug den Hirsch damit, und er traf sein Auge und tötete ihn. Dann bestieg er diesen Berghang und rief dreimal klagend: »Meine Gattin, ach!« Deshalb gab man diesem Land einen Namen und nannte es Azuma, das ist »meine Gattin«.

Von hier zog er durch die Lande und kam nach Kai, und als er sich im Palast von Sakaori aufhielt, sang er:

Seit Niibari
und Tsukuba hinter uns,
wieviel Nächte schliefen wir?

Da sang der alte Mann, der das Feuer unterhielt, indem er das Lied weiterführte:

Reiht man Tag an Tag,
waren es der Nächte neun,
der Tage waren es zehn.

Da lobte er den alten Mann und er machte ihn zum Provinzherrn von Azuma.

Von dieser Provinz aus begab er sich weiter bis nach Shinano, und er trat dem Gott des Shinano-Passes entgegen, und er kehrte zurück in die Provinz Owari, und er begab sich zu Miyazuhime, mit der er ein Eheversprechen eingegangen war. Als Miyazuhime ihm Speise darbot, brachte sie einen großen Weinbecher und bot ihn dar. Doch am Saum des Gewandes der Miyazuhime haftete Monatsfluß. Und er sah diesen Monatsfluß und sang:

Den langwährenden
himmlischen Kaguyama
scharfsichelig
überflieget ein Schwan:
zart wie sein Hals
und weich deine Arme,
zu meinem Kissen
wollte ich sie machen,
schlafen wollte ich
gerne zusammen mit dir,
doch du trägst einen
Rock, an dessen Saum sich der
junge Mond hat erhoben.

Da antwortete Miyazuhime mit einem Lied, das lautete:

Der hoch strahlenden
Sonne Prinz!
Du mein in Frieden
herrschender Großer Fürst!
Weil die kraftvollen
Jahre dahingegangen,
sind auch kraftvolle
Monde mit hingeschwunden.
So ist es, so ist es, so ist es!
Schwer war's, zu warten auf dich,

darum trag ich
einen Rock, an dessen Saum
der Mond sich erheben mußt'!

Darauf vereinigten sie sich, und er ließ das Schwert »Grasmäher«, das er bei sich trug, im Hause der Miyazuhime und machte sich auf, den Gott des Ibuki-Berges zu überwältigen.

Da sprach er: »Diesen Berggott werde ich gerade so mit meinen bloßen Händen überwältigen«, und als er den Berg bestieg, traf er am Berg einen weißen Eber. Der war so groß wie ein Stier. Da erhob er seine Stimme und sprach: »Was sich hier in einen weißen Eber verwandelt hat, ist gewiß der Bote dieser Gottheit. Wenn ich ihn jetzt auch nicht töte, werde ich ihn doch auf dem Rückweg töten!« So sprach er und stieg hinan. Da ließ jener einen großen Eisregen fallen und schlug Yamato-takeru mit Verwirrung.

> Was sich hier in einen weißen Eber verwandelt hatte, war nicht der Bote der Gottheit, es war die Gottheit selbst, und die Gottheit schlug ihn mit Verwirrung, weil er die Stimme gegen sie erhoben hatte.

Deshalb stieg er den Berg hinab, gelangte zum Tamakurabe-Quell, und als er dort Atem schöpfte, kam sein Herz wieder etwas zu sich. Deshalb gab man diesem Quell einen Namen und nannte ihn Isame, das ist »Lebenserwecker«.

Von hier brach er auf, und als er auf dem Gefild von Tagi ankam, sagte er: »Mein Herz wollte immer am Himmel dahinfliegen, aber nun vermögen nicht einmal mehr meine Füße zu gehen ...« Er ging von hier aus nur noch ein weniges weiter, und weil er sehr ermattet war, nahm er einen Stock und ging sehr langsam. Deshalb hat man diesem Ort einen Namen gegeben und nennt ihn Tsuetsuki-saka, das ist »Stockstütze-Berghang«. Als er aber zu der Einzelnen Kiefer am Kap von Otsu kam, da war das Schwert, das er vergessen hatte, als er früher hier Rast gemacht, nicht verloren und befand sich noch immer hier. Da machte er ein Lied:

Nach Owari
weist geradewegs das Kap
von Otsu, wo du stehst, du
einsame Kiefer –
mein Bruder!
Einsame Kiefer,
wärest du ein Mensch, ließe
ein Schwert ich dich tragen, ließ'
Kleider ich dich anziehen –
einsame Kiefer,
mein Bruder!

Als er von hier weiterging und zum Dorf Mie gelangte, sprach er wiederum: »Meine Beine sind wie dreifach geknickt, und ich bin sehr müde.« Deshalb gab man diesem Ort einen Namen und nannte ihn Mie, das ist »dreifach«.

Als er von hier weiterging und zum Gefilde von Nobo gelangte, gedachte er seiner Heimat und sang:

Yamato ist
das trefflichste der Länder!
Dicht wie von einem
grünen Hag ist
von Bergen umschlossen
mein schönes, liebes Yamato!

Und weiter sang er:

Deren Leben
in der Blüte, die sollen
des hoch getürmten
Berges von Heguri
Bäreneichenblätter
ins Haar sich stecken,
die Jungen!

Diese Lieder sind Lieder zum Preise der Heimat. Weiter sang er:

Aus meines lieben
Heimes Richtung her ziehen
Wolken und steigen empor.

Das ist ein Halb-Lied. Und er sang:

Neben meines
Mädchens Lagerstatt
hab ich abgestellt
mein Schwert, mein langes Schwert.
O du mein langes Schwert!

Und sowie er zu Ende gesungen hatte, schied er dahin. Da sandte man Boten zu Pferd zum Kaiser.

Darauf kamen seine kaiserlichen Gemahlinnen und die Prinzen, seine Söhne, hinunter nach Nobo und errichteten ihm ein Grabmal...

Er aber verwandelte sich in einen riesigen weißen Vogel, zog am Himmel dahin, wandte sich zum Meeresstrand und flog davon. Seine Gemahlinnen und seine Söhne liefen ihm weinend nach und achteten nicht der Schmerzen, als sie sich an den scharfen Bambusstoppeln die Füße aufrissen. Sie sangen:

Durch niedrigen Bambus
bis zu den Hüften –
verwehrt ist uns die Luft,
zu Fuß müssen wir gehn!

Und als sie in die Meeresflut hinausliefen und das Wasser sie umfing, sangen sie:

Wenn wir im Meer gehen
bis zu den Hüften –

wie auf weiten Wassern
wachsendes Kraut
zaudern wir da vor dem Meere.

Und als der Vogel sich dort auf felsigem Gestade niederließ, sangen sie:

Der Strandregenpfeifer
geht nicht zum Sandstrand hin, er
fliegt zum Felsenstrand!

Diese Lieder sangen sie bei der Bestattung. Deshalb singt man diese Lieder bis jetzt bei der Bestattung eines Kaisers. Der Vogel aber flog von diesem Land weiter und ließ sich in Shiki in der Provinz Kôchi nieder. Deshalb errichtete man dort ein Grabmal und ließ ihn dort zur Ruhe kommen. Dem Grabmal gab man einen Namen und nannte es Grab des Weißen Vogels. Der Vogel aber zog auch von diesem Ort wieder fort, flog am Himmel dahin und entschwand.

Annalen des Sonnenursprungslandes

Der Dammbau von Mamuta

Um Überschwemmungen des Flusses im Norden der Hauptstadt zu verhüten, errichtete man den Damm von Mamuta. Zu dieser Zeit gab es zwei Stellen, an denen das Bauwerk einstürzte und die sich nicht verstopfen ließen. Da träumte dem Kaiser, ein Gott belehre ihn folgendermaßen: »Wenn man zwei Männer, den Kowakubi aus Musashi und den Mamuta no Muraji Koromonoko aus Kôchi, dem Flußgott darbringt, wird es ohne Zweifel gelingen, die Bruchstellen zu verstopfen.« Man suchte also nach den beiden und fand sie. Folglich brachte man sie dem Flußgott zum Opfer. Hierbei weinte und jammerte Kowakubi, versank im Wasser und starb. Da wurde denn jene Dammstelle vollendet. Koromonoko jedoch brachte zwei ganze Kürbisse und trat an das Wasser, wo es sich nicht eindämmen ließ. Er nahm die zwei Kürbisse, warf sie ins Wasser und sprach folgendes Gelübde: »Flußgott! Du hast einen Fluch geschickt und ich bin zum Opfer für dich ausersehen worden. So bin ich denn jetzt hierhergekommen. Wenn du mich jedoch unbedingt erlangen möchtest, so versenke diese Kürbisse und laß sie nicht oben schwimmen! Dann weiß ich, daß du ein wahrhaftiger Gott bist und aus freien Stücken werde ich ins Wasser gehen. Kannst du aber die Kürbisse nicht versenken, dann weiß ich von selbst, daß du ein falscher Gott bist. Was sollte ich dann noch für nichts mein Leben dahingeben!« Darauf erhob sich unversehens ein Wirbelwind und riß die Kürbisse mit sich, um sie ins Wasser zu tauchen. Die Kürbisse aber drehten und rollten sich auf den Wellen und sanken nicht, sie tanzten munter dahin und schwammen in die Ferne. Koromonoko starb daher nicht, und jene Dammstelle wurde trotzdem vollendet. So rettete Koromonoko sein Leben allein durch einen guten Einfall. Die Leute jener Zeit gaben den beiden Stellen Namen und nannten sie Bresche des Kowakubi und Bresche des Koromonoko.

Hirsche

Im Herbst, im Siebenten Monat, hielten sich der Kaiser und die Kaiserin auf einem luftigen, hohen Türmchen auf, um der Hitze zu entgehen. Da war Abend für Abend vom Gefilde von Toga her der Schrei eines Hirsches zu hören. Die Stimme tönte klar und doch voller Trauer, und beiden wurde das Herz von Mitgefühl erfüllt. Als der letzte Tag des Monats gekommen war, war der Ruf des Hirsches nicht mehr zu vernehmen. Da sprach der Kaiser zur Kaiserin: »Heute nacht schreit der Hirsch nicht. Woran mag das wohl liegen?« Am nächsten Tag brachte ein Angehöriger der Saeki aus dem Distrikt Ina eine in Schilfblätter gewickelte Gabe dar. Der Kaiser beauftragte den Speisemeister sich zu erkundigen, was das Schilfgebinde enthalte. Dieser antwortete: »Es ist ein Hirsch.« Der Kaiser fragte, woher der Hirsch sei, und dieser sprach: »Es ist ein Hirsch aus dem Gefild von Toga.« Nun wußte der Kaiser, daß die in Schilf gewickelte Gabe jener Hirsch sein mußte, der allnächtlich seinen Ruf hatte ertönen lassen. Daher sprach er zur Kaiserin: »Wenn ich derzeit voll schwerer Gedanken war und ich hörte die Stimme des Hirsches, so wurde ich ruhig. Bedenke ich nun Zeit und Ort, da der Saeki den Hirsch gejagt hat, so muß dies jener Hirsch sein, der nächtens gerört hat. Dieser Mann hat nichts von meiner Zuneigung gewußt, aus Zufall hat er ihn erlegt, und dennoch kann ich es nicht lassen, ihm zu zürnen. Ich wünsche deshalb, daß sich kein Saeki dem Sitz des Kaisers nähere.« Von Amts wegen ließ er anordnen, daß jener seinen Wohnsitz nach Nuta in Agi zu verlegen habe. Er ist der Vorfahr der Saeki von Nuta.

Die Leute aber erzählten sich, daß es in alter Zeit einmal einen Mann gegeben hatte, der ging nach Toga und nächtigte dort auf freiem Feld. Da legten sich zwei Hirsche an seiner Seite nieder. Als sich die Zeit des Hahnenschreis nahen wollte, sprach der Hirsch zur Hindin: »Mir hat heute nacht geträumt, es fiele weißer Reif in großer Menge herab und bedecke meinen Körper. Was mag das wohl bedeuten?« Die Hindin antwortete und sprach: »Wenn du weggehst, wirst du gewiß von einem Menschen erspäht und erschossen und du wirst sterben. Wenn dann dein Körper mit weißem Salz eingerieben wird, so gleicht das der Weiße des Reifs. Dessen ist der Traum ein Zeichen.« Da wunderte sich der Mann, der dort nächtigte, in seinem Herzen. Noch vor dem Morgengrauen kam ein Jäger, der schoß den Hirsch und tötete ihn. Daher besagte eine Redensart der Leute jener Zeit: »Selbst für den rörenden Hirsch gilt die Traumdeutung.«

Die Perle

Im Herbst, am 12. Tage des Neunten Monats im 14. Jahr seiner Regierung geruhte Kaiser Ingyô auf der Insel Awaji zu jagen. Berg und Tal waren zu dieser Zeit voll von Riesenhirschen, von Affen und Wildschweinen, die in Scharen durcheinanderwimmelten. Wie Flammen stieg das auf, wie Fliegen schwärmte es umher. Aber der Tag ging zu Ende, und man hatte nicht ein einziges Stück Wild erlegt. So hörte man auf zu jagen und befragte noch einmal das Orakel. Der Gott der Insel hatte das Mißgeschick verursacht, er sprach: »Daß ihr kein Tier erlegt habt, das war mein Wille. Auf dem Boden des Meeres von Akashi befindet sich eine Perle. Diese Perle bringt mir dar und ihr werdet Wild in Menge erlegen!« Hierauf versammelte man die Fischer von allen Orten und ließ sie den Meeresboden bei Akashi abtauchen. Das Meer ist dort jedoch sehr tief und sie konnten den Boden nicht erreichen. Es gab nur einen einzigen Fischer, Osashi mit Namen, ein Mann aus dem Dorfe Naga in der Provinz Awa, der übertraf alle anderen Fischer. Er befestigte ein Seil an seiner Hüfte und begab sich auf den Meeresgrund. Nach einer Weile kam er wieder hervor und sagte: »Auf dem Meeresgrund befindet sich ein riesiges Seeohr. Von dieser Stelle geht ein Glanz aus.« Da sprachen die Leute alle: »Sollte sich die Perle, die der Gott der Insel gefordert hat, wohl im Leibe dieses Seeohrs befinden?« Er tauchte erneut danach. Nun kam Osashi mit dem Seeohr in den Armen heraufgeschwommen. Doch der Atem ging ihm aus und er verschied auf den Wellen. Man hatte bereits ein Seil heruntergelassen, um die Tiefe des Meeres zu messen: es waren 60 Faden. Nun spaltete man das Seeohr, und wahrhaftig fand sich eine Perle in seinem Leib. Sie war so groß wie ein Pfirsich. Man brachte sie dem Gott der Insel dar und ging auf die Jagd. Jetzt erlegte man Wild in großer Menge. Man war nur betrübt darüber, daß Osashi im Meer umgekommen war. Daher errichtete man ihm ein Grabmahl und veranstaltete ein prunkvolles Leichenbegängnis. Sein Grab ist noch jetzt vorhanden.

Der Rotfuchs

Aus der Provinz Kôchi wurde folgendes berichtet: Tanabe no Fubito Hakuson, ein Mann aus dem Distrikt Asukabe, hat eine Tochter, welche die Gattin des Fumi no Obito Karyô aus dem Distrikt Furuichi ist. Hakuson hörte, daß seine Tochter einen Sohn zur Welt gebracht hatte, ging zum Haus seines Schwiegersohnes, um Glück zu wünschen, und kehrte in mondheller Nacht zurück. Am Fuße des Homuda-Hügelgrabes am Ichibiko-Berg traf er auf einen Mann, der einen Rotfuchs ritt. Dieses Pferd wand sich und flog einmal gleich einem Drachen dahin, sprang plötzlich hoch auf, dann wieder scheute es gleich einer Wildgans. Es zeichnete sich durch wunderbaren Körperbau und eine herrliche Gestalt aus. Hakuson ritt heran und betrachtete es und er begehrte es in seinem Herzen. Daher schlug er den Schecken, den er ritt, mit dem Stocke, auf daß die Pferde Kopf an Kopf und Zaum an Zaum nebeneinander herliefen. Doch in weiten Sätzen jagte der Rotfuchs davon, er schien verschluckt vom Staub des Weges und in windesschnellem Lauf sich aufzulösen. Da blieb der Schecke mit trägen Beinen zurück und konnte ihm nicht weiter folgen. Der Reiter dieses auserlesenen Pferdes kannte jedoch Hakusons Begehren. Er hielt darum sein

Pferd an und kam zurück. Als sie voneinander schieden, nahm jeder des andern Pferd. Hakuson freute sich über die Maßen, daß er dieses herrliche Pferd gewonnen hatte; eilends führte er es in den Stall, nahm ihm den Sattel ab, schüttete ihm Futter vor und ging schlafen. Am nächsten Morgen hatte sich der Rotfuchs in ein tönernes Pferd verwandelt. Hakuson wunderte sich in seinem Herzen, ging zurück und forschte beim Homuda-Hügelgrab nach. Da sah er seinen Schecken zwischen den tönernen Pferden stehen. Er nahm ihn und wechselte ihn gegen das eingetauschte Tonpferd aus, das er dort hinstellte.

Der Gott des Landes ewiger Glückseligkeit

Im Herbst des dritten Regierungsjahres der Kaiserin Kôgyoku, im Siebenten Monat, redete Ōfube no Ō, ein Mann aus der Gegend des Fuji-Flusses in den Ostlanden, den Leuten aus den Dörfern und Weilern zu, ein Insekt zu verehren, indem er sprach: »Dieses ist der Gott des Landes ewiger Glückseligkeit. Wer diesen Gott verehrt, gelangt zu Reichtum und langem Leben.« Priester und Priesterinnen schließlich täuschten Worte göttlicher Offenbarung vor und sprachen: »Verehrt man den Gott des Landes ewiger Glückseligkeit, so gelangen die Armen zu Reichtum, und die Alten werden wieder jung!« Damit redeten sie den Leuten weiter zu, Kostbarkeiten aus ihren Häusern zu entfernen, Reiswein aufzustellen und Gemüse und die Sechs Haustiere am Wegrand aufzustellen, und sie ließen ausrufen »Neue Reichtümer sind gekommen!« Leute aus der Hauptstadt und vom Lande nahmen das Insekt des Landes ewiger Glückseligkeit, legten es auf einen reinen Sitz, sangen und tanzten, suchten das Glück und warfen ihre kostbaren Schätze weg. Das brachte ihnen gar keinen Gewinn, und Verlust und unnütze Ausgaben waren außerordentlich hoch. Hada no Miyatsuko Kawakatsu aus Kadono erboste diese Irreführung des Volkes und er schlug den Ōfube no Ō. Dessen Priester und Priesterinnen gerieten in Angst und ließen ab, auf Verehrung zu drängen. Die Leute jener Zeit machten darum ein Lied, das hieß:

Utsumasa hat
den selbst den Göttern als Gott
weithin gerühmten
Gott des Ewigkeitslandes
doch durch Schläge gezüchtigt!

(Utsumasa ist ein anderer Name für Kawakatsu.) Dieses Insekt gedeiht gewöhnlich auf Mandarinenbäumen, und auch auf dem Kriechenden Pfeffer gedeiht es. Es ist über vier Zoll lang und etwa so dick wie ein Daumen. Seine Färbung ist grün mit schwarzen Flecken. Dem Aussehen nach gleicht es ganz der Seidenraupe.

Landesbeschreibungen

Urashima no Ko von Mizunoe in der Provinz Tango

In den landeskundlichen Berichten der Provinz Tango wird über die Gemeinde Hioki im Distrikt Yosa folgendes gesagt: In dieser Gemeinde liegt das Dorf Tsutsukawa. Die Leute dort hießen den Ahn der Kusakabe no Obito »Shimako von Tsutsukawa«. Dieser Shimako war schön von Wuchs und Gestalt, und sein vornehmes und feines Wesen hatte nicht seinesgleichen. Er ist derjenige, den man auch Urashima no Ko von Mizunoe nennt. Diese Geschichte hier weicht nicht ab von dem Bericht, den Iyobe no Umakai no Muraji, der frühere Provinzstatthalter, aufgezeichnet hat. Es wird also etwa folgendes erzählt:

Zur Zeit jenes Kaisers, welcher im Asakura-Palast von Hatsuse über das Land herrschte, stieg Shimako allein in ein kleines Boot, trieb aufs Meer hinaus und angelte, und es vergingen drei Tage und drei Nächte, und er fing nicht einen Fisch, doch dann fing er eine fünffarbige Schildkröte. Er dachte in seinem Herzen, das sei doch merkwürdig, und legte sie in sein Boot, aber während er schlief, wurde sie plötzlich zu einer Frau. Diese war von sehr schöner Gestalt, nichts ließ sich mit ihr vergleichen. Shimako fragte sie: »Die Dörfer der Menschen liegen in weiter Ferne, auf dem Gefilde des Meeres gibt es keine Menschen. Was für ein Mensch ist da plötzlich gekommen?« Als er so sprach, lächelte das Mädchen und antwortete: »Der vornehme und feine Herr treibt alleine dahin auf dem grünblauen Meer. Er hält es nicht aus vor Sehnsucht, traulich zu plaudern. So bin ich mit Wind und Wolken zusammen gekommen.« Shimako fragte wieder: »Und woher sind Wind und Wolken gekommen?« Das Mädchen antwortete: »Ich bin ein Kind aus dem Hause himmlischer Geister. Ich bitte dich, zweifle nicht! Plaudere mit mir und schenke mir deine Huld!« Nun erkannte Shimako, daß sie ein Göttermädchen war, und er wurde von tiefer Scheu ergriffen und war voller Unsicherheit in seinem Herzen. Das Mädchen sprach: »Ich denke, die Herzensneigung meiner Wenigkeit wird erst mit Himmel und Erde vergehen, und sie reicht so weit wie Sonne und Mond. Doch wie steht's bei dir? Schnell möchte ich wissen, ob mir dein Herz gehört oder nicht!« Shimako antwortete: »Ich habe nichts weiter zu sagen. Wie könnte meine Liebe je erlahmen!« Das Mädchen sprach: »So drehe du das Ruder und laß uns zum Lande der Ewigkeit fahren!«, und da Shimako sich fügte und dorthin gehen wollte, unterwies ihn das Mädchen und ließ Schlaf auf seine Augen sinken. Darauf langten sie augenblicklich bei einer weiten, großen Insel mitten im Meere an. Ihr Boden war, als hätte man Edelsteine hingebreitet. Tortürme warfen dunkle Schatten, Hallen auf hohen Pfosten strahlten und glänzten, es war ein Ort, den kein Auge je erblickt, von dem kein

Ohr je gehört. Sie nahm ihn bei der Hand und ging mit ihm gemächlich dahin, und sie gelangten zum Tor eines großen Gebäudes. Das Mädchen sagte: »Bleib ein Weilchen hier stehen«, öffnete das Tor und ging hinein. Da kamen sieben Knaben, die sagten zueinander: »Das ist der Gatte der Prinzessin Schildkröte!« Und wiederum kamen acht Knaben und sagten zueinander: »Das ist der Gatte der Prinzessin Schildkröte!« So erfuhr er, daß der Name des Mädchens Kamehime, Prinzessin Schildkröte, war. Als darauf das Mädchen herauskam, erwähnte Shimako die Knaben, da sagte das Mädchen: »Die sieben Knaben sind die Sterne des Siebengestirns. Die acht Knaben sind die Regenmacher-Sterne. Du darfst dich über solche Dinge nicht wundern.« Darauf ging sie voraus und zog ihn mit sich und er ging hinein. Die Eltern des Mädchens traten ihm gemeinsam entgegen, verneigten sich und nahmen Platz. Dann sprachen sie von den Unterschieden zwischen der Welt der Menschen und dem Land der Ewigkeit, und von der Freude, wenn Menschen und Götter ab und zu zusammenkommen. Sodann wurden hunderterlei duftende und schmackhafte Köstlichkeiten aufgetragen, die Geschwister hoben den Becher und tranken ihnen zu, und auch die jungen Leute aus dem Nachbardorf beteiligten sich mit geröteten Gesichtern an Spiel und Unterhaltung. Rein und klar tönten die Lieder der seligen Geister, hin und her wogte der Tanz der Götter, das festliche Gelage übertraf zehntausendfach, was man in der Menschenwelt veranstaltet. Shimako merkte nicht, wie der Tag verging. Erst in der Dämmerstunde zogen sich die Geister einer nach dem anderen zurück und zerstreuten sich, und über eine Weile blieb nur das Mädchen zurück. Da schlossen sie sich zusammen, mischten ihre Ärmel und verkehrten ehelich miteinander.

Es waren bereits drei Jahre vergangen, seit Shimako seine Heimat vergessen hatte und sich im Land der Ewigkeit vergnügte. Plötzlich begann sich in seinem Herzen das Heimweh zu regen, und allein, sehnte er sich nach seinen Eltern. Übermächtig erwuchs ihm daraus der Gram, und seine Trübsal mehrte sich von Tag zu Tag. Das Mädchen fragte ihn: »Wenn ich in dieser Zeit deine Miene betrachte, ist sie anders als gewöhnlich. Ich bitte dich, laß mich deine Gedanken hören!« Shimako antwortete: »Die Alten sagten: Ein nichtiger Mensch sehnt sich nach der Heimat, ein sterbender Fuchs wendet sein Haupt den Hügeln zu. Ich dachte, das seien leere Worte, aber nun verhält es sich wahrhaftig so.« Als das Mädchen weiter fragte: »Möchtest du zurückkehren?«, antwortete Shimako: »In der Heimat habe ich meine nächsten Verwandten verlassen und bin in das weit entlegene Land der Ewigkeit eingetreten. Ich kann die Sehnsucht nicht mehr ertragen, so habe ich meine unüberlegten Gedanken ausgesprochen. Wenn ich dich bitten dürfte – für ein kleines Weilchen möchte ich in meine Heimat zurückkehren und mich vor meinen Eltern verneigen!« Das Mädchen wischte sich die Tränen weg und sagte klagend: »Meine Neigung ist wie Gold und Stein, zehntausend Jahre der Gemeinsamkeit haben wir uns gelobt, was sehnst du dich da schon nach einem flüchtigen Augenblick nach der Heimat, läßt mich im Stich und vergißt mich?«, und sie faßten sich an den Händen und schweiften hierhin und dahin, sprachen miteinander und klagten und jammerten. Schließlich aber lösten sie ihre Ärmel und er ging davon und machte sich auf den Weg der Trennung. Die Eltern und Verwandten des Mädchens gaben ihm voller Kummer über den Abschied das Geleit. Das Mädchen nahm ein Edelsteinkästchen und reichte es Shimako mit den Worten: »Wenn du am Ende dein geringes Weib nicht vergessen haben solltest und zurückkehren möchtest, so nimm dieses Kästchen recht fest in die Hand, doch auf keinen Fall darfst du es öffnen und hineinschauen!« Darauf trennten sie sich und er bestieg das Boot. Und sie unterwies ihn und ließ Schlaf auf seine Augen sinken.

Unversehens langte er in seinem Heimatort Tsutsukawa an. Aber als er Dorf und Weiler betrachtete, hatten sich die Menschen wie auch die Dinge ganz verändert, nichts war da, woran er sich halten konnte. Als er nun einen Mann aus dem Dorfe fragte: »Wo befindet sich denn jetzt die Familie des Urashima no Ko von Mizunoe?«, antwortete der Mann: »Woher möget Ihr wohl sein, daß Ihr nach jemandem aus längst vergangenen Zeiten fragt? Ich habe gehört, wie die Alten gegenseitig davon sprachen und sagten, vorzeiten habe es einen Mann mit Namen Urashima no Ko von Mizunoe gegeben. Er fuhr allein hinaus auf das blaugrüne Meer und ist nie mehr zurückgekehrt. Mehr denn dreihundert Jahre sind jetzt seither vergangen, sagten sie. Was fragt Ihr jetzt plötzlich danach?« Da verschloß Shimako sein verzweifeltes Herz und ging im Dorf herum, dennoch traf er niemanden, der ihm vertraut gewesen wäre, und darüber waren nun bereits zehn Tage verflossen. So streichelte er das Edelsteinkästchen und sehnte sich nach dem Göttermädchen. Aber Shimako vergaß, welche Verheißung das Mädchen an jenem Tag daran geknüpft, und als er unversehens das Kästchen öffnete, entwich im Nu seine blühende Jugendgestalt und flog, geführt von Wind und Wolken, am Himmel dahin. Da merkte Shimako, daß er sich in jener Verheißung geirrt hatte und daß er das Mädchen wohl schwerlich ein zweites Mal treffen würde, und er wandte sein Haupt und stand stille, lief erstickt von Tränen hierhin und dahin. Voller Runzeln die Haut, die so jung gewesen, weiß das Haar, das zuvor noch so schwarz, stockte ihm schließlich der Atem und sein Leben erlosch.

Aufzeichnungen über wunderbare und seltsame Begebenheiten bei der Vergeltung von Gut und Böse im diesseitigen Leben im Lande Japan

Wie es kam, dass der Donner gefangen wurde

Chiisakobe no Sugaru war Leibwächter und vertrautester Gefolgsmann des Kaisers Yûryaku, der im Palast von Asakura zu Hatsuse das Land unter dem Himmel dreiundzwanzig Jahre lang regierte. Als der Kaiser, während er im Palast zu Ihare verweilte, mit der Kaiserin in der Großen Ruhmeshalle zu schlafen und sich mit ihr ehelich zu vereinigen geruhte, kam Sugaru nichtsahnend herein. Der Kaiser schämte sich und hielt inne. In diesem Augenblick ertönte am Himmel der Donner. Da rief der Kaiser den Sugaru zu sich und sprach: »Kannst du den tönenden Donner ergebenst einladen?« Der erwiderte und sprach: »Ich kann ihn ergebenst einladen.« Der Kaiser sprach: »Dann lade ihn ergebenst ein.« Sugaru gehorchte dem Befehl und verließ den Palast. Er bedeckte seine Stirn mit dem Purpurband und ergriff einen Speer mit rotem Wimpel. Er bestieg sein Pferd, galoppierte die Straße vor dem Yamada-Berg bei Abe und den Weg vor dem Toyora-Tempel entlang und erreichte die Wegkreuzung von Morokoshi bei Karu. Mit lauter Stimme brachte er seine Einladung vor und sprach: »Den am Himmel tönenden Donnergott läßt der Kaiser ergebenst zu sich rufen!« Dann wendete er sein Pferd und rief im vollen Lauf: »Seid Ihr auch der Donnergott, wie könntet Ihr der Einladung des Kaisers nicht Folge leisten?« Während er im vollen Lauf davoneilte, fuhr zwischen dem Toyora-Tempel und dem Hügel von Ihi der tönende Donner herab und verweilte. Sugaru sah ihn, rief sofort Beamte der Götterbehörde herbei, ließ den Donnergott in eine Sänfte setzen und vor den Großpalast bringen. Dem Kaiser meldete er: »Ich habe mir erlaubt, den Donnergott einzuladen.« In diesem Augenblick strahlte der Donner Glanz aus und es blitzte leuchtend auf. Der Kaiser erschrak bei diesem Anblick und opferte Hanffäden und Papierstreifen in Fülle, auf daß der Donner zurückkehre an den Ort seiner Herabkunft. Und so heißt dieser Ort heute Donnerhügel.

Danach aber starb Sugaru. Der Kaiser befahl, ihn sieben Tage und sieben Nächte aufzubahren und seine Treue und Wahrhaftigkeit zu preisen. Am selben Orte, da der Donner niedergefahren war, errichtete man den Grabhügel für ihn. Für alle Zeiten ward eine Inschriftensäule errichtet, auf der stand: »Grab des Sugaru, der den Donner fing«. Besagter Donner aber zürnte und grollte und fuhr tönend nieder, hüpfte und stampfte auf der Inschriftensäule herum, bis er sich in einem Spalt jener Säule einklemmte und gefangen war. Dem Kaiser kam dies zu Ohren und er ließ den Donner frei, und er starb nicht. Der Donner, seiner Sinne nicht mehr mächtig, blieb sieben Tage und sieben Nächte da. Ein vom Kaiser entsandter Bote errichtete eine

Inschriftensäule, auf der stand: »Grab des Sugaru, der im Leben wie im Tode den Donner fing«.

Daher kommt es, daß in der Zeit der früheren Hauptstadt der Name »Donnerhügel« aufkam.

Wie es kam, dass einer eine Füchsin heiratete und Kinder mit ihr zeugte

Einst, zur erhabenen Regierungszeit des Kaisers Kimmei, ritt ein Mann aus dem Distrikt Ōno in der Provinz Mino seines Weges dahin, um eine tüchtige Frau als Gemahlin zu gewinnen. Da begegnete ihm inmitten einer Einöde ein schönes Mädchen. Dieses Mädchen blickte den Mann verführerisch an und näherte sich ihm. Der Mann verschlang sie mit den Augen und sprach: »Wohin gehst du, junges Mädchen?« Das Mädchen erwiderte: »Ich bin auf dem Wege, die richtige Verbindung zu suchen.« Der Mann aber ergriff das Wort und sagte: »Magst du meine Frau werden?« »Ich bin gern bereit«, gab das Mädchen zur Antwort. Darauf führte er sie in sein Haus, wo er mit ihr zusammenlebte. Währenddessen wurde sie schwanger und gebar einen Knaben. Da geschah es, daß eine Hündin im Hause am fünfzehnten Tag des Zwölften Monats ein Junges warf. Dieser junge Hund starrte die Frau des Hauses, wann immer er sie sah, feindselig an, fletschte die Zähne und heulte und bellte. Die Frau des Hauses bekam es mit der Angst zu tun und sagte zum Hausherrn: »Schlag diesen Hund tot!« Doch er zeigte Mitleid und tötete ihn nicht. Um den Zweiten oder Dritten Monat, als der vorgesehene Steuerreis gestampft wurde, begab sich die Hausfrau in die Mörserhütte, um den Reisstampferinnen eine Zwischenmahlzeit zu bringen. Da rannte der junge Hund bellend hinter der Hausfrau her und war nahe daran, sie zu beißen. Sie erschrak und fürchtete sich, verwandelte sich in einen Fuchs, sprang auf die Hecke und blieb dort sitzen. Als der Hausherr dies sah, sprach er: »Weil du und ich ein Kind gezeugt haben, vergesse ich dich nicht. Komm weiterhin und laß uns zusammen schlafen.« Und so folgte sie den Worten des Mannes und kam des Nachts. Daher entstand der Name »Kommweiterhin« für den Fuchs.

Einmal trug jene Ehefrau ein Gewand mit scharlachrotem Saum und war darin sehr schön. Den Rocksaum schürzend ging sie dahin. Der Mann blickte ihrer scheidenden Gestalt nach und sang ein Liebeslied:

Die Liebessehnsucht
stürzte ganz auf mich herab,
da wie das Ende
der Seele so fern ich seh'
meine entschwundene Frau.

Daher wurde das von beiden gezeugte Kind »Kommweiterhin« genannt. Und als Standestitel trugen sie die Bezeichnung »Kitsune no Atae«. Viele ihrer Nachkommen besaßen große Kraft, und sie konnten so schnell laufen wie ein Vogel fliegt. Der Ursprung der Kitsune no Atae der Provinz Mino findet sich hier.

Wie es kam, dass durch des Donners Freude ein Kind mit grosser Kraft geboren ward

Einst, zur erhabenen Regierungszeit des Kaisers Bidatsu, lebte im Dorfe Katawa im Distrikt Ayura der Provinz Owari ein Bauer. Als dieser einmal das Feld bestellte und bewässerte, fiel ein feiner Regen hernieder, und er suchte deshalb unter einem Baume Schutz, wo er auf seinen eisernen Spaten gestützt stehenblieb. Da dröhnte der Donner. Voller Schrecken erhob er den eisernen Spaten und blieb stehen. Darauf stürzte der Donner vor ihm hernieder, verwandelte sich in ein kleines Kind und legte sich zu seinen Füßen hin. Der Mann ergriff seinen eisernen Spaten und war daran zuzuschlagen, da sprach der Donner: »Tu mir kein Leid an! Ich werde dir deine Barmherzigkeit vergelten.« Da fragte der Mann: »Wie willst du es mir vergelten?« Und der Donner erwiderte: »Ich vergelte es dir, indem ich durch dich ein Kind zeugen lasse. Mache gütigst für mich einen Kübel aus Kampferholz, fülle ihn mit Wasser und laß darauf Bambusblätter schwimmen.« Darauf tat er alles, was der Donner ihn geheißen und übergab es ihm. Da sprach der Donner: »Bleibe nicht in meiner Nähe!«, und ließ ihn das Weite suchen. Darauf erzeugte er Gewölk und Nebel und stieg zum Himmel auf. Später aber, als sein Sohn zur Welt kam, trug dieser, zwiefach um sein Haupt geschlungen, eine Schlange, und Kopf und Schwanz hingen hinten herunter. Als er herangewachsen und mehr als zehn Jahre alt geworden war, hörte er, daß am Hofe ein starker Mann sei, und er gedachte, es mit ihm aufzunehmen. So begab er sich zum Großen Palast und blieb in dessen Nähe. Zu dieser Zeit lebte dort ein Prinz von alles überragender Kraft. Er wohnte in einem eigenen Gebäude im Nordosten des Großen Palastes. Im nordöstlichen Winkel befand sich ein Stein von acht Fuß im Geviert. Der starke Prinz kam aus seiner Wohnstatt heraus, hob diesen Stein auf und warf ihn. Darauf ging er in seine Wohnstatt hinein und verschloß die Tür, auf daß niemand aus- noch eingehe. Der Knabe sah dem zu und dachte bei sich: »Das ist der wohlbekannte starke Mann.« Des Nachts, als niemand es sah, hob er den Stein auf und warf ihn noch einen Fuß weiter. Als der starke Prinz dies sah, sammelte er seine ganze Kraft in den Händen und hob den Stein und warf ihn. Er konnte ihn aber nicht weiter werfen als gewöhnlich. Der Knabe wiederum warf ihn noch einmal zwei Fuß weiter. Der Prinz, der dies sah, warf wohl abermals, konnte aber nicht weiter gelangen. Wo der Knabe stand und den Stein warf, war des Knaben Fußabdruck drei Zoll tief in den Boden getreten. Jenen Stein warf er nochmals drei Fuß weiter. Der Prinz erblickte den Fußabdruck und dachte: »Von dieser Stelle hat der Knabe den Stein geworfen«, und er kam herbei, um ihn zu fangen. Der Knabe aber entfloh. Der Prinz verfolgte den Knaben durch den Zaun, durch den jener geflohen war. Der Knabe aber lief wieder zurück. Und als der Prinz, über den Zaun springend, ihn verfolgte, schlüpfte der Knabe wieder durch die Hecke und suchte das Weite. Der starke Prinz konnte ihn schließlich nicht fangen und dachte: »Dieser Knabe ist stärker als ich«, und er verfolgte ihn nicht mehr.

Später aber ward der Knabe Klosterdiener im Gangô-Kloster. Zu dieser Zeit starb Nacht für Nacht der jeweilige Diener der Glockenhalle. Als jener Klosterdiener das bemerkte, tat er den versammelten Mönchen kund: »Ich will diesen Teufel fangen und töten und dieser Todesgefahr ein Ende machen.« Die versammelten Mönche billigten es. Der Klosterdiener stellte in den vier Ecken der Glockenhalle vier Leuchten auf und unterwies vier Männer, die ihm zu Diensten standen, mit folgenden Worten: »Wenn ich den Teufel fange, dann öffnet alle gemeinsam die Deckel über den Leuchten!« Sodann kauerte er sich hinter dem Tor zur Glockenhalle nieder. Um Mitternacht kam ein großer Teufel. Sobald der den Tempeldiener erspäht hatte, machte er sich davon. Der Teufel kam aber danach in der Doppelstunde nach Mitternacht wieder und betrat die Halle. Da packte der Klosterdiener den Teufel bei den Haaren des Hauptes und zog ihn herein. Der Teufel zog nach draußen, der Klosterdiener zog nach drinnen. Die vier Männer, die bereitstanden, hatten vor Furcht die Besinnung verloren und konnten die Leuchterdeckel nicht öffnen. Der Klosterdiener zerrte den Teufel in eine jede der vier Ecken und öffnete die Leuchterdeckel. Als die Stunde des Morgengrauens nahte, rissen des Teufels Kopfhaare aus und er entfloh. Und als man am nächsten Tag den Blutspuren des Teufels nachging, gelangte man zu einem Kreuzweg, wo ein sündhafter Unfreier dieses Klosters begraben war. Da wußte man, daß der Geist dieses sündhaften Unfreien der Teufel war. Jenes Teufels Kopfhaare bewahrt man heute im Gangô-Kloster als Schatz auf. Später aber ward dieser Klosterdiener ein Laienmönch und wohnte weiterhin im Gangô-Kloster.

Dieses Kloster bestellte Felder und bewässerte sie. Etliche Prinzen machten eine Sperre und ließen das Wasser nicht hineinlaufen. Als die Felder ganz ausgetrocknet waren, sprach der Laienmönch: »Ich werde Wasser auf die Felder leiten.« Die versammelten Mönche billigten es. Und so ließ er einen Spatenstiel herstellen, den mehr als zehn Männer tragen mußten, und zu sich bringen. Diesen Spatenstiel nahm der

Laienmönch und bediente sich seiner wie eines Stockes beim Gehen. Er steckte ihn in die Öffnung des Schleusentores. Die Prinzen zogen den Spatenstiel heraus, schlossen das Schleusentor und ließen nichts auf die Klosterfelder fließen. Der Laienmönch aber nahm einen Stein, den über hundert Männer herangezogen hatten, verstopfte damit das Schleusentor und ließ das Wasser auf die Klosterfelder fließen. Die Prinzen erschraken vor der Kraft des Laienmönches und vergingen sich nicht mehr. Und so trockneten die Klosterfelder nicht mehr aus und trugen gut. Daher ward er mit dem Einverständnis der versammelten Mönche zum Mönch geweiht und genannt: Priester Dôjô.

Wenn Menschen späterer Generationen überliefern, daß ein Priester Dôjô im Gangô-Kloster gewaltige Kraft besaß, dann handelt es sich um diesen Dôjô. Wohl muß man wissen, daß seine Kraft daher rührte, daß er in einer früheren Existenz wahrhaft mit aller Kraft Gutes vollbracht hat.

Dies ist eine wunderbare Begebenheit aus dem Lande Japan.

Wie es kam, dass jemand Schildkröten loskaufte und sie freiliess, dadurch ein Zeichen der Belohnung empfing und von den Schildkröten Hilfe erlangte

Der Meditationsmeister Gusai war ein Mann aus Kudara. Als in Kudara Unruhen ausbrachen, entsandte man einen Vorfahren des Distriktsvorstandes von Mitani in der Provinz Bingo mit einer Streitmacht, um Kudara Beistand zu leisten. Da tat dieser ein Gelübde und sprach: »Falls ich heil zurückkehre, will ich den Göttern zuliebe ein Kloster bauen.« Daraufhin entging er allen Gefahren. Und also lud er einen Meditationsmeister ein, mit ihm gemeinsam zurückzukehren. Der Tempel von Mitani ist das Kloster, das jener Meditationsmeister erbaut hat. Mönche und Laien schauten es an und brachten ihre Verehrung dar. Der Meditationsmeister begab sich wegen der Herstellung eines Heiligenstandbildes in die Hauptstadt; er verkaufte wertvolle Dinge und kaufte dafür Gold, Zinnober und anderes mehr. Dann kehrte er zurück und gelangte zur Furt von Naniwa. Es traf sich, daß ein Mann von der Meeresküste vier große Schildkröten feilbot. Der Meditationsmeister ließ sie kaufen und freilassen. Darauf mietete er ein Boot, bestieg es mit zwei Dienern und stach in See. Als die Sonne unterging und es tiefe Nacht wurde, überkam die Bootsleute die Gier nach den wertvollen Dingen, und sie packten, als sie in die Nähe der Knochen- oder Leicheninsel von Bizen kamen, die Diener und stürzten sie ins Meer. Darauf wandten sie sich an den Meditationsmeister und sagten: »Ihr müßt auf der Stelle ins Meer springen!« Obwohl der

Meister ihnen ins Gewissen redete, gaben die Räuber nicht nach. Da tat er ein Gelübde und sprang ins Meer. Als ihm das Wasser bis zur Hüfte reichte, berührten seine Füße etwas wie ein Fels, und im Morgengrauen sah er, daß ihn die Schildkröten trugen. An der Küste von Bitchû nickten die Schildkröten dreimal mit dem Kopf und verschwanden. Kann man bezweifeln, daß dies die Vergeltung der Barmherzigkeit durch die freigelassenen Schildkröten war?

Nach einiger Zeit boten die sechs Räuber in jenem Kloster das Gold und das Zinnober zum Verkaufe an. Zunächst ging der Klosterpatron auf und ab und berechnete den Preis, danach erschien der Meditationsmeister und erblickte sie alle. Die Räuber konnten in der Eile nicht entrinnen. Der Meditationsmeister hatte Erbarmen und ließ sie nicht bestrafen. Schließlich stellte er die Buddhastatue her, verzierte die Pagode und weihte die Statue ein. Später wohnte er am Meeresufer und bekehrte die Vorübergehenden. Er starb mit mehr als achtzig Jahren.

Sogar das Getier vergißt Barmherzigkeit nicht und vergilt Barmherzigkeit. Wie könnte dann erst ein rechtschaffener Mensch Barmherzigkeit vergessen!

Wie es kam, dass einer seinem Kinde etwas wegnahm und es gebrauchte, ein Stier wurde und Dienste verrichtete und ein Wunderzeichen offenbarte

In einem Weiler der Landgemeinde Yamamura des Distriktes Sônokami in der Provinz Yamato lebte einst jemand, den man den Herrn Familienvorstand der Kura nannte. Einmal, im Zwölften Monat, gedachte er, getreu den Schriften des »Großen Fahrzeugs« die Sünden seiner früheren Existenz zu bereuen. Einem Boten tat er kund: »Lade einen Meditationsmeister ein!« Der Bote fragte ihn: »Aus welchem Kloster soll ich den Meditationsmeister einladen?« Er antwortete: »Wähle kein bestimmtes Kloster aus, sondern lade einen ein, den du zufällig triffst!« Dem Begehren folgend, lud der Bote einen auf der Straße wandernden Mönch ein und kehrte mit ihm in das Haus zurück. Der Familienvorstand wartete ihm gläubigen Herzens auf. In der Nacht, als Anbetung und Sutrenlesung schließlich beendet waren und der Mönch sich zur Ruhe begeben wollte, sorgte der mildtätige Herr für ihn und hüllte ihn in eine Bettdecke. Der Mönch aber dachte in seinem Herzen: »Besser als morgen eine Gabe entgegenzunehmen, ist es, die Bettdecke zu nehmen und zu verschwinden.« In diesem Augenblick hörte er eine Stimme, die sagte: »Du sollst diese Bettdecke nicht stehlen!« Der Mönch erschrak sehr und verwunderte sich, und als er sich im Hause umtat und nach einem Menschen spähte, fand er nur einen Stier, der unter dem Kornspeicherboden stand. Als der Mönch in die Nähe des Stieres kam, sprach dieser: »Ich bin der Vater des Familienvorstandes. Ich habe in meinem früheren Dasein meinem Sohn, ohne ihm Bescheid zu geben, zehn Garben Reis weggenommen, weil ich sie fremden Menschen schenken wollte. Aus diesem Grunde habe ich nun den Körper eines Stieres empfangen und büße darin für meine frühere Verfehlung. Wie kannst du, der du der Welt entsagt hast, so mir nichts dir nichts eine Bettdecke stehlen wollen? Wenn du wissen willst, ob mein Bericht der Wahrheit entspricht, dann richte für mich einen Menschensitz her. Ich werde mich dann gewiß darauf niederlassen, und man wird wissen, daß ich der Vater bin.«

Darauf schämte sich der Mönch sehr, er kehrte zu seinem Ruheplatz zurück und blieb dort. Am nächsten Morgen, als der fromme Dienst zu Ende gegangen war, sprach er: »Heiße alle Fremden sich entfernen!« Darauf aber berief und versammelte er die Verwandtschaft und erzählte ausführlich das Vorgefallene. Da ward der mildtätige Patron in seinem Herzen von Mitleid bewegt und begab sich an die Seite des Stieres, legte einen Strohsitz hin und tat ihm kund: »Wenn du wirklich mein Vater bist, so begib dich auf diesen Sitz!« Da krümmte der Stier seine Knie und ließ sich auf den Sitz nieder. Alle Verwandten erhoben ihre Stimme und jammerten und weinten sehr, und der Patron sprach: »Wahrhaftig, du bist mein Vater.« Darauf erhob er sich und verneigte sich und sprach zum Stier: »Von dem, was du in deinem früheren Dasein für dich verwendet hast, schuldest du mir jetzt nichts mehr.« Als der Stier das vernahm, vergoß er Tränen und seufzte tief auf.

Am gleichen Tage zur Stunde des Affen hauchte er sein Leben aus. Danach aber vermachte der Hausherr dem Priester die Bettdecke, in die jener gehüllt war, und mancherlei Kostbarkeiten; und um seines Vaters willen vollbrachte er allenthalben gute Werke. Die Ordnung von Ursache und Wirkung – wie könnte man ihr nicht vertrauen!

Wie es kam, dass jemand Krabbe und Frosch loskaufte und freiliess und ein Zeichen der Belohnung empfing

Okisome no Omi Taime war die Tochter der Äbtissin Hôni des Nonnenklosters von Tomi in der Hauptstadt Nara. Von brennendem Glaubenseifer erfüllt, hatte sie sich noch keinem Manne hingegeben. Sie pflegte Kräuter zu pflücken, soviel sie konnte; und ohne auch nur einen Tag auszulassen diente sie dem Großen Tugendhaften Gyôgi. Als sie einmal ins Gebirge ging und Kräuter pflückte, sah sie, wie eine große Schlange einen großen Frosch verschlang. Flehentlich sprach sie zu der großen Schlange: »Laß mir diesen Frosch!« Die Schlange aber ließ nicht ab und würgte weiter. Wiederum sprach sie flehentlich: »Ich will deine Frau werden, so überlasse ihn mir deshalb zum Segen!« Als die große Schlange dies vernahm, richtete sie ihr Haupt hoch auf und starrte dem Mädchen ins Antlitz, spie den Frosch aus und gab ihn frei. Das Mädchen verabredete sich mit der Schlange und sagte: »Wenn von heute an sieben Tage verstrichen sind, dann komm!« Als jedoch der verabredete Tag kam, verschloß sie ihr Haus und verstopfte alle Löcher. Und da sie, also geschützt, im Innern verweilte, kam die Schlange, wahrlich getreu der Verabredung, und schlug mit ihrem Schwanz an die Wand. Das Mädchen fürchtete sich und berichtete es am nächsten Tag dem Großen Tugendhaften. Der Große Tugendhafte bewohnte den Bergtempel von Ikoma. Er verkündete ihr: »Du kannst ihr nicht entgehen. Befolge aber streng die Gebote!« Also nahm sie sich die Dreifache Hingabe – an Buddha, an die Lehre und an die Priesterschaft – und die Fünf Gebote zu Herzen und merkte sie sich wohl, und darauf kehrte sie zurück. Auf dem Wege traf sie einen fremden alten Mann mit einer großen Krabbe. Sie fragte ihn: »Wer bist du, Alter? Ich bitte dich, mir die Krabbe zu lassen.« Der Alte erwiderte: »Ich bin ein Mann aus dem Distrikt Uhara in der Provinz Settsu namens Edoi Nimaro, achtundsiebzig Jahre alt, bin ohne Söhne und Enkel und ohne die Mittel, mein Leben zu fristen. Ich war auf dem Wege nach Naniwa, da fand ich glücklicherweise diese Krabbe. Da ich sie aber schon für jemanden bestimmt habe, kann ich sie dir nicht lassen.« Das Mädchen zog sein Obergewand aus, um sie dafür einzuhandeln, aber er ließ sie ihr doch nicht. Sie zog aber noch ihren Rock aus, um ihn dreinzugeben. Da ließ der Alte ihr die Krabbe. Sie nahm die Krabbe und kehrte wieder um, bat den Großen Tugendhaften, die Beschwörungsformel zu sprechen und ließ die Krabbe frei. Der Große Tugendhafte seufzte und sprach: »Ach wie edel, ach wie gut.«

In der Nacht des achten Tages darauf kam jene Schlange wieder. Sie erklomm das Dach der Hütte, riß Schilf heraus und schlüpfte hinein. Das Mädchen erschrak und fürchtete sich. Doch sie hörte nur ein Geräusch wie von Flattern und Zappeln vor ihrem Bett. Als sie beim Morgengrauen schaute, sah sie eine große Krabbe, die jene große Schlange in kleine Stücke zerschnitten hatte. Da erkannte sie, daß es die freigekaufte Krabbe war, welche die Wohltat vergolten hatte, und sie erkannte zugleich die Macht, die das Befolgen der Gebote zeitigt. Sie wollte aber doch den wahren Sachverhalt wissen, und so erkundigte sie sich nach Familie und persönlichem Namen des Alten, aber es gab ihn nicht. Da wußte sie mit Sicherheit, daß der Alte ein verwandelter Heiliger war.

Das ist ein ungewöhnliches und wunderbares Ereignis.

Wie es kam, dass ein Weib von einem bösen Dämon besessen und verschlungen wurde

Zu Zeiten des Kaisers Shômu sang man im ganzen Reich:

Zur Braut will ich dich haben –
wem wohl sag ich das?
Vom Kleinen Weg in Amuchi
der Yorozunoko.
Namu namu ya!
Der Bergasket: umgekehrt, umgekehrt
Wein er nimmt und schlürft,
Zauberworte spricht
der weise Mann vom Berg,
mehr als genug, mehr als genug!

Zu jener Zeit gab es im Osten des Dorfes Amuchi im Distrikt Tôchi in der Provinz Yamato eine sehr reiche Familie. Ihr Name war Kagamitsukuri no Miyatsuko (das heißt: die »Edlen Spiegelmacher«). Sie hatten eine Tochter, deren Name war Yorozunoko (»Zehntausendkind«). Sie war noch unverheiratet und unberührt. Ihr Aussehen war vollkommen. Obwohl Männer hohen Standes um sie anhielten, wies sie alle zurück, und so vergingen die Jahre.

Dann kam ein Mann, der warb um sie und sandte ihr eilends Geschenke. Es waren drei Wagen voll bunt gefärbter Seide. Als sie das sah, gefiel es ihr im Herzen, und sie näherte sich ihm und ward vertraut mit ihm. Sie gab seinen Worten nach und duldete es, daß er in ihrem Schlafgemach mit ihr schlief.

In derselben Nacht hörte man im Schlafgemach eine Stimme, die sprach dreimal: »Oh weh!« Die Eltern hörten es und sprachen zueinander: »Sie ist noch unerfahren und leidet Schmerzen.« Sie kümmerten sich aber nicht darum und schliefen weiter.

Am nächsten Morgen standen sie spät auf. Die Mutter klopfte an die Tür und rief, um ihre Tochter zu wecken, aber es kam keine Antwort. Sie wunderte sich, öffnete die Tür und schaute hinein: da war nur der Kopf und ein Finger von Yorozunoko übrig, der Rest war aufgefressen. Vater und Mutter sahen es mit Grausen und waren von Leid und Kummer erfüllt. Wie sie die als Brautgabe gesandte gefärbte Seide anschauten, hatte sie sich verwandelt und war zu Tierknochen geworden, und die drei Wagen, auf die man sie geladen hatte, waren auch verwandelt und zu stinkendem Evodienholz geworden.

Die Menschen aus den Acht Himmelsrichtungen hörten davon und liefen zusammen und es war niemand unter ihnen, der es ohne Bestürzung sah. Den Kopf tat man in ein chinesisches Kästchen, das setzte man am Morgen des siebentes Tages nach ihrem Tode vor die Drei buddhistischen Schätze und bereitete eine Fastenmahlzeit.

Nun frage ich mich: Zeigte nicht vorher ein Zeichen das Unheil an? War nicht jenes Lied ein solches Zeichen? Die einen sprechen von einem göttlichen Wunder, die anderen von einem Teufelsfraß. Überdenke ich es, so war dieses doch ein in der Vergangenheit begründeter Groll. Und auch dieses ist eine seltsame Begebenheit.

Die Geschichte vom Bambussammler

Wie Kaguyahime aufwuchs

Es ist jetzt schon lange her, da gab es einen Mann, den man den alten Bambussammler nannte. Stets war er dabei, durch Wildnis und Bergwald zu dringen und Bambus zu sammeln, den er zu tausenderlei Dingen verwendete. Mit Namen hieß er Sakaki no Miyatsuko. Da war nun einmal mitten unter dem Bambus ein Bambusrohr, das an der Wurzel leuchtete. Er wunderte sich und trat näher heran und sah, daß es im Innern des Rohres leuchtete. Als er weiter nachsah, war da ein nur drei Zoll hohes Menschlein und das war wunderschön. Da sprach der alte Mann: »Ich habe es erkannt, weil es mitten in dem Bambus war, den ich jeden Morgen und jeden Abend vor mir sehe. Es muß wohl ein Menschlein sein, das mir zum Kinde bestimmt ist.« Und er legte es in seine Hand und trug es nach Hause. Dort vertraute er es seiner Frau an, daß sie es aufziehe. Seine Schönheit war ohne Grenzen. Da es so winzig klein war, legte sie es in ein Körbchen und zog es auf.

Seit der alte Bambussammler dieses Kind gefunden hatte, traf es sich immer häufiger, daß er beim Bambussammeln Bambus fand, in dessen Hohlräumen zwischen den Knoten Gold war. So wurde der alte Mann allmählich reicher und reicher.

Dank der Pflege wuchs das Kindchen unglaublich schnell in die Höhe. Kaum drei Monate alt, war es bereits zu einem richtig erwachsenen Menschen geworden, und so setzte man einen Tag für das Zurückkämmen der Haare fest, und man ließ es die Haare zurückkämmen und den Mädchenrock anlegen. Auch ließ man es nicht mehr aus den Vorhängen des Innengemaches hinaustreten und man erzog es mit Liebe und Sorgfalt. Die Gestalt dieses Kindes war so anmutig wie sonst nichts auf der Welt, ihr Leuchten erfüllte das Innere des Hauses, so daß es keine dunkle Stelle gab. War der alte Mann einmal in übler Laune oder fühlte er sich elend – sah er nur dieses Kind an, die Bitternis nahm ein Ende und sein Zorn legte sich. Noch lange ging der alte Mann dem Bambussammeln nach. So wurde er zu einem reichen und angesehenen Mann. Als das Kind nun groß geworden war, rief man den Imbe no Akita von Mimurodo, daß er ihm einen Namen gebe. Akita nannte es Nayotake no Kaguyahime, das heißt Leuchte-Prinzessin aus dem jungen Bambus. Da feierte man drei Tage lang bei Gesang und Tanz. Man führte tausenderlei Spiele auf. Unverdrossen rief man die Männner zusammen und man unterhielt sich glänzend.

Männer aus aller Welt, adelige wie gemeine, verliebten sich allein vom Hörensagen ganz närrisch in diese Kaguyahime – ach könnte man sie doch irgendwie gewinnen, ach könnte man sie doch sehen! Sie trafen einander, wie sie, statt nachts ruhig zu schlafen, in die finstere Nacht hinaustraten, am Zaun in der Nähe oder bei den Türen des Hauses herumirrten, Löcher bohrten und verstohlen nach der Ausschau hielten, die doch selbst von den Leuten im Hause kaum zu erblicken war. Seit dieser Zeit nennt man das Werben *yobai* (und das bedeutet »nächtliches Herumkriechen«).

Sie liefen bis an Orte, an die kein Mensch denken würde, aber es sah nicht so aus, als hätten sie irgendeinen Erfolg. Sie sprachen Leute des Hauses an, sie möchten doch etwas sagen, aber sie fanden keine Beachtung. Der adeligen Herren, die Tag und Nacht nicht vom Platze wichen, waren es viele. Die es weniger ernst nahmen, meinten nun, das aussichtslose Herumlaufen habe keinen Sinn, und kamen nicht mehr. Diejenigen unter ihnen, die weiterhin vorsprachen – fünf Männer, die im Rufe standen, auf Liebesabenteuer erpicht zu sein –, kamen bei Tag und bei Nacht, ohne ihr Liebessehnen je aufzugeben. Ihre Namen waren: Prinz Ishitsukuri, Prinz Kuramochi, Kanzler zur Rechten Abe no Mimuraji, Oberkabinettsrat Ōtomo no Miyuki und Mittlerer Kabinettsrat Isonokami no Marotari – das waren diese Leute. Da sie Menschen waren, die selbst dann schon sehen möchten, wenn sie hören, daß unter den Vielen dieser Welt gerade nur eine einigermaßen wohlgestaltet sei, wollten sie auch Kaguyahime erblicken, aßen nichts und dachten unentwegt an sie, und so kamen sie in dieses Haus und schlenderten müßig herum – aber das muß ihnen wohl auch keinen Nutzen gebracht haben. Sie schrieben Briefe und schickten sie hin, aber Kaguyahime gab keine Antwort. Sie schrieben Klagelieder und sandten sie hin ..., und obwohl sie sich denken konnten, daß es nutzlos sei, kamen sie, ohne sich durch Regen und Frost des Reifmonats und des Wintermonats, durch Hitze und Gewittergrollen des Wasserlosen Monats stören zu lassen. Diese Leute riefen einmal den alten Bambussammler heraus, warfen sich nieder, rangen bittend die Hände und sagten, er solle ihnen seine Tochter geben, doch er sprach: »Da sie nicht mein leibliches Kind ist, fügt sie sich nicht meinen Wünschen«, und die Tage und Monde verstrichen. Daher kehrten diese Leute wieder nach Hause zurück, wo sie weiter ihren Gedanken nachhingen, Gebete verrichteten und Gelübde ablegten. Ihr Liebessehnen wollten sie keineswegs aufgeben. Sie dachten: Trotzdem – wird er sie schließlich nicht doch einem Mann vereinen? Darauf setzten sie ihre Hoffnung. Und so trieben sie sich erst recht herum und taten ihre Absicht kund.

Der alte Mann nahm dies wahr, und er sagte nun zu Kaguyahime:

»Mein liebes Kindchen, du bist zwar ein wundersames Wesen, das die menschliche Gestalt nur angenommen hat, dennoch war meine Absicht, dich so weit großzuziehen, sehr ernst gemeint. Du solltest schon auf das hören, was ich alter Mann dir sagen möchte!« – Da antwortete Kaguyahime: »Wie sollte ich denn nicht auf das hören, was du sagen willst, was es auch immer sei? Ich weiß ja nichts davon, daß ich ein wundersames Wesen sein soll, ich halte dich doch für meinen Vater!« »Du sagst mir da etwas sehr Liebes«, sagte der alte Mann, »ich alter Mann bin nun über siebzig. Ich weiß nicht, was der heutige oder morgige Tag bringt. Für uns Menschen dieser Welt gilt, daß der Mann sich einer Frau vereint, daß die Frau sich einem Mann vereint. Daraufhin entfaltet sich eine Familie. Wie könntest du ohne solches sein?« Da Kaguyahime nun sagte: »Warum aber sollte ich solches denn tun?« – sprach er: »Bist du auch ein wundersames Wesen in Menschengestalt, so besitzest du doch den Körper einer Frau. Solange ich alter Mann da bin, kannst du dein Leben ja auf diese Weise zubringen. Erwäge aber bitte, was diese Leute sagen, die Jahre und Monde so hingebracht haben, und verbinde dich dem einen oder dem anderen.« Kaguyahime aber sagte: »Ich fürchte nur, daß ich es später sehr bedauern müßte, wenn Treulosigkeit folgte, denn meine Erscheinung ist nicht besonders schön, und die Tiefe ihrer Gefühle ist mir unbekannt. Es sind zwar vornehme Leute von Welt, aber solange ich die Tiefe ihrer Absichten nicht kenne, fällt es mir schwer, mich einem zu verbinden.« Der alte Mann sprach: »Du sagst gerade, was auch ich denke. Wie sollen aber nun die Herzensabsichten desjenigen sein, dem du dich verbinden möchtest? Es sind wohl alles Leute, deren Absichten ernst gemeint sind.« Kaguyahime sagte: »Ich will dir sagen, wieviel Gefühlstiefe ich sehen möchte: ein kleines bißchen. Ihre Absichten sind wohl alle gleich. Ich möchte aber irgendwie erkennen, welche von ihnen geringer sind, welche sich hervorheben. Sage also den anwesenden Leuten, ich werde demjenigen unter den fünfen zu Diensten stehen, dessen Herzensabsichten sich dadurch hervorheben, daß er mir zu zeigen geruht, was ich zu sehen wünsche.« »Das ist ausgezeichnet«, stimmte er zu.

Bei Anbruch der Dunkelheit versammelten sie sich wie gewöhnlich. Der eine blies Flöte, der andere sang ein Lied, einer summte eine Melodie, und wieder ein anderer pfiff und schlug mit dem Fächer den Takt dazu, als der alte Mann heraustrat und sagte: »Es ist mir eine außerordentliche Ehre, daß ihr Jahre und Monde hindurch diesem niederen Ort eure Anwesenheit gönnt. Mit Recht sagte ich also: ›Ich alter Mann weiß nicht, was der heutige oder morgige Tag bringt, erwäge also die Herren, die so und so sprechen, und stehe einem zu Diensten.‹ Nun meinte sie: ›Da ihre jeweiligen Absichten weder geringer scheinen noch sich hervorheben, müßte erst das Maß dieser Absichten sichtbar werden. Danach will ich meine Entscheidung treffen und zu Diensten stehen‹ – und das hielt ich für eine gute Sache. Das wird wohl niemand übelnehmen!« Da auch die fünf Leute meinten, es sei eine ausgezeichnete Sache, ging er hinein und sagte es Kaguyahime. Nun sprach sie: »Sage dem Prinzen Ishitsukuri: Es gibt einen Gegenstand, den man die Köstliche Steinschale des Buddha nennt. Diese möge er bringen. Dem Prinzen Kuramochi: Im Ostmeer gibt es den Berg Hōrai. Dort steht ein Baum, dessen Wurzeln aus Silber, dessen Stamm aus Gold, dessen Früchte aus weißem Edelstein sind. Er möge einen Zweig für mich brechen.« Und weiter sprach sie: »Dem nächsten nun sage, er bringe mir das Kleid aus dem Pelz der Feuerratte, das sich im Lande Morokoshi befindet. Dem Oberkabinettsrat Ōtomo: Am Kopf des Drachen sitzt ein Edelstein, der in allen fünf Farben schimmert. Den möge er mir bringen. Dem Mittleren Kabinettsrat Isonokami: Er möge mir eine Muschel für leichtes Gebären bringen, wie sie die Schwalben besitzen.« So sprach sie. Der alte Mann antwortete: »Das sind fürwahr schwierige Dinge. Es sind keine Gegenstände, die es hierzulande gibt. Wie kann ich ihnen nur so schwierige Dinge beibringen!« Weil Kaguyahime aber sagte: »Warum sollen sie denn schwierig sein?« – meinte der alte Mann: »Nun, da werde ich es eben sagen« und ging hinaus, und als er sagte: »So und so wünscht sie es. Weist ihr vor, wovon sie euch hören ließ!«, und als die Prinzen und Würdenträger es vernahmen, da sprachen sie: »Warum sagt sie nicht geradeheraus, treibt euch nicht mehr hier herum!«, und mutlos kehrten sie zurück.

Die Köstliche Steinschale des Buddha
(Die Geschichte des Prinzen Ishitsukuri)

Da nun Prinz Ishitsukuri dennoch das Gefühl hatte, in der Welt nicht leben zu können, wenn er diese Frau nicht zu Gesicht bekäme, sann er hin und her, ob er nicht doch jenes Ding aus Indien herbeibringen sollte, und weil er ein Mensch war, der sich im Herzen alles genau überlegte, dachte er, »Wie könnte ich wohl, selbst wenn ich hundert Millionen Meilen ginge, eine Schale in die Hand bekommen, die in ganz Indien nur einmal vorhanden ist!« –, und er ließ Kaguyahime mitteilen, er sei eben heute nach Indien abgereist, um die steinerne Schale zu holen, aber nach etwa drei Jahren nahm er eine Schale, ganz schwarz von Ruß, die vor dem heiligen Binzuru in einem Bergtempel im Distrikt Tōchi in der Provinz Yamato stand, steckte sie in einen Brokatsack und befestigte diesen an einem Zweig von künstlichen Blumen, und als er dies nun ins Haus der Kaguyahime brachte und vorwies, verwunderte sich Kaguyahime und schaute die Schale an, doch in der Schale lag ein Brief. Sie breitete ihn aus und las:

Auf Meer und Berges
Pfaden habe mein Herz ich
ganz und gar erschöpft.
Um die Schale aus Stein sind
blut'ge Tränen geflossen.

Als Kaguyahime nachsah, ob die Schale leuchte, war da nicht einmal ein Leuchten wie von Glühwürmchen! Sie gab ihm zur Antwort:

Eines Tautropfens
Leuchten wenigstens sollte
ihr innewohnen –
doch im »Finsterwäldchen«, was
dachtet Ihr da zu finden?

Er warf die Schale am Tor weg und verfaßte folgendes Antwortgedicht:

Dem strahlend weißen
Berg gesellt, muß das Leuchten
ja doch verblassen.
Werf Schale (und Scham) ich auch
weg, bleibt mir doch noch Hoffnung.

Das dichtete er und schickte es hinein. Kaguyahime gab keine Antwort mehr. Da sie ihm kein Gehör schenkte, war er um weitere Worte verlegen und kehrte schließlich zurück. Seit jener Zeit, als er die Schale wegwarf und noch weiter redete, sagt man, wenn einer kein Gesicht hat, »er wirft die Schale weg« (denn *hachi* bedeutet Schale, aber auch Scham).

Der Edelsteinzweig vom Berge Hōrai
(Die Geschichte des Prinzen Kuramochi)

Prinz Kuramochi, ein listenreicher Mensch, bat bei Hofe um Urlaub, da er nach Tsukushi gehen wolle, um in den heißen Quellen zu baden, und im Hause der Kaguyahime ließ er ausrichten, er mache sich auf, den Edelsteinzweig zu holen, und als er die Hauptstadt verließ, gaben ihm alle Leute, die ihm zu dienen hatten, bis Naniwa das Geleit. »Alles in größter Heimlichkeit...« sagte der Prinz, und nahm nur wenige Leute mit sich. Er beschränkte sich auf die ihm zunächst dienenden und schiffte sich ein. Die Leute, die ihm das Geleit gaben, blickten ihm nach und kehrten dann zurück. So gab er sich vor den Leuten den Anschein, als sei er davongegangen, doch schon nach drei Tagen kam er zurückgerudert.

Weil er zuvor schon alles abgesprochen hatte, waren sechs Goldschmiedemeister berufen worden, die man dazumal zu höchst schätzte, man hatte ein Haus errichtet, dem sich wohl nicht leicht jemand nähern mochte, man hatte den Ofen dreifach umschlossen, und der Prinz brachte hier nicht nur die Handwerker unter, sondern zog sich auch selbst an diesen Ort zurück, und an allen Orten, so weit sich seine Herrschaft erstreckte, öffnete man den Vorstehern die Öfen und stellte ihnen das Metall zur Verfügung, und damit fertigten sie den Edelsteinzweig an. Sie vollendeten ihn, ohne von der Beschreibung abzuweichen, die Kaguyahime gegeben hatte. Der Prinz hatte alles sehr fein ausgeklügelt und ging nun heimlich mit dem Zweig nach Naniwa. Dem eigenen Palast ließ er die Nachricht zustellen, er sei soeben zu Schiff angekommen, und er gab sich furchtbar leidend. Viele Leute kamen zu seiner Begrüßung. Den Edelsteinzweig legte er in einen länglichen Kasten und deckte ihn zu, und so nahm er ihn mit. Irgendwann mußte man davon gehört haben, denn es ging das Gerücht, Prinz Kuramochi habe die Wunderblume Udumbara in die Hauptstadt mitgebracht. Das hörte Kaguyahime, und der Gedanke, daß sie dem Prinzen unterlegen sein könnte, preßte ihr die Brust zusammen.

Da nun klopfte es ans Tor, und man meldete, Prinz Kuramochi sei gekommen. Und da es hieß, noch in das Gewand der Reise gekleidet sei er gekommen, trat ihm der alte Mann entgegen. Der Prinz sagte: »Überreichet und zeiget Kaguyahime diesen Edelsteinzweig und sagt ihr, mein Leben hintansetzend habe ich ihn herbeigebracht« – und der alte Mann nahm den Zweig und ging hinein. Es war aber ein Brief an diesem Edelsteinzweig befestigt:

Selbst wenn umsonst ich
den Leib dahingegeben –
hätte ich nicht den
Zweig aus Edelstein gepflückt,
nicht wär ich zurückgekehrt!

Sie betrachtete ihn ohne Gefühl, da kam der alte Bambussammler hereingelaufen und sagte: »Den Edelsteinzweig vom Berge Hōrai, den hat er dir ohne einen Makel herbeigebracht. Was kannst du jetzt noch aussetzen? Ohne vorher sein eigenes Haus aufzusuchen, im Reisegewand sogar ist er gekommen. Also verbinde dich bald mit diesem Prinzen!« – doch wortlos stützte sie ihr Gesicht in die Hände und fühlte sich ganz jämmerlich. Mit den Worten: »Jetzt wird sie aber nichts mehr einwenden können!« erklomm der Prinz die Galerie des Hauses. Da der alte Mann das für richtig hielt, sagte er: »Es ist ein Edelsteinzweig, wie man ihn hierzulande nicht zu sehen bekommt. Wie könntest du diesmal noch nein sagen! Er ist auch ein vornehmer Mann.« Kaguyahime sagte: »Gerade weil es mir leid tat, immer wieder abzulehnen, was die Eltern verlangten, sollten es schwer zu beschaffende Dinge sein ...« Sie war vergrämt, daß er wider alles Erwarten den Zweig mitgebracht hatte, und der alte Mann traf bereits Vorkehrungen im Schlafgemach.

Der alte Mann sagte zum Prinzen: »An was für einem Ort wuchs wohl dieser Baum, da schon der Zweig ein gar seltsames, wunderschönes und liebenswertes Ding ist?« Der Prinz antwortete und sprach: »Vorvorletztes Jahr, ungefähr am zehnten Tag des Zweiten Monats, habe ich mich in Naniwa eingeschifft und wir sind in See gestochen, und wenn ich mir auch bewußt war, die Richtung nicht zu kennen, die wir einzuschlagen hatten, dachte ich doch, was soll ich noch lebend in der Welt, wenn nicht zustande kommt, was ich wünsche, und so vertraute ich mich den unsteten Winden an und wir fuhren dahin. Hätte ich das Leben verloren, was wäre zu tun gewesen – solange ich aber lebte, sollte es so bleiben, und während wir uns fragten, ob wir auf den Berg stoßen würden, den man wohl den Hōrai nennt, fuhren wir dahin, rudernd und von den Wellen getrieben, wir entfernten uns von der Heimat, kamen hierhin, gingen dahin, einmal schien es, als ob wir im Toben der Wellen in den Meeresboden eindrängen, einmal wurden wir von den Winden zu unbekannten Ländern verschlagen, wo teufelsartige Wesen uns umbringen wollten. Einmal hätten wir uns fast verloren in den Meeren, nicht mehr wissend, woher wir kamen oder wohin wir gehen sollten. Einmal mußten wir Graswurzeln zu unserer Nahrung machen, da der Vorrat an getrocknetem Reisbrei aufgezehrt war. Einmal kamen unsagbar schreckliche Wesen und wollten uns verschlingen. Einmal sammelten wir Meeresmuscheln, um unser Leben zu fristen. An Stellen, wo sich unter dem Himmel unserer Reise weit und breit keine Menschenseele befand, die Hilfe hätte bringen können, befielen uns verschiedene Krankheiten, und wir merkten nicht einmal, wohin wir fuhren. So überließen wir dem Boot die Fahrt und trieben auf dem Meer dahin, und am 500. Tag, in der Stunde des Drachen, wird mitten im Meer, ganz verschwommen, ein Berg sichtbar. Alle im Boot bemühen sich, ihn zu sehen. Der Berg, der da auf dem Meere schwimmt, ist außerordentlich groß. Er wirkt hoch und schön. Ich dachte, das könnte der Berg sein, den ich suche, und da war ich nun erst recht in Sorge, wir umkreisten den Berg, zwei, drei Tage lang fuhren wir nur so dahin und schauten umher, da trat eine Frau, angetan wie eine Himmelsfee, aus dem Berg hervor, sie hielt eine silberne Schale und ging Wasser schöpfen. Ich sehe dies, steige aus dem Boot und frage sie: ›Wie heißt dieser Berg?‹ Die Frau antwortet, das sei der Berg Hōrai. Wie ich das höre, kennt meine Freude keine Grenzen mehr. Ich frage die Frau: ›Wer ist diejenige, die mir das sagt?‹ Und sie sagt: ›Mein Name ist Ukanruri‹, und plötzlich ist sie im Berg verschwunden.

Ich betrachtete nun den Berg, aber man schien ihn nicht weiter besteigen zu können. Als ich um den flachen Fuß des Berges herumging, standen dort Blütenbäume, wie es sie nirgends in der Welt gibt. Goldene, silberne, smaragdgrüne Wasser strömten aus dem Berg hervor. Brücken aus verschiedenfarbigen edlen Steinen überspannten sie. In ihrer Nähe standen strahlende und glänzende Bäume. Was ich hier von diesen mitgebracht habe, ist eigentlich sehr schlecht, aber ich habe gerade diese Blüten abgebrochen und mitgebracht, weil mir schien, sie weichen wohl kaum ab von dem, was Kaguyahime gesagt hat. Der Berg ist unerhört reizvoll. Es gibt nichts auf dieser Welt, das man ihm vergleichen könnte, doch als ich diesen Zweig gebrochen hatte, war ich erneut voller Unruhe, ich bestieg das Boot, es blies ein günstiger Wind, und in etwas über 400 Tagen waren wir da. Es war wohl die Wirkung unserer Gebete – von Naniwa bin ich gestern in die Hauptstadt gekommen. Und ohne mein Gewand zu wechseln, das noch feucht ist von der Salzflut, bin ich weiter hierher geeilt.«

Als der Prinz so sprach und der alte Mann zuhörte, seufzte er und verfaßte folgendes Gedicht:

Wir, die Schwarzbambus
seit alten Zeiten sammeln
in Feld und Wäldern –
was haben wir dagegen
Kümmerliches nur gesehn!

Das hörte der Prinz und er sagte: »Mein Herz, das in jenen Tagen so schmerzlich gelitten hat, ist heute zur Ruhe gekommen.« Und als Antwortgedicht sprach er:

Mein Ärmel hier ist
heute endlich getrocknet:
Da soll der Leiden
vieltausendfältige Zahl
auch bald vergessen mir sein.

Währenddessen waren sechs Männer zusammen in den Hof getreten. Einer der Männer hielt einen Brief eingeklemmt in einen Briefhalter und sprach: »Ich, Ayabe no Uchimaro, Handwerker aus den Palastwerkstätten, erlaube mir zu sagen: Wir haben uns der Fünf Körnerfrüchte enthalten, um untertänigst einen Edelsteinzweig anzufertigen, und die Kraft, die wir mehr denn tausend Tage lang darauf verwendet haben, war nicht gering. Bisher hat man uns aber keinen Lohn gewährt. Gewähret ihn uns jetzt, damit wir unsere Gesellen entlohnen können!« So sprach er und reichte den Brief hin. Der alte Bambusfäller beugte sich fragend zur Seite: »Was sagt dieser Handwerker da?« Der Prinz aber schien außer sich, und der Mut schwand ihm dahin. Kaguyahime hörte es und sagte: »Nehmt den Brief, den er darreicht!«, und als sie ihn las, da stand in diesem Brief:

»Seine Hoheit der Prinz geruhte, sich tausend Tage lang mit uns niedrigen Handwerkern zusammen am selben Orte verborgen aufzuhalten und einen prächtigen Edelsteinzweig anfertigen zu lassen, und er geruhte auch, uns Ämter zu versprechen. Als wir dies kürzlich überdachten, erfuhren wir, daß es der Zweig war, den Kaguyahime, die künftige Dame des Prinzen, verlangt haben soll, und so wird man uns wohl den Lohn von diesem Palast gewähren!«

So lautete der Brief, und als Kaguyahime hörte »es ist uns der Lohn zu gewähren«, blühte ihr Herz, das sich mit einbrechender Dunkelheit immer mehr mit Kummer gefüllt hatte, aus seinem Grame auf, sie rief den alten Mann und sagte: »Und ich habe gedacht, es könnte wahrhaftig ein Baum vom Hōrai sein! Weil es nun eine so erbärmliche Fälschung ist, gib den Zweig nur schnell zurück!« Als sie so sprach, antwortete der alte Mann beifällig: »Da wir gehört haben, daß es gewiß ein künstlich hergestelltes Ding ist, fällt es mir sehr leicht, ihn zurückzugeben!«

Kaguyahimes Herz war nun wieder ganz heiter und sie antwortete auf das oben erwähnte Gedicht:

Ob er wohl echt sei,
fragt ich – doch als ich nachsah,
war mit Blättern aus
Worten geschmückt dieser Zweig
von wunderbarem Gestein.

Und damit gab sie den Edelsteinzweig zurück.

Der alte Bambussammler dachte daran, wie er eben zuvor noch mit dem Prinzen geplaudert hatte, und stellte sich schlafend. Der Prinz wußte nicht, sollte er aufbrechen oder sollte er bleiben. So machte er sich, als es dunkel geworden war, heimlich davon.

Kaguyahime aber rief die Handwerker, die ihr Leid geklagt hatten, und hieß sie niedersitzen. »Ihr seid mir willkommene Leute!« sprach sie und ließ sie Lohn in reichlicher Menge nehmen. Die Handwerker freuten sich außerordentlich, sie sagten, nun sei es doch so gekommen, wie sie gehofft hatten, auf dem Rückweg aber ließ Prinz Kuramochi sie züchtigen, bis das Blut floß. Und da er ihnen, noch ehe der empfangene Lohn ihnen Nutzen gebracht hatte, alles abnehmen und wegwerfen ließ, entflohen sie und verschwanden. So sprach nun der Prinz: »Die Schmach eines ganzen Lebens kann diese meine Schande nicht übersteigen. Nicht nur, daß ich diese Frau nicht gewinnen konnte, jedermann unter dem Himmel wird sich daran erinnern, oh Schimpf und Schande!« – und ganz alleine zog er sich tief ins Gebirge zurück. Palastbeamte und Dienstleute, alle verteilten sich und machten sich auf die Suche, doch nirgends konnten sie ihn aufspüren, gerade als wäre er schon gestorben. In der Absicht, sich vor seinen Gefährten verborgen zu halten, ließ er sich lange Jahre hindurch nicht sehen. Da nun begann man von *tama-sakaru* zu sprechen (das heißt »die Edelsteine laufen davon«, es heißt aber auch »die Seele läuft davon«, denn *tama* bedeutet sowohl Edelstein wie auch Seele).

Das Pelzgewand der Feuerratte
(Die Geschichte des Kanzlers zur Rechten Abe)

Der Kanzler zur Rechten Abe no Mimuraji war wohlversehen mit Schätzen und gehörte zu einer einflußreichen Familie. Er schrieb einen Brief an einen Mann namens Wang Hsi von einem Schiff aus Morokoshi, dem Lande der Chinesen, das in jenem Jahre gekommen war, und forderte ihn darin auf, er solle einen Gegenstand, den man den Pelz der Feuerratte nenne, kaufen und schicken, und er wählte unter seinen Dienstleuten einen Mann mit ehrlichem Herzen namens Ono no Fusamori, den schickte er mit dem Brief fort. Er kam damit an, und Wang Hsi, der sich in Morokoshi befand, nahm das Gold in Empfang. Wang Hsi breitete den Brief aus und las ihn, dann schrieb er die Antwort.

Er sagte: »Ein Pelzgewand der Feuerratte, das gibt es bei uns nicht. Ich habe zwar schon davon gehört, es aber bis jetzt nicht gesehen. Gäbe es so etwas auf dieser Welt, müßte es wohl auch in unser Land gebracht worden sein. Das ist ein sehr schwieriger Handel. Indessen – falls es zufällig nach Indien gebracht worden sein sollte, will ich bei den wohlhabenden Familien herumfragen und mich darum bemühen, und falls es nicht vorhanden ist, werde ich dem Boten das Gold wieder mitgeben.«

Nun kam dieses Schiff aus Morokoshi wieder. Der Kanzler zur Rechten hörte, daß Ono no Fusamori zurückgekommen und auf dem Weg zur Hauptstadt sei, und als er ihm ein schnelles Pferd schickte, auf daß er es laufen lasse auf dem Heimweg, bestieg Fusamori das Pferd und gelangte in nur sieben Tagen von Tsukushi in die Hauptstadt. Als der Kanzler den Brief des Wang Hsi las, stand da: »Ich habe Leute ausgeschickt und unter großen Schwierigkeiten das Pelzgewand der Feuerratte erstanden. Dieser Pelz gehört zu den Dingen, die nicht leicht zu beschaffen sind, weder in der heutigen Zeit noch in früheren Zeiten. Es war mir zu Ohren gekommen, daß vor langer Zeit ein heiliger Mann aus Indien ihn in unser Land mitgebracht habe und daß er sich im Bergkloster des Westens befinde, und so habe ich bei Hofe um Erlaubnis nachgesucht und den Pelz der Feuerratte unter Schwierigkeiten käuflich erworben. Da man dem Boten dort sagte, das Gold für den Ankauf sei zu wenig, habe ich, Wang Hsi, dazugelegt und ihn gekauft. Es sind jetzt noch 50 Unzen Gold zu zahlen. Schicket mir dieses, bevor das Schiff sich auf die Rückfahrt macht. Falls Ihr das Gold nicht zahlen möchtet, dann gebt bitte den Pelz zurück.« Als der Kanzler dies geschrieben sah, sprach er: »Was sagt er denn! Jetzt fehlt nur ein bißchen Geld, natürlich will ich ihm das schicken! Ich bin ja so beglückt, daß er den Pelz geschickt hat!« – und er verneigte sich tief in der Richtung auf China hin.

Er betrachtete nun den Kasten, in den das Pelzgewand gelegt war: es war mit verschiedenartigen schönen Smaragden bunt verziert. Er betrachtete das Pelzgewand: es war von goldblauer Farbe. An den Spitzen der Haare funkelte es golden und knisterte. Es sah aus wie ein kostbarer Schatz, es gab nichts, das man an Schönheit hätte daneben halten können. Mehr noch als die Unbrennbarkeit war es diese strahlende Pracht, der nichts zu vergleichen war. »Verständlich, daß Kaguyahime es so gern haben wollte«, sagte er und legte es – »ah wie herrlich« – wieder in den Kasten, und er befestigte den Kasten an irgendeinem Ast, machte sich im Gedanken »ich werde ja gleich dort übernachten« sehr sorgfältig zurecht, verfaßte ein Gedicht und legte es bei, nahm alles und ging davon. Das Gedicht lautete:

Endlose Sehnsucht –
doch des Pelzkleides Ärmel,
des unbrennbaren,
sie sind endlich getrocknet:
noch heut wird es getragen!

Er brachte die Dinge bis zum Tor des Hauses und blieb stehen. Der Bambussammler kam heraus, nahm sie mit hinein und zeigte sie Kaguyahime. Als Kaguyahime das Pelzgewand sah, sprach sie: »Es ist ein schöner Pelz. Doch ich weiß nicht recht, ob es der echte Pelz ist.« Der Bambussammler antwortete: »Das mag nun sein wie es will. Ich werde ihn erst einmal hereinbitten. Da es aussieht, als sei es ein Pelz, wie man ihn sonst nirgends in der Welt zu sehen bekommt, nimm an, er sei es. Laß den Mann nicht gar so leiden!« So sprach er und rief ihn herein und hieß ihn Platz nehmen. Wenn er ihn schon so hereinruft, wird sie sich diesmal doch bestimmt mit ihm vereinen – dieser Gedanke war auch im Herzen der alten Frau. Der alte Mann beabsichtigte zwar, Kaguyahime mit einem rechten Mann zu verbinden, da er ihr Alleinsein beklagte, da sie aber unverzagt immer nein sagte, konnte er sie verständlicherweise auch nicht zwingen. Kaguyahime sagte zu dem alten Mann: »Wenn ich dieses Pelzgewand anzünde und es verbrennt nicht, dann glaube ich, daß es das echte sein wird, und ich will mich dem unterwerfen, was er sagt. Du sagst, du möchtest es ohne Zweifel für das echte halten, da es etwas Einmaliges in der Welt darstellt. Aber ich will doch den Versuch machen und es anzünden.« Der alte Mann sprach: »Nun, so kann man auch sagen«, und dem Kanzler sagte er: »Sie meint so und so.« Der Kanzler antwortete: »Diesen Pelz gibt es auch in Morokoshi nicht, und ich habe ihn unter großen Schwierigkeiten ausfindig gemacht. Was könnte es da noch für Zweifel geben? Aber was rede ich – sie soll ihn nur rasch anbrennen!« Als er so sprach, warf sie ihn mitten ins Feuer und ließ ihn anbrennen, und er ging lichterloh in Flammen auf. Sie sagte: »Da war es schließlich doch der Pelz eines anderen Tieres.« Der Kanzler sah es und sein Gesicht nahm die Farbe des Grases an. Kaguyahime – oh wie beglückend –

freute sich. Sie legte eine Antwort auf jenes Gedicht in den Kasten und gab ihn zurück.

Daß es ohne Rest
verbrennt – hätte ich's gewußt,
das Pelzkleid hätte
ohne Sorge und weitab
vom Feuer ich betrachtet.

So lautete die Antwort. Da ging der Kanzler nach Hause zurück.

Die Leute fragten: »Der Kanzler Abe hat das Pelzgewand der Feuerratte mitgebracht – er wohnt doch jetzt wohl bei Kaguyahime? Ist er hier?« Da sagte jemand: »Als man das Pelzkleid ins Feuer warf, hat es lichterloh gebrannt, daher hat sich Kaguyahime nicht mit ihm verbunden«, und als man das hörte, nannte man etwas Halbherziges *ahe nashi* (»ohne Mut« – das kann man nämlich verdrehen zu *Abe nashi*, »ohne Abe«).

Der Edelstein an der Kehle des Drachen
(Die Geschichte des Oberkabinettsrates Ōtomo)

Der Oberkabinettsrat Ōtomo no Miyuki rief alle Leute zusammen, die sich nur in seinem Hause befanden, und sprach: »An der Kehle des Drachen befindet sich ein in allen fünf Farben schimmernder Edelstein. Wer ihn wegnimmt und mir bringt, dem gewähre ich, was er sich wünscht.« So sprach er. Die Männer hörten, was er sagte, und meinten: »Was er sagt, müssen wir beachten. Dieser Edelstein wird jedoch nicht leicht wegzunehmen sein, ja, wie soll man denn überhaupt einen Edelstein an der Kehle eines Drachen wegnehmen?« So sprachen sie untereinander. Der Oberkabinettsrat sagte: »Wer sich Diener seines Herrn nennen will, der wird – selbst wenn er dabei sein Leben wegwirft – zu erfüllen trachten, was sein Herr verlangt, das darf ich doch wohl annehmen! Hierzulande ist ein solcher Edelstein nicht vorhanden, er ist weder ein Ding aus Indien noch aus China. Von den Meeren und Bergen unseres Landes steigen jedoch Drachen auf und ab. Wie dachtet ihr da, ihr Männer, die Aufgabe sei schwierig zu nennen?« Die Männer sagten: »Nun denn, was ist da zu machen? Mag es eine schwierige Aufgabe sein, so wollen wir doch seinen Worten folgen und uns aufmachen, den Edelstein zu erwerben!« Als sie so sprachen, sah sie der Oberkabinettsrat an und lachte: »Als Dienstleute eures Herrn habt ihr euch einen Namen gemacht. Wie könntet ihr euch da den Worten eures Herrn widersetzen!« Und damit geruhte er, sie zu entlassen, auf daß sie den Edelstein an der Kehle des Drachen holten. Zum Lebensunterhalt auf der Reise brachte er diesen Leuten Seidenstoffe und unversponnene Seide und Geld heraus, soviel nur in seinem Palast vorhanden war, und schickte sie mit diesen Dingen aus. Und er sagte: »Ich werde hier bleiben und Enthaltsamkeit üben, bis ihr zurückkommt. Kommt mir aber nicht ins Haus zurück, wenn ihr diesen Edelstein nicht an euch gebracht habt!«

Ein jeder hatte die Rede des Oberkabinettsrats vernommen und sie machten sich auf. »Wenn er sagt, wir dürfen ohne den Edelstein nicht zurückkommen, da können wir gleich gehen, wohin immer unsere Füße sich wenden wollen. Wie kann man sich nur einer solchen Laune unterwerfen!« – so schimpften sie untereinander. Jeder nahm, was beim Verteilen des Mitgegebenen auf ihn fiel. Der eine zog sich damit in sein eigenes Haus zurück, der andere ging, wohin er Lust verspürte. Man sah, daß der Herr, von dem man sonst wie von einem Vater sprach, etwas verlangt hatte, das unmöglich zu erreichen war, und da es eben nicht zu machen war, schimpfte man miteinander auf den Oberkabinettsrat. Der sprach: »Um Kaguyahime aufzunehmen, ist das Gewohnte nicht schön genug«, und er ließ ein prachtvolles Gebäude errichten, ließ es mit Lack bemalen, Bilder in Gold- und Silberstreutechnik ausführen und zu Wänden verarbeiten, auf dem Gebäude ließ er, die Halme einfärbend, das Dach in verschiedenen Farben decken, und bei der Ausgestaltung des Inneren ließ er auf unsagbar schöne Damastgewebe Bilder malen und in allen Räumen aufspannen. Er traf Vorbereitungen in bezug auf seine bisherigen Gattinnen, da er sich ja gewiß mit Kaguyahime verbinden würde, und er brachte Tag und Nacht alleine zu.

Von früh bis spät wartete er auf die Leute, die er ausgeschickt hatte, doch das Jahr ging vorüber und kein Ton war zu hören. Unruhe beschlich ihn, und ganz heimlich, mit nur zwei Palastjunkern als Dienern und in schlichtester Aufmachung, begab er sich in die Gegend von Naniwa und fragte dort herum: »Habt ihr etwas davon gehört, ob die Leute des Oberkabinettsrates Ōtomo zu Schiff einen Drachen getötet und ihm den Edelstein von der Kehle genommen haben?« – doch als er so fragte, antworteten die Schiffer und sprachen: »Das ist doch undenkbar!«, und sie lachten und sagten: »Es gibt gar kein Schiff, mit dem man so etwas bewerkstelligen könnte«, doch er dachte: »Das sind eben Schiffer, die kleinmütig daherreden. Und sie reden so, weil sie nichts davon verstehen«, und er sagte: »Bei der Kraft meines Bogens würde ich – falls ein Drache da wäre – ihn sofort totschießen und den Edelstein von der Kehle nehmen. Ich werde doch nicht auf die Kerle warten, die so spät kommen!«, und er bestieg ein Schiff, und wie er nun damit auf allen Meeren herumfuhr, ruderte man ihn sehr weit hinaus auf das Meer in der Richtung von Tsukushi.

Wie mag es da wohl zugegangen sein – es erhob sich ein heftiger Sturm, die Welt verfinsterte sich, und das Schiff wurde hin und her getrieben. Man erkannte keine Richtung mehr, der Sturm trieb das

Schiff im Kreis herum als ob es mitten ins Meer hineinstürzen sollte, die Wogen schlugen über dem Boot zusammen und hüllten es ganz ein, und der Donnergott blitzte, als wollte er auf sie niederfahren. Da war nun der Oberkabinettsrat ganz verstört und sagte: »Eine so qualvolle Erfahrung habe ich bisher nicht gemacht. Wie soll das nur werden?« Der Steuermann antwortete: »Solange ich zur See fahre, habe ich keine so qualvolle Erfahrung gemacht. Sinkt Euer Schiff nicht auf den Meeresgrund, so wird wohl der Donnergott darauf niederfahren; wenn es ein Gott zu unserem Glück errettet, dann wird es wohl in die südlichen Meere getrieben werden. Ach, daß ich bei einem so schlimmen Herrn diene und eines elenden Todes gewiß bin!«, so sprach der Steuermann und weinte. Der Oberkabinettsrat hörte es und sagte: »Wenn man ein Schiff besteigt, vertraue man den Worten des Steuermanns wie einem hohen Berg. Was sprichst du jetzt so entmutigend?«, und er erbrach Grünes. Der Steuermann antwortete: »Ich bin kein Gott, was kann ich also tun? Der Sturm pfeift und die Wellen toben, und daß sogar der Donnergott auf unser Haupt herniederfahren wollte, das geschieht alles, weil Ihr danach trachtet, den Drachen zu töten. Der plötzliche Sturm, das ist das Schnauben des Drachen. Schnell, betet zu den Göttern!« So sprach er. »Gut denn«, sagte der Oberkabinettsrat, und er betete: »Gottheit des Steuermanns, höre mich! Kindisch und töricht wollte ich den Drachen töten. Von nun an aber will ich ihm auch nicht die Spitze eines Härchens krümmen«, laut betend stand er da, mehr denn tausend Male wohl rief er ihn unter Tränen an, und allmählich hörte der Donner auf. Es wetterleuchtete noch ein wenig, der Wind blies immer noch heftig, der Steuermann aber sagte: »Das war das Werk des Drachen! Der Wind, der jetzt bläst, ist ein Wind aus guter Richtung. Es ist kein Wind aus einer schlechten Richtung. Er bläst uns in eine gute Richtung!« – aber der Oberkabinettsrat hörte und verstand ihn nicht.

Drei, vier Tage lang blies der Wind und blies sie zurück an Land. Als sie den Strand betrachteten, war es der Strand von Akashi in der Provinz Harima. Der Oberkabinettsrat dachte, sie seien an eine Küste in den südlichen Meeren verschlagen, und blieb seufzend liegen. Die im Schiff befindlichen Männer machten Mitteilung bei der Provinzbehörde, und der Statthalter kam herbei, um ihm einen Besuch abzustatten, aber der Oberkabinettsrat konnte sich nicht erheben und blieb unten im Schiff liegen. Man breitete auf einer Kiefernheide Strohmatten aus und brachte ihn vom Schiff herunter. Da erst merkte er, daß es nicht das südliche Meer sei, und man sah, wie er sich nur mühsam erhob, denn eine Erkältung hatte ihn schwer mitgenommen, sein Leib war aufgetrieben, und am einen wie am andern Auge schienen ihm zwei Pflaumen zu hängen. Selbst der Provinzstatthalter lächelte, als er es sah.

Der Oberkabinettsrat sprach mit der Provinzbehörde, man ließ eine

Tragbahre für ihn herstellen, und unter Stöhnen wurde er nach Hause getragen – aber irgendwie mußte man hiervon gehört haben, denn die Männer, die er ausgeschickt hatte, kamen herbei und sprachen: »Da wir den Edelstein von der Kehle des Drachen ja doch nicht an uns bringen konnten, war es uns auch nicht erlaubt, in den Palast zu kommen. Nun dachten wir, weil Ihr jetzt wißt, wie schwierig es ist, den Edelstein an sich zu bringen, würdet Ihr uns nicht bestrafen, und so sind wir jetzt da.« Der Oberkabinettsrat hatte sich erhoben und sprach: »Wie gut, daß ihr ihn nicht mitgebracht habt! Der Drache gehört nämlich zur Gattung der Donnergötter. Allein schon durch die Absicht, seinen Edelstein an mich zu bringen, habe ich die Leute dort in Lebensgefahr gebracht. Hätte ich den Drachen ergriffen, wäre ich dabei erst recht ums Leben gekommen. Wie gut, daß ich ihn nicht ergriffen habe! Diese Erzgaunerin mit Namen Kaguyahime wollte uns umbringen. Nicht einmal in der Nähe ihres Hauses will ich jetzt mehr vorbeigehen. Ihr Männer, lauft mir ja nicht dort herum!« Damit gab er das Wenige, was in seinem Hause verblieben war, den Männern, die den Edelstein des Drachen nicht gewonnen hatten. Als die von ihm getrennt lebenden ehemaligen Gattinnen das hörten, krümmten sie sich vor Lachen. Auf dem Hause, das er mit bunten Halmen hatte decken lassen, hatten Weihen und Krähen beim Nestbau alles ausgerupft und weggetragen. Die Leute fragten damals: »Hat der Oberkabinettsrat Ōtomo den Edelstein von der Kehle des Drachen bekommen?«, und als andere sagten: »Nein, keineswegs. Er hat aber auf seinen beiden Augen Edelsteine wie Pflaumen mitgebracht« – meinte man *»ana tahegata«* (und das kann heißen: »ah – ungenießbar«, aber auch: »ah – unerträglich«), und seither sagt man, wenn etwas in der Welt nicht zusammenpaßt *ana tahegata.*

Die Muschel leichten Gebärens
(Die Geschichte des Mittleren Kabinettsrats Isonokami)

Als der Mittlere Kabinettsrat Isonokami no Marotari zu den Männern, die in seinem Hause dienten, sagte: »Teilt mir mit, wenn die Schwalben nisten«, waren sie untertänigst dazu bereit, fragten aber, wozu das dienen solle. Er antwortete, er wolle die Muschel leichten Gebärens an sich bringen, welche die Schwalben besitzen. Die Männer meinten darauf: »Man kann noch so viele Schwalben töten und untersuchen, in ihrem Bauch ist gar nichts zu finden. Nur zu dem Zeitpunkt, an dem sie ihre Eier legen, scheinen sie irgendwie etwas hervorzubringen. Man nennt es *harakuka.* Es verschwindet, sobald ein Mensch es sieht.« Ferner sagten die Leute: »Am Dachfirst der Reisküche des Palastvorratsamtes bauen die Schwalben in jeder Höhlung an den

Sparren ihre Nester. Wenn einige kräftige Männer dorthin gehen, ein Gerüst zusammenbinden und aufrichten und sich auf die Lauer legen – sollten denn da die Schwalben vielleicht nicht Eier legen? In diesem Moment hat man die Muschel wegzunehmen!« Der Mittlere Kabinettsrat freute sich und sagte: »Das ist aber eine merkwürdige Sache! Ich wußte gar nichts davon. Ihr habt mir da etwas Wichtiges gesagt«, und er schickte etwa zwanzig kräftige Männer hin und ließ sie an Leitern in die Höhe bringen und Stellung beziehen. Vom Palast aus schickte er ununterbrochen Boten und ließ fragen, ob sie die Muschel schon hätten.

Die Schwalben aber fürchteten sich, als so viele Menschen heraufgestiegen kamen, und flogen nicht mehr zu ihren Nestern. Da man dem Mittleren Kabinettsrat diese Sachlage berichtete, zerbrach er sich den Kopf, wie man es wohl anstellen müsse, und als nun ein Beamter jenes Palastamtes, ein alter Mann namens Kuratsumaro, zu ihm kam und sagte: »Wenn Ihr die Muschel leichten Gebärens an Euch bringen wollt, kann ich Euch einen Rat geben«, wandte sich der Mittlere Kabinettsrat ihm zu und sie steckten die Köpfe zusammen. Kuratsumaro sagte: »Ihr laßt diese Muschel leichten Gebärens der Schwalben nach einem schlechten Plan wegnehmen. Auf diese Weise wird man sie nicht wegnehmen können. Es ist einfach zuviel des Guten, wenn zwanzig Menschen auf den Leitern hinaufsteigen, da fliegen die Schwalben davon und kommen nicht wieder in die Nähe. Ihr solltet folgendes tun lassen: diese Leitern abbrechen, die Leute alle zurückziehen, einen einzigen kräftigen Menschen in einen groben Korb setzen, ein Seil daran anbringen, und sobald die Vögel ihre Eier legen, das Seil hochziehen und ihn flugs nach der Muschel leichten Gebärens greifen lassen – und damit müßte es gut sein.« Der Mittlere Kabinettsrat sagte: »Eine sehr gute Sache«, und man brach die Leitern ab und die Leute kamen alle zurück. Der Mittlere Kabinettsrat sagte zu Kuratsumaro: »Wie weiß man, wann die Schwalben Eier legen, so daß der Mann hochzuziehen ist?« Kuratsumaro sprach: »Wenn die Schwalben Eier legen wollen, heben sie den Schwanz und drehen sich siebenmal rundum, dann lassen sie das Ei wohl fallen. Sobald sich also eine Schwalbe siebenmal rundum drehen will, laßt ihn hochziehen und dabei die Muschel leichten Gebärens wegnehmen!« Der Mittlere Kabinettsrat freute sich, und ohne es alle Welt wissen zu lassen, ging er heimlich zu jenem Palastamt, mischte sich unter die Männer dort und hieß sie, unablässig und noch die Nacht zum Tage machend nach der Muschel trachten. Daß Kuratsumaro so gesprochen hatte, erfüllte ihn mit höchster Freude, so daß er sagte: »Welche Freude, daß du meinen Wunsch erfüllst, obwohl du doch gar nicht zu den Leuten gehörst, die bei mir dienen!«, und er zog sein Gewand aus und legte es ihm über die Schulter. »Komm noch einmal in dieses Amt, sobald es Nacht geworden ist«, sagte er und entließ ihn.

Als es dunkel geworden war, begab sich der Mittlere Kabinettsrat in jenes Palastamt und schaute, da hatten die Schwalben wahrhaftig Nester gebaut. Wie Kuratsumaro es gesagt hatte, ließ er, sobald eine Schwalbe den Schwanz hob und sich drehte, einen Mann in einem groben Korb hochheben und in die Höhe ziehen und ließ ihn die Hand in das Schwalbennest stecken und suchen, doch als der Mann sagte: »Es ist nichts da«, ärgerte sich der Mittlere Kabinettsrat: »Freilich ist nichts da, wenn einer ungeschickt sucht«, und sagte: »Ich werde selbst hinaufsteigen und suchen« – denn wer sonst hätte es seiner Meinung nach richtig machen können! – stieg in den Korb, wurde hinaufgezogen und lag auf der Lauer, und sowie eine Schwalbe den Schwanz hob und sich heftig drehte, hob er die Hand und suchte, und als er mit der Hand an einen flachen Gegenstand stieß, rief er: »Ich habe etwas ergriffen! Laßt mich jetzt herunter! Alter, es ist gelungen!« Die Leute liefen zusammen und wollten ihn schnell herunterlassen, zogen dabei aber zu stark am Seil, und das Seil riß, und im gleichen Augenblick schlug er rücklings auf einen dreifüßigen Yashima-Bronzekessel. Voller Schreck eilten die Leute herbei und nahmen ihn in ihre Arme. Er lag mit verdrehten Augen da. Die Leute schöpften Wasser und flößten es ihm ein. Als ihm mit Mühe der Atem wieder ging, nahm man ihn an Armen und Beinen und hob ihn wieder vom Dreifuß herunter. Man fragte ihn, wie er sich fühle, da hauchte er mühsam: »Ich komme zwar wieder etwas zur Besinnung, aber meine Hüfte kann ich nicht bewegen. Doch sei's drum – ich habe die Muschel leichten Gebärens flugs ergriffen, darum fühle ich mich glücklich. Bringt mir erst mal eine Kienspankerze! Ich möchte diese Muschel von der Nähe sehen«, – damit hob er den Kopf und öffnete seine Hand, doch was er ergriffen hatte, war alter, von der Schwalbe hinterlassener Kot. Als er es sah, sagte er: »Ach, eine Tat ohne Erfolg« (– man konnte seine Worte aber auch verstehen als »ach, eine Tat ohne Muschel«, denn *kai nashi* heißt sowohl »ohne Erfolg« wie auch »ohne Muschel«), und seit jener Zeit sagt man *kai uashi*, wenn etwas anders ausgeht als erwartet.

Als er sah, daß es keine Muschel war, wurde ihm ganz anders zumute, er hatte nun nichts in den Truhendeckel zu legen und dazu noch die Hüfte gebrochen. Er richtete es so ein, daß die Leute nichts davon hören sollten, wie er sich auf kindische Weise betätigt und dabei verletzt hatte, aber gerade das war ein Fehler, und er wurde immer schwächer. Mehr noch, als daß es ihm nicht gelungen war, die Muschel an sich zu bringen, beschäftigte ihn von Tag zu Tag der Gedanke, wie die Leute lachen würden, wenn sie davon hörten, daher bedrückte ihn die Scham wegen seines Rufes weit stärker als der nahende Tod infolge seiner Verletzung. Kaguyahime hörte davon und schickte ihm ein Gedicht tröstlicher Nachfrage

Jahr für Jahr – nie steigt
die Woge bei den Kiefern

von Suminoe,
dein Warten bracht nicht Muschel
noch Erfolg, hört man – ist's wahr?

und man las es ihm vor. Obwohl er sich sehr schwach fühlte, hob er den Kopf, ließ von jemandem Papier bringen und schrieb mit Mühe und voller Herzenspein:

Diesen Erfolg hat
mir die Tat also erbracht!
Zu Ende leidend
das hinsterbende Leben –
willst du es nicht erretten?

Das schrieb er zu Ende und verschied. Als Kaguyahime davon hörte, fühlte sie ein wenig Mitleid.

Seither sagt man, wenn einer doch ein bißchen Glück hat, *kaiar* (das heißt »Erfolg haben«, aber auch »die Muschel haben«).

Das Werben des Kaisers

Nun hörte der Kaiser, daß Kaguyahime von Gestalt so liebenswert sei wie sonst keine in der Welt, und er sagte zu der Hofdame Nakatomi no Fusako: »Gehe doch und schaue, was für eine Frau Kaguyahime ist, die das Leben vieler Männer sinnlos zunichte gemacht hat und sich keinem zu verbinden scheint.« Fusako folgte diesem Befehl und ging. Im Hause des Bambussammlers empfing man sie mit Ehrerbietung, bat sie herein und plauderte mit ihr. Die Hofdame sagte zu der alten Frau: »Ich bin auf allerhöchsten Befehl hin gekommen, da man mir auftrug, ich solle nachsehen, ob Kaguyahime schön von Gestalt ist«, und als sie so sprach, sagte die alte Frau: »Wenn das so ist, will ich es ihr sagen«, und ging hinaus.

Als sie Kaguyahime aufforderte: »Schnell, stelle dich dieser Abgesandten des Kaisers vor!«, meinte Kaguyahime: »Ich bin doch nicht schön – wie könnte ich mich sehen lassen!«, doch die alte Frau sagte: »Du sprichst Unmögliches! Wie können wir denn die Abgesandte des Kaisers so mißachten!«, aber Kaguyahime antwortete: »Was der Kaiser anordnet, erfüllt mich nicht mit Ehrfurcht«, und sie wollte sich auf keinen Fall sehen lassen. Obwohl Kaguyahime wie ihr eigenes Kind war, fühlte sich die alte Frau befangen und vermochte nicht, ihr Vorhaltungen nach ihrem eigenen Herzen zu machen, als sie so verächtlich sprach. Sie ging zu der Hofdame zurück und sagte: »Es tut mir leid, aber dieses junge Ding ist ein eigensinniges Wesen und will euch nicht gegenübertreten.« Als die Hofdame nun sagte: »Da mir befohlen wurde, sie unbedingt anzusehen, wie könnte ich da zurückkehren, ohne sie gesehen zu haben? Ist es denn möglich, daß jemand, der hierzulande wohnt, so geradewegs einen Befehl des Herrschers mißachtet? Sie soll doch nicht so störrisch sein!«, und so mit ihren Worten die alte Frau beschämte, vernahm es Kaguyahime, wollte aber erst recht nicht hören. »Wenn ich mich damit dem Befehl des Herrschers widersetze, soll sie mich doch schnell töten«, sagte sie.

Die Hofdame kehrte zurück und meldete, was sich zugetragen hatte. Der Kaiser nahm es zur Kenntnis, sagte: »Das ist das Herz, das so viele Männer getötet hat«, und dabei blieb es, aber er trug Kaguyahime doch weiter im Sinn, und da er dachte: »Soll ich denn den Einfällen dieser Frau unterliegen?« – befahl er den alten Bambussammler zu sich und sprach: »Bring mir Kaguyahime, die in deinem Besitz ist. Ich habe vernommen, daß sie hübsch ist von Angesicht und Gestalt, und habe eine Botin hingeschickt, aber es war vergebens, sie hat sich nicht blicken lassen. Ist ein derart nachlässiges Benehmen statthaft?« Der alte Mann antwortete sehr ehrerbietig: »Es macht mir sehr viel Kummer, daß dieses Mädchen durchaus nicht im Palast dienen will. Ich will indessen gehen und ihr den Befehl übermitteln.« So sprach er. Als der Kaiser es vernahm, sagte er: »Wie kann jemand, der doch durch die Hand des alten Mannes aufgezogen wurde, sich seinem Herzen nur nicht fügen? Falls er mir dieses Mädchen darbringt – warum sollte ich dann dem alten Mann nicht Beamtenhut und Rang verleihen?«

Der alte Mann freute sich, ging nach Hause zurück und plauderte mit Kaguyahime: »Das und das sagt der Kaiser. Willst du ihm da immer noch nicht dienen?« Als er so sprach, antwortete Kaguyahime: »Ich möchte überhaupt keinen solchen Palastdienst antreten, und wenn du mich trotzdem dienen läßt, so werde ich dahinschwinden und vergehen. Ich erdiene dir dann Amt und Rang und sterbe dabei.« Der alte Mann antwortete: »Das sollst du nicht tun. Was mach ich mit Amt und Rang, wenn ich mein Kind nicht sehe! Trotzdem – warum willst du denn nicht Palastdienst tun? Muß man denn daran sterben?« So sprach er. »Wenn du immer noch denkst, es sei leeres Gerede, dann lasse mich dienen und schaue, ob ich nicht sterbe. Die Absichten vieler anderer Männer waren ebenfalls ernst gemeint, und ich habe sie zuschanden gemacht. Und nun soll ich mich dem beugen, was der Kaiser gestern oder heute gerade verlangt – was müßte man von mir denken!« Als sie so sprach, antwortete der alte Mann: »Was auch immer vor sich gehen mag auf dieser Welt – was mich am meisten bedrängt, ist jegliche Gefahr für dein Leben, daher werde ich jetzt gehen und sagen, daß du nicht dienen wirst.« Damit ging er hin und sprach: »Euer Befehl erfüllt mich mit Ehrfurcht, aber als ich mich bemühte, dieses Kind hierherzubringen, hat es gesagt, wenn es in den Palastdienst trete, müsse es sterben. Es ist nicht mein, des Miyatsukomaro, leibliches Kind. Vor langer Zeit habe ich es in den Bergen gefunden.

Deshalb gleicht sein Gemüt auch nicht demjenigen der Menschen dieser Welt.« Das sagte er.

Der Kaiser sprach: »Das Haus des Miyatsukomaro liegt nahe bei den Bergen. Kann ich sie vielleicht sehen, wenn ich mich scheinbar dort auf die Jagd begebe?« Miyatsukomaro sagte: »Das ist ein guter Plan. Wenn sie ganz arglos ist und Ihr Euch unverhofft hineinbegeben und umschauen solltet, so wird sie wohl zu sehen sein.« Als er so sprach, setzte der Kaiser auf der Stelle einen Tag fest, begab sich auf die Jagd, trat in Kaguyahimes Haus ein und schaute sich um – da saß ein menschliches Wesen, ganz von Licht erfüllt und strahlend schön. Das muß sie sein, fühlte er und näherte sich ihr, doch als er den Ärmel der Fliehenden ergriff, bedeckte sie ihr Gesicht – er aber hatte sie bereits gesehen und fand sie lieblich ohnegleichen, und als er sie nun mit den Worten »ich werde dich nicht lassen« mit sich nehmen wollte, antwortete Kaguyahime: »Nur wenn mein Leib in diesem Land geboren wäre, könnte ich Eure Dienerin sein. Doch so wird es Euch sehr schwer fallen, mich mit Euch zu nehmen.« So sprach sie. Der Kaiser sagte: »Warum sollte das so sein? Ich werde dich doch mit mir nehmen!«, aber als er sich mit diesen Worten seiner Sänfte näherte, wurde Kaguyahime plötzlich zu einem Schatten. Wie traurig, wie schade, sie ist wahrhaft kein gewöhnlicher Mensch, dachte er, und er sagte: »Nun denn, ich werde Euch nicht als Gefährtin mit mir nehmen, nehmt doch wieder Eure frühere Gestalt an! Sobald ich Euch wieder so sehe, will ich zurückkehren!«, da nahm Kaguyahime ihre frühere Gestalt an. Den Kaiser kam es hart an, seine wachsende Neigung zu Kaguyahime zurückzudrängen. Er war Miyatsukomaro sehr dankbar, daß er sie ihm gezeigt hatte. Der Hausherr ließ nun den dienenden Amtsträgern ein Mahl auftragen.

Nicht genug konnte es der Kaiser bedauern, daß er heimkehren sollte, indem er Kaguyahime zurückließ, und er machte sich auf den Heimweg in dem Gefühl, seine Lebenskraft zurückzulassen. Nachdem er sich in seine Sänfte begeben hatte, schrieb er an Kaguyahime:

Heimwärts die Reise –
wie freudlos und beschwerlich
erscheint sie mir doch,
denn widerspenstig bleibt mir
Kaguyahime zurück.

Ihre Antwort lautete:

Überwuchert die
ärmliche Hütte – Jahre
verbrachte ich so,
was sollte ich glanzvolle
Hallen mir nunmehr besehn?

Der Kaiser las es und fand nicht den mindesten Antrieb, weshalb er zurückkehren sollte. Aber wenn auch sein Herz gar keine Lust zur

Rückkehr verspürte, so ging es doch nicht an, daß er die Nacht hier verbrachte, und so kehrte er eben zurück. Als er nun die Damen betrachtete, die ihm gewöhnlich dienten, gab es keine, die an Kaguyahime herangereicht hätte. Die, welche er für schöner gehalten hatte als andere, waren nichts, sobald er sie in Gedanken mit ihr verglich. Kaguyahime allein erfüllte sein Herz und einsam verbrachte er seine Zeit. Da es ihm nicht behagte, begab er sich auch nicht zu seinen Damen. Statt dessen schrieb er an Kaguyahime einen Brief und ließ ihn überbringen. Aus der Antwort war herauszuhören, daß er ihr doch nicht gerade widerwärtig war, und so verfaßte er Gedichte und schickte sie ihr, indem er sie auf hübsche Weise an Zweigen befestigte.

Kaguyahime steigt zum Himmel auf

Drei Jahre mochten etwa vergangen sein, seit sie auf diese Weise gegenseitig ihre Herzen beglückten, als vom Beginn des Frühlings an Kaguyahime, sobald sie den Mond in seiner Schönheit hervortreten sah, schwermütiger war als gewöhnlich. Man meide es, in den Mond zu schauen, sagte man ihr, und hielt sie davon ab, aber sobald niemand in der Nähe war, konnte sie es sich nicht versagen, den Mond zu betrachten, und dann weinte sie bitterlich. Im Vollmondschein des 15. Tages im Siebten Monat trat sie hinaus ins Freie und bot ein Bild tiefster Schwermut. Die Leute, die in ihrer Nähe dienten, meldeten es dem alten Bambussammler und sagten: »Kaguyahime war zwar immer sehr ergriffen vom Mond, aber derzeit scheint es doch ganz ungewöhnlich mit ihr. Irgend etwas muß ihr Kummer machen. Achtet doch recht gut auf sie!«, und als er das hörte, sprach er zu Kaguyahime: »Was liegt dir auf dem Herzen, daß du in solcher Schwermut den Mond betrachtest? Die Welt ist doch so herrlich!« Kaguyahime sagte: »Wenn ich so schaue, fühle ich mich recht verlassen in der Welt. Warum sollte mich anderes betrüben?« Als er später wieder zu Kaguyahime kam, bot sie immer noch ein Bild der Schwermut. Bei diesem Anblick sagte er: »Mein liebes Kind, an was denkst du? Was ist es denn, was dich bewegt?«, und sie sprach: »Da ist nichts, woran ich denke. Ich fühle mich nur verlassen«, und der alte Mann sagte: »Schau nicht in den Mond! Immer wenn du in den Mond schaust, siehst du so schwermütig drein«, und sie sprach: »Wie könnte ich sein, ohne den Mond zu betrachten!«, und sobald der Mond hervortrat, ging sie hinaus und versank in ihren Kummer. In den mondlosen Nächten bot sie nicht ein solches Bild der Schwermut. Sobald aber der Mond wieder zum Vorschein kam, verfiel sie von neuem wieder und wieder in ihren Kummer. Die ihr dienten, flüsterten darüber: »Es muß doch einen Grund für ihre Schwermut geben«, aber niemand, nicht einmal die Eltern, wußte, was es sein könnte.

Zum Vollmond am 15. Tag des Achten Monats trat Kaguyahime hinaus und weinte bitterlich. Sie weinte jetzt, ohne sich vor den Augen der Menschen zu verbergen. Bei ihrem Anblick fragten die Eltern sie ganz fassungslos, was ihr denn fehle. Unter Tränen sprach Kaguyahime: »Lange, lange schon wollte ich es euch sagen, aber da ich dachte, es würde eure Herzen zur Verzweiflung treiben, habe ich es unterlassen. Nur daran dachte ich, aber nun kommt alles heraus. Ich bin ja kein Mensch aus eurer Welt. Ich bin ein Mensch aus der Hauptstadt des Mondes. Nur infolge einer Schicksalsverknüpfung aus alter Zeit bin ich in diese Welt gekommen. Jetzt ist es soweit, daß ich zurückkehren muß, und so wollen am 15. Tag dieses Monats von jenem meinem Heimatland Leute kommen, um mich abzuholen. Weil ich euch verlassen muß, bin ich seit diesem Frühling voller Kummer, sobald ich nur daran denke, welch ein Schmerz mir euer Kummer sein wird.« So sprach sie und weinte herzzerbrechend, doch der alte Mann sagte: »Was denn, was sagst du denn da! Habe ich dich doch mitten in einem Bambus gefunden, und du warst nicht größer als ein Senfkorn, und dich, mein eigen Kind, das ich aufgezogen habe, bis du so groß warst, daß du an Wuchs neben mir stehst, wer soll dich jetzt abholen? Niemals werde ich das zulassen!« Das sagte er, und sein lautes Weinen und Lamentieren – »eher sterbe ich selbst« – zeigte, wie unerträglich ihm der Gedanke war. Kaguyahime sagte: »Ich habe Vater und Mutter unter den Leuten in der Hauptstadt des Mondes. Zwar bin ich aus jenem Land nur für ein Weilchen hierher gekommen, aber auf dieser Welt sind es doch viele Jahre, die ich dahingebracht habe. Ich erinnere mich nicht an Vater und Mutter in jenem Land, hier aber habe ich so lange Zeit fröhlich verlebt und mich daran gewöhnt. Ich fühle mich gar nicht beglückt. Ich bin nur traurig. Aber wenn es auch ganz gegen mein Herz ist, ich muß gehen.« So sprach sie, und alle zusammen weinten sie bitterlich. Auch denen, die ihr dienten – seit Jahren mit ihr vertraut und an den Anblick ihres edlen Gemüts und ihrer Schönheit gewöhnt –, war in ihrer Zuneigung der Gedanke schier unerträglich, und so sehr erfüllte sie der gleiche Kummer, daß sie nicht einmal Wasser, ob heiß oder kalt, hinunterwürgen konnten.

Der Kaiser erfuhr hiervon und schickte Boten in das Haus des Bambussammlers. Der Bambussammler trat zu den Boten hinaus, und seines Weinens war kein Ende. Vor Gram über das Erfahrene war ihm der Bart weiß geworden, sein Rücken hatte sich gekrümmt, seine Augen waren entzündet. Der alte Mann war in diesem Jahr gerade eben fünfzig, aber es sah aus, als ob er vor Leid in einem Augenblick zum Greis geworden sei. Im Auftrag des Kaisers sagten die Boten zu dem alten Mann: »Ist es wahr, daß dein Herz so bitteren Kummer zu tragen hat, wie man hört?« Der Bambussammler antwortete unter

Tränen: »An diesem 15. Tag soll man von der Hauptstadt des Mondes kommen, um Kaguyahime abzuholen. Eure Nachfrage ehrt mich. Möge man mir doch an diesem 15. Tag Leute schicken, auf daß sie, wenn diese Menschen vom Palast des Mondes kommen, sie ergreifen!« Die Boten kehrten zurück, berichteten von der Lage des alten Mannes, der Kaiser vernahm alles, was sie meldeten, und sprach: »Ich vergesse sie nicht, und habe sie doch nur einen Augenblick gesehen – wie wird man da fühlen, wenn man gewohnt ist, Kaguyahime von früh bis spät zu sehen, und soll sie nun dahingeben!«

An diesem 15. Tag erließ er Befehl an alle Wachämter, er ernannte einen Vizekommandanten namens Takano no Ōkuni zu seinem Beauftragten, zog die Sechs Wachämter zusammen und schickte 2000 Mann zum Hause des Bambussammlers. Sie kamen zum Haus, und zusammen mit den zahlreichen Leuten im Hause selbst wurden 1000 Mann auf den Mauerwällen und 1000 Mann auf den Dächern mit der Wache beauftragt, daß nicht ein Winkelchen frei blieb. Diese Wache haltenden Leute trugen Pfeil und Bogen bei sich, und im Innern des Haupthauses ließ man die Mägde reihum sich zurückziehen von ihrem Dienst und wachen. Im Innern des festgemauerten Innengemachs hielt die alte Frau Kaguyahime umschlungen. Der alte Mann verschloß die Tür dieses festen Gemachs und stellte sich an den Eingang. Der alte Mann sagte: »Wo man dergestalt wacht, kann man da den Himmelswesen noch unterliegen?« Und zu den Leuten auf dem Dach sagte er: »Falls sich am Himmel etwas zeigt, und sei's ein Tautropfen, dann schießt es mir sofort tot!« Die Wächter sagten: »Wo wir derart wachen, wäre da auch nur eine Nadel, wir wollten sie herabschießen und beseitigen!« Das hörte der alte Mann und war's zufrieden. Doch als Kaguyahime es hörte, sagte sie: »Auch wenn ihr mich einschließt und alle List aufbietet, um mich zu bewachen und um mich zu kämpfen – die Wesen jenes Landes könnt ihr nicht bekämpfen. Ihr werdet nicht schießen können mit euern Pfeilen und Bogen. Ich mag noch so sehr eingeschlossen sein – wenn die Wesen jenes Landes kommen, steht ihnen alles offen. Auch wenn ihr mit ihnen kämpfen wollt – sobald die Wesen aus jenem Land gekommen sind, wird es kaum jemanden geben, der von seinem tapferen Herzen Gebrauch macht.« Der alte Mann sagte: »Den Leuten, die da kommen wollen, um dich abzuholen, werde ich mit langen Fingernägeln die Augäpfel herausreißen und zerquetschen. An ihren Haaren werde ich sie nehmen und sie mit Gewalt hinwerfen. Ihre Hintern will ich bloßlegen und sämtlichen Staatsdienern hier vorweisen und ihnen die Schande zeigen!« So redete er sich in Zorn. Kaguyahime sagte: »Sprich nicht so laut! Es wäre unziemlich, wenn die Leute auf dem Dach dich hörten. Ich bedaure so sehr, weggehen zu müssen, ohne deine Hoffnungen und Wünsche gekannt zu haben. Ich denke, daß ich bald gehen muß, da mir nicht vorausbestimmt war, lange hier zu verweilen, darum bin ich traurig. Nicht ein kleines bißchen habe ich für euch, meine Eltern, gesorgt, so wird mir der Weg, den ich zu gehen habe, nicht leicht sein. In diesen Tagen bin ich herausgetreten und habe um Aufschub wenigstens für dieses Jahr gebeten, aber man hat ihn mir nicht gewährt, daher gräme ich mich so. Der Schmerz, wegzugehen, indem ich eure Herzen in Verzweiflung stürzte, ist unerträglich. Die Menschen jener Hauptstadt sind sehr schön und sie altern nicht. Da ist auch nichts, was sie fühlen. An einen solchen Ort zu gehen, macht mich nicht glücklich. Daß ich nicht für euch sorgen kann, wenn ihr alt werdet und dahinschwindet, gerade das wird mir fehlen.« So sprach sie, und der alte Mann grollte: »Tu nichts, was mir die Brust zerreißt! Ich werde mich auch von Boten in lieblicher Gestalt nicht hindern lassen!«

So ging der Abend vorüber, doch gegen Mitternacht, zur Stunde der Ratte etwa, wurde die Umgebung des Hauses in einen Lichtglanz gehüllt, heller als das Mittagslicht, es war so hell, als hätte man das Licht von zehn Vollmonden zusammengenommen, selbst die Poren in der Haut eines Menschen hätte man sehen können. Vom Himmel kamen, auf Wolken reitend, Menschen herunter und stellten sich, etwa fünf Fuß über der Erde, in Reih und Glied. Als sie dies sahen, hatten die Menschen drinnen wie draußen nicht mehr das Herz zu kämpfen, gerade als ob sie von Geisterhand überrumpelt worden wären. Faßten sie sich mit Mühe und wollten Pfeil und Bogen anlegen, verließ sie die Kraft in den Händen und Gefühllosigkeit übermannte sie. Die Entschlossensten unter ihnen bezwangen sich und wollten schießen, doch als ihre Pfeile danebentrafen, schlugen sie nicht wild drauflos, sondern ihr Empfinden wurde stumpf und dumm und sie standen da und gafften.

Nichts glich der Pracht, mit der die Menschen, die da standen, ausgestattet waren. Sie hatten einen Flugwagen mitgebracht. Ein seidener Baldachin überspannte ihn. In ihm befand sich ein Mensch, den man für den König halten konnte, der rief zum Hause hin: »Miyatsukomaro, komm heraus!«, doch Miyatsukomaro, der sich für so tapfer gehalten hatte, fühlte sich wie trunken und lag da mit dem Gesicht zur Erde. Der König sprach: »Alter, du! Weil du ein paar gute Taten vollbracht hast, hat man dir, auf daß dir geholfen werde, das kleine Wesen für ein Weilchen belassen; in den betreffenden Jahren hat man dir entsprechend Gold zukommen lassen und du lebtest, als hättest du deinen Stand gewechselt. Kaguyahime hatte sich vergangen, deshalb hatte sie einige Zeit bei dir, dem so armseligen und niedrigen, zu verweilen. Wir holen sie auf diese Weise ab, da die ihr wegen ihres Vergehens auferlegten Beschränkungen beendet sind, dein Weinen und Jammern, alter Mann, führt zu nichts. Gib sie schnell heraus!« Der alte Mann antwortete und sprach: »Es ist mehr denn zwanzig Jahre her, seit wir Kaguyahime in Obhut haben. Ihr aber sprecht von einem Weilchen, und das macht mich stutzig. Da wird es wohl anderswo noch jemanden geben, der sich Kaguyahime nennt!« Und er fuhr fort: »Die Kaguyahime, die sich hier aufhält, ist sehr krank, sie wird daher kaum herauskommen können!« Er erhielt gar keine Antwort, als er so redete, man brachte den Flugwagen auf das Dach, und der König sprach: »Nun, Kaguyahime! Wie lange willst du an diesem unreinen Ort verweilen?« Da öffneten sich mit einem Schlag die Türen zu dem festverschlossenen Gemach. Die Fenstergitter flogen auf, ohne jemandes Zutun. Umschlungen von der alten Frau trat Kaguyahime heraus. Da die alte Frau sie nicht zurückhalten konnte, blickte sie nur zu ihr auf und weinte. Kaguyahime näherte sich dem Bambussammler, der, das Herz voller Verzweiflung, weinend dalag, und sprach: »Da ich gegen meinen Willen von hier fortgehe, so schaut mir doch wenigstens nach, wenn ich nach oben steige!« Trotz dieser Worte sprach er: »Wie kann ich in meinem Kummer dir nachschauen? Sag mir, was wir tun sollen, wenn du uns zurückläßt und hinaufsteigst! Ach nimm uns doch mit!«, und als er so weinte und dalag, war sie ganz verzweifelt in ihrem Herzen. »Ich lasse euch einen Brief zurück, wenn ich gehe. Sobald ihr euch nach mir sehnt, nehmt ihn heraus und betrachtet ihn«, und unter Tränen schrieb sie diese Worte:

»Wäre ich in diesem Land geboren, ich hätte euch nicht solchen Jammer verursacht! Daß ich jedoch nicht bleibe und von euch scheide, empfinde ich als ein Geschehnis gegen meinen Willen. Betrachtet die Kleider, die ich ablege, als Andenken. In den Nächten, in denen der Mond hervortritt, richtet euren Blick in die Höhe. Es wird euch sein, als müßte ich herabgefallen sein aus dem Himmel, wohin ich gehe, indem ich euch aus den Augen lasse.« So schrieb sie.

Von Himmelswesen wurden Kästen herbeigetragen. Man hatte ein Himmlisches Federgewand hineingelegt. In einen anderen hatte man den Trank der Unsterblichkeit getan. Ein Himmelswesen sagte: »Trinke von dem wunderbaren Trank, der sich im Krug befindet! Da du die Speisen eines unreinen Ortes genossen hast, wirst du dich wohl recht elend fühlen!«, und als das Himmelswesen sich ihr damit näherte, nippte sie ein bißchen davon, und ein weniges von dem Trank wollte sie als Andenken in die Kleider wickeln, die sie ablegte, aber ein Himmelswesen hielt sie davon ab. Man nahm das Federgewand heraus und wollte es ihr anlegen. Da sagte Kaguyahime, man möge ein Weilchen warten. »Es heißt, wenn man sich dieses Gewand anlegen läßt, ändert sich das Herz. Ich aber habe noch ein Wort zu hinterlassen«, so sprach sie und schrieb einen Brief. Die Himmelswesen waren beunruhigt, es könnte zu spät werden, doch mit den Worten: »Sprecht nicht von Dingen, die ihr nicht versteht«, schrieb sie in größter Ruhe einen Brief an den Kaiser. Sie war ganz ohne Hast.

»Ihr habt viele Leute gesandt, damit sie mich zurückhielten, aber man hat es mir nicht verstattet und ist dennoch gekommen, mich abzuholen, und da man sich aufgemacht hat, mich wegzuführen, bin ich gar sehr betrübt. Auch daß ich keinen Palastdienst leistete, liegt an den lästigen Verhältnissen um meine Person, es muß Euch wohl unbegreiflich erschienen sein, und daß ich Euch hartherzig nicht empfangen habe, das müßt Ihr letzten Endes als ungehörig aufgefaßt haben – das lastet mir auf dem Herzen.«

So schrieb sie, und sie schloß

Jetzt ist es Zeit, das
Himmlische Federgewand
mir umzulegen!
Geliebter, ach wie zärtlich
doch sehne ich mich nach dir!

Dieses und dazu den Trank im Kruge hieß sie den Vizekommandanten und Vorsteher der Kämmerer, den sie herbeigerufen hatte, dem Kaiser überbringen. Die Himmelswesen übergaben dem Vizekommandanten diese Dinge. Sowie der Vizekommandant sie übernommen hatte, legten sie ihr flugs das Himmlische Federgewand an, und alsbald war ihr entschwunden, was sie an Zuneigung und Liebe für den alten Mann empfunden hatte. Wer immer dieses Gewand angelegt hat, fühlt kein Leid mehr, daher stieg sie in den Wagen und erhob sich in die Lüfte, und mit ihr die etwa hundert Himmelswesen.

Der Berg Fuji

Der alte Mann und die alte Frau weinten danach blutige Tränen und waren ganz verzweifelt, aber das führte zu nichts. Sie ließen sich zwar jenen von ihr zurückgelassenen Brief vorlesen, doch sie sagten: »Wofür wohl noch sollte es uns um unser Leben schade sein? Für wen denn? Wir taugen zu nichts mehr«, und sie nahmen keine Medizin, konnten bald nicht mehr aufstehen und lagen krank darnieder. Der Vizekommandant zog seine Leute ab und kehrte mit ihnen zurück, und er erstattete genauestens Bericht darüber, wie es dazu gekommen war, daß sie Kaguyahime nicht durch Kampf hatten zurückhalten können. Den Krug mit dem Trank und den Brief überreichte er. Der Kaiser breitete den Brief aus und las, und er war außerordentlich bewegt und nahm keine Speise zu sich. Es gab keinerlei Unterhaltung im Palast. Er rief Kanzler und Minister und fragte, welcher Berg dem Himmel nahe sei, da vermeldete einer, ein Berg in der Provinz Suruga sei sowohl der Hauptstadt nahe wie auch dem Himmel. Das vernahm er und er verfaßte ein Antwortgedicht

Treffen durft ich dich
nicht, denk in Tränen unserer
Liebe. Was soll mir

der Trank der Unsterblichkeit,
wozu soll ich ihn nehmen?

Jenen Trank der Unsterblichkeit, der ihm überreicht worden, gab er mitsamt dem Krug einem Boten. Er berief einen Mann namens Tsuki no Iwakasa zum kaiserlichen Boten und befahl ihm, dieses auf den Gipfel jenes Berges in der Provinz Suruga zu bringen. Er unterwies ihn, was er auf dem Gipfel zu tun habe. Er befahl, Brief und Trank der Unsterblichkeit nebeneinander hinzulegen, anzuzünden und zu verbrennen. Der Bote nahm den Befehl entgegen und bestieg den Berg mit vielen Kriegern, und seither nennt man diesen Berg den Berg Fuji (denn das heißt »reich an Kriegern«, es heißt aber auch »Unsterblichkeit«). Es wird überliefert, daß immer noch jener Rauch bis in die Wolken aufsteigt.

Geschichten aus Ise

Einst lebte eine Dame im Westlichen Nebenhaus des Palastes der Kaiserlichen Großgemahlin an der Östlichen Fünften Straße. Es pflegte sie ein Mann zu besuchen, der es – entgegen seiner ursprünglichen Absicht – ernst mit ihr meinte, aber als der 10. Tag des Ersten Monats gekommen war, verbarg sie sich außerhalb des Hauses. Er erfuhr zwar ihren Aufenthalt, es war aber kein Ort, den er aufsuchen konnte, daher blieb er in um so trübere Gedanken versunken. Im Ersten Monat übers Jahr, als die Pflaumenbäume in voller Blüte standen, ging er voller Sehnsucht nach dem vergangenen Jahr zu ihrem Haus, stand da und schaute, saß da und schaute, doch wie er auch schaute, es wollte dem vergangenen Jahr so gar nicht ähnlich sein. Es kamen ihm die Tränen, und er legte sich auf den verfallenen Bretterboden nieder, bis der Mond unterging, und in Erinnerung an das vergangene Jahr dichtete er:

Ist der Mond nicht da?
Ist der Frühling der alte
Frühling denn nicht mehr?
Während einzig mein Ich hier
das frühere Ich noch ist –

Das sagte er vor sich hin, und als der Tag matt zu dämmern begann, kehrte er weinend heim.

Es war einmal ein junger Mann. Der pflegte sehr verstohlen in die Gegend der Östlichen Fünften Straße zu gehen. Weil er es heimlich trieb an diesem Ort, trat er nicht durch das Tor ein, sondern ging an einer von den Kindern niedergetretenen Stelle des Erdwalls aus und ein. Obwohl nicht viele Menschen dort waren, wiederholten sich seine Besuche so oft, daß der Hausherr davon hörte und an seinem Weg Nacht für Nacht jemanden aufstellte und Wache halten ließ, da ging der Mann wohl hin, kehrte aber unverrichteterdinge wieder heim. Also dichtete er:

Keiner kennt ihn sonst,
meinen Liebespfad – würde der
Wächter der Sperre
nur jedesmal Nacht für Nacht
im tiefen Schlaf sich wiegen!

Weil er dies gedichtet hatte, gab es großes Herzeleid. Der Hausherr gab nach.

In aller Welt wurde ruchbar, daß der Mann hier die Kaiserliche Gemahlin Nijô heimlich aufgesucht hatte, und die älteren Brüder der Dame ließen sie angeblich bewachen.

Es war einmal ein junger Mann. Der konnte eine Frau nicht gewinnen, obwohl er jahrelang um sie warb, und so raubte er sie endlich und ging mit ihr davon, da kamen sie in die pechschwarze Nacht. Er führte sie an einem Flusse mit dem Namen Gossenstrom entlang, da fragte sie den Mann nach dem Tau, der auf die Gräser gefallen war: »Was ist denn das?« Als noch viel Weges vor ihnen lag und es schon spät in der Nacht war, donnerte es ganz fürchterlich und ein heftiger Regen strömte hernieder, daher setzte er – ohne zu wissen, daß es an diesem Ort Teufel gab – die Dame ganz hinten in einen verfallenen Speicher, und er selbst nahm Bogen und Köcher und blieb an der Tür. Während sie dasaß und dachte, wäre nur bald die Nacht vorbei, fraß ein Teufel sie schnell mit einem Maulvoll auf. Sie schrie zwar laut vor Schreck, aber beim Lärm des Donners hörte der Mann nichts. Als die Nacht allmählich zu Ende ging und er nachsah, war die Frau, die er mitgebracht hatte, nicht mehr da. Alles Füßestampfen und Weinen war da nutzlos.

Sind's weiße Perlen?
Oder was ist es sonst? Als
sie mich so gefragt,
hätt' ich da doch »Tau« gesagt
und wär wie Tau vergangen!

Das verhielt sich aber so: Als die Kaiserin Nijô sich noch im Palast ihrer Base gleichsam in dienender Stellung aufhielt, wurde sie entführt, da sie von außerordentlich anmutiger Gestalt war, aber als ihr älterer Bruder, der Kanzler Horikawa, und ihr ältester Bruder, der Oberkabinettsrat Kunitsune, damals noch von niedrigem Rang, in den Palast kamen, hörten sie jemanden schrecklich weinen, und sie hielten den Entführer auf und brachten ihre Schwester zurück. Diese Brüder nun nannte man dergestalt »Teufel«. Sie war damals noch sehr jung, es war um die Zeit, als die Kaiserin noch als gewöhnlicher Mensch lebte.

Es war einmal ein junger Mann. Dieser Mann glaubte, daß er zu nichts tauge, er mochte nicht mehr in der Hauptstadt leben und brach auf, im Osten eine Provinz zu finden, in der er leben konnte. Er zog dahin mit ein, zwei Männern, die alte Freunde waren. Sie waren aber des Weges nicht kundig und gingen in die Irre. So gelangten sie an einen Ort namens »Acht Brücken«, in der Provinz Mikawa. Man nannte diesen Platz »Acht Brücken«, weil der Wasserlauf sich wie die Beine einer Spinne teilte und von acht Brücken überspannt wurde. Deshalb sagte man »Acht Brücken«. Sie stiegen im Schatten der Bäume nahe am sumpfigen Ufer von den Pferden, ließen sich nieder und aßen von ihrem getrockneten Reis. In diesem Sumpf blühten Schwertlilien sehr anmutig. Einer der Männer sah sie und sagte: »Laßt uns ein Gedicht machen, in dem die fünf Buchstaben des Wortes Lilie an den Anfang der fünf Zeilen gesetzt werden!« Da er so gesprochen hatte, dichtete einer:

Lieb wie mein Kleid, das
Ich immerzu trage, so
Lieb ist mir mein Weib:
In weite Ferne gereist,
Einzig nur denk ich an sie!

Als er so gedichtet hatte, vergossen sie alle Tränen über ihrem getrockneten Reis, so daß er aufquoll.

Sie zogen weiter und gelangten in die Provinz Suruga. Als sie zum Berge Utsu, das heißt »Wach«, kamen, war der Pfad, den sie betreten hatten, sehr finster und eng, alles war grün von Efeu und Ahorn, und sie dachten beklommen, wie anders sie sich alles vorgestellt hatten – da kam ihnen ein Wanderpriester entgegen. »Wie kommt ihr denn auf einen solchen Weg?«, fragte der – sie schauten ihn an und erblickten einen Bekannten. Einer schrieb einen Brief und übergab ihn dem Wanderpriester, damit er ihn im Hause einer gewissen Dame in der Hauptstadt abliefere:

Hier in Suruga,
am Rande des Berges »Wach«:
im Wachen sowohl
wie im Traume bin ich Dir,
Liebe, niemals begegnet.

Als sie den Berg Fuji betrachteten, war auf ihm Schnee gefallen, ganz weiß, am letzten Tag des Fünften Monats!

Von Jahreszeiten
weiß der Fuji-Gipfel nichts,
weiß nicht, wann im Jahr:
wie ein Rehkälbchen gefleckt
sieht nach dem Schneefall er aus.

Wollte man diesen Berg mit einem hiesigen vergleichen, müßte man den Hiei-Berg nicht weniger als zwanzigmal aufschichten, so hoch ist er, und seine Gestalt gleicht einem Salzkegel.

Sie zogen weiter und kamen an einen sehr großen Strom zwischen den Provinzen Musashi und Shimôsa. Diesen nannte man Sumida-Strom. An diesem Strom scharten sich die Menschen, und wie sie an ihre Heimat dachten und darüber klagten, daß sie so unendlich weit gewandert waren, sagte der Fährmann: »Steiget schnell ins Boot, die Sonne ist schon untergegangen«, und als sie daran waren, überzusetzen, fühlten sich alle sehr verlassen, und es war gewiß keiner, der nicht an eine Liebste in der Hauptstadt dachte. Gerade in diesem Augenblick tummelte sich ein weißer Vogel mit rotem Schnabel und roten Füßen, so groß wie eine Schnepfe, über dem Wasser und fing einen Fisch. Weil es ein Vogel war, der in der Hauptstadt nicht zu sehen ist, kannte ihn keiner. Als sie den Fährmann fragten und erfuhren: »Das ist ein Hauptstadtvogel«, dichtete einer:

Wenn du zu recht so
heißt, will ich etwas fragen,
du Hauptstadtvogel:
Ist sie, die ich so liebe,
noch am Leben oder nicht?

Da weinten alle, die noch im Boot waren.

Es war einmal ein junger Mann. Der stahl eines anderen Tochter und ging mit ihr in die Heide von Musashi, und weil er damit ein Dieb war, wurde er vom Statthalter der Provinz gefangengesetzt. Er hatte das Mädchen in einem Dickicht sitzen lassen und war geflohen. Die des Weges kommenden Menschen sprachen: »In dieser Heide wird der Dieb wohl sein«, und machten sich daran, Feuer zu legen. Das Mädchen zitterte und dichtete:

Die Musashi-Flur
brennet doch heut nur nicht ab!
Wie Kräuter so jung
mein Gemahl stecket hier drin,
und ich stecke gleichfalls drin.

Das hörten sie und ergriffen das Mädchen, und sie führten beide ab.

Es war einmal ein Mann namens Ki no Aritsune. Er hatte drei Kaisern gedient und es weit gebracht, aber weil sich dann die Regierung wandelte und die Zeiten sich änderten, galt er noch weniger als ein gewöhnlicher Sterblicher. Er war ein Mensch mit einer schönen Seele, der das vornehme Wesen liebte, und er glich darin keinem anderen Menschen. Lebte er auch in Armut, so kümmerte er sich nicht um den Lauf der Welt, denn immer noch lebte sein Herz in der Zeit, in der es ihm einst gut ergangen. Seine Frau, mit der er lange Jahre eng verbunden war, trennte sich nach und nach von seinem Lager, bis sie schließlich Nonne wurde und an den Ort ging, wohin ihre ältere Schwester schon vor ihr als Nonne gegangen war; den Mann aber, obwohl er wahrhaftig keine zärtlichen Gefühle mehr für sie hegte, kam es doch hart an, als sie sagte: »Jetzt ist es soweit« und davonging, aber da er arm war, konnte er nichts für sie tun. Er litt darunter und schrieb an einen Freund, mit dem er sehr vertraut war: »So und so stehen die Dinge, sie sprach, jetzt sei es soweit, und ist fortgegangen, und ich mußte sie ziehen lassen, ohne auch nur das geringste für sie tun zu können.« Und am Ende des Briefes schrieb er:

Krümm ich die Finger,
um die Zeit, die wir vereint,

dran abzuzählen,
sind es der Jahre zehn, die
viermal dahingegangen.

Als jener Freund das las, erfüllte ihn großes Mitleid, er schickte Kleidungsstücke bis hin zu Nachtgewändern und dichtete:

Wenn euch der Jahre
gemeinsam schon viermal zehn
dahingegangen –
wie oft mag sie dir wohl da
mit Bitten gekommen sein!

Nachdem er das an Aritsune gesandt hatte, erwiderte dieser:

Könnte nicht jenes
himmlische Federgewand
dieses Kleid hier sein?
Dein allerschönstes Gewand
hast du gewiß mir geschickt!

Er konnte seiner Freude nicht widerstehen und dichtete ferner:

Was für herbstlichen
Tau man fälschlicherweise
hätt' halten können –
es waren wohl die Tränen,
die ich vergossen habe.

Es waren einmal zwei Kinder von Männern, welche in die Provinz zu reisen pflegten, die gingen hinaus zu einem Brunnen und spielten dort, doch als sie groß geworden waren, schämten sich beide, der Jüngling wie die Jungfrau, voreinander, aber dennoch dachte der Jüngling: »Ich möchte nur dieses Mädchen haben.« Und das Mädchen dachte nur immerzu an diesen Jüngling, und mochten sie ihre Eltern auch anderweitig verheiraten wollen, sie hörte durchaus nicht auf sie. Nun kam aus dem benachbarten Hause des Jünglings dieses Gedicht:

An des Rundbrunnens
Brunnenrand gemessen, ist
meine Gestalt weit
darüber hochgewachsen,
seit ich dich, Liebste, nicht sah.

Das Mädchen gab zurück:

Mein langes Haar, mit
deinem einst verglichen, hängt
über die Schultern.
Wenn du es nicht für mich tust,
wer dann bindet es mir hoch?

So dichteten sie hin und wieder, bis sie am Ende zusammenkamen, wie es ihr fester Wille war.

Einst dachte eine Frau, die von irdischen Gelüsten erfüllt war: »Ach, käme ich doch nur mit einem Mann zusammen, der ein warmes Herz hat!« – aber da sie das nicht laut sagen konnte, ersann sie eine Traumgeschichte, an der nichts Wahres war. Sie rief ihre drei Söhne zusammen und erzählte sie ihnen. Zwei Söhne antworteten kaltherzig und ließen es damit gut sein. Der dritte Sohn aber deutete ihren Traum so: »Ein schöner Mann wird dir gewiß zuteil werden«, worauf diese Frau sehr frohen Mutes ward. »Alle übrigen Männer sind sehr kaltherzig. Ach, könnte ich sie nur irgendwie mit dem Mittleren Kommandanten Zaigo zusammenbringen!«, hoffte der Sohn in seinem Herzen. Als er dann einmal zur Jagd ging, traf er jenen, faßte auf dem Wege sein Pferd beim Zügel und erzählte ihm seine Gedanken. Darauf bekam Zaigo Mitleid, kam mit und schlief mit der Frau. Danach ließ er sich aber nicht mehr sehen, deshalb ging die Frau zum Hause des Mannes und spähte durch die Hecke, wobei sie der Mann undeutlich sah:

An hundert Jahren
ein einz'ges Jahr noch fehlt dem
wirren, bleichen Haar –
mich scheinet sie zu lieben,
denn ihr Bild seh ich vor mir.

So sprach er und machte Anstalten, hinauszugehen, und als die Frau das sah, eilte sie, an Dornensträuchern und Quittenzweigen hängenbleibend, nach Hause und legte sich rasch ins Bett. Als der Mann ebenso, wie die Frau es getan hatte, heimlich vor ihrem Hause stand und ihr zuschaute, sagte die Frau mit einem Seufzer:

Auf schmale Matte
schmiegt sich ein Ärmel allein –
Muß auch heute nacht
ohne den geliebten Mann
ich wohl wiederum schlafen?

Dieses Gedicht erfüllte den Mann mit Rührung und er verbrachte diese Nacht mit ihr.

Es ist gewöhnlich so in der Welt, daß man seine Liebe dem Menschen schenkt, den man liebt, dem Ungeliebten sie aber nicht schenkt, doch dieser Mann besaß ein Herz, das keinen Unterschied machte zwischen geliebten und ungeliebten Frauen.

Einst war einem Mädchen, das der Kaiser liebte und in seinen Dienst genommen hatte, das Tragen der kaiserlichen Farben gestattet worden. Sie war die Base der Mutter des Kaisers. Ein junger Mann aus dem Hause Ariwara, der im Palast Dienst tat, war mit diesem Mädchen vertraut gewesen, obwohl er noch sehr jung war. Da dieser Mann zu den Frauengemächern Zutritt hatte, kam er an den Ort, wo sich das Mädchen befand, und ließ sich ihr gegenüber nieder, worauf das Mädchen sprach: »Das ist sehr garstig von dir. Du bringst uns beide ins Verderben. Tu das nicht!« Auf diese ihre Worte sprach der Mann:

Inniger Neigung
muß ein heimliches Sehnen
stets unterliegen.
Mag als Tausch für ein Treffen
schließlich kommen, was da will.

Darauf begab sie sich in ihr Schlafgemacht, und da er nicht wußte, daß gewöhnlich andere Leute in dieses Gemach blickten, folgte er ihr und blieb bei ihr; darob wollte das Mädchen schier verzweifeln und ging davon in ihr Elternhaus. Da aber der Mann dachte, da ergebe sich eine gute Gelegenheit, und ihr nachging, lachten alle, die davon hörten. Am anderen Morgen sah ein Palastaufwärter, wie der Zurückkehrende seine Schuhe nahm, in eine Ecke warf und dann in den Palast schlich. Wie nun der Mann fortfuhr, ein Unrecht nach dem anderen zu begehen, fürchtete er, daß er sein Amt verlieren und deshalb schließlich zugrunde gehen würde; aber obwohl er Buddha und die Götter anflehte: »Was soll ich nur tun? Bitte, ändert meinen Sinn!«, fühlte er die Liebe doch nur wachsen und die Leidenschaft immer zügelloser werden. Deshalb rief er Magister der Mantik und Geisterbeschwörerinnen und ging mit einem Austreibungstäfelchen, auf dem stand: »Ich will nicht mehr lieben«, zum Mitorashi-gawa, das ist »Handwaschungsfluß«. Während der Austreibung ward seine Liebe immer heftiger. Je weiter die Austreibung voranschritt, desto stärker mehrte sich seine Neigung, er fühlte sich verliebter denn je und dichtete:

»Ich will nicht lieben«,
gelobt ich bei der Waschung
im Handwaschungsfluß,
aber leider nahm der Gott
mein Gelübde nicht an.

Dann ging er davon.

Der Kaiser, der ein wohlgestaltetes Antlitz hatte, geruhte einmal, den Namen Buddhas aus ganzer Seele mit höchst weihevoller Stimme anzurufen. Das hörte das Mädchen und weinte sehr. »Daß ich einem solchen Fürsten nicht diene und durch eine üble Verstrickung aus einem früheren Leben von jenem Mann überwunden ward!« schluchzte sie. Das kam dem Kaiser zu Ohren, und nachdem er diesen Mann verbannt hatte, stieß die Kaiserinmutter, die Base dieses Mädchens, das Mädchen aus dem Hofdienst und schloß sie zur Strafe in ihrem Speicher ein, da weinte das Mädchen, als es im Speicher eingeschlossen war.

Die Fischer schneiden
den Tang, in dem das Tierchen
wohnt, das sagt: »durch mich«:
so möchte auch ich weinen
und nicht die Welt verklagen.

So sprach sie weinend, aber Nacht für Nacht kam aus der fremden Provinz dieser Mann, blies sehr anmutig auf der Flöte und sang mit wohltönender Stimme und innigem Mitleid. Das Mädchen, im Speicher eingeschlossen, vernahm wohl, daß er es sein mußte, sie konnten aber doch nicht zusammenkommen und einander sehen.

Daß er noch immer
die Hoffnung nicht verloren,
ist gar zu traurig.
Von mir, die ich lebe und
doch nicht lebe, weiß er nichts.

In solchen Gedanken saß sie da. Da der Mann das Mädchen nicht treffen konnte, wandelte er hin und her, singend und flötend, bis er wieder in die fremde Provinz ging und dies sang:

Bin auch vergeblich
ich gegangen und wieder
nach Hause gekehrt –
von dem Wunsch, sie zu sehen,
ward ich stets wieder verlockt.

Es war einmal ein junger Mann. Als dieser Mann als kaiserlicher Abgesandter für die Jagd in die Provinz Ise ging, gaben ihm die Eltern einer Priesterin am Ise-Schrein einen Brief mit, in dem stand: »Behandle diesen Mann besser als gewöhnliche Abgesandte!«, und weil das ein Wort der Eltern war, behandelte die Tochter den Mann mit besonderer Freundlichkeit. Am Morgen trug sie Sorge, daß er zur Jagd aufbrach, und wann immer er des Abends heimkehrte, ließ sie ihn zu sich kommen. So freundlich behandelte sie ihn. In der Nacht des zweiten Tages bat sie der junge Mann inständig, mit ihm zu schlafen. Auch das Mädchen war nicht abgeneigt, mit ihm zu schlafen. Trotzdem konnten sie nicht miteinander schlafen, weil zu viele fremde Augen sie sahen. Weil er aber das Haupt der Abgesandten war, hatte man ihn nicht fern untergebracht. Da das Schlafgemach des Mädchens in der Nähe war, wartete das Mädchen, bis die anderen eingeschlafen waren, und kam dann in der Stunde vor Mitternacht zu dem Mann. Weil der Mann noch keinen Schlaf hatte finden können, lag er da und ließ seine Blicke nach draußen wandern, da sah er unter dem von Wolken verschleierten Mond die Geliebte stehen, mit einem kleinen Mädchen vor sich. Der Jüngling freute sich sehr und führte sie zu seinem Lager, wo sie von der Stunde vor Mitternacht bis um die zweite Stunde des Morgens blieb und dann zurückkehrte, ohne daß sie einander etwas gesagt hätten. Der Jüngling war sehr traurig und konnte nicht mehr schlafen. Am nächsten Morgen konnte er, obwohl ihm sehr daran gelegen hätte, schlecht seine Leute zu ihr schicken, aber wie er mit ruhelosem Herzen wartete, kam kurz nach Tagesanbruch von dem

Mädchen ein Gedicht ohne jedes Begleitwort:

Ob zu mir du kamst,
ob ich zu dir gegangen –
ich weiß es nicht mehr.
War's ein Traum? War es erlebt?
War's im Schlaf? War's im Wachen?

Der Mann weinte sehr heftig und dichtete:

In der pechschwarzen
Finsternis meines Herzens
war auch ich verwirrt.
Ob es Traum war oder nicht,
das entscheide heute nacht!

So dichtete er, sandte es ihr und ging auf die Jagd. Mochte er auch durch die Heide streifen, sein Herz war anderswo, und er dachte, wenn doch nur heute abend die anderen bald zur Ruhe kämen, daß er recht bald mit ihr zusammensein könne – aber der Statthalter der Provinz, zugleich der Vorgesetzte der Priesterinnen am Schrein von Ise, hatte inzwischen gehört, daß der kaiserliche Abgesandte für die Jagd da sei und veranstaltete die ganze Nacht hindurch ein Trinkgelage, und bei dem Gedanken, daß er sie nun überhaupt nicht treffen könne und am frühen Morgen nach der Provinz Owari aufbrechen müsse, vergoß er insgeheim blutige Tränen, aber er konnte sie dennoch nicht treffen. Als allmählich der Tag heraufdämmerte, kam von dem Mädchen eine flache Trinkschale, auf die sie ein Gedicht geschrieben hatte. Er nahm die Schale und las:

Gehst du hinüber,
du wirst nicht naß, weil seicht der
Fluß wie deine Liebe.

So hatte sie geschrieben und den Schluß weggelassen. Auf diese Trinkschale schrieb er als Schluß des Gedichtes mit Ruß von einer Kiefernfackel hinzu:

So werd' ich wieder zu dir
die Schranke überschreiten.

Da der Tag angebrochen war, reiste er nach der Provinz Owari.

Es war einmal ein junger Mann, welcher der Kaiserin Nijô diente. Er warb um eine der dienenden Damen, indem er immerzu Blicke mit ihr tauschte. Als der Mann nun sagte: »Wenigstens wo uns ein Vorhang oder Stellschirm trennt, laß uns irgendwie zusammenkommen und die ängstlich gehüteten Gedanken befreien!«, traf sie ihn ganz heimlich bei einer solchen Trennwand. Sie plauderten miteinander, und der Mann sagte:

Selbst den Hirtenstern
übertrifft meine Liebe!

Gleich dem Himmelsfluß
verstellt mir die Schranke den
Weg – ach laß sie doch fallen!

Von diesem Gedicht war sie so bezaubert, daß sie mit ihm zusammenkam.

Es war einmal ein junger Mann. Viele Monde und Tage waren vergangen, in denen er einem Mädchen dies und jenes gesagt hatte. Da sie weder aus Stein noch aus Holz war, mag sie bald Bedauern für ihn gefühlt haben, das sich allmählich in ein wärmeres Gefühl wandelte. Als gerade die Zeit des Vollmonds im Sechsten, dem Wasserlosen Monat, gekommen war, entstanden am Körper des Mädchens ein, zwei Eiterbeulen. Sie ließ dem Manne ausrichten: »Ich habe jetzt nichts anderes als dich im Sinn. Aber ich habe ein, zwei Eiterbeulen bekommen, und das Wetter ist auch sehr heiß. Sobald der Herbstwind sich ein wenig regt, werden wir uns bestimmt treffen.« Während sie den Herbst erwarteten, verbreiteten da und dort böse Zungen das Gerücht, sie wolle in das Haus jenes Mannes gehen. Aus diesem Grunde kam der ältere Bruder dieses Mädchens ganz plötzlich, um sie abzuholen. Da ließ das Mädchen einen Zweig mit den ersten verfärbten Blättern des Ahorns holen und schrieb ein Gedicht, um es, an den Zweig gebunden, dem Mann zu schicken.

Bis in den Herbst hieß
ich dich warten auf mich – doch
es war vergeblich:
seicht wie die laubbedeckte
Bucht war das Band, das uns hielt.

Das schrieb sie nieder, sprach: »Wenn von jenem Manne ein Bote kommt, gebt ihm das!«, und ging davon.

Nun, wie es weiterging, weiß ich bis heute nicht. Es mag gut ausgegangen sein, es mag schlecht ausgegangen sein. Ich weiß auch nicht, wohin sie ging. Jener Mann soll einen Fluch herabgerufen haben, indem er zauberisch »verkehrt herum« in die Hände klatschte. Eine entsetzliche Tat! Ob der Fluch eines Menschen trifft? Ob er nicht trifft? »Jetzt werden wir es sehen!«, soll er gesagt haben.

Geschichten aus Yamato

Toshiko

Als der ehemalige Oberkabinettsrat Minamoto Staatsrat war, ließ ihn – in der Absicht, die verlangten Gegenstände beim Geburtstagsglückwunsch für den Kaiser im Teiji-Palast zu verwenden – die kaiserliche Gemahlin Kyôgoku wissen: »Ich möchte das und das machen. Lasse mir doch Gerätschaften zum Überreichen der Geschenke anfertigen.« Daher ließ er in reichlicher Menge Körbe mit Bärtchenrand anfertigen und von Toshiko auf verschiedene Weise färben. Er ließ von ihr Webereien zum Auslegen der Körbe verschieden einfärben, ließ sie zwirnen und flechten und überließ ihr einfach alles. In großer Eile machte sie die Gegenstände sämtlich auf den letzten Tag des Neunten Monats fertig. Nun, am ersten Tag des Zehnten Monats, schickte sie diese Gegenstände zu dem, der es so eilig hatte:

Mit vielerlei Farb'
war ich in Eile im Herbst,
der nun vergangen.
Doch mit dem Sprühregen jetzt,
was soll ich mit ihm färben?

In der Zeit, in der sie diese Dinge so eilig vorangetrieben hatten, wurden von ihm wie von ihr unentwegt Worte getauscht, aber danach war, als hätte es diese Angelegenheit nie gegeben, der lezte Tag des Zwölften Monats ohne eine Nachricht herangekommen. Daher schrieb Toshiko:

Ist einseitig das
Segel des Schiffs, das du fährst?
Wenn weiße Wellen
stürmisch toben, dann allein
komm in den Sinn ich dem Herrn!

Doch das Jahr ging vorbei ohne Antwortgedicht. Dann, im Zweiten Monat schließlich, brach er einen wildgekrümmten, gar langen Weidenast, der sich bei seinem Hause befand:

Da der Blauweide
Fäden gar üppig treiben,
an mild-heiterem
Frühlingstag nun gerade,
da kommst du mir in den Sinn!

Als er ihr dies schickte, war Toshiko überaus gerührt und sprach noch lange davon.

Der Prinz Momosono, Minister für das Heerwesen, starb, und da das Ende der tiefen Trauer auf den letzten Tag des Neunten Monats fiel, schickte Toshiko der Gattin dieses Prinzen folgendes Gedicht:

Des gewöhnlichen
Herbstes Ende läßt uns schon
Trauer empfinden –
wie wirst du den heutigen
Tag dann wohl erst verbringen!

Obwohl sie grenzenlos betrübt und in Tränen war, geruhte sie – da Toshiko so gesprochen hatte – eine Antwort zu geben:

Lebte er noch, so
könnte Anfang wie Ende
ich wohl erfassen.
Doch er schwand dahin, ohne
diesen Tag zu erleben.

Der Assistent an der Marstallkanzlei zur Rechten, Fujiwara no Chikane, hatte eben diese Toshiko zur Gattin. Sie hatten eine ganze Reihe Kinder, doch während sie so in Liebe zusammenwohnten, starb sie. Wie er nun in grenzenloser Trauer herumging und ihn eine Dame namens Ichijô no Kimi, die Palastkammerfrau war und die Toshiko sehr gut gekannt hatte, dennoch nicht besuchte und er sich darüber verwunderte, sah er beim Herumgehen, daß er eine Frau aus dem Gefolge dieser Dame, die ihn nicht besuchte, vor sich hatte. Als er folgendes Gedicht machte:

Hätt' ich es gedacht?
Um die Dahingegangne
in bittrer Trauer,
daß sogar du so herzlos
dich da gebärden würdest!

und sagte, sie solle dies übermitteln, erhielt er zur Antwort:

Daß von der Toten
zu sprechen hören, dich nicht
auch noch betrübe,
verstecke ich weinend mich,
so groß ist mein Bedauern.

Toshiko verkehrte für gewöhnlich im Hause des Oberkabinettsrats Minamoto. Manchmal hatte man ihr dort auch ein Zimmer eingerichtet und sie wohnte dort. An müßigen Tagen kamen dieser vornehme Herr, Toshiko, eine der älteren von Toshikos Töchtern mit Namen Ayatsuko – der Mutter sehr ähnlich und von edlem Gemüt – und eine Dame namens Yôko, auch sie eine empfindsame und liebenswerte Person, die sich im Hause dieses Herrn aufhielt, zu viert zusammen und plauderten über tausenderlei Dinge, sagten dies und das über die Vergänglichkeit der Welt und über den Jammer der Menschheit, und da dichtete dieser vornehme Herr:

Noch unterm Reden
zerrinnt uns nutzlos die Zeit.
Doch zum Gedenken
möchte meine Liebe ich
euch irgendwie erzeigen.

Keiner, keiner verfaßte darauf ein Antwortgedicht, und sie schluchzten und weinten. Das waren doch merkwürdige Leute!

Als Toshiko eines Abends Chikane erwartete, er aber nicht kam:

Spät in der Nacht war's,
da hab' des Reishalmfinken
Ruf aus Versehen
für dein Geklopfe am Tor
ich doch wahrhaft gehalten!

Und wieder wartete Toshiko an einem Abend, an dem der Regen strömte, auf Chikane. Doch der Regen hielt ihn zurück und er kam nicht. In ihrem baufälligen Haus tropfte es gar sehr. Als Chikane sagte: »Ich konnte nicht kommen, da es so stark regnete. Wie standen die Dinge hier?«, dichtete Toshiko:

Vor Sehnsucht nach dir
sei weiter nicht Raum im Haus,
hatte ich gedacht,
doch beim Regen heute nacht:
kein Plätzchen, wo's nicht tropfte!

Da sich in Toshikos Anwesen eine Eiche befand, schickte man vom Biwa-Palast um Zweige. Sie ließ Zweige abbrechen, schrieb ein Gedicht nieder und übersandte es:

Seit wann grünt meinem
Haus wohl eure Liebe, daß
Eichenzweige grün
mit so vertrauter Miene
zu brechen ihr hierherschickt?

Die Antwort lautete:

Daß in der Eiche
eine Blattwächtergottheit
ihren Sitz nahm – nicht
wußt ich's und brach die Zweige –
schick mir doch nur keinen Fluch!

Als Toshiko zum Kloster von Shiga wallfahrtete, war dort ein Priester, den man den Herrn Zôki nannte. Dieser war ein Priester, der auf dem Berge Hiei wohnte und der selbst zu den höchsten Palastgemächern Zutritt hatte. Er wallfahrtete am selben Tag nach Shiga, an dem auch Toshiko ihre Wallfahrt machte, und sie trafen sich. Man richtete ihnen ein Gemach im Brückenhaus und hier plauderten sie über tausenderlei Dinge. Als Toshiko sich auf den Rückweg machte, dichtete Zôki:

Nimm an, man träfe
zusammen und es gäbe
keine Trennung mehr:
wir würden nicht so schnell an
wichtige Dinge denken!

Toshikos Antwort war:

Warum denn nur soll
gar so schnell an eilige
Dinge man denken?
Ohne die Erinnerung,
ja, da wäre ich traurig!

Es waren wirklich viele Worte!

Auf dem über die Berge führenden Weg nach Shiga, an einem Ort namens Iwae, hatte der Prinz, der vormalige Minister für das Heerwesen, ein Haus auf sehr hübsche Art gebaut und hielt sich von Zeit zu Zeit dort auf. Er hielt sich dort sehr heimlich auf, und es kam auch vor, daß er dort Damen sah, die nach Shiga pilgerten. Rundum war es sehr schön, und das Haus war erst recht sehr schön. Als Toshiko damals nach Shiga wallfahrtete, kam sie in dieses Haus, ging darin herum und sah sich alles an, sie fand es sehr ansprechend und es gefiel ihr sehr, und so schrieb sie:

Zur Jagd nur manchmal
kommst du, wo dich erwartet
mit lautem Ruf der
Hirsch im Shiga-Gebirge –
wie traurig ist da der Herbst!

So schrieb sie und ging fort.

Heichû bringt eine junge Frau mit

Heichû brachte eine junge Frau, die er liebenswert fand, zu seiner Gattin und beließ sie dort. Unter vielen nicht liebenswerten Reden trieb seine Gattin sie schließlich hinaus. Er wird sich dieser Gattin wohl haben beugen müssen, denn obwohl die junge Frau ihm sehr lieb war, konnte er sie nicht zurückhalten. Da die Gattin unnachsichtig gesprochen hatte, konnte er nicht einmal in ihre Nähe kommen, und so stand er da, an einen vier Fuß hohen Wandschirm gelehnt, und sprach: »Alles hienieden ist so anders als erwartet. Wenn du dich aufmachst in die Welt, vergiß mich nicht und gib mir Nachricht! Auch ich gedenke, so zu tun.« So sagte er. Die Frau packte gerade ihre Sachen in ein Bündelchen und wartete darauf, von einem Wagen abgeholt zu werden. Er hatte großes Mitleid mit ihr. Nun, die Frau ging davon. Nach einem Weilchen schickte sie ein Gedicht:

Vergiß du nur nicht!
Hab ich denn vergessen, was
im Frühlingsnebel
beim Aufbruch heut früh du mir
für ein Gelübde getan?

Heichû und die Tochter des Provinzstatthalters von Musashi

In der Hochblüte seiner Liebeständeleien ging Heichû einmal auf den Markt. In jener Zeit war es üblich, daß feine Leute zu solchen Liebeständeleien auf den Markt gingen. Es war ein Tag, an dem die Damen der vormaligen Kaiserin auf den Markt gegangen waren. Heichû schäkerte mit ihnen herum und verliebte sich wie noch nie. Danach schrieb er sogar einen Brief. Die Damen ließen ihm sagen: »Im Wagen waren so viele, wem gilt denn der Brief?« Weil er nun sagte:

Der hundertfachen
Ärmel Anzahl, die habe
ich wohl gesehn, doch
denk ich vor allem an den
mit der dunkelsten Färbung!

handelte es sich um die Tochter des Provinzstatthalters von Musashi. Sie hatte nämlich ein Gewand aus sehr dunkel gefärbter beschwerter Seide getragen. Diese also meinte er! Nun, das Fräulein von Musashi gab ihm später Antwort und sprach sich mit ihm ab. Von schöner Gestalt, mit langem Haar, war sie eine wirklich ansehnliche junge Person. Obwohl sich die Männer gar sehr in sie verliebten, war sie hohen Sinnes und nahm keinen Liebhaber. Aber als er nun so heftig um sie warb, traf sie mit ihm zusammen. Am nächsten Morgen schickte er nicht einmal einen Brief. Bis zum Abend gab er nicht einen Ton von sich. Mit Bitternis im Herzen verbrachte sie die Nacht, und sie wartete einen weiteren Tag, doch er schickte keinen Brief. Die ganze Nacht wartete sie, am Morgen jedoch sagten ihre Dienstleute: »Nach so langer Zeit hat sie sich einem Mann vereint, von dem man gehört hatte, er treibe es sehr leichtsinnig, und sollte er jetzt auch in seiner Muße behindert sein – daß er noch nicht einmal einen Brief schreibt, das ist bitter!«, und sie redeten dies und das. Daß auch andere aussprachen, was sie selbst im Herzen dachte, das war ihr bitter und verdrießlich, und sie weinte. Vielleicht in dieser Nacht ..., dachte sie und wartete, doch er kam wieder nicht. Und auch am nächsten Tag sandte er keinen Brief. So vergingen insgesamt fünf, sechs Tage, ohne daß er einen Ton von sich gab. Sie weinte nur noch, statt zu schlafen und aß nichts mehr. Ihre Dienstleute sagten: »Denkt nicht mehr an ihn! Ihr seid doch nicht jemand, für den es damit allein zu Ende wäre! Laßt niemanden davon wissen und macht Schluß, und Ihr werdet wohl noch anderes zu tun finden!« Sie sagte nichts, zog sich zurück, war nicht einmal für ihre Dienstleute zu sehen, schnitt sich ihr außerordentlich langes Haar ab und machte sich eigenhändig zur Nonne. Ihre Dienstleute versammelten sich und weinten, doch ihr Reden war umsonst. Sie sagte sogar: »Da ich voller Bitternis war, wollte ich sterben, doch ich konnte nicht sterben. So wollte ich eben Nonne werden und mich frommen Übungen hingeben. Nun lärmt doch nicht so laut, ihr Leute!«

Daß alles so gekommen war, verhielt sich folgendermaßen: Am Morgen nach ihrer Vereinigung wollte Heichû jemanden zu ihr schikken, doch unerwartet kam sein Amtsvorsteher, um mit ihm auszugehen, riß ihn aus seinem Schlummer: »Was, du schläfst immer noch?«, und führte ihn zu müßigem Zeitvertreib an einen weit entfernten Ort, und sie tranken Wein, machten großen Lärm und kehrten ganz und gar nicht zurück. Als er schließlich gerade mit Mühe und Not nach Hause gekommen war, hatte er als Begleiter des Kaisers aus dem Teiji-Palast mit nach Ōi zu gehen. Während er dort wiederum zwei Nächte diente, wurde er fürchterlich betrunken. Als man spät nachts heimkehrte und Heichû zu ihr gehen wollte, war diese Richtung (aus astrologischen Gründen) versperrt, und alle Leute des Kaisers gingen gemeinsam in eine andere Richtung. Voller Sehnsucht dachte er, wie wird sie wohl in Unruhe sein und sich merkwürdig fühlen! Heute aber – wenn der Tag nur recht schnell verginge! – wollte er hingehen und selbst die Umstände schildern, und einen Brief wollte er auch schreiben, und während er ernüchtert dies dachte, kam jemand und klopfte an. Als er fragte: »Wer ist's?«, sprach man: »Dem Herrn Assistenten habe ich etwas mitzuteilen.« Wie er hinausblickte, sah er eine Frau aus dem Hause des Fräuleins. Es ging ihm wie ein Stich durch die Brust – »Komm hierher«, sagte er, und als er den Brief nahm, sah er, daß einige abgeschnittene Haare zu einem Ring gelegt in duftendes Papier eingewickelt waren. Er fand das sehr merkwürdig, doch als er die Schrift ansah, stand da geschrieben:

Der Fluß des Himmels
finde sich am Firmament:
so hörte ich zwar,
vor meinen Augen jedoch
befinden sich nur Tränen.

(Dieses Gedicht konnte man jedoch auch so verstehen:

Nonnentränenfluß –
das seien leere Worte,
so hörte ich zwar,
vor meinen Augen jedoch
befinden sich nur Tränen.)

Als Heichû sah, daß sie eine Nonne geworden sein mußte, wurde ihm ganz schwarz vor den Augen. Sein Herz war völlig verwirrt, und als er die Botin befragte, sagte sie: »Sie hat ihr Haar bereits abgeschnitten. Deshalb haben auch ihre Damen gestern und heute furchtbar geweint und sind ganz verstört. Auch uns niedrigen Leuten tut das Herz in der Brust weh. Solches Haar!« Als sie so sprach und weinte, wurde dem Mann sehr traurig ums Herz. Nutzlos zu denken, oh warum muß ich mit diesem Liebesspaziergang eine so kummervolle, bittere Erfahrung machen! Weinend schrieb er die Antwort:

Von Weltschmerz erfüllt
fließen dahin die Tränen,
und doch – zu eilig
mußt zu dem himmlischen Fluß
(mußt zum Nonnentränenfluß)
du dich entschlossen haben!

Er sprach: »Das ist so unerwartet, und weiter ist nichts zu vernehmen. Ich gehe sofort selbst hin.« So kam er denn sogleich. Sie hatte ihr Haar in einen lackierten Korb gelegt. Er berichtete den Dienstleuten, wie alles gewesen, wie er abgehalten worden war, und hörte nicht auf zu weinen. »Laß mich doch wenigstens etwas hören! Nur deine Stimme wenigstens laß ertönen!«, so sprach er, doch sie gab keine Antwort mehr. Ach, sie weiß nicht, wie ich abgehalten wurde, und wird glauben, daß ich dies nur so zur Entschuldigung vorbringe, dachte er und war sehr traurig.

Die Tochter des Taira no Nakaki

Die Tochter des Nakaki, des Vizestatthalters von Ōmi, wurde von einem Geist gequält, und man nahm daher den Wanderpriester Jôzô Daitoku als Exorzist, die Leute redeten jedoch dies und das daher. Und dies wiederum war nicht alles erfunden. Insgeheim lebten sie so dahin, und das Gerede der Leute wurde immer lästiger. Jôzô Daitoku sagte, er wolle sich nicht mehr unter den Menschen aufhalten und verschwand. Er zog sich an einen Ort namens Kurama zurück und gab sich ganz religiösen Übungen hin. Dennoch sehnte er sich sehr nach der Tochter des Nakaki. Indem er der fernen Hauptstadt gedachte, ging er voll Mitgefühl mit allen Dingen seinen Übungen nach. Weinend legte er sich nieder, doch als er neben sich blickte, sah er einen Brief. Was für ein Brief mag das sein, dachte er und nahm ihn: da sah er, daß es ein Brief von derjenigen war, an die er dachte. Sie hatte geschrieben:

Der im tuschfarbnen
Kleid auf dem Kurama-Berg
als Mönch sich aufhält,
irrte und irrte er auch –
ach käme er doch zurück!

Er wunderte sich sehr, wer wohl den Brief überbracht haben mochte. Da ihm nichts einfiel, wie er eine Nachricht hinschicken könnte, und er sich sehr wunderte, eilte er überstürzt alleine hin. Und so kehrte er auch wieder in die Berge zurück.

Das nun hatte er ihr geschickt:

Wie brennt sie mich doch!
Die vergessen geglaubte
Liebessehnsucht hat
einer lästig singenden
Nachtigall Stimme geweckt.

Ihre Antwort:

Ach, du hattest sie
wohl schon lange vergessen –
Als die Nachtigall
dir gesungen, kam dir erst
die Erinnerung zurück.

Jôzô Daitoku dichtete wiederum:

Um meinetwillen
setz dich Erbarmungslose
ich jetzt beiseite,
doch dieser Welt, die keiner
Sünde bar, wie groll' ich ihr!

Dieses Mädchen hatte man so sorgfältig erzogen wie keine zweite, man hatte ihr – obwohl Prinzen und Adelige um sie warben – nicht gestattet, sich mit jemandem zu vereinen, da man sie dem Kaiser darbieten wollte, nach diesem Vorfall aber kümmerten sich selbst die Eltern nicht mehr um sie.

Die Dame Higaki

Jene, die sich in Tsukushi aufhielt und die man die Dame Higaki nannte, war eine Person von großer Erfahrung, die ihre Zeit auf elegante Weise zubrachte. So verstrichen Jahre und Monde, beim Sumitomo-Aufruhr jedoch wurde ihr Anwesen durch Brand zerstört und ihre Gerätschaften wurden ihr alle entrissen, und so geriet sie in eine schlimme Lage. Als der Obervizestatthalter Ono no Yoshifuru mit dem Strafvollzug betraut nach Tsukushi hinunterging, sich in Unkenntnis dieser Situation nach der ehemaligen Lage ihres Hauses erkundigte und sagte: »Ich möchte diejenige, die man doch wohl Dame Higaki nannte, gerne treffen. Wo wird sie wohl wohnen?«, sagte ein Gefährte, gerade in dieser Gegend habe sie gewohnt. »Ach, wie wird es ihr bei diesem Aufruhr wohl ergangen sein – danach möchte ich mich gerne erkundigen!« Noch während er so sprach, ging vor ihnen eine weißhaarige Frau, die Wasser geschöpft hatte, in ein erbärmlich aussehendes Haus hinein. Da sagte jemand: »Aber das ist doch die Dame Higaki!« Voll Bedauern und Mitleid ließ er sie rufen, aber sie schämte sich und kam nicht, doch sie dichtete:

Nubabeerenschwarz
vorzeiten mein schönes Haar,
wie des Weißflusses
Wasser, das alternd ich schöpf',
so weiß ist es geworden.

Als sie das gedichtet hatte, empfand er großes Mitleid, und er zog ein seidenes Zwischengewand aus, das er trug, und gab es ihr.

Kaiser Daigo

In einer sehr schönen Mondnacht geruhte dieser Kaiser heimlich bei den Gemächern der kaiserlichen Gemahlinnen spazieren zu gehen. Als Begleiter diente ihm Kintada. Da trat aus einem der Gemächer eine schöne Frau heraus, die ein dunkelrotes Gewand trug und furchtbar weinte. Er schickte den Kintada zu ihr hin, doch als Kintada sich zeigte, schwang sie die Haare und bedeckte damit ihr Gesicht und weinte furchtbar. Kintada fragte, warum sie so weine, sie gab aber keine Antwort. Auch der Kaiser fand das sehr merkwürdig. Als Kintada dichtete:

Was mag sie fühlen?
Wenn ihres Herzens Innres
ich auch nicht kenne –

seh ich sie derart weinen,
wird mir ganz weh um mein Herz.
gefiel es dem Kaiser gar sehr.

Zur Zeit des vorigen Kaisers gab es in den Gemächern einer kaiserlichen Gemahlin ein nicht häßliches Mädchen. Der Kaiser sah sie und rief sie heimlich zu sich. Er ließ dies niemanden wissen und rief sie von Zeit zu Zeit. Nun sagte er einmal:

Nie genug kann ich
dich sehen – so wird es sein.
Ob ich nicht zur Nacht
dich treff', ob ich dich treffe –
dir gilt meine Zuneigung.

So sprach er, aber da auch das Mädchen in seinem Herzen ihm grenzenlos zugetan war, konnte sie es nicht verbergen, und als sie zu einer Freundin plauderte, »Das hat er gesagt«, hörte es die kaiserliche Gemahlin, die ihre Herrin war, und jagte sie davon – schrecklich!

Die Frau aus Tsukushi

Unter den Brüdern des Staatsrats Yoshiie gab es einen Assistenten der Provinzverwaltung von Yamato. Dieser brachte zu seiner ursprünglichen Gattin eine Frau aus Tsukushi und ließ sie bei ihr. Die ursprüngliche Frau war sehr gutherzig, und auch die jetzige Frau hatte kein böses Herz, und sie unterhielten sich recht gut miteinander. Da dieser Mann meist hier und da in anderen Provinzen herumzugehen hatte, waren also nur die beiden Frauen anwesend. Die Frau aus Tsukushi nahm sich nun heimlich einen Geliebten. Da die Leute darüber dies und das redeten, sprach sie:

Trät ich in die Nacht
und selbst der Mond säh es nicht –
sollt vom Stelldichein
mit ahnungsloser Miene
ich denn da gar erzählen?

Trotz dieses Benehmens blieb die erste Frau dabei, ihrem Manne nichts zu sagen, da sie eine gutherzige Person war; er erfuhr aber durch eine Nachricht von anderer Seite, daß sie einen Geliebten habe, und obwohl dieser Mann sie geliebt hatte, nahm er es sich nicht zu Herzen, sondern beließ die Dinge einfach wie sie waren. Nun hörte dieser Mann, wie die Frau mit dem andern sprach, und als er sie nun fragte: »Welchen liebst du, jenen Mann oder mich?«, antwortete sie:

Die Riedgrasblüte
will zu deiner Seite hin
allein sich neigen,
selbst wenn unverhofft vom Berg
herab die Winde blasen.

Es war da noch ein weiterer Mann, der um sie warb. Sie sagte: »Die Welt ist voller Bitternis. Ich nehme keinen Geliebten mehr« – aber sie scheint diesen Mann wohl allmählich liebgewonnen zu haben, denn sie gab ihm Antwort, ja, sie verknotete den Brief im Haus der ersten Frau und schickte ihn ab. Sie hatte folgendes geschrieben:

Bitter mein Leben:
so fühlte mein Herz – ist es
da noch nicht gewitzt?
Ach, Zuneigung für dich zu
fühlen, fange ich wohl an.

So dichtete sie, denn sie war noch nicht gewitzt.

Als der erste Mann sie noch ohne Einschränkung liebte, dauerte sie ihn sehr, aber mittlerweile hatte sich sein Sinn geändert, und es war auch alles nicht mehr so, wie es gewesen, daher hielt er sie nicht zurück, als sie ihn verlassen wollte, da sie in Tsukushi Eltern und Geschwister habe, denn auch er hatte ja seinen Sinn geändert. Die erste Gattin jedoch fand es traurig, daß sie ging, da sie sich daran gewöhnt hatte, mit ihr zusammen zu sein. Und zusammen gingen sie nach Yamazaki, um sie dort aufs Schiff zu bringen. Auch der Mann war gekommen. Die spätere und die frühere Frau plauderten den ganzen Tag und die ganze Nacht über tausend Dinge, und am nächsten Morgen bestieg sie das Schiff. Jetzt bestiegen auch der Mann und die erste Frau den Wagen, um zurückzufahren. Noch während sie dies und das sehr betrüblich fanden, brachte man einen Brief von der, die das Schiff bestiegen hatte. Da stand nur:

Zu zweit kamen wir
den Weg – er scheint es mir nicht –
auf den Wellen, den
du, nie hätt' ich es gedacht,
mich nun wieder zurückschickst.

Da sie das geschrieben hatte, waren sowohl der Mann wie die erste Frau gar sehr von Mitleid bewegt und weinten. Doch man war schon davongerudert, eine Rückkehr war nicht mehr möglich. Im Wagen blickten sie der Fahrt des Schiffes nach und vermochten nicht wegzufahren, die das Schiff bestiegen hatte, war nach vorne getreten, um den Wagen zu sehen, und als das Schiff sich weiter und weiter entfernte und sie ihr nachblickten, bis ihr Gesicht ganz klein wurde, waren sie sehr traurig.

Der Teich von Sarusawa

Vor alter Zeit gab es eine Hofdame, die einem Kaiser in Nara diente. Von Antlitz und Gestalt war sie sehr schön, und die Männer umwarben sie, aber obwohl selbst diejenigen um sie warben, die zu den höchsten Staatsgemächern Zutritt haben, traf sie sich doch mit keinem. Der Vorsatz, sich mit niemandem zu treffen, kam aus dem Gefühl, der Kaiser sei es, den sie maßlos lieben wolle. Der Kaiser rief sie zu sich. Da er sie danach aber nicht mehr rief, fühlte sie maßlose Qual. Tag und Nacht lag es ihr immerfort auf der Seele, trug sie es immerfort im Gedächtnis, und sie fühlte sich von Liebe und Sehnsucht erfüllt. Der Kaiser indessen hatte sie zwar zu sich gerufen, dachte aber gar nicht mehr daran. Dabei mußte sie doch beständig zu sehen sein! Da sie das Gefühl hatte, nicht mehr leben zu können in dieser Welt, warf sie sich heimlich nachts in den Teich von Sarusawa. Hatte sie sich aber auch dergestalt ins Wasser geworfen, so konnte doch der Kaiser davon nichts wissen, aber als ihm jemand bei Gelegenheit darüber Bericht erstattete, nahm er es zur Kenntnis. Er war außerordentlich bewegt und geruhte, sich in die Umgebung des Teiches zu begeben und Gedichte verfassen zu lassen. Als Kakinomoto no Hitomaro dichtete:

Da meiner Liebsten
ganz schlafverwirrtes Haar im
Sarusawa-Teich
als Wasserlinsen schimmern
ich seh – ach wie so traurig!

da dichtete der Kaiser:

Sarusawa-Teich,
wie bist du erbarmungslos!
Wär, als die Liebste
sich kränzt mit Wasserlinsen,
dein Wasser doch vertrocknet!

Er ließ dann bei diesem Teich ein Grabmal errichten und begab sich, wie es heißt, zurück.

Der Jagdfalke

Derselbe Kaiser liebte die Jagd ganz außerordentlich. Da ein Falke, den man ihm aus dem Distrikt Iwade in Michinoku dargebracht hatte, scharf und geschickt war wie sonst keiner, liebte er es, ihn auf der Schulter zu tragen, und er geruhte, ihm sogar den Namen Iwade zu geben. Diesen Falken vertraute er dem Oberkabinettsrat an, der ein

Herz für die Falknerei hatte und Vögel verwahrte, doch während dieser ihn Tag und Nacht in Verwahrung hatte und ihn pflegte, ließ er ihn – wie mag es nur geschehen sein – entkommen. Er suchte, Herz und Mut ganz verwirrt, doch der Falke war nicht zu erblicken. Er schickte allenthalben Menschen in die Berge und ließ nach ihm fahnden, doch der Falke war nicht da. Er begab sich selbst tief ins Gebirge und lief irrend umher, doch es war nutzlos. Er wollte eine Weile vergehen lassen, ohne Meldung zu erstatten, darum führte er ihn zwei, drei Tage lang nicht vor, wobei aber kein Tag verging, an dem er nicht Ausschau hielt. Was hätte er wohl tun sollen – als er zum Palast ging und dem Kaiser über den Verlust des Falken Meldung erstattete, sagte der Kaiser kein Wort. Als er noch einmal Meldung erstattete, weil er glaubte, der Kaiser habe ihn wohl nicht gehört, geruhte der Kaiser nur, sein Gesicht starr anzusehen, brachte aber kein Wort hervor. »Er muß annehmen, es war eine Fahrlässigkeit«, dachte der Oberkabinettsrat und geriet schier außer sich vor Furcht, doch als er vermeldete: »Was kann ich nur tun, da ich nicht damit dienen kann, diesen kaiserlichen Falken in die Hand zu bekommen? Warum nur geruht Ihr nicht zu sprechen?«, da sagte der Kaiser: »Zu fühlen ohne Worte, geht über Sprechen hinaus.« Nur dies sagte er, andere Worte sprach er nicht. Wie sehr muß er in seinem Herzen ein Bedauern gefühlt haben, bei welchem Sprechen nutzlos ist! Als Ursache dieses Gefühls haben die Menschen dieser Welt dieses und jenes angegeben. Es handelte sich aber ursprünglich nur um die obige Begebenheit.

Der Bergbrunnen vom Asaka-Berg

Es geschah vor langer Zeit, da besaß ein Oberkabinettsrat eine Tochter, die sehr schön war, und die er daher auf das sorgfältigste erziehen ließ, um sie dem Kaiser darzubieten. Ein Mann jedoch, welcher Palastjunker im Innendienst war und seinen Dienst nahe beim Palast versah, erblickte – wie mag er sie nur erblickt haben? – dieses Mädchen. Er sah, wie schön sie von Gestalt und Antlitz war, vergaß tausend Dinge, war bedrückt in seinem Herzen, sehnte sich Tag und Nacht, und da er fühlte, wie er krank wurde, ließ er ihr mitteilen: »Da ist etwas, was ich Euch unbedingt hören lassen muß«, – da sagte sie: »Merkwürdig. Was mag das sein?«, und ging hinaus. Er aber hatte sich ein Herz gefaßt, und ohne zu zögern umfing er sie und setzte sie aufs Pferd und floh, ohne nach Tag oder Nacht zu fragen, bis nach Michinoku. An einem Ort namens Asaka-Berg im Distrikt Asaka baute er eine Hütte und brachte die Frau darin unter. Er ging laufend ins Dorf, brachte Dinge mit und versorgte sie mit Speise. So vergingen

Jahre und Monde, und sie lebten so dahin. Da sie, wenn der Mann weggegangen war, allein in den Bergen blieb und nichts aß, war sie grenzenlos verlassen und voller Sehnsucht. In dieser Lage war sie schwanger geworden. Der Mann war weggegangen, um etwas zu besorgen, und als er nach drei, vier Tagen nicht zurückgekommen war, wartete sie sehnsüchtig, trat hinaus und ging zum Bergbrunnen, und als sie dort ihr Spiegelbild sah, da zeigte es nicht die Gestalt, die sie einst besessen – ganz unansehnlich war sie geworden. Da sie keinen Spiegel besaß und auch nicht wußte, wie ihr Gesicht wohl geworden war, und es nun plötzlich erblickte, war es so erschreckend anzusehen, daß sie von Scham ergriffen wurde. Da dichtete sie:

Selbst des Asaka
Abbild ist noch zu sehen
in des Bergbrunnens
seichtem Spiegel – doch wie tief
ist meine Liebe zu dir!

Das dichtete sie und schrieb es auf das Holz, kam in die Hütte und starb. Der Mann hatte die Besorgungen erledigt und kam damit zurück, doch als sie tot dalag, war er ganz bestürzt. Er sah das Gedicht auf dem hölzernen Brunnenrand, kam zurück, gedachte ihrer, legte sich an der Seite der Toten nieder und starb. Das ist eine Geschichte aus sehr alter Zeit.

Der Obasute-Berg in Shinano

In der Provinz Shinano, an einem Ort namens Sarashina, wohnte einst ein Mann. Da ihm die Eltern gestorben waren, als er noch ein Kind war, lebte er von klein auf mit der Tante zusammen, die ihm wie die Mutter war. Das brachte dem Herzen seiner Frau häufig Bitternis, immerzu hegte sie Groll, obwohl ihre Schwiegermutter vom Alter gebeugt war, und da sie auch den Mann hören ließ, daß das Herz seiner Tante gar so gehässig und böse sei, war es nicht mehr wie in alter Zeit: es kam häufig vor, daß er sie vernachlässigte, und für die Tante nahm das Schicksal seinen Lauf. Die Tante war sehr, sehr alt und völlig zusammengekrümmt. Und auch dadurch fühlte sich die junge Ehefrau sehr beengt: sie dachte daran, daß die Tante bis jetzt immer noch nicht gestorben war, und so redete sie beständig Ungutes und drängte ihren Mann: »Nimm sie doch und setze sie tief in den Bergen aus!«, und der Mann geriet in Bedrängnis und Sorge, bis er sich in den Gedanken fand, so handeln zu wollen. In einer sehr hellen Mondnacht sagte er: »Komm, Tante, im Kloster halten sie eine ehrwürdige Feier, das will ich dir zeigen!«, da freute sie sich maßlos und ließ sich von ihm auf den Rücken nehmen. Da sie am Fuße eines hohen Gebirges wohnten, drang er weit in dieses Gebirge vor und setzte sie auf dem Gipfel eines hohen Berges ab, an einer Stelle, von der sie nicht hinabsteigen konnte, und lief davon. Sie rief zwar he! he!, doch er gab ihr keine Antwort und lief weg, und wie er nach Hause kam, tief in Gedanken, und ihn seine Frau mit ihren Reden erzürnte, da packte ihn der Zorn, denn er hatte zwar so gehandelt, aber nun erst wurde es ihm schmerzlich bewußt, denn er war lange Jahre mit der Tante zusammengewesen, während sie ihn wie eine Mutter aufzog. Er betrachtete, wie über jenem Berg der Mond unendlich hell hervortrat, und die ganze Nacht konnte er nicht schlafen, und weil er so traurig war, dichtete er folgendermaßen:

Mein Herz kann keinen
Trost noch Ruhe finden, da
in Sarashina
überm Obasute-Berg
den strahlenden Mond ich seh.

Das dichtete er, und er ging wiederum hin, ihr entgegen, und trug sie zurück. Und von da an nannte man den Berg Obasute-yama, »Berg, wo die Tante ausgesetzt war«. Dies ist auch der Grund dafür, daß man im Zusammenhang mit diesem Berg von »schwer zu trösten« spricht.

Der Pferdetrog

In der Provinz Shimotsuke wohnten längere Zeit ein Mann und eine Frau. Als sie schon lange so beisammen wohnten, legte sich der Mann eine andere Frau zu, änderte seinen Sinn ganz und gar, und scharrte die Dinge, die sich in seinem Haus befanden, alle zusammen und schleppte sie zu seiner jetzigen Frau. Das kam seiner ersten Frau zwar bitter an, doch sie fügte sich und sah zu. Selbst das Gerümpel trug er restlos davon. Das einzige, was zurückblieb, war ein Pferdetrog. Doch siehe – einen seiner Gefolgsleute, einen Jüngling mit Namen Makaji, »Schön-Ruder«, schickte er als Boten, selbst noch diesen Trog zu holen! Zu diesem Jüngling sagte die Frau: »Du wirst dich hier jetzt wohl auch nicht mehr sehen lassen!«, doch als sie so sprach, sagte er: »Warum sollte ich wohl nicht mehr zu Diensten stehen? Ich werde auch zu Diensten stehen, wenn der Herr nicht da ist!«, und blieb stehen. Als nun die Frau sprach: »Ich möchte dem Herrn eine Nachricht zukommen lassen, wirst du es wohl ausrichten? Einen Brief wird er wohl nicht lesen. Du sollst es nur mündlich ausrichten«, da sagte er: »Ich werde es schon richtig sagen«, und so sprach sie also: »Du sollst sagen:

Da das Trogboot weg,
Schön-Ruder nicht mehr zu sehn,
wie soll von heut an
der haltlosen Welt Mitte
ich denn da überqueren?«

Und als er dies dem Manne sagte, trug eben der Mann, der die Dinge zusammengescharrt und mitgenommen hatte, alles wie es war zurück und sie lebten wieder zusammen wie zuvor, ohne Seitensprung.

Die erste Frau und der Hirsch

In der Provinz Yamato gab es einen Mann und eine Frau. Jahre und Monde hatten sie in grenzenloser Zuneigung verbracht, doch – wie mag es wohl gekommen sein – er gewann sich eine andere Frau. Und nicht nur dies, er brachte sie gar ins Haus, stellte eine Trennwand auf, wohnte da und kam fernerhin nicht mehr zu seiner ersten Frau. Diese empfand das zwar als sehr bitter, beklagte sich aber nicht weiter. Als sie in einer langen Herbstnacht wach lag und lauschte, schrie ein Hirsch. Da nun der Mann, der durch die Wand von ihr getrennt war, sagte: »Hörst du, im Westen drüben?«, und sie antwortete: »Was denn?«, und als er darauf sagte: »Hörst du den Hirsch rufen?«, antwortete sie: »Ich höre es ja.« Als dann der Mann sagte: »Nun, wie geht dir das ins Ohr?«, antwortete die Frau wiederum:

Inbrünstig wie der
schreiende Hirsch hat auch mich
einst ein Mann geliebt.
Jetzt aber hör von draußen
ich seine Stimme allein.

Als sie das gedichtet hatte, sehnte er sich grenzenlos nach ihr, schickte seine derzeitige Frau zurück, und sie wohnten noch lange beisammen wie zuvor.

Der Mann mit dem Schilf

Es war einmal ein Mann, der gründete in der Gegend von Naniwa in der Provinz Settsu eine Familie und wohnte dort. Sowohl Mann wie Frau, die sich seit Jahren liebten, waren zwar keineswegs niedriger Herkunft, im Laufe der Jahre jedoch wurde es um ihren Lebensunterhalt immer schlechter bestellt, das Haus verfiel, die Dienstboten gingen einer nach dem andern an Orte mit besserem Auskommen, und als sie schließlich nur noch zu zweit weiter wohnen blieben und sich recht einsam und verlassen fühlten – denn da sie eben nicht niedriger Herkunft waren, traten sie auch nicht bei anderen in Dienst und Arbeit – sprachen sie voller Kummer: »Diese trostlose Verlassenheit ist nicht länger zu ertragen!«, und der Mann sagte: »Nirgends, nirgends könnte ich hingehen und dich in einem derart hoffnungslosen Dasein im Stich lassen!«, und die Frau sagte: »Wohin sollte ich denn gehen, wenn ich meinen Mann verlasse?« – so sprachen sie zueinander, da aber sagte der Mann: »Ich werde irgendwie auch so weiterleben können. Daß aber eine Frau, die noch so jung ist, so leben soll, das ist einfach zu schade. Geh in die Hauptstadt, diene in einem Palast. Wenn das gut geht, dann erkundige dich auch nach mir. Auch ich werde, falls ich es zu etwas bringe, mich auf jeden Fall nach dir erkundigen.« Das versprach er ihr unter Tränen, und sie gaben einem Verwandten Nachricht, und die Frau kam in die Hauptstadt. Da sie ohne ein bestimmtes Wohin gekommen war, blieb sie bei dem, den sie benachrichtigt hatten, und voller Mitleid gedachte sie des Gatten. Es war ein Ort, vor dem Schilf und Pampasgras üppig gedieh. Beim Wehen des Windes gedachte sie der Provinz Settsu – wie wird es ihm wohl gehen – und bekümmert dichtete sie:

Fühl ich mich allein,
bedrängt von allen Seiten
und so verlassen,
raschelt eintönig vor mir
nur das Schilf seine Antwort.

So sprach sie vor sich hin.

Die Frau wanderte nun hierhin und dahin und trat in vornehmen Häusern in Dienst, und während sie so diente, stattete sie sich sauber aus, und da sich nichts Unangenehmes ereignete, wurde sie auch von Gestalt und Antlitz schön. Dennoch vergaß sie keinen Augenblick der Provinz Settsu und empfand großes Mitleid. Als sie bei Gelegenheit jemandem einen Brief mitgegeben hatte, kam der Betreffende zurück, indem er nur ganz beiläufig sagte: »Von einem solchen Mann ist nichts zu erfahren.« Da es niemanden gab, mit dem sie näher bekannt war, konnte sie sich auch niemandem anvertrauen, und so war sie voller Zweifel und dachte nur immerzu, wie wird es ihm wohl gehen. Um diese Zeit starb die Herrin des Hauses, in dem sie diente, und als der Herr diese und jene Leute in seiner Nähe zu beschäftigen geruhte, gefiel ihm diese Frau. Auch sie fand an ihm Gefallen und wurde seine Gattin. Obwohl sie nun jeder Sorge enthoben und allem Anschein nach glücklich war, dachte sie, ohne daß jemand darum wußte, doch nur an eines: Wie wird es ihm wohl gehen? Ob es ihm wohl schlecht geht? Ob es ihm wohl gut geht? Er wird ja nicht wissen können, wo ich bin, und wenn ich einen Boten schicken und nach ihm fragen lassen wollte

– ach, wenn das mein Mann hörte, das wäre doch sehr peinlich. Unter solchen Gedanken brachte sie die Zeit hin, doch weil sie weiter voller Mitleid war, sprach sie zu ihrem Mann: »Die Provinz Settsu soll sehr interessant sein, ich möchte mich deshalb gerne in Naniwa einer kultischen Reinigung unterziehen und anschließend dorthin reisen«, da sagte der Mann: »Das ist gut, da reise auch ich mit meinen Gefährten hin«, sie aber sagte: »Das sollst du nicht, ich möchte alleine gehen«, und sie brach auf und ging davon. In Naniwa unterzog sie sich der Reinigung, und als man zurückkehren wollte, ließ sie unter dem Vorwand, in dieser Gegend gäbe es etwas, das sie sehen müßte, und mit Bemerkungen wie »jetzt noch ein bißchen weiter – hierhin – dahin« den Wagen fahren und hielt derweil Ausschau nach der Gegend, wo sich ihr Haus befunden hatte – aber da war weder Haus noch Mensch. Traurig dachte sie, wohin wird er wohl gegangen sein? In dieser Gemütsstimmung, ganz bedrückt – denn obwohl sie eigens gekommen war, gab es weder einen Gefolgsmann, der ihr genügend vertraut war, noch Mittel und Wege um nachzuforschen – ließ sie den Wagen halten und blickte sich um; bei dem Gedanken, die Sonne müsse schon untergegangen sein, meinten die Gefolgsleute indessen, man sollte sich mit dem Wagen beeilen, doch wie sie eben sagte »einen Augenblick«, ging vor dem Wagen ein Mann vorbei, mit Schilf beladen und wie ein Bettler anzusehen. Als sie sein Gesicht sah, da war es so erbärmlich und keineswegs hätte sie sagen können, es sei der Gesuchte, und doch glich er ihrem einstigen Mann. Als sie das sah, wollte sie ihn genauer betrachten und sagte: »Ruft mir den Mann, der das Schilf trägt, ich will dieses Schilf kaufen!« – da war man zwar der Meinung, sie wolle etwas ganz Unnützes kaufen, doch weil's die Herrin sagte, rief man ihn und ließ das Schilf kaufen. »Laßt ihn die Last nahe zum Wagen bringen, ich möchte es sehen«, sprach sie, und wie sie das Gesicht dieses Mannes richtig betrachtete, da war er es. Als sie nun sagte: »Ach wie traurig, wie mag es einem Menschen gehen, der sein Leben mit dem Handel solcher Dinge fristet«, und weinte, dachten ihre Gefolgsleute, dies sei ein Mitgefühl ganz allgemeiner Art. Als sie aber weiter sprach: »Gebt diesem Mann mit dem Schilf etwas zu essen! Zahlt ihm recht viel für das Schilf!«, sagten die Leute jedoch: »Was sollen wir denn einem hergelaufenen Kerl, den keiner kennt, viel geben?«, und so war es peinlich für sie, gegen die Gefolgsleute anzureden, aber als dieser Mann, während sie nachdachte, wie sie ihm etwas geben könnte, sie durch einen offenstehenden Spalt des Innenvorhangs hindurch beobachtete, da glich sie seiner Frau, und als er richtig hinsah, während ihm vor Verwunderung das Herz stillstand, dachte er, es ist sowohl das Gesicht wie die Stimme, doch er faßte sich, und als er bedachte, wie schrecklich sein Zustand geworden sei, hielt er es nicht mehr aus, und er warf das Schilf hin und entfloh. Sie rief »einen Augenblick«, aber er floh in jemandes Haus und hockte sich hinter den Herd, doch weil sie aus dem Wagen sprach: »Sucht den Mann und bringt ihn her!«, verteilten sich die Gefolgsleute und suchten lärmend nach ihm. Jemand sagte: »Er ist in jenem Haus!«, und als sie nun zu ihm sprachen: »Das und das hat sie gesagt und ruft dich. Sie will dir doch nichts antun, sie will dir doch etwas geben – bist du ein Kindskopf!«, bat er um einen Tuschreibstein und schrieb einen Brief.

Ohne dich – welche
Qual! Schilfrohre schnitt ich und
sehnte mich nach dir.
Da ward mir's leid, in der Bucht
von Naniwa zu wohnen.

Das hatte er darin geschrieben, und er verschloß den Brief und sagte: »Reicht dies in den Wagen!«, und sie wunderten sich darob, nahmen den Brief und überreichten ihn. Als die Frau ihn öffnete und las, war ihr Kummer ohnegleichen, und die Tränen liefen ihr herunter. Nun, ich weiß nicht, wie das Antwortgedicht gelautet hat. Sie zog das Gewand aus, das sie im Wagen getragen hatte, wickelte es ein, schrieb einen Brief dazu und schickte es hin. Dann fuhr sie zurück. Wie späterhin alles geworden ist, das weiß ich nicht.

Wird nicht so schlimm sein –
mit solchen Worten nahmen
wir damals Abschied.
Was wird mir das Wohnen doch
schwer in der Bucht von Naniwa!

Der Mann, der sich eine reiche Gattin suchte

Vor alter Zeit gab es einen Mann und eine Frau, die wohnten im Distrikt Katsuragi in der Provinz Yamato. Diese Frau war sehr schön von Angesicht und Gestalt. Sie wohnten da längere Zeit, indem sie sich liebten und miteinander verkehrten, weil sich aber die Lebensumstände der Frau zum Schlechten gewendet hatten, war sie sehr niedergeschlagen, und obwohl der Mann sie sehr liebte, schaffte er sich anderswo eine Gattin an. Diese seine jetzige Gattin war eine reiche Frau. Er liebte sie zwar nicht sonderlich, aber wenn er zu ihr ging, gab sie sich seinetwegen die größte Mühe, und auch sich selbst ließ sie sehr schön herausputzen. Er gewöhnte sich an diesen reichen Ort, und kam er je zu der früheren Frau, da war es bei ihr gar so ärmlich, und weil sie nicht einmal Eifersucht sehen ließ, obwohl der Mann anderswohin lief, tat sie ihm recht leid. Ihr Herz floß zwar über von Eifersucht und Bitternis, aber sie verbarg es. Doch weil sie selbst an einem Abend, an dem der Mann bei ihr zu übernachten gedachte, noch zu ihm sagte, er solle nur weggehen, dachte er in seinem Herzen: Sie ist nicht eifersüchtig, obwohl ich anderswohin laufe – da muß wohl etwas anderes dahinterstecken, denn wenn sie nichts dergleichen vorhätte, würde sie mir wohl zürnen. Nun gab er sich den Anschein, als ob er wegginge, und verbarg sich im Vorgarten, und als er hinblickte, weil er dachte, es käme ein Mann, da war die Frau auf die Veranda hinausgetreten und war dabei, im ganz wundersamen Mondlicht ihr Haar zu kämmen. Bis in die späte Nacht hinein schlief sie nicht, und da sie unter tiefen Seufzern starr vor sich hinblickte, dachte er, sie wird wohl auf einen Mann warten, doch da sah er, daß sie zu einem Boten sprach, der vor ihr stand:

Weht der Wind, steigen
die weißen Meereswogen
beim Tatsuta-Berg,
den du mitten in der Nacht
alleine überschreitest.

Als sie dieses Gedicht machte, dachte er, sie denkt ja an mich, und er war sehr gerührt. Das Haus seiner jetzigen Frau lag nämlich am Weg über den Tatsuta-Berg. Als er sie nun weiter beobachtete, da legte sie sich weinend hin, füllte Wasser in eine Metallschale und hielt sich diese an die Brust. Merkwürdig! Was macht sie wohl?, dachte er und beobachtete sie weiter. Da nun dieses Wasser heiß wurde und kochte, goß sie das heiße Wasser aus. Dann füllte sie wieder kaltes Wasser ein. Er sah das, und er war so gerührt, daß er hervorlief und mit den Worten: »Was mußt du für ein Gefühl haben, daß du so handelst!«, schloß er sie in die Arme und schlief mit ihr. So ging er gar nicht mehr an den anderen Ort und blieb bei ihr. Und so vergingen viele Tage und Monde, und der Mann dachte: »Wenn sie sich auch gleichmütig stellt, so hegte diese Frau doch ein sehr tiefes Gefühl, und wenn ich jetzt nicht mehr dorthin gehe – wie wird jene dann fühlen?«, und er ging zu jener ehemaligen Frau. Da er längere Zeit nicht hingegangen war, zögerte er und blieb stehen. Als er verstohlen hineinblickte, da hatte sie, die vor ihm immer gut ausgesehen hatte, sehr armselige Kleider angezogen, über der Stirn hatte sie einen großen Kamm eingesteckt, und eigenhändig häufte sie sich Reis in eine Schüssel. Schrecklich, dachte er, und einmal zurückgekommen ging er nie wieder hin. Dieser Mann war ein Prinz aus kaiserlichem Geblüt.

Sei Shônagon: Kopfkissenhefte

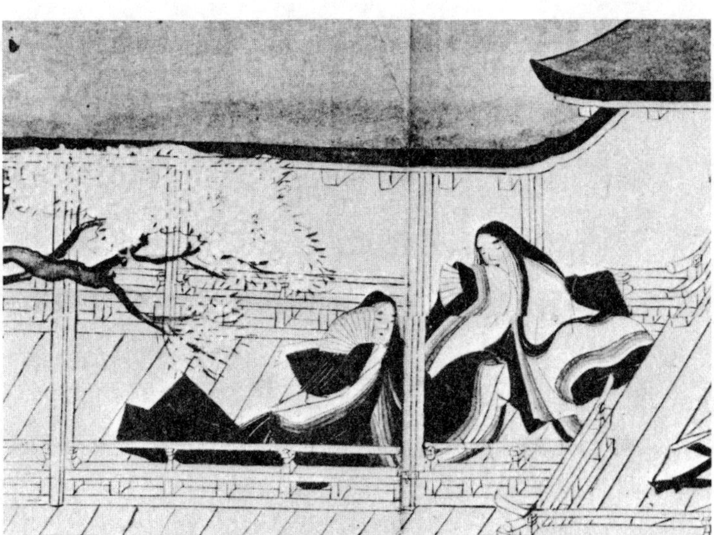

Im Frühling die Morgendämmerung. Wie sich die Ränder der Berge ein wenig röten, wenn es nach und nach licht wird, und purpurfarbene Wolkenbänder lang sich hinziehen –

Im Sommer die Nächte. Der Vollmond natürlich, aber auch die Dunkelheit, wenn Glühwürmchen in großer Zahl durcheinander fliegen. Doch ist es auch reizvoll, wenn nur eines oder zwei matt glimmern. Und es ist auch reizvoll, wenn es regnet.

Im Herbst die Abenddämmerung. Man ist bewegt, wenn in den Strahlen der Abendsonne die Linie der Berge ganz nahe gerückt ist und die Krähen zu dreien und vieren, zu zweien und dreien eilig ihren Schlafplätzen zufliegen. Wenn die Wildgänse in Reihen dahinziehen und dann ganz klein erscheinen, das ist erst recht sehr reizvoll. Ist die Sonne ganz versunken, die Töne des Windes, die Laute der Insekten – davon sollte ich gar nicht reden.

Im Winter der frühe Morgen. Wenn es geschneit hat – das muß man wohl gar nicht erst sagen; auch das blendende Weiß des Reifs; und auch sonst, wenn es sehr kalt ist und man eilig Feuer anfacht und Holzkohlen herbeiträgt, das gibt ein sehr wohliges Gefühl. Läßt die Kälte gegen Mittag hin langsam nach, gewinnt auch über das Feuer im Eimer die weiße Asche die Oberhand, und das ist häßlich.

Der Erste Tag im Neujahrsmonat – um so mehr, wenn der Anblick des Himmels heiter ist, wenn ihn auf seltsame Weise Nebel umziehen; wie dann, soweit es hierzulande Menschen gibt, alle ihre äußere Erscheinung mit ganz besonderer Sorgfalt herrichten, wie sie den Herrscher und sich selbst mit Neujahrsglückwünschen bedenken, das ist auf ganz besondere Art reizvoll.

Am siebenten Tag das Pflücken der Jungen Kräuter im Schnee, frisch und grün – gibt es solche Dinge gewöhnlich doch nur an nicht so nahem Ort! – und wie man darum viel Wesens um sie macht, das eben ist reizvoll. Zur »Schau der blaugrauen Pferde« kommen die Hofdamen, die sich zu ihren Familien draußen begeben hatten, in schön geschmückten Wagen. Sobald sie über die Balkenschwelle am Mittleren Palasttor fahren, schwanken die Häupter und stoßen zusammen, die Steckkämme fallen herunter, paßt man nicht auf, zerbricht man sie, und es gibt Gelächter, und auch das ist wieder reizvoll. Beim Wachhaus der Palasttorgarde zur Linken stand einmal eine große Zahl von hohen Würdenträgern. Sie hatten den Palastjunkern die Bogen abgenommen, versetzten damit die Pferde in Unruhe und lachten, und als ich ein wenig hineinschaute, war eine Art Stellschirm zu sehen, und Palastaufwärterinnen und weibliche Bedienstete liefen hin und her, und das gerade war reizvoll. Was für Menschen mochten das nur sein – sie schienen der Neunfachen Umzäunung nur allzu gewohnt: solches und ähnliches dachte ich mir. Da es selbst vom Wageninnern aus ganz nahe war, sah ich, wie auf den Gesichtern der Palastjunker die Stellen hervortraten – wahrhaftig ganz schwarz –, an denen der Puder nicht haften geblieben war, ich hatte dabei ein Gefühl, wie wenn bei der Schneeschmelze da und dort der Schnee in Flecken liegenbleibt, es wirkte sehr häßlich, und weil auch das Aufbäumen und die Unruhe der Pferde beängstigend schienen, zog ich mich ins Wageninnere zurück und konnte nicht mehr viel sehen.

Am achten Tag ist es reizvoll, wenn vor allem der Lärm der Wagen zu hören ist, die man in den Palast fahren läßt, um seiner Dankesfreude Ausdruck zu verleihen.

Am fünfzehnten Tag halten, nachdem Seiner Majestät der Vollmond-Reisbrei als besondere Festspeise dargereicht wurde, alle Damen einen Breistock verborgen und legen sich auf die Lauer, aber jede paßt auf, daß sie nicht geschlagen werde, und es sieht sehr komisch aus, wie alle stets darauf achten, was hinter ihnen geschieht, wird aber jemand doch irgendwie getroffen, ist es sehr lustig und alles lacht lauthals, es ist ein prächtiges Vergnügen. Man kann auch verstehen, daß die Betroffene ärgerlich wird. Ein erst seit kurzem im Hause der Frau verkehrender junger Ehemann war eben dabei, von dort zum Palast aufzubrechen, als eine entsprechend von sich überzeugte Dame aus eben diesem Hause ungeduldig Ausschau haltend hinten stehen blieb, doch da eine andere, die sich vorne befand, ihr Vorhaben erriet und lachte, versuchte sie mit Gesten, jene still zu halten, die junge Ehefrau aber schien nichts zu merken und blieb arglos stehen. Da trat die bewußte Dame näher mit den Worten: »Ich möchte von da etwas holen«, lief schnell vor, schlug zu und entwich, und alles, was da war, lachte. Auch der junge Herr lächelte, ohne es übel zu nehmen, er schien nicht besonders erschrocken, aber er errötete ein bißchen, und das eben war ganz reizend. Außerdem: man schlägt sich gegenseitig, und man schlägt wohl sogar auch die Männer. Es kommt aber auch vor, daß eine – was mag sie dabei nur im Sinne haben? – weinend und voller Zorn die anderen verwünscht und übel redet, und gerade das ist reizvoll! Selbst überall im kaiserlichen Palast, wo sonst ein so vornehmer Ton herrscht, geht heute alles drunter und drüber, und es gibt keine Förmlichkeit.

Um die Zeit, wenn die Ernennungen stattfinden, ist es überall im Palast sehr reizvoll. Da gehen die Herren mit ihren Petitionsschreiben herum, auch wenn es schneit oder starker Frost herrscht. Die vom Vierten Rang und vom Fünften Rang, die noch recht jung und frohen Herzens sind, scheinen voller Zuversicht, die alt gewordenen, weißhaarigen, suchen nach Fürsprechern, sie kommen zu den Frauengemächern und breiten in vollen Zügen ihre Verdienste und Vorzüge aus – ob sie wohl wissen, daß die jungen Leute sie nachäffen und auslachen? Wenn sie sagen: »Geruhet doch, bei Seiner Majestät zu meinen Gunsten Bericht zu erstatten, bei Ihrer Majestät für mich zu sprechen«, so ist es ja sehr schön, wenn sie dann Erfolg haben, wenn aber nichts erreicht wurde, ist es doch sehr beklagenswert.

Im Vierten Monat um die Zeit des Kamo-Festes ist es besonders reizvoll. Bei den Obergewändern von Kanzlern und Ministern und anderen hohen Würdenträgern, die zu den innersten Staatsgemächern Zutritt haben, gibt es jetzt nur den Unterschied zwischen dunkelviolett und blaßlila, darunter lauter weiße Untergewänder, bei allen gleich, das wirkt kühl und reizvoll. Das Laub an den Bäumen ist noch nicht sehr dicht, aber jung und grün; kein Dunst, kein Nebel verdeckt einen Himmel, dessen Anblick irgendwie auf unbewußte Weise reizvoll ist, und wenn man an einem leicht umwölkten Abend oder des Nachts die ersten Rufe des Kuckucks hört – weit weg und stockend und so, als dürfe man seinem Ohr nicht trauen –, was wird man da wohl für Gefühle hegen!

Rückt das Fest in die Nähe, ist es sehr reizvoll, wie man aneinander vorbeiläuft mit gelbgrün und rotviolett gefärbten Stoffen, zu Ballen gerollt und nur dem Anschein nach in Papier eingeschlagen. Auch die dem Rande zu dunkler und die in wechselnden Schattierungen gefärbten Stoffe wirken in dieser Zeit viel reizvoller als gewöhnlich. Den Mädchen hat man nur die Haare gewaschen und zurechtgemacht, sie stecken alle noch in ihren abgetragenen Alltagskleidern, und manche sind schon recht unordentlich; mit viel Lärm um Schuhe und Sandalen, mit »zieh mir doch die Schnüre ein« und »mach mir mal das Futter fest« drängen und laufen sie geschäftig hin und her – ach wann ist der Festtag endlich da! – und das ist doch sehr reizvoll! Sind sie aber erst einmal festlich gekleidet und geschmückt, stolzieren diese wild herumschwirrenden Mädchen seltsamerweise feierlich einher wie Priester, die eine Prozession anführen. Wie sehr mögen sie besorgt sein, die Mütter, Tanten, älteren Schwestern, die sie begleiten, ihrem Rang entsprechend gekleidet, und die ihnen die Kostüme in Ordnung halten und sie führen – auch das ist reizvoll.

Man hatte der Katze, die im kaiserlichen Palast gehalten wurde, Adelsrang und den Namen »Dame Myôbu« verliehen, und da sie eine ganz reizende Katze war, trugen die Majestäten dafür Sorge, daß man sie mit größter Achtsamkeit pflege, als sie sich aber einmal draußen auf der Veranda hingelegt hatte und lieber an diesem sonnigen Plätzchen weiterschlief, obgleich Uma no Myôbu, ihre Wärterin, rief: »Aber das geht doch nicht, komm herein!«, wollte Uma no Myôbu sie erschrecken und forderte den Hund auf: »Okinamaro, wo bist du denn! Beiß Dame Myôbu!« – doch der dumme Kerl nahm das ernst, lief herbei und wollte sich auf die Katze stürzen, die aber sprang entsetzt und verwirrt hinter den kaiserlichen Bambusvorhang.

Dort, im kaiserlichen Speisegemach, befand sich Seine Majestät, sah's und war sehr erstaunt. Er nahm die Katze in die Arme und rief nach den diensthabenden Herren, und als die Kammerherren Tadataka und Narinaka erschienen, und Seine Majestät sagte: »Dieser Okinamaro soll geprügelt und auf die Hundeinsel verbannt werden! Sofort!«, jagte man gemeinsam mit viel Lärm den Hund. Uma no Myôbu erhielt einen Verweis: »Die Wärterin ist zu wechseln. Ich bin sehr in Sorge«, und so trat sie nicht mehr vor das kaiserliche Angesicht. Man fing den Hund ein, brachte ihn zur Wache und jagte ihn fort.

»Ach der Arme, der so großartig und stolz einhergegangen! Am Dritten Tag des Dritten Monats erst führte ihn der Aufsichtführende Erste Sekretär herum mit Weidengirlanden behängt, Pfirsichblüten als Kopfschmuck aufgesteckt und Kirschzweige an der Seite – er wird wohl kaum gedacht haben, daß ihn solches treffen wird!« – so bemitleideten wir ihn. »Wenn Ihre Majestät das Essen einnahm, saß er unfehlbar gegenüber – jetzt vermissen wir ihn doch sehr!« – so und ähnlich sprachen wir, und als nach drei oder vier Tagen um die Mittagszeit ein Hund ganz schrecklich heulte, fragten wir uns, wessen Hund wohl so andauernd heule, und alle Hunde liefen neugierig davon, um der Sache auf den Grund zu gehen.

Eine der Putzfrauen bei den Palastaborten kam gelaufen und sagte: »Ach furchtbar! Zwei von den Kammerherren prügeln einen Hund, er wird gewiß sterben. Sie hatten ihn doch verjagt, aber er ist zurückgekommen, und nun verprügeln sie ihn!« O wie bitter – das war Okinamaro. Da es hieß, es seien Tadataka und Sanefusa, die ihn schlügen, wollte ich hinschicken, um sie zurückzuhalten, aber da hörte das Heulen auf, es hieß, er sei tot und man habe ihn daher außerhalb des Wachhauses hingeworfen, und so befanden wir uns in sehr trüber Stimmung, als am Abend ein schrecklich aufgeschwollener, erbärmlicher Hund, ganz armselig dreinschauend und am ganzen Leibe zitternd daherkam, und jemand sagte: »Ist das Okinamaro? Oder sollte zur Zeit noch ein derartiger Hund um die Wege sein?«, und man rief »Okinamaro«, aber er hörte nicht darauf. Einige meinten, er sei es dennoch, andere sagten: »Er ist es nicht«, die Kaiserin aber befahl: »Ukon wird es wissen, sobald sie ihn sieht; man rufe sie«, und die Hofdame Ukon kam. Die Kaiserin wies auf den Hund und sagte: »Ist das nicht Okinamaro?« »Er gleicht ihm zwar«, meinte Ukon, »aber er sieht doch auch recht widerlich aus. Und wenn ich Okinamaro rief, kam er immer freudig herbei, dieser aber kommt nicht, wenn ich rufe, so wird er es wohl nicht sein. Außerdem hieß es doch, man habe ihn erschlagen und weggeworfen. Könnte er denn noch leben, nachdem sie ihn zu zweit geprügelt haben?«, und die Kaiserin war sehr betrübt.

Als es dunkel wurde, gaben wir ihm etwas zu fressen, aber er fraß nicht, und wir kamen zu dem Schluß, er sei es nicht, am nächsten Morgen jedoch, als ich der Kaiserin zu Diensten stand und sie mich den

Spiegel halten ließ und hineinschaute, während ihr Haar in Ordnung gebracht und ihr das Handwaschwasser gereicht wurde, sah ich, daß der Hund bei einem Pfeiler lag, und ich sagte: »Wie traurig, daß man gestern Okinamaro so furchtbar geschlagen hat. Und wie traurig erst, daß er wohl tot sein wird. In was für einem Leib wird diesmal wohl seine Wiedergeburt erfolgt sein? Was muß er sich doch arm und verlassen gefühlt haben!« – da begann dieser Hund sich zu schütteln und zu zittern und die Tränen brachen ihm nur so hervor, es war äußerst merkwürig. So war es also doch Okinamaro! Daß er sich am Abend zuvor so versteckt und verheimlicht hatte, bewegte mich tief, und es war auf eine Art auch wieder reizvoll.

Ich legte den Spiegel hin und sagte: »Ja bist du denn unser Okinamaro?«, da streckte er sich lang auf dem Boden hin und winselte erbärmlich. Die Kaiserin lachte ganz beglückt. Sie rief die Hofdame Ukon, wies auf Okinamaro und sagte: »Also doch!«, und alles lachte und lärmte, und auch der Kaiser erhielt davon Kunde und kam herüber. »Ist das aber merkwürdig«, sagte er, »selbst Hunde besitzen also derartige Gefühle«, und er lachte. Seine Hofdamen hörten es ebenfalls, kamen herbei und standen beisammen, und jetzt erhob sich Okinamaro und bewegte sich, als man ihn rief. »Sein Gesicht ist noch ganz geschwollen, man sollte etwas dagegen tun«, sagte jemand, und: »Nun hat er schließlich doch gezeigt, wer er ist«, und man lachte, aber Tadakata hörte auch davon, kam von der Tischkammer her und sagte: »Ist es wahr? Ich möchte ihn gern sehen!«, doch ich ließ ihm ausrichten: »Ach, wohin denn! So etwas gibt es doch gar nicht!«, er meinte aber: »Nun, es wird sich schon eine Gelegenheit finden, bei der ich ihn sehen kann. Ihr könnt ihn ja nicht dauernd verstecken.«

Nun, Okinamaro wurde gnädigst verziehen, und alles wurde wieder wie zuvor. Doch wie er zitterte und winselte, als ich Mitleid mit ihm hatte, das war so ansprechend und so rührend, wie man es sonst in der Welt nicht kennt. Sind es doch sonst Menschen, die weinen, wenn sie von anderen angesprochen werden.

Widerwärtige Dinge:

Ein Besucher, der viele Worte macht, wenn man gerade in Eile ist. Ist es jemand, bei dem es nicht darauf ankommt, kann man ihn auch auf später vertrösten, ist es aber ausgerechnet jemand, bei dem man sich befangen fühlt, ist das sehr unangenehm und schwierig.

Wenn auf den Tuschestein ein Haar geraten ist und mitgerieben wird. Und wenn beim Reiben in der Tusche Steinchen knirschen.

Wenn jemand plötzlich erkrankt, man den Exorzisten ruft, er aber am gewohnten Ort nicht zu finden ist und man schrecklich lange warten muß, während einer ihn anderswo sucht; wenn das Warten dann endlich belohnt wird und man ihn voller Freude die Beschwörung beginnen läßt, dabei aber – wohl weil er sich in letzter Zeit allzusehr mit dem Austreiben von bösen Geistern abplagen mußte – seine Stimme immer schläfriger wird –, das ist sehr unangenehm!

Wenn jemand, der nichts zu sagen hat, lächelnd dahinplaudert und über alles und jedes redet.

Leute, die immer und immer wieder ihre Handflächen über dem Feuer im Feuereimer oder über der offenen Feuerstelle ausstrecken und wärmen. Wann wohl würden junge Leute sich so benehmen? Ältere Leute jedoch heben sogar ihre Füße auf den Rand des Feuereimers und reiben sie, während sie reden. Wenn solche Leute zu jemandem kommen, fächeln sie zuerst da und dort mit ihrem Fächer den Platz, wo sie sich niederlassen wollen, und wischen den Staub weg, aber dann bleiben sie doch nicht sitzen, sondern laufen überall herum und krempeln sogar ihr Jagdgewand vorne hoch. Man sollte meinen, daß sich so etwas auf Leute beschränkt, von denen es sich nicht verlohnt zu sprechen, aber tatsächlich haben das auch Leute getan, die etwas Nobleres sind, wie beispielsweise einer, der sich Obervizeminister vom Fünften Rang im Beamtenministerium nennt!

Sehr widerwärtig erscheint mir ferner der Anblick, wenn man Wein trinkt und lärmt, wenn man mit den Fingern im Mund herumsucht, wenn Männer, die einen Bart besitzen, diesen streichen, wenn sie beim Umtrunk anderen den Becher aufdrängen. Da heißt es dann einfach »trink«, sie zittern, wackeln mit dem Kopf, lassen den Mund herunterhängen und singen Kinderlieder wie »Gehn wir zum Provinzstatthalter ...«, sehe ich, wie solches sogar von wahrhaft noblen Leuten geübt wird, finde ich es keineswegs wohlgefällig.

Neidisch sein; über sein eigenes Los klagen; über andere reden; sich um jedes Stäublein kümmern und alles hören wollen und bissige Bemerkungen machen und schelten, wenn einem nicht alles mitgeteilt wird; ferner: Dinge, von denen man kaum etwas vernommen hat, anderen so weitererzählen, als wüßte man alles von Grund auf, und dabei nur weiteres in Erfahrung bringen wollen – all das ist sehr widerwärtig.

Ein kleines Kind, das gerade dann zu weinen anfängt, wenn man etwas hören möchte. Das Krächzen von Krähen, die sich sammeln und aneinander vorbeifliegen.

Ein Hund, der einen heimlichen Besucher zu Gesicht bekommt und bellt. Das Schnarchen eines Mannes, den man an ungeeignetem Ort verstohlen bei sich hat schlafen lassen. Oder wenn einer heimlich zu Besuch kommt und dabei einen hohen Hut trägt, zwar keineswegs von jemandem gesehen werden will, aber in großer Verwirrung eintritt, irgendwo anrennt, und schon rumpelt es. Hängt ein Schilfvorhang, wie man sie in Iyo macht, herab, und er stößt mit dem Kopf daran und bringt ihn zum Rascheln, ist es auch sehr unangenehm. Erst recht fällt der Lärm auf, wenn einer die hölzerne Welle eines oben mit Stoff verbrämten Bambusvorhangs fallen läßt. Dabei bringt ein solcher Vorhang keinen Ton hervor, hebt man ihn beim Eintreten nur ruhig hoch. Es ist auch sehr grob, wenn man eine Schiebetür heftig aufstößt. Wird sie denn auch nur einen einzigen Ton von sich geben, wenn man sie beim Öffnen ein wenig anhebt? Ist man ungeschickt beim Öffnen, wird selbst eine Papierschiebetür kreischen und schleifen und die Aufmerksamkeit auf sich lenken.

Wenn man sich hingelegt hat und gerne schlafen möchte, aber kümmerlich und mit dünnem Stimmchen kündigt sich eine Mücke an und schwirrt dauernd ums Gesicht herum. Man spürt den Luftzug von ihren Flügeln über den ganzen Körper, das ist sehr widerwärtig.

Leute, die in kreischenden Wagen fahren. Man hat das Gefühl, sie hören es nicht einmal, und das ist sehr widerwärtig. Sitze ich in einem solchen Wagen, ist mir sogar der Besitzer des Wagens zuwider. Wiederum solche, die sich vordrängen, wenn man eine Geschichte erzählt, und glauben, daß sie allein alles besser wissen. Alle, die sich vordrängen, sind sehr unangenehm, seien es Kinder oder Erwachsene. Sehr unangenehm ist es, hat man größere oder kleinere Kinder, die für ein Weilchen gekommen sind, beachtet und verhätschelt und ihnen hübsche Dinge gegeben, und nun haben sie sich daran gewöhnt und kommen dauernd, bleiben da und streuen alles umher, was sich rundum an Geräten findet.

Kommt zu Hause oder während des Palastdienstes jemand zu Besuch, den man beileibe nicht treffen möchte, und man stellt sich schlafend, aber eine Dienstmagd kommt, einen zu wecken, und rüttelt einen nun auf mit einem Gesicht, das besagt »so was Verschlafenes« – das ist sehr widerwärtig. Wenn einer, der neu dazugekommen, sich an die Spitze drängt, mit wissender Miene weise Lehren erteilt und einen bevormundet, das ist sehr unangenehm.

Preist einer, der mit mir trauten Umgang pflegt, eine verflossene Liebe und spricht von ihr, ist es selbst dann unangenehm, wenn es schon lange her ist. Um so mehr wird man sich Gedanken machen, ist die Sache gerade erst soweit. Allerdings kommt es auch vor, daß es ganz und gar nicht so ist.

Das Aussprechen einer Zauberformel beim Niesen. Überhaupt ist lautes Niesen unangenehm, es sei denn, es ist der Herr des Hauses, der niest. Flöhe sind sehr unangenehm. Hüpfen sie einem unter den Kleidern herum, ist es, als wollten sie die Kleider in die Höhe heben. Lange anhaltendes Bellen vieler Hunde ist so unangenehm, daß man es wie ein schlimmes Vorzeichen empfindet. Leute, welche Türen öffnen, aus- und eingehen und sie nicht wieder schließen, sind widerwärtig.

Dinge, die das Herz höher schlagen lassen:

Wenn Spatzen ihre Jungen füttern. Wenn man an einem Ort vorbeigeht, wo kleine Kinder spielen. Wenn man gutes Räucherwerk verbrennt und dabei alleine daliegt. Wenn ein chinesischer Spiegel sich etwas dunkel ansieht. Wenn ein feiner Herr den Wagen anhält und sich anmelden läßt.

Wenn man die Haare wäscht, sich herrichtet und dann Gewänder anlegt, die von starkem Duft durchtränkt sind. Selbst an einem Ort, wo man nicht eigens von anderen gesehen wird, fühlt man sich da im Herzen doch sehr erhoben. Wenn man an einem Abend, an dem man jemanden erwartet, plötzlich durch das Geräusch von Regen und das Rütteln des Windes erschreckt wird.

Dinge, die Sehnsucht nach Vergangenem erwecken:

Vertrocknete Aoi-Blüten. Puppengerät. Wenn man tiefblau und zartlila gefärbte Stoffschnipfel in einem Notizbuch eingepreßt findet. Wenn man an einem regnerischen Tag voll Muße den Brief eines Menschen aufstöbert, dem man damals seine Gefühle geschenkt hatte. Der Sommerfächer vom Vorjahr.

Kein anderer Monat hat ein Fest aufzuweisen, das dem des Fünften Monats gleichkäme. Das Zusammenspiel der Wohlgerüche von Schwertlilien und Beifuß ist außerordentlich reizvoll. Angefangen vom Neunfach Umzäunten Palast oben bis zu den Behausungen des unbekannten Volkes sind alle Dächer damit bedeckt, als hätte jedermann sein Dach ganz besonders üppig decken wollen, und das ist noch hübscher. Wann würde man bei einer anderen Gelegenheit so etwas tun?

Am Himmel zieht sich Gewölk hin, aber in den Gemächern der Kaiserin hat man vom Bekleidungsamt die Kräutersträußchen dargereicht, an denen Geflecht von verschiedenfarbigen Fäden herabhängt, und nun befestigt man sie links und rechts an den Pfosten im Hauptraum, in dem das Podest der Kaiserin aufgestellt ist. Die Chrysanthemen vom Neunten Tag des Neunten Monats, die man in grobe Rohseide gehüllt dargereicht hatte, sind an denselben Pfosten angebunden, aber nachdem sie mehrere Monate da hingen, löst man sie nun ab und tauscht sie gegen die Kräutersträußchen aus; man wirft sie dann wohl weg. Die Kräutersträußchen wiederum sollten da bleiben, bis die Chrysanthemen wieder an der Reihe sind. Indessen zieht bei ihnen jeder Fäden heraus, um dies und das zu binden, und so sind sie bald verschwunden.

Man beschenkt sich mit der Festspeise dieses Tages; die jungen Leute stecken sich Schwertliliengebinde ins Haar und heften sich Tabu-Zeichen an; man bindet an die verschiedenen chinesischen Jacken und Obergewänder hübsche Zweiglein, an denen lange Schwertlilienwurzeln mit geflochtenen Schnüren in vielerlei Schattierungen befestigt sind – das alles kann man zwar nicht ungewöhnlich nennen, aber es ist dennoch sehr reizvoll. Gibt es denn jemanden, der bei der Kirschblüte abwinken würde, bloß weil sie jeden Frühling erblüht?

Die Kinder, die auf den Straßen herumgehen, sind ihrem Stand entsprechend mit Blüten ausgestattet; sie kommen sich sehr wichtig vor, haben dauernd ein wachsames Auge auf ihre Ärmel, vergleichen sie mit denen der anderen Kinder und halten sie für unaussprechlich schön, sobald sie aber von vorbeigehenden Pagen daran gezogen werden, weinen sie, und auch das ist reizvoll.

Blüten des Paternosterbaumes in lila Papier, Schwertlilienblätter in blaugrünem Papier, schmal eingerollt und zusammengebunden, dann auch weißes Papier, mit Schwertlilienwurzeln zusammengebunden, all das ist reizvoll. Findet man in einem Brief sehr lange Wurzeln beigelegt, empfängt man ein Gefühl vornehmer Schönheit. Da wird gegenseitig hergezeigt und geplaudert und besprochen, was man als Antwort schicken will, auch das ist sehr reizvoll. Auch Leuten, die sich an ein Mädchen aus gutem Hause oder an vornehme Leute mit einem Brief wenden wollen, vermittelt der heutige Tag das Gefühl besonderer Eleganz. Wenn dann in der Abenddämmerung der Kuckuck seinen Namen ruft, das ist ganz wunderbar.

Etwa um die Zeit, als die Kaiserin in den Räumen des für ihre Angelegenheiten zuständigen Amtes Wohnung genommen hatte, in einer hellen Mondnacht kurz nach dem zehnten Tag des Achten Monats, ließ sich Ihre Majestät von der Hofdame Ukon auf der Laute vorspielen, während sie sich nahe bei der Veranda aufhielt. Man erzählte sich dies und das, man lachte, ich aber hatte mich an einen Pfosten zum Vorraum hin angelehnt und schwieg, da sagte Ihre Majestät: »Warum bist du so still? Sag doch etwas! Es geht mir ab ...« »Ich schaue nur dem herbstlichen Mond ins Herz«, antwortete ich, und sie sprach: »Gerade das solltest du sagen!«

Der Mittlere Kabinettsrat Takaie (ein Bruder der Kaiserin) kam und überreichte Ihrer Majestät einen Fächer. »Ich habe das Skelett für einen großartigen Fächer bekommen. Ich möchte es bespannen lassen und ihn dir schenken, aber es wird sich mit gewöhnlichem Papier nicht bespannen lassen, ich halte also Ausschau nach Besserem«, sagte er, Ihre Majestät aber fragte: »Wie sieht es denn aus?« »Es ist ganz großartig. Jedermann sagt, so ein Skelett habe er noch nie gesehen. Wirklich, so etwas gab es noch nie zu sehen«, redete er laut daher, da ließ ich mich vernehmen: »Nun, da ist es sicher nicht das Skelett eines Fächers, sondern das einer Qualle!« »Das wollte ich selbst gesagt haben«, lachte er.

Eine solche Begebenheit gehört eigentlich zu den Dingen, die einen in Verlegenheit bringen, was soll ich aber tun, da ich mir doch sagte »nicht ein Ding läßt du aus!«

Es war im Neunten Monat – der Regen, der die ganze Nacht hindurch heruntergeströmt war, hörte am Morgen auf, und die Morgensonne trat klar und strahlend hervor, da hing im Garten noch die Nässe, als triefte nur alles von Tau, das war sehr reizvoll. Die im Rautenmuster des Lattenzaunes oder über den Vordächern hingezogenen Spinnweben hingen zerrissen da, aber wo sich Regentropfen an ihnen festgesetzt hatten, sah es aus, als hätte man weiße Perlen aufgereiht, das war ganz rührend und reizvoll.

Als die Sonne etwas höher gestiegen war, wirkten die Zweige des Süßklees noch schwerer, doch sowie die Tautropfen herunterfielen, bewegten sich die Zweige, und ohne daß eines Menschen Hand sie berührte, schnellten sie plötzlich in die Höhe, und auch das war ganz reizvoll, aber als ich davon sprach, hatte ich das Gefühl, daß es anderen Leuten im Herzen gar nicht so reizvoll erschien – und auch das hatte für mich seinen Reiz.

Als ich anfing, im Palast der Kaiserin zu dienen, gab es ich weiß nicht wieviele Dinge, deren ich mich so schämte, daß ich darüber hätte Tränen vergießen können, daher ging ich immer nur des Nachts hin, und dabei blieb ich noch hinter einem drei Fuß hohen Vorhangständer, und als die Kaiserin einmal geruhte, mir Bilder zu zeigen, fühlte ich mich so hilflos und beklommen, daß ich kaum die Hand danach auszustrecken vermochte. Sie sprach und wies auf dieses und jenes hin. Da das Licht auf einem niedrigen Fußgestell angebracht war, konnte man alles, selbst ein einzelnes Haar, weit deutlicher sehen als am hellichten Tag, und ich war daher sehr verlegen, doch ich faßte mich und schaute hin. Es war damals gerade eine sehr kalte Zeit, daher war die Hand, welche die Kaiserin ausstreckte, kaum sichtbar, aber sie war von einem sehr duftigen und zarten Rosa wie von Pflaumenblüten, und das schien mir unendlich liebenswert, ach, daß es ein solches Wesen auf dieser Welt gibt, dachte ich aus meinem bäurischen, solchen Anblicks ungewohnten Gefühl heraus, und ich verschlang sie mit meinen Blicken, bis ich aus meinen Gedanken aufschrak.

In der Morgendämmerung hatte ich es eilig, mich möglichst schnell zurückzuziehen. Die Kaiserin sagte: »Selbst der Gott vom Berg Katsuragi würde noch ein Weilchen bleiben!«, so setzte ich mich eben wieder hin, doch irgendwie so, daß sie mich nur schief von der Seite sehen konnte, und auch das Fenstergitter öffnete ich nicht. Es kamen Dienerinnen, hörten, wie jemand sagte, man sollte die Gitter losmachen, doch als sie sich anschickten, sie zu öffnen, sagte die Kaiserin, sie sollten es lassen, und so gingen sie lachend wieder fort.

Sie geruhte nun, mich dies und das zu fragen und mit mir zu sprechen, und nach einer geraumen Weile sagte sie: »Du wirst dich jetzt wohl gerne zurückziehen wollen. Nun denn, schnell! Doch komme frühzeitig am Abend!«

Es war spät, als ich mich auf den Knien entfernte und zurückkehrte, und so schob ich rasch die Gitterläden nach oben, da hatte es geschneit! Die Trennwände stehen sehr nahe am Vorgarten der Tôka-Halle, er ist recht schmal. Der Schnee war sehr reizvoll.

Da ich während des Tages mehrfach gerufen wurde: »Komm heute noch bei Tage! Es ist so verhangen durch den Schnee, man wird nicht viel erkennen«, sagte die Dame, die meinem Raum vorstand: »Es ist nicht zum Mitansehen! Willst du dich denn dauernd so abschließen? Wenn Ihre Majestät dich so unversehens in ihre Nähe gezogen hat, wird sie sich dabei wohl etwas gedacht haben. Es wäre sehr häßlich, sich ihrem Wunsch zu widersetzen!«, und als sie mich nur eben zur Eile antrieb und fortschickte, hatte ich das Gefühl, das sei gar nicht ich selbst, und dennoch fiel es mir sehr schwer hinzugehen. Auf den Feuerhäuschen türmte sich der Schnee, es wirkte merkwürdig und reizvoll.

In der Nähe Ihrer Majestät war wie üblich im Feuerkasten ein üppiges Feuer entfacht, aber niemand hatte sich dort eigens niedergelassen. Damen von hohem Rang hielten sich nahebei zu Dienstleistungen bereit. Ihre Majestät weilte bei einem mit Goldlackmalerei verzierten Feuereimer aus Aloeholz. Im anstoßenden Raum saßen Damen dichtgedrängt um einen länglichen Feuerkasten, und als ich sah, wie ihnen die chinesischen Jacken lose herunterhingen und ihnen alles so gewohnt und leicht schien, war ich sehr neidisch. Wie sie Briefe überreichten, sich erhoben und sich niederließen, wie sie aneinander vorbeigingen, es wirkte alles so unbefangen, sie sprachen, sie lachten. Schon der Gedanke, wann ich mich selbst wohl so unter sie mischen könne, machte mich beklommen. Weiter hinten saßen drei, vier Damen beisammen, die Bilder zu betrachten schienen.

Nach einer Weile, als laut die Stimmen von Ausrufern zu hören waren, die den Weg frei machten, hieß es, Seine Exzellenz, der Herr Regent kämen, und man las die zerstreut herumliegenden Sachen zusammen; ich wollte eigentlich weggehen, doch konnte ich mich wohl nicht so plötzlich in Bewegung setzen, daher zog ich mich etwas weiter zurück, und da ich eben doch auch neugierig war, blickte ich ein klein wenig durch einen Spalt zwischen den Vorhängen.

Gekommen war der Oberkabinettsrat Korechika (ein Sohn des Regenten und Bruder der Kaiserin). Es war außerordentlich reizvoll, wie sich das Lila seines Obergewandes und seiner Pluderhosen vor dem Schnee abhob. Er blieb bei einem Pfosten stehen und sagte: »Gestern und heut sind zwar Abstinenztage, aber da es so sehr schneite, war ich doch im Ungewissen ...« Ihre Majestät antwortete: »Ich dachte, es sei ›Kein Weg mehr zu sehn‹ – doch wie steht's?« Er lachte und sagte: »Ich schau nur her, damit du ›Voll Mitleid blickest mich an‹!«, und wie sie so sprachen, dachte ich, kann es denn etwas geben, was diese Szene noch übertrifft? Ich hatte das Gefühl, es sei nicht anders wie wenn in einem Roman unbekümmert dahingeplaudert wird.

Die Kaiserin trug über weißen Untergewändern scharlachroten chinesischen Damast. Lose fiel ihr das Haar über Schultern und Rücken – nur auf Bildern hatte ich bisher solches gesehen, als Wirklichkeit war es mir fremd, und so fühlte ich mich wie im Traum. Korechika scherzte und unterhielt sich mit den Damen. Sie antworteten, ohne die geringste Scheu zu empfinden, und wenn er sie anführen wollte, widersprachen und argumentierten sie – ich war ganz fassungslos, und zu meinem Verdruß stieg mir völlig grundlos die Röte ins Gesicht. Korechika aß etwas Obst, nahm Platz und ließ auch Ihrer Majestät Obst anbieten.

Er muß wohl gefragt haben, wer sich hinter dem Vorhang befinde. Und irgendein Interesse schien er zu haben, denn er erhob sich, und als ich schon dachte, er gehe woanders hin, setzte er sich ganz nahe zu mir und sprach mich an. Er fragte mich über alles mögliche, was er über mich gehört hatte, als ich noch nicht im Palast war, ob es auch wirklich so gewesen, und war ich schon in großer Verlegenheit, als ich ihn nur von ferne und durch den Vorhang getrennt gesehen hatte, so war mir jetzt erst recht jämmerlich zumut, und das Gefühl, ihn so gerade mir gegenüber zu hören, konnte ich gar nicht als wirklich empfinden. Wenn ich mir früher einen kaiserlichen Aufzug anschaute und er meinem Wagen nur ein bißchen seinen Blick zuwandte, zog ich stets die inneren Vorhänge dicht zu, und für den Fall, daß noch ein Spalt offen geblieben wäre, verbarg ich mein Gesicht hinter dem Fächer, und so fragte ich mich nun, wie ich, die ich meinem Herzen nach so wenig dazu geeignet war, nur in diesen Dienst hatte treten können; der Schweiß brach mir aus, es war ganz schrecklich, was nur hätte ich ihn als Antwort hören lassen sollen!

Nun nahm er mir sogar den Fächer aus der Hand, den ich mir als kluges Versteck vorgehalten hatte, und ich dachte, oh wie häßlich werde ich aussehen – selbst im Gefühl, daß ich mir ja die Haare ins Gesicht fallen lassen konnte. Wenn er nur bald ginge, dachte ich, doch er spielte mit meinem Fächer, fragte, wer das Bild darauf gemalt habe, und da er ihn nicht gleich zurückgab, preßte ich den Ärmel vors Gesicht und hielt meinen Kopf gesenkt, und mein Rock, meine chinesische Jacke, alles wurde voll Puder, ich muß wohl ganz fleckig ausgesehen haben.

Die Kaiserin merkte anscheinend, wie rücksichtslos sein langes Verweilen war und wie es mich quälte, und so sprach sie zu ihm: »Schau doch mal dies hier an! Wessen Handschrift ist das?«, er aber sagte: »Laß es mich hier anschauen«, doch die Kaiserin sprach: »Komm hierher!« »Man hält mich hier fest, ich kann nicht aufstehen«, witzelte er, wie es zwar gerade in Mode, für mich und meine Stellung aber ganz unpassend war, es war mir sehr peinlich. Die Kaiserin hielt ein Heft, in welches jemand kursive Zeichen geschrieben hatte, und betrachtete es. »Wer mag es geschrieben haben? Zeig es doch Shônagon hier! Sie dürfte die Handschrift aller Leute von Welt vom Ansehen her kennen!«, so schwatzte er lauter Unsinn, nur um mir eine Antwort zu entlocken.

Brachte mich ein einziger schon so in Verwirrung, so kam nun, während wieder Ausrufer alles frei machten, noch ein weiterer Herr im gleichen Anzug, und dieser war noch ausgelassener und machte lauter Späße, man lachte und vergnügte sich, und als ich hörte, wie man mit den Worten »der und der hat das und das getan ...« über all die vornehmen Herren redete, die an allerhöchster Stelle Zutritt haben, schien mir, lauter verwandelte Geister, lauter himmlische Wesen seien herabgestiegen, aber als ich mich an meinen Dienst gewöhnt hatte und einige Tage verstrichen waren, da war das gar nichts Außergewöhnliches mehr. Die Damen, die ich vor mir sah, werden genau so empfunden habe wie ich, als sie ihre Familien verließen und ihren Dienst hier aufnahmen, sie werden die Augen offen gehalten und sich nach und nach von alleine an den Anblick gewöhnt haben.

Die Kaiserin sprach dies und das zu mir, und als sie mich fragte: »Magst du mich?«, gab ich ihr zur Antwort »wie könnte ich nicht«, doch im gleichen Augenblick, als ich das sagte, nieste jemand sehr laut in der Tischkammer, und da meinte die Kaiserin: »Ah – wie schade! Da hast du also gelogen. Nun gut, nun gut«, und sie zog sich nach hinten zurück. Wie konnte es eine Lüge sein! Wenn ich ihr gesagt hätte, daß ich sie sogar recht sehr liebe ... Es war mir schrecklich, und ich dachte, jene Nase ist der eigentliche Lügner! Nun, wer mochte es wohl gewesen sein, der sich so häßlich benommen hatte? Das Niesen ist mir ganz allgemein zuwider, und ich unterdrücke es immer, um so schlimmer, um so häßlicher fand ich gerade dieses Niesen, und da ich noch ganz neu hier war, vermochte ich es auch nicht, eine Rechtfertigung vorzubringen, und sobald es tagte, zog ich mich zurück, alsbald aber brachte man mir einen eleganten Brief auf dünnem, hellgrünem Papier, und ich öffnete ihn und las

»So geruhen Majestät zu denken:

Wie stellt' ich es an,
wie könnt' ich erfahren, ob
Lüge es war, gäb's
nicht im Himmel Tadasu,
den Gott, der prüfet, was wahr.«

und Freude und Unzufriedenheit, alles geriet mir in Gedanken durcheinander, und ich grollte und zürnte der niesenden Person von voriger Nacht erst recht.

Ihrer Majestät bat ich auszurichten, nur dies sei meine Rechtfertigung:

»Ob seicht oder tief
mein Gefühl – wie könnt' es ein
Niesen erweisen!
Doch müßt ich elend sehen
mich darob – wie traurig doch!«

Sicher habe der Gott Shiki dies persönlich veranlaßt. In größter Ehrfurcht ...

Selbst als ich so geantwortet hatte, war ich immer noch sehr betrübt, denn warum mußte gerade bei dieser Gelegenheit sich so etwas ereignen!

Wenn beim Außerordentlichen Fest von Kamo im Elften Monat der Himmel umwölkt ist, wenn man das Gefühl von Kälte hat und Schneeflocken hier und da leicht durch die Luft schweben und sich sacht auf dem künstlichen Blumenschmuck der Hüte und Schirme und auf den blaubedruckten Gewändern niederlassen, das ist unsagbar reizvoll. Hell blinken die Scheiden der Schwerter auf, schwarzgefleckt und weithin sichtbar, die Schnüre der kurzen Unterjacken hängen so glänzend herab, als hätte man sie poliert, zwischen den weißgrundigen, bedruckten Rockhosen blitzen die Glanzmuster der Unterkleider so blank hervor, daß man versucht ist, sie ganz verblüfft für Eis zu halten – all das ist sehr anmutig. Man möchte noch mehr Tänzer an sich vorbeiziehen sehen, denn die kaiserlichen Boten, die nun folgen, sind wahrhaft nicht die feinsten Leute, diejenigen unter ihnen, die für ein Provinzamt vorgesehen sind, wirken so unerfreulich, daß man das Auge nicht auf ihnen verweilen lassen möchte, aber wie sie nun so hinter Glyzinienblüten verborgen sind, das ist reizvoll. Noch blickt man den Vorübergezogenen nach, denn die Musiker, die nun kommen, reichen nicht an sie heran, ihre künstlichen Goldröschen wollen gar nicht zu ihren weidenfarbenen Gewändern – weiß, mit grünem Futter – passen, doch dröhnend schlagen sie auf die Schutzleder ihrer Pferde und singen »Die Bänder aus Maulbeerbast vom Kamo-Schrein ...«, und das ist sehr reizvoll.

Als ich einmal nach Kamo pilgerte, traf ich unterwegs auf etwas, was man »Reis auspflanzen« nennt: da standen Frauen in großer Zahl, die sich als Hüte etwas wie neue Spankörbe aufgesetzt hatten, und sangen Lieder; sie beugten sich vor und zurück, doch war daraus nicht zu ersehen, was sie eigentlich taten, dann gingen sie wieder rückwärts – was mochte das wohl sein? Ich fand es reizvoll, doch während ich zuschaute, hörte ich, wie man den Kuckuck sehr unschicklich besang:

Kuckuck, Kuckuck,
he du, du Kerl da drüben!
Jedesmal grad wenn du schreist,
pflanze ich den Reis hier aus.

Als ich sie so singen hörte, mußte ich darüber nachdenken, wer doch gedichtet hatte, »Kuckuck, schrei doch nicht so laut ...« Mir sind sowohl Menschen, die von der Kindheit des Romanhelden Nakatada schlecht sprechen, wie auch solche, denen der Kuckuck weniger gilt als die Nachtigall, sehr unangenehm und zuwider.

Am letzten Tag des Achten Monats beobachtete ich auf einer Wallfahrt nach Uzumasa, wie viele Menschen damit beschäftigt waren, die Reisfelder abzuernten, auf denen die Rispen bereits reif herunterhingen.

»Gestern erst hat man
Reispflänzchen ausgezogen,
doch unversehens . . .«

Wahrhaftig, als ich – es ist nicht lange her – nach Kamo pilgerte, hatte ich es gesehen, und nun kommt es mir erst richtig zum Bewußtsein. Da sind nun die Männer dabei, die rotbraunen Reishalme unten bei der Wurzel, wo sie noch grün sind, zu fassen und abzuschneiden. Ich weiß nicht, womit sie die Halme abschneiden, aber es sieht so leicht aus und als täten sie es gerne. Warum machen sie es wohl so? Reizvoll ist auch, wie sie die Rispen ausbreiten und eine neben der anderen liegt. Und dann die Hüttchen . . .

Kurz nach dem zwanzigsten Tag des Neunten Monats fand eine Wallfahrt nach Hase statt und man übernachtete in einem ganz unscheinbaren Häuschen, doch ich war sehr ermüdet und schlief auf der Stelle ein.

Spät in der Nacht floß das Licht des Mondes durch das Fenster herein und fand glänzenden Widerschein auf den Gewändern der Menschen, die da ausgestreckt lagen, das bewegte mich zutiefst. Solcherart sind die Augenblicke, in denen man dichtet.

Wenn man nach Kiyomizu wallfahrtet und den Abhang hinaufsteigt, verspürt man ganz stark den Duft brennenden Reisigs, das ist sehr reizvoll.

Hat man die Schwertlilienblätter vom Fünften Monat bis über den Herbst oder Winter hinaus aufbewahrt, dann sind sie ganz weiß vertrocknet und häßlich, faltet man sie aber auseinander und nimmt sie einzeln heraus, haftet an ihnen noch der Duft jener Zeit, das ist außerordentlich reizvoll.

Die Gottheit von Aridôshi: Als das Pferd des Tsurayuki hier von Schmerzen befallen wurde, soll dieser Gott sie geschickt haben, und Tsurayuki weihte ihm ein Gedicht, auf daß er den Fluch von ihm nähme – eine reizende Geschichte.

Daß man den Gott »Aridôshi« nennt, geht auch auf eine Geschichte zurück – ob sie wohl wahr ist? –, in alter Zeit habe es einen Kaiser gegeben, der nur junge Leute mochte, und wenn jemand vierzig Jahre alt wurde, ließ er ihn töten; daher gingen die Leute in weit entfernte Provinzen und verbargen sich, und so gab es in der Hauptstadt niemanden dergleichen mehr; doch da war ein Vizekommandant, ein

Mann auf der Höhe seiner Laufbahn und klugen Herzens, dessen Eltern waren beide über siebzig, und da schon über Vierzigjährige solches verhängt wurde, wieviel mehr hatten sie da zu befürchten, so lamentierten sie in großer Angst; weil der Vizekommandant aber ein pietätvoller Mensch war, wollte er nicht, daß seine Eltern in weiter Ferne wohnten, denn er konnte nicht sein, ohne sie wenigstens einmal am Tage zu sehen, daher grub er heimlich den Boden seines Hauses auf, richtete dort ein Zimmer her, schloß sie darin ein und besuchte sie laufend. Anderen Leuten und bei Hofe machte er Mitteilung, sie seien entschwunden. Warum auch solche Vorschriften? Wenn Leute doch ruhig in ihrem Hause bleiben und sich um nichts kümmern! Wahrhaftig, eine böse Welt! Der Vater muß wohl ein hoher Adliger gewesen sein, da sein Sohn Vizekommandant war. Er war klugen Herzens und verstand sich auf zehntausenderlei Dinge, daher war auch der Vizekommandant, obwohl noch sehr jung, verständig und äußerst klug, und der Kaiser sah in ihm den Mann des Tages.

Nun wollte der Kaiser von China den Kaiser unseres Landes irgendwie überlisten, um unser Land an sich zu reißen, und immer wieder machte er Versuche und schloß Wetten ab, schließlich aber schickte er ein glänzendes Stück Holz von etwa zwei Fuß Länge, sehr schön rund zugerichtet, und ließ fragen, welche Seite der Wurzel, welche Seite dem Wipfel zu liege, doch kein Mensch konnte das herausbringen, also quälte sich der Kaiser so sehr in seinen Gedanken, daß es den Vizekommandanten erbarmte, und er ging zu seinen Eltern und legte die Sache dar. Da belehrte ihn der Vater: »Man muß das Holz nur aufrecht von der Seite her in einen schnell dahinströmenden Fluß werfen und wenn es sich dreht, die Seite, die stromabwärts weist, als Wipfelende kennzeichnen und das Holz zurückschicken.« Der Vizekommandant ging hin mit einem Gesicht, als wären das seine eigenen Gedanken, sagte, er wolle es versuchen, nahm Leute mit, warf das Holz in einen Fluß, kennzeichnete die Seite, welche die Spitze gebildet hatte, und als man das Holz nach China zurückschickte, verhielt es sich wahrhaftig so.

Wiederum schickte jener Kaiser zwei Schlangen, beide gleicherweise etwa zwei Fuß lang, und ließ fragen, welche das Männchen und welche das Weibchen sei. Und wieder konnte es niemand herausfinden. Als der Vizekommandant wie zuvor zu seinen Eltern kam und sie fragte, sagte der Vater: »Man erkennt das Weibchen daran, daß es den Schwanz bewegt, sobald man beide nebeneinanderlegt und ein dünnes, gerades Zweiglein in die Nähe der Schwänze bringt«, und als man im Palast alsbald so verfuhr, da blieb richtig die eine Schlange unbewegt, die andere aber bewegte sich, und man brachte wiederum ein entsprechendes Zeichen an und schickte sie zurück.

Nach einer längeren Weile schickte der Kaiser von China eine kleine Perle, die war innen mit einem siebenfach gewundenen Gang durchbohrt, der sich links und rechts nach außen öffnete, und er ließ sagen: »Ziehe mir da einen Faden durch. In meinem Lande hier macht das jedermann«, und die Adligen und Würdenträger und alle Leute insgesamt, alle sagten sie: »Da nützt auch ein ganz unerhörtes Geschick nichts mehr«, daher ging der Vizekommandant wieder zu seinen Eltern, und als er sagte »so und so verhält es sich«, sprach der Vater: »Fanget große Ameisen, befestiget am Leib von zweien einen dünnen Faden, an diesem wieder einen etwas dickeren, und streicht an die gegenüberliegende Öffnung etwas Honig und schaut«, und so sagte es der Vizekommandant wieder dem Kaiser, und als man die Ameisen ansetzte, rochen sie den Honig, und sie kamen wahrhaftig ganz schnell bei der anderen Öffnung heraus. Nun, nachdem man die Perle mit dem durchgezogenen Faden zurückgeschickt hatte, unternahm jener Kaiser nichts mehr dergleichen, denn er hatte erkannt, »auch im Lande des Sonnenaufgangs ist man recht klug«!

Der Kaiser dachte nun, dieser Vizekommandant ist ein großartiger Mann, und als er zu ihm sagte: »Wie soll ich es dir lohnen, was für ein Amt, was für einen Rang soll ich dir verleihen?«, antwortete dieser: »Majestät mögen mir weder Amt noch Rang verleihen. Majestät mögen verstatten, daß man alle alten Eltern, die sich verborgen halten, sucht und sie in der Hauptstadt wohnen läßt«, und da der Kaiser dies als höchst einfache Angelegenheit gestattete, freuten sich die Eltern aller Menschen ganz gewaltig, als sie davon hörten. Der Vizekommandant wurde zu hohem Adel erhoben und zum Kanzler gemacht.

Dieser Mann nun muß zu dem Gott hier geworden sein. Man erzählt, daß er Leuten, die zu ihm gepilgert waren, des Nachts erschienen sei und zu ihnen gesagt habe

»Durch die siebenfach
gewundene Perle kroch
eine Ameise
und zog den Faden hindurch –
das scheint man nicht zu wissen!«

Aridôshi, das heißt aber *ari*, die Ameise, *dôshi*, kriecht hindurch.

Wenn Hofdamen sich zurückgezogen haben und zusammenkommen, über ihre eigenen Herrschaften bewundernswerte Dinge hören lassen, sich dies und das vom Palast, von vornehmen Persönlichkeiten erzählen, da muß für den Herrn dieses Hauses schon das Zuhören reizvoll sein.

Das Haus müßte geräumig und schön sein, natürlich wäre die eigene Familie da, aber auch jemand, mit dem ich mich unterhalten könnte – Hofdamen – möchte ich in dem einen oder anderen Raum untergebracht wissen. Wann immer man wollte, könnte man sich an einem Ort zusammensetzen und plaudern, man würde sich die Gedichte zeigen lassen, die der andere gemacht hat, und darüber reden, man würde die Briefe mitbringen, die man erhalten hat, und sie den anderen zum

Lesen geben, man würde die Antworten schreiben, und käme jemand freundschaftlich zu Besuch – ich würde es drinnen auf das Schönste herrichten, und regnete es und er könnte nicht zurückkehren, würde ich ihn ganz reizend bewirten, und wenn die Damen sich zum Dienst in den Palast begeben müßten, wollte ich mich um alles kümmern, und ich würde alles vorbereiten, wie sie es wünschen ...

Daß ich die Lebensweise vornehmer Leute so sehr liebe – ach, was für alberne, unsinnige Gedanken!

Als einmal der Herr Oberkabinettsrat Korechika kam, um Seiner Majestät Vorlesung über Literatur zu halten, wurde es darüber wie üblich tiefe Nacht, daher verschwanden die Damen aus der Umgebung der Majestäten allein oder zu zweit und legten sich versteckt hinter Stellschirmen und Vorhängen zum Schlaf nieder, nur ich allein versuchte, meine Schläfrigkeit zu bezwingen und zu Diensten zu stehen, da kündete die Wache draußen »Rind, letztes Viertel«. »Da tagt es wohl schon«, murmelte ich vor mich hin, der Herr Oberkabinettsrat aber sagte: »Jetzt braucht Seine Majestät nicht mehr zur Ruhe zu gehen«, – bloß, weil er selbst nicht mehr schlafen wollte, unglaublich – am liebsten hätte ich das laut gesagt, aber nur, wenn noch andere dagewesen wären, hätte meine Stimme unerkannt bleiben und ich mich verbergen können. Seine Majestät aber hatte sich an einen Pfosten gelehnt und war ein bißchen eingeschlummert, da sagte der Herr Oberkabinettsrat zur Kaiserin: »Da schau nur her! Kann man denn noch so schlafen, wo es jetzt schon tagt?«, und mit einem »wahrhaftig« ließ auch die Kaiserin ihr Lachen hören, doch der Kaiser merkte von alledem nichts. In diesem Augenblick ertönte ein entsetzliches Gegacker und Gekreische: ein Hahn, welchen die kleine Dienerin einer Oberaufwärterin gefangen und mitgebracht und in der Absicht, ihn am nächsten Tag nach Hause mitzunehmen, versteckt hatte, war irgendwie von einem Hund aufgestöbert worden, und wie er ihn verfolgte, auf ein Brett unter dem Dach der Galerie geflüchtet, – und bei dem Lärm erhoben sich alle Damen. Auch Seine Majestät schrak auf und fragte: »Wo kommt denn dieser Hahn her?«, der Herr Oberkabinettsrat rezitierte aber mit lauter Stimme die Gedichtzeile »seine Stimme schreckt den klugen Herrscher aus dem Schlaf«, und das war so bewundernswert und reizvoll, daß auch die verschlafenen Augen meiner ganz gewöhnlichen Person sehr groß wurden. »Ach, hast du das großartig getroffen«, hatten auch Seine Majestät und die Kaiserin ihr Vergnügen daran. Wirklich, gerade so etwas ist bewundernswert!

In der folgenden Nacht begab sich die Kaiserin in das Schlafgemach Seiner Majestät. Als ich etwa gegen Mitternacht auf die Galerie hinaustrat und meine Dienerin rief, sagte Korechika: »Gehst du in dein Zimmer zurück? Nun, da möchte ich dich begleiten«, so hängte ich den Zeremonialrock und die chinesische Jacke über einen Stellschirm und ging mit ihm; der Mond schien wunderbar hell, sein Hofgewand wirkte ganz weiß, seine Pluderhosen waren etwas zu lang, er trat beim Gehen darauf, er hielt mich am Ärmel zurück und sagte »fall nicht«, und wie wir so gingen, rezitierte er »Noch im letzten Schein des Mondes zieht der Wanderer dahin ...«, es war wiederum großartig und bewundernswert.

»Du liebst derlei Dinge«, sagte er und lachte – aber es sind doch irgendwie reizvolle Dinge!

In diesen Heften habe ich, als ich zu Hause weilte, in müßigen Stunden aufgeschrieben und gesammelt, was ich mit meinen Augen gesehen und was ich im Herzen gedacht, denn hier durfte ich mich wohl fragen, ob es jemandem zu Gesicht käme, und zudem wollte ich die Hefte gut versteckt halten, denn es gibt Stellen, wo ich unglücklicherweise für manche Leute zuviel des Anstößigen gesagt habe, doch entgegen meinem Herzen ist alles nach außen durchgesickert.

Der Kanzler des Innern Korechika hatte die Hefte Ihrer Majestät der Kaiserin gebracht, und sie fragte: »Was wollen wir in die Hefte schreiben? Seine Majestät der Kaiser läßt das historische Werk Shihchi abschreiben!«, da sagte ich, ich hätte sie gerne zum Kopfkissen. »Dann sollst du sie bekommen«, und sie schenkte sie mir, ich aber wollte dieses unermeßlich viele Papier mit allerlei Ungewöhnlichem vollschreiben, denn es kommt doch zu häufig vor, daß man die Dinge vergißt.

Ich habe also im allgemeinen ausgewählt, was reizvoll ist in unserer Welt, was man bewundernswert findet, und ich habe von Gedichten, Bäumen, Kräutern, Vögeln und Insekten gesprochen, doch wird man mich wohl schelten »das ist ja noch viel schlechter als man gedacht. Da sieht man erst ihr Herz«, weil ich aber nur zu meinem eigenen Vergnügen aufgeschrieben, was ich in meinem Herzen für mich selbst denke, fragte ich mich, ob ich mich denn gar vordrängen sollte, um zu hören, wie mittelmäßig man mich einstuft – und nun sagen Leute, welche die Hefte gesehen haben, »man ist ganz beschämt – wunderbar«, es kommt mir ganz merkwürdig vor. Allerdings hat das seinen Grund, denn nun kann man sich vorstellen, wie das Herz derjenigen beschaffen ist, die gutheißt, was andere nicht mögen, und die schlechtheißt, was andere loben. Nur – ich bedaure, daß dies für die anderen nun wohl sichtbar geworden ist.

Zur Zeit, als man von ihm noch hörte, er sei Provinzstatthalter von Ise, besuchte mich einmal der Vizekommandant zur Linken Tsunefusa zu Hause, da rückte ich ihm eine Matte hin, die sich auf der Veranda befand, aber darauf lagen diese Hefte, und so kamen sie zum Vorschein. Bestürzt wollte ich sie an mich ziehen, doch er nahm sie wie sie waren mit sich, und erst nach langer Zeit brachte er sie mir zurück. Von da an gerieten sie wohl in Umlauf. – So steht es im Buch.

Murasaki Shikibu: Tagebuch

Neunter Monat des Jahres 1008 – ein zukünftiger Kaiser wird geboren

Am zehnten, während es noch dämmerte, wechselte man die Ausstattung des Raumes. Die Kaiserin begab sich auf ein weißes Podest. Der Herr Regent (ihr Vater), seine Söhne, Herren vom Vierten und vom Fünften Rang arbeiteten in großer Eile, man war voll damit beschäftigt, die Vorhänge, Decken und Unterbetten auszuwechseln.

Das Befinden der Kaiserin war den ganzen Tag über besorgniserregend, sie hatte sich daher hingelegt. Ununterbrochen wurde geschrien und gelärmt, um die bösen Geister anderswohin zu jagen. Zu den zahlreichen Geistlichen, die in diesen Monaten sowieso schon im Palast anwesend waren, hatte man auch noch sämtliche Exorzisten, die man auf den Bergen und in den Klöstern gefunden hatte, zusammengerufen, man spürte es, die Buddhas der Drei Welten mußten sie hören! Die Magister der Mantik hatte man versammelt, soviele es nur gab, und es sah und hörte sich an, als müßten auch die Acht Myriaden Gottheiten ihre Ohren spitzen. Geschäftig brachen immer wieder Boten auf, um das Lesen von Sutren anzuordnen, und so war die Nacht vorbeigegangen.

Östlich des mit Vorhängen umgebenen Podestes hatten sich die persönlichen Hofdamen der Kaiserin versammelt. Im Westen befanden sich diejenigen, von denen die bösen Geister Besitz ergreifen sollten, und um jede Person hatte man mit einem Paar Stellschirme ein Kämmerchen gebildet, an dessen Eingang man einen Vorhangständer hingestellt hatte, es waren ihnen jeweils Exorzisten zugewiesen, die lauthals ihre Formeln sprachen. Im Süden saßen hintereinander der würdige Erzabt und die Äbte, und als wollten sie die Gestalt des Lichtkönigs Fudô leibhaftig herbeirufen, beteten und beschworen sie, bis ihre Stimmen heiser waren, es hörte sich sehr großartig an. Die Lücke zwischen dem Podest und den Schiebetüren zum angrenzenden Vorraum im Norden war sehr schmal, dennoch saßen dort mehr als vierzig Leute, wie ich später zählte. Sie konnten sich nicht im geringsten bewegen, das Blut stieg ihnen zu Kopfe, und sie hatten keine Empfindung mehr. Die Hofdamen, die jetzt von zu Hause herbeikamen, konnten sich kaum hereinzwängen, sie wußten nicht, wohin mit den Säumen ihrer Röcke, den Ärmeln ihrer Gewänder. Ältere Damen, für die es sich so gehörte, weinten insgeheim sehr heftig.

Am elften, im Morgengrauen, entfernte man im Norden die Schiebetüren zwischen zwei Pfostenabständen, und man brachte die Kaiserin in den anliegenden Vorraum. Da man hier keine Bambusvorhänge aufhängen konnte, stellte man Vorhangständer um sie herum auf. Der Erzabt, Abt Kyôchô, der Abt und Klosterverwalter waren anwesend und rezitierten Beschwörungen; Abt Ingen hatte dem Bittgebet, das der Herr Regent am Tag zuvor geschrieben hatte, weitere inständige Bitten hinzugefügt und las es vor, und seine Worte klangen ergreifend und ehrwürdig und voller Hoffnung, und zu hören, wie nun der Herr Regent mit einstimmte, machte noch hoffnungsfroher, aber trotz dieser Gedanken waren wir doch sehr bekümmert und konnten die Tränen nicht unterdrücken, und obwohl wir uns gegenseitig ermahnten »das gehört sich doch nicht. Was ist denn das« – sie waren nicht einzudämmen.

Das Befinden der Kaiserin schien sehr darunter zu leiden, daß der Raum mit zu vielen Menschen vollgestopft war, daher wies man diese in die vorderen Zimmer im Süden und Osten, und nur wer benötigt wurde, blieb im Gemach der Kaiserin. Die Gattin des Herrn Regenten und die Damen Sanuki no Saishô und Kura no Myôbu waren innerhalb der Vorhänge zugegen, und auch der Herr Abt des Ninna-Klosters und der Palastseelsorger aus dem Miidera wurden hereinbefohlen. Im zehntausendfachen Stimmengewirr des Palastes gingen die Worte der Geistlichen unter, es war, als ob kein Wort von ihren Lippen käme. Die Damen, die jetzt dort noch beisammensaßen – die Damen Dainagon, Koshôshô, Miya no Naishi, Nakatsukasa, Taiu no Myôbu, Ōshikibu no Omoto und die Ordonnanzdame des Hauses – hatten alle schon viele Jahre in Palastdiensten verbracht, es war gut zu verstehen, daß sie sich in großer Aufregung befanden, aber wenn ich auch noch nicht lange mit der Kaiserin bekannt war, empfand ich doch den unvergleichlichen Ernst der Lage und mein Herz fühlte mit ihnen.

Außerhalb des Vorhangständers, der am hinteren Ende des Raumes aufgestellt war, drängten sich die Amme der Vorsteherin des Hofdamenamtes sowie Shônagon, die Amme der Prinzessin, und Koshikibu, die Amme der jüngeren Prinzessin, herein; die Gänge hinter den beiden Podesten konnte man nicht mehr passieren, die Gesichter der Menschen, die hier aneinander vorbeigingen und sich bewegten, waren nicht mehr zu erkennen. Nicht zu sprechen von den Söhnen des Herrn Regenten sowie von Staatsrat und Vizekommandant Kanetaka und Unterkommandant der Leibgarde vom Vierten Rang Masamichi, auch Staatsrat und Vizekommandant zur Linken Tsunefusa sowie der Leiter des Palastamtes der Kaiserin, Leute, die sich gewöhnlich eher kühl gebärden, ließen alle Scham fahren und zeigten geschwollene Augen, als sie über die Vorhangständer hinweg einen verstohlenen Blick auf die Kaiserin warfen. Der Reis, den man verstreut hatte, war wie Schnee auf die Häupter gefallen, und wie häßlich mochten erst die zerknitterten Gewänder ausgesehen haben – doch darum kümmerte man sich erst später.

Als man Haar vom Haupt der Kaiserin abschnitt und sie die buddhistischen Weihen empfing, fühlte ich mich ganz verwirrt – was sollte das bedeuten? – und es schmerzte mich sehr, doch alles ging ruhig vonstatten, und noch bevor die Nachgeburt sich gelöst hatte, erhoben Mönche wie Laien, die dichtgedrängt im Hauptraum, im südlichen Vorraum und bis zum Geländer hinaus standen, noch einmal ihre Stimme im Gebet und beugten die Stirn bis zum Boden.

Unter die Damen im östlichen vorderen Raum hatten sich Höflinge gemischt, und noch später lachten die Damen, wenn sie davon erzählten, wie sprachlos und verblüfft Dame Kochûjô ausgesehen habe, als sich ihre Blicke plötzlich mit denen des Herrn Vizekommandanten zur Linken und Vorsteher der Kammerherren trafen. Sie ist eine Person, die sich nie eine Nachlässigkeit im Zurechtmachen ihres Gesichtes zuschulden kommen läßt, und sie ist von einer sehr ruhigen und geschmeidigen Schönheit; sie hatte in der Morgendämmerung wohl ihr Gesicht zurechtgemacht, aber nun war es vom Weinen geschwollen, und da und dort hatten die Tränen ihre feuchten Spuren hinterlassen und Schaden angerichtet – sie sah ganz häßlich aus und so, als wäre sie das gar nicht. Dame Saishô hatte ein ganz verändertes Gesicht, es war sehr merkwürdig. Wie werde ich da erst ausgesehen haben! Nun, glücklicherweise hat man gegenseitig nicht gemerkt, in welchem Zustand sich die befanden, die man bei dieser Gelegenheit gesehen hat.

Als es mit der Nachgeburt so weit war, wie schrecklich tönten da die grollenden und lärmenden Stimmen der bösen Geister! Der Kammerfrau Gen hatte sich der hohe Priester Shinyo angenommen, der Kammerfrau Hyôe jemand namens Sôso, der Kammerfrau Ukon der Unterabt aus dem Hôjû-Kloster, um das Kämmerchen der Hofdame Miya no Naishi kümmerte sich der hohe Priester Chisô, dieser aber war von einem Geist niedergeworfen worden, und weil man ihn sehr bedauerte, rief man den hohen Priester Nenkaku dazu und schrie laut. Die Bannkraft des Priesters war gewiß nicht gering, aber der Geist leistete heftig Widerstand. Die Dame Saishô hatte als ein erfahrenes Medium Eikô mitgebracht, und die ganze Nacht hatten sie mit Schreien verbracht, sie waren ganz heiser. Kein Geist war auf irgendeine der Personen übergegangen, die man dazu bestellt hatte, und alles war in Aufregung.

Gegen Mittag, zur Stunde des Pferdes, hatte ich ein Gefühl, wie wenn sich der Himmel aufgeklärt hat und die Morgensonne durchbricht. Die Freude, daß die Kaiserin wohlauf war, war ohnegleichen, und wie hätte sich das Entzücken, daß es überdies ein Knäblein war, im Rahmen des gewöhnlichen halten können! Die Damen, welche den gestrigen Tag in Kummer und Sorge dahingebracht und die heute früh wie in Morgennebel eingetaucht schienen, erhoben sich nun eine nach der anderen und zogen sich zur Ruhe in ihre Räume zurück. Bei solchen Gelegenheiten sind für die Kaiserin ältere Damen sehr angenehm.

Über die Hofdame Sei Shônagon

Sei Shônagon ist ein schrecklicher Mensch mit einem hochmütigen Gesicht. Sie kommt sich furchtbar klug vor und überall muß sie ihre chinesischen Schreibereien hinterlassen, schaut man aber richtig hin, ist vieles sehr unbefriedigend. Jemand, der so sehr wünscht, anders zu sein als die anderen, den wird man unfehlbar von oben herab ansehen, und eine schlimme Zukunft nur steht ihm bevor. Wenn jemand, der sich so hervorgetan hat, auch da sich in seine Gefühle hineinsteigert, wo er furchtbar zurückhaltend sein sollte, und sich keinen Reiz entgehen läßt, wird er von alleine so, wie man nicht sein sollte, leichtfertig und eitel. Wie aber könnte ein leichtfertiger und eitler Mensch ein gutes Ende nehmen!

Die Tochter des Sugawara Takasue
Sarashina-Tagebuch

Muß nicht einem Mädchen, das noch weit hinter dem letzten Ende des Weges in die Ostlande aufwächst, der Gedanke kommen, wie ungeschliffen sie doch sei? Also dachte ich, ach bekäme ich nur all die Geschichten zu lesen, die es in der Welt geben soll, und hörte ich zu, wenn an müßigen Tagen oder beim abendlichen Beisammensein Leute wie meine ältere Schwester oder meine Stiefmutter hier etwas und da etwas aus dieser oder jener Geschichte wie der um den glänzenden Genji erzählten, dann war ich ganz hingerissen, aber wie hätten sie nur aus dem Gedächtnis allein erzählen können, wie ich es mir wünschte! In meiner schrecklichen Ungeduld machte ich mir einen lebensgroßen Yakushi-Buddha, wusch mir die Hände und ging, wenn gerade niemand um die Wege war, heimlich zu ihm hinein, neigte inbrünstig die Stirn bis zum Boden und betete, er möge uns in die Hauptstadt ziehen lassen und möge mich von den vielen Geschichten alles, was es nur gäbe, lesen lassen, und in dem Jahr, in dem ich dreizehn wurde, hieß es, wir würden in die Hauptstadt ziehen, und am 3. Tag des Langen Monats fand unser Aufbruch statt, und wir zogen zunächst nach Imatachi um.

Die Stätte, wo ich seit Jahren zu spielen gewohnt war, brach man vor meinen Augen ab, man machte viel Lärmens, und als wir – der letzte Rand der Sonne war am Versinken und ein arger Nebel hatte sich ausgebreitet – dabei waren, den Wagen zu besteigen, und ich mich noch einmal umblickte, war ich traurig, daß ich den Yakushi-Buddha, zu dem ich gegangen, wenn es keiner sah, und vor dem ich meine Stirn zu Boden geneigt hatte, so wie er da stand, zurücklassen sollte, und in meinem Innern vergoß ich Tränen, von denen niemand wissen konnte.

Der Ort, zu dem uns der Aufbruch führte, war ein nichtumzäuntes, behelfsmäßiges Haus, schilfgedeckt und ohne Fensterläden. So hing man Bambusjalousien auf und spannte Vorhänge aus. Im Süden schweifte der Blick weithin über die Heide. Im Osten und im Westen war das Meer nahe – es war sehr reizvoll. Abendnebel breiteten sich aus, und weil es so reizvoll war, hielt ich keinen langen Morgenschlaf, sondern besah mir rundum alles, und so war ich ganz betrübt, als darüber von hier aufgebrochen werden sollte, und am 15. Tag desselben Monats ließen wir, während strömender Regen den Himmel verdunkelte, die Grenzen unserer Provinz hinter uns und übernachteten an einem Ort namens Ikata in der Provinz Shimôsa.

Da es so stark regnete, daß die Hütte schier schwamm, war ich in großen Ängsten und konnte nicht schlafen; es war ein Ort mitten in der Heide, der ein bißchen erhöht war, und es standen nur drei Bäume da. Am Tage trockneten wir die regennassen Sachen, und wir verbrachten dort den ganzen Tag, um auf die Nachzügler zu warten, die verspätet in der Provinz aufgebrochen waren.

Am 17. Tag brachen wir frühmorgens auf. Diese Nacht blieben wir am Strand von Kuroto. Auf der einen Seite glänzte in breiten Hügeln von ferne her der weiße Sand, üppig grünte die Kiefernheide, der Mond war sehr hell, und das Brausen des Windes tönte tiefe Verlassenheit. Da alle es reizvoll fanden und Gedichte verfaßten, dichtete auch ich

Finde doch nicht Schlaf
heut nacht, und wär es nicht jetzt:
wann sonst sollt ich sehn
überm Strand von Kuroto
den Mond in herbstlicher Nacht!

Wir brachen am frühen Morgen von hier auf und übernachteten bei der Fähre von Matsusato an der oberen Furt des Futoi-Flusses, die sich an der Grenze zwischen Shimôsa und Musashi befindet, und die ganze Nacht hindurch brachte man eilig unsere Sachen mit dem Boot hinüber.

Meine Amme, deren Mann gestorben war, hatte an der Grenze nun ihr Kind zur Welt gebracht, daher trennte sie sich von uns und reiste alleine weiter. Weil ich sie so lieb hatte, wollte ich zu ihr, da nahm mich mein älterer Bruder auf die Arme und brachte mich hinüber. Wir wohnten zwar alle in behelfsmäßigen Reisehütten, aber man hatte rundum zugehängt, damit der Wind nicht durchzöge, ihre Hütte aber war, da kein Mann zugegen, in schlechtem Zustand und sehr verwahrlost, und man hatte nur eine einzige Lage Binsenmatten auf das Dach gelegt, daher schien der Mond bei allen Ritzen hinein; sie hatte ein scharlachrotes Gewand übergezogen, und wie sie so unter Schmerzen dalag, im Mondlicht ganz anders als sonst und so durchsichtig, sehr weiß und schön, war es mir ganz seltsam, und sie weinte heftig, während sie mich streichelte, es fiel mir in meinem Mitleid so schwer, sie aus den Augen zu lassen, und als ich eiligst zurückgebracht wurde, erfüllte mich untröstliches Leid. In Erinnerung versunken, war ich so traurig, daß ich den Reiz des Mondes nicht fühlte, und bedrückt legte ich mich nieder.

Am frühen Morgen brachte man die Wagen auf das Boot und fuhr sie über, am anderen Ufer stellte man die Wagen bereit, und diejenigen, welche uns das Geleit gegeben hatten, kehrten von da aus zurück. Die in die Hauptstadt zogen, verweilten noch, und wie man ging und sich verabschiedete, weinten alle, die, welche gingen, und die, welche blieben, und auch in meinen kindlichen Empfindungen zeigte sich der Abschiedsschmerz.

Jetzt waren wir also in der Provinz Musashi. Es war nichts besonders Reizvolles zu sehen. Selbst der Sand am Strand war nicht weiß, er war wie Erde, und auf den Fluren, wo dem Hörensagen nach das Purpurkraut wachsen sollte, wuchs nur hohes Rohr und Schilf, und so hoch und dicht wuchs es, daß man die Enden der Bogen, welche die

Reiter trugen, nicht sehen konnte, und als wir mitten hindurch unseren Weg bahnten, stießen wir auf einen Tempel mit Namen Takeshiba. In der Ferne lagen Fundamentsteine, die Ruinen eines ehemaligen Herrschaftssitzes namens Hahasô ...

Fluren und Hügel – immer nur hatten wir durch Rohr und Schilf unseren Weg zu bahnen, und der Fluß, der nun zwischen Musashi und Sagami liegt, heißt Asuda. Das war der Flußübergang, wo der Vizekommandant Ariwara Narihira gedichtet hatte »Ich will etwas fragen ...« In der Gedichtsammlung des Vizekommandanten ist das der Sumida-Fluß. Wir setzten mit dem Boot über und waren nun in der Provinz Sagami.

Die Berge von Nishitomi waren, als hätte man Faltschirme mit hübsch gemalten Bildern aneinandergereiht. Auf der anderen Seite das Meer – und sowohl der Strand wie der Anblick der anrollenden und zurückflutenden Wellen war aufregend schön. Auch in der Gegend mit dem Namen Morokoshigahara, »Chinesische Heide«, gingen wir zwei, drei Tage lang über wunderbar weißen Sand. Jemand sagte: »Im Sommer blühen hier die Yamato-Nelken purpurn und in zartem Lila, als hätte man Brokat hingebreitet. Da der Herbst dem Ende zugeht, sind sie nicht zu sehen«, doch da und dort blühte es noch, kläglich, die letzten Blütenblättchen am Abfallen. Daß gerade in der »Chinesischen Heide« Yamato-Nelken blühen, fanden alle sehr lustig.

Am Ashigara-Berg zogen wir vier, fünf Meilen hintereinander durch schauerliches Waldesdunkel. Schon am Fuß des Berges, wo allmählich der Anstieg beginnt, war der Himmel nicht mehr deutlich zu sehen. Überallhin war alles unbeschreiblich dicht zugewachsen, es war ganz schauerlich. Als wir am Fuß des Berges übernachteten, tauchten von irgendwoher, als hätten sie sich in der Finsternis der mondlosen, dunklen Nacht verirrt, drei fahrende Sängerinnen auf. Die eine war etwa fünfzig, die anderen um die zwanzig und etwa vierzehn oder fünfzehn Jahre alt. Man ließ sie vor der Hütte den chinesischen Schirm aufspannen und feststecken. Unsere Knechte entfachten ein Feuer, und wir sahen sie uns an, sie nannten sich Enkelinnen einer Kohata, die in alten Zeiten gelebt haben soll. Sie hatten sehr langes Haar, das hübsch über die Stirne hing, ihre Haut war weiß und rein – jeder bemitleidete sie: hätten sie doch Dienerinnen sein können, wie man sie gerne haben möchte! Sie sangen ihre Lieder ganz wunderbar, mit unvergleichlichen Stimmen, die klar zum Himmel aufstiegen. Alle waren sehr bewegt und riefen sie zu sich, jeder rühmte sie, und als sie hörten, wie jemand sagte: »Die Sängerinnen der Westlande können sich mit ihnen nicht messen«, sangen sie wunderbar: »Wenn man uns mit jenen aus Naniwa vergleicht ...« Man wurde nicht müde, sich darum zu sorgen, daß sie, die so schmuck anzusehen, die mit so unvergleichlichen Stimmen sangen, mitten in diesen schauerlichen Bergen aufbrachen und weitergingen, und alle weinten, und um so schwerer lastete auf meinem kindlichen Gemüt der Gedanke an den Aufbruch aus dieser Unterkunft.

Noch vor dem Morgengrauen setzten wir uns in Bewegung, um den Ashigara zu überschreiten. Nun, mitten am Berg, war es erst recht unsagbar schauerlich. Unter unseren Füßen wurden die Wolken zertreten. Mitten am Berg, auf einem winzigen Fleckchen unter den Bäumen, fanden sich gerade drei Stengelchen der Aoi, der Haselwurz, und alle waren gerührt, daß sie fern der Welt, tief in solcher Bergwildnis, gewachsen sein sollte. An drei Stellen fließt auf diesem Berg Wasser.

Wir überschritten ihn unter großen Mühen und machten auf dem Grenzschrankenberg Halt. Hier fängt Suruga an. Neben der Grenzschranke von Yokohashiri liegt der »Felsenkrug«. Einer Höhle, die sich mitten in einem unbeschreiblich gewaltigen, viereckigen Fels öffnet, entströmt hier Wasser, unendlich klar und kühl.

In dieser Provinz befindet sich der Berg Fuji. Es ist der Berg, den man von der Provinz aus, in der ich aufgewachsen bin, im Westen sehen konnte. Dieser Berg hat eine Form, wie man sie sonst nirgends in der Welt sehen kann. Mit dem hohen, nie schmelzenden Schnee über wie gemaltem, tiefem Blau sah die Gestalt dieses Berges in ihrer absonderlichen Form aus, als trüge er zu einem dunkelblau gefärbten Untergewand ein weißes Leibchen, und von da, wo der Gipfel des Berges etwas flach verläuft, stieg Rauch auf. In der Abenddämmerung war auch loderndes Feuer zu sehen.

Bei der Grenzschranke von Kiyomi liegt auf der einen Seite das Meer, es stehen dort zahlreiche Gebäude der Grenzwache, und bis zum Meer hin hat man einen Pfahlzaun errichtet. Trafen hier gar Gischt und Rauch zusammen? Die Wogen schienen bei der Schranke von Kiyomi sehr hoch zu gehen. Es war unerhört fesselnd.

In der Bucht von Tago war hoher Wellengang, wir ruderten mit dem Boot rundherum.

Es kam der Übergang über den Ōi-Fluß. Das Wasser dort war ganz anders als gewöhnlich, es strömte weiß und schnell dahin, als ließe man in der Reibschüssel geriebenes Reismehl dick dahinfließen.

Numajiri ließen wir frisch und munter hinter uns, doch dann fiel ich in schwere Krankheit, und so kamen wir nach Tôtômi. Ich merkte nichts davon, wie wir die Hügel von Saya no Nakayama überschritten. Da ich sehr litt, schlug man in der Gegend des Tenryû-Flusses behelfsmäßige Hütten auf, und während wir dort einige Tage zubrachten, ließ die Krankheit allmählich nach. Es war tiefer Winter geworden, daher blies vom Flusse herauf unablässig ein scharfer Wind, den ich als unerträglich empfand. Wir langten bei der Brücke von Hamana an, wo wir hinüber wollten. Als wir von der Hauptstadt weggezogen, hatte man bei Hamana rohe Stämme als Brücke übergelegt, aber diesmal war davon auch nicht eine Spur zu sehen, also setzten wir mit dem Boot über. Es handelte sich um eine Brücke, die über einen kleinen Meeresarm geführt hatte. Draußen das Meer war furchtbar wild, die Wellen gingen sehr hoch, aber auf den nutzlosen Inselchen innerhalb des Meeresarmes war alles ruhig, durch den dichten Kiefernhain hindurch sahen die hin- und zurückflutenden Wellen wie in allen Farben glitzernde Edelsteine aus, die Wogen schienen wahrhaftig über die Wipfel der Kiefern herüberkommen zu wollen, es war furchtbar aufregend.

Wenn man von da etwas höher, durch die unbeschreibliche Einsamkeit des Inohana-Hanges hinaufsteigt, ist man am Strand von Takashi in der Provinz Mikawa. Hier findet man zwar dem Namen nach »Acht Brücken«, doch es gibt keinerlei Brücke, und es ist gar nichts zu sehen. Die Nacht, die wir uns in den Bergen von Futamura aufhielten, waren die Hütten unter großen Persimonenbäumen errichtet, und die ganze Nacht hindurch fielen Persimonen auf die Hütten, die jeder auflas. Als wir den Berg Miyaji überschritten, war es der letzte Tag des Götterlosen Monats, doch das bunte Herbstlaub war noch nicht abgefallen, es stand in voller Pracht.

Sogar der Herbststurm
ist nicht hierher gekommen!
Auf dem Miyaji
blieb uns das bunte Herbstlaub
noch unverweht erhalten.

Als wir an der Bucht von Narumi in der Provinz Owari dahinzogen, war die Abendflut gerade im Steigen, und alles, was da war, rannte wie wild dahin, denn wollte man für die Nacht Unterkunft haben: hier könnte man nicht mehr weiter, falls man bei voller Flut noch unterwegs wäre.

An der Grenze zur Provinz Mino setzten wir bei Sunomoto über und langten in Nogami an. Dort traten fahrende Sängerinnen auf und sangen die ganze Nacht hindurch, ich wurde an die Sängerinnen vom Ashigara-Paß erinnert, nach denen ich mich voller Mitleid sehnte. Es schneite und stürmte, als wir, ohne daß ich an etwas Gefallen gefunden hätte, die Grenzschranke von Fuwa, den Berg Atsumi überschritten und in der Provinz Ōmi im Hause eines Mannes namens Okinaga vier oder fünf Tage lang Wohnung nahmen.

Am Fuße des Mitsusaka-Berges regnete und hagelte es durcheinander, Tag und Nacht, nicht einmal das Tageslicht kam deutlich durch, das machte die Dinge sehr schwierig. Wir brachen hier auf und kamen irgendwie an den Orten Inugami, Kamuzaki, Yasu, Kuromoto vorüber. Auf der Fläche des Sees waren in weiter Ferne die Inseln Nadeshima und Chikubushima zu sehen, es war sehr hübsch. Die Brücke von Seta war ganz zerfallen, der Übergang war recht mühselig.

Wir nächtigten in Awazu, und am 2. Tag des Letzten Monats betraten wir die Hauptstadt. Um in der Dunkelheit einzutreffen, brachen wir erst in der Stunde des Affen auf, doch nahe der Grenzschranke war an der Vorderseite des Berges über einen behelfsmäßigen Bretterzaun hinweg gerade nur der Kopf eines sechzehn Fuß hohen Buddha zu sehen, der eben erst roh zubehauen war. »O Buddha, der du dich irgendwo fern von den Menschen aufhältst«, dachte ich voller Rührung und blickte ihm im Vorübergehen nach. Als wir durch alle diese Provinzen zogen, gab es also nicht nur die Grenzschranken von Kiyomi und von Ōsaka! In tiefer Dunkelheit trafen wir bei unserem Anwesen westlich des Sanjô-Palastes ein.

Das weitläufige, verwahrloste Anwesen stand den Bergen, durch die wir gekommen waren, in nichts nach: mit seinen mächtigen, finsteren Waldbäumen bot es einen Anblick, der gar nicht nach Hauptstadt aussah. Wir hatten uns noch nicht richtig niedergelassen, es herrschte ein schreckliches Durcheinander, aber da es das war, woran ich unablässig dachte, bedrängte ich meine Mutter, sie möge doch Geschichten beschaffen und mir zu lesen geben, und so wandte sie sich an Emon no Myôbu, eine Verwandte, die im Sanjô-Palast diente, und schrieb ihr einen Brief, der diese sehr überraschte, und voller Freude schickte sie mir einen Schreibkasten, in dessen Deckel sie Hefte mit Geschichten steckte – eine Gabe der Prinzessin und daher ganz besonders schön. Ich war überglücklich, ich las Tag und Nacht, und von da an wollte ich immer noch mehr und noch mehr lesen, aber wer hätte mir in der Hauptstadt, in der wir uns noch gar nicht richtig niedergelassen hatten, Geschichten besorgen und zu lesen geben können!

In diesem Frühling war (wegen einer Seuche) alles in heller Aufregung, und auch meine Amme, die ich beim Übergang von Matsusato im Licht des Mondes voller Mitleid angeblickt, schied am 1. Tag des Dritten Monats dahin. In einem Gefühl der Hilflosigkeit trauerte ich um sie und empfand auch keine Neugier mehr auf Geschichten. Weinend brachte ich die Zeit hin, und als ich hinausblickte, schien prächtig die Abendsonne, und die Kirschblüten fielen durcheinander ab, nicht eine blieb übrig.

Die Blüten fallen,
und im kommenden Frühling
sehn wir sie wieder –
doch bald scheidet für immer
die, nach der ich mich sehne.

Auch hörte man, die Tochter des Oberkabinettsrats und kaiserlichen Ratgebers Yukinari sei dahingeschieden. Da ihr Tod auch mich betrübte, vernahm ich voll Mitgefühl von der Trauer des Vizekommandanten Nagaie, ihres Gatten. Als wir in der Hauptstadt angekommen waren, hatte mir die Prinzessin, mit der Aufforderung »nimm sie als Schreibvorlage«, eigene Manuskripte geschenkt, und als ich nun sah, wie sie geschrieben hatte:

»Sollt in tiefer Nacht
ich nicht vom Schlaf erwachen ...«

und in unsäglich anmutiger und schöner Schrift:

»Wenn beim Toribe
im Tale feurig der Rauch
in die Höhe steigt,
dann wisse du wohl: ich bin's,
die nur flüchtig hienieden.«

flossen unaufhaltsam meine Tränen.

Immer wenn die Kirschblüten abfallen, fühle ich einzig: das ist die Zeit, in der meine Amme starb, und wenn ich die Handschrift der Tochter des Oberkabinettsrats und kaiserlichen Ratgebers sehe, die zur selben Zeit dahingeschieden ist, werde ich unwillkürlich traurig, doch einmal, etwa im Reispflanzmonat, als ich bis spät in die Nacht hinein aufgeblieben war und in meinen Geschichten las, miaute es ganz zart, es war nicht zu erkennen woher, und als ich erstaunt nachsah, war da ein ganz reizendes Kätzchen. Ich schaute nach, woher das Kätzchen gekommen sein mochte, doch meine ältere Schwester meinte: »So sei doch still, laß niemand davon hören! Es ist so ein reizendes Kätzchen. Wir wollen es behalten!«, und es legte sich ganz zutraulich zu uns hin. Für den Fall, daß jemand nach ihm suchen sollte, hielten wir es versteckt und pflegten es, aber es ging gar nicht in die Nähe der Dienerschaft und blieb nur immer ruhig bei uns, und wenn etwas unsauber war, drehte es sein Köpfchen weg und fraß nicht. Uns Schwestern lief es auf Schritt und Tritt nach, doch gerade wie wir es so reizend fanden und liebgewonnen hatten, wurde meine Schwester krank, und es gab darüber viel Aufregung, daher brachte ich das Kätzchen im Nordzimmer unter, wo es ganz erbärmlich miaute und schrie, weil ich es nicht zu mir rief, aber ich dachte weiterhin, es ginge eben nicht anders, da schrak meine leidende Schwester plötzlich aus dem Schlaf hoch und sagte: »Das Kätzchen – wo ist es? Bring es hierher!«, und als ich fragte, warum, erzählte sie: »Ich träumte, das Kätzchen kam an meine Seite und sagte: ›Ich bin das, was aus der Tochter des Oberkabinettsrats und kaiserlichen Ratgebers geworden ist. Es ist ein Restchen Verstrickung aus einem früheren Dasein, daß dies so sein muß, und da das zweite Fräulein Tochter aus diesem Hause unwillkürlich meiner trauernd gedachte, bleibe ich für ein kleines Weilchen nur hier, zur Zeit aber befinde ich mich bei der Dienerschaft und fühle mich schrecklich verlassen‹, und wie es so sehr weinte, erschien es wie eine sehr vornehme und schöne Dame, und wie ich so aus dem Schlaf hochschrak, hörte ich die Stimme unseres Kätzchens, darum bin ich so gerührt«, und als ich das hörte, ging es mir sehr nahe. Danach brachte ich das Kätzchen nie mehr in das Nordzimmer, und ich sorgte mich sehr um sein Wohl. Als ich allein war und das Kätzchen sich mir gegenüber hingesetzt hatte, streichelte ich es und sagte: »Das ist also die erlauchte Tochter des Oberkabinettsrats und kaiserlichen Ratgebers – ob ich es dem Herrn Oberkabinettsrat wohl mitteilen sollte?«, und wie ich es so ansprach, beobachtete es aufmerksam mein Gesicht und miaute ganz sanft – in meinem Herzen, in meinen Augen war es kein gewöhnliches Kätzchen, mit seinem aufmerkenden, verständigen Gesichtchen war es so rührend.

Im Hasenmonat des nächsten Jahres brach mitten in der Nacht Feuer aus, und auch das Kätzchen, das wir für die erlauchte Tochter des Herrn Oberkabinettsrats gehalten hatten, verbrannte. Wenn ich »Erlauchte Tochter des Herrn Oberkabinettsrats« gerufen hatte, kam es mit seinem aufmerksamen, verständigen Gesichtchen angetrippelt, so daß selbst mein Vater sagte: »Wie ungewöhnlich und wie rührend! Man sollte es dem Oberkabinettsrat sagen«, und gerade da nun – ich empfand es als schrecklich traurig und grausam.

Geschichten, die jetzt schon lange her sind

Wie der Mönch Dôkô aus dem Tennô-Kloster durch das Rezitieren des Lotos-Sutra einen Wegegott erlöste

Es ist jetzt schon lange her, da gab es einen Mönch mit Namen Dôkô, der im Tennô-Kloster wohnte. Seit vielen Jahren pflegte er das Lotos-Sutra zu rezitieren und sich im Buddha-Weg zu üben, und stets pilgerte er nach Kumano, um sich dort der sommerlichen Klausur zu widmen.

Als er nun einmal Kumano verlassen hatte und sich auf dem Heimweg zu seinem Kloster befand, wurde es dunkel, wie er eben in der Nähe des Meeres im Distrikt Minabe in der Provinz Ki dahinging. Daher nächtigte er bei einem großen Baum an diesem Ort. Etwa um Mitternacht kamen zwanzig, dreißig Leute zu Pferd und blieben in der Nähe dieses Baumes. Er dachte: »Was mögen das für Leute sein?«, da sagte einer: »Ist der alte Mann vom Fuße dieses Baumes da?«, und vom Fuße des Baumes her antwortete es: »Der alte Mann ist da.« Dôkô hörte das und staunte und wunderte sich: »Sollte sich am Fuße dieses Baumes ein Mensch befinden?« Doch der Reiter sprach weiter: »Komm schnell hervor und gehe mit uns«, und wieder ertönte es am Fuße des Baumes: »Ich kann heute nacht nicht kommen. Die Beine meines Pferdes sind nämlich gebrochen und verletzt, und ich kann es unmöglich besteigen, doch morgen werden seine Beine wieder heil sein, oder es wird sich irgendein anderes Pferd finden, dann kann ich kommen. Ich habe schon viele Jahre hinter mich gebracht und bin alt, ich kann nicht zu Fuß gehen.« Die Reiter vernahmen dies, und Dôkô hörte, wie sie alle davonzogen.

Dôkô verwunderte sich außerordentlich über diese Dinge, und als der Morgen graute, ging er um den Baum herum und sah nach, doch niemand war da, nur das Standbild eines Wegegottes war da aufgestellt. Es wirkte alt und zerfallen und als wären schon viele Jahre über es hinweggegangen. Es war nur die Figur eines Mannes, eine weibliche Figur war nicht vorhanden. Davor befand sich das Bild eines Pferdes, auf ein Brettchen gemalt, und bei den Füßen war es zerbrochen. Als Dôkô das sah, dachte er: »Es muß dieser Wegegott heute nacht gesprochen haben«, und fand es immer seltsamer, und er nahm einen Faden und band das Pferdebild, wo es bei den Füßen zerbrochen war, zusammen und stellte es wieder an seinen Platz. Dôkô dachte: »Heute nacht will ich gut aufpassen«, blieb den Tag über da und hielt sich bei dem Baume auf. Wie in der Nacht zuvor kamen etwa um Mitternacht viele Reiter. Und auch der Wegegott trat zu Pferde hervor und ging mit ihnen.

In der Morgendämmerung, als Dôkô hörte, daß der Wegegott zurückgekehrt war, kam ein alter Mann zu ihm, von dem er nicht wußte, wer er war. Er trat vor Dôkô, verbeugte sich und sagte: »Da der heilige Mann gestern die Beine meines Pferdes geheilt hat, konnte ich alter Mann mich meinen öffentlichen Aufgaben widmen. Diese Wohltat kann ich kaum vergelten. Ich bin der Wegegott hier unter diesem Baum. Die vielen Männer zu Pferd sind Seuchengötter. Wenn sie im Lande herumziehen, brauchen sie mich als Wegfreimacher. Schließe ich mich ihnen nicht an, schlagen sie mich mit Stöcken und schmähen mich mit Worten. Diese Bitternis ist wahrhaftig schwer zu ertragen. Daher möchte ich jetzt diese niedrige Göttergestalt von mir werfen und schnell einen Leib von edler Tugend erlangen. Das kann nur die Kraft des heiligen Mannes bewirken.« Dôkô antwortete: »Was Ihr da sagt, ist ganz richtig, aber meine Kraft reicht hierzu nicht aus.« Der Wegegott sprach wieder: »Wenn der heilige Mann drei Tage lang unter diesem Baum verweilte und das Lotos-Sutra rezitierte und ich hörte dies, würde ich durch die Kraft des Lotos-Sutra mit einem Mal meinen mühseligen Leib von mir werfen und an einem Ort der Freude wiedergeboren werden«, und er verschwand wie ausgelöscht.

Gemäß den Worten des Wegegottes blieb Dôkô drei Tage und drei Nächte an diesem Ort und rezitierte mit ganzer Hingabe das Lotos-Sutra. Als der vierte Tag nahte, kam der alte Mann wie zuvor, dankte Dôkô und sagte: »Dank dem Erbarmen des heiligen Mannes werde ich bereits jetzt diesen Leib von mir werfen und einen edlen Leib erlangen. Ich werde wiedergeboren auf dem Potalaka-Berg, dem einsamen Berg der Selbstbetrachtung, werde ein Gefolgsmann der Kannon und steige auf zum Rang eines Nothelfers. Das geschieht ganz einfach, weil ich das Lotos-Sutra hörte. Heiliger Mann, wenn du wissen willst, ob das Lüge oder Wahrheit, dann nimm Zweige von Bäumen und Sträuchern und richte ein kleines Reisigboot, setze mein hölzernes Standbild hinein, laß es auf dem Meere schwimmen und beobachte, was geschieht.« So sprach er und verschwand wie ausgelöscht.

Darauf fertigte Dôkô, den Worten des Wegegottes folgend, sofort ein Reisigboot an und setzte die Figur des Wegegottes hinein, ging damit zum Meer und ließ es auf dem Meer davonschwimmen. Zu dieser Zeit regte sich kein Lüftchen, und die Wellen bewegten sich nicht, das Reisigboot aber lief gen Süden davon. Als Dôkô das sah, neigte er sich unter Tränen und betete, bis das Reisigboot nicht mehr zu sehen war, dann kehrte er zurück. In diesem Dorf gab es auch einen alten Mann. Diesem Mann träumte folgendes: »Der Wegegott vom Fuße dieses Baumes erhielt die Gestalt eines Nothelfers, Strahlen gingen von ihm aus, er leuchtete und glänzte, und unter wunderbarer Musik ist er weit in die Ferne nach Süden emporgeflogen.« Dôkô glaubte dies zutiefst, kehrte in sein Kloster zurück und ward niemals müde, das Lotos-Sutra zu rezitieren.

Die Leute hörten, was Dôkô erzählte, und alle erwiesen ihm ihre Achtung. So hat man es erzählt und überliefert.

Wie ein Mädchen aus Tsuruga in der Provinz Echizen der göttlichen Gnade Kannons teilhaftig ward

Es ist jetzt schon lange her, da lebte ein Mann in einem Orte namens Tsuruga in der Provinz Echizen. Obwohl er keinen Besitz sein eigen nannte, schlug er sich recht und schlecht durch. Außer einer Tochter hatte er keine Kinder. Deshalb hegte und pflegte er sie wie sonst nichts auf der Welt und hoffte, sie wohlversorgt zu sehen, aber nachdem er sie mit einem Mann zusammengebracht hatte, ging dieser Mann davon und kam nicht wieder. So geschah es schließlich mehrere Male, bis sie am Ende eine Waise wurde, und nachdem sie Vater und Mutter betrauert hatte, traf sie mit keinem Manne mehr zusammen.

Ihr Vater hatte hinter dem Haus, das er bewohnte, einen Tempel errichtet und als Beistand für seine Tochter eine Kannon-Statue darin aufgestellt. Doch nicht lange nach der Einweihung starb der Vater. Die Tochter trauerte noch um ihn, da starb plötzlich auch ihre Mutter. Um so mehr weinte und klagte daher die Tochter, aber was nützte es. So blieb sie als Waise einsam zurück, ihr Leben zu fristen, ohne auch nur ein winziges Stück Land zu besitzen. Wie sollte sie da glücklich werden? Solange sie noch etwas von den Dingen ihrer Eltern besaß, blieben auch einige wenige Diener, aber als jene Dinge verbraucht waren, blieb kein einziger Diener zurück.

Da wurde es für sie nun äußerst schwierig, Kleidung und Nahrung zu beschaffen, und wenn sie einmal etwas zu essen fand, bereitete sie es selbst zu und verzehrte es. Fand sie einmal nichts, so hungerte sie eben, wandte sich dieser Kannon-Figur zu und flehte sie an: »Gib mir ein Zeichen, wie es mein Vater erhofft hat, und hilf mir doch, ich bitte dich!« So sprach sie immerdar, da sah sie einmal im Traum hinter dem Hause einen alten Mönch hervorkommen, der ihr verkündete: »Ich habe unsägliches Mitleid mit dir, darum will ich dir einen Mann geben. Ich habe ihn herbeirufen lassen, und morgen wird er hierher kommen. So handle du nach den Worten des Mannes, der kommen wird.« Dann erwachte sie aus dem Traum. »Es war Kannon, die mir helfen will«, dachte sie, übergoß sich mit Wasser, begab sich vor die Kannon und betete zu ihr. Danach aber tat sie, wie ihr im Traume geheißen, kehrte, als der nächste Tag gekommen war, ihr Haus und wartete auf den Mann. Weil das Haus von Anfang an weitläufig gebaut und nach dem Tode der Eltern eigentlich nicht mehr recht bewohnt war, stand nur das Gebäude da, groß und leer, und sie selbst hauste in einem Winkel.

Mittlerweile ging dieser Tag dem Abend zu, da war das Geräusch vieler Pferdehufe zu hören, und es kamen Leute daher. Als sie nachsah, hieß es, daß man das Haus zur Übernachtung mieten wolle. Geschwind sagte sie, daß man nächtigen könne, und alle betraten das Haus. »Ein guter Platz, an dem wir untergekommen sind. Hier ist es geräumig und schön«, sagte einer zum anderen. Sie bemerkte nun, daß der Anführer ein ungefähr dreißigjähriger Mann von sehr schönem Aussehen war. An Gefolge, Knappen und Dienern führte er an die siebzig, achtzig Mann mit sich, und sie alle traten ein und ließen sich nieder. Weil keine Binsenmatten vorhanden waren, konnte man auch keine ausbreiten, der Anführer aber ließ über eine Strohmatte, mit welcher man die lederbespannten Reisekörbe umhüllt, ein Fell breiten und nahm darauf Platz, und rings umher spannte man Vorhänge. Als es dunkelte, bereiteten sie die in den Reisekörben mitgeführten Speisen zu, brachten sie herein und aßen. Danach, als es der Nacht zuging, sprach der Gast in verstohlener Weise: »Ich habe der Dame dieses Hauses etwas zu sagen«, und begab sich in ihre Nähe. Da er kein sonderliches Hindernis fand, ging er zu ihr hinein und zog sie an sich. »Was fällt Euch ein?« sagte sie zwar, aber da ihr ein »Nein« nichts geholfen hätte und sie außerdem der Verkündung in ihrem Traum Glauben schenkte, gab sie ihm nach.

Dieser Mann war der einzige Sohn eines mächtigen und wohlhabenden Mannes in der Provinz Mino, und als sein Vater starb, erbte er allen Besitz, so daß er seinem Vater durchaus nicht nachstand. Da ihm aber seine innig geliebte Frau gestorben war, war er ein Witwer, und obwohl es in seiner Umgebung immer wieder hieß, »du solltest mein Schwiegersohn werden«, oder »ich möchte deine Frau werden«, verbrachte er seine Zeit in der Hoffnung, ein Mädchen zu finden, das seinem einstigen Weibe glich. So hatte er sich auf den Weg gemacht, da er in der Provinz Wakasa etwas zu erledigen hatte. Als sie nun bei Tage hier einkehrten, dachte er bei sich: »Wer mag wohl hier wohnen?«, und als er die Dame heimlich betrachtete, glich sie seiner verstorbenen Frau aufs Haar. »Diese und keine andere!«, ging es ihm durch den Sinn, und es wurde ihm schwarz vor den Augen und sein Herz klopfte stürmisch. »Gleich wird die Sonne untergehen«, dachte er, »dann kann ich zu ihr gehen und sie aus der Nähe betrachten«, und so war er denn auch zu ihr gegangen.

Angefangen mit ihrer Art zu sprechen bis in alle Einzelheiten war sie das genaue Ebenbild seiner verstorbenen Frau, und voller Freude schloß er einen festen Bund mit ihr. »Wäre ich nicht nach der Provinz Wakasa aufgebrochen, hätte ich dann dieses Mädchen erblickt?« dachte er immer wieder in seiner Freude. Als der Morgen graute, sagte er, er gehe jetzt nach Wakasa. Da sah er, daß das Mädchen nichts Rechtes zum Anziehen hatte, ließ ihr sein Kleid zum Anziehen da und begab sich dann auf den Weg nach Wakasa. Er nahm seine Knappen und vier oder fünf Gefolgsleute mit; etwa zwanzig Männer ließ er zurück.

Weil das Mädchen ihnen aber nichts zu essen geben konnte und auch kein Heu zum Füttern der Pferde hatte, wollte sie schier verzweifeln, da kam am selben Morgen zu ihrem Erstaunen die Tochter einer ehemaligen Dienerin ihrer Eltern, von der sie zwar gehört hatte, daß sie es zu etwas gebracht habe, die aber niemals zu ihr gekommen war. »Wer mag das sein?« hatte sie zunächst gedacht und fragte, da antwortete jene: »Ich bin die Tochter einer Frau, die Euren Eltern gedient hat. All die Jahre wollte ich Euch besuchen und hatte schon ein schlechtes Gewissen, aber von den täglichen Geschäften abgehalten, habe ich es versäumt. Heute aber habe ich alles hingeworfen, um hierher zu kommen. Wenn Ihr hier ohne jede Stütze lebt, so kommt doch bitte in mein Haus, so einfach es ist. Denn obwohl ich es gern täte – ich lebe doch weit weg und kann Euch nicht gut regelmäßig besuchen.« Nachdem sie ihr alles haarklein auseinandergesetzt hatte, fragte sie: »Aber was sind das für Leute hier?« – »Die hat jemand, der hier übernachtete und heute morgen nach Wakasa aufgebrochen ist, morgen aber wieder herkommt, zurückgelassen. Weil ich gar nichts habe, was sie essen könnten, weiß ich nicht, was ich tun soll, und dabei steht die Sonne schon hoch im Mittag.« Darauf versetzte die Besucherin: »Es sind also Begleiter eines Mannes, dem Ihr verpflichtet seid?« Das Mädchen antwortete: »Ich glaube zwar nicht, daß es nötig wäre, aber es täte mir doch leid, den Leuten unter meinem Dach nichts zu essen zu geben. Ich kann nicht so tun, als ob sie mich nichts angingen.« – »Das ist wirklich sehr unangenehm«, sagte die Besucherin, »wie gut, daß ich gerade heute gekommen bin! So werde ich wiederkommen und mich um diese Angelegenheit kümmern.« Sprach's und entfernte sich. »Gewiß hat mir Kannon ihre Hilfe gewährt«, dachte das Mädchen und betete noch inbrünstiger zu ihr, die Hände faltend, da kam auch schon jene Frau zurück und ließ allerlei Dinge hereintragen. Das Mädchen sah, daß es verschiedene Speisen in großer Menge waren, und daß auch Heu für die Pferde da war. Sie fühlte sich grenzenlos beglückt und bewirtete ihre Gäste nach Herzenslust.

Danach sagte das Mädchen: »Es kommt mir irgendwie vor, als wären meine Eltern ins Leben zurückgekehrt. Ich muß meine Scham verbergen«, und sie weinte, worauf auch jene Frau heftig weinte und sprach: »All die Jahre habe ich gedacht: Wie mag es Euch ergehen? Aber jemand, der in der Welt leben will, hat keine Zeit für seine Herzenswünsche. Da ich nun gerade heute zu Euch gekommen bin, möchte ich das für selbstverständlich halten. Wann wird denn der Herr, der von Wakasa zurückkommt, wieder hier sein? Wieviel Köpfe zählt sein Gefolge?« Auf diese Frage versetzte das Mädchen: »Ich weiß nicht, ob es stimmt, aber ich hörte, daß er morgen abend hierher kommen würde. Sein Gefolge besteht mit den hier Zurückgebliebenen aus siebzig, achtzig Männern.« – »Ich werde für ihren Empfang sorgen«, sagte die Frau. »Du hast mir heute schon so unerwartet geholfen, wie kann ich dann auch noch dies annehmen?« Darauf meinte die Frau: »Was es auch sei, von heute an werde ich Euch in allem zu Diensten stehen.« Damit verließ sie das Haus.

Der Tag ging dem Ende zu, und der nächste Tag kam, da traf um die Stunde des Affen am Nachmittag der Mann aus Wakasa ein. Um diese Stunde kam auch jene Frau, die viele Dinge herbeitragen ließ und Hoch und Niedrig bewirtete. Der Mann ging hinein zu dem Mädchen und schlief mit ihr, und er sprach davon, daß er am nächsten Tag mit ihr gemeinsam nach Mino gehen wolle. Das Mädchen dachte zwar: »Was soll daraus werden?«, aber sie vertraute fest ihrem Traum und folgte den Worten des Mannes. Die zu Besuch weilende Frau traf am frühen Morgen die Vorbereitungen für den Aufbruch mit solchem Eifer, daß die Hausbesitzerin dachte: »Unerwartet ist mir eine solche Gnade zuteil geworden. Könnte ich dieser Frau nur etwas schenken!« Sie überlegte hin und her und fand doch nichts zu schenken. Sie besaß jedoch einen scharlachroten Hosenrock von unbeschwerter Seide, den sie für besondere Gelegenheiten aufbewahrte, und den beschloß sie ihr zu schenken. Sie selbst kleidete sich in den weißen Hosenrock, den der Mann ausgezogen und ihr dagelassen hatte, und rief die Frau zu sich: »Jahrelang habe ich nicht gedacht, daß es einen solchen Menschen geben könnte, aber da du nun zu einer solchen Zeit ganz unerwartet zu mir gekommen bist und ich auch in aller Zukunft schwerlich vergessen kann, wie mir die Schande erspart blieb, wollte ich dir das durch etwas bekunden, und so nimm dies allein für den guten Willen!« Damit übergab sie ihr den Hosenrock, worauf die Frau sprach: »Ich wollte Euch schon etwas verehren, damit Ihr Eurem Mann keinen absonderlichen Anblick bietet – wie könnt Ihr mir da etwas schenken?«, und sie nahm das Geschenk nicht an. »All die Jahre«, sprach da das Mädchen, »wünschte ich, einen Mann zu finden, der mich wie ein strömendes Wasser mit sich führen würde, da sprach dieser Mann: ›Laß uns zusammen fortgehen‹, und morgen werde ich mit ihm ins Ungewisse gehen, da will ich dir das als Andenken hinterlassen«, und sie reichte ihr weinend den Rock. »Wenn Ihr es mir als Andenken anbefehlt, bin ich Euch zutiefst dankbar«, sagte die Frau, nahm ihn und ging.

Nicht weit davon lag der Mann, der so tat, als ob er schliefe, und hörte dieses Gespräch. Als er sich zum Aufbruch rüstete, das von jener Frau vorbereitete Mahl zu sich nahm, das Pferd satteln und vorführen ließ und schon das Mädchen heraufholen wollte, dachte sie: »Weil das Leben des Menschen unbestimmt ist, werde ich wohl kaum je wieder unserer Kannon meinen Dank sagen können«, und sie begab sich vor die Kannon und hob den Blick zu ihr auf, da sah sie auf ihrer Schulter etwas Scharlachrotes hängen. »Seltsam«, dachte sie, und schaute genauer hin – da war es der Hosenrock, den sie der Frau gereicht hatte. Als sie das sah, dachte sie: »Dann war es also Kannon, die ich für jene Frau gehalten habe und die mir ihre Hilfe gewährt hat.« Die Tränen stürzten ihr hervor, und sie warf sich weinend zu Boden. Der Mann, über ihren Anblick sehr verwundert, kam herbei, fragte: »Was ist denn geschehen?« und ließ seine Blicke herumschweifen, da sah er den roten Hosenrock über der Schulter der Kannon hängen. Als er fragte: »Was ist denn das?«, erzählte ihm das Mädchen weinend die ganze Geschichte von Anfang an. Der Mann dachte bei sich: »Das ist fürwahr der Hosenrock, den sie der Frau gab, als ich mich schlafend stellte und ihnen zuhörte«, und auch er war ergriffen und weinte ebenfalls. Als diejenigen unter den Knappen, die das Wesen der Dinge kannten, davon hörten, war keiner, der nicht in tiefer Ergriffenheit seine Verehrung bezeigte. Das Mädchen verneigte sich immer wieder vor Kannon, dann verschloß sie die Halle und zog zusammen mit dem Mann nach Mino.

Danach wurden sie Mann und Frau, und während ihres von keinen anderen Wünschen getrübten Lebens gebar sie eine reiche Nachkommenschaft an Söhnen und Töchtern. Regelmäßig besuchten sie Tsuruga und beteten inbrünstig zu Kannon. Obwohl sie die Frau, die seinerzeit ins Haus gekommen war, nah und fern suchen ließen, war eine solche Frau nirgends zu finden.

So hatte dies allein Kannon in unfehlbarer Erhörung bewirkt. Als die Menschen seinerzeit davon hörten, sagten sie: »Kannon müssen wir vor allen anderen dienen.« So hat man es erzählt und überliefert.

Wie die Kaiserin-Grossmutter von Sanjô Nonne wurde

Es ist jetzt schon lange her, da war eine Tochter des Regenten und Großkanzlers von Sanjô unter dem Namen Kaiserin-Großmutter von Sanjô bekannt. In der erlauchten Regierungszeit des Kaisers Enyû wurde sie zur Kaiserlichen Gemahlin erhoben, und in der Blüte ihres Lebens lebte sie glückselig dahin, bis sich unvermerkt Jahre und Monde gehäuft hatten und sie an der Schwelle des Alters stand, da wollte sie Nonne werden und verkündete deshalb, sie wolle sich von dem heiligen Zôga, der auf dem Gipfel des Tamu hauste, das Haar abschneiden lassen. Sie schickte also einen Boten aus, um ihn einzuladen; der kaiserliche Bote ging auf den Gipfel des Tamu und verkündete den Befehl, worauf der heilige Mann sagte: »Das ist ein sehr ehrfurchterweckender Entschluß. Ich, Zôga, werde sie gewiß zur Nonne machen, denn wer sonst könnte das tun?« Als seine Jünger das hörten, sprachen sie: »Wir dachten eigentlich, daß er den kaiserlichen Boten voller Zorn schlagen würde, aber daß er wider Erwarten auch noch so willfährig ist, kommt uns seltsam vor.«

Also begab sich Zôga in den Palast von Sanjô und ließ melden, daß er gekommen sei. Ihre Kaiserliche Hoheit freute sich, und da es hieß, der heutige Tag sei glücklich für dieses Vorhaben, fand die Nonnenweihe statt. Die höchsten Würdenträger, Mann für Mann, und die angesehensten Mönche stellten sich in großer Zahl ein. Sogar ein Abgesandter aus dem Kaiserpalast war da. Als sie den heiligen Mann vor sich sahen, war sein Auge furchteinflößend und seine Erscheinung ehrwürdig, doch machte er einen leidenden Eindruck. Die ihn sahen, dachten daran, wie sehr er von den Menschen gefürchtet wurde. Vor Ihre Kaiserliche Hoheit gerufen, begab er sich nahe an ihren Vorhangständer, und die Nonnenweihe nahm ihren Lauf: sie hielt ihr Haar hin und ließ es von dem heiligen Mann abschneiden, während die innerhalb der Bambusvorhänge weilenden Damen zusahen und unaufhörlich weinten. Als der heilige Mann ihr Haupt zu Ende geschoren hatte und sich zum Gehen anschickte, rief er mit lauter Stimme: »Warum bloß habt Ihr gerade den Zôga gerufen und Euch von ihm hier das Haupt scheren lassen? Das ist mir ganz unverständlich. Vielleicht weil Ihr gehört habt, daß sein lüsternes, unreines Ding so groß ist? Es ist ja wirklich größer als das anderer Männer, aber jetzt ist es schlaff geworden wie beschwerte Seide. Und war doch zu seiner Zeit nichts dran auszusetzen! Es ist zu traurig!« Das schrie er mit äußerst lauter Stimme. Die nahebei innerhalb der Bambusvorhänge wartenden Damen rissen Mund und Augen auf, so maßlos ausgefallen kam es ihnen vor. Und erst Ihre Kaiserliche Hoheit! Sie hatte alle Ehrfurcht verloren und fand sein Benehmen unerhört und unglaublich. Den außerhalb der Bambusvorhänge anwesenden Mönchen und Laien brach der Schweiß aus, und es muß ihnen zumute gewesen sein, als ob sie die Besinnung verloren hätten.

Der heilige Mann aber machte Anstalten, sich zurückzuziehen, steckte vor dem Verwalter des Palastes Ihrer Kaiserlichen Hoheit die Hände in die Ärmel und sprach: »Ich bin ein alter Mann und schwer erkältet, und jetzt plagt mich auch noch dauernd ein Durchfall, deshalb hätte ich eigentlich gar nicht kommen sollen, aber da es Ihre Kaiserliche Hoheit ganz besonders auf mich abgesehen hatte, als sie mich einlud, habe ich mich eben aufgerafft und dem Ruf Folge geleistet. Aber nun kann ich es nicht länger aushalten und muß mich eiligst zurückziehen.« Damit ging er hinaus, hockte sich auf die Galerie des südlichen Vorbaus am Westflügel, raffte seine Kleider hinten hoch und entleerte sich, den Kot verspritzend wie Wasser aus einer Gießkanne. Das Geräusch war unsagbar ekelhaft und drang bis zu Ihrer Kaiserlichen Hoheit. Die jungen Palastbeamten und Gefolgsleute konnten sich bei diesem Anblick vor Lachen nicht halten. Als der heilige Mann gegangen war, tadelten die reiferen Mönche und Laien bitter den Entschluß Ihrer Kaiserlichen Hoheit, einen derart Verrückten gerufen zu haben; da es aber nichts mehr nützte, hörten sie bald damit auf. Und Ihre Kaiserliche Hoheit huldigte, da sie nun einmal Nonne geworden war, voller Inbrunst dem frommen Wandel. So hat man es erzählt und überliefert.

Wie ein Kämmerer die Tochter des Abtes vom Daian-Kloster besuchte

Es ist jetzt schon lange her, da war ein Herr Soundso Abt des Daian-Klosters. Er besaß eine Tochter von schöner Gestalt und liebenswertem Wesen. In deren Wohnung ging Nacht für Nacht heimlich ein gewisser Kämmerer, und da sie einander so sehr liebten, daß sie sich nicht mehr trennen wollten, blieb er von Zeit zu Zeit auch am Tage bei ihr und kehrte nicht heim.

Als er jedoch einmal, da er tagsüber bei ihr war, in einen Schlummer gefallen war, hörte er im Traume, wie plötzlich im Innern dieses Hauses alle Leute, Hochgestellte, Mittlere und Niedrige, zu schreien und heulen anhoben. Er wunderte sich, warum sie in dieser Weise heulten, stand auf, ging hin und sah, wie alle, die dort waren, angefangen mit dem Mönch Schwiegervater und der Nonne Schwiegermutter, einen großen Becher in die Höhe hielten und wie von Sinnen heulten. Warum halten sie wohl so einen Becher hoch und heulen dabei, dachte er und sah genauer hin, da sah er, daß jeder Becher mit flüssigem Kupfer gefüllt war. Diesen Kupfersud, den keiner schlucken möchte, und triebe auch ein Teufel ihn mit aller Gewalt dazu an, tranken sie aus freien Stücken und heulten dazu. Kaum hatten manche den Becher geleert, da baten sie auch schon um einen neuen und tranken auch den. Bis hinunter zum letzten Knecht war keiner, der nicht davon trank.

Als eine Magd kam und die Tochter rief, die an seiner Seite gelegen hatte, erhob sich diese und ging hinaus. Voller Mißtrauen setzte er seine Beobachtung fort und sah, daß man auch der Tochter einen silbernen Becher bis an den Rand mit geschmolzenem Kupfer füllte, eine Magd reichte ihn hin, die Tochter nahm ihn entgegen und leerte ihn, wobei sie ihre feine und liebliche Stimme erhob und schluchzte, während ihr aus Augen, Ohren und Nase Flammen und Rauch hervordrangen. Vor Schreck erstarrt blieb er wie angewurzelt stehen, da sprach jemand: »Bring das dem Gast!«, füllte geschmolzenes Kupfer in einen Becher und setzte ihn auf ein Gestell, das eine Magd herbeitrug. Da erkannte er mit Grauen, daß er dieses Zeug trinken sollte, und geriet in furchtbare Aufregung, als er aus dem Traum erwachte.

Als er bestürzt um sich sah, hatte die Magd einige Speisen auf einem

Gestell hereingebracht. Auch aus den Räumen des Schwiegervaters kamen die Geräusche einer Mahlzeit und lautes Stimmengewirr. Da kam ihm in den Sinn: »Der Abt des Klosters verwendet das Klostergut nach seinem Gutdünken, er frißt fürwahr das Klostergut auf. Deshalb ist mir dieses Tun in solcher Gestalt im Traum erschienen.« Dieser Gedanke erfüllte sein Herz mit Abscheu, und er verlor plötzlich auch jegliche Neigung zu des Abtes Tochter. »Ich werde so tun, als könne ich das nicht essen«, dachte er und sagte, daß ihm nicht wohl sei, und ging davon, ohne das geringste zu essen. Danach ging er nicht mehr hin, da er in seinem Herzen immer noch Abscheu empfand.

Danach aber hatte dieser Kämmerer ein über die Maßen reuevolles Herz, und wenn er auch durchaus nicht die Absicht hatte, Mönch zu werden, so besaß er doch ein wenig Frömmigkeit und machte niemals trügerischen Gebrauch von den Dingen Buddhas. So hat man es erzählt und überliefert.

Wie zur erlauchten Regierungszeit des Kaisers Yôzei ein kaiserlicher Leibwächter als Goldbote auszog

Es ist jetzt schon lange her, da pflegte man zur erlauchten Regierungszeit des Kaisers Yôzei kaiserliche Leibwächter als Goldboten nach der Provinz Michinoku zu entsenden, und als ein Leibwächter namens Michinori in allerhöchstem Auftrag dorthin reiste, übernachtete er in der Provinz Shinano in dem Orte Hikuni. Da er im Anwesen des Distriktsvorstandes übernachtete, wartete ihm der Vorstand auf und bewirtete ihn nach Kräften. Als das Mahl mit allem, was dazugehörte, beendet war, verließ der gastgebende Distriktsvorstand in Begleitung seines Gefolges das Haus.

Da Michinori im Gästehaus keinen Schlaf fand, stand er auf und ging spähend umher um zu schauen, wo eine Frau wäre, da erspähte er in einem Raum Wandschirme und Vorhangständer nebeneinander aufgestellt. Die Bodenmatten waren reinlich ausgelegt, und Dinge wie ein Schrein mit zwei übereinanderliegenden Fächern gefielen dem Auge wohl. Irgendwo schien Räucherwerk zu brennen, denn es herrschte ein sehr feiner Duft. Es dünkte ihn sehr vornehm, hier auf dem Lande derartiges zu haben, und er schaute genauer hin, da sah er eine Frau von etwas mehr als zwanzig Jahren, zierlich das Köpfchen und die Gestalt. Sie hatte eine hübsche Stirn und ihre Erscheinung zeigte nicht den mindesten Makel. Liebreizend lag sie da. Als Michinori sie sah, glaubte er, sie nicht mehr aus den Augen lassen zu können, und da gerade niemand in der Nähe war, dachte er, er könnte ja insgeheim zu ihr gehen, eben weil niemand da war, der ihn hätte tadeln können, und so öffnete er leise die Schiebetür und schlüpfte hinein. Niemand sagte: »Wer ist da?« Da ein Licht hinter dem Stellschirm stand, war es sehr hell. Es bedrückte ihn zwar sehr, ehrlos an der Frau des Distriktsvorstandes zu handeln, da dieser ihn doch so überaus freundlich bewirtet hatte, aber sobald er die Frau wieder ansah, konnte er es nicht mehr aushalten und ging zu ihr.

Als er sich nun an der Seite der Frau niederlegte und sich eng an sie schmiegte, tat sie gar nicht besonders erschrocken. Sie legte ihre Hand auf den Mund, und wie sie schweigend dalag, sah ihr Antlitz von nahem noch schöner aus, und ihr Liebreiz war unwiderstehlich. Michinori war außer sich vor Freude. Da es um den zehnten Tag des Neunten Monats war, trug sie keineswegs viele Kleider. Sie trug ein Gewand von Damast in hellem Lila und eine dünne Rockhose. Der süße Wohlgeruch des Räucherwerks ließ alles, was er berührte, duften. Michinori streifte sein eigenes Gewand ab und umarmte die Frau. Eine Weile schien es, als wollte sie sich sträuben, aber da sie keinen besonderen Widerstand leistete, vollzog er die Umarmung. In diesem Augenblick aber verspürte der Mann ein Jucken an seinem Glied und tastete mit der Hand danach, da spürte er nur noch die Haare, das Glied war verschwunden. Er erschrak und wunderte sich, aber wie sehr er auch herumtastete, es war ganz genau so, als ob er das Haar seines Hauptes abtasten würde, denn er fand auch nicht die geringste Spur seines Gliedes. Zutiefst erschrocken, vergaß er sogar den Liebreiz der Frau. Wie die Frau den Mann dergestalt vergeblich herumsuchen und so bestürzt dreinschauen sah, lächelte sie ein wenig.

Der Mann wußte nun erst recht nicht mehr, woran er war, und so stand er leise auf und kehrte an seinen ursprünglichen Schlafplatz zurück, und er tastete sich abermals ab, aber es war immer noch nichts zu finden. Weil er sich damit nicht zufrieden geben konnte, rief er einen ihm treu ergebenen Gefolgsmann zu sich und sprach zu ihm, ohne das Vorgefallene zu erwähnen: »Dort drüben ist eine liebreizende Dame. Ich war bei ihr. Geh nur auch hin und schau, was es mit ihr auf sich hat.« Hocherfreut ging der Gefolgsmann. Es dauerte aber nicht lange, da kam dieser Gefolgsmann zurück. Weil er einen äußerst bestürzten Eindruck machte, dachte Michinori bei sich: »Dem ist gewiß das gleiche widerfahren«, rief einen weiteren Gefolgsmann zu sich, redete auch diesem zu und schickte ihn fort, und auch dieser kam zurück, zum Himmel aufschauend, mit dem Ausdruck tiefster Ratlosigkeit. Nicht anders erging es sieben, acht weiteren Gefolgsleuten, die er hinschickte – als sie, einer nach dem anderen, zurückkehrten, schauten sie alle ebenso drein.

Während nun Michinori sich sehr erbärmlich fühlte, begann es zu tagen, und er dachte in seinem Herzen, wie froh er am vorigen Abend über den so überaus freundlichen Empfang des Hausherrn gewesen war, aber da der bewußte Vorfall völlig unerklärlich und unheimlich war, vergaß er alles andere und brach bei Tagesanbruch eiligst auf. An die achthundert Schritt waren sie etwa gegangen, da rief hinter ihnen eine Stimme her. Als sie sich umsahen, kam jemand auf einem Pferd galoppiert. Sobald er herangaloppiert war, erkannten sie in ihm den Diener, der ihnen in dem Hause die Speisen vorgesetzt hatte. Er hielt etwas in weißes Papier Eingewickeltes in die Höhe. Michinori hielt sein Pferd an und fragte: »Was ist das?« Darauf sprach der Diener: »Das hat mir der Distriktsvorstand mit den Worten gereicht: ›Übergib es ihnen!‹ Daß Ihr so etwas liegen lassen könnt! Obwohl wir der Sitte gemäß heute morgen das Frühstück bereitet hatten, seid Ihr so eilig aufgebrochen, daß Ihr sogar das hier fallen ließet. Ich habe es also aufgelesen und überreiche es Euch.« Damit reichte er ihnen das Paket hin. »Was mag drin sein?« dachte Michinori und öffnete es, da sah er, wie Kiefernpilze eingepackt, neun männliche Glieder vor sich liegen.

Michinori wollte seinen Augen nicht trauen, rief seine Gefolgsleute zusammen und zeigte ihnen die Dinger, und von seinem Gefolge war jeder höchst erstaunt, sie gingen ganz nahe heran und betrachteten die neun Glieder, plötzlich aber waren alle verschwunden. Der Überbringer ließ das Paket da und galoppierte zurück. Im gleichen Augenblick riefen die Gefolgsleute aus: »Ich hab's wieder!« und alle tasteten sich ab und fanden ihr Glied am gewohnten Ort wieder. Darauf gingen sie in die Provinz Michinoku, nahmen das Gold in Empfang und kamen wieder zurück, gingen zum Haus jenes Distriktsvorstands in Shinano und übernachteten dort.

Michinori beschenkte den Distriktsvorstand reich mit Pferden, Seide und manchen anderen Dingen, worauf der Vorstand überaus erfreut sprach: »Was habt Ihr im Sinn, daß Ihr mich so beschenkt?« Michinori rückte näher heran und sprach zum Distriktsvorstand: »Es ist mir zwar äußerst peinlich, aber als wir das erste Mal hier waren, geschah etwas ganz Unerhörtes. Was hatte es damit auf sich? Da es mir völlig unerklärlich ist, möchte ich Euch danach fragen.« Darauf erzählte der Distriktsvorstand, da er so viele Geschenke erhalten hatte, den Hergang, ohne etwas zu verheimlichen.

»In der Zeit, als ich noch jung war, hatte der Vorstand eines Distriktes ganz hinten in dieser Provinz, der schon alt war, eine junge Frau, zu der schlich ich mich heimlich und verlor dabei mein Glied, wunderte mich sehr und setzte alles daran, bis ich von dem Distriktsvorstand den Grund erfuhr. Wenn Ihr auch hinter das Geheimnis kommen wollt, so begebt Euch rasch in die Hauptstadt, da Euch dieses Mal öffentliches Gut in großer Menge anvertraut ist, doch dann kehrt eigens hierher zurück und lernt das Geheimnis in aller Herzensruhe.« Michinori versprach, dies zu tun, reiste in die Hauptstadt, lieferte das Gold ab, erbat Urlaub und kam zurück in die Provinz.

Er führte eine Reihe ansehnlicher Geschenke mit sich, die er dem Distriktsvorstand übergab; der Distriktsvorstand war erfreut und gedachte, ihn nach bestem Vermögen zu unterweisen, und er sprach zu ihm: »Es handelt sich hierbei um keine Sache, die man so leichthin lernen kann. Um das zu lernen, müßt Ihr sieben Tage in strenger Abgeschlossenheit fasten, Euch jeden Tag mit Wasser übergießen und auf äußerste Reinheit achten; und morgen müßt Ihr mit dem Fasten beginnen.« So begann Michinori zu fasten, übergoß sich jeden Tag mit Wasser und hielt sich rein. Als die sieben Tage um waren, gingen in der Nacht darauf der Distriktsvorstand und Michinori ohne jede Begleitung tief in das Gebirge hinein. Sie wanderten in die Nähe eines großen Flusses. Dort legten sie das Gelübde ab, auf ewig nicht mehr an den Dreifachen Schatz, nämlich Buddha, seine Lehre und seine Gemeinde, zu glauben, und sie vollbrachten allerlei Dinge und taten zutiefst sündige Schwüre.

Darauf sagte der Distriktsvorstand: »Ich werde zum Oberlauf des Flusses gehen. Was dann vom Oberlauf herunterkommt, und sei es ein Teufel oder eine Gottheit, das nimm in deine Arme!« Nach dieser Anweisung ging der Distriktvorstand flußaufwärts. Bald darauf verdüsterte sich der Himmel am Oberlauf des Flusses und es donnerte, Sturmwind blies und Regen fiel, und das Wasser des Flusses mehrte sich. Nur wenig später sah Michinori vom Oberlauf her eine große Schlange kommen, ihr Haupt war so groß, daß es ein Mann gerade mit seinen Armen umfangen konnte, ihre Augen erschienen wie eingesetzte eherne Schüsseln, ihr Nacken schien unten mit scharlachroter Farbe, oben mit dunklem Blau und Grünspan bestrichen, und sie erstrahlte in hellem Glanz. »Das erste, was herunterkommt, nimm in die Arme«, war er zwar belehrt worden, aber als er die Schlange sah, packte ihn ein fürchterliches Grauen und er versteckte sich im Grase und legte sich auf den Boden. Kurze Zeit später kam der Distriktsvorstand herbei und fragte: »Nun, wie steht's, hast du das Ding in die Arme genommen?« – »Es grauste mir fürchterlich vor der Schlange, und so habe ich sie nicht in die Arme genommen«, versetzte Michinori. »Ach, das ist sehr schade«, sagte der Distriktsvorsteher, »in diesem Falle wirst du diese Kunst schwerlich erlernen. Trotzdem wollen wir es jetzt noch einmal probieren.« Sprach's und entschwand abermals.

Kurz darauf sah Michinori einen an die vier Fuß hohen Eber mit gebleckten Hauern, der wütend auf die Felsen einhieb, daß die Funken sprühten, und mit gesträubten Haaren auf Michinori zulief, um ihn zu verschlingen. Obgleich Michinori ein fürchterliches Grauen empfand, dachte er, jetzt sei die letzte Gelegenheit, ging auf den Eber zu und nahm ihn in die Arme – da hielt er ein drei Fuß langes Stück faules Holz in den Armen.

Nun kannte sein Ärger keine Grenzen. »Auch das erste Ding muß etwas von dieser Art gewesen sein!« dachte er, »warum bloß habe ich es nicht in die Arme genommen!« In diesem Augenblick kam der Distriktsvorstand herbei und fragte, wie es stehe. »So und so war es und ich habe ihn in die Arme genommen«, antwortete Michinori, darauf der Distriktsvorstand: »So könnt Ihr also die Kunst, ein männliches Glied wie vordem verschwinden zu lassen, nicht lernen. Aber Ihr könnt wohl die Kunst lernen, etwas vorübergehend zu verwandeln. Deshalb will ich Euch das lehren.« Und wirklich lernte Michinori diese Kunst und kehrte darauf heim. Er war aber sehr traurig darüber, daß er nicht gelernt hatte, ein Glied verschwinden zu lassen.

Nachdem er in die Hauptstadt zurückgekehrt war, begab er sich in den kaiserlichen Palast und schloß eine Wette mit den Männern der kaiserlichen Leibwache ab, daß er ihre abgetragenen Stiefel alle in junge Hunde verwandeln und umherkriechen lassen könne. Auch machte er aus alten Strohsandalen drei Fuß lange Karpfen, die er auf einem Tisch quicklebendig herumspringen ließ.

Mittlerweile hatte der Kaiser hiervon gehört und lud den Michinori zur Schwarzen Tür ein, um sich in dieser Kunst unterweisen zu lassen. Später dann geruhte der Kaiser, über die obere Kante der Vorhangständer ein Puppengefolge wie beim Kamo-Fest wandern zu lassen.

Die Menschen jener Zeit nahmen dieses jedoch nicht ohne weiteres hin. Und so machten sie dem Kaiser zum Vorwurf, daß er eine Zauberkunst übe, mit der er sich für immer vom Dreifachen Schatz lossage. Wenn man sogar das Tun eines untauglichen Mönchsknechts als in tiefe Sünde verstrickt bezeichnet, dann mußte Seine Majestät völlig von Sinnen sein, wenn sie derart zu handeln geruhte.

Denn dieses Tun bedeutet, den Himmlischen Hund zu verehren und den Dreifachen Schatz zu verhöhnen. Es ist schwer, als Mensch geboren zu werden, und noch schwerer ist es, der Lehre Buddhas zu begegnen. Wenn indessen jemand als Mensch geboren wird und der Lehre Buddhas begegnet, doch er verwirft den Weg Buddhas und wendet sich der Welt böser Geister zu, so gleicht er demjenigen, der in einen Schatzberg hineingeht und ihn mit leeren Händen verläßt, statt dessen aber einen Stein an die Brust drückt, sich damit in ein tiefes Wasser stürzt und sein Leben verliert. Jedermann sollte deshalb unbedingt hiervon ablassen. So hat man es erzählt und überliefert.

Wie ein heiliger Mann vom Berge Atago von einem Wildschwein betrogen ward

Es ist jetzt schon lange her, da lebte auf dem Berge Atago lange Zeit ein heiliger Mann, der in treuem Festhalten an den Sutren fromme Übungen hielt. Jahrelang hielt er demütig am Lotos-Sutra fest, hegte keinen anderen Gedanken und verließ niemals seine Klause; er war aber ohne Weisheit und studierte keine Lehrtexte.

Im Westen jenes Berges nun lebte ein Jäger. Rotwild und Wildschweine zu erlegen, war sein Gewerbe. Dennoch verehrte dieser Jäger den heiligen Mann inbrünstig, kam häufig aus eigenen Stücken zu ihm und bedachte ihn zuweilen mit angemessenen Gaben.

Als nun einmal der Jäger längere Zeit nicht zu dem heiligen Mann gegangen war, füllte er einen Futterbeutel mit recht schönen getrockneten Früchten und dergleichen und brachte ihn dem Heiligen. Während der Heilige voller Freude davon sprach, daß er all die Tage in Sorge um den Jäger gewesen sei, rückte er näher und sprach zum Jäger: »Seit kurzem geschieht etwas überaus Wunderbares. Ob es ein Zeichen ist, weil ich all die Jahre keinen anderen Gedanken gehegt und demütig am Lotos-Sutra festgehalten habe? Seit kurzem geruht mir Nacht für Nacht der Weisheitsnothelfer Fugen zu erscheinen. Deshalb bitte ich Euch, bleibt diese Nacht hier und sehet ihn an!« – »Das ist wirklich etwas überaus Wunderbares! Ich würde gerne bleiben und ihn ansehen«, sprach der Jäger und blieb da.

Nun war aber unter den Schülern des Heiligen ein junger Knabe. Der Jäger fragte diesen Knaben: »Der Heilige hat verkündet: ›Der Weisheitsnothelfer geruhte zu erscheinen.‹ Hast du auch diesen Nothelfer gesehen?« Der Knabe antwortete: »Ich habe ihn etwa fünf, sechs Male gesehen.« Der Jäger dachte bei sich: »Dann werde ich ihn wohl auch sehen«, und verweilte hinter dem heiligen Mann, ohne zu schlafen. Weil der zwanzigste Tag des Neunten Monats schon vorübergegangen, war die Nacht außerordentlich lang. Wie sie so warteten und immerzu dachten: »Jetzt?« – »Jetzt?«, glaubten sie, Mitternacht sei schon vorüber, da kam von dem Bergrücken im Osten, als ob der Mond erstmals aufginge, ein weißes Licht, und es war, als ob der Gipfelwind herabfegen würde, und auch im Innern der Klause ward es hell, als ob des Mondes Glanz hereinstrahlte. Als sie aufschauten, sahen sie einen Nothelfer von weißer Farbe auf einem weißen Elefanten geruhsam herabreiten. Seine Erscheinung war wirklich so wunderbar, daß sie tief bewegt waren. Als der Nothelfer sie erreicht hatte, geruhte er an einer Stelle nahe vor der Klause stehenzubleiben.

Der heilige Mann betete ihn unter Tränen ehrfürchtig an und sprach zu dem Jäger hinter sich: »Wie ist es, seht Ihr ihn?« – »Ich sehe ihn in überaus wunderbarer Gestalt«, versetzte der Jäger und dachte in seinem Herzen: »Wenn sich der Nothelfer den Augen des Heiligen, der jahrelang am Lotos-Sutra festgehalten hat, sichtbar macht, so ist das ganz selbstverständlich. Wenn er sich aber den Augen jenes Knaben und mir selbst in dieser Weise zeigt, die wir das Sutra nicht einmal kennen, dann ist das äußerst verdächtig. Stelle ich ihn auf die Probe, so geschieht das, um den Glauben zu stärken, und ich werde gewiß keine Sünde begehen.« Damit legte er einen Pfeil mit scharfer Spitze auf die Bogensehne und schoß über den in Anbetung auf dem Bauche liegenden heiligen Mann hinweg, indem er den Bogen mit gewaltiger Kraft spannte, und er schien die Brust des Nothelfers getroffen zu haben, denn der Glanz verschwand, als ob man ein Licht gelöscht hätte. Es hallte dröhnend zum Tal hin, und sie hörten jemanden fliehen.

Da sprach der heilige Mann: »Wie habt Ihr nur so etwas tun können?«, und er schrie und weinte und war außer sich, es wollte kein Ende nehmen. Der Jäger sprach: »Beruhigt Euch nur! Ich habe geschossen, um ihn auf die Probe zu stellen, weil ich es im Herzen nicht verstand und Mißtrauen hegte. Ich habe gewiß nicht gesündigt.« So sprach er, um ihn ernstlich zu trösten, aber der Heilige hörte nicht auf zu klagen. Nachdem der Tag angebrochen war, gingen sie an die Stelle, wo der Nothelfer gestanden hatte, und sie sahen, daß viel Blut geflossen war. Als sie der Blutspur nachgingen, sahen sie ungefähr hundert Schritt talabwärts auf dem Boden der Schlucht ein großes Wildschwein tot daliegen, dem der scharfspitzige Pfeil durch Brust und Rücken gedrungen war. Als der Heilige dies sah, ward sein Schmerz gelindert.

Darum: Mag einer auch ein heiliger Mann sein, wenn er nicht weise ist, wird er in dieser Weise betrogen. Mag einer auch ein Jäger sein, der die Sünde zum Gewerbe macht, wenn er scharfsinnig ist, stellt er durch seinen Schuß in dieser Weise ein Wildschwein bloß.

Der hier beschriebene Vierfüßler wollte also die Menschen betrügen. Dabei hat er dergestalt sein Leben verloren, ohne Nutzen daraus zu ziehen. So hat man es erzählt und überliefert.

Wie der ehemalige Statthalter von Suruga, Tachibana no Suemichi, durch List entkam

Es ist jetzt schon lange her, da lebte ein Mann, den man den ehemaligen Statthalter von Suruga, Tachibana no Suemichi, nannte. Als dieser Mann noch jung war, liebte er eine Dame aus einem vornehmen Hause, in welchem er aber nicht im Dienst stand. Da er sie heimlich besuchte, taten sich die Gefolgsleute jenes Hauses zusammen und sprachen: »Es gefällt uns ganz und gar nicht, daß so ein unreifer Kerl im Sechsten Rang, der nicht zu den Mannen unseres Herrn gehört, Tag und Nacht im Hause aus und ein geht. Auf denn, wir wollen ihn einschließen und verprügeln!« Suemichi wußte nichts davon und kam zu Fuß wie eh und je, nur begleitet von einem jungen Leibdiener, und verschwand heimlich im Frauengemach. Den Knaben schickte er zurück mit den Worten: »Hole mich morgen früh ab!«

Mittlerweile hatten die Männer, die ihn verprügeln wollten, nach ihm Ausschau gehalten und die Meldung verbreitet: »Der ständige Liebhaber ist da und schon in ihr Gemach gegangen.« Darauf verschlossen sie die Tore hüben und drüben. Die Schlüssel verwahrten sie wohl, und jeder Gefolgsmann zog einen Stock hinter sich her; und sie versperrten und bewachten die Stellen, wo die Mauer eingestürzt war.

Doch eine junge Dienerin in jenem Frauengemach sah diese Anstalten und gab ihrer Herrin Bescheid. Die Dame hörte es mit Schrecken, und als sie Suemichi unterrichtete, der auch im Bett lag, sprang er auf, schlüpfte schnell in seine Kleider und blieb in peinlicher Verwirrung im Zimmer sitzen.

»Ich gehe zum Herrn und erkundige mich«, sagte die Dame, und als sie hingegangen war und nachfragte, erfuhr sie: »Zwar haben das die Gefolgsleute untereinander ausgemacht, aber in Wirklichkeit weiß auch der Herr des Hauses davon.« Die Dame wußte nicht, was sie tun sollte, und kehrte in ihr Gemach zurück, wo sie weinend sitzen blieb. »Das ist eine schöne Bescherung! So gedemütigt zu werden!« dachte Suemichi, aber da er nicht entfliehen konnte, schickte er die Dienerin der Dame hinaus, um zu erkunden, ob nicht irgendwo ein Loch sei, durch das man entwischen könne, aber wo eines war, standen vier, fünf Gefolgsleute beisammen, ihre Rockhosen an den Beinen hochgebunden oder an den Hüften hochgesteckt, Schwerter gegürtet und Stöcke in den Händen. Die junge Dienerin kehrte um, und als sie drinnen Bericht erstattet hatte, grämte sich Suemichi maßlos.

Dieser Suemichi besaß einen scharfen Verstand und außergewöhnliche Kraft, und so bedachte er sich: »Was ist jetzt zu tun? So stehen die Dinge. Ich werde jedenfalls in diesem Zimmer bleiben, mag auch die Nacht vergehen, und mit jedem, der mich herausholen will, bis zum Tode kämpfen! Allerdings – wenn es Tag geworden ist, werden sie erkennen, wer ich bin, und nicht das geringste gegen mich unternehmen wollen, dann werde ich jemanden entsenden, um meine Gefolgsleute herbeizurufen, und das Haus verlassen. Wenn aber«, so dachte er weiter, »mein Knabe den Stand der Dinge nicht begreift und im Morgengrauen herkommt und an die Tür klopft, dann merken die anderen, daß es sich um meinen Leibdiener handelt, und werden ihn gewiß fangen und binden.« Daran war ihm ganz und gar nicht gelegen, deshalb schickte er die junge Dienerin hinaus, Ausschau zu halten, ob der Knabe käme, aber da die Gefolgsleute sie mit unflätigen Worten anredeten, kam sie weinend zurück und kauerte sich nieder.

Indessen war es Tag geworden. Der Knabe schien hereingekommen zu sein – wie hatte er es nur vollbracht? Als die Gefolgsleute jedoch seines Kommens gewahr wurden, fragten sie: »Wer bist du, Knabe?«, und Suemichi, der dies hörte, fürchtete, daß der Knabe töricht antworten werde, aber der Knabe meldete sich mit den Worten: »Ich bin der Diener des Mönches, der das heilige Sutra liest.« – »So ist es«, sprach man und ließ ihn durch. »Klug hat der Knabe geantwortet, ob er aber, wenn er ans Zimmer kommt, wie gewöhnlich die Dienstmagd beim Namen rufen wird?« dachte Suemichi und fürchtete abermals für ihn, aber da ging der Knabe vorbei, ohne auch nur dem Gemach nahe zu kommen, und Suemichi dachte: »Dieser Knabe hat begriffen, was vorgeht. Wenn er so rasch begreift, ist er ein scharfsinniger Bursche. Wahrscheinlich hat er noch etwas im Sinne.« Suemichi saß noch in Gedanken, nachdem er des Knaben Absicht erkannt hatte, da schrie auf der Straße eine Frauenstimme: »Hilfe! Räuber, Mörder!« Als sie dieses Geschrei hörten, riefen die in der Nähe stehenden Gefolgsleute: »Bindet ihn!« und andere: »Nichts hindert uns!«, und sie alle rannten davon, ohne auch nur ein Tor zu öffnen, denn sie rannten durch die Löcher in der Mauer hinaus. »Wohin ist er gelaufen?« hörte Suemichi sie bei ihrer Suche fragen, da dachte er sich: »Das hat der Knabe ausgeheckt«, rannte hinaus und sah niemand beim Tor, denn dieses war verschlossen, wohl aber standen einige vor den Mauerlücken und sprachen über dies und jenes, und so eilte Suemichi zum Tor und drehte und zog am Schloß, bis er es aus den Krampen herausreißen konnte.

Sobald er das Tor geöffnet hatte, rannte er mit langen Sprüngen davon, und als er an einer Straßenkreuzung um die Ecke rannte, gesellte sich der Knabe im Lauf zu ihm, und gemeinsam rannten sie ungefähr hundert, zweihundert Schritt in Windeseile, dann gingen sie gemächlich, und Suemichi sprach zu dem Knaben: »Wie hast du das fertiggebracht?« Da sagte der Knabe: »Die Tore waren, anders als gewöhnlich, verschlossen, und außerdem waren die Mauerlöcher von Gefolgsleuten versperrt, die mich scharf verhörten. Merkwürdig, dachte ich, und meldete mich da draußen als der Diener des Mönchs, der das heilige Sutra liest, da ließen sie mich herein, und nachdem Ihr meine Stimme gehört hattet, kehrte ich um und ging wieder hinaus. Auf der Straße verrichtete eine Dienstmagd des Hausherrn gerade ihre Notdurft, die packte ich bei den Haaren und warf sie zu Boden und riß ihr das Kleid vom Leibe, und wie ihr Geschrei die Gefolgsleute herauslockte, dachte ich, jetzt würdet Ihr trotz allem herauskommen, ließ das Mädchen fahren und machte mich auf zu Euch, hierher.« Darauf kehrte Suemichi mit ihm nach Hause zurück.

Wenn es sich auch nur um einen Knaben handelt, ein solch kluger Kerl ist unbezahlbar.

Dieser Suemichi war der Sohn des Asomi Norimitsu, weiland Statthalter von Mutsu. So beherzt er war, so eilig ist er auch geflohen – so hat man es erzählt und überliefert.

Von der gewaltigen Kraft des Abtes Jitsuin vom Berg Hiei

Es ist jetzt schon lange her, da lebte in der westlichen Pagode auf dem Berg Hiei ein Abt namens Jitsuin, den man auch Abt Komatsu nannte. In der offenen und der geheimen Lehre war er ein hochwürdiger Mann. Überdies war er ein Mann, der unglaubliche Kraft besaß.

Als der Abt einmal seinen Mittagsschlaf hielt, brachten einige junge Schüler, die von der Stärke des Meisters gehört hatten und sie auf die Probe stellen wollten, Walnüsse herbei und steckten acht Walnüsse zwischen die zehn Zehen des Abtes, der so tat, als schliefe er. Er ließ sie also zunächst gewähren und sich die Nüsse zwischen die Zehen stecken, dann stöhnte er wie einer, der sich im Schlafe räkelt, und zog seine Zehen ein, da zerbrachen kracks! alle acht Walnüsse auf einmal.

Als der Kaiser einmal im Palast eine Zeremonie nach dem geheimen Ritus abhalten ließ, begab sich der Abt zum Beschwörungsritual dorthin in Begleitung seines gesamten Priestergefolges. Der Abt selbst wohnte dem Ritual eine geraume Zeit bei, als es aber sehr spät in der Nacht wurde, zog er sich zurück und ging hinaus, wo er seine Begleiter und Knaben wähnte, doch da standen nurmehr seine hölzernen Sandalen, Begleiter und Knaben waren nicht zu sehen. So schritt er ganz allein hinaus, an den Wachhäusern der Torwache vorbei, und da der Mond äußerst hell schien, ging er zu Fuß weiter in Richtung auf die Halle der Kriegerischen Tugend, als sich ein dürftig bekleideter Mann näherte, sich an den Abt wandte und sprach: »Warum befindet Ihr Euch so allein? Geruhet meinen Rücken zu besteigen! Ich werde Euch tragen.« Darauf versetzte der Abt: »Das ist ausgezeichnet!« und ließ sich wohlgemut tragen, worauf ihn der Mann eilends aus dem Palastbezirk hinaustrug bis an die Kreuzung der Westlichen Ōmiya-Straße mit der Zweiten Querstraße und ihn dort aufforderte: »Geruhet hier abzusteigen!« Als der Abt aber entgegnete: »Wollte ich denn hierher kommen? Nein, ich wollte zum Altarplatz gehen«, dachte der Mann, der nicht wußte, welche Stärke der Abt besaß, bei sich: »Die Mönche sind allesamt recht dick angezogen«, und: »Ich werde ihm seinen Überwurf entreißen«, rüttelte den Abt grob und fuhr ihn mit grimmiger Stimme an: »Was, du willst nicht absteigen? Ist meinem hochwürdigen Herrn das Leben nicht zu teuer? Gib deinen Überwurf her!« Damit wollte er umkehren, aber der Abt sprach: »Nein, das hätte ich nicht gedacht! Ich dachte, du hättest Mitleid mit mir, als du mich allein gehen sahst, und mich deshalb tragen wollen. In dieser Kälte mag ich meinen Überwurf nicht ausziehen.« Da er zugleich die Hüften des Mannes mit eisernem Druck zusammenpreßte, glaubte der, Schwerter schnitten in seine Hüften, und da er es kaum aushalten konnte, bat er mit kläglicher Stimme: »Ich habe Euch ganz falsch eingeschätzt. Wenn Ihr denkt, ich wollte Euch ein Unrecht tun, so war das nur meine Dummheit. Ich will Euch deshalb tragen, wohin Ihr wollt. Bitte, drückt etwas weniger auf meine Hüften, sonst treten mir die Augen heraus und meine Hüften werden zerquetscht.« – »So mußtest du ja sprechen«, dachte der Abt bei sich, linderte den Druck und machte sich da oben etwas leichter, während der Mann ihn zurechtrückte und fragte: »Wohin wollt Ihr denn?« – »Ich wollte eigentlich in den Kiefernhain, wo die kaiserlichen Bankette stattfinden, und den Mond betrachten, und weil du so gescheit warst, mich hierherzubringen, trage mich zunächst dorthin zurück und laß mich den Mond betrachten«, versetzte der Abt, worauf ihn der Mann, wie vorher schon, zum Bankett-Kiefernhain trug. Dort angekommen, sprach der Mann: »Wollt Ihr nun geruhen, abzusteigen? Ich möchte mich zurückziehen.« Aber der Abt ließ ihn noch nicht aus und genoß auf dem Rücken des Mannes den Anblick des Mondes, Gedichte vor sich hinsingend; er verweilte, bis die nächste Stunde anbrach. Obwohl der Mann unendlich litt, sprach der Abt: »Ich habe die Pferderennbahn der kaiserlichen Leibgarde zur Rechten gar zu gern. Wenn du mich dorthin bringst!« Darauf sagte der Mann: »Ach, könnte ich mich doch nur jetzt schon zurückziehen!«, und blieb stehen. »Nun gut«, meinte der Abt, und preßte seine Schenkel ein wenig zusammen, worauf der andere jammerte: »O weh, ich halt es nicht aus! Ich geh ja schon!« Da linderte der Abt den Druck seiner Schenkel, der Mann rückte ihn wieder zurecht und brachte ihn zur Pferderennbahn der Leibgarde zur Rechten. Während er sich auch dort umhertragen ließ, sang er Gedichte vor sich hin, ohne der Zeit zu achten, und als er darauf wieder befahl: »Zur Pferderennbahn an der Kitsuji-Straße wollte ich schon immer einmal hinuntergehen, bring mich dorthin!«, konnte der Mann sich nicht weigern und trug ihn wehklagend auch dorthin. Von dort aus trug er ihn, wie er geheißen ward, zum Stadtteil Nishinomiya. Auf diese Weise lief er die ganze Nacht mit seiner Bürde beladen umher und brachte den Abt erst im Morgengrauen zum Altarplatz zurück, wo er endlich loskam und sich davonmachte.

Der Mann hatte zwar den Überwurf bekommen, aber wie übel war doch dem armen Kerl mitgespielt worden! Derart riesige Kraft soll der Abt besessen haben. So hat man es erzählt und überliefert.

Wie der Ringer Ama no Tsuneyo mit einer Schlange seine Kräfte mass

Es ist jetzt schon lange her, da lebte in der Provinz Tango ein Ringkämpfer der Rechten namens Ama no Tsuneyo. Neben dem Haus, in dem Tsuneyo wohnte, ging ein alter Flußlauf, in dem ein sehr tiefer Abgrund war, und weil nahe am Ufer dieses alten Flusses die Bäume

Schatten spendeten, wandelte Tsuneyo in der Sommerzeit, nur mit einem ungefütterten, hochgeschürzten Leinenkleid und hohen Stöckelsandalen angetan und sich auf einen gegabelten Stock stützend, in Begleitung eines kleinen Knaben dort bald hier, bald da einher, die Kühle suchend, und dabei begab er sich unter einen Baum neben jenem tiefen Abgrund. Der Abgrund, schwarz und schauerlich, schien bodenlos. Während Tsuneyo dastand und auf Schilf und Binsen blickte, die dort wuchsen, schwoll am jenseitigen Ufer, wohl an die dreißig Fuß entfernt, das Wasser an und bewegte sich auf das diesseitige Ufer zu. »Was geht hier vor?« fragte sich Tsuneyo und schaute hin, da langte die Woge am diesseitigen Ufer an und eine große Schlange reckte ihren Kopf aus dem Wasser. Als Tsuneyo sie erblickte, dachte er: »Nach der Größe dieses Schlangenkopfes zu urteilen, muß sie riesig sein! Ob sie wohl hier herauf kriechen wird?« Während er dastand und sie beobachtete, erhob die Schlange ihr Gesicht und starrte Tsuneyo eine Weile an, der bei sich dachte: »Was die Schlange wohl über mich denken mag?« Darauf wich die Schlange ungefähr vier, fünf Fuß vom Ufer, er blieb unbeweglich stehen und sah, wie die Schlange ihn noch eine Weile starr im Auge behielt und dann den Kopf ins Wasser tauchte.

Darauf sah er, wie das Wasser zum jenseitigen Ufer hin anschwoll, gleich darauf aber näherten sich die Wellen wieder dem diesseitigen Ufer. Darauf streckte die Schlange ihren Schwanz aus dem Wasser und brachte ihn in die Nähe des Platzes, auf dem Tsuneyo stand. »Diese Schlange hat gewiß etwas vor!« dachte er und blieb stehen, während er die Schlange scharf beobachtete, und schon streckte sie ihren Schwanz weiter empor und wand ihn zweimal um ein Bein des Tsuneyo. Da er noch dastand und überlegte, was er jetzt beginnen sollte, hatte sie ihn fest umschlungen und begann zu ziehen, daß es knirschte, und er merkte, daß sie ihn gleich in den Fluß hineinziehen werde. Da stemmte er sich mit aller Kraft in den Boden, spürte aber, wie sie mit ungeheurer Kraft zog, so daß die Stollen seiner Stöckelsandalen abbrachen. Es schien, als ob er zu Fall gebracht würde, doch er sammelte seine Kräfte und blieb stehen, die Füße fest in den Boden drückend. Wenn man sagt, die Schlange zog nun gewaltig, so sagt das wenig, und es schien, als würde er hinweggezogen, aber er wandte alle seine Kraft auf und stemmte seine Füße so fest in den Boden, daß sie fünf, sechs Zoll tief in die feste Erde eindrangen, und wie er sich noch wunderte, daß die Schlange so gewaltig ziehen konnte, gab es plötzlich einen Ruck, gerade als ob ein Seil reißen würde, und als er mitten im Fluß Blut emporquellen sah, dachte er: »Sieh da, sie ist zerrissen!« und zog sein Bein zurück, da konnte er den abgerissenen Teil zu sich auf das Land ziehen. Darauf löste er den um sein Bein gewundenen Schwanz und wusch das Bein im Wasser, aber die Spuren, welche die Schlange eingedrückt hatte, verschwanden nicht.

Inzwischen waren seine Gefolgsleute in großer Zahl herbeigelaufen. »Man muß diese Spuren mit Reiswein waschen«, rieten einige, und so schickte er eilends Leute fort, Wein zu holen, und wusch sich damit, dann ließ er einige Leute den Schwanz der Schlange heraufziehen und betrachtete ihn – »groß« war kein Wort dafür! Wo die Schlange gerissen war, hatte die Wundfläche eine Breite von ungefähr einem Fuß. Als er Leute zum anderen Flußufer ausschickte, um die Wundfläche des Kopfteiles vorzuweisen, fanden sie den Hals der Schlange mehrfach um eine große Baumwurzel am Ufer gewickelt, von wo aus sie ihren Schwanz erst ausgeschickt, um sein Bein gewickelt und gezogen hatte. Die Kraft der Schlange war aber der des Tsuneyo nicht gewachsen, und sie brach mitten entzwei. Wie sonderbar muß das Herz der Schlange gewesen sein, daß sie zog, ohne sich darum zu kümmern, ob ihr Körper zerriß!

Später dachte Tsuneyo: »Ich will erproben, mit wieviel Männern sich die Kraft der Schlange messen kann«, nahm ein dickes Seil und wickelte es um sein Bein, so wie sich die Schlange darum gewunden hatte, und ließ nicht weniger als zehn Männer daran ziehen, doch er fand, daß es noch nicht ausreiche, ließ drei dazukommen, dann noch fünf, und alle zogen, doch jedesmal sagte er: »Es reicht nicht, es reicht nicht«, und erst, als nicht weniger denn sechzig Männer am Seil hingen und zogen, sprach Tsuneyo: »Genauso kam es mir vor.« Bedenkt man das, so muß die Kraft des Tsuneyo es mit gut hundert Männern aufgenommen haben.

Das ist eine absonderliche Geschichte. Früher gab es also auch Ringkämpfer von solcher Stärke. So hat man es erzählt und überliefert.

Wie der Ringer Kisaichi no Munehira ein Seeungeheuer hochschleuderte

Es ist jetzt schon lange her, da lebte in der Provinz Suruga ein Ringer zur Linken namens Kisaichi no Munehira, der wegen seiner Gewandtheit, nachdem er einmal aufgetreten war, weder gegenüber der linken noch gegenüber der rechten Partei einen Kampf verloren hatte und deshalb als Meister aufstieg und in kürzester Frist den zweithöchsten Rang erreichte.

Damals lebte in der Provinz Mikawa ein Ringer namens Ban no Setayo, der ein Ringer der gleichen Partei war. Da er von furchteinflößendem Wuchs war und gewaltige Kraft besaß, war er aufgestiegen und lange Zeit Meisterringer geblieben, aber als er sich dem Munehira stellen mußte, weil dieser den zweithöchsten Rang einnahm, wurde er geschlagen. Munehira stieg zum Meisterringer auf, und Setayo stieg ab zum zweitbesten Ringer. Dieser Munehira war also wirklich ein meisterlicher Ringkämpfer.

Als nun Munehira einmal um den Vierten Monat in der Provinz Suruga auf die Jagd ging, war ein Hirsch in den Rücken getroffen worden und schwamm über eine Bucht, um in das Gebirge am anderen Ufer zu fliehen, aber Munehira verfolgte den schwimmenden Hirsch, und als der Hirsch an die drei-, vierhundert Schritt hinausgeschwommen war, hatte ihn Munehira mit mächtigen Stößen eingeholt, packte die Hinterläufe des Hirsches und zog sie auf seine Schultern, aber als er zurückschwamm, erhob sich draußen im Meere eine weißschäumende Woge und kam auf Munehira zu. Die am Strande stehenden Bogenschützen erhoben ihre Stimmen laut und schrien alle zusammen: »Die Welle da ist ein Seeungeheuer! Du wirst von ihm gefressen!« Da war die Woge schon bei Munehira angelangt, und als sie sahen, wie die Woge über Munehira zusammenschlug, dachten sie: »Jetzt wird Munehira verschlungen!«, aber da kehrte die Woge wieder um. Und Munehira kam wie vorher mit dem Hirsch näher, jetzt war er nur noch hundert Schritt vom Lande entfernt, da kam nach einer kurzen Weile wieder diese Woge auf Munehira zu. Sie sahen, wie sie über Munehira ebenso wie vorher zusammenschlug und nach einem Augenblick wieder umkehrte.

Munehira hatte den Hirsch noch immer gepackt und war jetzt nur noch zehn, zwanzig Fuß vom Gestade entfernt, da sahen die auf dem Lande Stehenden, daß Munehira nur noch die beiden Hinterläufe und die Hüftknochen des Hirsches gepackt hielt. Nach kurzer Zeit erhob sich wieder jene Woge und kam heran. Die Leute am Ufer schrien alle miteinander dem Munehira zu: »Komm schnell heraus!« Aber Munehira hörte nicht auf sie und verweilte. Als die Woge schon ganz nahe gekommen war, sahen sie, daß das Seeungeheuer Augen hatte wie metallene Schüsseln so groß, und als es seinen Rachen weit aufsperrte, waren seine Zähne wie Schwerter. Als es ganz nahe herangekommen war und sie Munehira schon gefressen sahen, steckte Munehira die Hirschläufe in den Rachen des Seeungeheuers, griff mit seinen Händen in die Kiemen des Seeungeheuers, und bäuchlings warf er das Tier aufs Land, einen Schrei ausstoßend wie beim Werfen eines Ringers. Das Seeungeheuer, gut zehn Fuß weit auf den Strand geworfen, lag zappelnd da, und die auf dem Lande stehenden und zusehenden Schützen begannen es mit Pfeilen zu beschießen, so daß das Seeungeheuer erlegt wurde, während es noch die Hirschläufe im Schlund hatte.

Danach sammelten sich die Schützen und fragten Munehira: »Wie hast du es angestellt, daß du nicht gefressen wurdest?«, worauf Munehira erwiderte: »Wenn ein Seeungeheuer etwas abgebissen hat, frißt es das nicht auf der Stelle, sondern nimmt die Beute mit sich und bringt sie unweigerlich in sein Nest, und wenn noch ein Rest übrig ist, kehrt es wieder zurück und kommt, um ihn zu fressen. Deshalb habe ich, der ich das wußte, als das Tier zum ersten Male kam, um mich zu verschlingen, den Hirsch hingehalten und Kopf und Hals abbeißen und das Ungeheuer zurückkehren lassen. Als es zum zweiten Male kam, gab ich ihm die Vorderläufe und Rippen zu fressen. Als es das nächste Mal kam, habe ich ihm die Hinterläufe hingehalten und zu fressen gegeben und habe es dabei hochgeschleudert. Jemand, der davon nichts weiß, hätte beim ersten Mal alles aus seinen Händen fahren lassen, um beim zweiten Mal unfehlbar selbst gefressen zu werden. Ein Mensch ohne Kenntnis dieser Umstände hätte schwerlich in dieser Weise gehandelt. Aber auch ein Mensch ohne Körperkraft wäre unfehlbar umgerissen worden, wenn er ihm die Beute zum Fressen entgegengestreckt hätte.« Als er so gesprochen hatte, da stimmten alle Bogenschützen, die seine Worte gehört hatten, darin überein, daß es eine außergewöhnliche Begebenheit war.

Bis in die Nachbarprovinzen hörte man davon und pries ihn laut. So hat man es erzählt und überliefert.

Wie der Ringer Narimura mit Tsuneyo um den Sieg kämpfte

Es ist jetzt schon lange her, da fand an einem Tag im Siebenten Monat des zweiten Jahres Yôkan (984) unter der erlauchten Herrschaft des Kaisers Enyû im Horikawa-Palast ein festliches Ringen statt. Am darauffolgenden Tag der letzten Auslese wurden der beste Ringer der Linken, Makami no Narimura, und der beste Ringer der Rechten, Ama no Tsuneyo, zum Kampfe vorgerufen. Narimura war ein von der Provinz Hitachi gestellter Ringkämpfer. Seit der erlauchten Zeit des Kaisers Murakami war er aufgestiegen und hatte den höchsten Rang erreicht. An Größe und Stärke kam ihm durchaus keiner gleich. Tsuneyo war ein von der Provinz Tango gestellter Ringkämpfer. Auch er war seit dem Ende der erlauchten Zeit des Kaisers Murakami hervorgetreten und aufgestiegen und hatte den höchsten Rang erreicht. An Körperkraft war er zwar dem Narimura ein wenig unterlegen, aber im Ringen war er ein Meister von größter Gewandtheit. Als sie heute zum Messen ihrer Kräfte vorgerufen wurden, muß man, da sie beide schon lange furchtbare Gegner waren, zwischen Sieg und Niederlage für jeden gar sehr gebangt haben. Selbstverständlich wäre für Narimura eine Niederlage besonders bedauerlich gewesen, weil er seine Stellung schon länger innehatte als Tsuneyo.

Und so brachte Narimura nicht weniger als sechsmal vor, er sei am Kampfe gehindert. Tsuneyo meldete zwar keine Behinderung, verstand aber, daß es für Narimura, der länger Meister war als er selbst, sehr schmerzlich wäre, wenn er sofort angegriffen würde, und er dachte auch nicht daran, den Kampf unbedingt auszukämpfen. Überdies – mochten sie auch mit äußerster Anstrengung ihrer Kräfte ringen, es war kaum einer von ihnen leicht zu werfen. Deshalb hatte er Narimura, als der sechsmal seine Behinderung vorbrachte, bei jeder Trennung freigegeben. Als Narimura aber zum siebten Male weinend seine Behinderung vorbrachte, wurde ihm der Kampf nicht erlassen, worauf Narimura ergrimmend aufsprang und ungestüm angriff. Tsuneyo umschlang Narimuras Nacken und preßte ihn an sich. Narimura aber packte ihn vorn am Lendentuch und seitlich am Ledergurt und drückte mit aller Kraft gegen Tsuneyos Brust, so daß Tsuneyo heimlich zu ihm sagte: »Bist du verrückt geworden? Was soll denn das?« Aber Narimura hörte nicht auf ihn, drückte gegen ihn mit letzter Kraft und preßte ihn an sich, solange wartend, bis Tsuneyo seinen Fuß von außen gegen Narimuras Bein stemmte, in diesem Augenblick aber umschlang er Tsuneyo so fest er konnte, doch wie er sich weit zurückbeugte und Tsuneyo rücklings über sich hinweg schleudern wollte, fiel Narimura selbst rücklings zu Boden. Quer über ihn fiel Tsuneyo und blieb liegen.

In diesem Augenblick wechselten alle Zuschauer, ob sie nun hohen, mittleren oder niederen Standes waren, die Farbe. Es war ein stets geübter Brauch, daß die Partei des Siegers im Ringkampf vor der Partei des Unterlegenen in die Hände klatschte und lachte. Hier aber, wohl weil es ein ganz unerhörter Vorfall war, stritten sie heftig miteinander, ohne ihre Stimmen zu dämpfen. Als danach der nächste Gang hätte stattfinden sollen, wurde noch immer über das Urteil gestritten, bis schließlich die Nacht hereinbrach.

Narimura war leichtfüßig aufgesprungen, in das Ringergebäude gegangen, dort in die Rockhose seines Jagdgewandes geschlüpft und gleich wieder herausgekommen. Bald darauf, während der Streit noch andauerte, war er in seine heimatliche Provinz aufgebrochen.

Obwohl sich Narimura erhoben hatte, richtete sich Tsuneyo nicht auf und blieb liegen, daher kamen die älteren Ringkämpfer seiner Partei in großer Zahl herbei, halfen ihm auf und brachten ihn in die Bogenschießhalle, wo sie für die Höflinge bestimmte Sitzmatten ausbreiteten und ihn darauf betteten. In diesem Augenblick kam der Vorstand dieser Ringer-Partei, der Oberkabinettsrat Fujiwara no Kiyotoki, über die Treppe herunter, zog sein unteres Gewand aus und übergab es Tsuneyo als Siegesgeschenk. Als die Vizevorstände herbeikamen und Tsuneyo fragten: »Wie war denn Narimura?«, antwortete er nur mit dem Wort »Griff«. Darauf wurde er von den älteren Ringern aufgehoben und auf die Beine gestellt und, obgleich er immer noch nicht ganz bei sich war, in Richtung auf das Ringergebäude geführt, wo die Vizevorstände ablegten, was sie abzulegen hatten, und ihm schenkten. Er wollte hierauf rasch in seine Heimat reisen, doch er starb unterwegs in der Provinz Harima. Wie andere Ringer erzählten, starb er, da sein Brustbein gebrochen war.

Obwohl Narimura danach noch mehr als zehn Jahre lebte, ging er nach seinen eigenen Worten aus Scham nicht mehr in die Hauptstadt und starb durch die Hand eines Rächers. Der Narimura hieß, ist der Vater des jetzigen Ringermeisters Tamenari.

Es war keine Seltenheit, daß die Besten zur Linken und zur Rechten einen Entscheidungskampf austrugen, sondern die Regel. Als aber im Achten Monat jenes Jahres der Kaiser dem Throne zu entsagen geruhte, kamen diese Worte auf: »Ein Entscheidungskampf der Besten zur Linken und zur Rechten ist zu meiden«, und fortan gab es diesen Entscheidungskampf nicht mehr. Doch das ist eine Angelegenheit, die ich nicht verstehe, denn hierauf kann das gewiß nicht beruhen. Auch die Stampflieder-Zeremonie, die man als ein hergebrachtes alljährliches Ereignis am vierzehnten Tag des Neujahrsmonats feierte, hat man nicht mehr durchgeführt, als die Kaiserliche Großgemahlin am vierten Tag des Neujahrsmonats zu sterben geruhte, da sie auf den Gedenktag für die Kaiserin fiel. Seltsam, ich verstehe des Menschen Herz nicht, es kamen diese Worte auf: »Die Stampflieder sind mit Rücksicht auf Ihre Kaiserliche Hoheit zu meiden«, und hinfort wurden sie nicht mehr abgehalten. Auch diese Angelegenheit verstehe ich nicht recht.

Immer noch sagen die Menschen in aller Welt vorwurfsvoll, daß es nicht zum Kampf zwischen Narimura und Tsuneyo hätte kommen dürfen. So hat man es erzählt und überliefert.

Wie eine Frau in das Haus eines Magisters der Medizin ging, von einer Schwellung geheilt ward und entwischte

Es ist jetzt schon lange her, da war ein hervorragender Magister der Medizin Vorstand der Medizinal-Behörde. Da er auf der Welt nicht seinesgleichen hatte, beanspruchte jedermann diesen Arzt.

Es geschah aber, daß bei diesem Vorstand der Medizinal-Behörde ein ungewöhnlich reich ausgestatteter Damenwagen, aus dem lang die Ärmel von Damenkleidern herabhingen, hereinfuhr. Als der Vorstand den Wagen erblickte, fragte er zwar: »Von wo kommt dieser Wagen?«, aber er bekam keine Antwort, man fuhr den Wagen einfach herein, spannte aus, legte den Jochbalken des Wagens auf die Schwelle der Veranda-Klapptür, und die Knechte versammelten sich unter dem Tor.

Zugleich trat der Vorstand an den Wagen heran und fragte: »Mit wem habe ich die Ehre, was geruht man zu befehlen?« Aber da die Dame im Inneren des Wagens nicht antwortete, sagte er mit gewinnender Liebenswürdigkeit und vollendeter Höflichkeit: »Ich werde Euch an einem angemessenen Ort ein Gemach herrichten, geruhet also auszusteigen.« Nun war dieser Vorstand der Medizinal-Behörde von Grund auf ein sinnlicher und leicht entflammbarer Greis, und so ließ er einen abgetrennten Eckraum eiligst kehren und säubern, Wandschirme aufstellen und Bodenmatten auslegen, näherte sich darauf dem Wagen und meldete, daß alles bereit sei, worauf die Dame sprach: »Dann tretet bitte zur Seite!« Der Vorstand trat zur Seite und wartete, während die Dame, ihr Gesicht hinter dem Fächer verbergend, von ihrem Sitzplatz herabstieg. »Im Wagen müssen doch noch Begleiterinnen sein«, dachte er bei sich, aber es war niemand mehr darinnen. Während die Dame herabstieg, ging eine fünfzehn, sechzehn Jahre alte Dienerin zum Wagen hin, holte aus dem Wagen ein mit Lackmalerei verziertes Kammkästchen und trug es der Dame nach, dann gingen die Knechte zum Wagen, spannten das Rind ein und fuhren in Windeseile davon.

Die Dame ließ sich in ihrem Gemach nieder. Die junge Dienerin hatte das Kammkästchen eingehüllt und verborgen und kauerte sich hinter dem Wandschirm nieder. Im selben Augenblick näherte sich der Vorstand und sagte: »Nun, mit wem habe ich es zu tun, und worum handelt es sich? Sagt es nur geschwind!« Als die Dame erwiderte: »Bitte kommt hier herein. Ich möchte nicht, daß meine Schmach anderen zu Ohren kommt«, begab sich der Vorstand hinter den Vorhang. Als er die Dame vor sich hatte, sah er eine Frau von ungefähr dreißig Jahren, an der alles, angefangen mit der Haartracht, Augen, Nase, Mund, so vollkommen schien, daß nicht der mindeste Makel zu entdecken war; ihr Haar war überraschend lang, Wohlgerüche strömten von ihr aus, und sie trug überaus prächtige Kleider. Ihre Miene zeigte auch nicht die geringste Scheu, gelassen saß sie vor ihm wie eine langjährige Ehefrau.

Der Vorstand dachte, als er sie so sah: »Wie ungewöhnlich und sonderbar!« und: »Irgendwie scheint sie von mir zu erwarten, daß ich den ersten Schritt tue«, er grinste über sein ganzes zahnloses und darum außerordentlich eingeschrumpftes Gesicht und rutschte näher, um sie zu befragen. Müssen wir's noch sagen, daß sich der Vorstand, dem vor drei, vier Jahren seine langjährige Gattin gestorben war und der seitdem überhaupt kein Weib mehr gehabt hatte, sehr beglückt fühlte? »Wenn man sich elend fühlt«, sprach nun die Frau, »vergißt man in der Angst um sein Leben alle körperliche Scham, deshalb bin ich hierhergekommen in der Hoffnung, wenigstens mein Leben zu behalten, welches Werk auch immer dafür zu vollbringen sei. Es liegt jetzt in Eurem Ermessen, mich leben oder sterben zu lassen, weil ich mich Euch anvertraue.« So sprach sie und weinte unablässig.

Der Vorstand empfand ungemein Mitleid mit ihr und fragte: »Was fehlt Euch denn?« Die Frau zog darauf den Seitenschlitz ihrer Rockhose auseinander und zeigte ihm auf ihrer Hüfte, die weiß war wie Schnee, eine leichte Schwellung der Oberfläche. Da ihm diese Schwellung in hohem Grade unerklärlich vorkam, hieß er sie die Hüftschleife des Hosenrocks lösen und verfolgte die Schwellung zur Bauchgegend hin, konnte sie aber dort in den Haaren nicht sehen. Deshalb nahm der Vorstand seine Hand zu Hilfe und tastete die Haut dort ab, bis er ganz nahe an der Scham einen Ausschlag fühlte. Als er nun mit beiden Händen die Haare teilte und hinsah, erkannte er, daß er mit größter Behutsamkeit vorgehen müsse. Sie dauerte ihn ungemein und er dachte bei sich: »Es darf sie niemand behandeln, der nicht über die Erfahrung eines langjährigen Magisters der Medizin verfügt«, und von diesem Tag an ließ er keinen Menschen heran und kurierte sie eigenhändig Tag und Nacht mit hochgebundenen Ärmeln.

Als er sie sieben Tage lang behandelt hatte, sah er, daß sie ganz geheilt war. Der Vorstand freute sich ungemein und dachte bei sich: »Jetzt lasse ich sie noch eine Weile hier. Erst wenn ich gehört habe, wer sie ist, schicke ich sie heim.« Er stellte nun die kühlende Behandlung ein und zerrieb in einer Teeschale wer weiß welche Medizin und trug sie mit Hilfe einer Vogelfeder fünf bis sechs Mal des Tages auf. »Nun ist das Schlimmste vorüber«, sagte der Vorstand, und sah dabei recht fröhlich drein.

Als die Dame nun sagte: »Ich habe Euch jetzt meinen merkwürdigen Zustand gezeigt. Ich tat es, weil ich Euch wie einem Vater vertrauen konnte. Aber nun bitte ich Euch, mich bei der Rückkehr in Eurem Wagen zu geleiten. Dann werdet Ihr auch erfahren, wer ich bin. Und ich will Euch auch regelmäßig hier besuchen«, da dachte der Vorstand: »Jetzt wird sie noch an die vier, fünf Tage hier bleiben« und ließ in seiner Aufmerksamkeit nach, und als der Abend dämmerte, entfloh die Dame zusammen mit ihrer jungen Dienerin und nur mit einem dünnwattierten Nachtgewand bekleidet. Der Vorstand, der das nicht bemerkt hatte, sagte: »Ich will ihr das Abendessen bringen«, ordnete alles auf einem Tablett und brachte es selbst hinein, da war aber niemand. »Gewiß hat sie gerade ein unaufschiebbares Geschäft zu erledigen«, dachte er und kehrte mit den Speisen zurück.

Mittlerweile war es dunkel geworden und er dachte: »Ich werde zunächst Licht machen«, stellte ein Öllämpchen auf einen Lichtständer und ging damit hinein, da sah er, daß sie ihre Kleider abgestreift und verstreut hatte, und auch das Kammkästchen lag da. »Was mag sie hinter dem Faltschirm treiben, daß sie so lange verborgen bleibt?« dachte er und sagte: »Was geruhet Ihr denn so lange zu tun?« Aber als er hinter den Faltschirm schaute – wie war's nur möglich? – war auch ihre junge Dienerin nicht mehr zu sehen. Ihre Kleider lagen da übereinander, wie sie getragen waren, und so lag auch die Rockhose da, allein das eine dünn wattierte Nachtgewand fehlte. »Sie ist wohl nicht mehr da? Es sieht so aus, als ob sie darin geflohen wäre«, – der Gedanke schnürte ihm die Brust zu, aber er wußte nicht, was er hätte tun können.

Er verschloß das Tor und ließ alle seine Leute mit Lichtern in der Hand das Innere des Hauses durchsuchen, aber da sie, aus welchem Grunde auch immer, nicht zu finden war, sah der Vorstand in der Erinnerung Gesicht und Gestalt der Frau vor sich, und der Schmerz seiner Sehnsucht war grenzenlos. »Hätte ich doch, ohne Rücksicht auf ihre Krankheit, meinen Willen gehabt! Ach, wozu habe ich sie geheilt und gemieden?« So wechselte Klage mit Verdruß, und er sann zutiefst bekümmert: »Niemand ist hier, vor dem man sich scheuen müßte, und wenn sie eines anderen Weib sein sollte und nicht mein Weib werden mag, so hätte sie mich doch gelegentlich besuchen können und ich hätte ihr manches Ausgefallene geboten.« Aber weil er so betrogen und verlassen worden war, schlug er zornig in die Hände, stampfte mit den Füßen und verzog weinend sein schreckliches Gesicht, daß es einer Venusmuschel glich, worüber seine Medizinstudenten insgeheim ungeheuer lachten mußten. Wenn die Leute, die davon gehört hatten, ihn lachend danach fragten, so pflegte er sich ungeheuer zu erregen und mit ihnen Streit zu beginnen.

Mir scheint, das war eine äußerst gewitzte Frau. Sie genas, ohne je erkannt worden zu sein. So hat man es erzählt und überliefert.

Wie der Vorstand eines Distriktes in der Provinz Ōsumi ein Gedicht machte

Es ist jetzt schon lange her, da lebte jemand, den man Statthalter von Ōsumi nannte. Als dieser in seine Provinz reiste und deren Verwaltung einer Prüfung unterzog, entdeckte er, daß ein Distriktsvorstand seine Pflichten vernachlässigt hatte. »Er soll sofort vorgeladen werden und seine Strafe empfangen«, sagte er und entsandte einen Boten.

Wenn sich früher derartige Fälle von Nachlässigkeiten ereignet hatten, pflegte sich die Bestrafung stets nach der Schwere des Vergehens zu richten. Hier aber war nicht nur einmal, sondern mehrere Male ein Pflichtversäumnis vorgefallen, weshalb es bei der Vorladung hieß: »Hier ist eine schwere Strafe fällig.« Als darauf der Bote meldete, daß der Distriktsvorstand vorgeführt sei, wurde dieser in der gleichen Weise wie bei früheren Bestrafungen von zwei Männern herangezerrt, während die Männer, die ihn niederhalten und sich ihm auf Gesäß und Haupt setzen sollten, bereits warteten und die Vorbereitungen für die Stockschläge getroffen waren.

Der Statthalter sah einen hochbetagten Greis vor sich, mit völlig weißem Haar auf seinem Haupte, kein einziges schwarzes war darunter. Als er das sah, fand er es sehr unziemlich, daß er geschlagen werden sollte, und es wandelte ihn plötzlich die Reue an und er überlegte, aus welchem Grunde er ihn etwa entlasten könne, er fand aber gleichwohl keinen Grund. Als er seine Umgebung wegen möglicher Irrtümer befragte, bekam er zur Antwort, man könne nur sein Alter als Entlastungsgrund anführen.

Weil der Anblick des Distriktsvorstandes den Statthalter so erbarmte, daß er ihn nicht prügeln lassen wollte, dachte er nach, wie er ihn freilassen könne, und überlegte hin und her, fand aber keine Lösung, und so sprach er, um ihn zu retten: »Du bist ein unglaublicher Spitzbube. Aber könntest du ein Gedicht machen?« Der Alte antwortete: »Etwas Brauchbares wird es zwar nicht sein, aber ich will Euch dienen.« – »Nun, dann dichte!« sprach der Statthalter, worauf der Alte nach kurzer Zeit mit zittriger Stimme also anhob:

»Die Jahre hindurch
hat auf dem Haupte der Schnee
sich hochauf gehäuft,
doch seh ich den Prügelstock,
erstarrt vor Kälte mein Leib.«

Als der Statthalter das hörte, war er ungemein bewegt und von Mitleid erfüllt, er ließ ihn frei und schickte ihn heim.

So gibt es sogar unter den letzten Hinterwäldlern in unbedeutender und niedriger Beamtenstellung welche, die derart dichten können. Man darf sie also durchaus nicht geringschätzen. So hat man es erzählt und überliefert.

Wie der kaiserliche Vasall Fujiwara no Yasumasa dem Räuber Hakamadare begegnete

Es ist jetzt schon lange her, da gab es einen gewaltigen Räuberhauptmann namens Hakamadare. Mutigen Herzens und von großer Stärke, mit flinkem Fuß, geübter Hand und von scharfem Verstand, war niemand in der Welt, den man ihm hätte an die Seite stellen können. Er hatte es zu seinem Geschäft gemacht, den rechten Augenblick abzupassen und alle Menschen zu berauben.

Als er einmal etwa im Zehnten Monat Kleidung benötigte, ging er an geeigneten Orten spähend umher, um sich ein paar Kleidungsstücke zu beschaffen; da kam mitten in der Nacht, als jedermann schlief und alles ruhig war, im verschwommenen Licht des Mondes auf der Straße ein reich gekleideter Herr sorglos daher – er trug etwas Lasches, das wie ein Jagdgewand wirkte, mit Hosen, die nach Pluderhosen aussahen und seitlich hochgebunden waren – Flöte blasend schritt er ganz allein und gemächlich und ohne Hast fürbaß.

Wie Hakamadare ihn sah, dachte er: »Ah, der scheint mir gerade gekommen, um mich mit Kleidern zu versorgen«, und voller Freude fing er an zu laufen und wollte ihn niederwerfen und ihm die Kleider vom Leibe reißen – doch seltsam, das Wesen dieses Mannes flößte ihm Furcht ein, und so ging er zweihundert, dreihundert Schritte hinter ihm her, es hatte aber nicht den Anschein, als merkte dieser Mann, daß ihm einer auf den Fersen sei, und da er weiterhin gemütlich Flöte blasend einherging, dachte Hakamadare: »Ich werd's versuchen« und rannte mit lauten Schritten auf ihn zu, doch den Mann schien das nicht im geringsten aufzuregen, er blickte sich nur Flöte blasend um, doch bei diesem Anblick wagte Hakamadare nicht, sich ans Wegnehmen zu machen und zog sich eilends zurück.

Auf diese Weise versuchte es Hakamadare mehrere Male – einmal so, einmal anders –, aber weil der Mann nicht im mindesten Miene machte, sich dadurch stören zu lassen, meinte Hakamadare: »Das ist ein merkwürdiger Mensch«, und folgte ihm mehr denn tausend Schritte nach. Schließlich sagte sich Hakamadare: »Soll das denn ewig so weitergehen?«, zog sein Schwert und fing an zu rennen – und diesmal hörte der Mann auf zu flöten, drehte sich um und fragte: »Du da, was für ein Kerl bist du?« Hätte es sich um irgendeinen Teufel oder Gott gehandelt – aber er war doch nur auf einen einzelnen Menschen zugelaufen, und nun fürchtete sich Hakamadare, wie er sich noch nie gefürchtet hatte; wie mochte das nur kommen, alle Beherztheit, aller Mut schwanden ihm dahin, er fürchtete sich zu Tode, und als sei er nicht recht bei sich, blieb er wie angewurzelt stehen. Da der Mann mehrfach fragte: »Was für ein Kerl bist du?«, dachte sich Hakamadare: »Auch wenn ich jetzt fliehe – ich entkomme ihm doch nicht«, und sagte: »Ich bin ein Straßenräuber«, und »Ich heiße Hakamadare«, und als er so antwortete, sagte der Mann nur: »Ich habe gehört, daß es jemanden dieses Namens gibt. Du bist ein seltsamer Kauz. Komm mit mir«, und schritt wieder auf dieselbe Weise Flöte blasend dahin.

Als Hakamadare die Züge dieses Mannes betrachtete, fürchtete und ängstigte er sich: »Das kann kein gewöhnlicher Mensch sein«, und als sei er von einem Dämon gepackt worden, ging er mit ihm, irgendwie nicht ganz bei Sinnen, da trat dieser Mann durch das Tor eines großen Hauses, und während er dort seine Schuhe auszog und den Dielenboden betrat, dachte Hakamadare: »Das ist der Herr dieses Hauses«, und derweil war der Mann hineingegangen und kam wieder heraus, rief den Hakamadare, gab ihm ein dickwattiertes Gewand, sagte: »Wenn du von jetzt an wieder etwas derartiges brauchst, komm und sag es. Bring dich nicht in Schwierigkeiten, indem du es Leuten wegnimmst, deren Herz du nicht kennst!« und ging hinein.

Dies war, wie sich Hakamadare darauf überlegte, das Haus des vormaligen Statthalters von Settsu namens Yasumasa. »So war der Mann also dieser Herr«, dachte Hakamadare, und mit einem Gefühl, als sei er mehr tot als lebendig, trat er hinaus. Als Hakamadare später gefangen wurde und davon erzählte, sagte er: »Er hatte das Aussehen eines seltsamen, unheimlichen, furchteinflößenden Mannes.«

Dieser Vasall Yasumasa war keineswegs Angehöriger einer Kriegerfamilie, er war der Sohn eines Mannes namens Munetada. Doch stand er keinem, der von Haus aus Krieger war, in irgend etwas nach, er war mutigen Herzens, von geübter Hand, großer Körperkraft und wunderbarem Verstand, daher nahm ihn der Hof als Kriegsmann in Dienst, und niemals ergab sich auch nur im geringsten Grund zur Besorgnis. Die Leute jedoch fürchteten diesen Mann maßlos. Er hatte aber keine Nachkommen, und die Leute sagten, das liege daran, daß es keine Kriegerfamilie sei. So hat man es erzählt und überliefert.

Wie ein nach Osten Reisender eine Rübe begattete und ein Kind zeugte

Es ist jetzt schon lange her, da zog jemand von der Hauptstadt aus nach Osten. Ich weiß nicht, in welcher Provinz, in welchem Distrikt es war, jedenfalls, als er durch ein Dorf zog, überkam ihn plötzlich ein heftiges fleischliches Begehren und er war wie toll vor Verlangen nach dem Ding einer Frau, und wie er nicht ein noch aus wußte, da er Mühe hatte, sein Herz zu beruhigen, sah er, daß in einem Hag neben der großen Straße eine Menge Pflanzen, die man Kohlrüben heißt, sehr hoch und zu voller Reife herangewachsen waren. Da es um den Zehnten Mond war, waren die Rüben schon groß. Da stieg dieser Mann sofort vom Pferde, ging in den Hag hinein, zog eine große Rübe heraus und höhlte sie aus, begattete dieses Loch und stillte seine Begierde. Gleich darauf warf er die Rübe in den Hag und zog seines Weges.

Danach ging der Besitzer dieses Ackers in Begleitung mehrerer Mägde und auch in Begleitung einiger Töchter auf jenen Acker, um die Kohlrüben zu ziehen, und wie sie beim Ziehen der Kohlrüben waren, belustigte sich eine vierzehn oder fünfzehn Jahre alte Tochter, die noch von keinem Mann berührt war, damit, beim Rübenziehen um den Hag herumzulaufen, da fiel ihr die von jenem Mann hereingeworfene Rübe ins Auge und sie sagte: »Da ist ja eine Rübe, aus der ein Loch herausgeschnitten ist! Wie kommt denn das?« Sie spielte eine Weile damit herum, dann schälte sie die eingeschrumpften und vertrockneten Teile weg und aß sie. Dann kehrte sie gemeinsam mit allen anderen Angehörigen nach Hause zurück.

Danach verfiel diese Tochter, niemand wußte warum, in einen leidenden Zustand, aß nichts mehr und fühlte sich ganz anders als sonst, so daß Vater und Mutter voller Aufregung sagten: »Was ist denn bloß mit dir?« Aber als etliche Monde vergangen waren, o Schreck! da trug sie ein Kind unter dem Herzen. Vater und Mutter konnten es gar nicht fassen und fragten sie vorwurfsvoll: »Was hast du denn getan?« Aber die Tochter antwortete: »Ich bin niemals mit einem Mann zusammengetroffen. Aber es ist merkwürdig: Ich habe an dem und dem Tage eine Rübe, die so und so beschaffen war, erblickt und aufgegessen. Seit jenem Tag fühlte ich mich anders als sonst und bin in diesen Zustand geraten.« Aber da Vater und Mutter sie nicht verstehen konnten, dachten sie nicht weiter darüber nach, was es damit auf sich haben könnte, sondern forschten nach und fragten herum, aber auch alles Gesinde im Hause sagte nur: »Wir haben sie niemals in die Nähe eines Mannes gehen sehen.« Da wunderten sie sich sehr, und wie nun Mond auf Mond verstrich, waren die Monate schließlich abgelaufen und sie gebar friedlich ein allerliebstes Knäblein.

Danach zogen Vater und Mutter, da es nun einmal geschehen war, das Kind auf, und es verging die Zeit, da reiste jener Mann, der ausgezogen war und Jahr und Tag in der Provinz verbracht hatte, wieder in die Hauptstadt und kehrte mit vielen Begleitern zurück, und als er an jenem Acker vorbeikam, da waren, da es um den Zehnten Mond war, die Eltern des Mädchens wie ehedem mit ihrem Gesinde auf dem Acker, um die Kohlrüben auf diesem Acker zu ziehen. Der Mann ging gerade an dem Hag vorbei, und da er mit jemandem im Gespräch war, sagte er mit sehr lauter Stimme: »Ah, sieh da! Als ich vor Jahren in die Provinz zog und hier vorüberkam, packte mich eine unbändige Begierde nach einer weiblichen Scham, und da ich mir nicht anders zu helfen wußte, ging ich in diesen Hag hinein, riß eine große Rübe heraus, die ich aushöhlte und begattete, dann, als ich meinen Willen gehabt hatte, warf ich sie wieder in den Hag.« Diese Rede vernahm die Mutter, die im Hag war, deutlich, da fielen ihr die Worte ihrer Tochter ein, und weil ihr das merkwürdig vorkam, verließ sie den Hag und fragte: »Wie war das? Wie war das?« Der Mann aber glaubte, sie wolle ihn schelten, weil er erzählt hatte, daß er eine Rübe gestohlen hatte, und sprach: »Das habe ich im Scherz gesagt«, und machte, daß er davonkam, aber als die Mutter unter Tränen sprach: »Weil es unerhört wichtig ist, möchte ich unbedingt Näheres hören. Mein hoher Herr, beliebt zu sprechen!«, dachte der Mann: »Da scheint ja doch etwas dahinterzustecken«, und sagte: »Es ist nichts, was ich verheimlichen müßte. Und es ist auch kein schwerer Frevel, den ich begangen hätte. Nur weil ich ein Mensch bin wie alle anderen, habe ich dies und das getan. Das ist es, was ich im Gespräch vorhin erzählt habe.« Als die Mutter diese Worte vernahm, liefen ihr die Tränen herunter und weinend zog sie den Mann am Ärmel mit sich zum Haus; der begriff zwar von alledem nichts, ging aber dennoch mit, da sie heftig auf ihn einredete.

Nun aber sprach die Frau: »Wenn es sich wirklich so und so zugetragen hat, möchte ich Euch mit dem Kindlein dort vergleichen.« Sie brachte das Kind heraus und da sahen sie, daß es diesem Mann aufs Haar glich. Da war auch der Mann gerührt und sagte: »Da es so ist, muß das aus einem früheren Leben so bestimmt sein. Was kann ich hier tun?« – »Jetzt müßt Ihr auf jeden Fall Eurem Herzen folgen«, erwiderte die Frau, rief die Mutter des Kindes heraus und wies sie dem Manne, denn wenn auch niederen Standes, war sie sehr anmutig.

An Jahren war sie um die zwanzig. Das Kind war nun auch schon fünf, sechs Jahre alt und ein sehr lieblicher Knabe. Der Mann sah sie beide an und dachte: »Wenn ich in die Hauptstadt zurückgekehrt bin, finde ich dort weder Eltern noch Verwandte, noch Freunde, auf die ich mich verlassen kann. Nur hier finde ich Vorherbestimmtes aus einem früheren Leben. So will ich nichts anderes tun, als sie zur Frau nehmen und hier bleiben.« Das beschloß er ganz fest, nahm gleich darauf jenes Mädchen zur Ehefrau und blieb dort wohnen. Das war ein sonderbares Ereignis.

Obwohl der Mann also die Frau nicht begattet hatte, war sein Same in ihren Leib gedrungen und sie gebar auf diese Weise ein Kind. So hat man es erzählt und überliefert.

Wie der Vizekommandant der Hofgarde, der Herr Mützenband, in der Westlichen Achten Querstrasse Silber entdeckte

Es ist jetzt schon lange her, da lebte ein Vizekommandant der Hofgarde namens Taira no Sadafumi. Weil sein Mützenband sehr lang war, nannte ihn alle Welt Herr Mützenband.

Als dieser Mann einmal an einer armseligen Hütte inmitten der Äcker zwischen der Westlichen Achten Querstraße und der Äußeren Straße vorbeiritt, geriet er plötzlich in einen Gewitterregen, stieg vom Pferde und ging in diese Hütte. Drinnen sah er eine alte Frau sitzen. Er führte sein Pferd hinein und wollte den Regenschauer vorübergehen lassen, da sah er in der Hütte einen flachen Stein, der einem Go-Brett glich. Er nahm darauf Platz, und wie der Herr Mützenband so dasaß, nahm er ein Steinchen und schlug damit zum Zeitvertreib an den Stein, auf dem er saß, bis auf einmal etwas absprang, und als er die Vertiefung an der Bruchstelle betrachtete, sah er: »Das ist ja Silber!«, und er verschmierte die Bruchstelle und verdeckte sie und sprach zu der alten Frau: »Was ist das für ein Stein?« – »Was für ein Stein das ist?« sagte die Frau, »der Stein lag schon immer so da wie jetzt.« Der Herr Mützenband fragte: »Lag er wirklich von Anfang an so da?« – »Hier soll früher einmal das Haus eines reichen Mannes gestanden haben. Meine Hütte steht in den Überresten der Speicher«, erwiderte die Frau. Er sah auch wahrhaftig noch einige riesige Grundsteine. »Und der Stein, auf dem Ihr da zu sitzen geruht, wurde aus der Erde ausgegraben, als man an Stelle der Speicher einen Acker anlegen wollte und die Feldraine aufwarf. Da liegt er nun im Haus, und ich wollte, ich wäre ihn los, aber ich alte Frau bin zu schwach, ihn hinauszuschleppen, und so liegt der Stein eben hier, so lästig es ist.«

Der Herr Mützenband hörte sich das an und dachte: »Sie weiß also noch nichts. Aber jeder, der Augen im Kopf hat, wird es merken. Ich will diesen Stein mitnehmen.« Und so sprach er zu der alten Frau: »Mich dünkt, daß dieser Stein für dich ohne jeden Wert ist, aber wenn ich ihn in mein Haus bringe, werde ich schon eine Verwendung für ihn finden.« Darauf versetzte die Frau: »Ja, das tut nur rasch!« Der Herr Mützenband borgte bei einem Nachbarn niederen Standes, den er kannte, einen Wagen und wollte schon den Stein aufladen und aufbrechen, da dünkte es ihn schändlich, etwas umsonst zu nehmen, und er streifte das Gewand ab, das er trug, und gab es der alten Frau. Die alte Frau verstand das nicht recht und war sehr aufgeregt und verwirrt. Deshalb sprach Herr Mützenband: »Weil es eine schlechte Tat wäre, den Stein, der jahrelang hier lag, so mir nichts dir nichts mitzunehmen, habe ich mein Gewand ausgezogen und dir gegeben.« – »Ja, aber daß Ihr mir so unerwartet für einen nutzlosen Stein Euer ungeheuer kostbares Kleid geben würdet, hätte ich nie gedacht«, versetzte die alte Frau, »es macht mir Angst, es macht mir Angst«. Und sie hängte das Kleid an eine Stange und bedankte sich.

Dann ließ der Herr Mützenband diesen Stein auf den Wagen laden und davonführen und kehrte in sein Haus zurück, wo er Stück für Stück den Stein zerbrach und verkaufte und allmählich all die Dinge bekam, nach denen ihm der Sinn stand. Reis, Seide und Damast bekam er in großer Menge.

Nördlich von der Westlichen Vierten Querstraße und westlich vom Kôka-Tor lag ein unbewohntes Stück Land mit sumpfigem und schwankendem Boden, über tausend Schritt im Geviert groß. Herr Mützenband dachte, dessen Preis könne nicht allzu hoch sein, und kaufte es auch um ein geringes. Da das Land ein unbrauchbarer Sumpf war, auf dem man weder Äcker anlegen noch Häuser bauen konnte, hielt es der Eigentümer auch für unbrauchbar und verkaufte es in der Überzeugung, wer auch immer es kaufen wolle, sei ein armer Tropf, und sei es auch noch so billig.

Nachdem der Herr Mützenband das Sumpfland gekauft und in Besitz genommen hatte, begab er sich in die Provinz Settsu. Er fuhr mit vier, fünf Lastbooten in die Gegend von Naniwa, versah sich reichlich mit Wein und Reisbrei und legte auch einen großen Sichelvorrat an; dann lud er Vorübergehende in großer Zahl ein und gab ihnen allen vom Wein und Reisbrei. »Als Entgelt mäht ein bißchen von diesem

Schilf für mich!« sagte er zu ihnen, und manche mähten vier, fünf Garben, manche zehn, andere wieder zwei, drei Garben und lieferten sie ihm ab. Als er in dieser Weise drei, vier Tage lang hatte mähen lassen, häufte sich das gemähte Schilf hoch wie ein Berg, er lud es auf mehr denn zehn Boote, und um damit zur Hauptstadt zu kommen, sprach er Vorübergehende niederen Standes an: »Statt bloß dahinzugehen, legt doch lieber Hand an dieses Seil und zieht das Boot!« Und da er mit Wein reichlich versorgt war, sprachen sie dem Wein sehr zu und zogen das Schleppseil, und so zogen sie die Boote sehr schnell zum Unterlauf des Kamo-Flusses. Danach mietete er Wagen und ließ das Schilf aufladen, und indem er abermals Vorübergehenden niederen Standes Wein zu trinken gab, ließ er alles Schilf in das gekaufte Sumpfland bringen. Nun ließ er das Schilf in dem Sumpfland ausbreiten, darüber Erde aus der Umgebung aufschütten, mietete eine Menge Knechte und ließ sie die Erde verstreuen, und darüber baute er ein Haus. Auf dem südlichen Teil des Landes stand das Haus des Oberkabinettsrats Minamoto no Sadamu. Dieses hatte der Oberkabinettsrat aus der Hand des Herrn Mützenband käuflich erworben und so entstanden das nördliche und südliche Viertel. Das ist die Gegend, die man jetzt Nishinomiya nennt.

Mit Hilfe des Silbersteins aus dem Hause der alten Frau errichtete der Herr Mützenband nicht nur sein Haus, sondern es wurde auch ein reiches Haus. Das beruht gewiß auf einer in einer früheren Existenz geschaffenen günstigen Bedingung. So hat man es erzählt und überliefert.

Wie der heilige Kanken, als er noch in weltlichem Stande lebte, einem Räuber begegnete

Es ist jetzt schon lange her, da lebte ein Mann, den nannte man den heiligen Kanken, der mit Knaben kosend wandelte.

In der Zeit, als er noch jung und von weltlichem Stande war und im Hause seiner Eltern wohnte, meldete eines Nachts jemand: »In das Vorratshaus ist ein Räuber eingedrungen!« Alle standen auf, zündeten Lichter an und gingen – unter ihnen Kanken – in das Vorratshaus, aber von einem Räuber war nichts zu sehen. Deshalb sagten sie: »Da war gar kein Räuber«, und alle wollten das Haus verlassen, aber als Kanken genauer hinschaute, sah er in einem Spalt zwischen lederbespannten Körben einen Mann liegen, mit einer Rockhose bekleidet, die zum Saum hin dunkler gefärbt war. »Sollte ich mich versehen haben?« dachte er, zündete eine Kiefernfackel an und ging näher, da sah er, daß dort wirklich ein Mann lag und erbärmlich zitterte. »Welche

Angst muß er ausstehen!« dachte Kanken und ward plötzlich von Mitleid erfüllt, setzte sich einfach auf diesen Räuber und rief mit lauter Stimme: »Sucht nur gründlich! Hier herum ist er nicht.« Er hatte das gesagt, um den Räuber zu verständigen, aber der Räuber zitterte nur noch heftiger. Indessen waren aber alle, die zur Suche gekommen waren, mit den Worten: »Hier ist er auch nicht« hinausgegangen. Da Kanken die Fackel ausgelöscht hatte, war es dunkel geworden. Nun sprach Kanken insgeheim zu dem Räuber: »Steh auf und geh dicht neben mir hinaus! Ich will dich entkommen lassen, da du mich dauerst.« Darauf stand der Räuber vorsichtig auf und ging dicht neben Kanken hinaus. Der führte ihn zu einem Einsturz der Lehmmauer und schob ihn dort hinaus, indem er sprach: »Laß hinfort von diesem Tun ab! Ich lasse dich entkommen, weil du mich dauerst.« Und so entkam jener und rannte davon. Wer er war – wie hätte er das erfahren können?

Später hatte sich Kanken zur Übernahme des Statthalteramtes für mehrere Jahre in eine Provinz im Osten begeben. Da mußte er wegen einer wichtigen Angelegenheit in die Hauptstadt reisen, und als er in die Nähe des Grenzschrankenberges kam, traf er auf Räuber. Da die Räuber zahlreich waren und mit Pfeilen auf sie schossen, flohen die Begleiter des Kanken allesamt in alle Winde. Um nicht getroffen zu werden, lenkte Kanken sein Pferd in ein dichtes Gebüsch, da kamen mitten aus dem Gebüsch drei, vier Räuber hervor und fielen dem Pferd des Kanken in die Zügel. Die einen hielten ihn an den Steigbügeln, die andern faßten den Zaum, und in Windeseile trieben sie ihn in eine enge Schlucht. »Wären es Räuber, würden sie mir die Kleider vom Leibe reißen und das Pferd wegnehmen, wie Räuber es zu tun pflegen. Aber da sie mich selbst mitnehmen, sind es Feinde, die mich töten wollen«, dachte Kanken und ward völlig mutlos, nahm nichts mehr wahr und war ganz außer sich, und während es so dahinging, dachte er, daß sie wohl fünf- bis sechstausend Schritt in das Gebirge geritten sein mochten. »Daß sie mich so weit entführt haben, um mich jetzt zu töten – wie mag das nur sein?« überlegte er und konnte es nicht begreifen, da blickte er hinter sich und sah schaudernd, daß ungemein schrecklich anzusehende Männer, den Pfeil auf der Bogensehne, ihm folgten.

Mittlerweile war die Stunde des Vogels, die sechste Nachmittagsstunde, herangekommen. Er sah in einer engen Schlucht mitten im Gebirge einen Platz vor sich, wo Hütten errichtet waren und wo es überhaus lebhaft herging. Zwei, drei gute Rösser waren angepflockt. Man hatte große eiserne Dreifüße nebeneinander hingestellt und in ihnen Wasser aus dem Bergbach zum Kochen gebracht. Als man ihn dorthin führte, war da ein ungefähr fünfzig Jahre alter Mann von furchteinflößendem Aussehen, in Rockhosen mit Pomponröschen gewandet und ein mit Gold- und Silberplättchen verziertes Schwert an der Hüfte. Ungefähr dreißig Männer waren um ihn. Der Mann, den er für ihren Hauptmann hielt, rief dem Kanken mit lauter Stimme entgegen: »Führt ihn hierher!« – »Was hat er mit mir vor?« dachte der, während es ihn vor Angst schüttelte. Er ließ sich hinführen, als sei er es nicht selbst. Man brachte ihn vor eine Hütte, wo der Hauptmann befahl: »Hebt ihn vom Pferd!« Da kam ein junger Mann herbei, der sehr stark aussah, nahm Kanken wie ein kleines Kind in die Arme und hob ihn herab. Von Angst geschüttelt, vermochte Kanken nicht zu laufen, da kam der Hauptmann ihm entgegen, nahm ihn bei der Hand und führte ihn in die Hütte, wo er ihn sein Gewand lösen hieß. Weil es um den Zehnten Monat war, sprach der Hauptmann: »Euch muß kalt sein«, brachte ein dick wattiertes Kleid, wie es Nachtwächter tragen, und hieß es ihn anziehen.

Da ging es Kanken durch den Kopf: »Ermorden will er mich wohl nicht. Warum tut er dies alles?« Er begriff gar nichts mehr. Dann sah er, daß sich vor der Hütte einige Männer in eine Reihe setzten, fünf, sechs Hackbretter nebeneinanderstellten und verschiedene Fische und Vögel zurichteten. Sie waren ungemein geschäftig. Der Hauptmann befahl: »Tragt schnell die Mahlzeit auf!« und die Männer trugen die Speisen herbei, sie mit beiden Händen in die Höhe haltend, und der Hauptmann ging ihnen entgegen, nahm sie ab und setzte sie nieder. Man hatte zwei schöne Tischchen aus schwarz geädertem Persimonenholz hingestellt. Die in Fülle bereiteten Dinge waren alle köstlich, ihr Geschmack auserlesen. Da Kanken erschöpft und rechtschaffen hungrig war, griff er kräftig zu. Als das Mahl beendet war, stellte man in eine andere Hütte einen Zuber und goß heißes Wasser hinein, dann kam der Hauptmann und sprach: »Ihr werdet auf der Reise lange nicht heiß gebadet haben. Geruhet, ein heißes Bad zu nehmen.« Also stieg Kanken hinein und badete. Als er das Bad beendet hatte und herausstieg, brachte der Hauptmann ihm ein neues dünnes Leinenkleid zum Anziehen. Danach führte er ihn in die erste Hütte zurück, wo Kanken sich niederlegte.

Als der Morgen dämmerte, ließ ihm der Hauptmann Reisbrei vorsetzen und hieß ihn essen, nachdem er beim Auftragen zur Eile gemahnt hatte. Als es auf die erste Nachmittagsstunde zuging und Kanken gespeist hatte, sagte der Hauptmann zu ihm: »Eigentlich solltet Ihr jetzt noch zwei, drei Tage hier bleiben, aber Ihr werdet den Wunsch haben, bald in der Hauptstadt zu sein. Geruhet also, heute heimzukehren. Auch wenn es Euch unverständlich bleibt, seid ruhigen Herzens.« – »Was Ihr auch sagt, ich werde Euern Worten folgen«, erwiderte Kanken.

Inzwischen hatten die Begleiter des Kanken, die in alle Winde verjagt worden waren, sich auf dem Heimwege wiedergefunden und wollten ihren Herrn suchen, aber da sagte der Mann, der hinter dem Pferd des Kanken gegangen war: »Die Räuber, sieben oder acht Mann waren es, haben unseren Herrn in die Schlucht geführt, seine Steigbügel haltend und den Pfeil auf der Bogensehne. Ganz gewiß hat ihn einer seiner Feinde ermordet.« Nachdem er weinend dies gesagt hatte, kehrten die Begleiter in die Hauptstadt zurück und gingen in Kankens Haus, wo sie meldeten: »Unser Herr ist auf dem Grenzschrankenberg von Räubern gefangengenommen worden. Jetzt wird er wohl tot sein.« Als Weib und Kind, die mit dem Gedanken: »Wann endlich wird er da sein?« auf ihn gewartet hatten, diese Worte hörten, weinten und jammerten sie ohne Ende.

Den Kanken hatte nun der Räuberhauptmann auf seinem Pferd aufsitzen lassen und ihn mit fünf, sechs Leuten zurückgeschickt. Sie führten ihn nicht die Straße entlang, die er gekommen war, sondern hinaus nach Süd-Yamashina. Von da aus führten sie ihn weiter am Großen Tor im Süden des Jitoku-Klosters vorbei über den Awata-Berg und brachten ihn hinaus zum Flußbett. Da sein Haus nahe an der Fünften Querstraße lag, ritten sie nach Einbruch der Nacht, als jedermann zur Ruhe gegangen war, zu seinem Haus, und während er an das Tor klopfte, stellten sie zwei lederbespannte Körbe, die sie zu Pferd mitgebracht hatten, neben das Tor und sprachen: »Er hat uns aufgetragen, Euch dieses zu übergeben.« Nachdem sie die Körbe hingestellt hatten, kehrten Lastpferd wie Begleiter augenblicklich um und entfernten sich. Auch dieses Tun konnte er durchaus nicht begreifen.

Mittlerweile war aus dem Haus jemand herausgekommen und fragte: »Wer klopft denn da an unser Tor?« – »Ich bin da, macht auf!« sagte er. »Der Herr ist da!« rief der andere, worauf das ganze Haus mit lauten Rufen zusammenlief, und als man das Tor geöffnet und ihn hereingelassen hatte, konnten sich Weib und Kind vor Freude nicht fassen, als sie Kanken vor sich sahen. Als man die neben dem Tor abgestellten Lederkörbe beide hereinholte und öffnete, sah man in dem einen zehn Rollen Seidendamast, zehn Rollen Seide aus Mino von je achtzig Fuß und hundert Unzen Seidenwatte. In dem anderen waren zehn Stück feine weiße Leinwand von je sechzig Fuß Länge und zehn Stück dunkelblaues Leinen eingepackt. Auf dem Boden lag ein senkrecht gefalteter Brief. Als er ihn öffnete, sah er mit einer sehr unbeholfenen Hand folgendes in einfacher Silbenschrift geschrieben:

> »Erinnert Euch des Vorfalls im Vorratshaus vor Jahren! Da ich diesen Vorfall bis jetzt nie vergessen habe und Euch meinen Dank noch nicht abstatten konnte, bin ich Euch entgegengegangen, als ich hörte, daß Ihr in die Hauptstadt zu reisen geruht. Meine Freude darüber wird bis in alle Ewigkeit dauern. Solltet Ihr jetzt der Meinung sein: ›Wenn er in jener Nacht zugrunde gegangen wäre, hätte er mir dann jetzt noch in dieser Weise aufwarten können?‹, so gäbe es nichts Schöneres für mich.«

So stand da geschrieben. Da wurde dem Kanken alles klar und er fand seine Ruhe wieder.

Da Kanken vom Osten aus in außerordentlich dürftigen Umständen in die Hauptstadt aufgebrochen war, hatte er sich vor Weib und Kind, die ihn erwarteten, beschämt gefühlt, aber weil er nun diese Dinge erlangt hatte, freute er sich und fühlte sich wie jemand, der mit Dingen vom Lande in die Hauptstadt gereist ist.

»So etwas habe ich erlebt«, hat man Kanken erzählen hören. Und es war derselbe Kanken, der unvorhergesehen Dinge erlangt hatte.

Also war es ein Ereignis, das man als recht zutreffend für alle Menschen der Welt, für alle gewöhnlichen Menschen, setzen kann. So hat man es erzählt und überliefert.

Wie die Gefolgsleute des Yorimitsu zum Zuschauen in der Murasaki-Heide weilten

Es ist jetzt schon lange her, da gab es drei Krieger mit Namen Taira no Sadamichi, Taira no Suetake und Sakata no Kintoki, die waren Gefolgsleute des kaiserlichen Vasallen Minamoto no Yorimitsu, des Statthalters von Settsu. Sie sahen alle glänzend aus, waren geübter Hand, furchtlosen Sinnes und gewandt in allen Dingen. Folglich vollbrachten sie auch häufig große Taten in den Ostlanden und waren gefürchtete Kriegsleute, und so schätzte sie der Statthalter von Settsu sehr hoch, hielt sie in seiner Nähe, und sie dienten ihm.

Am Tag der »Rückkehr vom Kamo-Fest« sprachen die drei nun einmal zueinander: »Das heutige Fest sollte man sich doch irgendwie ansehen«, hielten Rat und seufzten: »Wenn wir zu Pferd hintennach in die Murasaki-Heide reiten, sieht das wohl sehr häßlich aus. Wir können aber auch nicht zu Fuß gehen und uns das Gesicht verhüllen. Es wäre so schön, wenn man da zuschauen könnte, aber wie stellen wir es bloß an?« Da sprach einer: »Was denn, wir mieten einen Mönchswagen, mit dem fahren wir hin und schauen.« Doch ein anderer sagte: »Wenn wir mit einem Wagen fahren, den wir nicht gewohnt sind, könnte es sein, daß wir auf einen hohen Herrn treffen und ihn niederreißen, und er wird getreten, und wir werden ganz grundlos sterben.« Aber wieder einer sprach: »Wie wär's, wenn wir uns den Zug wie in einem Damenwagen mit herabgelassenen Innenvorhängen ansehen würden?« Da meinten die beiden anderen: »Das dürfte gut sein«, und schon mietete man einen solchen Damenwagen und brachte ihn herbei. Man ließ die Innenvorhänge herab und die drei Krieger stiegen ein, in miserable blaue Rockhosen mit Pomponröschen gekleidet. Sie nahmen alle ihre Schuhe mit in den Wagen, und da die drei auch ihre Ärmel nicht heraushängen ließen, wurde das ein sehr zweifelhafter Damenwagen.

Während man nun der Murasaki-Heide zufuhr, wurden alle drei, die samt und sonders noch nie in einem Wagen gesessen hatten, wild durcheinandergeschüttelt, wie wenn man etwas in einen Deckel legt und schüttelt, sie schlugen ihre Köpfe an den Seitenbrettern an, ihre Stirnen prallten aufeinander, und sie fielen auf den Rücken, sie kollerten herum, daß sie auf dem Bauche lagen – es war nicht zum Aushalten. Da alle seekrank waren, als sie auf diese Weise fuhren, klebte überall auf dem Trittbrett, was sie von sich gegeben, und auch ihre Hüte waren heruntergefallen. Es war wohl eine List des Rindes, daß es den Wagen so schnell zog, so schrien sie mit entstellten Stimmen »nicht so schnell, nicht so schnell«, und sowohl die Wagen, die in derselben Richtung fuhren, wie die Knechte und Bediensteten, die zu Fuß hinterhergingen und es hörten, wunderten sich: »Was für Leute mögen wohl in diesem Damenwagen fahren? Es hört sich an wie Wildgänse aus den Ostlanden, die durcheinander schreien, es ist nicht zu verstehen. Das müssen wohl Töchter von Leuten aus den Ostlanden sein, die zuschauen wollen.« Doch weil die Stimmen so laut und wie Männerstimmen wirkten, fanden es alle ganz unbegreiflich.

Auf diese Weise langte man bereits auf der Murasaki-Heide an, spannte aus und stellte den Wagen ab, aber während man nun dastand, da man zu schnell gefahren war, und auf den Festzug wartete, war den Männern wegen ihrer Seekrankheit sehr übel, es drehte sich alles vor ihren Augen, und es sah aus, als ob alle Dinge auf dem Kopf stünden. Da sie sehr seekrank waren, schliefen sie alle drei bäuchlings ein.

Inzwischen kam der Festzug, alles zog vorüber, doch weil sie wie die Toten schliefen, ging alles zu Ende, ohne daß sie das geringste merkten. Als der Zug vorbei war und man einspannte und bei den Wagen geschäftig war, wachten sie auf und erschraken. Es war ihnen übel, und weil sie geschlafen und den Zug nicht gesehen hatten, waren sie maßlos verärgert und gereizt. »Wenn man auf dem Rückweg den Wagen wieder so dahinsausen läßt, werden wir denn da noch am Leben bleiben? Das Pferd mitten in ein Kampfgewühl von tausend Menschen hineinlaufen zu lassen, das sind wir immerzu gewohnt und so schreckt es uns nicht. Hingegen seinen Leib einem einzigen armseligen Kerl von Rinderburschen anzuvertrauen und derart Schlimmes zu erfahren, was soll das für einen Nutzen haben? Würden wir mit diesem Wagen zurückkehren, könnten wir dann noch am Leben bleiben? Daher wollen wir uns nur noch ein Weilchen gedulden. Wenn dann die Straße leer geworden ist, wollen wir uns zu Fuß aufmachen.« So beschlossen sie, und nachdem sich die Menschen verlaufen hatten, stiegen sie alle drei aus dem Wagen aus und schickten ihn zurück. Dann zogen sie ihre Hüte bis auf die Nasen herunter und versteckten ihre Gesichter hinter den Fächern und kehrten in das Haus des Statthalters von Settsu an der Ersten Querstraße zurück.

Später erzählte Suetake: »Man nennt uns zwar wilde Krieger, aber zum Wagenkrieg taugten wir nicht. Wir haben es von da an gründlich satt gehabt und sind keinem Wagen mehr nahe gekommen.«

Das waren also kluge Männer mit tapferen Herzen, doch da sie noch nie in einem Wagen gefahren waren, klagten sie, als ob sie an der Seekrankheit gestorben wären, und machten sich damit lächerlich. So hat man es erzählt und überliefert.

Wie der Dichter Motosuke beim Kamo-Fest über die Erste Grosse Querstrasse ritt

Es ist jetzt schon lange her, da lebte ein Dichter namens Kiyohara no Motosuke. Da er Zweiter Vorsteher der Schatzkammer des Palastes geworden und zum kaiserlichen Abgesandten für das Kamo-Fest ernannt worden war, ritt er über die Erste Große Querstraße, vorüber an den zahlreichen nebeneinanderstehenden Wagen der jungen Höflinge, die als Zuschauer die Straßen säumten, als sein prachtvoll geschmücktes Roß heftig strauchelte und Motosuke kopfüber herabstürzte.

Während die adeligen Zuschauer noch von großem Mitleid erfüllt waren, da ein so bejahrter Greis vom Pferde gestürzt war, erhob sich Motosuke sehr rasch. Weil seine Kappe herabgefallen war, sah man, daß von seinem Haarknoten kein einziges Haar übriggeblieben war, weshalb er aussah, als ob er einen Topf aufgesetzt hätte. Sein Pferdeknecht griff mit fliegenden Händen nach der Kappe und reichte sie Motosuke, der aber setzte sie nicht auf, sondern machte eine abwehrende Handbewegung und sprach: »Nein, was bist du aufgeregt! Nur gemach. Ich habe den Herren einiges zu sagen.« Damit näherte er sich den Wagen der Höflinge. Im Schein der Abendsonne funkelte und gleißte sein Schädel, daß es ein grenzenlos erbärmlicher Anblick war. Alle, die auf der Straße waren, liefen zusammen, schauten und lärmten, rannten und schrien durcheinander. In den Wagen und auf den Schaugerüsten stellten sich alle auf die Zehen und lachten lauthals.

Unterdessen war Motosuke an den Wagen der Höflinge herangetreten und sprach: »Ihr Herren haltet wohl den Motosuke für einen einfältigen Tropf, weil er vom Pferd gefallen ist und seine Kappe verloren hat. Das solltet ihr aber keineswegs. Denn es ist doch schon eine alltägliche Tatsache, daß selbst vorsichtige Leute über etwas stolpern und hinfallen. Wie sollte es da bei einem Pferd anders sein, das diese Vorsicht nicht haben kann? Außerdem stehen die Steine auf dieser Straße stark hervor. Und dann wird das Pferd am Maul gezogen, so daß es nicht dahin gehen kann, wohin es gehen möchte, mal wird es hier, mal da herumgezogen. Also darf man nur mich, nicht aber das stürzende Roß tadeln. Wenn aber nun das Roß über die Steine stolpert und stürzt, was kann ich da machen? Mein chinesischer Sattel ist sehr flach, da ist wirklich nichts zu machen. Nun ist das Pferd heftig gestrauchelt, und deshalb bin ich heruntergefallen. Auch das ist also nicht zu tadeln. Und daß meine Kappe herunterfiel – nun, sie war ja schließlich nicht angebunden! Sie hält nur, wenn recht viel Haar in ihren Haarbeutel hineingestopft wird. Aber nun ist mein Haar ausgegangen und kein einziges Haar mehr übrig. Also darf man der herunterfallenden Kappe nicht zürnen. Ferner ist es nicht so, daß derartiges nicht schon vorgekommen wäre. Ein Kanzler Soundso geruhte am Tage der Reinigung vor der Thronbesteigung zu stürzen, auch ein Mittlerer Kabinettsrat Soundso geruhte bei der kaiserlichen Ausfahrt zur Jagd in dem und dem Jahr zu stürzen, und ein gewisser Vizekommandant geruhte am Tage der »Rückkehr vom Kamo-Fest« in der Heide von Murasaki zu stürzen. Die Fälle dieser Art lassen sich gar nicht alle aufzählen. Also dürft ihr, meine jungen Herren von heute, die ihr genauer Kenntnis entratet, darüber keineswegs lachen. Wenn ihr darüber lacht, seid ihr im Gegenteil die Dummen!« Mit diesen Worten wandte er sich an jeden Wagen und ließ sich vernehmen, indem er die Beispiele an den Fingern abzählte. Als er damit zu Ende gekommen war, zog er sich umständlich zurück, stellte sich mitten auf die Straße und rief mit sehr lauter Stimme: »Bring mir meine Kappe!« Darauf nahm er die Kappe entgegen und setzte sie auf. Da lachten und schrien alle, die ihm zusahen, wie aus einem Munde.

Zugleich fragte ihn der Pferdeknecht, der die Kappe aufgehoben hatte und nähergetreten war, um sie zu übergeben: »Warum nur habt Ihr, als Ihr vom Pferde zu fallen geruhtet, nicht sofort Eure Kappe aufgesetzt, sondern ohne Ende sinnloses Zeug geredet?« – »Schwätze nicht dumm daher, Kerl!« entgegnete Motosuke, »nur wenn man ihnen in dieser Weise die Sache auseinandersetzt, werden diese Herren später nicht mehr darüber lachen. Hätte ich es nicht getan, dann würden diese fürwitzigen Herren ewig lachen.« Damit ritt er davon.

Dieser Motosuke war ein Greis, der es sich zur Aufgabe machte, als erfahrener Mann die Leute mit wunderlichen Reden zum Lachen zu bringen, daher redete er ohne Scheu in dieser Weise. So hat man es erzählt und überliefert.

Wie Kaishû, der Abt von Gion, als Entgelt für Sutrenlesen verwendet wurde

Es ist jetzt schon lange her, da stattete ein Mönch in kaiserlichen Diensten namens Kaishû, der Abt von Gion war, dem Hause eines einflußreichen Provinzstatthalters heimliche Besuche ab.

Der Statthalter ahnte zwar etwas von dieser Sache, ließ aber die Zeit verstreichen, als wisse er von nichts, und während der Statthalter weggegangen war, kam statt dessen Kaishû herein, blieb da und benahm sich wie einer, der seine Sache wieder einmal gut gemacht hat, doch da kehrte der Statthalter zurück, und weil ihm seltsamerweise sowohl die Herrin wie die Damen so unruhig erschienen, bedachte sich der Statthalter, meinte: »Das wird's wohl sein!« und ging nach hinten in die Frauengemächer, da sah er eine Truhe, die ganz gegen die Gewohnheit ein Schloß vorgehängt hatte. »Gewiß hat man ihn hier hineingesteckt und das Schloß vorgehängt«, ging es ihm durch den Sinn, und er rief einen leitenden Gefolgsmann, ließ ihn zwei Knechte beordern, und sprach: »Bring diese Truhe sofort in den Gion-Tempel und gib sie dort als Entgelt für Sutrenlesen ab«, gab ihm einen senkrecht gefalteten Brief mit und ließ die Truhe durch den Gefolgsmann hinausziehen, wo dieser sie von den Knechten an der Tragstange wegtragen ließ. Da machten die Herrin und die Damen zwar merkwürdige Gesichter, sagten aber nichts.

Wie der Gefolgsmann nun diese Truhe zum Gion-Tempel brachte, kamen die Mönche heraus, dachten sich: »Das muß eine unerhörte Kostbarkeit sein« und sagten: »Man melde es schnell dem Abt. Vorher können wir sie nicht öffnen«, und man schickte zum Abt, um ihn zu benachrichtigen, und wartete, doch nach einer Weile kam der Bote zurück und berichtete: »Ich kann ihn nicht finden.« Unterdessen sagte der Gefolgsmann und Bote für das Sutrenlesen: »Ich kann nicht so lange warten. Da ich euch zuschaue, braucht ihr euch wohl nicht zu sorgen. Also macht einfach auf. Ich habe viel zu tun«, und die Mönche meinten: »Ja, wie wär's damit?« und überlegten noch, da ertönte aus der Truhe eine dünne und jämmerliche Stimme: »Irgendein Oberer soll nur aufmachen.« Wie die Mönche und der Gefolgsmann und Bote für das Sutrenlesen das hörten, kannte ihre Verwunderung keine Grenzen. Dennoch, da dies nun etwas war, was nicht sein sollte, öffnete man ängstlich die Truhe. Und als man nachsah, streckte der Herr Abt den Kopf zur Truhe heraus. Den Mönchen, die das sahen, standen Mund und Augen offen, und alle liefen davon, und auch der Bote für das Sutrenlesen entfloh und kehrte nach Hause zurück. Währenddessen entstieg der Abt der Truhe, rannte davon und versteckte sich.

Der Statthalter dachte darüber nach und sagte sich: »Daß ich den Kaishû wegschleppen ließ, wird sich für mancher Leute Ohren so häßlich anhören, als hätte ich ihn mit Füßen getreten. Er wird sich überall schämen müssen.« Das war sehr klug. Kaishû war von Anfang an ein großer Schwätzer, darum hat er auch in der Truhe so geredet.

Als alle Welt davon erfuhr, pries man den Statthalter: »Das hat er zu schön gemacht!« So hat man es erzählt und überliefert.

Wie der Sekretär Aso mit Räubern zusammentraf und ihnen durch List entkam

Es ist jetzt schon lange her, da gab es einen Sekretär mit Namen Aso. Er war zwar sehr klein, aber so beherzt wie ein wilder Räuber.

Sein Haus lag im Westteil der Hauptstadt, und wenn er sich zu Dienstgeschäften in den Palast begeben hatte und spät in der Nacht nach Hause zurückkehrte, ging er daher beim östlichen mittleren Tor hinaus, bestieg seinen Wagen und ließ ihn vom Palast aus in südlicher Richtung fahren. Dabei zog er alles aus, was er an Kleidern anhatte, faltete eins nach dem anderen zusammen, legte sie säuberlich unter die Matte des Wagens, breitete die Matte darüber, behielt nur die Sekretärskopfbedeckung an und die Socken und saß im übrigen ganz nackt im Wagen.

Als er nun einmal von der Zweiten Querstraße aus nach Westen einbog und etwa am Bifuku-Tor vorbeikam, brachen seitlich Räuber hervor. Sie faßten den Wagen an der Deichsel und schlugen auf den Rinderjungen ein, da ließ der Bursche das Rind im Stich und entfloh. Auch die zwei, drei Bediensteten, die zu Fuß hinter dem Wagen hergingen, liefen alle davon. Als die Räuber herankamen, den Bambusvorhang hoben und hineinblickten, saß da nackt und bloß der Sekretär, da waren die Räuber ganz verwundert, und als sie fragten: »Wie kommt denn das?«, sagte der Sekretär: »Das hat sich beim Östlichen Palast folgendermaßen zugetragen: Es sind Edelleute gekommen, und die haben alle meine Kleider weggenommen«, und weil er dabei seinen Amtsstab in die Hand nahm und aufs höflichste antwortete, als spräche er mit besseren Leuten, lachten die Räuber, wandten ihm den Rükken und gingen davon. Danach erhob der Sekretär seine Stimme, rief den Burschen, der sein Rind führte, und alle kamen herbei. Darauf kehrten sie nach Hause zurück.

Als er dies seiner Frau erzählte, lachte sie und sagte: »Du bist noch beherzter als ein Räuber!« Wahrhaftig, ein Herz zum Fürchten! Ein Herz, das so weit denkt, alle Kleider abzulegen und zu verstecken und so zu sprechen – darauf kommt keiner.

Dieser Sekretär war ein äußerst schlagfertiger Mensch, daher hat er auch so gesprochen. So hat man es erzählt und überliefert.

Wie der Abt des Klosters auf dem Kimbusen giftige Pilze ass, ohne vergiftet zu werden

Es ist jetzt schon lange her, da lebte ein alter Mönch, der war Abt des Klosters auf dem Kimbusen. Früher wurde als Abt des Kimbusen der älteste und ehrwürdigste Mönch des Klosters eingesetzt. In jüngerer Zeit kam man aber davon ab.

Da nun dieser älteste Mönch lange Jahre Abt war, gab es einen Mönch, der war der nächstälteste und wünschte brennend: »Wenn dieser Abt doch bald sterben würde! Dann würde ich Abt.« Aber der Abt war frisch und rüstig und dachte nicht im geringsten daran zu sterben. Deshalb war dieser zweitälteste Mönch schier verzweifelt, da ging es ihm durch den Sinn: »Dieser Abt ist schon über achtzig, doch er ist noch rüstiger als ein Siebzigjähriger, und ich bin auch schon siebzig. Womöglich sterbe ich vor ihm, ehe ich Abt geworden bin. Wenn ich aber diesen Abt umbringen lassen wollte, würde es sich herumsprechen und ruchbar werden, deshalb kann ich ihn nur mit Gift umbringen.« Das beschloß er zu tun.

»Was Buddha von mir denken wird, jagt mir zwar Angst ein, aber trotzdem – was kann ich anderes tun?« dachte er und sann über das geeignete Gift nach. »Was einem Menschen unfehlbar den Tod bringt, das ist der Pilz, den man Mondglanzschwamm nennt, der giftigste von allen Pilzen, denn wenn den ein Mensch gegessen hat, stirbt er unfehlbar. Ich werde welche holen und sie unsagbar schmackhaft zubereiten, ihm dann sagen: ›Das sind Blätterpilze!‹ und sie ihm vorsetzen, dann stirbt er bestimmt. Und ich werde Abt!« Nachdem er diese List ausgeheckt hatte, ging er, da es Herbst war, allein und ohne Begleitung in den Wald, brach viele Mondglanzschwämme ab und brachte sie heim. In der frühen Abenddämmerung kehrte er in seine Klause zurück und schnitt sie alle, ohne es jemand sehen zu lassen, in einen Dreifuß. Er bereitete aus ihnen ein unglaublich schmackhaftes Schmorgericht.

Nun, als es dämmerte, noch in der ersten Morgenfrühe, schickte er jemand zum Abt und ließ ihm sagen: »Bitte, kommt rasch zu mir!« Der Abt kam augenblicklich an seinem Stock daher. Der Herr der Klause nahm ihm gegenüber Platz und sprach: »Da mir gestern jemand wunderbare Blätterpilze geschenkt hat, habe ich sie geschmort und möchte Euch damit bewirten. Das ist es, was ich Euch sagen wollte. Wenn man alt an Jahren ist, hat man Lust auf schöne Dinge dieser Art.« Als er diese Worte gesprochen hatte, nickte der Abt freudig mit dem Haupte und blieb da, und so kochte er Reis, wärmte die geschmorten Mondglanzschwämme auf und setzte sie ihm in der Brühe vor, worauf der Abt sie mit großem Wohlbehagen verspeiste. Der Herr der Klause hatte wohl darauf geachtet, seine gewöhnlichen Blätterpilze von den anderen zu trennen, und aß nun diese.

Bald war das Mahl beendet und sie tranken heißes Wasser, da dachte der Herr der Klause: »Jetzt hab ich's erreicht«, und beobachtete unruhigen Herzens den Abt, ob er sich nicht bald erbrechen und vor Kopfschmerzen toll werden würde. Aber da alle diese Anzeichen ausblieben und er sich noch ungemein darüber wunderte, ergriff der Abt das Wort, indem er seinen zahnlosen Mund zu einem feinen Lächeln verzog: »All die Jahre hat der alte Priester noch keine so wunderbar zubereiteten Mondglanzschwämme gegessen.« – »Dann hat er es also gewußt!« dachte der Herr der Klause, und zu sagen »er fiel aus allen Wolken« reicht noch nicht aus. Tief beschämt brachte er kein Wort heraus und ging in sein Gemach, da kehrte auch der Abt in seine Klause zurück. Dieser Abt war nämlich ein Mönch, der schon lange Jahre Mondglanzschwämme als ständige Kost genossen hatte, ohne je vergiftet worden zu sein, und wer das nicht wußte, dem mußte der mühsam ersonnene Plan völlig fehlschlagen.

Es gibt also Menschen, die nicht im mindesten vergiftet werden, auch wenn sie giftige Pilze essen.

Die Mönche auf jenem Berg haben diese Begebenheit erzählt, und so hat man sie gehört und überliefert, – so hat man es erzählt und überliefert.

Von der Nase des Hofpriesters Zenchin in Ikenoo

Es ist jetzt schon lange her, da wohnte in Ikenoo ein Mönch, Hofpriester Zenchin genannt. Er lebte enthaltsam und übte mit gutem Glück die Geheimlehre der Wahren Worte, und da er ernsten Sinnes die Regeln des rechten Wandels ausführte, zeigten Klosterhalle, Turm und Mönchszellen von Ikenoo nicht die mindeste Spur des Verfalls, auch das ewige Licht und das Buddha-Opfer gingen nie aus, die wiederkehrenden Zuwendungen an die Mönche und die Predigten im Kloster ließ er so häufig veranstalten, daß die Zellen innerhalb des Klosters immerzu von Mönchen wimmelten. Im Badehaus ließen die Mönche des Klosters keinen Tag verstreichen, an dem sie nicht heißes Wasser sprudelnd kochen ließen. Schwatzten sie dann laut beim Baden, boten sie einen heiteren Anblick. Und weil das Kloster dergestalt aufblühte, entstanden in seiner Nachbarschaft Hütten in großer Zahl und ein belebtes Dorf dazu.

Dieser Hofpriester aber besaß eine Nase, die war an die fünf oder sechs Zoll lang, so daß man sie noch über das Kinn hinunter hängen sah. Ihre Farbe war rotviolett, und sie war aufgeplatzt, daß sie hökkerig war wie die Schale einer großen Orange. Sie juckte ihn unsäglich. Deshalb erhitzte er in einem Henkelpfännchen Wasser, bis es kochte, bohrte ein Loch in ein Tablett, daß gerade die Nase hindurchpaßte, und steckte seine Nase durch das Loch dieses Tabletts, wenn der Wasserspiegel in des Feuers Hitze brodelte. Er steckte sie in jenes Henkelpfännchen hinein und kochte sie auf, er kochte sie gründlich auf und zog sie wieder heraus, da war ihre Farbe purpurn. Darauf legte er sich auf die Seite, legte ein geeignetes Ding als Stütze unter seine Nase und hieß jemanden auf sie treten – da fuhr aus einem jeden der schwarzen Löcher ein Rauch heraus. Der andere trat fester auf die Nase – da drang aus jedem Loch ein weißes Würmlein hervor. Dann setzte man ein Zänglein an und zog aus jedem Loch einen weißen Wurm von ungefähr vier Zoll Länge heraus. Danach konnte man in die leeren Löcher sehen. Darauf hielt er seine Nase abermals in dasselbe heiße Bad und kochte sie darin wie zuvor, da schrumpfte die Nase und zog sich sehr stark zusammen und wurde klein wie die Nase jedes anderen Menschen. Aber nach zwei, drei Tagen juckte sie wieder und platzte auf und dehnte sich, und sie schwoll an und wurde groß wie zuvor.

Wenn er in diesem Zustand etwas essen oder Reisbrei schlürfen wollte, ließ er einen seiner Priesterschüler sich gegenüber Platz nehmen, der ihm mit einem flachen Brettchen von ein Fuß Länge und ein Zoll Breite unter die Nase fahren und sie hochheben mußte, bis das Mahl beendet war. War es dann beendet, ließ der Schüler die Nase herunter und ging. Als er aber einmal einen anderen die Nase heben ließ, hielt der sie so schlecht, daß er aus Zorn gar nichts aß. Deshalb setzte er jenen Priester ein, ihm fürderhin die Nase hochzuhalten.

Es geschah aber, daß dieser Priester erkrankt war und nicht kam. Und so war niemand da, der Zenchin bei seinem Reisbreiessen am Morgen die Nase hochgehalten hätte, und er grübelte, was er nun tun könne, da war ein junger Tempeldiener, der sagte: »Ich würde sie gewiß richtig hochhalten. Ich bin ganz bestimmt nicht schlechter als jener Novize.« Das hörte ein anderer Priesterschüler, der hinterbrachte es Zenchin: »Dieser Tempeldiener hat das und das gesagt«, und da der Knabe ein Tempeldiener der mittleren Stufe war, schmuck aussah und auch hohen Herrschaften gedient hatte, sprach Zenchin: »Ja, ruft diesen Knaben! Wenn er es wünscht, dann soll er meine Nase hochhalten.« Und der Knabe ward gerufen und kam.

Der Knabe nahm das Hölzchen zum Nasenhalten in die Hand, setzte sich in der rechten Haltung vor Zenchin nieder und hielt die Nase in die richtige Höhe, so daß der Hofpriester seinen Reisbrei schlürfen konnte. »Dieser Knabe ist erstaunlich geschickt. Er macht es noch besser als der Novize, den ich sonst habe«, sprach der Hofpriester und fuhr fort, seinen Reisbrei zu schlürfen, da wandte der Knabe sein Gesicht ab und nieste laut. Dabei schwankte die Hand des Knaben, das Nasenhaltebrettchen rutschte ab und die Nase fiel plumps! in die metallene Reisbreischüssel, so daß beiden, dem Hofpriester wie dem Knaben, der Reisbrei über das ganze Gesicht spritzte.

Der Hofpriester war sehr böse, nahm ein Stück Papier und wischte den Reisbrei ab, der auf Haupt und Gesicht klebte, und schrie den Knaben an: »Du bist ein unglaublich gedankenloser Bettelkerl! Wenn du nicht meine, sondern die erlauchte Nase eines fürnehmen Herrn hochhalten müßtest, würde so etwas nicht passieren! So ein geistesabwesender Tölpel! Hinaus mit dir!« So davongejagt, erhob sich der Knabe und zog sich zurück. »Gäbe es noch irgendwo auf der Welt jemanden, der eine solche Nase hat, so möchte ich sie gern hochhalten!« sagte er, »wie kann er nur so etwas Dummes sagen, der hochwürdige Herr!« Die Mönchsschüler, die das hörten, stürzten hinaus und lachten aus vollem Halse.

Es ist zu bedenken, daß diese Nase, wie auch immer sie in Wahrheit beschaffen gewesen sein mag, eine sehr wunderliche Nase war.

Alle, die des Knaben gar witzige Antwort hörten, lobten sie. So hat man es erzählt und überliefert.

Wie der Mittlere Kabinettsrat von der Dritten Querstrasse gewässerten Reis ass

Es ist jetzt schon lange her, da lebte ein Mann, den man den Mittleren Kabinettsrat von der Dritten Querstraße nannte. Mit Namen hieß er Fujiwara Tomonari. Er war der erlauchte Sohn eines Mannes, der Kanzler zur Rechten von der Dritten Querstraße hieß. Weil er mit klugem Verstande begabt war, wußte er trefflich in allen Dingen Chinas wie in allen Dingen unseres Reiches Bescheid, er war bedachtsam, beherzt und willensstark. Auch blies er die Mundorgel mit höchster Fertigkeit. Weil er auch sorgsam veranlagt war, war sein Haushalt zu Wohlstand gekommen.

Er war von hoher Gestalt und sehr beleibt, und da seine Beleibtheit so zugenommen hatte, daß sie ihn quälte, rief er den Arzt Wake Shigehide und sprach zu ihm: »Was kann ich nur gegen meine außerordentliche Beleibtheit tun? Mein Leib ist so schwer, daß mir Aufstehen und Hinsetzen außerordentlich beschwerlich sind.« Der Arzt sprach darauf: »Ihr müßt im Winter in heißem Wasser eingeweichten Reis essen, im Sommer solchen, der in kaltem Wasser eingeweicht wurde.«

Es war um die Zeit des Sechsten Monats, als der Mittlere Kabinettsrat den Arzt bat: »Wenn es möglich ist, bleibt ein wenig hier und seht zu, wie ich den Wasserreis zu mir nehme.« Der Arzt folgte der Bitte und verweilte, worauf der Mittlere Kabinettsrat nach seinem Diener rief und ein Diener hereinkam. »Bring mir den Wasserreis, wie ich ihn zu essen pflege!« sagte der Kabinettsrat, und der Diener eilte hinweg.

Es dauerte nur eine kurze Weile, dann brachte er den einen Teil eines Tischpaares herein und setzte ihn vor seinem Herrn nieder. Auf den Tisch legte er nur zwei Stützen für die Stäbchen. Darauf trugen Diener mit hocherhobenen Händen die Schüsseln herein. Als die Diener diese auf den Tisch setzten, sah man, daß in einer mittelgroßen Schale etwa zehn an die drei Zoll dicke, nicht zerschnittene Scheiben heller getrockneter Melonen sich häuften. Eine andere mittelgroße Schale war gefüllt mit ungefähr dreißig großen und dicken eingelegten Forellen, von denen nur Kopf und Schwanz entfernt waren. Eine große Metallschüssel war beigegeben. Alles nahm und stellte man auf den Tisch.

Dann kam ein Mann, der trug schwer an einem großen silbernen Henkeltopf, in dem ein großer silberner Löffel steckte, und setzte auch diesen vor. Nun ergriff der Mittlere Kabinettsrat die Metallschüssel, hielt sie dem Diener hin und sprach: »Fülle mir diese!« Der Diener schöpfte mit dem Löffel Reis hinein, bis er sich hoch häufte, an den Rand schüttete er ein wenig Wasser. Als darauf der Mittlere Kabinettsrat den Tisch zu sich heranzog und die Metallschüssel aufhob, hielt er sie in so großen Händen, daß die Schüssel trotz ihrer Größe sich ganz passend ausnahm. Zuerst nahm er drei Stück getrocknete Melonen und verspeiste jede in drei Bissen. Als nächstes verspeiste er fünf oder sechs eingelegte Forellen – jede in zwei Bissen. Als nächstes zog er den gewässerten Reis zu sich heran und schien die Stäbchen nur zweimal hin und her zu bewegen, schon war der Reis verschwunden und er schob die Metallschüssel beiseite mit den Worten: »Fülle sie noch einmal!«

Da sprach der Arzt: »Selbst wenn Ihr Euch streng an den Wasserreis hieltet, wenn Ihr ihn in solchen Mengen einnehmt, könnt Ihr Euer Gewicht nicht vermindern.« Sprach's und machte sich davon, und wenn er es später jemandem erzählte, gab es allemal ein großes Gelächter.

Daher wurde der Mittlere Kabinettsrat immer fetter und sah schließlich wie ein Ringkämpfer aus. So hat man es erzählt und überliefert.

Wie ein heiliger Mann, der Körnerfrucht mied, ausgelacht wurde, weil er Reis besass

Es ist jetzt schon lange her, da lebte an einem Hataki-Berg genannten Ort unter der erlauchten Herrschaft des Kaisers Montoku ein heiliger Mann, der sich seit langen Jahren der Körnerfrucht enthielt. Der Kaiser hörte davon, lud ihn zu sich ein, ließ ihn im Park der Götterquelle wohnen und glaubte und vertraute ihm über alle Maßen. Da sich dieser heilige Mann für immer der Körnerfrucht enthielt, fristete er sein Leben, indem er die Blätter der Bäume nahm und aß.

Es sprachen aber mehrere junge und übermütige Hofleute, die sich über alles lustig machten: »Auf, laßt uns gehen und den heiligen Mann, der Körnerfrucht meidet, besuchen!« Und sie gingen zu dem Ort, an dem jener heilige Mann wohnte. Als sie sahen, daß der heilige Mann eine ungeheuer ehrwürdige Erscheinung bot, verneigten sich die Höflinge und fragten ihn: »Heiliger Mann, wieviel Jahre ist es her, daß Ihr die Körnerfrucht zu meiden geruht? Und wieviele Jahre geruht Ihr zu zählen?« Der heilige Mann sprach: »An Jahren zähle ich schon siebzig, und weil ich seit meiner Jugend die Körnerfrucht gemieden habe, sind es nun auch schon mehr als fünfzig Jahre.« Als sie das hörten, sagte einer von den Höflingen heimlich: »Wie mag der Kot von jemandem aussehen, der Körnerfrucht meidet? Er gleicht sicher nicht dem von gewöhnlichen Menschen! Auf, laßt uns gehen und nachsehen!« So verabredeten sie sich, und als zwei, drei zum Abtritt gingen und nachsahen, fanden sie viele Reiskörner in seinem Kot.

Als sie das sahen, sprachen sie voller Verwunderung und Zweifel: »Wie kann jemand, der Körnerfrucht meidet, so etwas hervorbringen?« Sie kehrten zum Wohnsitz des heiligen Mannes zurück, und während der heilige Mann vorübergehend seinen Platz verlassen hatte, drehten sie die Matte, auf der er zu sitzen pflegte, um und sahen, daß im Dielenboden ein Loch und darunter die Erde ein wenig ausgehoben war. Das kam ihnen verdächtig vor und sie schauten genau hin, da sahen sie einen Leinenbeutel, in dem geschälter Reis eingepackt war. Als die Höflinge das sahen, dachten sie: »Ja, wenn das so ist...«, legten die Matte wie vorher hin und verweilten, bis der heilige Mann zurückkam. Da lächelten die Höflinge, und dann riefen und schrien sie lachend: »Der heilige Reis-Scheißer, der heilige Reis-Scheißer!« Der heilige Mann aber nahm beschämt Reißaus. Wohin er danach gegangen war, hat niemand je erfahren.

Es wußte also wirklich niemand, daß dieser Mann durch einen Betrug als heilig gelten wollte, heimlich aber Reis versteckt hielt, man kannte ihn vielmehr als Verächter der Körnerfrucht, sogar der Kaiser geruhte ihm zu glauben und zu vertrauen, wie auch die Menschen ihn verehrten. So hat man es erzählt und überliefert.

Wie ein Bandwurm zum Statthalter von Shinano ernannt wurde und sich auflöste

Es ist jetzt schon lange her, da hatte eine Frau in ihrem Leib einen Bandwurm. Sie wurde die Ehefrau eines Herrn Soundso, wurde schwanger und gebar einen Sohn. Diesen Sohn nannte man Soundso.

Nach und nach wuchs er heran, und nach seiner Mündigkeitsfeier bekam er ein Amt und wurde schließlich Statthalter von Shinano.

Als er zum ersten Mal in diese Provinz hinauszog, gab man ihm an der Grenze ein Empfangsmahl. Nachdem sich der Statthalter zu diesem Gastmahl eingefunden und seinen Platz eingenommen hatte und sich sowohl seine Mannen in großer Zahl wie auch Leute aus der Provinz in Scharen hinbegeben hatten, blickte der Statthalter die Tafel hinunter und sah, daß angefangen mit dem Tischlein vor ihm selbst bis hin zum letzten Tischlein lauter Walnüsse, die auf vielerlei Art zubereitet waren, die Schüsseln füllten. Bei diesem Anblick fühlte sich der Statthalter unerträglich elend und es war ihm nicht anders zumute, als ob alle Flüssigkeit aus seinem Körper gepreßt würde. Daher sprach er in seinem Elend: »Warum setzt man bei diesem Mahl so viele Walnüsse vor? Was hat es damit auf sich?« Als er so fragte, antwortete jemand aus der Provinz: »In dieser Provinz stehen allerorten Nußbäume. Deshalb haben wir als Gericht für den Herrn Statthalter wie auch für Hoch und Niedrig aus den Amtsstuben nur solche Walnüsse auf zehntausenderlei Art dargebracht.« Nach dieser Antwort war dem Statthalter noch weit elender zumute, und es war ihm, als ob alle Flüssigkeit aus seinem Körper gepreßt würde.

Wie er nun in seiner Qual einen so herzzerreißenden Anblick bot, war da der Vize-Statthalter dieser Provinz, ein alter Mann, der alle Dinge kannte und alles verstand. Der sah die Miene des Statthalters und verwunderte sich sehr, so daß er auf den Gedanken kam: »Ob es sein könnte, daß dieser Statthalter ein Bandwurm ist, der als Mensch geboren, zum Statthalter dieser Provinz ernannt wurde und hierherkam? Wenn ich seine Miene betrachte, kommt er mir ganz und gar unbegreiflich vor. Ich will ihn auf die Probe stellen.« Er rieb Walnüsse dick in alten Reiswein hinein, schüttete ihn in ein Henkelpfännchen, erhitzte es, bis es wallend kochte, und ließ es jemand aus der Provinz halten, während er selbst eine Trinkschale auf ein Tragebrettchen setzte, dies bis an die Augen hob und in ehrerbietiger Weise zum Platz des Statthalters brachte. Wie nun der Statthalter die Trinkschale ergriffen hatte, hob der Vizestatthalter das Henkelpfännchen und goß die Schale, die der Statthalter in der Hand hielt, mit Reiswein voll; da aber in den Reiswein Walnüsse dick hineingerieben waren, erschien der Reiswein weiß und trübe gefärbt.

Als der Statthalter das sah, wurde ihm sehr übel und er fragte: »Ihr habt mir eine Schale mit Reiswein vollgeschenkt, aber die Farbe dieses Weines ist anders als die des gewöhnlichen Weines, weiß und trübe, wie kommt das?« Der Vize-Statthalter gab zur Antwort: »Es ist in dieser Provinz ein alter Brauch, wann immer ein Empfangsmahl an der Grenze für den neuen Statthalter gegeben wird, in über dreijährigen alten Wein Walnüsse dick hineinzureiben und einen Beamten aus dem hiesigen Amtsgebäude dem Statthalter das Gefäß darbringen zu lassen, worauf der Statthalter, wie es fester Brauch ist, trinken muß.« Während er das mit feierlichem Ernst sagte, hörte der Statthalter zu, wurde leichenblaß und bebte am ganzen Leibe.

Trotzdem sagte der Vize-Statthalter unbarmherzig: »Es ist Euch bestimmt, das zu trinken.« Da zog der Statthalter zitternd und bebend die Weinschale heran und sprach: »In Wahrheit bin ich ein Bandwurmmann. Ich halte es nicht mehr aus« – und plötzlich wurde er zu Wasser und zerfloß. Daher schwand auch der Leichnam dahin. Als seine Mannen das sahen, erschraken sie und erhoben ein Geschrei: »Was geht hier vor?« Und des Erstaunens und Lärmens war kein Ende.

Da sprach der Vize-Statthalter: »Ihr da, kennt Ihr denn diese Dinge nicht? Es handelt sich hier um einen Bandwurm, der zu einem Menschen wurde und als solcher geboren ward. Als er die vielen Walnüsse sah, die man aufgetragen hat, konnte ich an seiner Miene sehen, daß er ungeheure Qualen litt, und da ich einmal etwas gehört hatte, wollte ich ihn auf die Probe stellen. Deshalb wartete ich ihm in dieser Weise auf, er aber konnte es nicht ertragen und geruhte sich aufzulösen.« Nach diesen Worten kehrte er ihnen zusammen mit den Leuten aus der Provinz den Rücken und ging in seine Provinz zurück. Die Begleiter des Statthalters sahen ein, daß an der Sache nichts mehr zu ändern sei, und kehrten in die Hauptstadt zurück. Als sie den Vorfall erzählten, vernahmen es auch Weib und Kind und die ganze Sippe des Statthalters und wußten von da an, daß er ein Mensch war, der aus einem Bandwurm entstanden war.

Man überlege sich also: Sogar ein Bandwurm ist in dieser Weise als Mensch geboren worden! Wer davon hörte, hörte es und lachte. Da es eine seltsame Begebenheit war, hat man sie so erzählt und überliefert.

Von dem Manne, der in Shinohara in der Provinz Ōmi in eine Grabkammer ging

Es ist jetzt schon lange her, da kam ein Mann niederen Standes, der nach der Provinz Mino zog, durch einen Ort namens Shinohara in der Provinz Ōmi, als der Himmel sich verfinsterte und ein Regen niederfiel. »Ob es ein Plätzchen gibt, wo ich mich unterstellen könnte?« dachte er und hielt Ausschau, aber da es mitten auf weiter Flur war, fern von menschlichen Spuren, gab es keinen Platz, wo er sich hätte unterstellen können. Da fiel ihm der Eingang in einen Grabhügel ins Auge und er kroch hinein, doch als er sich eine Weile darin aufgehalten hatte, war die Sonne schon untergegangen und die Finsternis hereingebrochen.

Da der Regen unaufhörlich fiel, dachte er: »Dann bringe ich diese Nacht eben hier in der Grabkammer zu.« Er blickte in das Innere, und als er sah, daß es sich verbreiterte, fühlte er sich sehr erleichtert, ging tiefer hinein, und während er dort saß, hörte er ganz spät in der Nacht, daß etwas hereinkam. Da es finster war, konnte er nichts sehen, er hörte nur die Geräusche und wehklagte in seinem Herzen: »Das ist gewiß ein Dämon. Weh, ich wußte nicht, daß es eine Grabkammer ist, in der ein Dämon haust, und bin hineingegangen, und nun muß ich heute nacht mein Leben lassen!« Und wie das Wesen, das da kam, immer näher rückte, war der Mann außer sich vor Grauen. Da er aber dennoch nicht mehr fliehen konnte, drückte er sich an die Wand und kauerte sich nieder, ohne ein Geräusch zu machen, da war dieses Wesen ganz nahe herangekommen und setzte als erstes plumps! etwas auf den Boden. Als nächstes legte es Dinge nieder, die raschelten. Danach hörte er, wie es sich niederließ. Das war wie bei einem Menschen.

Nun war unser Mann zwar niedrigen Standes, aber er war ein Kerl mit Verstand und Witz und dachte über das Gehörte nach: »Es könnte jemand sein, der auf dem Wege zu Menschen war, der aber, da es regnete und die Sonne unterging, in diese Grabkammer hineinging, nicht anders wie auch ich hier hineingegangen bin, und was er vorhin abstellte, das ist wohl etwas, was er bei sich hat und das beim Abstellen plumps machte. Als nächstes hörte ich wohl das Geräusch des Strohumhangs, der beim Ausziehen und Hinlegen raschelte.« So gingen seine Gedanken, weil er aber auch noch dachte: »Vielleicht ist es der Dämon, der in dieser Grabkammer haust«, gab er keinen Laut von sich, spitzte aber die Ohren und verharrte lauschend, da sprach der Neuankömmling mit der Stimme eines Menschen, ohne daß man bestimmen konnte, ob es ein Mann, ein Priester oder ein Knabe war, die folgenden Worte: »Vielleicht geruht in dieser Grabkammer eine Gottheit zu wohnen. Wenn es so ist, möge sie bitte dies essen. Ich bin ein Reisender, und als ich hier vorüberkam, fiel ein starker Regen und es war schon spät in der Nacht, da dachte ich: nur diese Nacht, und habe mir erlaubt, diese Grabkammer zu betreten.« Als er so gesprochen hatte und die Dinge, als ob er ein Opfer darbrächte, niederlegte, fiel unserem Mann doch ein kleiner Stein vom Herzen, und es fuhr ihm durch den Kopf: »Also ist es doch so!«

Da aber die niedergelegten Dinge nahe waren, dachte er: »Was mag das sein?« und streckte insgeheim die Hand aus und tastete umher, da fand er drei kleine Reiskuchen liegen. Unser Mann kam nun zu folgender Überlegung: »Da hat also doch ein ehrlicher Mann auf der Reise Dinge aus seinem Besitz als Opfer hingegeben!« Und da er sich müde gelaufen hatte und hungrig war, nahm er diese Reiskuchen und aß sie heimlich auf.

Der Neuankömmling tastete, als nur wenig Zeit verstrichen war, nach den Reiskuchen, die er hingelegt hatte, aber da waren sie weg.

Da muß er geglaubt haben, daß wahrhaftig ein Dämon hier war, der sie gefressen hatte, denn er sprang im Nu auf, griff nicht nach dem Ding, das er getragen hatte, ließ auch seinen Strohumhang und Hut im Stich und rannte hinaus und davon. Weil er nun entflohen war, ohne sich um seine Kleider zu kümmern, dachte unser Mann: »Ja, so ist es, der Mann, der hierher kam, ist vor Schreck geflohen, weil ich die Reiskuchen gegessen hatte. Gut haben sie mir geschmeckt!« Als er nach den hinterlassenen Dingen tastete, fand er einen prallgefüllten Beutel, von einer Hülle aus Hirschleder umgeben. Auch Strohumhang und Strohhut waren da. »Das ist sicher ein Kerl, der aus Mino nach der Hauptstadt wandert«, dachte er, und dann fiel ihm ein: »Wenn er aber Nachforschungen anstellt...« Deshalb lud er sich noch in der Nacht diesen Beutel auf, zog Strohumhang und Strohhut an und verließ die Grabkammer. »Falls nun aber jener Kerl in ein Dorf kommt, von dem Vorfall erzählt und zusammen mit den Leuten hierher käme...« dachte er weiter und ging deshalb in eine von den Menschen weit entfernte Gegend mitten im Gebirge, wo nach einer Weile der Morgen dämmerte.

Da öffnete er diesen Beutel und sah, daß er voll war von Seide, Leinen und Flockseide. Weil er das nicht erwartet hatte, dachte er: »Das hat der Himmel für mich bestimmt!« und freute sich, und er zog von dort aus weiter an den Ort, wohin er gehen wollte. So ein Glückskerl, dem unerwartet etwas in den Schoß fiel! Daß der andere Kerl sich davonmachte, ist höchst verständlich. Offenbar wäre jeder geflohen. Unser Mann war aber sehr kaltblütig.

Diese Begebenheit ward vernommen und überliefert, da unser Mann sie bis an sein Lebensende vor Weib und Kind erzählte. Wer der andere Kerl war, ist für immer unbekannt geblieben. Hier hat also ein grundgescheiter Kerl, war er auch von niederem Stande, sogar in einem solchen Augenblick alles durchschaut, sich wacker gehalten und unerwarteten Gewinn davongetragen. Daß dabei unser Mann die Reiskuchen aß und der Neuankömmling deshalb floh, wird man jedenfalls ergötzlich gefunden haben. Und da es eine seltsame Begebenheit war, hat man sie so erzählt und überliefert.

Wie ein Räuber in den Oberstock des Rashō-Tores stieg und eine Leiche sah

Es ist jetzt schon lange her, da hatte sich ein Mann, der aus der Gegend der Provinz Settsu nach der Hauptstadt gekommen war um zu rauben, noch bei Tageslicht am Fuß des Rashō-Tores verborgen, und wie er so stand, und wie in der Richtung der Scharlachvogelstraße mehrfach Menschen gingen und er im Gedanken: »Bis es von Menschen ruhig ist« wartete, waren die Stimmen vieler Menschen zu hören, die aus der Richtung von Yamashiro kamen, und da dachte er: »Sie sollen mich nicht sehen können«, und erklomm leise den Oberstock, doch als er sich umsah, brannte da schwach ein Licht.

Der Räuber fand das seltsam, und als er durch das Fenstergitter spähte, lag da eine junge Frau tot ausgestreckt. An ihrem Kopfende war ein Licht angezündet, und das weiße Haar einer sehr alten Frau stach hell hervor, diese aber befand sich am Kopfende der Toten und riß das Haar der Toten aus. Als der Räuber das sah, konnte er es nicht begreifen, daher fürchtete er sich im Gedanken: »Wenn das nun ein Teufel wäre?« – dachte indessen wiederum: »Vielleicht ist es auch eine Tote. Ich will versuchen, sie zu erschrecken«, und öffnete leise die Tür, zog das Schwert, und wie er mit den Worten: »He du, he du!« hinrannte, ließ die Frau die Haare fahren, rang die Hände und war ganz verwirrt, und als der Räuber fragte: »Was für eine Frau ist das, der du solches antust?«, antwortete die Frau: »Derjenige, welcher ihr Herr war, ist gestorben, und da es niemanden gibt, der sich um sie kümmert, habe ich sie hierher gelegt. Weil ihr Haar gar so lang ist, ziehe ich es aus, um Perücken zu machen. Ach verschone mich!« Und als sie so sprach, nahm der Räuber gewaltsam das Gewand, welches die Tote trug, und das Gewand, welches die Frau trug, und die ausgerissenen Haare, lief nach unten und entfloh.

Nun, im Oberstock dieses Tores befanden sich viele Totengebeine. Konnte man einen Verstorbenen nicht bestatten, so legte man ihn oben in dieses Tor. Dies erzählte jener Räuber den Leuten, und diese gaben weiter, was sie hörten, und so hat man es erzählt und überliefert.

Wie Hakamadare sich auf dem Grenzschrankenberg tot stellte und einen anderen umbrachte

Es ist jetzt schon lange her, da gab es einen Räuber namens Hakamadare. Da er den Raub zu seinem Handwerk gemacht hatte, wurde er ergriffen und im Gefängnis eingesperrt, bei einer Großamnestie aber wurde er wieder hinausgeworfen und ging davon, weil es jedoch keinen Ort gab, wohin er sich hätte aufmachen können, und weil ihm auch nichts einfiel, was er hätte tun können, ging er zum Grenzschrankenberg, legte sich nackt und ohne etwas, das den Körper gegen den Tau bedeckte, an den Wegrand und stellte sich tot, und also sahen ihn die Leute, die auf dem Wege gingen und kamen, und während sie schauten und zur Seite drängten und redeten und lärmten: »Wie mag er wohl gestorben sein, so ganz ohne Wunde?« – war gerade ein gut berittener Krieger, Pfeil und Bogen auf dem Rücken, mit vielen Gefolgsleuten und Gesinde von der Hauptstadt her gekommen, der aber sah die vielen Leute derart beisammen stehen und schauen, hielt unvermutet sein Pferd an, und wie er sich an einen Gefolgsmann wandte und ihn darauf hinwies: »Was schauen die dort?«, lief der Gefolgsmann näher hin und sah nach, doch sobald der Herr ihn sagen hörte: »Es ist ein Toter ohne Wunde«, zog er seine Truppe zusammen, ergriff seinen Bogen, trieb sein Pferd an, und als er so vorüberritt, die Augen auf die Seite geheftet, wo sich der Tote befand, klatschten die Leute, die dies sahen, in die Hände und lachten, und unter ihrem Gelächter und Spott – »Wenn ein Krieger mit so vielen Gefolgsleuten und Gesinde einen Toten trifft und ihm da ein kühles Herz nötig scheint, dann ist das wohl ein fürchterlicher Ritter!« – zog der Ritter vorüber.

Als danach die Leute alle hierhin und dahin auseinandergingen und sich niemand mehr in der Nähe des Toten befand, zog abermals ein Ritter vorbei. Dieser hatte weder Gefolgsleute noch Gesinde, er trug nur Pfeil und Bogen auf dem Rücken, näherte sich ohne weiteres dem Toten, sagte: »Der arme Kerl! Wie wird er wohl gestorben sein? Er hat nicht einmal eine Wunde!«, und stieß ihn mit dem Bogen hin und her – da aber packte dieser Tote plötzlich den Bogen, sprang auf, riß ihn vom Pferd herunter, und unter den Worten: »So macht man's mit so einem Trottel von Feind!« zog er das Schwert, das der Ritter vorne stecken hatte, und erstach ihn.

Nun zog er ihm die Hosen ab und schlüpfte hinein, nahm Bogen und Köcher und hing sie sich auf den Rücken, kletterte auf das Pferd und ritt gen Osten, als ob er flöge, weil er sich aber mit zehn, zwanzig Kerlen verschworen hatte, die gleicherweise hinausgeworfen wurden und nackt waren, machte er die, welche zuletzt kamen und mit ihm zusammentrafen, zu seinen Genossen, und wen immer sie auf dem Weg trafen, dem nahmen sie Hose und Pferd, und sie raubten Bogen und Pfeile und Kriegswaffen in großer Zahl, und er ließ die Nackten sich kleiden, die Waffen ordnen und die Pferde besteigen, und als er so mit zwanzig, dreißig Gefolgsleuten davonzog, war er ein Kerl, dem kein Feind entgegentrat.

Läßt man einem solchen Kerl nur ein bißchen Spielraum, dann treibt er solche Dinge. Kommt ihm einer nahe, ohne dies zu wissen, und die Gelegenheit ist günstig – sollte er da nicht stracks zugreifen? Als man an den Reiter dachte, der zu Beginn voll Wachsamkeit vorbeiging, und man sich nach ihm erkundigte – »Wer mag es wohl gewesen sein? Ein kluger Mann!« – war es Muraoka no Gorô Taira no Sadamichi. Und als man hörte, es sei dieser, sagten die Leute: »Das muß ja so sein!« Es war sehr klug, daß er dies erkannte und unverzüglich vorbeiging, obwohl er so viele Gefolgsleute und Gesinde bei sich hatte. Daß aber einer ohne Gefolgsleute nahe hinzutrat und getötet wurde, das ist erbärmlich – so spendeten die Leute, die davon hörten, Lob und Tadel, indem sie davon schwatzten. So hat man es erzählt und überliefert.

Wie eine Frau, die zum Toribe-Tempel pilgerte, einem Räuber begegnete

Es ist jetzt schon lange her, da hatte jemand eine Frau, die war ganz versessen auf Wallfahrten. Wer diese Frau war, sage ich aus gutem Grunde nicht. An Jahren war sie gegen dreißig, und sie war schön von Gestalt und anmutig. Diese Frau nun sagte: »Der krankenheilende Nothelfer Binzuru im Toribe-Tempel soll eine ganz ungewöhnliche Wunderkraft besitzen«, und brach, nur begleitet von einem kleinen Mägdlein, um die Mittagsstunde des zwanzigsten Tages im Zehnten Monat prächtig gewandet zur Wallfahrt auf, und sie war schon am Ziel angelangt, als ein auffallend gekleideter Knecht hinterherkam.

Dieser Knecht packte im Tempelbezirk die junge Magd der Frau am Ärmel. Das Mägdlein fürchtete sich und weinte. Da man sich mitten im freien Feld befand, wo keine Nachbarn in der Nähe wohnten, bekam die Herrin einen furchtbaren Schreck, als sie das sah. Der Mann packte die junge Magd und fuhr sie an: »Los, los, sonst bringe ich dich um!«, zog sein Schwert und setzte ihr die Spitze auf den Leib. Das Mägdlein brachte keinen Laut mehr heraus, löste ein Kleidungsstück nach dem andern und warf alles von sich.

Der Mann nahm die Kleider an sich und packte nun die Herrin. Die Herrin empfand es als entsetzlich schmachvoll, doch sie wußte sich nicht zu helfen. Der Mann zog die Herrin hinter die Buddha-Statue und legte sich mit ihr hin. Da sie sich nicht weigern konnte, folgte sie dem Willen des Mannes. Danach stand der Mann auf, riß der Herrin die Kleider vom Leibe und sprach: »Weil es unziemlich wäre, lasse ich dir die Rockhose«, dann rannte er, die Kleider der Herrin und der Dienerin in Händen, in die östlichen Berge, wo er verschwand.

Da dies geschehen, saßen Herrin und Dienerin weinend da, aber das nützte ihnen nun auch nichts mehr. Weil sie nicht so sitzen bleiben konnten, ging das Mägdlein zu einem Priester des Kiyomizu-Klosters und sagte: »Die Dame Soundso ist zum Toribe-Tempel gepilgert, da wurden ihr die Kleider vom Leibe gerissen und jetzt sitzt sie nackt im Tempel.« Sie borgte ein Mönchsgewand von hellgrauer Farbe und für sich selbst borgte sie ein Gewand von grober Seide und zog es an, dann gab man ihr einen Priester als Begleitung, mit dem sie zum Toribe-Tempel zurückging, wo sie der Herrin das Gewand zum Anziehen gab. Als sie nach der Hauptstadt zurückkehrten, kam ihnen in der Flußniederung ein Wagen entgegen, mit dem sie abgeholt wurden, und mit diesem fuhren sie in ihr Haus zurück.

Darum also muß man verhindern, daß Frauen in der Einfalt ihres Herzens zu Fuß eine Wanderung antreten. Es geschehen so entsetzliche Dinge. Wenn dieser Mann, nachdem er mit der Herrin vertraut geworden war, doch wenigstens weggegangen wäre, ohne ihr auch noch die Kleider zu nehmen! So eine niederträchtige Gesinnung! Dieser Mann war ursprünglich ein Samurai, der wegen eines Diebstahls im Kerker saß und danach als Freigelassener in der Polizeibehörde niederen Dienst tun mußte.

Obwohl diese Angelegenheit vertuscht wurde, redete alle Welt darüber, so hat man es erzählt und überliefert.

Wie ein Mann, der mit seiner Frau nach Tamba reiste, am Berg Ōe gefesselt wurde

Es ist jetzt schon lange her, da reiste ein Mann aus der Hauptstadt, dessen Frau aus der Provinz Tamba stammte, mit seiner Frau in die Provinz Tamba; seine Frau ließ er auf dem Pferde reiten, während er hinterdrein ging, einen Köcher umgehängt, in dem an die zehn Pfeile steckten, und einen Bogen in der Hand. Da gesellte sich in der Umgebung des Berges Ōe ein junger Mann zu ihnen, der nur mit einem Schwert gegürtet war und sehr kräftig aussah.

Wie sie nun miteinander dahinzogen, gerieten sie ins Gespräch und fragten einander nach Dingen wie: »Wohin des Weges, mein Herr?«, und so ging es weiter, bis der mit dem Schwert gegürtete Mann, der sich ihnen eben angeschlossen hatte, den anderen also anredete: »Dieses Schwert, das ich am Gürtel trage, ist ein hochberühmtes Schwert, das ich aus der Provinz Mutsu geerbt habe. Schaut es Euch bitte an!« Damit zog er es aus der Scheide und wies es ihm, und es war in der Tat ein wunderbares Schwert. Als der andere Mann das Schwert sah, wurde er von grenzenloser Begierde gepackt. Der junge Mann sah die Miene des anderen und sprach: »Wenn Euch dieses Schwert etwas bedeutet, tauscht es doch gegen den Bogen, den Ihr zu besitzen geruht.« Weil es nun mit dem Bogen, den der andere trug, nicht sehr weit her war, jenes Schwert aber wahrhaftig ein vorzügliches Schwert war und es ihn zudem nach dem Schwert gelüstete, glaubte der Bogenträger, einen unglaublichen Vorteil zu erringen, und nahm bedenkenlos den Tausch vor.

Wie sie nun weiterzogen, sagte der junge Mann: »Wenn ich nur einen Bogen trage, mache ich mich in den Augen der Leute lächerlich.

Leiht mir doch bitte, solange wir im Gebirge sind, zwei Pfeile! Es kommt Euch, da ich ja ohnedies in Eurer Begleitung gehe, doch sicher nicht darauf an?« Als der andere diese Worte hörte, dachte er: »Wahrhaftig nicht!«, und da er zudem voller Freude war, ein gutes Schwert gegen einen schlechten Bogen eingetauscht zu haben, zog er zwei Pfeile heraus und gab sie ihm, wie er es gewünscht hatte. Nun hielt der andere den Bogen und zwei Pfeile in Händen und ging hinterdrein. Der Ehemann zog dahin, nur noch den Köcher umgehängt und das Schwert gegürtet.

Als sie bald darauf, um ihr Mittagsmahl zu verzehren, in das Gebüsch hineingingen, sagte der junge Mann: »So nahe vor den Leuten schickt es sich nicht. Gehen wir noch etwas weiter hinein!« Und so drangen sie tiefer hinein. Wie der Ehemann die Frau vom Pferde hob, legte der Mann mit dem Bogen plötzlich einen Pfeil auf die Bogensehne, zielte auf den anderen Mann, spannte die Sehne mit aller Kraft und sagte: »Wenn du dich bewegst, erschieße ich dich!« Der andere, dem das völlig unerwartet kam, blieb daraufhin fassungslos vor ihm stehen. Nun befahl der junge Mann drohend: »Geht tiefer in den Wald hinein, los, los!«, daher ging er, da ihm sein Leben lieb war, mit seiner Frau zusammen an die sieben-, achthundert Schritt in den Wald hinein. Als nun der junge Mann befahl: »Wirf Schwert und Messer weg!«, warf er beides weg, da näherte sich der junge Mann, packte ihn und warf ihn zu Boden, nahm den Halfterriemen des Pferdes und band ihn damit fest an einen Baum.

Darauf näherte er sich der Ehefrau und sah, daß er eine Frau von wenig mehr als zwanzig Jahren vor sich hatte, die wohl niederen Standes war, aber dennoch Liebreiz besaß und von großer Schönheit war. Als der Mann sie anblickte, ward er anderen Sinnes und vergaß alles um sich herum, und er begann die Kleider der Frau zu lösen, und die Frau, da sie sich ihm nicht verweigern konnte, tat wie er wollte und löste ihre Kleider. Darauf streifte auch der Mann seine Kleider ab, nahm die Frau in seine Arme, bettete sie auf den Boden und legte sich zu ihr. Da die Frau nichts ausrichten konnte, fügte sie sich dem Willen des Mannes – doch was muß ihr Ehemann empfunden haben, da er gefesselt ihnen zusah!

Hinterher stand der Mann auf, kleidete sich an wie vorher, hängte sich den Köcher um, nahm das Schwert und gürtete sich damit, ergriff den Bogen und schwang sich auf das Pferd; zu der Frau sprach er: »Es betrübt mich zwar sehr, aber da ich nun nichts mehr ändern kann, gehe ich weg. Dir zuliebe töte ich deinen Mann nicht. Aber das Pferd will ich reiten, um schnell zu entkommen.« Damit galoppierte er ungestüm davon und keiner wußte, wohin er ritt.

Danach ging die Frau hin und befreite den Mann von seinen Fesseln, und da der Mann eine Miene machte, als sei er nicht mehr er selbst, sagte die Frau zu ihm: »Du hast ein feiges Herz. Von heute an werde ich in dieses Herz kein Vertrauen mehr setzen.« Darauf konnte der Ehemann nicht das mindeste erwidern, und er ging mit ihr von da weiter nach Tamba.

Das Herz des jungen Mannes war sehr schamhaft. Er beraubte die Frau nicht ihrer Kleider. Das Herz des Ehemannes war sehr einfältig. Mitten im Gebirge einem Mann, der ihm noch nie unter die Augen gekommen war, Bogen und Pfeile zu überlassen, war wirklich töricht.

Von diesem Mann hat man nie mehr etwas gehört. So hat man es erzählt und überliefert.

Wie eine Frau von Bettlern gepackt wurde, ihr Kind im Stich liess und floh

Es ist jetzt schon lange her, da gingen zwei Bettler zusammen durch einen Wald im Distrikt *** der Provinz ***, als sie vor sich eine junge Frau mit einem Kind auf dem Rücken gehen sahen.

Als die Frau die Bettler von hinten herankommen sah, trat sie auf die Seite und wollte sie vorbeigehen lassen, aber die Bettler blieben stehen und sagten: »Geh nur rasch weiter!« und gingen nicht voran. Während die Frau noch vor ihnen ging, rannte einer der Bettler auf sie zu und packte sie. Da es mitten im menschenleeren Wald war, mußte es die Frau erdulden, und sie sagte: »Was tut Ihr da?«, worauf der Bettler befahl: »Los dorthin! Ich habe dir was zu sagen.« Damit zerrte und zog er sie rasch in den tiefen Wald hinein, während der andere Bettler dabeistand und zusah.

Da bat die Frau: »Seid nicht so heftig! Ich will ja anhören, was Ihr zu sagen habt!« – »Schon gut. Also dann, komm her!« sagte der Bettler. Die Frau aber sagte: »Sind wir auch im Wald, wie könnt Ihr an einem solchen Ort jemandem etwas sagen! Macht doch aus Reisig einen Zaun, daß man uns nicht sieht!« – »Sie hat recht«, dachte der Bettler und begann, dichtbelaubte Zweige abzuschlagen, während der andere Kerl vor der Frau stehenblieb, weil er fürchtete, sie könne entfliehen. Die Frau aber sagte: »Ich laufe bestimmt nicht weg. Aber ich habe seit heute morgen heftige Leibschmerzen, da muß ich einmal schnell verschwinden, ich will aber gleich zurückkommen, also laßt mich bitte kurz frei!« – »Nein, auf keinen Fall«, versetzte der Bettler. »Dann lasse ich mein Kind hier als Pfand zurück«, sagte die Frau, »dieses Kind ist mir teurer als mein Leben. Alle Menschen in der Welt, ob hoch oder niedrig, kennen die Liebe zum Kind. Wenn ich also dieses Kind zurücklasse, laufe ich bestimmt nicht davon. Und da ich unaufhörlich heftige Leibschmerzen habe, will ich mich nur dort drüben hinsetzen und werde die ganze Zeit sitzenbleiben.« Da nahm der Bettler das Kind in seine Arme und überlegte: »Da wird sie ja kaum ihr Kind zurücklassen und fliehen«, und so sagte er: »Gut, geh hin und komm zurück, aber schnell!« Die Frau aber dachte bei sich: »Wenn ich weit genug gegangen bin, tue ich so, als ob ich mich vorbereiten würde, aber dann fliehe ich sofort und ohne mich um das Kind zu kümmern.« Und sie floh, indem sie rannte, was sie rennen konnte, und rannte auf den Weg hinaus.

Da kam gerade eine Schar von vier, fünf Reitern daher, mit Pfeil und Bogen bewaffnet. Als sie die Frau erblickten, die keuchend herbeirannte, fragten sie: »Warum rennst du so?«, und die Frau antwortete: »Weil das und das geschehen ist, bin ich geflohen.« Darauf sprachen die Krieger: »Also, wo sind sie?« und sprengten auf ihren Pferden in die Richtung, welche die Frau ihnen gewiesen hatte. Als sie in den Wald eingedrungen waren, sahen sie an dem Ort, wo es gewesen, Zweige aufgestellt und jenes Kind in zwei, drei Stücke zerrissen. Die Bettler waren entflohen. Da es keinen Sinn hatte, gaben sie die Suche auf. Die Frau dachte: »Es tut mir zwar leid um das Kind, aber mit einem Bettler möchte ich nicht in Berührung kommen!« Daß sie ihr Kind aufgegeben und die Flucht ergriffen hatte, erfüllte die Krieger mit Bewunderung.

So findet man auch in unteren Ständen Menschen mit so starkem Ehrgefühl. So hat man es erzählt und überliefert.

Wie Leute aus Chinzei nach Silla fuhren und einem Tiger begegneten

Es ist jetzt schon lange her, da fuhren zahlreiche Leute aus dem Distrikt *** der Provinz *** in Chinzei mit einem Schiff nach Silla, um Handel zu treiben. Als sie nach Abschluß der Handelsgeschäfte heimkehrten und am Fuße eines Berges in Silla entlangruderten, wollten sie Trinkwasser für das Schiff schöpfen und gingen an einer Stelle, wo ein Wasserlauf mündete, vor Anker; während nun Männer an Land gingen, um das Wasser zu schöpfen, schaute einer auf dem Schiff von der Brüstung aus in das Meer, in dem sich das Bild des Berges spiegelte. Da aber auf einer dreißig, vierzig Fuß hoch aufragenden Klippe ein nach Beute spähender Tiger saß, zum Sprung geduckt, sah er auch dessen Spiegelbild im Wasser und meldete es den Umstehenden; eiligst rief man die zum Wasserschöpfen an Land Gegangenen an Bord, und während man noch, mit einem Ruder in jeder Hand, in Eile das Schiff hinausruderte, sprang der Tiger von der Klippe herab und wollte das Schiff im Sprunge erreichen, da es aber schnell davonfuhr und der Tiger zu spät herabkam, verfehlte er das Schiff um etwa zehn Fuß und stürzte ins Meer.

Während die Reisenden auf dem Schiffe dies mit Angst und Schrekken angesehen hatten und sich mit eiligen Ruderschlägen davonmachten, behielten sie alle den Tiger im Auge und sahen, wie der Tiger nur eine kurze Weile unter Wasser blieb und dann an Land schwamm und auf einen flachen Felsen am Ufer stieg. »Was mag er jetzt beginnen?« dachten sie, dann sahen sie erst, daß sein linkes Vorderbein am Knie abgetrennt war und blutete. Als er in das Meer stürzte, mußte ihn ein Meeresungeheuer angefallen haben. Während sie ihn beobachteten, ließ er den Beinstumpf in das Meer hängen und blieb geduckt liegen.

Mittlerweile war aus dem offenen Meer das Seeungeheuer auf den Tiger zugeschwommen. Sie sahen, wie das Ungeheuer sich an den Tiger heranmachte und der Tiger im gleichen Augenblick die Krallen seines rechten Vorderlaufs in den Kopf des Ungeheuers schlug und es landwärts in die Höhe warf, daß es ungefähr zehn Fuß weit auf den Strand fiel und dort im Sande zappelnd auf dem Rücken lag. Der Tiger rannte hinzu, sprang dem Ungetüm an die Kehle und verbiß sich darin, schüttelte das Tier zwei-, dreimal, bis es ermattete, und schleuderte es dann auf den Rücken. Darauf lief der Tiger eine steil wie eine aufgerichtete Hand aufragende Felswand von fünfzig, sechzig Fuß Höhe auf seinen drei Beinen so leicht hinauf, als ob er einen Abhang hinunterrennen würde, und die Leute auf dem Schiff waren alle halbtot vor Schreck, als sie das sahen.

»Wenn man sieht, was dieser Tiger vermag, dann kann man sich vorstellen, daß wir alle, ohne daß auch nur ein Mann davongekommen wäre, von ihm verschlungen worden und gestorben wären, ohne heimkehren und Frau und Kinder wiedersehen zu können. Selbst eine Streitmacht von tausend Mann mit den besten Bogen und Pfeilen, Hieb- und Stichwaffen hätte sich nicht im geringsten vor ihm schützen können. Gar nicht davon zu reden, wenn wir in unserem schmalen Boot hier unsere Lang- und Kurzschwerter gezogen und uns ihm entgegengestellt hätten – seine Kraft wäre so mächtig und sein Fuß so schnell gewesen, daß wir nichts ausgerichtet hätten.« So sprach einer zum anderen und Herz und Mut waren ihnen dahingeschwunden, und ganz gefühllos ihr Boot rudernd kehrten sie nach Chinzei zurück. Jeder erzählte Frau und Kindern von dem Erlebten und sie freuten sich über das unerwartet geschenkte Leben und ihre Heimkehr. Auch fremde Menschen hörten davon und fürchteten sich sehr.

Bedenkt man die Sache: Weil auch das Seeungeheuer, solange es im Meere haust, ein gewaltiges und scharfsinniges Wesen ist, biß es dem Tiger ein Bein ab, als er in das Meer stürzte. Als es aber ohne Grund den Tiger abermals anfallen wollte und dem Festlande zu nahe kam, verlor es sein Leben.

Wenn das so ist, verhält es sich ebenso mit einer jeden der zehntausend Angelegenheiten. Jemand hörte hiervon und sprach: »Man wolle nie zuviel. Alles mit Maß.« So hat man es erzählt und überliefert.

Wie eine Schlange die Scham einer Frau sah, von Wollust erfüllt aus ihrem Loch schlüpfte und durch ein Schwert starb

Es ist jetzt schon lange her, da war eine junge Frau, die ging zur Sommerszeit die Konoe-Straße nach Westen, wo der Munakata-Schrein liegt, den man Koichijô nennt. Als sie an dessen Nordseite vorüberging, kam sie ein dringendes kleines Bedürfnis an, weshalb sie sich an der Lehmmauer nach Süden gewandt hinkauerte und ihr Wasser ließ, während ein kleines Mägdlein, das sie begleitete, auf der Straße stehenblieb. Wie dieses Mägdlein eine Weile gewartet hatte, dachte es: »Jetzt könnte sie fertig sein und sich erheben.« Es war eben die achte Morgenstunde, aber als die Frau nach und nach zwei Stunden gehockt war, dachte das Mägdlein: »Was mag nur los sein?« und rief: »Hallo!«, aber die Frau sagte kein Wort und blieb weiter hocken wie vorher, so daß allmählich gar vier Stunden vergingen und die Sonne schon hoch im Mittag stand. Das Mägdlein mochte sagen, was es wollte, es bekam überhaupt keine Antwort, und da es noch ein zartes Mägdlein war, stand es heftig schluchzend da.

Da kam ein Reiter mit zahlreichem Gefolge an dieser Stelle vorüber, und als er das kleine Mägdlein weinend dastehen sah, ließ er durch einen Gefolgsmann fragen: »Du, warum weinst du?« – »Weil das und das geschehen ist«, antwortete das Mädchen, worauf der Mann hinschaute und wahrhaftig! da kauerte vor der Lehmmauer eine Frau, mit einem Gürtel und einem lackierten Schilfgrashut angetan. »Seit wann sitzt diese Frau da?« fragte er, und als die Dienerin weinend erwiderte: »Seit heute morgen geruht sie dazusitzen. Es sind jetzt schon vier Stunden so hingegangen«, verwunderte sich der Mann, stieg vom Pferde ab und begab sich hin, aber als er das Gesicht der Frau ansah, war es wie das einer Toten, ohne jede Farbe, und so fragte er: »Was ist denn nur, ist sie krank oder kommt so etwas häufig vor?« Sie sagte kein Wort. »Noch nie ist so etwas vorgekommen«, sagte die kleine Dienerin. Wie der Mann die Frau betrachtete, sah sie keineswegs wie jemand von niedrigem Stande aus, aber als er sie voller Mitleid zum Aufstehen ermuntern wollte, rührte sie sich nicht.

Wie nun aber der Mann unabsichtlich seinen Blick zu der Lehmmauer schweifen ließ, sah er aus einer Höhlung in der Lehmmauer eine große Schlange mit eingezogenem Kopf diese Frau unverwandt anstarren. »Aha, diese Schlange hat die Scham der Frau gesehen, als sie ihr Wasser ließ, und sie in aufflammender Leidenschaft behext, deshalb kann sie sich nicht rühren«, vermutete der Mann, zückte das Schwert mit zweischneidiger Klinge, das er vorn trug, und hielt die Klinge mit fester Hand in das Loch der Höhlung hinein, in der jene Schlange sich befand.

Als nun Leute aus seinem Gefolge der Frau aufhalfen, sie auf die

Füße brachten und wegzogen, schoß plötzlich die Schlange aus ihrem Loch in der Lehmmauer hervor, als ob man einen Speer geworfen hätte, und wurde in zwei Teile gespalten. Da sie etwa ein Fuß tief gespalten war, starb sie, ohne weiter herauszukommen. So war es geschehen: Während die Schlange die Frau anstarrte und behexte, sah sie plötzlich die Frau entweichen und schoß heraus, nicht ahnend, daß ein Schwert hingehalten wurde. So ist das Herz der Schlange niederträchtig und furchtbar. Es versteht sich, daß alle Leute, die da kamen und gingen, sich ansammelten und zusahen.

Der Mann bestieg sein Pferd und ritt davon, die Gefolgsleute nahmen das Schwert an sich. Der Frau gab er aus Sorge um ihr Wohl einen Gefolgsmann mit, damit sie sicher geleitet werde. Wie eine Kranke an der Hand geführt, ging sie mit zögernden Schritten dahin. Der Mann hatte wirklich ein mitfühlendes Herz. Obwohl sie sich gegenseitig nicht kannten, übte er doch Barmherzigkeit. Was später geschah, weiß ich nicht.

Frauen, die davon hören sollten, werden daher vor einem solchen Gestrüpp derartiges wohl nicht mehr tun.

Diese Geschichte hat man von Augenzeugen gehört und weitergegeben. So hat man es erzählt und überliefert.

Wie die Frau eines Mannes sich in einen Bogen und danach in einen Vogel verwandelte und davonflog

Es ist jetzt schon lange her, da lebte im Distrikt *** der Provinz *** ein Mann. Seine Frau war von schöner Gestalt und liebenswertem Wesen, und so lebte er dahin und liebte sie so sehr, daß er sich nicht von ihr trennen konnte. Als sie einmal miteinander schliefen, hatte der Mann einen Traum und sah, wie seine geliebte Frau zu ihm sprach: »Wenn ich auch mit dir zusammen lebe, so muß ich doch sofort an einen fernen Ort aufbrechen. Ich werde dich nicht mehr sehen. Ich hinterlasse dir jedoch ein Andenken an mich. Das magst du an meiner Statt lieben.« Dann erwachte er aus seinem Traum.

Als der Mann erschrocken und ängstlich neben sich blickte, war die Frau nicht mehr da. Er erhob sich und suchte sie in der näheren Umgebung, aber als er sie nicht fand, war er sehr bestürzt. Da sah er neben dem Kissen einen Bogen stehen, der vorher nicht da war. Als er den sah, fragte er sich, ob das nicht das Andenken sei, von dem sie im Traume gesprochen hatte, wartete aber in der Hoffnung, daß seine Frau doch noch käme, aber als er sie schließlich nicht wiedersah, erfüllten ihn Sehnsucht und Schmerz – doch es war umsonst. »Vielleicht ist das hier gar die Erscheinung eines Dämons«, dachte er mit

Grausen, »aber was soll ich jetzt bloß beginnen?« Er stellte den Bogen nahe neben sich hin, und wenn er am Tage oder in der Nacht Sehnsucht nach seiner Frau hatte, nahm er ihn in die Hand und streichelte ihn, aber der Bogen nahm nie menschliche Gestalt an.

Wie nun ein Monat nach dem anderen verging und er den Bogen vor sich stehen hatte, ward der plötzlich zu einem weißen Vogel und flog hinaus und weit weg nach Süden. Der Mann erschrak, ging hinaus und schaute ihm nach, da flog der Vogel mit den Wolken dahin, und als der Mann ihm suchend folgte und nachschaute, gelangte er in die Provinz Ki. Da wurde dieser Vogel wieder ein Mensch. Der Mann dachte: »Also war das doch kein gewöhnliches Wesen«, und kehrte von dort aus heim. Dann machte der Mann ein Gedicht:

Schön singet der Hahn,
im Flusse von Ki wallend
die Wasser fließen –
komm ich heraus, ist es aus,
geh ich hinein, macht's mir Pein.

Dieses Gedicht ist den Gedichten unserer Zeit gar nicht ähnlich. »Schön singt der Hahn« bedeutet die Zeit des Essens am frühen Morgen. »Komm ich heraus, ist es aus« bedeutet die Flur, wo man jagt. Wenn man dieses Gedicht hört, ist es durchaus unverständlich.

Und obgleich diese Geschichte, so verlockend und unbefangen sie ist, nicht mehr recht verstanden wird, hat man sie, da sie in alten Berichten aufgeschrieben ist, so erzählt und überliefert.

Wie ein Hund vom Nordberg eine Menschenfrau geheiratet hatte

Es ist jetzt schon lange her, da war ein junger Mann aus der Hauptstadt in die Umgebung des Nordberges gegangen um herumzustreifen und in die Dunkelheit geraten, und als er im unbekannten Wald und Feld herumirrte, ohne einen Weg zu erkennen, und daher weder heimkehren noch für die Nacht eine Unterkunft finden konnte, war er sehr bekümmert, doch da sah er in einem engen Tal undeutlich eine kleine Hütte stehen und dachte freudig: »Dort wohnt gewiß jemand«, tastete sich dorthin und sah eine kleine Reisighütte vor sich.

Aus der Hütte trat eine junge Frau heraus, die ihn wohl kommen gehört hatte, sie war etwas über zwanzig und sehr schön. Als der Mann sie sah, freute er sich mehr und mehr, während die Frau ihn anstarrte und ihn ganz erstaunt fragte: »Was für ein Mensch seid Ihr?« Der Mann: »Wie ich im Gebirge zu meinem Vergnügen umhergelaufen bin, kam ich vom Wege ab und vermochte nicht mehr heimzukehren; die Sonne war untergegangen, eine Unterkunft, die ich aufsuchen konnte, wußte ich auch nicht, da erblickte ich die Hütte hier und bin freudig hergeeilt.« Darauf die Frau: »Hierher ist noch kein Fremder gekommen. Der Besitzer dieser Hütte wird sogleich kommen. Wenn er Euch aber in seiner Hütte antrifft, wird er gewiß vermuten, Ihr wäret mir vertraut. Was würdet Ihr da tun?« Der Mann: »Allein das, was sich in diesem Falle zu tun ziemt. Indes – da ich nicht mehr heimkehren kann, möchte ich heute nacht nur hier bleiben.« Die Frau: »Dann bleibt nur da. Ich werde sagen: ›Mein älterer Bruder, nach dem ich mich sehnte, weil wir uns jahrelang nicht gesehen haben, ist unerwartet hierher gekommen, als er beim Wandern im Gebirge den Weg verfehlte.‹ Diese Worte beachtet wohl! Und wenn Ihr zurück in der Hauptstadt seid, dürft Ihr kein Sterbenswörtchen davon sagen, wen Ihr an diesem Ort angetroffen habt!« Als sie so gesprochen hatte, freute sich der Mann und sagte: »Ich bin hocherfreut. Ich bin mit allem einverstanden. Und nachdem Ihr es mir ausdrücklich gesagt habt, wie könnte ich da jemand etwas verraten!« Darauf bat die Frau den Mann herein, legte in einen sechs Fuß im Geviert großen Raum Matten und überließ ihm diesen Platz; und als sich der Mann darauf niedergesetzt hatte, näherte sich ihm die Frau und sprach heimlich: »In Wahrheit bin ich die Tochter von dem und dem Mann in der Hauptstadt. Aber ganz unerwartet wurde ich von einem Ungeheuer geraubt und in Besitz genommen und habe lange Jahre so zugebracht. Jetzt kann das Wesen, mit dem ich lebe, jeden Augenblick kommen. Ihr werdet ja sehen. Er läßt es mir allerdings an nichts fehlen.« Bei diesen Worten weinte sie bitterlich. Als der Mann sie so sprechen gehört hatte, dachte er: »Was für ein Wesen mag das sein? Ob es ein Dämon ist?« und er verharrte in banger Erwartung, da hörte er tief in der Nacht draußen die Stimme eines unaussprechlich grausig winselnden Wesens.

Als der Mann das hörte, zog es ihm Leber und Leib zusammen und er war von Grauen erfüllt; die Frau stand auf und öffnete die Tür, und als der Mann das Wesen eintreten sah, war es ein ungeheuer großer weißer Hund. Wie der Mann noch dachte: »Oh, es ist ein Hund. Diese Frau ist das Weib dieses Hundes«, kam der Hund herein, erblickte den Mann und blieb winselnd stehen. Die Frau kam heran und sagte: »Mein seit Jahren ersehnter Bruder hat sich im Gebirge verirrt und ist unerwartet hier erschienen, zu meiner unglaublichen Freude.« Dabei weinte sie. Mit einer Miene, als ob er es gehört und verstanden habe, kam der Hund näher und legte sich vor dem Herd nieder. Flachs spinnend setzte sie sich neben den Hund hin. Als sie Speisen fein säuberlich zubereitete und vorsetzte, aß der Mann kräftig und legte sich dann zum Schlafe nieder. Auch der Hund ging nach hinten und legte sich mit der Frau zusammen nieder.

Als der Morgen dämmerte, brachte die Frau dem Manne Speisen

und sagte verstohlen: »Sagt bitte nie und nimmer zu einem Menschen: ›Da ist ein solcher Ort!‹ Und kommt bitte von Zeit zu Zeit, dann glaubt auch er, daß Ihr mein Bruder seid. Wenn Ihr selbst etwas nötig habt, will ich es für Euch richten.« Darauf sagte der Mann mit freundlichen Worten: »Ich werde bestimmt niemandem etwas sagen. Bald werde ich wiederkommen.« Nachdem er die Mahlzeit beendet hatte, kehrte er in die Hauptstadt zurück.

Zu Hause angekommen, sagte er jedem, den er traf: »Gestern bin ich an den und den Ort gekommen und habe das und jenes erlebt.« Die das hörten, fanden es sehr lustig und erzählten es weiter, so daß es weit und breit unter allen Leuten bekannt wurde. Unter diesen war ein Haufen junger und wilder Grünschnäbel, die keinem Streit aus dem Wege gingen, die taten sich zusammen und sprachen: »Auf, laßt uns zu dem Hund mit der Ehefrau in der Hütte am Nordberg gehen und ihn erschießen, seine Frau wollen wir herbringen.« So sammelten sie sich und brachen auf, mit dem Mann, der in die Hütte gegangen war, an der Spitze, und zogen dahin. Ein-, zweihundert Mann waren sie und zogen dahin, jeder Bogen und Pfeil und andere Waffen in der Hand, und sie folgten den Anweisungen des Mannes und kamen schließlich an jenen Ort, wo sie wahrhaftig in einem engen Tal eine kleine Hütte sahen.

»Das ist sie, das ist sie!«, rief ein jeder mit lauter Stimme, das aber hörte der Hund und kam erschrocken heraus um nachzusehen, und als er die Gesichter der Männer sah, die gekommen waren, ging er in die Hütte zurück. Es dauerte nicht lange, da kam der Hund, die Frau vor sich haltend, aus der Hütte heraus und lief in das Gebirge hinein, und obwohl die vielen Leute, die ihn umzingelt hatten, auf ihn schossen, traf ihn doch kein einziger Pfeil. Der Hund und die Frau liefen dahin, und als man sie verfolgte, drangen sie so schnell, wie ein Vogel fliegt, ins Gebirge ein. Deshalb sprachen diese Männer: »Das war kein gewöhnliches Wesen«, und kehrten alle heim. Der Mann aber, der vorweg gelaufen war, sagte bei der Ankunft zu Hause: »Ich fühle mich unwohl«, und legte sich nieder, und nach zwei, drei Tagen war er tot.

Deshalb sagte einer, der sich in den Dingen auskannte: »Jener Hund muß eine Gottheit gewesen sein.« Unser Mann sagte also Dinge, die ihm nicht den geringsten Nutzen brachten. Und so kam es, daß einer, der sein Versprechen nicht hielt, aus seinem eigenen Herzen heraus sein Leben zerstörte.

Danach gab es keinen Menschen mehr, der den Aufenthalt dieses Hundes kannte. Er hielte sich in der Provinz Ōmi auf, erzählten und überlieferten die Leute. Er war ja doch wohl eine Gottheit. So hat man es erzählt und überliefert.

Vom Prinzen Toyosaki, der den Lauf der Welt kannte

Es ist jetzt schon lange her, da lebte unter der erlauchten Regierung des Kaisers *** ein Mann, den man Prinz Toyosaki nannte. Da er ein Enkel des fünften Sohnes von Kaiser Kashiwabara war, bekleidete er den Vierten Hofrang und verwaltete die Ämter des Ministers der Rechtspflege und des Statthalters von Yamato.

Dieser Mann wußte in weltlichen Dingen gut Bescheid und war von gefälligem Wesen; er wußte genau, ob eine Maßnahme der kaiserlichen Regierung gut oder schlecht war, und stand der Tag der Amtseinsetzungen bevor, so pflegte er den Leuten, die auf eine der vielen offenen Stellen in den Provinzen warteten und hofften, daß sie an die Reihe kämen, vorherzusagen, welcher Art die ihnen zufallende Provinz wäre: »Dieser Mann wird in jener Provinz zum Statthalter ernannt werden«, sagte er, oder: »Jener Mann wird nicht ernannt, obwohl er sich berechtigte Hoffnungen gemacht hat.« Seine Vorhersagen für jede Provinz hörte jedermann, und wessen Hoffnung sich erfüllte, der ging am Morgen nach der Amtseinsetzung in das Haus des Prinzen und pries ihn. Weil die Voraussagen dieses Prinzen um kein Haar von der Ernennungsliste abwichen, verbreitete sich in aller Welt das Gerücht, die vorhergesagten Ernennungslisten dieses Prinzen seien unübertrefflich.

So ging man auch schon vor den Tagen der Amtseinsetzungen in Scharen zum Hause dieses Prinzen und fragte ihn, und er antwortete jedem gemäß seinen Überlegungen. Wurde einem der Bescheid: »Du wirst ernannt werden«, so rieb der sich erfreut die Hände und kehrte heim und sagte: »Dieser Prinz ist wirklich ein vortrefflicher Mann!« Erfuhr aber einer, daß er nicht ernannt werde, so ärgerte er sich maßlos und ging zornig heim, indem er Dinge sagte wie: »Ach, dieser alte Prinz, was der daherredet! Der hat gewiß einen Wegegott angebetet und ist darüber verrückt geworden!«

Wenn nun aber jemand, dem die Ernennung vorhergesagt war, nicht ernannt wurde und ein anderer die Stelle bekam, warf der Prinz der Regierung vor, sie habe in diesem Falle eine schlechte Entscheidung getroffen. Deshalb pflegte dann sogar der Kaiser zu fragen: »Wie lautet die Ernennungsliste des Prinzen Toyosaki?« und einigen ihm vertrauten Gefolgsleuten den Befehl zu geben: »Geht hin und fragt ihn!«

Einen solchen Mann gab es einst in der Welt. So hat man es erzählt und überliefert.

Nachlese zu den Geschichten aus Uji

Wie Dômyô im Hause der Izumi Shikibu ein Sutra las und die Wegegottheit der Fünften Querstrasse ihm zuhörte

Es ist jetzt schon lange her, da lebte unter dem Namen Hoher Priester Dômyô ein Mönch, ein Sohn des Kronprinzenerziehers, der den Frauen sehr zugetan war. Er pflegte Umgang mit der Dame Izumi Shikibu. Die Sutren las er wunderbar. Als er nun einmal zu Izumi Shikibu ging und bei ihr schlief, wachte er auf und las das Lotos-Sutra, um sein Herz zu läutern, und als er alle acht Kapitel beendet hatte und im Morgengrauen schläfrig zu werden begann, war es ihm, als ob jemand da sei, und er fragte: »Wer ist da?« – worauf es antwortete: »Ich bin der alte Mann, der an der Fünften Querstraße, Ecke Westliche Tôin-Straße wohnt.« – »Worum handelt es sich?« fragte Dômyô. »Daß ich heute nacht dieses erhabene Sutra hörte, werde ich jetzt und für alle Zeiten schwerlich vergessen können«, sagte jener. Darauf Dômyô: »Das Lotos-Sutra lese ich doch häufig. Warum sprichst du da nur von heute nacht?« Da sprach der alte Mann, welcher der Wegegott der Fünften Querstraße war: »Wenn Ihr in reinem Zustand zu lesen geruht, dann hören sie alle zu, angefangen mit Brahma-deva, dem Himmlischen, und Indra, dem Mächtigen; ich Alter aber vermag mich nicht zu nähern und zu lauschen. Da Ihr heute nacht zu lesen geruhtet, ohne Euch in fließendem Wasser zu reinigen, haben Brahma-deva und Indra Euch nicht zuhören können, und ich Alter kam herbei und werde schwerlich je vergessen, was ich gehört habe.« So sprach er.

Deshalb soll man, auch wenn es sich um einen nichtigen Anlaß handelt, ein Sutra nur dann lesen, wenn man rein ist. »Bei der Anrufung Buddhas und beim Sutrenlesen darf man die Vier Strengen Gebote nicht brechen«, so lautet auch des Erhabenen Eshin Ermahnung.

Von dem Priester, der die Zauberformel der Gebetserhörung in seiner Stirn verborgen hatte

Wiederum ist es jetzt schon lange her, da betrat ein großspurig auftretender Bergasket das Anwesen eines Herrn und prahlte gar sehr mit seiner Axt auf der Schulter, dem Tritonshorn an der Hüfte und dem beringten Pilgerstab in seiner Hand. Er stand in dem kleinen Hof innerhalb der Gitterstellwände vor den Räumen der Gefolgsleute, und ein Gefolgsmann fragte ihn: »Was für ein frommer Mann bist denn du?« – »Ich habe längere Zeit auf dem Weißen Berg zugebracht, dann pilgerte ich zum Heiligen Gipfel, wo ich von heute an noch zweitausend Tage in Andacht verbringen wollte, doch sind mir die Nahrungsmittel ausgegangen. Saget bitte an, daß man mir ein Almosen reichen möge«, sprach er und blieb stehen.

Da sahen sie, daß auf seiner Stirn zwischen den Augenbrauen und bis zum Haaransatz hinauf eine ungefähr zwei Zoll lange Wunde war. Sie war erst frisch verheilt und noch rot. Ein Gefolgsmann fragte ihn danach und sprach: »Woher stammt die Wunde auf deiner Stirn?« Der Bergasket gab seiner Stimme einen sehr weihevollen Klang und entgegnete: »Darin habe ich die Zauberformel der Gebetserhörung eingeschlossen.« Die Gefolgsleute sprachen daraufhin untereinander: »Das ist wirklich ungeheuerlich! Daß sich jemand einen Zeh oder einen Finger abgeschnitten hat, kann man zwar häufig beobachten, aber daß jemand seine Stirn aufgebrochen und eine Zauberformel eingeschlossen hat, begreift man nicht, selbst wenn man es sieht!« Gerade da kam unverhofft ein junger Gefolgsmann von siebzehn, achtzehn Jahren herausgelaufen, warf einen Blick auf den Fremden und rief: »Dieser Priester ist zu komisch! Ausgerechnet der sollte die Zauberformel der Gebetserhörung eingeschlossen haben! Der hat doch mit der Frau eines Metallgießers, der im Osten meines, des jungen Ōe, Hauses im Shichijô-Viertel wohnt, ein heimliches Verhältnis gehabt, bis im Sommer letzten Jahres, als er wieder einmal gerade mit ihr schlief, der Metallgießer heimkehrte und dazukam, da ließ er alles stehn und liegen und floh in Richtung Westen. Vor meinem Haus erwischte ihn der Gießer und zerschlug ihm mit einer Hacke die Stirn. Ich habe es selbst gesehen!« Das hörten alle mit Erstaunen und schauten den Bergasketen an, doch der tat so, als ob ihn das alles nicht im geringsten anginge und sagte ungerührt, indem er bedeutend dreinschaute: »Ja, bei dieser Gelegenheit habe ich die Formel eingeschlossen!« Da bei diesen Worten alle Umstehenden auf einmal in lautes Gelächter ausbrachen, machte er sich davon und verschwand.

Wie Kotôda von seinem Schwiegersohn erschreckt wurde

Wiederum ist es jetzt schon lange her, da lebte bei einem Oberkabinettsrat namens Minamoto Sadafusa ein Gefolgsmann mit dem Namen Kotôda. Alsbald heiratete dieser eine Magd und lebte mit ihr zusammen. Ihre Tochter wurde ebenfalls als Magd angestellt. Da dieser Kotôda die rechte Hand seines Herrn war, übte er seinen Einfluß überallhin aus. Mit seiner Tochter verkehrte ein junger Mann aus gutem Hause. In der Nacht besuchte er einmal heimlich ihr Gemach. Im

Morgengrauen begann es zu regnen, er konnte nicht heimkehren und blieb im Bett liegen.

Die Tochter begab sich in den Haushalt des Herrn. Der Herr Schwiegersohn blieb im Bett, von Wandschirmen umgeben. Ohne Unterlaß strömte der Frühlingsregen herab, der Heimweg war ihm verwehrt, und wie er so dalag, fiel es dem Schwiegervater Kotôda ein, daß sein Herr Schwiegersohn Langeweile haben mochte, er legte also einige Speisen auf ein Tablett und nahm es in eine Hand, dann füllte er mit der anderen Hand Reiswein in einen Henkelkrug und überlegte sich dabei: »Wenn ich von der Galerie aus eintrete, könnte mich jemand sehen«, und so nahm er den Weg durch das innere Gemach, ohne sich etwas dabei zu denken. Unterdessen lag der Herr Schwiegersohn auf dem Rücken im Bett, die Decke bis zum Hals hochgezogen. Wie er so dalag und in seiner Langeweile hoffte: »Käme doch meine Frau bald zurück«, da öffnete sich die innere Schiebetür des Zimmers, und weil er keinen Augenblick zweifelte, daß es seine Frau war, die aus dem herrschaftlichen Haushalt zurückkehrte, zog er die Decke über den Kopf, entblößte sein Glied und ließ es hoch aufragen, indem er seinen Bauch nach oben wölbte. Entsetzt prallte Kotôda zurück, ließ das Tablett mit den Zuspeisen fallen, verschüttete allen Wein und fiel rücklings nieder, daß ihm der Bart in die Höhe flog. Hart schlug sein Kopf auf, er verlor die Besinnung und blieb liegen – so war es doch?

Über die Wundertaten des heiligen Seitoku

Es ist jetzt schon lange her, da lebte ein Heiliger, der nannte sich Seitoku, das heißt »Klare Tugend«; als dessen Mutter gestorben war, legte er sie in einen Sarg und brachte sie ganz allein auf den Berg Atago und legte den Sarg mit seinen vier Ecken auf große Steine; darauf umwandelte er diesen Sarg drei Jahre lang, indem er unaufhörlich die Zauberformel der tausendarmigen Gottheit der Barmherzigkeit rezitierte, ohne auch nur einen Augenblick innezuhalten, ohne zu schlafen, ohne zu essen, ohne Suppe oder Wasser zu trinken. Im Frühling des dritten Jahres hörte er – nicht im Traum und nicht im Wachen – leise die Stimme seiner Mutter: »Da du diese Zauberformel Tag und Nacht gesprochen hast, bin ich schon frühzeitig als Mann in den Himmel geboren worden, doch weil ich dir zugleich verkünde wollte, daß ich ein Buddha geworden sei, habe ich bis jetzt nicht gesprochen. Nun, zum Buddha geworden, spreche ich.« – »Es ist, wie ich es mir gedacht habe. Nun ist sie bereits zu einem Buddha geworden«, sagte er sich, nahm sie aus dem Sarg heraus und verbrannte sie auf der gleichen Stelle; die Gebeine sammelte er auf und begrub sie; darüber errichtete er ein steinernes Grabmal und machte sich auf den Weg zur Hauptstadt, nachdem er das Ziemende getan hatte; auf dem Wege aber kam er im westlichen Stadtteil an einen Ort, wo sehr viele Entenzungenkräuter wuchsen. Wie nun dieser heilige Mann, der erschöpft und sehr hungrig war, unterwegs Blätter abriß und aß, kam der Eigentümer heraus und erblickte ihn, und da er es sehr verwunderlich fand, daß ein so verehrungswürdiger Heiliger derart unbekümmert Blätter abriß und aß, fragte er ihn: »Warum eßt Ihr denn auf diese Weise?« Als der Heilige antwortete: »Ich esse, weil ich völlig erschöpft bin«, und der Eigentümer darauf sagte: »Nun gut, wenn Ihr essen müßt, dann eßt nur weiter, solange Ihr essen mögt!«, da pflückte der Heilige ungefähr dreißig Pflanzen und verschlang sie gierig. Die Kräuter waren auf einem Gebiet von drei mal hundert Schritt im Geviert angepflanzt, und als der Heilige auf diese Weise aß, war der Eigentümer sehr verwundert und begehrte zu sehen, was jener noch essen könnte, und er sprach zu ihm: »Eßt soviel Ihr nur könnt!« – »Habt Dank!« sagte jener, pflückte und pflückte, auf den Knien kriechend, bis er das ganze Gebiet, wie es war, abgegessen hatte. Der Eigentümer dachte bei sich: »Ein Heiliger, der Wundertaten im Essen vollbringt!« und sagte laut: »Laßt Euch doch ein wenig nieder! Ich mache Euch etwas zu essen.« Er holte einen Maltersack geschälten Reis, kochte ihn und setzte ihn dem Heiligen vor, der sprach: »Ach, ich bin so elend dran, weil ich Jahr und Tag nichts gegessen habe«, und damit aß er alles auf und ging seines Weges.

Der Eigentümer, der hierüber sehr verwundert war, erzählte diese Geschichte immer wieder, umd so kam sie auch dem Kanzler zur Rechten in der Bôjô-Straße zu Ohren, der nicht begreifen konnte, wie so etwas möglich war, und beschloß, den frommen Mann zu sich kommen zu lassen, um ihm beim Essen zuzusehen; und als er ihn eingeladen hatte mit den Worten: »Ich möchte Euch um meiner Verbindung mit Buddha willen ein Mahl vorsetzen und zusehen«, da schritt ein sehr sonderbarer Heiliger daher. Es folgten ihm auf dem Fuße als Hungerteufel und Tiere Wiedergeborene, Tiger, Wölfe, Hunde, Pferde, Vögel und Vierfüßler aller Art in langer Reihe zu Tausenden und Abertausenden, die jedoch den Augen anderer Menschen durchaus verborgen blieben. Jene sahen nur den Heiligen allein, doch der Kanzler erblickte alle und dachte bei sich: »Wenn es so ist, dann ist er wirklich ein ungewöhnlicher Heiliger und bringt mir Glück«, und er ließ zehn Sack geschälten Reis kochen, ihn in Schüsseln, Zuber und Kästen füllen, die auf neuen Strohmatten standen, und alles in Hülle und Fülle auftragen; und als er dies dem Heiligen nun vorsetzte, speiste der Heilige die hinter ihm stehenden Wesen, die sich um ihn drängten und ihre Pfoten hoben und alles auffraßen. Der Heilige aber verließ, ohne das geringste gegessen zu haben, fröhlich den Ort. Der Kanzler aber dachte bei sich: »Wenn es so ist, dann ist er kein gewöhnlicher Mensch, sondern er wandelt als Verkörperung eines Buddha unter uns.« Weil aber in den Augen der anderen Menschen nur der Heilige allein gegessen hatte, wunderten sie sich über die Maßen.

Da der Heilige nun fortging, verrichtete er in der Gasse nördlich von der Vierten Querstraße seine Notdurft. Weil die ihm nachfolgenden Wesen sich auch entleerten, war ihr Kot weithin und ohne einen Zwischenraum schwarz wie Tusche verstreut, so daß sogar das niedere Volk sich ekelte und diese Gasse »Kotgasse« nannte, was auch dem Kaiser zu Ohren kam; er fragte: »Wie heißt die Gasse im Süden der Vierten Querstraße?«, und bekam die Antwort: »Sie heißt Damastgasse.« – »Wenn dem so ist, dann sollte die Gasse nördlich davon ›Brokatgasse‹ heißen. Ihr jetziger Name klingt zu schmutzig.« So befahl der Kaiser, und seitdem heißt sie »Brokatgasse«.

Wie Seimei den Unterkommandanten und Kammerherrn beschützte

Als in alter Zeit Seimei sich auf seinen Aufsichtsplatz im Palastviertel begeben hatte und zuschaute, wie nach den prachtvoll geschmückten Vorreitern der Hofadel einzog, sah er, wie ein noch junger und blühender Mann von wahrhaft schönem Angesicht, den man Unterkommandant und Kammerherr nannte, vom Wagen stieg und sich in den Palast begab; in diesem Augenblick flog über ihm ein Rabe hinweg und ließ seinen Kot auf ihn fallen. Seimei sah scharf hin und dachte: »Wie traurig! Daß ein so junger und hübscher Mann, der es in der Welt schon zu etwas gebracht hat, dem Shiki zum Opfer fällt, denn dieser Rabe ist gewiß der Gott Shiki!« Doch wünschte Seimei sehr, daß es diesem Unterkommandanten durch frühere Verdienste bestimmt sei zu leben, und so trat er an die Seite des Unterkommandanten und sprach ihn also an: »Geruht Ihr, Seine Majestät zu besuchen? Es ist zwar unverschämt, doch darf ich fragen, warum Ihr Seine Majestät besucht? Ich habe nämlich erkannt, daß Ihr diese Nacht nicht mehr erleben werdet. Es war aber vorbestimmt, daß ich dies erkennen sollte. Bitte kommt mit mir. Ich will einen Versuch wagen.« Als sie zusammen seinen Wagen bestiegen hatten, zitterte der Unterkommandant vor Angst und sagte: »Das ist schrecklich. Wenn es so ist, helft mir bitte« Darauf fuhren sie zusammen in dem Wagen in das Anwesen des Unterkommandanten. Da sich dieser Vorfall am späten Nachmittag in der Stunde des Affen abgespielt hatte, war die Sonne untergegangen, als sie an ihrem Ziel ankamen. Seimei schloß den Unterkommandanten fest in seine Arme und übte einen Schutzzauber aus, auch ließ er voller Hingabe, ohne in der ganzen Nacht je die Augen zu schließen oder die Stimme sinken zu lassen, Anrufungen hören und nahm Beschwörungen vor.

Die ganze lange Herbstnacht hindurch mühte er sich ab, im Morgengrauen aber klopfte es an die Tür, und Seimei sagte: »Schickt doch bitte jemanden hinaus zur Erkundigung!« Und als jemand nachgefragt hatte, erfuhren sie, daß der Schwager des Unterkommandanten, der den Fünften Rang als Kammerherr bekleidete und im selben Hause aufgenommen war, Eifersucht hegte, weil der Unterkommandant als guter Schwiegersohn galt und umsorgt wurde, während er selbst über die Maßen gering geachtet wurde; und so hatte er sich mit einem Magister der Mantik besprochen und den Shiki über den Unterkommandanten gebracht. Da aber nun Seimei erkannt hatte, daß der Unterkommandant vom Tode gezeichnet war, und die ganze Nacht hindurch gebetet hatte, kam ein Mann aus dem Hause jenes Magisters der Mantik, der den Geist geschickt hatte, und rief mit lauter Stimme, was ihm sein Herr aufgetragen: »In der Verwirrung meines Herzens habe ich unnütz über Euch, der Ihr einen starken Schutz besitzet, den Shiki kommen lassen, weil ich meinem Auftrag nachkommen wollte, doch der Gott Shiki ist zurückgekehrt und ich selbst bin jetzt von ihm geschlagen worden und sterbe, weil ich etwas tat, was ich nicht hätte tun dürfen.« Darauf sprach Seimei: »Höret das an! Wenn ich Euch gestern abend nicht erblickt hätte, wäre Euch dies zugestoßen!« Und er gab dem Boten einen Mann mit, der mit der Kunde zurückkam: »Der Magister der Mantik ist soeben gestorben.« Den Schwiegersohn, der den Shiki hatte rufen lassen, jagte der Schwiegervater auf der Stelle aus dem Haus. Den Seimei aber überhäufte er in seiner Freude mit Geschenken und weinte vor Freude.

Wer der Unterkommandant war, ist zwar unbekannt, aber es heißt, er habe es bis zum Oberkabinettsrat gebracht.

Von dem Räuber Daitarô

In alter Zeit lebte ein gewaltiger Räuberhauptmann namens Daitarô. Der zog einst in die Hauptstadt und spähte umher in der Hoffnung, ein Haus zu finden, wo etwas zu holen wäre, und dort einzudringen und zu stehlen. Da sah er ein gefährlich schief stehendes Haus in verwilderter Umgebung, der Torbau halb eingestürzt, kein einziger Mann war zu sehen, nur Frauen; Stücke gestärkter Leinwand lagen überall herum, und dazu waren viele Leute hereingerufen worden, die mit Seidenrollen von achtzig Fuß Länge handelten, sie hatten eine Menge Seide mitgebracht, und da man ihnen rege wählend und tauschend abkaufte, dachte Daitarô, das sei ein Haus, in dem Überfluß herrscht, und wie er verweilte und seine Blicke hineingehen ließ, geschah es, daß ein Windstoß den Bambusvorhang im Süden erfaßte und aufhob und hinter dem Vorhang aufeinandergetürmte Lederkörbe sichtbar wurden, deren Inhalt er jedoch nicht erkennen konnte, davor aber befand sich einer, dessen Deckel offen stand, und etwas, das wie Seide aussah, lag um ihn herum. Als er das sah, freute er sich sehr und glaubte, der Himmel habe ihm eine Gabe gewährt, eilte davon, borgte von jemandem ein Stück Seide von achtzig Fuß, ging damit wieder zu jenem Haus und sagte, er wolle dies verkaufen. Drinnen wie draußen sah er keinen einzigen Mann. Nur Frauen waren da, und er sah auch, daß die Zahl der Lederkörbe groß war. Obwohl vom Inhalt nichts zu sehen war, wölbten sich die Deckel über der prallen Füllung, und Seide und dergleichen war überaus reichlich vorhanden, Leinwand lag überall umher, so daß es den Anschein eines ungeheuer reichen Hauses erweckte. Er nannte einen hohen Preis und kehrte zurück, ohne seine Seide verkauft zu haben, und gab sie dem Eigentümer zurück. Seine Kumpane weihte er in die Beschaffenheit des Hauses ein, und als die Nacht kam, wollten sie das Tor durchschreiten, doch da war es ihnen, als ob jemand ihnen kochendes Wasser ins Gesicht schütte, und sie konnten plötzlich nicht mehr weitergehen. »Was mag das nur sein?« fragten sie sich, taten sich zusammen und wollten wieder eintreten, doch da packte sie ein solches Grauen, daß sie sich mit den Worten: »Hier geht etwas vor. Heute nacht wollen wir lieber nicht hineingehen!« zurückzogen.

Am nächsten Morgen tat sich Daitarô mit seinen Kumpanen zusammen und sprach zu ihnen: »Was also mag das gestern gewesen sein?« Darauf hieß er sie Waren mitnehmen, und sie begaben sich wieder dorthin und schauten sich um, doch es war in keiner Weise unheimlich. Da wieder nur viele Frauen Dinge in großer Menge auspackten und zusammenlegten, vergewisserten sie sich endgültig, daß nichts Besonderes an dem Haus sei, und trafen in der Dämmerung sorgfältig ihre Vorbereitungen, aber als sie eindringen wollten, kam es ihnen abermals nicht geheuer vor, und sie konnten nicht hinein. Sie standen da und sagten zueinander: »Geh du zuerst!« – doch es endete damit, daß sie auch diese Nacht nicht eindrangen.

Wiederum am nächsten Morgen aber erschien ihnen alles wie eh und je, und es zeigte sich nichts Ungewöhnliches. So dachten sie, nur ihre eigene Verzagtheit habe jenes Gefühl aufkommen lassen, sie trafen abermals in der Nacht ihre Anstalten, aber als sie hineingingen und vor dem Haus standen, kam sie das Grauen stärker an als je zuvor – »Was ist das nur?« sprachen sie und zogen sich zurück; dann sagte Daitarô: »Derjenige, welcher mit dieser Sache angefangen hat, sollte als erster hineingehen. Also muß Daitarô als erster hineingehen«. – »Gut gesprochen!« erwiderten die anderen, er aber ging todesmutig hinein. Sich an ihn heftend, ging auch seine Gefolgschaft hinein. Sie gingen wohl hinein, aber weil sie sich noch immer fürchteten, traten sie ganz leise auf, und wie sie näher kamen, sahen sie in dem verfallenen Haus ein Licht leuchten. Die Bambusvorhänge, die den Hauptraum umgaben, waren geschlossen, aber außen vor den Vorhängen brannte ein Licht. Wohl lagen dort wahrhaftig viele Lederkörbe. Hinter den Vorhängen kam es ihnen aber nicht geheuer vor, und als sie überdies von dort einen Laut hörten, als ob jemand einen Pfeil mit dem Daumennagel prüfte, war ihnen, als ob der Pfeil geflogen käme und in ihren Körper eindränge, es packte sie namenloses Entsetzen, sie wandten sich und flohen, aber da war ihnen, als ob sie von etwas zurückgehalten würden, und sie entkamen mit Müh und Not; ihren Schweiß trocknend, sprachen sie zueinander: »Was war das nur? Dieser unglaublich entsetzliche Ton des Pfeilprüfens!«, und sie entfernten sich.

Am Morgen danach begab sich Daitarô zum Hause eines Mannes, den er kannte und der in der Nähe dieses Hauses wohnte; als der ihn erblickte, nahm er ihn sehr gastlich auf und sagte: »Wann seid Ihr denn in die Stadt gekommen? Ich habe lange auf Euch gewartet.« – »Ich bin gerade erst angekommen und gleich zu Euch gegangen.« – »So laßt Euch eine irdene Schale kredenzen!« sprach der Hausherr, machte Reiswein warm, nahm ein großes, schwarzes irdenes Gefäß als Schale, hielt diese Daitarô hin, trank dann selbst daraus und überreichte die Schale. Daitarô nahm sie entgegen, bekam Reiswein eingegossen und sagte, während er sie hielt: »Im Norden von hier, wer wohnt denn da?« Und als der andere mit erstaunter Miene sagte: »Das wißt Ihr noch nicht? Dort wohnt der Ōya no Suke Takenobu, der große Bogenschütze, der unlängst in die Hauptstadt gezogen ist«, da dachte sich Daitarô: »Wenn wir da hineingegangen wären, dann hätte er uns alle bis zum letzten Mann totgeschossen!«, und er bekam solche Angst, daß er nichts mehr wahrnahm, seinen Reiswein dem Hausherrn über den Kopf schüttete und auf und davon rannte. Die anderen Dinge waren, das Unterste zuoberst, zu Boden gefallen. Der Hausherr verwunderte sich sehr und fragte: »Was ist denn nur los?« – aber Daitarô rannte davon, ohne sich auch nur umzublicken.

Als Daitarô gefangen wurde, erzählte er, wie furchtbar es in dem Anwesen des Kriegsmannes gewesen sei.

Wie eine Dame, mit welcher der Oberkabinettsrat Fujiwara Tadaie eine Liebschaft hatte, einen Wind fahren liess

Es ist jetzt schon lange her, da hatte der Oberkabinettsrat Tadaie, als er noch einen unteren Palastrang bekleidete, eine Liebschaft mit einer schönen und sinnenfrohen Dame, und als spät in der Nacht der Mond heller schien als am Tag die Sonne, konnte er nicht widerstehen, rollte den Bambusvorhang hoch, stieg auf den Stützbalken der Veranda und zog seine Dame mit dem Fächer zu sich, sie aber schüttelte den Kopf, daß ihre Haare das Gesicht bedeckten, und fuhr erschrocken herum mit den Worten: »Nein, nur das nicht!« In diesem Augenblick gab sie ein sehr lautes Geräusch von sich. Die Dame wußte kein Wort zu sagen und warf sich hilflos zu Boden. Der Oberkabinettsrat aber sagte sich: »Ach, daß mir etwas so Herzzerreißendes widerfahren muß! Wenn ich auch mein Leben habe – was soll es mir? Ich gehe ins Kloster!« Damit hob er den unteren Rand des Bambusvorhangs ein wenig in die Höhe und stahl sich davon, keinen Zweifel hegend, daß er Mönch werden wolle, aber kaum war er vier Schritt weit gegangen, da ging es ihm durch den Sinn, warum er wohl Mönch werden müsse, nur weil jene Dame sich versehen habe – und er rannte, was er rennen konnte, davon. Was aus der Dame wurde, dürfte wohl unbekannt sein.

Wie der Erzabt von Toba mit Kunitoshi scherzte

Wiederum ist es jetzt schon lange her, da lebte im Hôrin-Kloster ein Groß-Erzabt namens Kakuyû. Als einmal sein Neffe Kunitoshi, der ehemalige Statthalter von Mutsu, in das Anwesen des Erzabtes kam und ausrichten ließ, er sei angekommen, hieß es: »Ich will Euch sogleich sehen. Bleibt ein Weilchen sitzen«, und so wartete er; aber als der Erzabt nach ungefähr zwei Doppelstunden noch nicht erschienen war, fühlte er sich beleidigt und gedachte aufzubrechen. Er rief seinen Bedienten herbei, und als dieser kam, befahl er ihm: »Bringe mir meine Schuhe!«, und als sie ihm gebracht wurden, sprach er: »Brechen wir auf!« Aber sein Diener entgegnete: »Seine Ehrwürden der Erzabt sagten: ›Ich habe mit dem Statthalter von Mutsu gesprochen und der sagte, ich solle nur zufahren, also bring mir seinen Wagen!‹ Und er gab mir bekannt, daß er vom kleinen Tor aus wegfahren wolle. Ich dachte mir, er wird schon einen Grund haben, und ließ den Ochsenführer aufsitzen. Er sagte dann noch: ›Richte deinem Herrn aus, daß er warten möge. Es wird ungefähr eine Doppelstunde dauern. Ich werde sofort wieder zurückkehren.‹ Er ist dann gleich abgefahren, es ist jetzt wohl über eine Doppelstunde her.« Auf diese Rede hin sagte der Herr: »Mein lieber Diener, was bist du für ein Tölpel! Du hättest mir sagen müssen: ›Man hat Euren Wagen aus diesem oder jenem Grund verlangt‹, und ihn dann erst herleihen sollen. Was bist du für ein Tölpel!« – »Aber er ist doch kein Fremder«, entgegnete der Diener, »er hatte schon seine Sandalen an und sagte, Ihr hättet es ganz bestimmt gutgeheißen – was sollte ich da noch ausrichten?« Daraufhin ging der ehemalige Statthalter von Mutsu in das Haus zurück und überlegte sich, was er wohl machen könne; da fiel ihm ein, daß der Erzabt die feste Gewohnheit hatte, in einen Badezuber eine Lage fein gehäckseltes Stroh zu füllen, darüber eine Strohmatte zu breiten und dann herumzuspazieren, plötzlich aber ohne rechts und links zu schauen zum Badehaus zu laufen, sich auszuziehen und mit dem Ruf: »Heißa hopp, frisch ins Nest!« ohne Zaudern rücklings in den Badezuber zu werfen. Der frühere Statthalter von Mutsu begab sich dorthin und hob die Decke hoch, da sah er wirklich feingehäckseltes Stroh im Zuber. Darauf nahm er einen Vorhang im Badehaus herunter, füllte alles Stroh hinein und machte ein festes Bündel daraus; auf den Boden des Badezubers aber setzte er einen Eimer, legte darüber ein umgedrehtes Go-Brett und bedeckte alles mit der Matte; dann verbarg er das in dem Vorhang eingewickelte Stroh, ohne eine Miene zu verziehen, neben dem großen Tor und wartete. Als er nach mehr als zwei Doppelstunden den Erzabt durch das kleine Tor zurückkehren hörte, ging er derweil durch das große Tor hinaus, rief seinen zurückgekehrten Wagen herbei und legte das Strohbündel hinten in den Wagen, indem er es dem Ochsenführer mit den folgenden Worten anvertraute: »Fahr schnell nach Hause, steig ab und gib das Stroh dem Ochsen, der nach dem vielen Hin und Her sehr erschöpft sein muß.«

Der Erzabt streifte, wie er zu tun pflegte, im Nu seine Kleider ab und betrat das Badehaus, wo er mit seinem »Heißa, hopp, frisch ins Nest!« sich in den Badezuber stürzte und sich ahnungslos auf den Rücken fallen ließ – aber da drangen die spitz hervorragenden Füße des Go-Brettes schmerzhaft in sein Steißbein und der hochbetagte Mann verlor die Besinnung und lag nach hinten gekrümmt da. Als später die ihm aufwartenden Mönche, da sie von ihm nichts mehr gehört hatten, hereinkamen, sahen sie ihn, mit weit geöffneten Augen nach oben starrend, bewußtlos daliegen. »Was ist denn?« fragten sie, bekamen aber keine Antwort. Sie näherten sich ihm und spritzten Wasser in sein Gesicht, aber erst nach geraumer Weile konnte er keuchend etwas stammeln.

Dieser Schabernack war doch eigentlich recht gemein.

Wie sich der Buddha-Maler Yoshihide über den Anblick seines brennenden Hauses freute

Wiederum ist es jetzt schon lange her, da lebte ein Buddha-Maler namens Yoshihide. Als einmal in seiner Nachbarschaft ein Feuer ausbrach, das sich im Wind rasch ausbreitete und sein Haus bedrohte, flüchtete er aus dem Haus und rannte auf die Straße. Es waren viele Buddha-Bilder im Haus, die er für andere malen sollte. Und auch Weib und Kind waren im Haus, der Kleider noch ledig. Doch ihn kümmerte es nicht, ihm war es nur wichtig, daß er entkommen war, und so blieb er am jenseitigen Straßenrand stehen. Er sah zu, wie das Feuer auf sein Haus übergriff, und bis es in Rauch und Flammen aufging, stand er jenseits am Straßenrand und starrte hinüber. »Furchtbar«, sagte mancher, der zu ihm kam, um sein Beileid auszudrücken, aber er blieb gelassen. »Was ist denn los?« fragte man ihn, doch er blieb seinem Hause gegenüber stehen, sah zu, wie es abbrannte, nickte heftig mit dem Kopf und lachte von Zeit zu Zeit. »Ah, das nenne ich Glück! Wie schlecht habe ich doch bisher gemalt!« sagte er nur, und die Leute, die zum Beileidsbesuch gekommen waren, fragten ihn: »Was ist denn eigentlich los? Warum steht Ihr so herum? Das ist doch unerhört! Seid Ihr besessen?« Er aber sagte: »Warum sollte ich besessen sein? Lange Jahre habe ich die Flammenlohe des Strafenden Gottes Fudô schlecht gemalt. Als ich jetzt zusah, habe ich begriffen, wie Flammen auflodern. Das ist fürwahr ein Glück! Um mit meiner Kunst in der Welt zu bestehen, brauche ich nur Buddhas gut zu malen und Hunderte und Tausende von Häusern sind mein. Weil Euch dieses Talent fehlt, trauert Ihr dem Besitz nach.« So sprach er, da er vor ihnen stand, und lachte sie aus.

Es geschah sicher danach, daß Yoshihide seine sogenannten gekräuselten Strafgötter malte, die heute alle Welt rühmt.

Wie der Erzabt Jie eine Weihbühne errichtete

Wiederum ist es jetzt schon lange her, da lebte der Erzabt Jie, ein Mann aus dem Distrikt Asai in der Provinz Ōmi. Etwa um die Zeit, als er aus Mangel an Arbeitern auf dem Berg Hiei keine Weihbühne errichten konnte, lud ihn der Distriktsvorsteher von Asai ein, mit ihm religiöse Übungen zu halten, denn er war mit dem Erzabt nicht nur vertraut, sondern stand ihm, seinem Lehrer, auch als Stifter zur Seite. Als Speise für den Mönch ließ er in dessen Gegenwart Sojabohnen rösten und mit Essig übergießen; da fragte der Mönch: »Warum gießt

Ihr Essig darüber?« – »Wenn man Essig darüber gießt, solange sie warm sind, so bekommt man *sumutsukari*, die Bohnen werden runzlig und lassen sich gut zwischen die Eßstäbchen klemmen. Wenn man das nicht macht, sind sie glatt und lassen sich nicht einklemmen«, erwiderte der Distriktsvorsteher. Darauf sagte der Mönch: »Ganz gleich wie sie sind, warum sollte ich sie nicht einklemmen können? Und wenn Ihr sie mir zuwerft, halte ich sie fest und esse sie!« Der andere bestritt das: »Wie wäre denn so etwas möglich?« Der Erzabt wiederum: »Wenn ich gewinne, dann gibt es nur eines: Ihr baut mir eine Weihbühne!« – »Wenn's weiter nichts ist«, sagte der Distriktsvorsteher, und warf ihm die gerösteten Bohnen zu, und der Mönch, sechs Fuß entfernt sitzend, brachte es fertig, sie mit den Eßstäbchen aufzufangen, ohne eine einzige fallenzulassen. Die Zuschauer trauten ihren Augen nicht. Als der Distriktsvorsteher frisch ausgepreßte Zitronenkerne unter die Bohnen mischte und ihm zuwarf, fing er zwar auch diese auf, ließ sie aber wieder davongleiten, jedoch nicht zu Boden fallen, denn gleich darauf zwickte er sie fest zwischen den Eßstäbchen ein. Der Distriktsvorsteher, der einer weitverzweigten Sippe entstammte, brachte die nötige Zahl von Arbeitern auf und baute die Weihbühne, ehe ein Tag um war.

Wie der Hohe Priester Hankyû der westlichen Himmelsrichtung nie den Rücken kehrte

Wiederum ist es jetzt schon lange her, da lebte ein Mönch, der Hohe Priester Hankyû. Er wohnte in der Ryôgon-Halle auf dem Berge Hiei. Mit ganzem Herzen erstrebte er die Höchste Glückseligkeit im Paradies des Westens. Im Gehen, Stehen, Sitzen und Liegen – nie kehrte er der westlichen Himmelsrichtung den Rücken zu. Wenn er ausspie, wenn er eine kleine oder große Notdurft verrichtete, wandte er sich nicht dem Westen zu. Die untergehende Sonne ließ er nicht auf seinen Rücken scheinen. Bestieg er den Berg über den westlichen Abhang, so schritt er seitwärts gewendet fürbaß. Er pflegte zu sagen: »Ein gepflanzter Baum fällt immer in die Richtung, in die er sich neigt. Wenn ich mein Herz der westlichen Himmelsrichtung zuwende, warum sollte ich dann meine Absicht nicht erreichen? Wenn meine Zeit um ist, werde ich zweifellos im rechten Glauben sterben.«

Seine Geschichte ist wohl in die »Berichte von der Wiedergeburt im Paradies« eingegangen.

Wie die Musiker Ietsuna und Yukitsuna einander hereinlegten

Wiederum ist es jetzt schon lange her, da ging die Rede, daß Musiker eben gerade so seien, aber diese beiden waren wirklich ganz ausgefallene Komödianten. Zur erlauchten Zeit des Kaisers Horikawa erging am Abend der Götterspiel-Aufführung vor der Hofdamenhalle ein kaiserlicher Befehl, der da lautete: »Heute abend bringe man etwas Überraschendes dar!« Darauf rief der oberste der Kammerherren den Ietsuna zu sich und übermittelte ihm diesen Befehl. Der nahm ihn entgegen und überlegte, was er aufführen könnte, winkte seinen jüngeren Bruder Yukitsuna in eine Ecke und sprach zu ihm: »Da uns so etwas befohlen worden ist, habe ich mir etwas ausgedacht. Was hältst du davon?« – »Was hast du denn vor?« fragte sein Bruder. Ietsuna sagte: »Ich werde im hellen Schein des Hoffeuers meine Beinkleider ganz weit hochziehen und meine dürren Schenkel entblößen, dann dreimal um das Hoffeuer herumrennen mit dem Ruf: ›Die Ni ... die Na ... die Nacht ist tief, so ka ... so ka ... so kalt ist mir, da will ich hopp die Hoden am Feuer wärmen mir!‹ Wie wäre das?« – »Das mag hingehen. Aber in Gegenwart Seiner Majestät seine dürren Schenkel herzeigen und rufen, daß man seine Hoden wärmen möchte – das dürfte doch wohl unangebracht sein«, entgegnete Yukitsuna. Darauf Ietsuna: »Wahrlich gut gesprochen! Dann werde ich eben etwas anderes machen. Wie gut, daß ich mit dir darüber gesprochen habe!«

Als die Höflinge, die von dem kaiserlichen Befehl gehört hatten, in Erwartung dessen, was die Brüder heute nacht vorführen würden, gespannt Ausschau hielten, verkündete der Spielführer: »Ich rufe Ietsuna!«, und Ietsuna trat hervor, aber weil er nichts Nennenswertes zuwege brachte, trat er ab, ohne bei irgend jemandem, angefangen mit Seiner Majestät, sonderlichen Eindruck zu hinterlassen, und der Spielführer verkündete: »Ich rufe Yukitsuna!« Yukitsuna, sich gebärdend, als ob ihm wirklich kalt wäre, hob die Knie bis in die Höhe seiner Hüften, seine dürren Schenkel entblößend, und rief mit einer Stimme, die vor Kälte zu beben schien: »Die Ni ... die Na ... die Nacht ist tief, so ka ... so ka ... so kalt ist mir, da will ich hopp die Hoden am Feuer wärmen mir!« Dabei rannte er an die zehn Mal um das Hoffeuer und alle, hoch wie niedrig, waren außer sich vor Lachen. Ietsuna verbarg sich in einem Winkel und sagte sich: »Dieser Kerl hat mich schön hereingelegt!« Und so empört war er über ihn, daß er ihn nicht mehr ansah, aber nach einiger Zeit kam es ihm in den Sinn, daß er zwar übel hereingelegt worden sei, aber es doch nicht einfach damit gut sein lassen könne, und so teilte er Yukitsuna mit: »Was geschehen ist, ist geschehen. Bei alledem soll es zwischen Brüdern keine dauernde Feindschaft geben.« Yukitsuna kam voller Freude zur Versöhnung.

Als bei der Rückkehr vom Außerordentlichen Kamo-Fest im Palast ein Götterspiel aufgeführt wurde, sagte Yukitsuna zu Ietsuna: »Wenn der Spielführer ruft, werde ich mich dem Bambusbusch nähern und laut lärmen, und du fällst ein: ›He du, was bist du für einer?‹ Dann sage ich: ›Ein Panther, ein Panther, gefleckt wie Bambus!‹ und führe mich genau wie ein Panther auf.« Ietsuna meinte: »Das ist nicht besonders schwer und ich werde nach Kräften mitmachen.« Und so willigte er ein. Als dann der Spielführer vortrat und rief: »Ich rufe Yukitsuna!«, erhob sich Yukitsuna gemächlich, näherte sich dem Bambusbusch und kroch dort auf allen vieren herum, während er darauf wartete, daß sein Bruder Ietsuna ihn fragen würde: »He du, was bist du für einer?«, um darauf zu antworten: »Ein Panther!« Aber Ietsuna fragte: »He, was für ein Panther bist du?« Da nun das Wort »Panther« statt des erwarteten »Wer« schon gefallen war, blieb ihm nichts mehr zu sagen – er stürzte Hals über Kopf davon und rannte weg.

Diese Angelegenheit drang bis zum Kaiser vor, der darob höchlichst erbaut gewesen sein soll. Es hieß allgemein, das sei Ietsunas Rache dafür gewesen, daß er vorher von Yukitsuna hereingelegt worden war.

Wie einmal ein Kalender in japanischer Silbenschrift bestellt wurde

Wiederum ist es jetzt schon lange her, da lebte im Anwesen eines Mannes eine junge Frau, die bat ihn um Papier und sprach zu einem jungen Mönch, der in der Nähe wohnte: »Schreibt mir doch bitte einen Silbenschrift-Kalender!« Der Mönch erwiderte: »Nichts leichter als das«, und schrieb ihn. Am Anfang standen, nach der hergebrachten Ordnung, Einträge wie: »Günstig für Götter und Buddhas«, »Böser Tag«, »Unglückstag«, aber gegen das Ende hin stand etwa geschrieben: »Tag, an dem man nicht essen darf«, oder »Tag, an dem man dies oder jenes, so man es hat, reichlich essen kann«. Die Frau fand den Kalender zwar sehr merkwürdig, kam aber doch nicht dahinter, welche Bewandtnis es damit habe, sondern dachte, sie müsse sich genau an die Vorschriften halten, und wich nicht davon ab. Als aber unter einem Tag eingetragen war: »Man darf keinen Stuhlgang haben«, wunderte sie sich zwar, warum das so sein sollte, gedachte aber dennoch, sich daran zu halten, und gab sich alle erdenkliche Mühe; aber da wie bei einer Reihe von Unglückstagen immer wieder geschrieben stand: »Man darf keinen Stuhlgang haben«, »Man darf keinen Stuhlgang haben«, hielt sie sich noch zwei, drei Tage zurück, konnte es aber kaum noch aushalten, und so soll sie sich, beide Hände auf die Hinterbacken pressend, mit dem Klageruf: »Was soll ich bloß tun, was soll ich bloß tun« unter Winden und Krümmen, ohne daß sie es merkte, erleichtert haben.

Von dem Mann, der nicht der echte Sohn war

Wiederum ist es jetzt schon lange her, da lebte jemand, von dem es als ungewiß galt, ob er der Sohn eines gewissen Mannes war. Alle Welt kannte diesen Umstand und machte sich darüber lustig. Nach dem Tode des vermeintlichen Vaters ging einer von dessen langjährigen Gefolgsleuten mit seiner Frau aufs Land. Als seine Frau gestorben war, kam es dahin, daß er nicht mehr aus noch ein wußte, und so ging er in die Hauptstadt zurück. Als aber überhaupt nichts für ihn da war und er keine Hilfe fand, hörte er, daß jener Mann, der sich für den leiblichen Sohn seines verstorbenen Herrn ausgab, daran festhielt, der echte Sohn zu sein, und im Hause seines Vaters lebte. So begab er sich dorthin. »Einer, der sich Soundso nennt und dem verstorbenen Herrn lange Jahre gedient hat, ist hierhergekommen. Er möchte gern mit Euch reden«, sagte man dem Sohn; der ließ ihm ausrichten: »Ich erinnere mich, daß es sich so verhält. Geduldet Euch einen Augenblick. Ich werde Euch Audienz gewähren.« – »Ich hab's geschafft«, dachte der Gefolgsmann und blieb sitzen, in halben Schlummer versinkend, bis ein vertrauter Diener im Dienste des neuen Herrn herauskam und sagte: »Kommt bitte in den Empfangsraum.« Er folgte ihm erfreut. Der Diener sagte: »Wartet bitte noch ein wenig«, und entfernte sich. Als der Gefolgsmann sich umsah, fand er, daß der Empfangsraum sich nicht um ein Haar von der Einrichtung zu Lebzeiten des verstorbenen Herrn unterschied. Er stellte gerade fest, daß die Schiebetüren ein bißchen älter wirkten, da öffnete sich die mittlere, er schaute auf und sah den Mann, der sich als Sohn ausgab, hereintreten. Kaum hatte er ihn gesehen, da brach der langjährige Gefolgsmann in lautes Schluchzen aus. Er weinte, daß seine Ärmel zum Auswringen naß waren. Der Herr des Hauses wunderte sich, warum jener wohl so sehr weinen mußte, ließ sich auf die Knie nieder und fragte: »Warum weinst du so sehr?« – »Ich habe voller Rührung festgestellt, daß Ihr nicht anders seid, als der alte Herr gewesen ist«, antwortete der Gefolgsmann. »Wenn er festgestellt hat, daß ich nicht anders bin als der alte Herr, dann ist es niederträchtig von den Leuten, das Gegenteil zu behaupten«, sagte sich der Sohn und sprach zu dem weinenden Gefolgsmann die folgenden Worte: »Du bist aber außerordentlich alt geworden. Wie geht es dir denn immer? Ich habe ja im Kindesalter bei meiner Mutter gelebt und nicht viel von den Umständen des alten Herrn erfahren. Du sollst mir vertrauen, wie du dem alten Herrn vertraut hättest. Was es auch sei, sag es mir. Du brauchst mich nur einfach zu bitten. Zunächst einmal scheinst du zu frieren. Zieh dieses Kleid an!« Damit zog er eines seiner dick und weich wattierten Kleidungsstücke aus und übergab es ihm. »Nun keine weiteren Worte. Du mußt zu mir ziehen«, sagte er. Der Gefolgsmann war am Ziel seiner Wünsche.

Hätte nur ein gestern und heute ihm Dienender dasselbe gesagt, der Herr hätte sich gefreut, aber da gar ein langjähriger Diener des alten Herrn so etwas vorbrachte, strahlte der Hausherr vor Freude und sagte sich: »Dieser Mann hat Jahr und Tag gedarbt. Das ist zum Erbarmen.« Und er rief seinen Hausmeier zu sich und sprach zu ihm: »Hier ist jemand, den der verstorbene Herr lieb und wert hielt. Er ist gerade hierher in die Hauptstadt gereist. Überleg dir, wie man ihn unterstützen kann.« Mit bescheidener Stimme sagte der Hausmeier: »Es ist recht«, und ging. Der Gefolgsmann aber gelobte Buddha, daß er keine Falschheit begehen wolle.

Darauf gedachte der Hausherr alle jene Leute einzuladen, von denen er gehört hatte, daß sie an seiner Stellung zweifelten, und den Gefolgsmann vor ihnen ausführlich über den Fall berichten zu lassen. Er rief seinen Hausmeier zu sich und sprach zu ihm: »Übermorgen haben mehrere Leute die Absicht, hierherzukommen, deshalb richte alles her und sieh zu, daß die Bewirtung nichts zu wünschen übrig läßt.« Der Hausmeier sagte: »Es ist recht«, gab verschiedene Anweisungen und bereitete alles vor. Es kamen und versammelten sich an die vier, fünf Leute aus dem Kreise der Bekannten des Hausherrn. Dieser, schöner herausgeputzt als gewöhnlich, trat zu ihnen heraus und ließ wiederholt Reiswein reichen. Dann sprach er: »Wollt Ihr jemand sehen, der im Hause meines Vaters lange Jahre gelebt hat?« Die versammelte Gesellschaft, in froher Stimmung, die Gesichter gerötet, sagte: »Natürlich soll er zu uns herauskommen. Wenn er dem alten Herrn gedient hat, so ist das um so rührender.« Der Hausherr rief: »Geh doch mal einer und sag dem Soundso, er soll kommen!« Ein Diener erhob sich und holte den Gefolgsmann. Man sah, daß er ein kahlköpfiger Mann von mehr als sechzig Jahren war, von ehrlichem Aussehen, so daß man ihm keine Lüge zutrauen würde; er trug zu einem gewalkten weißen Jagdgewand ein angemessenes blaßgelbes Kleidungsstück. Dies war als das geschenkte Kleidungsstück zu erkennen. Als er hereingerufen wurde, setzte er sich in vollendeter Manier nieder, seinen Fächer wie ein Szepter haltend.

»Wohlan«, sprach der Hausherr zu ihm, »hast du zur gleichen Zeit wie mein Vater gelebt?« – »Ja«, kam die Antwort. »Kamst du ihm unter die Augen? Wie war das?« Auf diese Frage sagte der Gefolgsmann: »So war es. Mit dreizehn kam ich zum verstorbenen Herrn.

Bis zu meinem fünfzigsten Jahr war ich weder Tag noch Nacht von ihm getrennt. Der verstorbene Herr rief mich immer: ›Mein kleiner Volljähriger, mein kleiner Volljähriger!‹ Auch als ich ihm diente, wenn es ganz schlimm um ihn stand, ließ er mich zu seinen Füßen schlafen, und mitten in der Nacht oder bei Tagesanbruch mußte ich ihm das Nachtgeschirr reichen. Damals fand ich das erbärmlich und schwer erträglich, aber nach seinem Tode habe ich es bedauert, je so empfunden zu haben.« – »Nun wohl«, sagte der Hausherr, »als ich dich vor wenigen Tagen hereinrufen ließ, hast du heftig geweint, als ich die Schiebetür öffnete und eintrat und du mich erblicktest. Was war der Grund?« Diesmal entgegnete der Gefolgsmann: »Ach, das war nicht weiter verwunderlich. Ich war auf dem Lande, als ich hörte, der alte Herr sei gestorben, da wollte ich jetzt doch einmal kommen und Euch wenigstens meine Aufwartung machen, und so habe ich mich voller Ehrfurcht hierher begeben. Ihr habt mich ohne Umstände ins Empfangszimmer rufen lassen. Das war zu gütig, und als Ihr die Schiebetür zu öffnen geruhtet, schaute ich auf zu Euch, und Eure rabenschwarze Mütze war das erste, was ich von Euch zu sehen bekam, und das erinnerte mich daran, wie auch beim alten Herrn, wenn er eintrat, zuerst die rabenschwarze Mütze sichtbar wurde, und mir kamen, ohne daß ich es merkte, die Tränen.« Da er dies sagte, mußten sich alle, die da versammelt waren, das Lachen verbeißen. Der Hausherr verfärbte sich und sagte: »Ja, worin bin ich denn ansonsten dem alten Herrn gleich?« Darauf der Gefolgsmann: »Sonst seid Ihr ihm in nichts gleich.« Auf diese Worte hin lächelte jedermann, und einzeln oder zu zweit machten sie sich davon.

Wie sich Kannon in eine Schlange verwandelte

Es ist jetzt schon lange her, da lebte ein Mann, der sich vom Falkenverkauf ernährte. Als er einmal einen entflohenen Falken einfangen wollte und ihm nacheilte, seinem Fluge folgend, entdeckte er in einer Schlucht tief im Gebirge ein Falkennest auf einem hohen Baum an einem Steilhang. Voller Freude über den ungewöhnlichen Fund ging er nach Hause. Eine Zeitlang später dachte er: »Jetzt könnten die Falkenjungen schön herangewachsen sein«, und begab sich wieder an jenen Ort, um sie aus dem Nest zu nehmen. Dort angelangt, sah er, daß im unsagbar tiefen Gebirge, auf einem in das Tal ragenden Aste eines ungewöhnlich hohen Zürgelbaumes über einer tiefen, ja bodenlosen Schlucht das Nest gebaut war, in das die Eier gelegt worden waren. Die Falken umkreisten das Nest. Er sah, daß es unaussprechlich schöne Falken waren, und dachte, daß daher auch die Jungen trefflich geraten sein müßten. So kletterte er, alles um sich vergessend, auf den Baum, hatte schon fast das Nest erreicht – da brach der Ast, auf dem er stand, und er stürzte in die Schlucht hinab. Am Zweige eines aus dem Steilhang der Schlucht hervorragenden Baumes blieb er hängen und klammerte sich an diesen Zweig, nicht gewiß, ob er noch am Leben sei, und ohne einen Ausweg. Blickte er nach unten, war die Schlucht so tief, daß er keinen Boden sah. Blickte er nach oben, reichte der Fels bis in fernste Höhen. Es war auch nicht möglich hinaufzuklettern.

Die ihn begleitet hatten, glaubten, er wäre zweifellos zu Tode gekommen, als er in die Schlucht fiel. Trotzdem wollten sie sehen, was mit ihm geschehen sei, und näherten sich dem Rande des Felsens; aber obwohl sie sich unsinnigerweise auf die Zehen stellten um hinabzuschauen, sahen sie doch kaum hinunter und konnten nichts erblicken, da am Boden der unendlich tiefen Schlucht das Laub der Bäume alles verdeckte. Da sie ein Schwindel befiel und ihre Augen voll Tränen standen, konnten sie auch nicht lange schauen. Sie wußten nicht, was sie tun sollten, fanden aber ihr Herumstehen unangemessen und kehrten heim. Dort erzählten sie, was vorgefallen war. Frau und Kinder des Falkenfängers weinten bitterlich, aber auch das brachte keinen Nutzen. Zwar wünschten sie, sich zur Schlucht zu begeben, um die Stelle anzusehen, auch wenn sie ihn nicht finden würden, aber die Diener sprachen: »Wir erinnern uns nicht einmal an den Weg dorthin, und selbst wenn Ihr dorthin kommt, ist es doch ein so bodenloses Tal, denn so sehr wir auch Ausschau hielten und überall suchten, er blieb unseren Augen verborgen.« – »Ja, das ist wohl in der Tat richtig«, sagten nun auch andere, und so begab man sich am Ende nicht dorthin.

Unterdessen war dem Falkenjäger im Tal nichts anderes übriggeblieben, als sich auf einen Felsrand von der Breite eines Tragetischchens, der aus der Wand ragte, zu setzen und sich an den Zweig zu klammern, unfähig, sich auch nur ein bißchen zu rühren. Würde er sich auch nur im geringsten bewegen, er müßte unweigerlich in die Schlucht stürzen. Seine Lage war ganz und gar ausweglos. Nun hatte er zwar die Falkenhaltung zu seinem Gewerbe gemacht, aber seit seiner Kindheit das Kannon-Sutra gläubig rezitiert und ihm sein Vertrauen entgegengebracht, und so setzte er seine ganze Hoffnung darauf und flehte: »Hilf mir doch!« Tag und Nacht rezitierte er unzählige Male dieses Sutra. Als er gerade die Stelle »Buddhas allumfassendes Gelübde ist tief wie das Meer« rezitierte, war es ihm, als ob aus der Tiefe der Schlucht etwas raschelnd herankäme; da er sich fragte, was das sein könne, und vorsichtig schaute, sah er eine unsagbar große Schlange. Sie schien ungefähr zwanzig Fuß lang zu sein, und wie sie unaufhaltsam auf ihn zu kroch, dachte er: »Jetzt werde ich wohl von dieser Schlange gefressen. Ach, das ist ein trauriges Los! Dabei habe ich doch gefleht: ›Kannon, hilf mir!‹ Wie konnte es nur dazu kommen?« Während er im Gebet versank, kroch die Schlange immer näher, aber auch als sie schon an seinen Knien vorbeikroch, schickte sie sich nicht an, ihn zu verschlingen. Es sah so aus, als ob sie nur aus der Schlucht in die Höhe steigen wolle, und so kam es ihm in den Sinn, daß er nichts anderes zu tun habe um hinaufzukommen, als sich an ihr festzuhalten, und so zog er behutsam das Messer an seiner Hüfte, stieß es in den Rücken der Schlange und klammerte sich daran fest. So zog ihn die Schlange mit sich hinauf und allmählich erklommen sie die Höhe des Steilhangs. Alsdann wollte der Mann, wie er sich von der Schlange löste, sein Messer herausziehen, aber da er es kräftig hineingestoßen hatte, konnte er es nicht herausziehen und ließ es fahren. Die Schlange schlüpfte mit dem Schwert im Rücken davon, in die gegenüberliegende Schlucht hinein. Der Mann war voller Freude und wollte nach Hause eilen, aber da er die letzten zwei, drei Tage seinen Leib überhaupt nicht bewegt und nichts gegessen hatte, war er wie zu einem Schatten seiner selbst abgemagert und erreichte sein Haus nur mit Müh und Not.

Zu Hause hatte man inzwischen jede Hoffnung aufgegeben und daher fromme Dienste für das Heil seiner Seele verrichtet, und als er nun ganz unerwartet hereingetaumelt kam, waren Bestürzung, Weinen und Aufregung ohne Grenzen. Er erzählte den Hergang und brach in Tränen aus, als er das wunderbare Ereignis erzählte: »Durch Kannons Hilfe bin ich also am Leben.« Er aß und ruhte in der kommenden Nacht, stand am anderen Morgen früh auf, wusch seine Hände und wollte wie immer sein Sutra lesen, aber als er es öffnete, steckte das Messer, das er in jener Schlucht der Schlange in den Rücken gestoßen hatte, in diesem Sutra an der Stelle »Buddhas allumfassendes Gelübde ist tief wie das Meer«. Daß er bei diesem Anblick aufs höchste erstaunt war, versteht sich von selbst. Als er begriffen hatte, daß dieses Sutra sich in eine Schlange verwandelt und ihn gerettet hatte, konnte er nicht aufhören, voller Rührung, Ehrfurcht, Ergriffenheit und Verwunderung daran zu denken. Als die Nachbarn davon hörten, schauten sie das Sutra mit fassungslosem Erstaunen an.

Es ist zwar nicht nötig, es noch einmal zu sagen, aber wenn man seine Zuflucht bei Kannon sucht, dann bleibt ein Wunderzeichen nicht aus.

Von dem Hofküchenvorstand Mochinaga und dem Vortrab

Wiederum ist es jetzt schon lange her, da lebte ein Kammerherr im Fünften Rang, der als Tachibana Mochinaga, Zweiter Vorstand des Hofküchenamtes, bekannt war. Als der abgedankte Kaiser Toba seine

Reise zum Opferfest der Tausend Mönche im Hosshô-Kloster antrat, geruhte auch der Kanzler zur Linken von Uji sich dorthin zu begeben. Vorweg fuhr der Wagen eines hohen Höflings. Als der Kanzler zur Linken von hinten anzulangen geruhte, hielt der Höfling vor dem Zuge des Kaisers seinen Wagen an, daher saßen die Vorreiter Seiner Kanzlerschaft ab und passierten den Wagen. Jedoch der obenerwähnte Mochinaga allein saß nicht ab. Der Kanzler sah es mit Verwunderung, dann geruhte er nach Hause zurückzukehren. Nach seiner Rückkehr fragte er den Mochinaga: »Was sollte das bedeuten? Als wir auf den hohen Herrn trafen und er seinen Wagen anhielt, sind die Vorreiter gemäß dem Gebot der Höflichkeit abgesessen, obwohl sie noch unerfahren waren, Mochinaga aber ist nicht abgestiegen!« Mochinaga sprach: »Wie soll ich Eure Frage verstehen? Wenn man vom Gebot der Höflichkeit redet, so muß der vorweg Reisende, wenn von hinten ein vornehmer Herr kommt, seinen Wagen umwenden, daß er auf den hinteren Wagen gerichtet ist, den Ochsen ausspannen und den Jochbalken auf den Wagenbock legen, bis der Herr passiert hat. Das kann man fürwahr Höflichkeit nennen. Wenn jedoch der Vorausfahrende zwar den Wagen anhält, aber dem Vorbeiziehenden seinen Hintern zukehrt, so ist das keine Höflichkeit, sondern muß als der Gipfel der Unhöflichkeit betrachtet werden. Und so dachte ich, wieso sollte ich vor einem solchen Manne vom Pferd steigen, und bin nicht abgestiegen. Ich habe mir überlegt, ob ich nicht zu ihm gehen und ein Wort mit ihm reden sollte, falls sein Verhalten auf einem Irrtum beruhen sollte, aber da ich ein alter Mann bin, habe ich mich zurückgehalten.« Auf diese Worte hin sagte der Herr Kanzler zur Linken: »Hm ja, ich weiß nicht, wie die Dinge stehen«, und sandte dem Höfling ein Wort: »So und so stehen die Dinge. Was meint Ihr dazu?« – »Mochinaga ist ein altgedienter Mann«, bekam er zur Antwort.

In alter Zeit hat man ausgespannt und den Wagenbock wie beim Aussteigen unter die Deichsel gestellt. Das soll ein Gebot der Höflichkeit gewesen sein.

Von dem heiligen Mann in der Provinz Shinano

Es ist jetzt schon lange her, da lebte in der Provinz Shinano ein Priester. Da er in solch entlegener Gegend Priester geworden war, hatte ihn niemand in die buddhistischen Gebote eingeweiht, und er dachte, wie gern er in die Hauptstadt reisen und im Tôdai-Kloster die Weihen empfangen würde, bis er schließlich die Reise antreten und die Weihen empfangen konnte.

Er hatte eigentlich vorgehabt, in seine Heimatprovinz zurückzukehren, aber nun kam ihm in den Sinn, wie ungern er in eine Gegend zurückkehren würde, die wie eine Welt ohne Buddha war, und daß er lieber hier bleiben möchte, und so begab er sich vor den Buddha des Tôdai-Klosters und ließ seine Blicke über alle Orte schweifen, den Buddha fragend, wo ein Ort sei, an dem er in der Stille hausen und fromme Übungen vollbringen könne – da wurde in südwestlicher Himmelsrichtung undeutlich ein Berg sichtbar. In der Absicht, dort seinen frommen Übungen zu leben, wanderte er dahin und oblag in unsäglicher Hingabe seinen Übungen, so daß ihm in wunderbarer Weise eine kleine Buddhafigur für einen Miniaturschrein als Lohn seiner Frömmigkeit zuteil ward. Es war kein anderer als Bishamon, ein Gott des Glücks und Reichtums.

Er baute an derselben Stelle einen kleinen Tempel und stellte die Figur darin auf, und all die Jahre und Monde, die er nun in unsagbar eifriger Übung verbrachte, lebte am Fuße des Berges ein überaus reicher Mann niederen Standes. Zu diesem pflegte die Eßschale des heiligen Mannes zu fliegen und gefüllt zurückzukehren. Einmal war der Reiche gerade dabei, seinen großen hölzernen Speicher zu öffnen, als die Schale wie eh und je geflogen kam, um zu betteln. Da rief er aus: »Schon wieder ist diese Schale da! So eine ungemein gefräßige Schale!« Damit nahm er sie und warf sie in einen Winkel des Speichers, und weil er sie nicht auf der Stelle füllte, wartete die Schale, dieweil er seine Dinge erledigte und die Schale vergaß, sie weder füllte noch herausnahm und die Speichertür verschloß; sowie aber der Herr ins Haus zurückgekehrt war, dauerte es nicht lange, und derselbe Speicher begann von selbst nach allen Richtungen zu schwanken. »Was ist, was ist?« schrien alle, die es sahen, doch als sich darauf unter heftigem Beben und Schwanken der Speicher einen Fuß hoch über die Erde erhob, wollte keiner seinen Augen trauen und alles schrie: »Was geht hier bloß vor?« – »Wahrhaftig, wahrhaftig, ich habe diese Schale vergessen und nicht mit herausgenommen – ob das nicht ihr Werk ist?« sagte der Reiche, als schon diese Schale unter dem Speicher durchkam und der Speicher, von der Schale getragen, schnurstracks in die Höhe stieg und sich zehn, zwanzig Fuß hoch in die Lüfte erhob. Und als er nun davonflog, brachen alle, die zusahen, in lautes Geschrei aus und konnten sich vor Schrecken nicht beruhigen. Und da auch der Herr des Speichers nichts zu tun vermochte, rief er: »Schauen wir, wohin der Speicher geht!« und ging hinter ihm her. Wer immer um die Wege war, der rannte mit. Und so sahen sie den Speicher stetig dahinfliegen, er flog in die Provinz Kawachi, mitten auf den Berg, wo der heilige Mann seinen frommen Übungen oblag, und neben der Zelle des Heiligen fiel er plumps! zu Boden.

Der Speicherherr wunderte sich noch mehr, aber weil er es damit nicht gut sein lassen konnte, näherte er sich dem Platze des Heiligen und redete ihn also an: »Folgendes Mißgeschick ist mir passiert. Diese

Schale kommt regelmäßig zu mir und ich pflege sie zu füllen und wieder zurückzuschicken, heute aber war ich so zerstreut, daß ich sie in den Speicher legte und vergaß, sie mitzunehmen. Als ich aber das Schloß vorgehängt hatte, begann dieser Speicher zu rütteln und zu schütteln und ist hierher geflogen und zu Boden gegangen. Geruhet, ich bitte Euch, mir diesen Speicher zurückzusenden.« Als er so gesprochen hatte, entgegnete der Heilige: »Das ist wahrhaftig eine böse Überraschung für dich, aber da er nun einmal hierher geflogen ist, kann ich dir den Speicher nicht zurückgeben. Hier habe ich noch nichts derartiges, und ich kann gewiß meine Habseligkeiten gut darin aufbewahren. Was sich im Speicher befindet, nimm nur alles wieder zu dir.« Darauf versetzte der Herr: »Wie soll ich denn jetzt auf der Stelle das alles zurückschaffen? Ich habe immerhin tausend Maltersäcke Reis darin gespeichert.« – »Das ist sehr einfach. Gewiß werde ich sie zu dir schaffen«, versetzte der Heilige, legte einen Sack auf die Schale und ließ sie davonfliegen, worauf, wie eine Reihe von Wildgänsen, die übrigen Säcke nachfolgten. Als der Herr sie einer Schar von Sperlingen gleich in dichter Folge fliegen sah, war er äußerst bestürzt und sprach voller Ehrfurcht die folgenden Worte: »Gemach, gemach, schickt nicht alles fort. Behaltet, ich bitte Euch, zweihundert oder dreihundert Sack für Euch und schickt den Rest.« Auf diese Worte entgegnete der Heilige: »Das geht nicht. Wenn ich soviel hier behalte, was soll ich damit anfangen?« – »Dann schickt bitte alles bis auf zehn, zwanzig Sack zurück«, versetzte der Herr. »Wenn ich auch nur soviel bräuchte!« sprach der Heilige, und alle Säcke gingen sicher beim Hause ihres Herrn nieder.

Während nun der Heilige in dieser Weise voller Hingabe seinen frommen Übungen lebte, geschah es, daß der erlauchte Herrscher der Periode Engi an einer schweren Krankheit darniederlag; mannigfache Gebete, Beschwörungen und Sutrenlesen wurden wohl zehntausendfach veranstaltet, doch er fand durchaus keine Genesung. Da sprach jemand: »In einem Orte namens Shigi in der Provinz Kawachi lebt ein Heiliger, der seit Jahr und Tag fromme Übungen hält und sich nicht mehr im Dorf zeigt. Dieser Mann ist über die Maßen ehrwürdig, er vermag Wunder zu wirken, seine Reisschale fliegen zu lassen, und während er nur so dasitzt, verrichtet er zehntausenderlei wunderbare Dinge. Diesen ruft und laßt ihn beten, dann werdet Ihr ohne Zweifel genesen.« – »So sei es«, sprach der Kaiser und entsandte einen Kammerherrn als Boten, jenen zu rufen.

Der ging hin und sah, daß des Heiligen Art überaus ehrwürdig und glückverheißend war. Als er ihm sagte, daß der Kaiser ihn zu sich rufen lasse und er eiligst kommen möge, sprach der Heilige: »Aus welchem Grunde werde ich gerufen?« und zeigte nicht die mindeste Neigung, sich zu rühren. »Seine Majestät leidet an einer schweren Krankheit, so geruhet für ihn zu beten!« – »Dazu brauche ich nicht an den Hof zu gehen, denn ich kann von hier aus für ihn beten.« – »Aber wenn Seine Majestät Genesung findet, wie soll man dann wissen, daß es Euer Verdienst war?« – »Wenn Seine Majestät auch nicht weiß, wessen Verdienst es ist, es kommt doch darauf an, daß er von seinen Leiden geheilt ist!« – »Das mag sein, aber wäre es nicht wirklich gut zu erfahren, welches von Euren vielen Gebeten erhört wurde?« Darauf versetzte der Heilige: »Nun denn, dann will ich ihm einen Schwertschutzgeist schicken, wenn ich für ihn bete. Wenn der Kaiser diesen im Traum oder als Erscheinung zu Gesicht bekommt, dann laßt ihn wissen, wie es sich verhält. Es ist ein Schutzgeist, der ein aus Schwertern geflochtenes Gewand trägt. Ich gehe jedenfalls nicht in die Hauptstadt.« Nach diesen Worten kehrte der kaiserliche Bote an den Hof zurück und erstattete Bericht; nach drei Tagen, gegen Mittag – der Kaiser schlummerte keineswegs – erschien ihm ein glänzendes Ding: »Was für ein Ding ist das?« fragte er sich und betrachtete es, da erkannte er, daß es der von dem heiligen Mann verheißene Schwertschutzgeist war, und von diesem Augenblick an fühlte er sich genesen, nicht die mindeste Pein quälte sein Herz, er fühlte sich wohl wie eh und je. Jedermann freute sich, und alle miteinander priesen und lobten den Heiligen.

Auch der Kaiser war von grenzenloser Bewunderung erfüllt und entsandte einen Mann, der den Heiligen fragen sollte, ob er nicht Erzabt oder Abt werden oder für seinen Tempel ein Landgut annehmen wolle. Der Heilige hörte sich das an und sprach: »Erzabt oder Abt möchte ich durchaus nicht werden. Und wenn zu einem Ort wie dem meinen ein Landgut hinzukommt, dann kommt auch ein Aufseher oder etwas ähnliches dazu und ich würde mir nur Verdruß und weltliche Sünden aufbürden. Ich möchte nichts anderes, als so bleiben wie ich bin.« Und dabei blieb's.

Nun hatte dieser heilige Mann eine ältere Schwester. Diese hatte ihn nicht mehr gesehen, seit er in die Hauptstadt gezogen war, um die Weihen zu empfangen. Da sie ihn solange nicht mehr gesehen hatte und nicht wußte, wie es ihm ergangen war, ging sie in die Hauptstadt, um nach ihm zu suchen; doch obwohl sie in der Umgebung des Tôdai-Klosters und Yamashina-Klosters überall fragte: »Lebt hier jemand namens Môren Koin?«, bekam sie immer nur zu hören: »Den kenne ich nicht«, niemand sagte: »Den kenne ich«. Sie verzweifelte schier an der Suche und dachte: »Wie soll ich es nur anstellen? Ich möchte doch erst zurückkehren, wenn ich erfahren habe, was aus ihm geworden ist.« In der Nacht darauf sprach sie die ganze Nacht hindurch vor dem Großen Buddha des Tôdai-Klosters die Worte: »Geruhe mich zu lehren, wo mein Môren sich befindet«, da kündete dieser Buddha ihr im Traume während eines leichten Schlummers: »Der Ort, an dem der Mönch weilt, den du suchst, ist an einem Berg von hier aus im Südwesten. Geh hin und suche ihn an der Stelle, wo sich an diesem Berge eine Wolke hinzieht.« Als sie erwachte, war es kurz vor Tagesanbruch. Wenn es doch nur schnell Tag würde, dachte sie und hielt Ausschau, da begann es ganz sachte zu dämmern. Als sie ihre Augen nach Südwesten gehen ließ, zeigte sich undeutlich ein Berg, und eine purpurne Wolke zog sich an ihm hin. Erfreut ging sie in dieser Richtung dahin und fand dort wahrhaftig eine Halle und dergleichen. Sie näherte sich einem Bau, der bewohnt aussah, und fragte: »Wohnt hier Môren Koin?« – »Wer ist da?« fragte er, und als er herauskam, sah er seine ältere Schwester aus Shinano vor sich. »Wie hast du mich nur gefunden? Ich bin ganz überrascht«, fragte er sie, und sie erzählte ihm das Vorgefallene. »Aber wie kalt mußt du es gehabt haben! Hier habe ich dir etwas zum Anziehen mitgebracht«, sagte sie und zog ein Geschenk hervor, und er sah, daß sie ein sogenanntes Leibgewand mitgebracht hatte, von ungewöhnlich kräftigem Faden, wohlig dicht und kräftig gewoben. Er freute sich, nahm es und zog es an. Vorher hatte er nichts als ein dünnes Papierkleid getragen. Da es nun sehr kalt war, zog er das neue Gewand darunter an und fühlte sich warm und wohl. Und so vollbrachte er noch viele Jahre lang seine frommen Übungen. Seine Schwester, die Nonne, kehrte nicht mehr in ihre Heimat zurück und blieb bei ihm, um fromme Werke zu vollbringen.

Da nun der heilige Mann jahraus, jahrein immer nur dieses Leibgewand trug, wenn er seinen frommen Übungen oblag, hatte er es am Ende so abgetragen, daß es nur noch aus Fetzen bestand. Der Speicher, der auf der Schale zu ihm gekommen war, wurde der »fliegende Speicher« genannt. In diesem Speicher bewahrte man die Lumpen des Leibgewandes auf, und es soll noch immer da sein. Wer von diesen Lumpen auf Grund seiner Beziehungen auch nur ein winziges Fetzchen erlangt hatte, machte es zu seinem Amulett. Jener Speicher soll, wenn auch verfault und zusammengebrochen, noch immer da sein. Wer von seinem Holz auch nur ein winziges Splitterchen erlangt hatte, machte es zu seinem Amulett, und wer einen Bishamon besaß, den er daraus geschnitzt hatte, wurde unfehlbar reich. Daher suchte jeder, der davon hörte, einen Mittelsmann, um ein Stück Holz jenes Speichers käuflich zu erwerben. So wird Shigi als ein Ort unsagbarer Wunderzeichen heute von vielen Menschen von früh bis spät besucht. Der dortige Bishamon ist wohl die Frucht der frommen Übungen des heiligen Môren.

Wie Kûsuke eine Buddhastatue einweihte

Es war einmal ein Priester namens Kûsuke, der ein kriegerisches Gehabe zur Schau trug. Er wohnte bei einem Mönch, mit dem er befreundet war. Es hatte sich herumgesprochen, daß dieser Priester den

Wunsch hegte, einen Buddha herzustellen und einzuweihen, und wer davon hörte, nahm an, er wolle einen Buddhaschnitzer gegen Entgelt einen Buddha herstellen lassen. Und als er einen Buddhaschnitzer ins Haus rief und ihm sagte: »Ich möchte einen Buddha von drei Fuß Höhe gemacht haben. Hier sind die Dinge, die ich Euch dafür geben werde«, und diese Dinge vorzeigte, dachte der Buddhaschnitzer: »Das ist ein gutes Geschäft«, und wollte sie gleich mitnehmen. Da sprach der Priester: »Wenn ich einem Buddhaschnitzer den Lohn gegeben habe und er seine Arbeit zu spät liefert, dann werde ich mich ärgern, und wenn der Buddhaschnitzer Vorwürfe zu hören bekommt, hat er auch Verdruß, und dann ist das ganze verdienstvolle Werk umsonst gewesen. Diese Dinge hier sind sehr wertvoll. Verseht sie mit einem Siegel und laßt sie hier liegen, und stellt auch den Buddha hier her. An dem Tag, an dem Ihr die Statue vollendet habt, könnt Ihr alles zusammen mit Euch nehmen.« Als der Buddhaschnitzer diese Worte vernahm, dachte er zwar: »Das ist eine verdrießliche Angelegenheit«, aber da sein Lohn bedeutend war, machte er den Buddha wie ihm geheißen. Währenddessen sagte der Priester zu ihm: »Wenn Ihr bei Euch zu Hause arbeiten würdet, so würdet Ihr auch dort essen. Ihr werdet sicherlich nichts zu essen begehren, solange Ihr hier seid.« Sprach's und gab ihm nichts zu essen, worauf der Buddhaschnitzer sagte: »Mir ist es recht«, und in seinem eigenen Hause aß. Er kam am frühen Morgen, arbeitete den ganzen Tag und kehrte am Abend heim. So vergingen einige Tage mit Arbeit, dann sagte er: »Ich habe meinen künftigen Lohn verpfändet und darauf geborgt, um Lack auftragen und Blattgold kaufen zu können. Ich möchte die Statue recht schön machen. Aber statt von jemand etwas zu borgen, wäre es mir lieber, wenn Ihr mir soviel, wie der Lack wert ist, vorweg geben würdet, dann könnte ich das Blattgold auftragen und den Lackierer bezahlen.« Aber der Priester entgegnete: »Was redet Ihr da? Haben wir nicht am Anfang alles fest ausgemacht? Wenn Ihr alles auf einmal bekommt, ist es viel besser. Wenn Ihr es stückchenweise verlangt, so ist das ungut.« Sprach's und gab ihm nichts, worauf der Buddhaschnitzer von anderen borgte.

Auf diese Weise vollendete er sein Werk und setzte der Buddhastatue die Augen ein; aber als er fragte: »Könnte ich meinen Lohn bekommen und nach Hause gehen?«, überlegte Kûsuke hin und her, was er jetzt tun könne. Er hatte zwei Töchterchen, zu denen sprach er: »Heute wollen wir dem Buddhaschnitzer einmal ein Essen zurichten. Holt alles Notwendige!« Damit schickte er sie fort. Er selbst tat so, als ob auch er dies und das holen müsse, gürtete sich mit einem großen Schwert und verließ das Haus. Seine Frau ließ er mit dem Buddhaschnitzer allein. Der Buddhaschnitzer, der mit dem Augeneinsetzen in die Buddhafigur fertig war, gab sich derweil seinen Gedanken hin, wie er, wenn der Mönch endlich zurückkäme, kräftig zulangen und die versiegelt aufbewahrten Dinge sehen und heimtragen würde, und wie er dann dieses für jenen Zweck, jenes für diesen Zweck verwenden würde – da schlich der Priester insgeheim ins Haus und schrie mit zornblitzenden Augen: »Jemand verführt meine Frau! He ho! He ho!«, zog sein Schwert und stürzte auf den Buddhaschnitzer zu, im Begriffe, auf ihn einzuschlagen; der glaubte, der Schädel würde ihm gespalten, und lief in wilder Flucht davon, der Priester rannte hinter ihm drein, teilte einen blinden Hieb nach dem andern aus und rief, indem er ihn also entkommen ließ: »Dieser verfluchte Kerl ist mir entwischt! Seinen dreckigen Schädel hätte ich ihm gespalten! Der Buddhaschnitzer hat ganz eindeutig meine Frau verführt. Aber wir treffen schon noch einmal zusammen!« Damit warf er ihm einen drohenden Blick nach und ging nach Hause. Der Buddhaschnitzer aber, für dieses Mal entkommen, blieb Atem holend stehen und dachte bei sich: »Ein Glück, daß es ohne Schädelspalten abgegangen ist. Wenn er mir nicht so drohend nachgeblickt und gerufen hätte: ›Wir treffen schon noch einmal zusammen!‹, hätte ich gedacht, daß er nur im ersten Zorn so gehandelt hat, aber wenn ich ihn wieder treffe, dann schreit er bestimmt: ›Ich spalte dir den Schädel!‹, und was sind alle Schätze dieser Welt gegen mein Leben!« Darauf holte er nicht einmal mehr sein Werkzeug, sondern verbarg sich im hintersten Winkel. Der Mann, der ihm für den Kauf von Blattgold und Lack Dinge geliehen hatte, sandte einen Boten und mahnte ihn, und der Buddhaschnitzer unternahm alles mögliche, um seine Schulden abzuleisten.

Mittlerweile hatte Kûsuke sich also vernehmen lassen: »Ich habe einen prachtvollen Buddha hergestellt. Wie kann ich ihn nur einweihen?« Die Leute, die das hörten, lachten, andere wiederum fanden es abscheulich; aber Kûsuke sagte: »Ich werde einen glücklichen Tag wählen und dann den Buddha einweihen«, und bettelte bei seinem Hausherrn und seinen Bekannten soviel zusammen, um Bestellungen für die Bewirtung des Predigers machen zu können. Der Tag rückte heran, er lud einen Prediger ein und der kam. Als er abstieg und eintrat, kam ihm Kûsuke entgegen und fegte den Empfangsraum. »Warum tut Ihr das?« fragte der Gast. »Wie könnte ich es wagen, diesen Dienst nicht zu verrichten?« erwiderte Kûsuke, schrieb ein Namenstäfelchen aus und überreichte es ihm. Als der Prediger sagte: »Das kommt mir völlig unerwartet«, sprach Kûsuke: »Ich überreiche Euch das, weil ich von heute an in Eurem Dienst stehe«, und er führte ein stattliches Roß herbei und sprach: »Da ich nichts anderes besitze, übergebe ich Euch dieses Pferd als Geschenk.« Außerdem brachte er sehr schöne Seide von hellgrauer Farbe, die eingepackt war, zeigte sie ihm und sprach: »Dies ist das Geschenk meiner Frau.« Der Prediger lachte über das ganze Gesicht und war's zufrieden. Die Tafel wurde für ihn gedeckt. Als aber der Prediger mit dem Essen beginnen wollte, sagte Kûsuke: »Ihr solltet Eure Mahlzeit erst einnehmen, nachdem Ihr den

Buddha eingeweiht habt.« Der Prediger meinte: »Es ist recht«, und bestieg den Hochsitz. Weil er nun, der stattlichen Geschenke eingedenk, sein Werk mit Inbrunst verrichtete, hörte man ihm ergriffen zu, und sogar Kûsuke liefen die Tränen herab. Nach Beendigung der Zeremonie schlug der Prediger eine Glocke an, stieg vom Hochsitz herab und schickte sich an zu speisen, da näherte sich Kûsuke und sprach, seine Hände reibend: »Das war wirklich sehr erhebend! Von heute an werde ich stets vertrauensvoll zu Euer Hochwürden aufschauen. Da ich Euer Diener geworden bin, werde ich die Reste Eurer Mahlzeit abtragen und mich damit verköstigen.« Sprach's, räumte die Tafel ab und trug alles hinaus, ohne den Prediger auch nur die Eßstäbchen niederlegen zu lassen. Während sich der Prediger noch darüber verwunderte, führte Kûsuke das Pferd herbei und sagte: »Dieses Pferd nehme ich für kleine Ausritte von Euch an.« Damit führte er es wieder hinaus. Als er darauf den Kleiderstoff brachte, dachte der Prediger, er würde wenigstens diesen erhalten, aber da sagte Kûsuke: »Dies nehme ich als Eure Kleidergabe für den Winter in Empfang«, nahm ihn an sich und sprach: »Nun geruhet gut heimzukehren!«, worauf der Prediger, dem zumute war, als hätte er im Traume Reichtum erworben, sich hinwegbegab.

Ich hörte, daß dieser Prediger auch anderswo eingeladen war, den anderen Einladungen aber nicht gefolgt war, weil er vorher gehört hatte, daß er bei Kûsuke ein stattliches Roß und andere Dinge als Geschenk erhalten solle, und so ging er zu Kûsuke. Ob hier trotz allem Aufwande wohl auch nur die Spur eines tugendhaften Werkes vollbracht wurde? Wie könnte das möglich sein!

Wie ein Mann des Tsunemasa Buddhastatuen weihte

Vor langer Zeit lebte ein Herr namens Hyôdô Taifu Tsunemasa. Er wohnte in dem Herrensitz von Yamaga in der Provinz Chikuzen. Dort weilte auch vorübergehend ein Gast. Unter den Mannen des Tsunemasa war einer namens Masayuki, von dem wurde erzählt, daß er Buddhas herstellen und weihen wolle. Als nun aus der Richtung, in der Tsunemasa wohnte, der Lärm von Schmausenden und Trinkenden kam, ließ der Gast nachfragen, was da vor sich gehe, und erfuhr folgendes: »Einer namens Masayuki will Buddhastatuen einweihen und die Feier findet im Hause seines Herrn statt, deshalb geht es dort im Kreise der Mannen beim Gelage hoch her. Heute wird ein Gastmahl der hundert Gedecke gefeiert. Morgen wird sich Tsunemasa zu Euch aufmachen und das Nötige mitbringen.« – »Macht das jedermann so, der eine Buddhastatue einweiht?« – »Die Leute vom Lande halten diese Feier immer vier, fünf Tage vor der Buddhaweihe ab. Gestern und vorgestern habe ich für meine Person die Nachbarschaft und die Meinen zusammengerufen.« – »Das ist aber amüsant«, sagte der Gast, »dann werde ich wohl bis morgen warten müssen.« Dabei blieb's.

Als der Morgen heraufkam, wartete der Gast schon ungeduldig, bis endlich Tsunemasa zu ihm herüberkam. »Jetzt ist es soweit«, dachte er. »Wohin damit? Bitte bedient Euch!« sagte Tsunemasa. »Also wie erwartet«, dachte der Gast. Waren die Speisen auch nicht besonders fein, so brachte man doch alle Schüsseln hoch aufgehäuft und setzte sie ihm vor. Als Verpflegung für seine Gefolgsleute trug man an die zwölf Gedecke auf, die auch nicht schlecht waren. Aber auch für Diener und Mägde brachte man Speisen in großer Zahl herbei. Zum sogenannten »Kosten« für den Prediger setzte man Dinge in Hülle und Fülle hin. Es sollte nämlich ein Mönch aus dem Gefolge dieses Gastes zum Prediger bestimmt werden.

Wie man nun also die Speisen aß und den Reiswein trank, sprach der Mönch, der als Prediger eingeladen werden sollte, die folgenden Worte: »Daß ich morgen Prediger sein werde, habe ich gehört, aber ich habe keine Ahnung, welchen Buddha ich zu weihen habe. Was für einen Buddha werde ich denn weihen? Es gibt schließlich unzählige Buddhas. Ich muß das wissen, damit ich das richtige Sutra rezitiere.« Tsunemasa vernahm diese Worte, fand sie berechtigt und fragte: »Ist Masayuki hier?« Da trat einer hervor – es mußte wohl der Mann sein, der diese Buddhas weihen wollte – von hohem Wuchs, ein wenig gebeugt, mit einem roten Bart, ungefähr fünfzig Jahre alt, mit einem Schwert gegürtet und mit hohen Stiefeln angetan.

»Komm hierher«, sagte Tsunemasa, und als jener mitten im Hof stand: »Welchen Buddha soll dieser Herr dort weihen!« – »Wie soll ich das wissen?« – »Was soll das heißen? Wer soll es denn sonst wissen? Oder will ein anderer ihn weihen lassen und du nimmst nur die Weihe vor?« Auf diese Frage sagte Masayuki: »So ist es nicht. Ich lasse die Statuen selbst weihen.« – »Ja, wieso weißt du dann nicht, um was für einen Buddha es sich handelt?« – »Der Bildschnitzer wird es sicher wissen.« Tsunemasa fand das seltsam, dachte aber, der Mann hätte den ehrwürdigen Namen des Buddha vergessen, und fragte: »Wo wohnt dieser Bildschnitzer?« – »Im Eimei-Kloster.« – »Also nicht weit. Ruf ihn her!« Auf diese Worte zog sich der Mann zurück und holte den Bildschnitzer. Der war ein fetter, ungefähr sechzig Jahre alter Priester mit einem flachen Gesicht.

Er sah aus wie einer, der nicht sonderlich gescheit ist, wie er daherkam und sich zu Masayuki gesellte. Als Tsunemasa fragte: »Ist dieser Mönch der Bildschnitzer?«, antwortete er: »So ist es.« – »Hast du für Masayuki Buddhas gemacht?« fragte Tsunemasa. »Ja, ich habe welche gemacht.« – »Wie viele hast du gemacht?« – »Ich habe fünf gemacht.« – »Und was für Buddhas hast du gemacht?« – »Ich weiß nicht.« – »Was soll das? Masayuki sagt, er weiß es nicht. Wenn du als Bildschnitzer es nicht weißt, wer soll es dann wissen?« – »Wieso soll es der Bildschnitzer wissen? Der Bildschnitzer braucht es nicht zu wissen.« – »Ja, wer könnte es sonst wissen?« – »Seine Hochwürden, der Prediger werden es sicher wissen.« Da nun alles mit der Frage »Was ist denn hier los?« zusammengelaufen war und lauthals lachte, packte den Bildschnitzer der Zorn und er schrie: »Ihr versteht von der ganzen Angelegenheit nichts!« Damit ging er.

»Was ist hier passiert?« fragte sich auch Tsunemasa und forschte nach, da stellte sich heraus, daß Masayuki ursprünglich nur angeordnet hatte, »Buddhas zu machen«, worauf der Bildschnitzer einfach fünf Figuren schnitzte, mit runden Köpfen und noch nicht einmal einer Haube, wie sie die Wegegötter tragen, und es blieb dem Prediger, der sie weihen sollte, überlassen, ihnen die Namen dieses oder jenes Buddhas zu verleihen. Als ich dieses vernahm, fand ich es zwar zum Lachen, aber wenn damit ein tugendhaftes Werk wie sonst auch vollbracht wurde... Leute niederen Standes treiben eben zuweilen seltsame Dinge.

Wie ein Schwindler seinen Sohn verheiratete

Vor langer Zeit hatte einmal ein Schwindler einen jungen Sohn, dem waren Augen und Nase so sehr zusammengerückt, daß er keinem Menschen dieser Welt glich. Seine Eltern machten sich Gedanken, wie er wohl in der Welt bestehen könnte, da hörten sie, daß in einem reichen Hause eine zärtlich umsorgte Tochter lebte, für die ihre Mutter einen Schwiegersohn mit einem wohlgebildeten Gesicht suchte. Dort ließen sie ausrichten: »Der schönste Mann unter dem Himmel, wie man ihn nennt, hat gesagt: Ich möchte Euer Schwiegersohn werden«, und der Reiche freute sich und sagte: »Ich nehme ihn als Schwiegersohn.« Ein Tag wurde bestimmt und das Verlöbnis geschlossen. Als die Nacht dieses Tages gekommen war, versammelten sich der Schwindler und die Seinen, nachdem sie für den Sohn passende Kleider geborgt und sein Gesicht so vermummt hatten, daß es sogar im hellen Mondlicht unsichtbar blieb; er sah aus wie jedermann und kam ihnen sehr elegant vor.

So besuchte er sie einige Nächte, bis es schließlich so weit war, daß er auch bei Tage bei ihr weilen mußte. Nachdem der Schwindler hin und her überlegt hatte, was in diesem Falle zu tun sei, stieg er allein auf das Hausdach des reichen Mannes, trampelte laut auf dem Dach über dem Schlafzimmer der beiden herum und rief mit starker und furchtbarer Stimme: »Du schönster Mann unter dem Himmel!« Die

Bewohner des Hauses hörten es voller Bestürzung und fragten sich, was das sein könne. Der Schwiegersohn erschrak ungeheuer und sprach: »Ich habe gehört, daß man mich in der Tat ›Schönster Mann unter dem Himmel‹ nennt. Was geht jetzt bloß vor?« Als der Ruf dreimal ertönt war, gab er Antwort. »Warum hast du geantwortet?« fragte man ihn, und er sagte: »Ich habe geantwortet, ohne es zu wollen.« Der »Dämon« rief darauf: »Die Tochter dieses Hauses ist drei Jahre mein eigen gewesen. Was fällt dir denn ein, mit ihr in dieser Weise Umgang zu pflegen?« – »Ich habe mit ihr Umgang gehabt, ohne von Euch zu wissen. Seid mir gnädig!« rief der Schwiegersohn. Darauf der »Dämon«: »Das ist sehr, sehr schlimm. Noch ein Wort, ehe ich gehe. Was ist dir lieber, dein Leben oder deine Schönheit?« Der Schwiegersohn: »Was soll ich bloß antworten?« Die Schwiegereltern rieten ihm: »Was soll deine Schönheit? Wenn du nur dein Leben hast! Sag ihm: Nimm nur die Schönheit!« Und er tat, wie ihm geheißen. Der »Dämon« darauf: »Nun denn, so werde ich deine Schönheit in mich saugen!« Zur gleichen Zeit barg der Schwiegersohn sein Gesicht in den Händen und schrie: »Auweh! Auweh!« und wälzte sich auf dem Boden. Der »Dämon« aber ging nach Hause.

Als nun alle fragten: »Was mag wohl seinem Gesicht zugestoßen sein?« und sie ihn anschauten, nachdem man Fackeln gebracht hatte, sahen sie, daß ihm Augen und Nase zusammengerückt waren. Der Schwiegersohn weinte und jammerte: »Hätte ich doch nur mein Leben angeboten! Mit einem solchen Gesicht kann ich in der Welt nicht bestehen. Ihr habt ja mein Gesicht kein einziges Mal gesehen, bevor mir dieses zugestoßen ist. Überhaupt war es ein Fehler von mir, in ein Haus zu kommen, das von einem solch schrecklichen Wesen beherrscht wird.« Sein Schwiegervater bedauerte ihn sehr und sagte: »Als Ersatz werde ich dir kostbare Dinge aus meinem Besitz geben.« Da er ihn mit Gunstbeweisen überhäufte, lebte der Schwiegersohn wahrlich in Freuden dahin. Und da der Schwiegervater meinte, das Haus sei vielleicht behext, und dem Schwiegersohn an einem anderen Ort ein schönes Haut baute und zum Wohnen überließ, hatte dieser wahrlich ein über die Maßen schönes Leben.

Wie die Nördliche Garde des mönchgewordenen Kaisers Shirakawa den Zug eines Statthalters in die Provinz nachahmte

Wiederum ist es jetzt schon lange her, es war nämlich zu der Zeit, als der in den Mönchsstand getretene Kaiser Shirakawa im Toba-Palast weilte, da wurde den Kriegern der Nördlichen Garde befohlen, den

Zug eines Statthalters in die Provinz nachzuahmen; Seine Majestät werde zusehen, hieß es. Der Direktor des Amtes für buddhistische Angelegenheiten und Barbaren, Hisataka, sollte den Statthalter darstellen und kleidete sich in das einfache Hofgewand, die übrigen Höflinge im Fünften Rang sollten als Vorhut reiten, die Beamten der Garden ließ man Köcher tragen, und da Seine Majestät zusehen wollte, trug ein jeder Brokat und chinesischen Damast, denn keiner wollte dem anderen nachstehen. Der Assistent der Torwache zur Linken, Minamoto Yukitô, der sich besonders auffällig herausgeputzt hatte, dachte bei sich: »Wenn ich schon vorher von den Leuten gesehen werde, dann findet man an meinem Anblick nichts Besonderes mehr«, und so begab er sich in das Haus eines Mannes, das nahe am Palast lag, rief einen Gefolgsmann und sprach zu ihm: »He, du gehst jetzt in die Nähe des Palastes schauen, was vorgeht!« Damit entließ er ihn zum Beobachten.

Als er ihn aber eine endlose Zeitspanne nicht zu Gesicht bekam, fragte er sich: »Warum dauert das bloß so lange?« Denn zur achten Stunde sollte der Zug doch aufgestellt sein, und selbst wenn eine Verzögerung eingetreten sein sollte, mußte er zwischen zwölf und zwei vorbeigezogen sein, so dachte er und wartete, da hörte er vom Tor her eine Stimme: »Ach, war das schön, war das schön!« Und wie er noch dachte, damit sei der Aufzug zum Palast gemeint, fuhr die Stimme fort zu erzählen: »Seine Gnaden Hisataka waren als Statthalter wirklich großartig!« – »Der Herr Fujiwara von der Torwache zur Linken hat Brokat getragen.« – »Seine Gnaden Minamoto von der Hofgarde trugen ein gesticktes Kleid mit Goldmuster.« Da wunderte er sich und rief: »He du!« Da kam der Mann, den er mit den Worten: »Du gehst schauen!« entsandt hatte, mit strahlendem Lächeln herein. »So ein Schauspiel habe ich noch nicht erlebt. Das Kamo-Fest ist nichts dagegen. Wie sie alle miteinander an dem kaiserlichen Schaugerüst vorüberzogen, war ich wie geblendet«, sagte er. – »Ja aber, was ist denn geschehen?« – »Es ist schon alles vorbei, Euer Gnaden.« – »Aber wieso denn? Warum hast du mir nichts gemeldet?« – »Was hätte ich Euer Gnaden denn melden sollen? Ihr habt gesagt: Geh hin und schau, was vorgeht! Und ich habe, weiß Gott, geschaut, was vorging, ohne auch nur mit der Wimper zu zucken!« sprach der Gefolgsmann. Yukitô aber brachte kein einziges Wort heraus.

Mittlerweile war folgender kaiserlicher Befehl ergangen: »Yukitô hat sich seinem Dienst entzogen. Das ist außerordentlich befremdend. Man schließe ihn streng in seinem Hause ein.« Mehr als zwanzig Tage soll er eingeschlossen gewesen sein, dann kam dem Kaiser der wahre Sachverhalt zu Ohren, und er soll sehr gelacht und die Einschließung aufgehoben haben.

Wiederum ist es jetzt schon lange her, da hieß es, ein heiliger Mann wolle sich im Katsura-Fluß ertränken. Als er daher zunächst im Gidarin-Kloster ein hunderttägiges Reueritual abhielt, kamen von nah und fern die Leute und drängten sich auf den Straßen, und die Wagen der Damen, die zur Anbetung kamen, folgten aufeinander ohne Zwischenraum.

Man sah einen schlanken Mönch von über dreißig Jahren, der keinen Menschen ansah und mit schläfrigem Blick dann und wann »Amida Buddha« murmelte. In den Pausen bewegte er nur die Lippen, dann schien er zu beten. Wenn er zuweilen einen schweren Seufzer tat und seinen Blick über die Gesichter der Versammelten schweifen ließ, dann stießen und drängten sich diese hierhin und dorthin, um einen Blick aus seinen Augen zu erhaschen.

Als dann jener Tag gekommen war, ging er schon am frühen Morgen in die Haupthalle, und die vor ihm eingetretenen Mönche schritten in einer langen Reihe heraus. Als letzter kam auf einem Karren unser Mönch gefahren, in ein Papierkleid mit Schärpe gehüllt. Er murmelte irgend etwas, denn seine Lippen bewegten sich. Er sah niemanden an und tat von Zeit zu Zeit einen schweren Seufzer. Die Zuschauer, die reihenweise an der Straße standen, die er dahinzog, warfen Reiskörner über ihn, als ob es hagelte. Der heilige Mann sagte hin und wieder: »He, ihr da! Das geht mir in Augen und Nase. Wenn ihr guten Willens seid, dann tut den Reis in einen Papierbeutel und schickt ihn an den Ort, wo ich wohnte.« Auch nach diesen Worten noch beteten ihn die ganz Unwissenden mit zusammengelegten Händen an. Unter den etwas Gescheiteren aber waren einige, die einander zuflüsterten: »Warum sagt der heilige Mann so etwas? Wenn er vorhat, sich jetzt gleich zu ertränken, dann ist es doch sehr merkwürdig, wenn er sagt: ›Schickt es in das Gidarin-Kloster. Das geht mir in Augen und Nase, ich kann es kaum aushalten.‹«

So fuhren sie ihn dahin, bis sie zum Ende der Siebenten Straße kamen, da waren noch mehr Menschen als in der Hauptstadt versammelt, um den Heiligen, der sich ertränken wollte, anzubeten, und ihre Zahl war größer als die der Steine im Flußbett. Als man den Wagen an das Ufer des Flusses geführt und abgestellt hatte, sprach der Heilige: »Welche Stunde haben wir jetzt?« Die Mönche in seiner Begleitung antworteten: »Die vierte Nachmittagsstunde ist vorüber.« – »Dann ist die Stunde der Wiedergeburt im Paradies noch nicht da«, sagte der Heilige. Des Wartens überdrüssig, gingen einige, die von weither gekommen waren, heim, und das Flußbett leerte sich allmählich von Menschen. Es blieben nur jene noch da, die gedachten, alles bis zum Ende zu beobachten. Unter diesen waren Mönche, die sprachen:

»Braucht es für die Wiedergeburt eine bestimmte Stunde? Das ist nicht zu verstehen.«

Unter solchen Reden war der Heilige, nun im Lendentuch, nach Westen gewandt, platsch! in den Fluß gesprungen, aber da verfing sich sein Fuß in einem Seil an der Bootswand, er war zwar ins Wasser geplatscht, ging jedoch nicht unter und schrie, da machten ihn seine Jünger los und er stürzte kopfüber ins Wasser. Als er prustend und gurgelnd auftauchte, ergriff ihn ein Mann bei der Hand, der zum Fluß hinabgegangen und dort stehengeblieben war, um alles recht gut zu sehen, und zog ihn heraus. Der Heilige wischte sich mit beiden Händen das Gesicht und spie das Wasser aus, das er geschluckt hatte, wandte sich dem Manne zu, der ihn herausgezogen hatte, rieb seine Hände dankbar aneinander und sprach: »Mir ist Eure weite und große Güte zuteil geworden. Von dieser Eurer Güte werde ich sprechen, wenn ich in den Gefilden der höchsten Seligkeit bin.« Damit stieg er eilends an Land. Aber die dort Versammelten und etliche Knaben hoben Steine aus dem Flußbett auf und warfen sie dicht wie Sandkörner auf ihn. Der bis auf die Haut entblößte Mönch rannte das Flußbett stromabwärts, doch die Menschenmenge warf so viele Steine auf ihn, daß sein Schädel barst.

Ob es wohl dieser Mönch war, der aus Yamato jemandem eine Melone ins Haus sandte und außen auf den Brief schrieb: »Der Heilige, der sich einst ertränkte?«

Kamo no Chômei:
Aufzeichnungen aus den zehn Fuss im Geviert meiner Hütte

1

Der Strom des dahinziehenden Flusses nimmt kein Ende, und doch ist es nicht das ursprüngliche Wasser. Die Schaumblasen, die auf dem seichten Wasser schwimmen, vergehen und bilden sich neu, und es gibt kein Beispiel, daß sie für längere Zeit blieben. Geradeso verhält es sich mit den Menschen und ihren Behausungen auf dieser Welt.

In unserer Hauptstadt mit ihrem dahingebreiteten Glanz sind Behausungen von Hoch und Niedrig – Dachfirste aneinandergereiht, Firstziegel miteinander wetteifernd – Dinge, die nicht aufhören von Generation zu Generation; fragt man jedoch, ob dies wahr sei, so sind seit alter Zeit vorhandene Häuser eine Seltenheit. Sie sind entweder im vorigen Jahr abgebrannt und in diesem neu gebaut, oder ein großes Haus ist untergegangen und zu einem kleinen Haus geworden. Mit den darin wohnenden Menschen ist es dasselbe. Hat sich der Ort auch nicht verändert, und sind es der Menschen auch viele, so finden sich unter zwanzig, dreißig nur einer oder zwei, die man in früherer Zeit gesehen hat. Am Morgen stirbt der eine, am Abend wird der andere geboren – dieses Schicksal ist den Schaumblasen auf dem Wasser fürwahr gleich. Man weiß nicht, woher sie kommen, wohin sie gehen, die Menschen, die geboren werden und sterben. Und man weiß nicht, um wessen willen sie ihr Herz quälen, weshalb sie ihr Auge sich erfreuen lassen bei ihrem flüchtigen Aufenthalt. Herr und Behausung wetteifern in der Vergänglichkeit nicht anders, wie Morgenwinde und Tau. Einmal fällt der Tau zu Boden und die Blüte bleibt. Selbst wenn ich sage, sie bleibt, so vertrocknet sie doch in der Morgensonne. Einmal verwelkt die Blüte und der Tau zergeht nicht. Selbst wenn ich sage, er zergeht nicht, so kommt es doch nicht vor, daß er den Abend erwartet.

2

Seit ich das Herz der Menschen und Dinge kennengelernt habe, in mehr denn vierzig Lenzen und Herbsten, die ich zubrachte, geschah es häufig, daß ich die Zufälligkeiten dieser Welt gesehen habe.

Vor längerer Zeit – es war wohl der 28. Tag des Vierten Monats im ersten Jahre Angen (1177) – in einer unruhigen Nacht, in welcher der Wind heftig blies, brach etwa um die Stunde des Hundes im Südosten der Hauptstadt ein Feuer aus und breitete sich nach Nordosten hin aus. Am Ende griff es über bis zum Tor des Scharlachroten Vogels und der Staatszeremonienhalle im Kaiserpalast, der Kanzlei für die Hochschulen und dem Ministerium für Bevölkerungsangelegenheiten, und innerhalb einer einzigen Nacht sank alles in Staub und Asche.

Das Feuer soll etwa bei der Higuchi- und Tomi-Gasse, in einer Hütte, in der man Tänzer beherbergte, ausgebrochen sein. Im gleichen Maße, in dem es im unstet umspringenden Wind hierhin und dahin übergriff, breitete es sich weithin aus wie der Rand eines geöffneten Fächers. Die weiter abliegenden Häuser erstickten im Rauch, in der näheren Umgebung trieb es die Flammenlohe gänzlich auf dem Boden dahin. Wenn die Asche am Himmel hoch hinaufgewirbelt wurde, spiegelte sie sich im Schein des Feuers, und weit und breit inmitten der Röte griffen die Flammen, welche vom Wind widerstandslos abgeschnitten wurden, weiter um sich, während sie zwei, drei Gassen übersprangen, als ob sie flögen. Ob die Menschen mitten hierinnen wohl bei Sinnen waren? Hier erstickten sie im Rauch und fielen nieder, da wurden sie in den Flammen bewußtlos und starben jählings. Dort wieder waren sie selbst zwar mit Mühe und Not entronnen, doch gelang es ihnen nicht, ihre Habe herauszubringen, und ihre seltenen und kostbaren Schätze wurden samt und sonders zu Asche. Wieviel wohl ging hier unnötig zugrunde! Es sind damals sechzehn Häuser von Kanzlern und Ministern verbrannt, ganz zu schweigen von den übrigen – ihre Zahl zu erfahren, ist unmöglich. Alles in allem war ein Drittel der Hauptstadt betroffen. An Toten, Männern und Frauen, gab es mehrere Tausend; in bezug auf Pferde und Rinder ist das Ausmaß nicht bekannt.

Das Tun und Treiben der Menschen insgesamt ist töricht; Schätze zu vertun und sein Herz abzuquälen, um in einer derart gefährdeten Hauptstadt ein Haus zu errichten, das jedoch ist von allem wohl das sinnloseste!

Etwa im Vierten Monat des vierten Jahres Jishô (1180) wiederum geschah es, daß ungefähr bei der Mitteltor- und Äußeren Straße ein starker Wirbelsturm entstand und bis zur Sechsten Querstraße dahinfegte.

Während der Sturm drei, vier Gassen durchtobte, gab es unter den in seiner Reichweite liegenden Häusern, großen wie kleinen gleicherweise, keines, das nicht zerbarst. Manche waren ganz flach zusammengestürzt, bei anderen waren nur Pfosten und Balken übriggeblieben. Der Sturm trug Tore davon und setzte sie vier, fünf Gassen weiter ab, oder er fegte Zäune hinweg und vereinigte sie mit dem Nachbarzaun. Man könnte sagen, die Habe aus den Häusern befand sich ganz und gar in der Luft; Dachbedeckungen – Zypressenrinde und Bretter – wurden vom Wind herumgewirbelt wie Laub im Winter. Da es den Staub wie Rauch in die Höhe getrieben hatte, vermochten die Augen nicht zu sehen, und da es furchtbar heulte und dröhnte, waren Stimmen, die Worte sprachen, nicht zu vernehmen. Ich denke, wäre es der Höllenwind der Vergeltung – genau so müßte er sein! Nicht nur Häuser wurden beschädigt und zerstört, auch die Zahl der Menschen kenne ich nicht, die beim Ausbessern Schaden nahmen und zu Krüppeln wurden. Dieser Wind sprang in die Richtung des Widders um und brachte viele Menschen zum Klagen.

Obwohl es immer vorkommt, daß Wirbelstürme toben, so fragte man sich doch: Kann es etwas Derartiges geben? Dieser Sturm kann doch nichts Gewöhnliches sein – ist es etwa gar die Mahnung eines entsprechenden Höheren Wesens?

Wiederum, im Sechsten Monat des vierten Jahres Jishô (1180) etwa, verlegte man plötzlich die Hauptstadt. Dies kam ganz unerwartet. Ganz allgemein hat man gehört, daß Kyôto zu Zeiten des Kaisers Saga gegründet worden war, und seit es zur Hauptstadt bestimmt wurde, waren bereits mehr als vierhundert Jahre vergangen. Da eine Hauptstadt nicht ohne Grund und leichthin gewechselt werden sollte, waren die Menschen auf dieser Welt darob beunruhigt und in Sorge, denn das ging doch wahrhaftig über alle Vernunft. Nun denn, dies und das zu sagen, hatte wenig Sinn, und – angefangen beim Kaiser – zogen Kanzler und Minister allesamt um. Von den Leuten, die in Diensten standen, blieb wohl nicht einer in der alten Heimat zurück. Wer seine Gedanken auf Amt und Rang gerichtet hatte, wer die Gunst eines Herrn suchte, mühte sich ab, sei's auch nur einen Tag schneller umzuziehen, und wer seine Zeit verpaßt hatte, in der Welt überzählig war und nichts zu planen hatte, der blieb zurück in Gram und Sorge. Die Behausungen, deren Vordächer gewetteifert hatten, verwahrlosten, während die Tage vergingen, mehr und mehr. Häuser zerbrachen und trieben im Yodo-Fluß dahin, die Erde wurde vor den Augen zum Acker. Die Herzen der Menschen wandelten sich, man schätzte nur noch Pferd und Sattel. Es gab niemanden, der Rind und Wagen verwendete. Man erbat Lehen am Meer im Südwesten, Landgüter im Nordosten mochte man nicht.

Zu jener Zeit ergab es sich, daß ich in die derzeitige Hauptstadt in der Provinz Settsu kam. Als ich die Lage des Ortes betrachtete, da war das Land ziemlich schmal und reichte nicht aus, um die Längs- und Querstraßen einzuteilen. Der Norden führt am Gebirge entlang und liegt hoch, der Süden ist dem Meer nahe und senkt sich. Das Geräusch der Wellen ist gewöhnlich laut und der Salzwind ist besonders heftig. Da der Palast in den Bergen liegt, dachte ich, ob er etwa der legendären Bohlenhalle gleiche, doch er war von ungewöhnlicher Form und es gab sogar sehr elegante Partien. Wo mochten wohl die Häuser erbaut worden sein, die, so schmal der Fluß war, tagtäglich in Trümmern herabgetragen wurden? Noch gab es viel leeres Land und der fertiggestellten Häuser waren wenige. Die alte Hauptstadt lag bereits verwahrlost, die neue war noch nicht fertig. Soweit sich Menschen hier befanden, riefen sie alle das Empfinden treibender Wolken hervor. Diejenigen, die ursprünglich an diesem Ort saßen, hatten ihr Land verloren und waren in Sorge. Die jetzt Hinzugezogenen klagten über ihre Mühen mit Erde und Bauholz. Betrachtete man ringsum die

Straßen, so hatte das Pferd bestiegen, wer im Wagen fahren sollte, und wem Zeremonialhut und Hofgewand ziemte, der hatte sich in die Tracht der Krieger gekleidet. Die Sitten der Hauptstadt hatten sich unversehens geändert, es war nicht anders als eben bei bäuerischen Kriegern. Wie ich gehört hatte, war dies wohl ein Vorzeichen für Wirren in der Welt, und so war es auch, und wie die Tage vergingen, erhob sich Tumult, die Herzen der Menschen waren unzufrieden, und da die Sorge des Volkes schließlich nicht leer und eitel gewesen war, kehrte man im Winter desselben Jahres wieder nach Kyôto zurück. Was immer aus den ganz und gar zerstörten Häusern geworden sein mochte – man baute sie allesamt nicht mehr in der ursprünglichen Art auf.

Es wird überliefert, in der Zeit der alten Weisen habe man die Welt mit Erbarmen regiert. Man deckte die Paläste mit Schilf, selbst die Vordächer putzte man nicht heraus; bemerkte der Kaiser Mangel an Rauch, wurden sogar bestimmte Abgaben erlassen. Das geschah, weil man geruhte, dem Volk Wohltaten zu erweisen und der Welt zu helfen. Den Zustand der heutigen Welt kann man aus dem Vergleich mit der alten Zeit erkennen.

Wiederum – es war wohl in der Periode Yôwa (1181–1182), es ist schon lange her und ich erinnere mich nicht genau – hungerte und dürstete die Welt zwei Jahre lang, und das war schrecklich. Einmal Trockenheit im Frühling und Sommer, einmal Stürme und Überschwemmungen im Herbst – ein ungutes Ereignis folgte dem anderen, und die Körnerfrüchte trugen allesamt nicht. Umsonst grub man im Frühling die Felder um, pflanzte man im Sommer aus – die lärmenden Lustbarkeiten des Schneidens im Herbst, des Einlagerns im Winter blieben aus.

Daher ließen die Leute in den verschiedenen Provinzen entweder ihr Land brach liegen und verließen ihr Gebiet, oder sie vergaßen ihre Familien und hausten in den Bergen. Obwohl die verschiedensten Gebete begannen, die ausgefallensten Praktiken durchgeführt wurden, sie hatten doch keinen Erfolg. Da nach der Gewohnheit der Hauptstadt ein jedes Handwerk sein Rohmaterial vom Lande bezog, jetzt aber kein Mensch von dort in die Hauptstadt kam, wer hätte da noch an sich halten können! Während das Leben kaum noch zu ertragen war, sah überhaupt keiner hin, wenn man die verschiedensten Kostbarkeiten gleichsam eine nach der anderen wegwarf. Diejenigen, welche selten genug etwas tauschten, schätzten das Gold gering, das Getreide hoch. An den Wegen gab es viele Bettler, und ihre klagenden und jammernden Stimmen erfüllten die Ohren.

Solcherart ging das Vorjahr mit Mühe und Not dahin. Im selben Maße aber, in dem man gehofft hatte, das folgende Jahr werde alles gut machen, kamen noch Seuchen dazu, und es zeigte sich auch nicht die Spur einer Besserung. Da die Menschen in der Welt alle Hunger litten, entsprach ihre Lage, wie sie ihrem Ende entgegengingen, während die Tage verstrichen, dem Beispiel des Fisches im dahinschwindenden Wasser. Schließlich begaben sich wohl zurechtgemachte Leute, den Hut aufgesetzt, die Füße umhüllt, nur eines im Sinn, bettelnd von Haus zu Haus. Sah man derart der Verzweiflung nahe Menschen eben noch gehen, lagen sie auch schon umgefallen da. Ich kenne die Zahl derer nicht, die vor dem Wall und neben den Wegen Hungers starben. Weil man es nicht verstand, sie beiseite zu schaffen, erfüllte Gestank die Welt, und der Zustand der verwesenden Gestalten bot häufig einen unerträglichen Anblick. Man kann sagen, im trockenen Flußbett etwa gab es nicht einmal mehr einen Weg, auf dem Pferd oder Wagen verkehren konnten. Da auch die armseligen Gebirgler ihre Kräfte verbraucht hatten und sogar das Brennholz knapp wurde, brachen Leute, die sich nicht anders helfen konnten, eigenhändig ihr Haus ab und verkauften es auf dem Markt. Der Wert dessen, was ein einzelner herbeitrug, reichte nicht aus, um sein Leben auch nur einen Tag zu fristen. Ging man der sehr merkwürdigen Tatsache nach, daß mit dem Brennholz auch Hölzer vermischt waren, die mit Zinnoberlack versehen waren oder an denen hie und da Vergoldung sichtbar wurde, so stellte sich heraus, daß Menschen, die sich keinen Rat wußten, in alten Tempeln Buddhastatuen gestohlen, Geräte in den Klosterhallen zerschlagen und mitgenommen und gespalten und zu Brennholz gebrochen hatten. Geboren in das Weltalter des Unreinen und Bösen, habe ich derart herzbetrübendes Tun gesehen.

Wiederum gab es sehr ergreifende Dinge. Von solchen, die Gattin oder Gatten besaßen, welche sie nicht lassen mochten, ging gewiß derjenige mit dem tieferen Gefühl im Tode voraus. Der Grund lag darin, daß sie sich selbst hintan stellten und für den anderen sorgend, ihm die so selten erlangten Nahrungsmittel überließen. Wo Eltern und Kinder beisammen waren, gingen deshalb mit Gewißheit die Eltern voraus. Es kam auch vor, daß zarte Kinder dalagen, während sie noch an der Brust saugten, unwissend, daß das Leben ihrer Mutter erloschen war. Den ehrwürdigen Mönch Ryugyô, einen Priester aus dem Ninna-Kloster, betrübte dieses ungezählte Sterben, und jedesmal, wenn er das Haupt eines Toten erblickte, schrieb er auf seine Stirn den Buchstaben A und betrieb so das Werk der Erlösung. Als man, um die Zahl der Menschen zu ermitteln, während zweier Monate – im Vierten und im Fünften Monat – eine Zählung durchführte, waren es in der Hauptstadt, und zwar an den Straßen südlich der Ersten und nördlich der Neunten Querstraße sowie westlich der Äußeren Straße und östlich der Scharlachvogelstraße insgesamt 42 300 Häupter. Doch ist zu sagen, daß viele davor und danach starben, und rechnet man diejenigen im trockenen Flußbett, in Shirakawa, im Westteil der Hauptstadt, in den umliegenden Gebieten dazu, dürfte die Zahl wohl kein Ende nehmen. Was aber soll man erst sagen im Hinblick auf die verschiedenen Provinzen an den Sieben Landstraßen!

Man hört zwar, daß es während der Regierungszeit des Kaisers Sutoku, etwa um die Periode Chôjô (1134), ein Beispiel für solche Not gab; die Zustände in jener Zeit sind mir jedoch nicht bekannt, während das, was ich vor Augen hatte, eine außergewöhnliche Begebenheit war.

Wiederum etwa um dieselbe Zeit (1185) gab es ein schreckliches Erdbeben.

Sein Verhalten war ganz ungewöhnlich. Berge stürzten ein und begruben die Flüsse, das Meer neigte sich und ertränkte das Festland. Die Erde spaltete sich und Wasser sprudelte hervor, Felsen barsten und rollten in die Täler, Boote, die an der Küste ruderten, wurden von den Wellen dahingetrieben, Pferde, die auf den Wegen gingen, verfehlten den Standort ihrer Füße. Nicht ein einziger von den Tempeln und Türmen allenthalben in der Umgebung der Hauptstadt war mehr ganz. Die einen waren eingestürzt, die anderen waren umgefallen. Staub und Asche stiegen auf, es war wie Rauch in voller Entfaltung. Der Lärm der bebenden Erde und der brechenden Häuser war nicht anders denn Donner. Befand man sich im Haus, konnte man plötzlich erdrückt werden. Lief man hinaus, spaltete sich die Erde. Da man keine Flügel hatte, konnte man wohl nicht am Himmel fliegen. Ach wäre man ein Drache, so könnte man auf den Wolken reiten! Ich hatte das Gefühl, das Furchtbarste unter dem Furchtbaren war gewiß das Erdbeben.

Obwohl das Beben in dieser entsetzlichen Art eine Weile aufgehört hatte, nahmen doch die Nachbeben einige Zeit kein Ende. Es gab keinen Tag, an dem die Erde nicht zwanzig-, dreißigmal in einem für gewöhnliche Zeiten erschreckenden Maße bebte. Als zehn, zwanzig Tage vergangen waren, wurden die Abstände allmählich länger, einmal bebte es vier-, fünfmal, dann zwei-, dreimal, wiederum einmal jeden zweiten Tag, einmal in zwei, drei Tagen – alles in allem werden die Nachbeben wohl etwa drei Monate gedauert haben.

Selbst wenn unter den Vier Elementen Wasser, Feuer und Wind immer Schaden verursachen, so bringt doch die Erde keine besonderen Störungen hervor. In alter Zeit, wohl in der Periode Saikô (855), erschütterte zwar ein gewaltiges Beben die Erde, bei welchem der Kopf der Buddhastatue im Kloster Tôdai herunterfiel und sich fürchterliche Dinge ereigneten, doch dem diesmaligen Beben kam es nicht gleich. Es hatte ganz den Anschein, als ob die Menschen alle von der Nichtigkeit des Daseins sprachen und als ob die Trübung ihrer Herzen leichter geworden sei, doch jetzt, nachdem sich Monde und Tage häuften und Jahre darüber vergangen sind, gibt es nicht einen Menschen, welcher im Gespräch darauf anspielt.

Alles zusammengenommen verhält es sich ebenso mit dem flüchtigen und eitlen Zustand unseres Selbst und unserer Behausungen, unseres widerwärtigen Aufenthaltes in dieser Welt. Was alles je nach dem Ort, je nach dem Leib das Herz quält – es ist ja nicht aufzuzählen.

Hier: einer, welcher selbst nicht zählt und neben einem Haus von Rang und Vermögen wohnt – selbst wenn er Anlaß zu tiefer Freude hat, kann er sich nicht ausgiebig vergnügen. Und wenn ihn Schmerz durchfährt, so wird er keineswegs seine Stimme erheben und weinen. Unruhe bei jedem Schritt, ängstliches Zittern bei jeder Bewegung, das ist – vergleicht man es – etwa so, wie wenn der Sperling sich dem Nest des Falken genähert hat. Da: einer, der arm ist und in der Nachbarschaft eines reichen Hauses wohnt – er schämt sich morgens und abends seiner erbärmlichen Aufmachung, und speichelleckend geht er ein und aus. Sieht er den Neid von Frau und Kindern, Dienern und Sklaven, hört er das Maß an Unhöflichkeit der Leute aus reichen Familien, so rührt sich sein Herz voller Mitempfinden und nicht einen Augenblick fühlt er sich beruhigt. Hier wiederum: wohnt man an eng bebautem Ort, so gibt es kein Entrinnen, wenn in der Nähe ein Feuer ausbricht. Dort: hält man sich an entlegenem Ort auf, so machen Hin- und Rückweg zur Stadt viel Mühe, und es besteht in hohem Maße Gefahr durch Räuber. Wiederum: wer Macht besitzt, dessen Begierden gehen tief; wer allein steht, wird von den Menschen mißachtet. Besitzt man Schätze, so ist man voller Furcht, ist man arm, quält das Bedauern. Bittet man Menschen, so wird man selbst zum Besitz des anderen. Nimmt man jemanden unter seine Fittiche, so zehrt sich das Herz in Zuneigung auf. Folgt man der Welt, bereitet man sich Bitternis, folgt man ihr nicht, so gleicht man einem Verrückten. Welchen Ort auch immer man besetzt, welcher Beschäftigung man nachgeht – für ein Weilchen sollte man seinem Leib Herberge gönnen, für eine kurze Zeit das Herz ruhen lassen.

3

Ich habe das Haus meiner Großmutter väterlicherseits weitergeführt und wohnte für längere Zeit an jenem Ort. Später fehlten mir verwandtschaftliche Beziehungen, es ging mir schlecht, und obwohl mir die Erinnerungen üppig wucherten, war ich schließlich nicht im Stande, jenes Haus zu halten. Als ich über dreißig war, baute ich mir dann ein Häuschen nach meinem Herzen. Stellte man es neben meine frühere Behausung, so wäre es ein Zehntel davon. Ich richtete nur einen Wohnbau her, flink ein ganzes Anwesen hinzustellen, dazu reichte es nicht. Ich kann zwar sagen, daß ich gerade noch einen Erdwall aufgeschüttet habe, aber für das Tor fehlten die Mittel. Mit Bambus als Pfosten brachte ich den Wagen unter Dach. Sobald es schneite und stürmte, war es keineswegs ungefährlich. Da der Ort dem Flußlauf nahe lag, bestand Wassersgefahr, und auch Räuber waren häufig zu fürchten.

Im ganzen waren es mehr denn dreißig Jahre, daß ich mein Herz quälte, indem ich ein unerträgliches Leben geduldig hinbrachte. In dieser Zeit haben mir die gelegentlichen Mißverständnisse mein zu kurz geratenes Los von allein zum Bewußtsein gebracht. So habe ich, als ich dem fünfzigsten Lenz entgegenging, die Familie verlassen und habe der Welt den Rücken gekehrt. Da ich von Anfang an weder Frau noch Kind besaß, gab es auch keine Verbindung, der schwer zu entsagen war. Ich hatte weder Amt noch Lehen, woran wohl hätte ich mich da noch klammern sollen! Eitel mich auf die Wolken des Ōhara-Berges bettend, verbrachte ich wiederum fünfmal Frühling und Herbst.

Hier kam es nun so weit, daß der Tau der sechzig Lebensjahre sich anschickte dahinzuschwinden, und wieder baute ich mir eine Hütte, die letzte. Es ist gleichsam, als baute ich die Unterkunft eines Wanderers für eine Nacht, als beschäftigte ich mich mit dem Kokon einer alt gewordenen Seidenraupe. Stellte ich diese Hütte neben jene mittlere Behausung, sie erreichte wiederum nicht deren hundertsten Teil. Wie man so sagt – das Alter wird von Jahr zu Jahr höher, die Behausung wird von Mal zu Mal enger. Der Zustand dieses Hauses gleicht nicht dem Alltäglichen. In die Breite sind es gerade zehn Fuß, in die Höhe kaum sieben. Da ich mich auf den Ort nicht festgelegt habe, baute ich, ohne den Boden in Besitz zu nehmen. Ich habe ein Fundament aus Erde gebildet, habe ein Dach gedeckt, an den Fugen habe ich Krampen angebracht. Gäbe es etwas, was meinem Herzen mißfällt, so könnte ich daher leicht an einen anderen Ort ziehen. Was macht der Wiederaufbau schon für Mühe! Aufzuladen sind kaum zwei Wagen voll, und außer dem Lohn für die Wagenknechte sind keine weiteren Mittel vonnöten.

Nun, nachdem ich tief hinten auf dem Hino-Berg meine Spur verborgen hatte, steckte ich im Osten ein Vordach von mehr als drei Fuß auf und machte es zur Vorrichtung, wo ich das Reisig breche und verbrenne. Im Süden habe ich einen Rost aus Bambus hingebreitet, im Westen machte ich mir ein Sims für Opferwasser, gegen Norden zu, abgetrennt durch einen Wandschirm, habe ich ein Bild des Amida aufgestellt, daneben habe ich »Fugen« hingeschrieben und davor habe ich das Lotos-Sutra hingelegt. Am Ostrand habe ich Farnwedel ausgebreitet und mir zum Nachtlager bestimmt. Im Südwesten habe ich ein Hängeregal aus Bambus errichtet und drei schwarze, lederbezogene Deckelkästen daraufgestellt. In diesen liegen Abschriften und Auszüge von Werken über Dichtkunst und Musik, die »Sammlung der wichtigsten Beispiele einer glücklichen Wiedergeburt« und ähnliches. An der Seite stellte ich je eine Zither und eine Laute hin. Es ist eine Falt-Zither und eine Laute mit abnehmbarem Hals. So also ist es in meiner flüchtigen Herberge.

Um nun von der Art der Örtlichkeit zu sprechen: im Süden gibt es eine Wasserleitung. Ich habe Felsgestein aufgestellt und das Wasser gesammelt. Da sich Waldbäume in der Nähe befinden, besteht kein Mangel an Geäst zum Auflesen. Mit Namen heißt der Ort Toyama, Vorberg.

Immergrüne Ranken begraben jede Spur. Obwohl das Tal dicht bewachsen ist, bleibt es nach Westen zu offen. Es fehlt also nicht an Gelegenheit, die Gedanken dorthin zu richten. Im Frühling sehe ich die Wellen der Glyzinienblüten. Sie gleichen jener violetten Wolke (auf der Amida und die Bodhisattvas in der Todesstunde uns im Westlichen Paradies entgegenkommen), und sie duften im Westen. Im Sommer höre ich den Kuckuck. Sooft er ruft, verspricht er mir sein Geleit auf dem Bergpfad ins Totenland. Im Herbst erfüllen die Stimmen der Zikaden das Ohr. Es hört sich an, als ob sie klagten über diese sterbliche Welt. Im Winter gehört mein Empfinden dem Schnee. Wie er sich häuft und wie er dahinschmilzt, das sollte man der Sünde vergleichen. Macht mir das Anrufen Buddhas Mühe, will mir das Lesen der Sutren nicht gelingen – dann ruhe ich von alleine, faulenze von alleine. Kein Störenfried ist da, und auch kein Unwürdiger ist da. Insbesondere läßt sich, auch ohne daß ich mich der Übung des Schweigens befleißige, das Verhalten des Mundes meistern, da ich allein bin. Und sind Verbote auch nicht unbedingt einzuhalten, womit wohl sollte ich sie brechen, da kein Gegenstand hierfür vorhanden ist! Einmal, in der Frühe eines Morgens, an dem ich diesen Leib der weißen Wellenspur vergleiche, betrachte ich die Boote, die bei Okanoya gehen und kommen und stehle so dem Mönche Man das elegante dichterische Bild; einmal, an Abenden, an denen der Wind in den Zimtbäumen die Blätter rascheln läßt, gedenke ich des Flusses bei Hsiuyang und lerne so das Verhalten von Gen Totoku. Ein andermal gibt es Unterhaltung: da geselle ich dem Rauschen der Kiefern gar häufig die Weise »Herbstwindvergnügen« bei, und zu den Tönen des Wassers spiele ich die Melodie »Fließender Quell«. Ist meine Kunst auch ungeschickt, so muß sie auch nicht das Ohr der Menschen erfreuen. Ich spiele allein, ich singe allein, und dies dient lediglich der Erquickung meines eigenen Herzens.

Wiederum: am Fuße des Berges gibt es eine Reisighütte. Es ist der Ort, wo sich der Waldhüter dieses Berges aufhält. Dort gibt es einen kleinen Jungen. Er kommt von Zeit zu Zeit und wir besuchen uns gegenseitig. Manchmal, wenn ich Langeweile habe, nehme ich ihn mir zum Gefährten und wir wandern umher. Er ist zehn Jahre alt, ich bin sechzig. Ist unser Alter auch außerordentlich verschieden, so ist der Trost der Herzen doch derselbe. Wir ziehen Schilfblüten aus, sammeln Moosbeeren, pflücken die Früchte von den Yamsranken, rupfen wilden Kerbel. Oder wir begeben uns auf die Reisfelder am Bergsaum, lesen die abgefallenen Rispen und setzen Häufchen zum Trocknen auf. Oder wir besteigen bei heiterem Wetter den Gipfel, erblicken in weiter Ferne den Himmel über dem heimatlichen Kyôto, sehen den Kohata-Berg, das Dorf Fushimi, Toba und Hatsukashi. Da Aussichtsplätze keinen Herrn haben, hindert uns niemand, unser Herz zu ergötzen. Das Herumgehen macht keine Mühe, und wenn das Herz weiter gelangen möchte, so folgt von hier Gipfel auf Gipfel, wir überschreiten den Sumi-Berg, lassen den Kasatori hinter uns, oder wir pilgern nach Iwama, oder wir betrachten den Ishi-Berg. Oder wir wandeln wiederum auf den Spuren des Alten der Zikadenlieder, indem wir die Heide von Awazu durchstreifen, und wir überqueren den Tanakami-Fluß und besuchen das Grab des Sarumaro Môchigimi. Je nach der Jahreszeit erhaschen wir auf dem Heimweg Kirschblüten, suchen herbstrotes Ahornlaub, brechen Farn, lesen Baumfrüchte auf, und einmal bringen wir sie Buddha dar, einmal nehmen wir sie als Mitbringsel nach Hause. Ein andermal, in stiller Nacht, gedenke ich beim Mond im Fenster der alten Freunde, und beim Schrei der Affen benetze ich meinen Ärmel. Die Leuchtkäferchen im Gebüsch sind kaum zu unterscheiden von den Wachtfeuern der Insel Maki weit in der Ferne, und der Regen im Morgendämmern gleicht unwillkürlich dem Sturm, der durch die Blätter der Bäume pfeift. Höre ich den Kupferfasan sein horohoro rufen, so frage ich mich, gilt's dem Vater, gilt's der Mutter? Und daran, wie die Hirsche vom Gipfel sich an meine Nähe gewöhnt haben, erkenne ich, wie weit ich von der Welt entfernt bin. Oder wiederum: ich schüre das unter der Asche begrabene Feuer wach und mache es zum Gefährten meiner Altersschlaflosigkeit. Da dies kein schauerlicher Berg ist, habe ich auch Mitgefühl für den Ruf der Eule, doch auch damit läßt sich die Stimmung in den Bergen je nach der Jahreszeit nicht erschöpfen. Ich möchte sagen, für einen Menschen, der tief empfinden und tief erkennen möchte, gibt es gerade hier keine Grenzen.

4

Zwar dachte ich, die Zeit, seit ich hier angefangen habe zu wohnen, sei nur ein Weilchen; aber alles in allem sind jetzt bereits fünf Jahre vergangen. Auch die flüchtige Herberge ist schon zur alten Heimat geworden, tief liegen die verwelkten Blätter in der Traufe, auf dem Erdgrund ist Moos gewachsen. Höre ich von alleine und durch Zufall von der Hauptstadt, nachdem ich mich hier in die Berge zurückgezogen habe, so ist gar oft zu erfahren, daß hochmögende Leute verstorben sind. Wie könnte man da erst die Zahl derer kennen, die nicht zu diesen Kreisen zählen! Wie viele Häuser, die bei den häufigen Feuersbrünsten zugrunde gegangen sind! Nur in meiner flüchtigen Herberge, da ist es behaglich und nichts ist zu fürchten. Selbst wenn ich sage, daß es ziemlich eng ist, so ist doch ein Schlafplatz da, um mich nachts auszustrecken, und es ist ein Sitz da, um mich bei Tage aufzuhalten. Das ist nicht unzureichend, um einen einzelnen Menschen zu beherbergen. Der Einsiedlerkrebs liebt eine kleine Muschel. Das ist, weil er seinen Körper kennt. Der Fischadler hält sich am rauhen Strand auf. Das ist, weil er den Menschen fürchtet. So ist es auch mit mir. Da ich meinen Leib kenne und da ich die Welt kenne, trage ich kein Verlangen und hetze mich nicht ab. Nur die Stille mache ich zu meinem Begehren, und die Leidlosigkeit mache ich zu meinem Vergnügen. Überhaupt, was die Gewohnheit der Menschen dieser Welt angeht, Behausungen herzustellen, so machen sie diese gewiß nicht des eigenen Leibes wegen. Sie richten sie entweder für Frau und Kinder und für Familienangehörige her, oder für Nahestehende und Freunde. Oder man stellt sie sogar für seinen Herrn und für den Lehrmeister her, und für Schätze, Rinder und Pferde. Ich nun habe sie mir jetzt für meinen Leib geschaffen. Ich habe sie nicht für andere hergestellt. Fragt einer nach dem Grund: nach der Gewohnheit dieser Welt, nach dem Befinden meiner selbst gibt es keinen Menschen, der mir zu folgen hätte, gibt es keinen Diener, den ich zu bitten hätte. Auch wenn ich weiträumig bauen würde – wen sollte ich beherbergen, wen sollte ich mir hereinholen?

Wie ist es denn: solche, welche die Freunde anderer sind, schätzen das Reichsein, und sie stellen voran, daß man sie umsorgt. Ganz gewiß mögen sie es nicht, wenn einer Erbarmen zeigt oder wenn er ehrlich ist. Das kann wohl an die Freundschaft mit Saiten- und Blasinstrumenten, mit Blumen und Mond nicht heranreichen. Für die, welche die Diener anderer sind, ist Lob und Tadel von Bedeutung, und sie stellen voran, daß man sie mit Gnade überhäuft, doch sie begehren weder Fürsorge und Mitgefühl, noch Frieden und Stille. Das reicht an die Verwendung des eigenen Leibes als Diener nicht heran. Wie das ist, wenn man sich selbst zum Diener macht? Nun, falls es etwas zu tun gibt, dann benützt man eben den eigenen Körper. Wenn das auch nicht mühelos vor sich geht, so ist es doch einfacher, als andere sich unterzuordnen und andere zu beaufsichtigen. Falls es etwas zu laufen gibt, so läuft man eben selbst zu Fuß. Ich muß zwar sagen, daß dies beschwerlich ist, doch an die Quälerei mit Pferd und Sattel, Rind und Wagen kommt es nicht heran. Jetzt teile ich meinen Körper und vollbringe zweierlei Geschäfte. Die Hände als Diener, die Füße als Fahrzeug, das gefällt meinem Herzen wohl. Da mein Herz die Mühsal des Körpers erkennt, gewährt es ihm Ruhe, wenn er leidet, und wenn er frisch ist, benützt es ihn. Auch wenn es ihn benützt, treibt es ihn doch nicht über die Maßen an. Und hat er keine Lust, so rührt dies nicht das Herz. Ja, ich sollte sogar sagen, daß ich für gewöhnlich zu Fuß gehe und daß ich für gewöhnlich arbeite, das muß wohl die natürlichen Anlagen stärken. Was denn, mutwillig werde ich nicht mit der Arbeit aufhören! Andere zu quälen, ist sündhaftes Tun. Wie sollte man da die Kraft anderer borgen! Auch mit Kleidung und Essen ist es dasselbe. Ein Gewand aus Glyzinienbast, Bettzeug aus Hanfleinen, wie ich es gerade bekomme – damit verhülle ich meinen Leib; die jungen Blätter der Wildastern von der Heide, Baumfrüchte vom Berggipfel, sie reichen, um das Leben zu fristen. Mischt man sich nicht unter die Menschen, so entsteht auch keine Reue aus Scham über das Aussehen. Da der Mundvorrat ärmlich ist, läßt er auch einfache Essensgaben süß munden. Von solchen Freuden spreche ich nicht zu reichen Leuten. Ich nehme nur mich allein und vergleiche Vergangenheit und Heute.

Es ist doch so: die Drei Welten, alle Dinge – sie sind allein mein Herz hier. Ist das Herz nicht im Frieden, dann nützen weder Elefanten und Pferde noch die Sieben wunderbaren Dinge, und weder Paläste und Hallen noch Türme und Schlösser bedeuten Hoffnung. Jetzt, meine einsame Wohnstatt, mein einräumiges Hüttchen, dies liebe ich von Herzen. Selbst wenn ich sage, daß ich mich meiner Bettlerhaftigkeit schäme, sofern ich zufällig in die Hauptstadt gelange – bin ich zurückgekehrt und befinde mich wieder hier, dann fühle ich Mitleid mit all denen, die dem irdischen Staub nachjagen. Wenn einer bezweifelt, was ich hier sage: er betrachte die Welt von Fisch und Vogel! Der Fisch wird des Wassers nicht überdrüssig. Da ich kein Fisch bin, kenne ich sein Herz nicht. Der Vogel verlangt nach dem Wald. Da ich kein Vogel bin, kenne ich sein Herz nicht. Mit der Empfindung für das zurückgezogene Leben verhält es sich ebenso. Wer wird sie erfassen, ohne je so gewohnt zu haben!

5

Nun, mein Leben neigt sich wie der helle Mond, nur wenig noch und er ist dem Rand der Berge nahe. Jählings werde ich der Finsternis der Drei Jenseitswege entgegentreten müssen. Welche Werke kann ich dann zur Entschuldigung vorschützen? Der Sinn dessen, was Buddha lehrt, ist: du sollst dein Herz nicht an die Dinge hängen! So gereicht es mir auch zur Sünde, daß ich jetzt mein Grashüttlein liebe. Und daß ich mich an die Zurückgezogenheit klammere, muß mir ebenfalls zum Hemmnis werden. Wie bringe ich doch die kostbare Zeit dahin, indem ich von den unwesentlichen Freuden berichte!

In stiller Morgendämmerung denke ich über die Gründe nach, ich frage selbst mein Herz und sage: Die Welt fliehen und die Wälder aufsuchen, das heißt: das Herz reinigen und den Weg Buddhas üben. Du aber hast zwar das Aussehen eines Heiligen, doch dein Herz ist durch und durch unlauter. Selbst wenn ich sage, daß ich mit meiner Behausung das Andenken des Laienbruders Vimalakirti beschmutzt habe, so reicht doch das, was ich eingehalten habe, noch nicht einmal heran an das Tun von Suddhipanthaka, des faulsten unter Buddhas Jüngern. Quäle ich mich etwa wegen der Vergeltung durch Armut? Oder hat mein Herz in seinem Wahn den Gipfel der Tollheit erreicht? Doch da gab mein Herz keine Antwort. Nur die Zunge allein setzte ich in Bewegung, sprach zwei-, dreimal ein leeres Amida Buddha und hielt inne.

Dies hat der Mönch Renin am letzten Tag des Dritten Monats im zweiten Jahre Kenryaku (1212) in seiner Hütte auf dem Toyama aufgezeichnet.

Yoshida Kenkō: Allerlei aus Mussestunden

Wenn ich den lieben langen Tag müßig vor dem Tuschestein saß, schrieb ich aufs Geratewohl nieder, was mir an belanglosen Dingen durchs Herz zog – so ist es eben auch auf merkwürdige Art verdreht.

Ein Mann, der sich in allem auszeichnet, aber den Frauen nicht hold ist, wirkt sehr verdrießlich und erinnert durchaus an einen prunkvollen Pokal, dem der Boden fehlt.

Wenn einer, von Tau und Reif durchnäßt und triefend, ziellos umherirrt und in seinem Herzen kein Platz ist, auf die Mahnungen der Eltern und die Schmähungen aller Welt zu achten, wenn ihn bald diese, bald jene Gedanken verwirren und er dabei meist einsam auf seinem Lager liegt, ohne auch nur eine Nacht kurzen Schlummer zu finden, so ist das wahrhaft bessere Lebensart.

Bei alledem bleibt wirklich zu wünschen, daß er nicht ganz einem liederlichen Wandel verfällt und von den Frauen für leichtfertig gehalten wird.

Könnten wir nur immerzu leben, ohne daß der Tau auf der Heide von Adashi je entschwände und der Rauch auf dem Berg Toribe je aufstiege, wie sehr würde dann das Gefühl für die Vergänglichkeit fehlen! Gerade die Unsicherheit des Daseins ist großartig.

Betrachtet man die belebten Dinge, gibt es keines von so langer Dauer wie der Mensch. Es gibt ja auch die Eintagsfliege, die auf ihren Abend wartet, und im Sommer die Zikade, die Frühling und Herbst nicht kennt. So ist es doch ungewöhnlich beruhigend, auch nur ein Jahr mit Hingabe zu verbringen. Trauerte man allem nach, ohne je genug zu haben, würde auch ein tausend Jahre währendes Leben nur wie der Traum einer einzigen Nacht empfunden. Wozu soll man in einer Welt, in der man nicht immerzu leben kann, so lange warten, bis man eine häßlich anzusehende Gestalt bekommen hat? Währt das Leben lange, gibt es viel Beschämendes. Selbst ein langes Leben muß nicht einmal vierzig Jahre dauern; dann zu sterben, muß wohl ein gutes Gefühl sein!

Ist diese Spanne verstrichen, so ist es gewiß erschreckend, wenn einer Geselligkeit sucht, ohne sich seines Äußeren zu schämen; wenn er am Lebensabend Kinder und Enkel zärtlich liebt und sich ein Alter erhofft, das ihm noch den Anblick ihrer Blütejahre beschert; und wenn er, von weltlichen Begierden beherrscht, allmählich das Gefühl für die Vergänglichkeit verliert.

Unter den Dingen, die des Menschen Herz verwirren, kommt nichts der sinnlichen Begierde gleich. Ach wie töricht ist des Menschen Herz!

Obwohl der Duft ein flüchtiges Ding ist und man weiß, daß die

Kleider zeitweilig Räucherwerk ausgesetzt werden, bekommt man unweigerlich Herzklopfen bei ungewohnten Düften. Daß der Bergasket Kume seine Zauberkraft verlor, als er das Weiß der Schenkel einer Wäscherin erblickte, mag wahrhaftig daher rühren, daß Üppigkeit und Glanz von Armen, Beinen und Leib frei von fremden Farben sind.

Als ich einmal im 10. Monat, dem Monat der abwesenden Götter, nachdem ich die Heide von Kurusu durchquert hatte, ein Dorf im Gebirge aufsuchte, stand da eine Hütte, zu der ein alter, schmaler Pfad im Moos getreten war und in der es sich wohl recht einsam und bedrückend wohnte. Wären nicht die Tropfen der unter Laub begrabenen Wasserröhre gewesen, es hätte keinen Laut gegeben. Auf dem Weihwassersims lagen verstreut abgebrochene Chrysanthemen und Ahornzweige – es mußte also dennoch jemand dort hausen.

Ich betrachtete dies voller Rührung, indem ich dachte: »So läßt es sich doch auch leben«, da sah ich im Garten gegenüber einen großen Mandarinenbaum mit schwer beladenen Zweigen, der von einem streng abweisenden Zaun umgeben war; das ernüchterte mich ein wenig und ich dachte: »Wäre doch nur dieser Baum nicht!«

Wenn ein Mensch für sich selbst wenig aufwendet, Verschwendung meidet, keine kostbaren Dinge erwirbt und frei von weltlicher Begehrlichkeit ist, das ist ganz großartig. Seit alter Zeit kommt es selten vor, daß ein weiser Mann reich ist.

In China lebte ein Mann namens Hsü Yu, der nicht im mindesten für seinen Leib vorgesorgt hatte; und als jemand zusah, wie er Wasser mit den Händen schöpfte und trank, schenkte er ihm einen Flaschenkürbis. Als Hsü Yu diesen einmal an einem Ast aufgehängt hatte und er im Winde ertönte, fand er das störend und warf ihn weg. Und er trank wieder Wasser, indem er es mit den Händen schöpfte. Welche Kühle muß in seinem Herzen geherrscht haben! Sun Ch'en war in den Wintermonaten ohne wattierte Decke, er besaß nur ein Strohbündel, darauf bettete er sich des Abends, am Morgen räumte er es auf.

Weil die Leute in China solches für ganz großartig hielten, haben sie es aufgezeichnet und auch kommenden Generationen überliefert – die Leute von hier scheinen so etwas nicht einmal mündlich zu überliefern.

Gerade der dauernde Wandel der Jahreszeiten weckt Mitgefühl für jedes Ding.

Jedermann wird zwar sagen: »Im Mitempfinden mit den Dingen geht der Herbst doch über alles«, und das mag richtig sein, was mir aber jetzt das Herz noch mehr erfreut, das ist der Anblick des Frühlings. Schon die Vogelstimmen wirken ungemein frühlingshaft, und sobald die Gräser am Zaun im heiteren Sonnenschein leuchten, ist es allmählich richtig Frühling, die Nebel ziehen dahin, die Kirschblüten drängen schon nach und nach hervor, und gerade jetzt folgen sich Regen und Wind, und während das Herz keine Ruhe findet, sind die Blüten verstreut und vorbei. Auf zehntausenderlei Weise quält man einzig sein Herz, bis alles grün belaubt ist. Die Mandarinenblüten sind weithin bekannt für ihren Wohlgeruch, und erst beim Duft der Pflaumenblüten – da kommen Dinge aus längst vergangenen Tagen zurück und sehnsuchtsvolle Erinnerung erwacht. Die reine Schönheit der Goldnessel, das beängstigende Aussehen der Glyzinienblütentrauben, alles und jedes – es gibt so vieles, was nur schwer aus den Gedanken zu verbannen ist.

»Um Buddhas Geburtstag herum, wenn die Statuen mit duftendem Wasser übergossen werden, um die Zeit des Kamo-Festes, während die Wipfel mit den jungen Blättern sich immer dichter belauben und ein Gefühl der Kühle hervorrufen, da ist das Mitgefühl der Welt, die Sehnsucht der Menschen nicht mehr zu überbieten« – so mag wohl mancher gesagt haben, und wahrhaftig, so ist es! Im Reispflanzmonat, um jene Zeit, da man Schwertlilien auf die Dächer legt und da man die Reispflänzchen auszieht, läßt das Wasserhuhn sein Klopfen hören – fühlt man sich da nicht beklommen in seinem Herzen? Auch wenn etwa im Wasserlosen Monat an armseligen Hütten das Weiß der Flaschenkürbisblüten leuchtet und die Mückenfeuer rauchen, ist man gerührt. Und die Reinigungszeremonien am Ende des Wasserlosen Monats sind ebenfalls reizvoll.

Wie bezaubernd ist es doch, das Sternenfest zu feiern! Wenn die Nächte allmählich kälter werden und die Wildgänse schreiend dahinziehen, wenn sich die unteren Blätter des Süßklees bunt färben, da schneidet man die Frühreisfelder, trocknet die Garben – was da alles zusammenkommt: nur der Herbst bringt derart vieles. Wiederum, wie schön ist doch der Morgen nach einem Herbststurm! Diese Dinge sind zwar in den »Geschichten vom Prinzen Genji«, den »Kopfkissenheften« und anderen Werken längst abgehandelt, aber wenn ich so fortfahre, möchte ich doch keineswegs davon ablassen, noch einmal dasselbe zu sagen. Sagt einer nicht, was er gern sagen möchte, schwillt ihm nur der Leib davon an – es sind dies also unnütze Spielereien, bei denen ich mich dem Pinsel überließ, und es sind zudem Dinge, die ich zerreißen und wegwerfen möchte, und niemand sollte sie sehen.

Der Anblick des winterlich Verdorrten dürfte dem Herbst kaum nachstehen. Auf den Gräsern am Rande des Wassers ist buntes Herbstlaub verstreut liegengeblieben, und wenn am Morgen sich blendendweiß der Reif darauf niedergelassen hat, ist es besonders schön, wie der Nebel aus den Wassergräben aufsteigt. Auf einzigartige Weise wird man gerührt, sobald das Jahr seinem Ende zugeht und jedermann in Eile ist. Wie beklemmend ist es, wenn nach dem 20. Tag dieses Monats, in dem man niemanden müßig sieht, der Himmel klar und kalt wirkt. Ganz außerordentlich fühlt man sich ergriffen bei der Anrufung der Buddhas im Kaiserpalast und beim Aufbruch der Boten, welche bei den kaiserlichen Gräbern die Ersten Ähren darbringen. Bei Hofe löst eine Zeremonie die andere ab, und wie sie im Verein mit all den Frühlingsgeschäften durchgeführt werden, ist großartig. Vom Teufelsaustreiben bis zum Verehren der Vier Himmelsrichtungen ist es besonders vergnüglich. In der Silvesternacht zündet man, wenn es stockdunkel ist, Fackeln an und läuft bis nach Mitternacht herum, überall an die Tore klopfend, und – was das nur sein mag? – man lärmt und schreit und macht viel Wesens, ausgelassen schweift man hierhin und dahin, aber vom Morgengrauen an erstirbt jeder Laut, und das macht den Abschied vom Alten Jahr ebenfalls herzbeklemmend. Es soll die Nacht sein, in der die Toten kommen, doch finden in der Hauptstadt derzeit keine Seelenfeiern mehr statt, daß man sie aber im Osten noch veranstaltet, ist doch ergreifend.

Der Anblick des Himmels, der nun heller und heller wird, scheint nicht verändert seit gestern, und doch erzeugt er ein ganz und gar verwandeltes, seltsames Gefühl. Das Bild der großen Straßen, wo man allenthalben Kiefern aufgestellt hat, wie das prangt und fröhlich ist – auch das ist wiederum ergreifend.

Was es auch immer sei, über alles tröstet man sich doch hinweg, wenn man den Mond betrachtet. Als jemand sagte: »Wohl nichts ist so reizvoll wie der Mond«, bestritt ihm das ein anderer mit den Worten: »Mir ist der Tau am liebsten.« Das ist zum Lachen. Was kann einem nicht alles, je nach der Gelegenheit, am Herzen liegen!

Bei Mond und Blüten versteht sich dies von selbst, doch der Wind allein weckt im Menschen das Herz. Wie liebenswert ist zu jeder Zeit der Anblick des Wassers, wenn es, an Felsklippen sich brechend, klar dahinströmt! Tief ergriffen war ich, als ich diese Zeilen eines chinesischen Gedichtes las:

Yüan und Hsiang Tag und Nacht hinweg nach Osten strömen.
Nicht ein Weilchen halten sie still, mir Betrübtem zulieb.

Und auch Chi K'ang hat einmal gesagt: »In Berg und Moor zu wandern, Fisch und Vogel vor Augen, ist meines Herzens Lust.« Es gibt wohl nichts Trostreicheres für das Herz, als fern von den Menschen dort umherzuschweifen, wo Wasser und Pflanzen rein und klar sind.

Sinnt man im Stillen, ist die Sehnsucht nach allem möglichen Vergangenen kaum zu ertragen.

Sind die anderen zur Ruhe gegangen, bringt man als Zeitvertreib für eine lange Nacht Ordnung in diesen oder jenen Teil seiner Sachen, und entdeckt man beim Zerreißen und Wegwerfen von alten Papieren, die man nicht aufheben will, die Schreibübungen oder zum Spaß gepinselten Malereien eines Verstorbenen, dann fühlt man sich ganz in jene Zeit zurückversetzt. Es stimmt einen auch sehr wehmütig, wenn man den vor langem geschriebenen Brief eines derzeit noch lebenden Menschen findet und darüber nachsinnt, welche Gelegenheit es war und wieviele Jahre seitdem vergangen sind. Und auch wie all die Habseligkeiten, die jemand immer um sich hatte, in ihrer Herzlosigkeit unverändert die Zeit überdauern, das ist sehr schmerzlich.

An einem Morgen, an dem herrlicher Schnee gefallen war, hatte ich jemandem etwas mitzuteilen, und da ich ihm einen Brief schickte, den Schnee aber überhaupt nicht erwähnte, hieß es in seiner Antwort: »Ihr habt mit keinem Pinselstrich davon gesprochen, wie Euch der Schnee gefallen hat; soll ich vielleicht zur Kenntnis nehmen, was mir ein so verschrobener Mensch zu sagen hat? Ich kann nur wiederholen: es tut mir leid um Euer Herz!« – war das nicht schön?

Da er jetzt zu den Toten zählt, ist mir auch dieses unvergeßlich.

Als ich einmal um den 20. Tag des Langen Monats herum von jemandem eingeladen bis zum frühen Morgen herumwanderte und den Mond betrachtete, kamen wir zu einem Ort, dessen sich jener erinnerte, und er bat dort um Einlaß und trat ein. Der verwilderte Garten war dicht vom Tau bedeckt, sanft entströmte ihm ein unbeabsichtigter Duft, und sein verborgenes Dasein erfüllte mich mit Rührung.

Jener war nach einiger Zeit wieder hinausgetreten, doch fühlten wir weiterhin die vornehme Schönheit des Ortes, und aus einem Versteck heraus schauten wir ein Weilchen hin, da hatte man jetzt die Flügeltüren ein wenig geöffnet und betrachtete den Mond. Hätte man alsbald die Türen geschlossen und sich zurückgezogen – es wäre zu schade gewesen! Doch wie sollten jene wissen, daß ihnen einer bis zuletzt nachblickte! Da müßte man nur von früh bis spät sich um derlei Dinge Sorge machen. Wie ich gehört habe, ist jener Mann kurz danach verschieden.

Jemand sagte zum Ehrwürdigen Hônen: »Wenn ich bei der Anrufung Buddhas von Schläfrigkeit übermannt die heilige Handlung vernachlässige, was muß ich dann anstellen, damit dieses Hindernis beseitigt werde?« Er bekam zur Antwort: »Rufe den Buddha an, solange dein Auge wach ist.« Das war sehr bewundernswert. Ferner sagte Hônen: »Die Hinübergeburt ins Paradies ist einem gewiß, wenn man sie für gewiß hält; sie ist ungewiß, wenn man sie für ungewiß hält.« Auch das ist bewundernswert.

Ferner sagte er auch: »Ruft man den Buddha an, so erlangt man die Hinübergeburt, auch wenn man zweifelt.« Auch das ist wiederum bewundernswert.

In der Provinz Inaba war die Tochter eines gewissen in den Mönchsstand getretenen Mannes für ihre Schönheit bekannt und die Männer bewarben sich in großer Zahl um sie, doch da dieses Mädchen nur Kastanien aß und Dinge wie Reis durchaus nicht mochte, sagte ihr Vater: »So eine Verschrobenheit darf ein Fremder nicht zu Gesicht bekommen« und gab sie keinem.

Am fünften Tag des Fünften Monats, als wir den Wettlauf der Pferde beim Schrein von Kamo ansahen, stand vor unserem Wagen allerlei Volk im Wege, weshalb wir alle ausstiegen und uns dem Rande der Umzäunung näherten, doch da standen die Menschen besonders dicht gedrängt, so daß an ein Durchkommen nicht zu denken war. Dabei war ein buddhistischer Prediger auf einen Paternosterbaum gegenüber hinaufgeklettert, hatte sich in die Gabelung des Baumes gehockt und schaute zu. Während er sich so anklammerte, geschah es nun mehrere Male, daß er fest einschlief, doch immer dann, wenn er herabzufallen drohte, öffnete er die Augen. Die Menschen, die das sahen, trieben ihren Spott und verhöhnten ihn. »So ein unvergleichlicher Dummkopf! Auf einem so gefährlichen Ast ruhigen Herzens zu schlafen!« So sprachen sie, mir aber kam plötzlich etwas in den Sinn und ich sagte: »Jeden Augenblick kann uns der Tod ereilen. Wenn man das vergißt und seinen Tag mit Zuschauen verbringt, so ist das eine noch viel größere Torheit.« Da sagten die Menschen vor uns: »Wahrhaftig, so ist es. Es ist äußerst töricht«, und sie wandten sich alle um, räumten ihre Plätze und luden uns mit den Worten ein: »Geruhet näherzutreten.«

Obwohl eine solche Überlegung einem jeden in den Sinn kommen könnte, machte sie bei diesem Anlaß einen unerwarteten Eindruck und traf mitten ins Herz. Weil die Menschen nicht aus Holz oder Stein sind, bleiben sie nicht unempfindlich gegenüber einem Wort, wenn es zur rechten Zeit fällt.

Unter den Söhnen des Vizegardekommandanten Karahashi gab es einen Geistlichen, den Abt Gyôga, der die Leute in der Dogmatik unterwies. Er litt unter Blutandrang im Kopf, und als seine Jahre allmählich ihren Höhepunkt überschritten hatten, verstopfte sich seine Nase im Inneren und das Atmen fiel ihm schwer, weshalb zwar mancherlei Abhilfe versucht wurde, aber dennoch verschlimmerte sich sein Zustand, Augen, Brauen und Stirn schwollen an, seine Augen waren ganz bedeckt, so daß er nichts mehr sehen konnte, er sah aus wie die Beulen-Maske des »Zweiten Tanzes«, auf ganz fürchterliche Weise bekam er ein Teufelsantlitz, die Augen saßen zuoberst auf dem Kopf, die Stirn war zur Nase geworden. Von da an lebte er zurückgezogen, indem er nicht einmal den Leuten im Innern seines Tempels unter die Augen trat; lange Jahre vergingen, dann verschlimmerte sich sein Zustand noch mehr und er starb.

Es kommt also wirklich vor, daß eine solche Krankheit auftritt.

Spätfrühling, unter einem heiteren, schönen Himmel ein nicht unedles Haus und dabei, tief hinten, eine Gruppe altgewordener Bäume – ich sah im Garten verstreut und verwelkt die Kirschblüten und konnte nicht vorübergehen, aber als ich eintrat, sah ich, daß die Fenstergitter an der Südfront alle heruntergelassen waren, und es wirkte alles sehr einsam und verlassen, gegen Osten hin jedoch standen die Flügeltüren etwas offen, und als ich durch einen Riß des Bambusvorhangs blickte, hatte ein Mann von schöner Gestalt – er mochte etwa zwanzig Jahre zählen und wirkte vornehm und gelassen, obwohl er es sich bequem gemacht hatte – auf einem Tischchen ein Schriftstück ausgebreitet und betrachtete es.

Ich möchte gerne erfahren, was für ein Mann das wohl gewesen sein mag.

Aus einer schlichten Tür von Bambusgeflecht hervor trat ein sehr junger Mann, und waren im Mondenschein die Farben auch nicht recht erkennbar, so trug er doch zu einem glänzenden Jagdgewand dunkle Pluderhosen, und er sah aus, als sei er sehr edler Abkunft; er führte ein kleines Kind mit sich, und wie er sich auf dem alten schmalen Weg zwischen den Reisfeldern Bahn brach und naß wurde vom Tau der Reispflanzen, blies er zu seinem Vergnügen ganz wunderbar die Flöte, und ich dachte, ach wie schade, daß wohl keiner da ist, der ihn vernehmen kann, da ich aber gar zu gerne gewußt hätte, wohin er ging, folgte ich ihm mit den Augen, während ich dahinging; da hörte er auf zu blasen und betrat ein Anwesen, zu dem ein mächtiges Haupttor führte. Da auch Wagen mit aufgebockten Deichseln zu sehen waren, hatte ich das Gefühl, Dinge aus der Hauptstadt vor mir zu haben, und als ich einen Knecht fragte, sagte er, Prinz Soundso habe hier Aufenthalt genommen und beteilige sich an den buddhistischen Feiern.

In der Richtung des Haustempels gingen Priester. Ich hatte das Gefühl, daß mich vom nachtkalten Wind herbeigetragene Düfte von Räucherwerk durchdrangen, das irgendwo verborgen glimmen mochte. Damen, die zwischen den Gebäuden und den Tempelgalerien verkehrten, waren selbst in diesem menschenleeren Bergdorf darauf bedacht gewesen, Vorsorge zu treffen, daß Wohlgerüche ihnen folgten.

Die herbstlichen Gärten, die nach Herzenslust wucherten, waren begraben unter dem Tau, der alles dicht bedeckte, klagend tönten die Stimmen der Insekten, in den Gräben rauschte friedlich das Wasser. Ich hatte das Gefühl, daß die Wolken hier weit rascher kamen und gingen als am Himmel über der Hauptstadt, es war kaum festzustellen, ob der Mond heiter war oder umwölkt.

Unter den Brüdern des Kinyo, der den Zweiten Hofrang bekleidete, soll derjenige, der sich Erzabt Ryôgaku nannte, ein äußerst reizbarer Mann gewesen sein. Weil nahe seiner Zelle ein großer Zürgelbaum stand, nannten ihn die Leute: »Zürgelbaum-Erzabt«. Er fand, daß dieser Name ungehörig war, und fällte jenen Baum. Da aber dessen Wurzel übrigblieb, hieß er nun: »Stumpf-Erzabt«. Mehr und mehr ergrimmend grub er den Baumstumpf aus und beseitigte ihn, aber weil er eine große Grube hinterließ, hieß er fortan: »Wassergruben-Erzabt«.

Als einmal jemand zum Kiyomizu-Tempel pilgerte, gesellte sich eine alte Nonne zu ihm, die unterwegs fortwährend »*kusame, kusame*«, sagte, weshalb er sie fragte: »Gnädige Frau Nonne, was geruhet Ihr da zu sprechen?« Sie aber antwortete nicht und hörte auch weiterhin nicht auf, jene Worte zu sagen; so stellte er wiederholt seine Frage, bis sie schließlich in Zorn geriet und sagte: »Je nun! Man sagt doch, daß einer sterben muß, wenn er beim Niesen nicht diesen Zauberspruch gebraucht, und weil ich daran denke, daß mein edler Zögling als Mönchsdiener auf dem Hiei-Berg weilt und vielleicht gerade in diesem Augenblick zu niesen geruht, spreche ich diese Worte!«

Das war doch ein dankenswerter Vorsatz!

Im Jahre 1311 ging das Gerücht, daß von der Provinz Ise her jemand mit einer zu einem Teufel gewordenen Frau zur Residenz gezogen käme, und so liefen etwa zwanzig Tage lang tagtäglich die Leute aus Kyôto und der Vorstadt Shirakawa blindlings durcheinander, um den Teufel zu sehen. »Gestern hat er das Saion-Kloster besucht; heute soll er den Palast besuchen; jetzt ist er da, jetzt dort!« So ging es hin und her. »Ich habe ihn leibhaftig gesehen«, sagte niemand, aber es sagte auch keiner: »Es ist leeres Gerede.« Vornehm und Gering redete ununterbrochen von nichts anderem als dem Teufel.

Als ich mich etwa zu dieser Zeit von den östlichen Bergen in die Gegend von Agui begab, rannten die nördlich von der Vierten Querstraße wohnenden Leute allesamt gen Norden. »An der Kreuzung der Ersten Querstraße mit der Muromachi-Gasse ist der Teufel!« schrien sie durcheinander. Von der Gegend des Imade-Flusses aus konnte man sehen, wie die Menge nahe beim kaiserlichen Schaugerüst für das Kamo-Fest so dicht gedrängt stand, daß ein Hindurchgehen ganz unmöglich war. »Dann ist am Ende an der Sache doch etwas dran«, dachte ich und schickte jemand aus, daß er nachsehe, doch da fand sich kein einziger Mensch, der dem Teufel begegnet wäre. Bis zum Sonnenuntergang dauerte die Aufregung an, am Ende brach Streit aus und es gab manchen widerwärtigen Vorfall.

Zu dieser Zeit ereignete es sich, daß allenthalben für zwei, drei Tage die Menschen von einer Plage heimgesucht wurden – und es gab einige, die meinten, jenes leere Gerede vom Teufel habe dies als ein Vorzeichen angekündigt.

Um in den Teich des kaiserlichen Kameyama-Palastes Wasser aus dem Ōi-Fluß zu übertragen, erging der Befehl an die am Ōi Seßhaften, ein Wasserschöpfrad herzustellen. Es wurden Münzen in großer Zahl gegeben, und in einigen Tagen war die Herstellung beendet; aber weil sich nach dem Einsetzen das Rad überhaupt nicht drehte, nahm man diese und jene Verbesserung vor, doch am Ende drehte es sich erst recht nicht und stand nutzlos da. Nun berief man Leute aus dem Dorf Uji und beauftragte sie mit dem Bau, und da drehte sich das mühelos zusammengefügte und angebrachte Rad ganz nach Wunsch, und das Schöpfen und Eingießen des Wassers ging prächtig vonstatten.

In allen Dingen kann der seines Weges Kundige gar nicht hoch genug geschätzt werden.

Ein Priester aus dem Ninna-Kloster hatte bis in sein Alter dem Iwashimizu-Schrein nicht seine Verehrung bezeigt, deshalb fühlte er sich im Herzen betrübt; so raffte er sich eines Tages auf und pilgerte ganz allein zu Fuß dorthin. Er bezeigte dem Gokuraku-Tempel und dem Kôra seine Verehrung, verstand es damit als abgetan und kehrte zurück. Darauf wandte er sich an die Leute seiner Umgebung und sprach: »Was ich Jahr und Tag ersehnt habe, ist in Erfüllung gegangen. Es übertraf alles, was ich darüber gehört hatte, und war wirklich weihevoll. Aber daß alle, die dorthin gepilgert waren, den Berg bestiegen, machte mich neugierig auf das, was es da wohl geben könnte, doch dann dachte ich, daß die Wallfahrt zur Gottheit mein eigentlicher Wunsch war und besuchte den Berg nicht mehr.«

Auch in geringfügigen Angelegenheiten ist ein Führer wünschenswert!

Beim Abschiedsfest für einen Tempelknaben, der Priester werden wollte, geriet ein anderer Priester dieses Ninna-Klosters, als jeder etwas zum besten gab, in der Trunkenheit so außer Rand und Band, daß er einen nahebei stehenden dreifüßigen Metallkessel ergriff und sich über den Kopf stülpte, und da der Kessel nicht hinabgleiten wollte, steckte er sein Gesicht vollends hinein, indem er die Nase plattdrückte, und trat tanzend vor; da war die ganze Gesellschaft außer sich vor Begeisterung.

Als er eine Weile den Takt schlagend getanzt hatte und den Kessel wegziehen wollte, vermochte er ihn überhaupt nicht wegzuziehen. Die Weinrunde ernüchterte sich und wußte keinen Rat. Als man herumprobierte, wurde der Kopf ringsherum verletzt, Blut tropfte an ihm herab und er schwoll nur immer ärger an, und als auch der Atem stockte, versuchte man, den Dreifuß zu zertrümmern, doch der zerbarst nicht so leicht. Da er das Dröhnen kaum aushalten konnte, mußte man aufhören und wußte nicht weiter; so hängte man über die aus den drei Füßen gebildeten Hörner ein Tuch, zog ihn bei der Hand und gab ihm einen Stock und führte ihn zu einem Arzt in der Hauptstadt; wie sie so unterwegs waren, nahm das Verwundern und Starren der Leute kein Ende. Als sie in das Haus des Arztes traten, mag die Erscheinung des Mönches, wie er dem Arzt gegenübersaß, merkwürdig genug gewesen sein. Auch wenn er etwas sagte, hallte es dumpf grollend und war nicht verständlich. »Ein derartiges Vorkommnis ist weder in meinen Büchern berichtet noch gibt es eine überlieferte Weisung«, sprach der Arzt, und so kehrten sie wieder zum Ninna-Kloster zurück. Seine Freunde und seine alte Mutter fanden sich neben seinem Kopfkissen ein und weinten und klagten, doch wurden sie nicht gewahr, ob er sie hörte.

So standen die Dinge, da sprach jemand folgendermaßen: »Gesetzt den Fall, daß Ohren und Nase abgerissen werden, wie sollte er dennoch nicht wenigstens am Leben bleiben können? Zieht doch mit aller Kraft!« So stopften sie Strohhalme ringsherum unter das Metall, um es vom Kopf abzuhalten, und zogen, als ob sie ihm den Kopf geradezu abreißen wollten, und so befreiten sie ihn, während Ohren und Nase abrissen und Löcher hinterließen. Er gewann ein bitteres Leben und lag lange Zeit krank darnieder.

Als einmal im Ninna-Kloster ein ungemein liebenswerter Knabe weilte, sannen einige Priester darauf, ihn irgendwie hinauszulocken und Kurzweil zu treiben, und so besprachen sie sich mit in verschiedenen Künsten bewanderten Priestern, richteten in emsiger Arbeit einen geschmackvollen, in Fächer unterteilten Speisenkorb her, brachten diesen in einer Art Kasten unter und vergruben ihn an einem geeigneten Platz bei den »Reihenhügeln«; dann streuten sie rotes Herbstlaub darüber, damit nichts zu bemerken sei, begaben sich zum Kloster zurück und verleiteten den Knaben zu einem Ausflug.

Sie waren in froher Stimmung, streiften da und dort umher, bis sie sich auf moosigem Boden am bewußten Ort nebeneinander niederließen. »Ach, ich bin schrecklich erschöpft!« – »Wie schön wäre es, wenn jemand käme, um Herbstlaub anzuzünden!« – »Ihr zauberkräftigen Mönchsbrüder, betet doch einmal zur Probe!« – unter solchen Rufen begaben sie sich unter den Baum, wo sie den Korb vergraben hatten, und entfalteten eine ganz übertriebene Tätigkeit, indem sie Gebetsperlenschnüre durch die Finger gleiten ließen und in auffälliger Weise magische Fingerzeichen bildeten; aber als sie das Laub weggekratzt hatten, zeigte sich nicht das geringste. So meinten sie, sich im Ort geirrt zu haben, und grasten den ganzen Berg ab, so daß keine Stelle übrigblieb, die sie nicht durchwühlt hätten – doch nichts war zu finden. Es war nämlich so, daß jemand beim Vergraben des Kastens zugesehen, sich die Stelle gemerkt und ihn gestohlen hatte, während die Mönche zu ihrem Kloster zurückgegangen waren. Die Priester begannen ohne ein Wort, das die Form gewahrt hätte, einen übel anzuhörenden Zank und gingen wutentbrannt nach Hause.

Wenn man gar zuviel des Vergnügens haben will, geht es bestimmt nicht nach Wunsch.

Der Abt Jôshin aus dem Shinjô-Tempel war ein Mann unendlichen Wissens. Er liebte Taro-Knollen und aß sie in großer Menge. Auch wenn er auf dem Sitz der Lehre saß, pflege er eine große Schüssel bis zum Rande anzuhäufen und vor seinen Knien aufzustellen; unterm Essen las er dann aus der Schrift vor. Hatte er ein Leiden, so schloß er sich ein, »um sieben Tage oder zweimal sieben Tage eine Heilkur zu machen«, suchte sich schöne Taro-Knollen nach Belieben aus und aß deren über die Maßen viel – damit heilte er alle zehntausend Krankheiten. Es kam aber nicht vor, daß er anderen davon zu essen gab. Er aß sie immer ganz allein. Er war äußerst arm, aber als ihm sein Lehrmeister kurz vor dem Tode zweihundert Münzschnüre und eine Mönchsklause vermacht hatte, verkaufte er die Klause für hundert Münzschnüre und hinterlegte die gesamten dreihundert Münzschnüre als Kapital für den Ankauf von Taro-Knollen bei einem Manne in der Hauptstadt; indem er sich jeweils zehn Schnüre schicken ließ, verzehrte er Taro-Knollen in Hülle und Fülle, verwendete aber das Geld zu keinem anderen Zweck und brauchte es völlig hierfür auf. »Dreihundert Münzschnüre sind ihm in seinen dürftigen Umständen zuteil geworden und so hat er darüber verfügt – er ist wahrlich ein frommer Mann wie kaum ein anderer«, so sprachen die Leute.

Dieser Abt hatte einmal, als er einen gewissen Priester sah, ihm den Namen »Shirouruti« gegeben. Als ihn jemand fragte, was das bedeuten solle, gab er zur Antwort: »Das weiß ich selbst nicht. Wenn es aber so etwas gäbe, dann müßte es dem Gesicht dieses Mönchs ähneln.«

Dieser Abt war sehr ansehnlich, von gewaltiger Kraft und ein großer Esser; kunstfertige Schrift, Gelehrsamkeit und Redegabe zeichneten ihn vor anderen aus; weil er seiner Sekte ein leuchtendes Vorbild war, galt er zwar auch im Kloster viel, doch war er ein Sonderling, der die Welt gering achtete, tat alles nach seinem Willen und paßte sich anderen Menschen niemals an. So wartete er nicht, wenn er an einer Feier teilnahm und vor dem Eßtischchen saß, bis man allen vorgesetzt hatte, sondern begann in dem Augenblick, da ihm vorgesetzt worden war, ganz allein zu essen; wollte er aufbrechen, stand er ganz allein auf und ging. Die Mahlzeiten hielt er nicht ein wie die anderen, sondern aß auch mitten in der Nacht oder im Morgengrauen. Wollte er schlafen, so schloß er sich auch am hellen Tag ein, und wie bedeutend eine Sache auch sein mochte, er schenkte den Worten der anderen kein Gehör; war er ausgeschlafen, so durchwachte er wohl auch manche Nacht, wanderte pfeifend umher, sein Herz läuternd – dieses sein

Verhalten war zwar ungewöhnlich, doch hegte keiner Groll gegen ihn, alles war ihm erlaubt. Ob es an der Größe seiner Tugend lag?

In Tsukushi gab es einmal einen gewissen Provinzkommandeur oder so ähnlich, der als großartige Medizin für zehntausenderlei Notfälle jeden Morgen zwei Rettiche röstete und aß, und das ging schon lange Jahre so. Einmal paßten Feinde eine Zeit ab, zu der im befestigten Amtsgebäude niemand anwesend war, machten einen Überfall, umzingelten das Gebäude und griffen an, aber da traten aus dem Gebäude zwei Soldaten hervor, kämpften ohne Schonung ihres Lebens und trieben alle zurück. Der Kommandeur fand dies sehr merkwürdig und fragte sie: »Was seid ihr für Männer, die ihr hier so gewaltig gekämpft habt – ich sehe euch doch sonst nicht tätig hier?«, da sagten sie: »Wir sind die Rettiche, auf die Ihr viele Jahre lang Euer Vertrauen gesetzt und die Ihr Morgen für Morgen verspeist habt«, und verschwanden.

Ist einer tief gläubig, mag es wohl auch einen solchen Gnadenerweis geben.

Sobald ich einen Namen höre, habe ich das Gefühl, daß ich daraus auf die Gestalt des Betreffenden schließen kann, sehe ich ihn aber, zeigt er doch nicht das Antlitz, das ich zuvor erwartet hatte. Höre ich eine Geschichte aus alter Zeit, denke ich mir auch, daß die Häuser von uns heutigen Menschen wohl genauso sind wie die damaligen, und auch die Menschen bringe ich in Gedanken mit denjenigen zusammen, die ich jetzt sehe – ob wohl jedermann so denkt?

Ferner denke ich manchmal, was mir gerade jemand sagt, oder auch, was mir vor Augen kommt, oder was ich im Herzen trage, das habe ich bei irgendeiner Gelegenheit, irgendwann, doch schon erlebt, und wenn ich mich auch nicht erinnern kann, wann das war, so habe ich doch das feste Gefühl, daß ich es wirklich erlebt habe – empfinde nur ich so?

Von schlechtem Geschmack zeugen: zu viele Geräte um einen herum, zu viele Pinsel beim Tuschestein, zu viele Buddhas im Hausaltar, zu viele Steine, Pflanzen und Bäume im Garten, zu viele Kinder und Enkel im Haus, zu viele Worte, trifft man Bekannte, zu viele Gelübde in einem Bittgebet. Nicht häßlich anzusehen, auch wenn zuviel davon vorhanden, sind Schriften auf einem Bücherwagen und Kehricht auf dem Kehrichthaufen.

Was in der Welt überliefert wird, ist – vielleicht weil die Wahrheit einem nicht paßt? – häufig alles Lüge.

Die Menschen machen ihre Berichte zurecht, indem sie weit über das hinausgehen, was geschieht, sind darüber aber erst Jahre und Monde verstrichen, liegen weite Räume dazwischen, machen sie daraus eine Geschichte, wie sie ihnen gerade nach dem Munde steht, und ist die einmal mit dem Pinsel schriftlich festgehalten, wird sie alsbald zu sicherer Kunde. Ist einer in der oder jener Kunst erstaunlich geschickt, da mögen Dummköpfe, die nichts von der Sache verstehen, ihn unbesonnen »göttergleich« nennen, wer die Kunst versteht, schenkt dem weiter keinen Glauben. Vernimmt man von einer Sache und schaut man dann selbst, ist alles und jedes gleich anders.

Redet einer darüber hinaus ohne Rücksicht auf das, was doch ans Licht kommt, überall herum, was ihm gerade in den Mund kommt, wird man dies bald als loses Gerede erkennen. Erzählt einer etwas naserümpfend so, wie es ein anderer gesagt habe, während er selber es doch nicht für wahr halte, so ist die Lüge nicht die seine. Spricht aber einer so, als handle es sich um die reine Wahrheit, während er doch dies und das verschleiert, tut er so, als wisse er es nicht ganz genau, fügt aber doch ein Ende zum andern: eine solche Lüge ist etwas Schreckliches. Keiner wird eine Lüge heftig abstreiten, die Ehrendes über ihn aussagt. Zu einer Lüge, an der jedermann Gefallen findet, als einziger »so war es aber doch nicht« sagen zu wollen, ist nutzlos, im gleichen Maße jedoch, in dem man einfach zuhört, macht man sich selbst zum Bürgen für die Richtigkeit, und die Lüge wird erst recht zur sicheren Kunde.

Wie dem nun sei – dies ist eine Welt voller Lügen. Nur was immerzu vorhanden, was man in seinem ganz und gar nicht befremdlichen Zustand begreift, das wird wohl nicht falsch sein. Die Geschichten des niedrigen Volkes verblüffen nur das Ohr. Feine Leute erzählen keine wunderlichen Dinge.

Das heißt aber dennoch nicht, daß man Wundergeschichten von Buddhas und Göttern und die Lebensbeschreibungen von inkarnierten Nothelfern gerade nicht glauben sollte. Weil bei weltlichen Lügengeschichten sowohl blinder Glaube töricht erscheint wie es auch nutzlos ist, zu sagen »so etwas wird es wohl nicht geben«, sollte man die Heiligenlegenden als Wahrheit hinnehmen, und man sollte sie weder einfach nicht glauben noch sollte man sie voller Zweifel verspotten.

Sie sammeln sich wie die Ameisen, eilen nach Osten und Westen, laufen nach Süden und Norden. Da sind Hochstehende, da sind Niedrige; da sind Alte, da sind Junge; da sind Orte, zu denen sie hingehen, da sind Häuser, zu denen sie zurückkehren. Am Abend legen sie sich schlafen, am Morgen stehen sie wieder auf. Was ist es, das sie so geschäftig treiben? Sie gieren nach Leben, und keine Stunde lassen sie davon ab, nach Gewinn zu streben.

Worauf warten sie, indem sie ihren Leib pflegen? Was ihrer harret, sind nur Alter und Tod. Die kommen schnell einher, nicht einen Augenblick halten sie stille, und welche Freuden mag es wohl geben, während man auf sie wartet? Ein Verblendeter fürchtet sie nicht. Das ist, weil er sich Ruhm und Reichtum ergeben und nicht beachtet, daß ihm das Ziel so nahe. Ein törichter Mensch wiederum jammert über sie. Das ist, weil ihm das Gesetz dauernden Wandels unbekannt und er vermeint, alles sei von immerwährender Dauer.

Es ist gut, sich bei allen Dingen den Anschein zu geben, man sei nicht zu tief in sie eingedrungen. Werden feine Leute, wenn sie sich gut auskennen, jemals mit gar so wissender Miene sprechen? Nur Leute, die vom fernsten Hinterland stammen, antworten, als ob sie von allem etwas verstünden. Mag man in der Welt auch in Verlegenheit geraten – sich das Ansehen zu geben, als hielte man sich selbst für großartig, ist sehr ungebildet.

Über eine Kunst, die man gut beherrscht, redet man nur schwer; man spricht nicht, solange man nicht gefragt wird, und das eben ist großartig.

Jeder Mensch liebt gerade das, was ihm ferne liegt. Priester versteifen sich auf die Kunst der Krieger; rauhe Krieger, welche die Kunst des Bogenschießens nicht verstehen, geben sich den Anschein, die Lehre Buddhas zu verstehen, widmen sich der Kettendichtung und versuchen sich im Saiten- und Flötenspiel. Aber von den Menschen werden sie darob noch mehr verachtet als wegen ihrer eigenen unzulänglichen Kunst.

Nicht nur unter den Priestern, auch unter den höchsten Würdenträgern und Beamten und den vornehmen Leuten insgesamt finden sich viele Liebhaber der Kriegskunst. Einen, der hundertmal gekämpft und hundertmal gesiegt, kann man jedoch schwerlich schon einen Helden nennen. Sonst würde ja niemand sagen, wenn einer vom Glück begünstigt einen Feind zermalmt, sei er kein Held. Dies ist eine Kunst, bei der einer seinen Namen erstmals vorweisen darf, nachdem er – wenn die Waffen verbraucht und die Pfeile vertan – sich dem Feinde nicht gebeugt, sondern den Tod leicht genommen hat. Solange einer am Leben ist, kann er sich der Kriegskunst nicht rühmen. Ein Verhalten, das menschlicher Tugend ferne, den wilden Tieren aber nahe steht – wer nicht zu einer Kriegerfamilie gehört, dem bringt die Liebe hierzu keinen Nutzen.

Wenn man Leuten niedrigen Standes Sake zu trinken gibt, muß man bedachtsam vorgehen.

Ein Mann, der in Uji wohnte, stand mit einem fein gebildeten Mönchseremiten namens Gugakubô aus der Resisenzstadt, der sein Schwager geworden war, auf vertrautem Fuße. Als er jenem einmal ein Pferd entgegengeschickt hatte, um ihn abzuholen, sagte Gugakubô: »Es ist ein ziemlich weiter Weg. Laßt den Pferdeknecht zunächst einmal trinken!«, und als man ihm Sake einschenkte, nahm er wiederholt die Schale entgegen und trank voller Gier. Da er mit seinem Schwert, das er an der Seite trug, sehr wacker aussah, erweckte er Vertrauen; doch als ihn der Mönch holen ließ und mit ihm zusammen dahinzog, begegneten ihnen bei Kobata Priester aus Nara in Begleitung zahlreicher Krieger. Der Knecht stellte sich ihnen in den Weg und schrie: »Nach Sonnenuntergang noch im Wald? Höchst verdächtig! Haltet an!« Damit zückte er sein Schwert, auch die anderen zogen allesamt ihre Schwerter oder legten Pfeile auf die Bogensehnen, Gugakubô aber rieb seine Hände aneinander und rief: »Er ist besinnungslos betrunken! Geruht Nachsicht zu üben und verzeiht ihm!« Da lachten sie alle höhnisch und zogen vorbei. Der Knecht aber wandte sich an Gugakubô und rief wutentbrannt: »Hochwürden haben mich sehr gekränkt. Ich bin nicht betrunken. Eine ruhmvolle Tat wollte ich vollbringen, doch Ihr ließet mich umsonst mein Schwert ziehen!« Damit hieb er in blinder Wut auf Gugakubô ein und brachte ihn zu Fall. Als dieser nun »Räuber, Räuber« zu zetern anhob und darauf Leute aus dem Dorf sich zusammenrotteten und herbeieilten, schrie der Knecht: »Ja, ich hier bin der Räuber!« und stürzte sich auf sie, wild um sich hauend; doch da ihrer zu viele waren, bedeckten sie ihn mit Wunden, warfen ihn zu Boden und banden ihn. Das Roß war mit Blut bespritzt und lief zu seinem Haus an der Großen Straße von Uji. Bestürzt schickte der Hausherr Männer in großer Zahl aus, die den Gugakubô in einem Jasminfeld, stöhnend darniederliegend, ausfindig machten und heimtrugen.

Er war zwar knapp mit dem Leben davongekommen, doch da er durch einen Hieb an der Hüfte verletzt war, wurde er ein Krüppel.

»Im tiefen Gebirge haust jenes Wesen, welches man die Gespensterkatze nennt und welches Menschen fressen soll«, so sagen manche, andere aber meinen: »Auch außerhalb des Gebirges, also auch hier, soll es vorkommen, daß eine Katze mit zunehmendem Alter zu einer Gespensterkatze wird und auf Menschen losgeht.« Das hörte ein nahe beim Gyôgan-Kloster wohnender Priester, der sich wohl Soundso-Amidabutsu nannte und die Kettendichtung betrieb, und er dachte bei sich, daß er bei seinen einsamen Gängen wohl auf der Hut sein müsse. Zu diesem Zeitpunkt hatte er irgendwo bis spät in die Nacht einer Kettendichtung beigewohnt, und als er ganz allein heimkehrte, lief am Rande eines Baches namens Kogawa die Gespensterkatze, die er vom Hörensagen kannte, unvermutet schnurstracks auf ihn zu, sprang plötzlich an ihm empor und schickte sich an, ihn in den Hals zu beißen. Starr vor Schreck fehlte ihm die Kraft, sich zur Wehr zu setzen oder auch nur einen Fuß zu heben, und er stürzte in den Kogawa, laut brüllend: »Zu Hilfe! Die Gespensterkatze, die Gespensterkatze!« – worauf aus allen Häusern Menschen mit Kiefernfackeln herbeigelaufen kamen und nachsahen, da war es ein Mönch, der in dieser Gegend vom Sehen bekannt war. »Was ist denn los?« hieß es, und als man ihn aus dem Bach gezogen hatte, da war alles, was er während der Kettendichtung als Preis gewonnen und im Gewand getragen hatte, Fächer, Kästchen und derlei, in das Wasser gefallen. Mit knapper Not davongekommen, kroch er gleichsam nach Hause.

Das war geschehen: Der Hund, den er hielt, hatte trotz der Dunkelheit seinen Herrn erkannt und war auf ihn zugesprungen!

Als jemand das Bogenschießen erlernte, trat er mit zwei Pfeilen in der Hand vor die Zielscheibe. Der Lehrer sprach: »Ein Anfänger nehme nie zwei Pfeile! Im Vertrauen auf den zweiten Pfeil geht er sonst sorglos mit dem ersten um. Ohne einen Gedanken an Erfolg oder Mißerfolg soll man sich jedesmal ganz für diesen einen Pfeil entschließen.« Darf man wohl annehmen, daß jemand vor seinem Lehrer den einen von nur zwei Pfeilen töricht verwenden wird? Doch wenn einer sein träges Herz auch selbst nicht kennt – der Lehrer kennt es. Diese Ermahnung sollte man auf die zehntausend Dinge ausdehnen.

Wer sich in einer Kunst übt, denkt am Abend, daß es ja wieder einen Morgen geben wird, und am Morgen denkt er, daß es ja wieder einen Abend geben wird, und immer weiter schiebt er in die Zukunft, sich nun allen Ernstes üben zu wollen. Wie sollte da einer gar für einen kurzen Augenblick gewahr werden, daß er ein träges Herz besitzt! Warum ist es so unendlich schwierig, etwas geradewegs zum gegenwärtigen Zeitpunkt auszuführen!

Als der Ehrwürdige Shôkû vom Berge Kôya sich einmal in die Hauptstadt begab, traf er auf einem schmalen Pfad eine Frau, die zu Pferde saß, der Mann jedoch, der dieses Pferd am Zügel hielt, führte es ungeschickt und bewirkte, daß das Pferd des heiligen Mannes in den Graben sütrzte.

Der heilige Mann geriet gar sehr in Zorn und schalt: »Das ist mir doch eine unglaubliche Ungezogenheit! Innerhalb der Vier Gruppen der Buddhajünger stehen die Nonnen unter den Mönchen, die Laienbrüder unter den Nonnen, die Laienschwestern unter den Laienbrüdern. Wegen einer solchen Laienschwester nun einen Mönch in den Graben zu stoßen, das ist eine unerhörte Missetat!« Da sagte der Mann, welcher das Pferd am Zügel hielt: »Wie geruhtet Ihr wohl zu sprechen? Ich konnte Euch gar nicht verstehen!« Doch da brauste der ehrwürdige Mann erneut auf und sagte grob: »Was sagst du da, du ungebildeter Mann ohne jede religiöse Übung!«, und mit einer Miene, als habe er die abgefeimtesten Schimpfworte von sich gegeben, wandte er sein Pferd und machte sich auf und davon.

Das muß eine ehrwürdige Streiterei gewesen sein!

Männer, die sofort eine treffliche Antwort bereit haben, wenn sie von einer Dame angesprochen werden, dürften recht selten sein, daher stellten zur Zeit des Exkaisers Kameyama ein paar schalkhafte Hofdamen jeden jungen Neuling bei Hofe auf die Probe, indem sie ihn fragten, ob er schon einmal einen Kuckuck gehört habe, und ein Oberkabinettsrat Soundso antwortete da: »Jemand, der so gar nicht zählt, kann ihn wohl nicht gehört haben!« Der Großkanzler Horikawa aber sagte: »Könnte es sein, daß ich ihn in Iwakura gehört habe?«, und das fanden die Damen nicht schlecht, während sie das »jemand, der so gar nicht zählt« als unpassend aburteilten.

Eigentlich sollte man alle Männer so großziehen, daß sie von keiner Frau verlacht werden können. Jemand hat gesagt, der ehemalige Regent vom Jôdo-Kloster sei so geschickt im Gespräch gewesen, weil er in seiner Kindheit von Ankimon-in, der Gemahlin des Kaisers Go-Horikawa, unterwiesen worden sei. Der Kanzler zur Linken Yamashina wiederum gestand, er fühle sich selbst einem niedrigen Dienstmädchen gegenüber befangen und ängstlich. Wäre dies eine Welt ohne Frauen, es gäbe keinen, der sich, sei dem wie ihm wolle, noch mit zeremonieller Kleidung und Kopfbedeckung herausputzte.

Die Frauen, die uns so in Verlegenheit bringen, müßten demnach wohl großartige Wesen sein, denkt man – doch der Charakter der Frauen ist ganz und gar verbogen. Zutiefst egoistisch und habgierig bis zum äußersten, kennen sie keine Vernunft, Abwegen jedoch wendet sich ihr Herz recht schnell zu; geschickt in Worten, schweigen sie sich doch aus, fragt man sie nach etwas ganz Unverfänglichem. Das mag aussehen, als seien sie besorgt – aber dann reden sie wieder ungefragt darauf los, selbst bei ganz unbedeutenden Angelegenheiten. Sollten sie etwa denken, ihre hintergründigen Gedanken, ihr wunderschönes Fabulieren seien männlicher Weisheit überlegen, so wissen sie nicht, daß dies alles hinterher ans Licht tritt. Unaufrichtige und törichte Wesen, das sind die Frauen! Es dürfte wohl recht lästig sein, wollte man eine Anpassung an ihr Herz für gut befinden. Was sollen wir uns dann aber noch der Frauen wegen befangen fühlen? Gäbe es einmal eine kluge Frau, wäre sie wohl abweisend und kalt. Nur wer die Irrungen seines Herzens zu seinem Herrn macht und sich den Frauen fügt, kann sie freundlich und reizvoll finden.

An einem Ort namens Shukugahara hatten sich viele Boroboro versammelt und sprachen die Buddhagebete der Neun Paradiesesstufen, als ein von draußen hereingekommener Boroboro rief: »Ist hier vielleicht ein Boro mit Namen Irooshi anwesend?«, und aus der Mitte der Anwesenden antwortete es: »Irooshi ist hier! Wer ist's, der so spricht?«, da sagte jener: »Ich heiße Shiraboji. Ich habe gehört, daß mein Lehrer namens So-und-so in den Ostlanden von einem Boro mit Namen Irooshi getötet wurde, und ich frage, weil ich diesem Menschen, sobald ich ihn treffe, meinen Haß kundtun möchte!« – »Großartig, daß du mich aufsuchst! Die Sache hat ihre Richtigkeit. Aber wenn wir uns hier treffen, könnten wir diesen Ort beflecken. Wir wollen uns am trockenen Flußbett vorne gegenübertreten. Und ihr, meine Genossen, daß ihr mir keinem von uns beiden beisteht! Gäbe es zuviel der Verwirrung, könnte dadurch die buddhistische Feier behindert werden«, so bestimmte Irooshi, und die beiden gingen hinaus und trafen sich am trockenen Flußbett, durchbohrten sich gegenseitig nach Herzenslust und starben gemeinsam.

In früheren Zeiten gab es wohl keine solchen Boroboro. Es scheint, daß sie erst in neuerer Zeit aus den Leuten hervorgegangen sind, die man Boronji, Bonji, Kanji oder ähnlich nennt. Sie gleichen jenen, welche der Welt entsagt haben, und sind doch von tiefstem Egoismus erfüllt; sie gleichen jenen, welche dem Buddhaweg nachstreben, und widmen sich doch Kampf und Streit. Gesetzlose Willkür und schamlose Übertretung der Gebote sind ihre Haltung, aber daß sie den Tod leichtnehmen und sich nicht ein bißchen an das Leben klammern, das finde ich bewundernswert, und so habe ich dies aufgezeichnet, wie ich es von anderen gehört habe.

An Tagen, an denen man heiße Suppe von Karpfen ißt, lösen sich die Seitenhaare nicht aus der Frisur. Da man daraus auch Leim herstellt, ist sie klebrig.

Den Karpfen allein zerschneidet man auch vor Seiner Majestät, er ist also ein vornehmer Fisch. Unter den Vögeln gilt der Fasan als einzigartig. Es ist nicht einmal häßlich, wenn Fasanen und Kiefernpilze in der Palastküche hängen. Alles andere aber ist unerträglich. Der mönchgewordene Großkanzler Kitayama bemerkte einmal, daß auf den schwarzlackierten Gestellen in der Palastküche der Kaiserin (seiner Tochter) Wildgänse zu sehen waren, und sobald er nach Hause zurückgekehrt war, schrieb er folgenden Brief: »Man ist nicht gewohnt, solche Dinge gerade wie sie sind auf den Gestellen liegen zu sehen, es ist einfach häßlich. Es muß wohl daran liegen, daß dort niemand in Dienst steht, der von den Dingen etwas versteht.«

Der Bonitofisch aus dem Meer bei Kamakura gilt in jener Gegend als etwas Einzigartiges, und man rühmt ihn derzeit allenthalben. Dennoch sagte ein alter Mann aus Kamakura, noch bis zu seiner Jugendzeit habe man besseren Leuten diesen Fisch nie vorgesetzt. Den Kopf äßen auch niedrige Leute nicht. Man schneide ihn ab und werfe ihn weg.

Wenn die Welt ihrem Ende zugeht, dringen auch solche Dinge selbst bis zu hohen Persönlichkeiten vor.

Abgesehen von Arzneien fehlt uns nichts, auch wenn wir keine chinesischen Dinge haben. Da Bücher hierzulande in großer Zahl verbreitet sind, wird man sie ja wohl abschreiben können. Daß die chinesischen Schiffe lauter unnütze Dinge laden und sie dichtgepackt auf engem Raum über schwierige Wege hierher bringen, ist doch sehr töricht.

In den Schriften steht schließlich: »Dinge aus fernen Landen macht man nicht zu Schätzen«, und »schwer erreichbare Kostbarkeiten schätzt man nicht hoch«.

Unter den Tieren, die wir halten und füttern, sind Pferde und Rinder beklagenswert, da wir sie anbinden und damit quälen – doch was sollte man sonst tun, da wir ohne sie nicht auskommen? Hunde haben die Aufgabe, zu wachen und uns zu beschützen, und darin sind sie tüchtiger als ein Mensch, daher brauchen wir sie unbedingt. Wenn allerdings jedes Haus seinen Hund hat, braucht man nicht auch noch einen zu erwerben und zu halten.

Die übrigen Vögel und Vierfüßler sind für uns allesamt ohne Nutzen. Tiere, die laufen, sperrt man in Zwinger oder legt sie an Ketten; Vögeln, die fliegen, stutzt man die Flügel, oder man setzt sie in Käfige, und das Leiden derer, welche die Wolken lieben und an Feld und Wald denken, nimmt kein Ende. Ich fühle mit ihnen und es ist mir schier unerträglich – können denn Menschen, die ein Herz haben sollten, sich daran ergötzen? Lebendige Wesen quälen und das Auge daran erfreuen, kann nur ein Herz so böse wie das der beiden grausamen Herrscher Chieh und Chou. Wang Tzu-yu liebte die Vögel, er betrachtete, wie sie sich in den Wäldern vergnügten und er machte sie zu Gefährten seiner Wanderungen. Er hat sie nicht gequält, indem er sie einfing.

Außerdem heißt es in einer Schrift: »Seltsame Vögel und merkwürdige Tiere soll man hierzulande nicht aufziehen!«

Wird man die Kirschblüten nur in voll erblühter Pracht, den Mond nur an wolkenlosem Himmel betrachten? Sich beim Regen nach dem Mond sehnen, sich hinter verschlossenen Bambusvorhängen verschanzen und nicht merken, wie der Frühling seinem Ende zugeht, das ist rührend und tief empfunden. Ein Wipfel, der gerade erblühen will, ein Garten, in dem die Blüten abgefallen und verwelkt, gerade da gibt es viel zu sehen! Wenn es in Gedichtüberschriften heißt: »Als ich zur Blütenschau ging und die Blüten schon abgefallen und verblüht waren«, oder »Als ich verhindert war und nicht zur Blütenschau gehen konnte« – ist das etwa geringer als ein »Als ich die Blüten betrachtete«? Aber obwohl es natürlich ist, das Abfallen der Blüten, das Versinken des Mondes zu ersehnen, werden doch vor allem ungebildete Leute sagen: »Hier die Zweige, da die Zweige, die sind ja schon verblüht. Da gibt es jetzt nichts mehr zu sehen.«

Bei allen Dingen sind Anfang und Ende am reizvollsten. Auch bei den Gefühlen zwischen Mann und Frau – spricht man etwa davon, wenn sich die beiden ganz einfach treffen und sehen können? Wenn man sich nicht mehr treffen kann und Bitternis empfindet, daß alles vorbei, wenn man ein in nichts zerronnenes Gelöbnis beklagt, wenn man lange Nächte einsam verbringt, wenn man seine Gedanken zu fernen Himmeln schweifen läßt, wenn man sich nach vergangenen Zeiten in verfallener Schilfhütte sehnt – das möchte ich Liebe nennen!

Wartet man fast bis zum Morgengrauen und dann tritt der Vollmond hervor, rührt es das Herz viel tiefer, als wenn man ihn an wolkenlosem Himmel über tausend Meilen hinweg leuchten sieht, und welch einzigartige Empfindung, wenn tief in den Bergen sein Licht grünlich durch die Wipfel der Zedern schimmert und sich dann wieder hinter Wolkengruppen versteckt, aus denen feiner Herbstregen niederrieselt. Wenn sein Glanz sich über die Blätter der Weißeichen und des Buchengehölzes ergießt, daß sie wie feucht erscheinen, fühlt man sich davon ganz durchdrungen und ach, wäre doch ein Freund mit einem Herz dafür da!, wird einem ganz sehnsüchtig nach der Hauptstadt zumut.

Aber sind denn Mond und Blumen nur mit den Augen zu schauen? Im Frühling das Haus nicht verlassen, in einer Mondnacht im Schlafzimmer bleiben und ihrer gedenken – das gerade ist sehr vergnüglich und voller Reiz. Vornehme Leute zeigen es nicht so einfachhin, wenn sie etwas lieben, und die Art, wie sie an etwas Gefallen finden, ist schlicht. Bäurische Hinterwäldler aber ergötzen sich lästig und aufdringlich an allem. Bei den Blüten winden und drängen sie sich vor, glotzen die Blüten an ohne einen Blick zur Seite zu tun, trinken Wein, machen Kettengedichte, und zum Schluß brechen sie herzlos einen großen Ast ab und nehmen ihn mit. In einen Quell müssen sie Hände und Füße hineinstrecken, in den Schnee müssen sie hineinstampfen und ihre Spuren hinterlassen, nichts können sie von ferne ansehen.

Besonders merkwürdig ist, wie solche Leute den Festzug am Kamo-Fest betrachten. »Der Festzug kommt erst recht spät. So lange brauchen wir nicht auf dem Schaugerüst zu bleiben«, und im Haus dahinter trinken sie Wein und essen und spielen Go und Doppelsechs, und wenn der Posten, den sie auf dem Schaugerüst aufgestellt haben, ruft: »Sie kommen!«, stürmt ein jeder wie benommen vor Schreck um die Wette nach oben, sie hängen sich in die Bambusvorhänge, bis sie schier hinunterfallen, stoßen und drängen, schauen starr, daß ihnen ja kein Ding entgeht, haben »hier! da!« zu allem und jedem etwas zu sagen, und wenn der Zug vorbei ist, steigen sie mit einem »bis er wieder kommt« hinunter. Offenbar wollen sie eben nur irgendetwas sehen. Die vornehmen Leute in der Hauptstadt tun, als ob sie schlafen und schauen gar nicht hin. Die jüngsten und niedrigsten Dienstleute sind bei ihren Herrschaften eifrig beschäftigt, und diejenigen, die hinter ihren Herren der Befehle harren, recken sich nicht unziemlich vor; da gibt es niemanden, der mit Gewalt etwas sehen möchte.

Es ist so bezaubernd schön, wie überall Aoi-Blüten angesteckt sind, und man ist neugierig auf die Wagen, die, noch ehe der Morgen dämmert, heimlich heranfahren, und wie man so seine Vermutungen über diesen oder jenen Wagen anstellt, erblickt man auch einige, deren Ochsenführer oder Diener man vom Sehen kennt. Wie sie so hin und her fahren, reizvoll dieser, glänzend jener, jeder wieder anders, wird einem auch das Zusehen nicht langweilig. Doch wenn allmählich der Abend dunkelt, wohin sind da die Wagen, die einer neben dem anderen standen, die Menschen, die dicht an dicht nebeneinander saßen, wohl gegangen? – über eine kurze Weile sind sie selten geworden, und da auch das Gedränge der Wagen aufgehört hat, räumt man Bambusvorhänge und Matten weg, und wie es vor den Augen einsamer und einsamer wird, kommt einem auch dies als Gleichnis unserer vergänglichen Welt zum Bewußtsein, und man wird von Trauer erfaßt. Die große Straße sehen, das eben heißt, das Fest sehen.

Ich habe bemerkt, daß es unter den Menschen, die in so großer Zahl vor diesen Schaugerüsten hin und her gehen, viele gibt, die ich vom Sehen kenne, und das heißt, daß die Zahl der Menschen auf dieser Welt gar nicht so groß ist. Sollte mir zu sterben bestimmt sein, nachdem alle diese dahingegangen – ich müßte nicht lange warten. Füllt man Wasser in ein großes Gefäß und bohrt ein kleines Löchlein, mag da auch nur wenig heraustropfen, falls es ohne Unterlaß durchsickert, wird es doch bald aufgebraucht sein. So vergeht kein Tag, an dem nicht viele Menschen in der Hauptstadt sterben. Und es sind wohl nicht nur einer oder zwei, die an einem einzigen Tag sterben! Es gibt zwar Tage, an denen die Zahl derer, die man zum Toribeno oder Funaoka oder an einen anderen Begräbnisplatz geleitet, sehr groß ist, aber es gibt nicht einen Tag, an welchem niemand dorthin geleitet wird. Daher bleibt den Sargverkäufern keine Weile, um zu lagern, was eben hergestellt wurde. Mag einer jung sein, mag einer kräftig sein – unerwartet kommt die Todesstunde. Daß man bis auf den Tag dem Tod entgangen ist, das ist ein Wunder, für welches man dankbar sein sollte. Dürfte man denn nur ein Weilchen glauben, die Welt sei heiter und friedlich? Es ist damit ähnlich wie wenn man mit den Steinen des Doppelsechsspiels das »Stiefkinder-aufstellen« spielt: man stellt die Steine dazu hübsch in Reih und Glied und zählt aus, und obwohl man nicht weiß, welcher Stein jetzt genommen wird, so wird eben doch einer genommen, und mag es für die anderen zunächst so aussehen als seien sie davongekommen, so wird ja doch wieder und wieder ausgezählt, und wie nun hier und dort ein Platz nach dem anderen leer wird, kann keiner entkommen.

Wenn Soldaten in den Krieg ziehen, wissen sie, daß der Tod ihnen nahe ist, sie vergessen ihre Familie und sie vergessen auch sich selbst.

Wenn aber einer, der in seinem Grashüttlein der Welt den Rücken gekehrt, sich friedlich an Wasser und Felsgestein ergötzt und meint, der Tod sei etwas, wovon nur anderswo zu hören, so ist das eine eitle Hoffnung. Wird denn der Feind Vergänglichkeit in seinem Wetteifer nicht auch tief in die stillen Berge kommen? Man steht seinem Tod genauso gegenüber, wie wenn man sich in eine Schlachtreihe vorbegibt.

Der Ehrwürdige Jônen vom Saidai-Kloster, gebeugt und mit weißen Augenbrauen, wahrhaftig eine Erscheinung höchster Tugend, begab sich einmal in den kaiserlichen Palast; als da der Herr Kanzler Saionji sprach: »Welch ehrwürdiges Aussehen!« und eine ehrfürchtige Miene zur Schau trug, sah ihn Exzellenz Suketomo an und sagte: »Das liegt nur an seinen vorgerückten Jahren.«

Einige Tage danach ließ Suketomo, wie es heißt, einen unglaublich alten und abgemagerten Hund der langhaarigen Rasse, dem jedoch die Haare ausgegangen waren, dem Kanzler überbringen und dazu sagen: »Hier ist jemand von ehrwürdigem Aussehen!«

Als derselbe Suketomo einmal unter dem Tor des Östlichen Klosters vor dem Regen Schutz suchte, sah er eine Gruppe von Verwachsenen herumsitzen, Hände und Füße verkrümmt und verdreht oder zurückgebogen, allenthalben durch eine Mißbildung absonderlich, und er dachte: »Da ist jeder ein unverwechselbares Original und so haben sie durchaus etwas Anziehendes.« Doch wie er sie weiterhin im Auge behielt, schwand sein Vergnügen an ihnen allmählich dahin und er fand sie abstoßend und ekelhaft; er hatte das Gefühl, daß sie dem Schlichten und Nichtwunderlichen nachständen, und, nach Hause zurückgekehrt, betrachtete er mit anderen Augen seine bis dahin geliebten Zwergbäume, bei denen er die in absonderlichen Formen gekrümmten und gebogenen gesucht hatte, um sein Auge zu erfreuen; und er fand, daß es jene Liebe zur Mißgestalt war, grub die in Schüsseln gepflanzten Bäume allesamt aus und warf sie weg.

Auch so etwas kann vorkommen.

Ein Küster des Henjô-Tempels fütterte alle Tage die Vögel auf dem Teich, und als er nun bis in die Tempelhalle Futter streute und eine Tür öffnete, kamen zahllose Vögel herein und blieben in der Halle, da trat auch er ein, schloß die Türe und fing und tötete die Vögel, das aber hörte sich ganz fürchterlich an, und als ein Junge, der Gras schnitt, den Lärm hörte und anderen davon berichtete, machten sich die Männer aus dem Dorf auf und gingen hinein, da sahen sie, wie mitten unter den großen Vögeln, die kreischten und mit den Flügeln klatschten, der Mönch stand und sie niederschlug und ihnen den Hals umdrehte. Da faßten sie diesen Mönch und brachten ihn zur

Polizeiwache. Man hing ihm die Vögel, die er getötet hatte, um den Hals und warf ihn in den Kerker.

Das war zu der Zeit, als der Oberkabinettsrat Mototoshi Vorsteher der Polizei war.

Es gibt vieles in der Welt, was ich nicht begreife. Ich begreife nicht, aus welchem Grunde man Vergnügen daran findet, bei jeder Gelegenheit gleich mit Wein aufzuwarten und andere zum Trinken zu nötigen. Trinkt einer dann, zeigen sein Gesicht, seine zusammengezogenen Brauen, daß es ihm unerträglich ist, und er paßt ab, wann es wohl keiner sieht, um den Wein wegzuschütten und sich davonzumachen, doch er wird ergriffen, man hält ihn zurück, und gedankenlos zwingt man ihn zu trinken – da wird denn auch ein ordentlicher Mensch plötzlich zu einem Verrückten und macht sich lächerlich, und ein kerngesunder Mensch wird zusehends zu einem Schwerkranken, weiß nicht mehr, was vorn, was hinten, fällt zu Boden und bleibt liegen. Und das an einem Tag, den man festlich begehen sollte – es ist doch widerwärtig! Bis zum nächsten Tag schmerzt der Kopf, man ißt nichts, liegt stöhnend da, es ist, als stehe ein Leben zwischen dem heutigen und dem gestrigen Tag, von dem man nichts mehr weiß. Man versäumt wichtige amtliche und eigene Angelegenheiten und schafft sich allerlei Unannehmlichkeiten. Jemand in eine solche Lage zu bringen, ist rücksichtslos und spricht jeder guten Sitte Hohn. Wird einer, der eine so bittere Erfahrung gemacht hat, nicht voller Ärger und Unzufriedenheit daran zurückdenken? Würde man uns berichten, in einem fremden Land gäbe es wohl einen solchen Brauch, und es wäre anderer Leute Angelegenheit, die uns hier nicht betrifft, wir würden es als sehr seltsam und merkwürdig empfinden.

Trunkenheit ist selbst dann noch widerlich, wenn man sie nur bei anderen sieht. Aus tiefem Versunkensein lacht und lärmt da einer, der wie ein liebenswürdiger Mensch aussieht, plötzlich ohne Grund los, ergeht sich in vielen Worten, der Hut sitzt ihm schief, er löst die Schnüre und zieht die Gewänder bis über die Schenkel hinauf, und wie er sich so gehen läßt, hat man das Gefühl, das ist der altgewohnte Mensch nicht mehr. Eine Frau streicht fröhlich ihre Stirnhaare zurück, ohne jede Scham zeigt sie ihr Gesicht und lacht, sie faßt nach einer Hand, die einen Becher hält; ein gemeiner Mensch nimmt einen Fisch und hält ihn einem anderen vor den Mund, doch dann ißt er ihn selbst – was für ein häßliches Benehmen. Man schreit, so laut es geht, jeder singt und tanzt, man läßt einen alten Priester holen, der seinen schwarzen, schmutzigen Körper an einer Schulter entblößt, und wie er sich nun im Tanze krümmt und windet, daß man es nicht mit ansehen kann, erregt er selbst bei jenen, die ihm mit Vergnügen zuschauen wollten, nur Widerwillen und Abscheu. Die einen lassen ihre Nachbarn bis zum Überdruß hören, was für großartige Dinge sie selbst vollbracht, die anderen weinen in ihrer Trunkenheit, Leute niedrigen Standes fluchen und streiten, daß es widerlich und zum Fürchten ist. Nur Schändliches und Unerquickliches fällt vor, und zum Schluß lassen sie noch Dinge mitgehen, die ihnen nicht erlaubt sind, fallen von der Galerie herunter, fallen von Pferd und Wagen und verletzen sich. Falls sie weder Pferd noch Wagen besteigen, taumeln sie auf der Straße dahin, und an Wällen und unter Toren verrichten sie Unaussprechliches nach allen Seiten; der alte Priester in seiner Schärpe wankt dahin, auf die Schulter eines Knaben gestützt und unverständliches Zeug plappernd, es ist sehr beschämend.

Wäre solches Tun ein Werk, das uns in diesem und im kommenden Leben Nutzen bringt, was bliebe uns dann übrig! Aber in diesem Leben bringt es nur viel Mißgeschick, man verliert seine Schätze und erwirbt sich Krankheiten. Es heißt zwar, der Wein sei die beste von hundert Arzneien, aber es sind zehntausend Krankheiten, die aus dem Wein hervorgehen. Und es heißt, man vergäße seinen Kummer, doch erinnert sich ein Betrunkener auch noch längst vergangener Bitternis und weint. Und für das zukünftige Leben verliert man die Weisheit, wie im Feuer verbrennt die Wurzel alles Guten, das Böse mehrt sich, man bricht alle Gebote und muß in die Hölle fallen. »Wer Wein nimmt und andere zum Trinken verleitet, wird in fünfhundert Wiedergeburten ohne Hände geboren«, soll Buddha gelehrt haben.

Ich halte das Trinken also für etwas Widerliches, aber es gibt doch auch wieder Gelegenheiten, bei denen es mir selbst schwer fällt, es aufzugeben. In einer Mondnacht, an einem Schneemorgen, bei den Kirschblüten, wenn man da unter gemütlichem Plaudern den Becher hervorholt, ist er eine Zugabe von zehntausend Freuden. Oder wenn an einem Tag der Muße unerwartet ein Freund eintritt und man ihm einen Becher anbietet, ist er ein Herzenstrost. Und wie schön ist es, wenn in Ehrfurcht gebietender Umgebung Obst und Wein mit vornehmer Geste hinter einem Vorhang hervor gereicht werden! Im Winter ist es sehr reizvoll, an engem Ort mit vertrauten Freunden zusammenzusitzen, auf dem Feuer etwas zu rösten und viel zu trinken. Und es ist auch reizvoll, in flüchtiger Reisehütte, in Feld und Wald mit den Worten: »Was haben wir denn als Zukost?«, sich auf dem Rasen niederzulassen und zu trinken. Sehr schön ist es auch, wenn jemand, der in großer Verlegenheit ist, sich dann doch nötigen läßt und ein klein wenig trinkt. Auch freut man sich, wenn ein vornehmer Herr sagt: »Jetzt noch einen Becher – der ist aber nicht voll!« Und man freut sich, wenn jemand, dem man näherkommen möchte, ein Freund des Weines ist und man dadurch plötzlich mit ihm vertraut wird.

Trotz allem, was ich gesagt habe, sind Freunde des Weines also doch reizende Leute, denen man ihre Sünden vergibt. Wenn einer, müde geworden in seiner Trunkenheit, am Morgen einschlummert, der Hausherr aber nun alles aufmacht, ist er ganz verstört, der dünne

Haarknoten steht ihm heraus, mit schlaftrunkenem Gesicht rafft er seine Kleider zusammen ohne sich richtig anziehen zu können, schleppt sie hinter sich her und läuft davon, und die Kehrseite seiner entschwindenden Gestalt mit den behaarten dünnen Waden unter dem hochgerafften Saum ist drollig und herzerwärmend.

Zum Zeichen dafür, daß ein Rind stößig ist, schneidet man ihm die Hörner ab, und zum Zeichen dafür, daß ein Pferd bissig ist, macht man ihm einen Schnitt ins Ohr. Bringt man diese Zeichen nicht an und sie verwunden jemanden, fällt die Schuld auf den Besitzer. Einen bissigen Hund darf man nicht halten. Mit all diesem macht man sich schuldig. Es handelt sich hier um ein gesetzliches Verbot.

Leute, die sagen: »Wenn es Nacht wird, verliert alles seine Schönheit«, finden durchaus nicht meinen Beifall. Glanz, Schmuck, Farbenpracht von zehntausend Dingen sind sogar lediglich des Nachts liebreizend. Tagsüber sollte man sich schlicht und unauffällig kleiden. Nachts ist eine glänzende, prächtige Aufmachung sehr fein. Auch der Anblick eines Menschen im Schein des nächtlichen Feuers wirkt, wenn er edel ist, noch edler, und es ist sehr anmutig, in der Dunkelheit behutsam die Stimmen von Sprechenden zu hören. Sowohl Düfte wie Geräusche sind nur eben in der Nacht merkwürdig bezaubernd.

Es ist sehr fein, wenn in Nächten, in denen nichts Besonderes stattfindet, die späten Palastgänger in schöner Aufmachung erscheinen. Bei jungen Leuten ist es wünschenswert, daß sie, ob Alltag oder Festtag, gerade bei Gelegenheiten, wo man sich ungezwungen gibt, tadellos angezogen sind, weil diejenigen Leute, die sie aufmerksam beobachten, der Zeit und Gelegenheit nicht achten. Wenn ein feiner Herr am Abend sein Haar glättet, eine Dame in fortgeschrittener Nacht hinausgleitet, den Spiegel nimmt und ihr Gesicht zurechtmacht, das ist sehr reizvoll.

Als der Kanzler zur Rechten vom Tokudai-Kloster Vorsteher der Polizei war und einmal gerade im Mitteltor des Amtes eine Ratsversammlung abhalten wollte, machte sich das Rind des Beamten Akikane los, kam in das Amtsgebäude, stieg auf die erhöhte Plattform mit dem Sitz des Vorstehers und legte sich wiederkäuend nieder. Man fand dies äußerst merkwürdig und jeder meinte, man solle das Rind zu einem Magister der Mantik bringen, doch da hörte der Vater des Vorstehers, der damalige Großkanzler Shôkoku, davon und befahl: »Ein Rind besitzt nicht die Gabe der Unterscheidung. Da es Beine hat, warum sollte es nicht überall hinaufsteigen? Es besteht keine Notwendigkeit, einem Beamten mit geringem Einkommen ein armseliges Rind wegzunehmen, das er gelegentlich im Dienst braucht«, und man gab das Rind seinem Besitzer zurück und wechselte eben die Matten, auf die es sich gelegt hatte. Das zog keineswegs etwas Schlimmes nach sich.

Es heißt: »Sieht man etwas Wundersames, wundert sich aber nicht, hört es auf, wundersam zu sein.«

Füchse beißen den Menschen. Im Horikawa-Palast biß ein Fuchs einen schlafenden Palastjunker in den Fuß. Im Ninna-Kloster wurde ein niedriger Mönch, als er nachts vor der Haupthalle vorbeiging, von drei Füchsen angefallen, doch er zog sein Schwert und setzte sich gegen sie zur Wehr, wobei er zwei Füchse traf. Einen hatte er getötet, zwei entflohen. Der Mönch war zwar an vielen Stellen gebissen worden, doch geschah ihm weiter nichts.

Im Gojô-Palast gab es einen Geist. Wie der Oberkabinettsrat Tô erzählte, spielten Höflinge bei der Schwarzen Tür miteinander Go, als jemand den Bambusvorhang lupfte und hereinblickte. Mit einem »Wer ist da?« drehten sie sich nach ihm um, da hatte sich ein Fuchs wie ein Mensch hingekauert und lugte herein, aber wie nun ein lautes Geschrei ausbrach: »He, ein Fuchs!«, stob er wild davon. Da waren also einem ungeübten Füchslein die Verwandlungskünste mißlungen!

Chronik des Grossen Friedens

Die Herkunft der Schwerter Onimaru und Onikiri

Shiba Takatsune, der Vorsteher des Instandsetzungsamtes von Owari, hatte dem Shôgun Ashikaga Takauji mehr als jeder andere seiner Familie treue Kriegsdienste geleistet, der Shôgun hatte ihn darum auch mehr als jeden anderen mit Lob überhäuft, und die Regierung schätzte seine Persönlichkeit sehr hoch, daher merkte es keiner, obwohl er in irgendeiner Sache einen Groll hegen mußte, und als er jetzt plötzlich zum Feind wurde und die Regierung des Shôguns stürzen wollte, nahm man an, es sei wohl ein Groll aus früheren Zeiten, und als man nach dessen Entstehung forschte, hörte man folgendes: Vor einigen Jahren, in der Schlacht von Asuha in Echizen, hatte dieser Takatsune den Oberbefehlshaber der Feinde, den Vizekommandanten zur Linken Nitta Yoshisada, geschlagen und hatte die beiden Schwerter Onimaru und Onikiri, »Teufelskerl« und »Teufelsschneider«, an sich gebracht, bedeutende Kostbarkeiten vieler Generationen der Minamoto und der Taira, der Abgesandte des Shôguns forderte jedoch wiederholt: »Das sind keine Gegenstände, die im Besitz der äußersten Seitenlinien der Minamoto sein sollten, Ihr solltet sie schnellstens übergeben. Als bedeutende Kostbarkeiten dieses Hauses müssen sie in der Hauptlinie vererbt werden«, aber Takatsune kam dies sehr hart an, er sagte, er habe die beiden Schwerter im Kloster von Nagasaki zur Aufbewahrung hinterlassen, und als dieses Kloster in Flammen aufging, seien sie dort verbrannt, und er vertauschte die beiden Schwerter gegen zwei andere von gleicher Größe, beschädigte sie durch Verbrennen und gab sie heraus. Als man alles, wie es wirklich war, in Kyôto zu hören bekam, ärgerte sich der Shôgun, und obwohl er sagte, Takatsunes Loyalität und Verdienste seien ganz überragend, bedachte er ihn doch mit keiner so großartigen Belohnung, und während diese Dinge in Umlauf gebracht wurden und für Takatsune sehr beschämend waren, geriet Takatsune in Wut, und als Ashikaga Tadayoshi einen Aufstand plante, schloß er sich ihm an, und als Ashikaga Tadafuyu jetzt gegen die Hauptstadt vorrückte, machte er mit ihm gemeinsame Sache und griff mit an.

Mit dem Schwert »Teufelskerl« nun verhält es sich folgendermaßen: Nachdem Hôjô no Shirô Tokimasa im Reich die Macht ergriffen und die Vier Meere befriedet hatte, kam Nacht für Nacht ein Teufelchen, kaum ein Fuß hoch, zum Bett des Tokimasa und wollte – es war nicht Traum, es war nicht Wirklichkeit – ihn immer wieder behexen. Exorzisten nahmen Beschwörungen vor, aber das Teufelchen hörte nicht auf. Die Behörde für Mantik nahm es unter Bann und Siegel, aber es ging nicht weg. Zudem wurde Tokimasa nun dieserhalb krank und litt grenzenlose Qualen an Leib und Seele. Eines Nachts träumte ihm, dieses Schwert verwandelte sich in einen alten Mann und sprach zu ihm: »Da ich immerzu über dich wache, wollte ich dieses Gespensterwesen vertreiben, aber weil das Schwert von einer unreinen Hand gehalten wurde, ist Rost aus seinem Körper hervorgebrochen, und als es heraustreten wollte, konnte es nicht. Wenn es schnellstens dieses Gespensterwesen vertreiben soll, muß ein reiner Mensch den Rost von seinem Leibe wischen.« So unterwies er Tokisama ausführlich, und es schien, als sei der alte Mann wieder zum ursprünglichen Schwert geworden. Tokimasa erhob sich sofort, und wie es der alte Mann ihn im Traume gewiesen hatte, ließ er von einem Samurai Wasser darüber gießen und den Rost abwischen, und ohne es wieder in die Scheide zu stecken, stellte er es an einen Pfosten neben seinem Lager. Da es Winter war, brachte er das Feuerbecken nahe heran, um die Wärme drinnen zu behalten doch als er den Ständer betrachtete, auf welchem das Feuerbecken ruhte, war da in Silber ein Teufelchen gegossen, nur etwa ein Fuß groß, in die Augen hatte man Bergkristall eingesetzt, die Zähne waren mit Gold eingelegt. Als Tokimasa das sah, hatte er das deutliche Gefühl, die Teufelsgestalt, die ihn in letzter Zeit Nacht für Nacht im Traum quälte, gliche diesem hier, und er beobachtete es, da fiel plötzlich das Schwert, das er gezogen hingestellt hatte, um und schlug den Kopf des Teufelchens, welches den Ständer für das Feuerbecken bildete, ab, daß er herunterfiel. Wahrhaftig, dieser Teufel mußte sich verwandelt und die Menschen gequält haben, Tokimasa fühlte sich plötzlich wieder wohl, und von da an kam ihm die Teufelsgestalt im Traume nie mehr zu Gesicht. Da nun nannte er das Schwert Onimaru, und keiner seiner Nachkommen bis zur Generation des Takatoki trennte sich von ihm, jeder hielt es als Talisman, und es wurde in der Hauptlinie der Taira vererbt. Als Takatoki sich im Tôshô-Tempel von Kamakura das Leben nahm, brachte Tokiyuki, sein zweiter Sohn, dieses Schwert als wichtigen Familienbesitz an sich, und er wandte sich an die Hafuri und ging mit ihnen in die Provinz Shinano. In der Schlacht von Kamakura im Achten Monat des zweiten Jahres Kemmu (1335) wurde Tokiyuki geschlagen, und die führenden Grundherren, angefangen mit Suwa, dem Provinzstatthalter von Mikawa, mehr als vierzig Leute, liefen in die große Halle, zerfetzten ihre Gesichter und gaben sich den Tod, und da man bei ihnen dieses Schwert fand, nahm man für sicher an, daß auch Sagami Jirô Tokiyuki mit aufgeschlitztem Leib unter ihnen war, und alle waren sehr bewegt. Damals nahm man dieses Schwert und gab es dem Fürsten Nitta. Nitta Yoshisada freute sich außerordentlich: »Das ist eine bedeutende Kostbarkeit, es ist das Schwert, das Onimaru heißt und von dem man hört, daß es in der Familie Taira vererbt wurde«, und er machte es zu seinem Lieblingsschwert, das er bei sich trug. Dieses Schwert hatte ein Schmied im Amt des Distrikts Miyagi in der Provinz Mutsu, der Dritte Sanekuni, geschmiedet, nachdem er sich drei

Jahre lang der Enthaltsamkeit und Reinigung beflissen und geweihte Strohseile siebenfach aufgespannt hatte.

Mit dem Schwert »Teufelsschneider« aber hat es folgende Bewandtnis: Es war zunächst das Schwert des Yorimitsu, des Provinzstatthalters von Settsu, eines Vorfahren der Seiwa-Genji. In alter Zeit gab es nämlich im Distrikt Uda in der Provinz Yamato einen großen Wald. Nacht für Nacht erschien in seinem Schatten ein Gespensterwesen, das fing und fraß die Menschen, die da kamen und gingen, es ergriff Rinder und Pferde und alle Haustiere und zerriß sie. Davon hörte Yorimitsu, und er trug seinem Vasallen Watanabe Gengo Tsuna auf, er solle dieses Gespensterwesen erschlagen, und dazu gab er ihm dieses sein Lieblingsschwert. Tsuna ging also nach Uda, legte Helm und Rüstung an und wartete Nacht für Nacht im Schatten des Waldes. Aber dieses Gespensterwesen muß sich wohl vor der Stärke des Tsuna gefürchtet haben, denn es trat dem Tsuna keineswegs beherzt vor die Augen. Daher dachte Tsuna, sein Aussehen zu verändern und es zu überlisten, und er löste sein Haar, verwirrte es und verdeckte damit sein Gesicht, er setzte sich eine Perücke auf, machte sich mit schwarzer Farbe dicke Augenbrauen, hing sich ein dünnes Gewand über und richtete sich wie eine Frau her, und in der ersten Morgendämmerung einer verschleierten Mondnacht ging er am Wald dahin. Plötzlich umzog sich der Himmel, es sah aus, als ob über dem Wald etwas hochflöge, und aus dem Himmel heraus ergriff etwas das Haar des Tsuna, hob ihn in die Luft und stieg nach oben. Tsuna zog das Schwert, das Yorimitsu ihm gegeben hatte, und hieb und schlug damit ins Leere. Da hörte man über der Wolke eine Stimme – ah – Blut tropfte plötzlich auf sein Gesicht, und eine Hand, mit schwarzem Haar bewachsen, mit drei Fingern und Krallen, die er ganz einfach vom Oberarm abgeschnitten hatte, fiel herab. Tsuna nahm diese Hand und gab sie Yorimitsu. Yorimitsu schloß sie heimlich in eine rotlackierte Truhe, danach aber hatte er Nacht für Nacht schreckliche Träume, und so befragte er einen Doktor der Traumdeutung, und dieser weissagte, er müsse sieben Tage lang strengste Enthaltsamkeit üben. Alle Tore wurden daher fest verschlossen, siebenfach spannte man die geweihten Strohseile, zwölf Leute setzte man als Wachen an die vier Tore, und jede Nacht ließ man die Nachtwachen mit tönenden Pfeilen schießen. In der Nacht, in der die sieben Tage gerade voll wurden, kam die Mutter des Yorimitsu vom Dorfe Takayasu in der Provinz Kawachi und klopfte an das Tor. Da die wahrhaft alte Mutter aus weiter Ferne gekommen war, um mit ihm zusammenzutreffen, öffnete man eben das Tor, obwohl man sich noch mitten in der Enthaltsamkeit befand, und lud sie ein hereinzukommen, und das Festgelage dauerte die ganze Nacht hindurch. Wie es so kommt, wenn einer trunken ist, erzählte Yorimitsu von dieser Sache, aber da stellte die alte Mutter den Becher, den sie hielt, beiseite: »Nein, wie schrecklich! Auch Leute aus meiner Bekanntschaft sind von diesem Gespensterwesen geraubt worden, und es soll viele geben, bei welchen dadurch die Kinder den Eltern im Tode vorausgegangen sind, oder wo die Frau vom Mann getrennt wurde. Was mag das wohl für ein Wesen sein? Ach, wenn ich einmal seine Hand sehen könnte!«, und als sie diesen Wunsch aussprach, meinte Yorimitsu: »Das ist ganz einfach«, und er zog die bewußte Hand aus der Truhe hervor und legte sie vor die Mutter hin. Die Mutter nahm sie und betrachtete sie ein Weilchen, doch dann streckte sie ihren rechten Arm heraus, der war am Ellenbogen abgeschnitten, sagte: »Das ist meine Hand«, steckte sie sich an, und plötzlich wurde sie zu einem Rindsteufel von etwa zwanzig Fuß Höhe, packte mit der Linken den Tsuna, welcher bei Tisch aufwartete, und drang auf Yorimitsu ein. Yorimitsu zog das bewußte Schwert und hieb einfach den Kopf des Teufels ab. Dieser Kopf sprang hoch in die Luft, biß etwa fünf Zoll von der Spitze des Schwertes ab und behielt es im Maul, und brüllend vor Wut hüpfte und sprang er etwa eine halbe Stunde lang herum, schließlich aber fiel er auf die Erde und starb. Der Leichnam aber flog beim Giebel wieder heraus und stieg zum fernen Himmel empor. Das ist der Grund, warum die Watanabe bis heute kein Haus mit einem Giebeldach versehen. Damals nun bat man einen Exorzisten, den Abt Gakuren von Yokawa, und dieser stellte das Schwert auf ein Podest, spannte geweihte Strohseile und sprach sieben Tage hindurch Zauberformeln, da wurde das Schwert, an dessen Spitze fünf Zoll abgebrochen waren, wieder wie zuvor, weil der Schwarze Drache, der Lichtkönig Fudô, von der Decke herunterhing und die Spitze im Munde hielt. Später kam dieses Schwert in die Hand des Minamoto Mitsunaka, und es begab sich, daß mit ihm auf dem Togakushi-Berg in der Provinz Shinano wiederum Teufel zerhauen wurden. Daher nannte man es Teufelsschneider. Dieses Schwert hatte ein Schmied aus dem Distrikt Emi in der Provinz Hôki namens Ōhara Gorô Taiu Yasutsuna geschmiedet, nachdem er sich mit ganzem Herzen gereinigt und Wahrhaftigkeit erlangt hatte. Er gab es dem Feldherrn Tamura, dem großen Kriegshelden jener Zeit. Es ist das Schwert, mit dem der Schwerterwettstreit der Dame Suzuka mit dem Feldherrn Tamura am Suzuka-Berg ausgetragen wurde. Als Tamuramaro später nach Ise pilgerte, erhielt er im Traum Unterweisung durch den Großschrein, es bestünde der Wunsch, er möge das Schwert darbringen. Als später Yorimitsu, der Provinzstatthalter von Settsu, zum Großschrein von Ise pilgerte, hatte er ein Traumgesicht. Es wurde ihm dieses Schwert gezeigt und gesagt: »Wir verleihen dir dieses Schwert. Es soll von Generation zu Generation in der Hauptline deiner Familie vererbt werden, und es soll durch dieses Schwert das Reich beschützt werden.« Daher ist es verständlich, daß es der Familie Minamoto am Herzen lag.

Büchlein zur unterhaltsamen Gesellschaft

Das Büchlein vom Possenreisser-Geji

Es ist noch gar nicht lange her, da gab es am Strand von Akogi in der Provinz Ise einen Sardinenhändler. Er hieß ursprünglich Ebina no Rokurôzaemon und war ein Samurai aus dem Kantô-Gebiet. Die Frau war ihm im Tode vorausgegangen und er besaß eine Tochter, die hatte er vor kurzem einem Manne namens Saru-Genji, »Possenreißer-Genji«, der in seinen Diensten stand, zur Frau gegeben, und diesem trat er auch das Geschäft des Sardinenhandels ab, er selbst aber ging in die Hauptstadt, zerschnitt die verwandtschaftlichen Bande und lebte dort als ein bekannter Einsiedler unter dem Namen Ebina no Naamidabutsu. Lehensfürsten und hohe Familien geruhten sich ihm zu nähern. Etwa um diese Zeit kam sein Schwiegersohn Saru-Genji, der Sardinenhändler, in die Hauptstadt und trieb dort allenthalben Handel, indem er ausrief: »Hei – kauft Sardinen vom Saru-Genji aus der Bucht von Akogi in Ise!« Und die Leute, die ihn hörten, fanden, das sei ein netter Sardinenhändler, und so kaufte man bei ihm und er wurde im Handumdrehen ein reicher Mann. Nun überquerte Saru-Genji einmal die Brücke bei der Fünften Querstraße, um Sardinen zu verkaufen, und ging dabei an einer Sänfte aus Bambusgeflecht vorbei, und da vom Flusse herauf ein heftiger Wind blies und den Innenvorhang in die Höhe hob, erhaschte er einen Blick auf die Dame im Innern, da packte ihn die Liebe, von früh bis spät quälte ihn die Sehnsucht, sein Herz wurde ganz von Unrast erfüllt, tagte es, ging er zur Fünften Straße, dunkelte es, ging er zur Brücke, sein Handel ließ ihn gleichgültig, er legte sich hin, erinnerte sich eines alten Liedes:

Nur ich allein sei
so erfüllt von Sehnsucht wie
kein andrer sonst, so
dachte ich – doch da ist noch
mein Spiegelbild im Wasser!

und er dichtete:

In diesem Leben
laß mich auf meinem Wege
sie noch einmal sehn,
falls es dich gibt, du Gott, der
die Bande der Liebe knüpft!

Sein Zustand war so erbärmlich, es sah aus, als ob er zwischen Tod und Leben schwebte.

Naamidabutsu erhielt hiervon Kenntnis, kam zu seiner Wohnung, geruhte nach seinem Befinden zu sehen und sprach: »Was man Krankheit nennt, das entsteht aus Kälte und Hitze und es quält die Fünf Körperteile. Wenn ich dich so betrachte, so kann ich von deinem Aussehen her deine Krankheit nicht bestimmen, es sieht lediglich so aus, als ob du gar sehr an etwas dächtest, irgendwie solltest du von deinem Herzen her auf deine Pflege achten!« Da er eindringlich auf ihn einredete, dachte sich Saru-Genji, wenn ich mit ihm spräche und ihm das Ganze auseinandersetzte, würde jener wohl auf einen klugen Gedanken kommen, denn er ist ja doch ein Mensch von überragenden Fähigkeiten hierzulande, und er sagte: »Was ich jetzt sage, ist bei unseren verwandtschaftlichen Beziehungen für mich recht beschämend, aber weil es mit mir zu Ende geht, wenn ich nicht davon spreche, und mir danach eine Existenz zuteil würde, wie sie dem hartnäckigen Festhalten am Irdischen entspringt, so verzeihet mir, wenn ich trotzdem spreche. Ich bin ganz unerwartet von einer Krankheit gepackt worden, die man Liebe nennt. Als ich einmal mit meinen Sardinen an der Tragstange über die Brücke an der Fünften Querstraße ging, kam ich an einer Sänfte aus Bambusgeflecht vorbei, und seit ich einen Blick auf die Dame im Innern erhascht habe, kann ich ihren Anblick nicht vergessen, und wenn's auch nur ein Augenblick war – das ist aus mir geworden«, und wie er dies, seine Scham überwindend, erzählte, hörte ihm Naami zu, lachte schallend und sagte: »Ein Beispiel für die Liebe eines Sardinenverkäufers, das hat man noch nicht gehört! Niemals, niemals darfst du irgendwo das Geringste davon verlauten lassen!« – »Das scheinen mir nicht Eure eigenen Worte!« sagte Saru-Genji. »Als Beispiel für die Liebe eines Fischhändlers, gibt es da nicht etwa die Geschichte des Mannes aus der Bucht von Katata in Ōmi, der in der Hauptstadt Fische verkaufte, die man Karauschen nennt, und dabei, als er welche in den Palast brachte, eine Dame namens Imadegawa no Tsubone sah und darüber Herz und Verstand verlor, und da seine Sehnsucht alles übertraf, die Frauen dieser Dame mit Bitten bestürmte: ›Ich bin wahrhaft von niedriger Herkunft, so entschuldigt, daß ich spreche, doch geruhet diesen Fisch, so wie ich ihn darreiche, zu rösten und der Dame Imadegawa vorzusetzen, und ich werde euch ewig dafür dankbar sein!‹ Und als er so sprach, dachten diese, er ist zwar niedrigen Standes, aber er hat doch ein freundliches Herz, und so rösteten sie den Fisch und setzten ihn der Dame vor, da kam aus dem Bauch des Fisches ein Brief zum Vorschein, und alles war haarklein beschrieben. Die Dame fand das sehr rührend, geruhte gütigst ihren Rang fahren zu lassen und schloß mit diesem Fischhändler den Bund der Ehe. Und da es so war, hat sie ihre Gefühle in einem Lied besungen:

In alten Zeiten
barg die edle Karausche
aus Katata, in
Blätterhüllen geröstet,
tief im Innern einen Brief.«

Als Saru-Genji so sprach, hörte ihm Naami zu und sagte: »Nun, da hast du ein Beispiel erzählt! Aber da handelt es sich doch um eine Liebe, bei welcher der Betreffende die Dame in ganzer Gestalt gesehen hatte, hingegen eine Liebe, bei der einer nur einen Blick erhascht hat, das ist doch recht fragwürdig.« Doch Saru-Genji sagte: »Daß sich einer auf einen einzigen Blick hin verliebt – da stehe ich nicht allein! Als der Kommandant Genji der Dritten Prinzessin seine Gunst geschenkt hatte, dauerte es nicht lange, und er ließ seine Wünsche fallen und wandte sein Herz der Aoi no Ue zu. Was mag sich der Genji wohl gedacht haben? Eines Abends, in der Dämmerung, ließ er seinen Wagen zum Palast fahren und spielte dort Tretball. Unter den Mitspielern befand sich auch Kashiwaki, der Vorstand der Palasttorgarde. Die Dritte Prinzessin saß nahe beim Bambusvorhang und schaute dem Ballspiel zu, sie hatte damals ein Kätzchen sehr gern, hatte es mit einer roten Schnur festgebunden, das Kätzchen wollte aber auf den Ballplatz hinaus und hob mit seiner Schnur den Vorhang etwas in die Höhe, und seit der Vorstand der Palasttorgarde durch diesen Spalt hindurch einen Blick auf die Dritte Prinzessin geworfen hatte, war sein Herz an die Prinzessin verloren, und als er ihr einen Brief schickte, um ihr davon flüchtige Kunde zu geben, bekam er Antwort, und daraufhin waren ihre Beziehungen keineswegs nur oberflächlich, sie bekam obendrein noch ein Kind von ihm. Als Genji diesen kleinen Prinzen sah, dichtete er

Wer auf dieser Welt
hat den Samen wohl gesät?
Fragt man sie danach –
wie will die Kiefer zwischen
den Felsen Antwort geben?

Danach gab es keine Besuche mehr, und die Dritte Prinzessin änderte ihren Stand und wurde Nonne. Der Vorstand der Palasttorgarde starb bald darauf – vielleicht auf eigenen Wunsch und Willen. So kann man es in den Geschichten vom Prinzen Genji sehen. Und nicht nur das: Als man in jenem Jahr beim Kanal von Naniwa einen Brückengottesdienst veranstaltete, da hatten Watanabe Saemon und Moritô, als sie mit der Durchführung betraut wurden, Hoch und Niedrig versammelt, und unter denen, die diesem Gottesdienst zuhörten, kam ein Boot mit einem schilfgedeckten Häuschen drauf bis nahe an die Brücke herangerudert, und beim Zuhören blies einmal der Wind heftig von der Bucht her und hob die Innenvorhänge, und da sah Moritô durch den Spalt die Damen drinnen, und mit diesem einen Blick verliebte er sich, und er ließ sogar die Hauptstadt links liegen und ging geradewegs zum Otoko-Berg und legte dort ein Gelübde ab mit der Bitte: ›Geruhe mir mitzuteilen, wohin die Dame ging, die ich in der Bucht von Naniwa sah und in mein Herz schloß‹, und Hachiman geruhte gnädigst zu seinem Kissen zu treten und unterwies ihn: ›Die Frau, die du liebst, ist die Tochter einer Dame, die man die

Nonne Toba nennt, sie heißt Tennyo und ist die Gattin des Watanabe no Saemon‹, und Moritô erwachte von seinem Traum. Da warf er sich unterwürfig in der Nähe des Haustores der Frau Nonne Toba zu Boden, und die gnädige Frau Nonne sah ihn und geruhte zu fragen: ›Wer seid Ihr, woher kommt Ihr, aus welchem Grunde legt Ihr Euch vor mein Tor?‹, und Moritô holte schmerzlich Luft und erzählte: ›Das ist so. Es ist für mich zwar sehr beschämend, dies zu sagen, aber falls mein Leben in diesem meinem Zustand verlöscht, könnte er gar zu einem Hindernis für mein jenseitiges Leben werden, daher will ich sprechen. Vor einiger Zeit, als der Gottesdienst bei der Naniwa-Brücke stattfand, habe ich einen Blick auf Euer Fräulein Tochter, die Dame Tennyo, werfen können, und seither kann ich ihren Anblick nicht vergessen, und es ist mit mir so weit gekommen. Wenn ich wenigstens in der Nähe dieses Tores bleiben dürfte, dann könnte ich die gnädige Frau Tennyo vielleicht einmal sehen ...‹, und er sagte: ›Falls ich sterbe, so geruhet dies der gnädigen Frau Tennyo mitzuteilen.‹ Die gnädige Frau Nonne hörte sich das an, dachte, ach wie schrecklich, will ich nicht, daß meinem Kinde die bösen Wünsche eines Menschen anhängen, dann muß sie den Regeln einer treuen Ehefrau den Rücken kehren, wiederum, wenn es mit diesem Mann hier zu Ende gehen sollte, wird sie sich einen langen Groll aufladen, und sie quälte sich im Gedanken, was soll ich nur tun? Aber einem Menschen das Leben abzuschneiden, hat uns da nicht Buddha ermahnt, daß, wer einmal gestorben, kein zweites Mal zurückkommt, sondern auf den Wegen des Totenreichs, zu den Gelben Quellen wandelt? Und sie dachte, ist es nicht das Werk der Nothelfer, den Menschen beizustehen – und so geruhte die gnädige Frau Nonne unversehens ihrer Tochter mitzuteilen, sie fühle sich erkältet, und die gnädige Frau Tennyo ließ alles stehen und liegen, trieb die Sänftenträger zur Eile an und kam herbei, da brachte die Frau Nonne eilends den Moritô heimlich in ein Kämmerchen und schickte Tennyo in denselben Raum. Moritô fühlte sich wie im Traume, und als er alles ganz genau von Anfang an erzählte, hörte Tennyo ihm zu und dachte, ach, was ist das nur, ach könnte ich doch vergehen wie der Tau auf einer Flaschenkürbisblüte! Aber wiederum kam sie in ihren Gedanken zurück: halt, ein Weilchen, wenn ich den Worten der Mutter folge, dann kehre ich den Regeln einer treuen Gattin den Rücken, drehe ich den Wünschen der Mutter den Rücken, dann ist das der Gipfel der Pietätlosigkeit, ach, könnte ich doch dies oder das vortäuschen – so dachte sie, und sie sagte: ›Nun, Herr Moritô, höret! Wenn Ihr mir wahrhaftig Eure Zuneigung schenkt, dann erschlagt meinen Gatten Saemon. Ist das geschehen, will ich mit Euch einen Bund für dieses und das nächste Leben schließen. Würden wir jetzt nur flüchtig unsere Kopfkissen nebeneinanderstellen, würde doch weiterhin die Sehnsucht bleiben. Und selbst wenn dem nicht so wäre, setzte ich den Saemon beiseite und ergäbe mich Euch, würde ich vom Weg einer treuen Gattin abweichen, ist aber der Gatte erschlagen, kann ich leichten Herzens einen Bund schließen.‹ Da sie nun alles so bis ins kleinste darlegte, freute sich Moritô, und er sprach: ›Nun denn, Ihr wollt mir also gehören, falls ich den Saemon erschlage? Das ist leicht geschehen. Doch wie kann ich ihn erschlagen?‹ Auf diese Frage hin sagte Tennyo: ›Ich werde ihm Wein aufdringen, und wenn er betrunken daliegt, dringet heimlich in die Kammer und erschlagt ihn.‹ Nach diesem Versprechen kehrte Tennyo in ihr Haus zurück. Sie fühlte sich sehr bedrückt, und da sie zu Saemon sagte: ›Dir gehöre ich für alle Zeit‹, ängstigte er sich sehr, ohne zu wissen warum, und meinte: ›Wie steht es mit der Erkältung der gnädigen Frau Nonne? Der Frühsommerregen strömt unablässig nieder, wenn jetzt dann auch noch der Kuckuck schreit, da muß sich ja jedermann auf diese Weise verlassen und bedrückt fühlen. Komm, wir wollen uns ein wenig trösten‹, und er ließ zahlreiche Zuspeisen herrichten, sie leerten gegenseitig die Becher, und erst als es schon Mitternacht war, streckten sie sich einträchtig auf ihr Lager, die Ärmel wechselweise übereinanderlegend. Saemon war vom Weine berauscht und lag da und schlief, ohne noch zu merken, was vorn und was hinten war. Da stand Tennyo leise auf, nahm ein kurzärmeliges Gewand des Saemon, zog es an, gab sich das Aussehen des Saemon und legte sich nieder. Moritô war, wie versprochen, am Abend heimlich eingedrungen, und als er sich in der Kammer umblickte, brannte da matt ein Öllämpchen, und jemand, den er für Saemon hielt, lag so da, als wüßte er nicht mehr, was vorn und was hinten. Moritô zog das Schwert, das er an der Hüfte trug, und im Glauben, Saemon den Kopf abgeschlagen zu haben, kehrte er heimlich in sein Quartier zurück. Als nun Saemon, Tennyos Gatte, erwachte und um sich blickte, war keine Tennyo da. Das erschien ihm merkwürdig, doch als er in die Kammer ging und nachschaute, war Tennyo tot und lag in ihrem Blute. Von Schmerz überwältigt umklammerte Saemon ihren Leichnam: ›Ist das meine Tennyo? Oh, wer immer das getan hat, hätte er sie wirklich gekannt, er hätte ihr das nicht angetan, ach, ist's Traum, ist's Wirklichkeit?‹ so jammerte er, während ihm die Tränen herabliefen. Sobald Moritô hiervon hörte, wunderte er sich, hatte er doch den Saemon erschlagen, und daß es jetzt hieß, es sei Tennyo, das war merkwürdig. Sollte ihn die Strafe des Himmels getroffen und er unwissentlich Tennyo getötet haben? Schnell ging er und sah nach – da war es ohne Zweifel Tennyo. Da dachte Moritô in seinem Herzen, also bin ich von Tennyo überlistet worden, es war einfach entsetzlich, und er wollte sich den Leib aufschlitzen, aber halt, warte ein Weilchen, mein Herz, wenn ich mir vorstelle, wie es jetzt im Herzen ihres Gatten Saemon aussieht – wie traurig. Ich will mein Leben, das dem Tod geweiht ist, in die Hand des Saemon legen – und mit dem Wunsche, ach wäre ich tot, nahm Moritô den Kopf der Tennyo, ging damit zu Saemon und sagte:

›Herr Saemon, beruhiget Euer Herz und höret! Die gnädige Frau Tennyo ist durch meine Hand getötet worden. Die näheren Umstände: Vor einiger Zeit, beim Gottesdienst an der Brücke von Naniwa, habe ich mich in Frau Tennyo verliebt, nachdem mir ein Blick auf sie vergönnt war, und da sich wunderbarerweise eine Gelegenheit bot, sagte ich, sie möge ihr Kissen neben meines betten, sei es auch nur auf Traumes Länge, und falls daraus nichts würde, was sollte ich da ihretwegen den Tod scheuen? Hier wollte ich dann sterben – als ich das sagte, sprach Tennyo zu mir, wenn ich mich Euch zuwende, kehre ich den Regeln einer treuen Gattin den Rücken, sage ich nein, heißt es, ich ziehe mir den Groll eines Menschen zu, sage ich, würde ich doch nur schnell sterben, so bleibt mir doch kein Mittel, um zu erkennen, was richtig ist, ich denke also: Wie könnte ich Euch folgen, da ich ja jetzt einen Gatten habe! Denke ich dann aber weiter: Falls Ihr meinen Gatten Saemon tötet, so könnte ich danach mit Euch ein Bündnis schließen, das nicht nur oberflächlich ist. Und das hielt ich für Wahrheit, und ich nahm es auf mich, Euch zu erschlagen, und daß ich so getäuscht wurde, ach welcher Jammer, so schlagt nur rasch mein Haupt ab, betet für das Seelenheil der Tennyo und löschet die Flammen in Eurer Brust.‹ So sprach Moritô und streckte ihm seinen Kopf hin und wartete, und Saemon in seinem übergroßen Gram wollte ihm sofort den Kopf abschlagen, doch er hielt mitten inne und änderte seine Absicht: ›Nun, Moritô, wenn ich Euch erschlage, kehrt Tennyo auch nicht mehr zurück. Und da sie zudem bei den Neun Quellen weilt, wer wohl würde um sie trauern, wenn ich nicht um sie trauerte und für ihr Seelenheil betete? Ich verschone Euch.‹ Und mit dem gezückten Schwert schnitt er den Haarknoten durch, legte das tuschefarbene Mönchsgewand an und verließ seine Familie und trauerte um Frau Tennyo. Und alsbald durchschnitt auch Moritô auf der Stelle seinen Haarknoten, und auch er wurde Mönch, um für das Seelenheil der Tennyo zu beten. Moritô war neunzehn, Saemon war zwanzig Jahre alt, Saemon nannte sich Monshô und Moritô nannte sich Mongaku, und sie wurden zu bekannten weisen Männern. Ist das vielleicht kein Beispiel für eine Liebe auf den ersten Blick?« Und als er so redete, hörte ihm Naami zu und sagte: »Du erzählst mir da lauter Beispiele, bei denen man gehört hatte, um wen es sich handelte. Bei allen diesen dreht es sich um eine Liebe, bei der man wußte, wer die Geliebte ist und wo sie sich befindet. Bei deiner Liebe aber weißt du weder wer sie ist noch wo sie wohnt, du bist gerade nur zufällig auf der Brücke an der Fünften Querstraße an ihr vorbeigegangen, hast durch den Vorhangspalt hindurch gerade nur einen flüchtigen Blick auf sie erhascht, bei so jemandem, das ist ja als ob du ins Leere greifst, wie willst du den lieben!« Darauf erwiderte Saru-Genji: »Als ich die Leute fragte, sagte man mir, sie sei eine Dame namens Keiga aus dem Östlichen Tôin an der Fünften Querstraße«, und als Naami das hörte, sagte er: »Das ist doch eine stadtbekannte Kurtisane, kaum neigt sich der Tag, ist sie eine Frau, die glänzt und strahlt, daher hat man sie Keiga genannt. Keiga schreibt man nämlich wie ›Glühwürmchenlicht‹. Allerdings, wenn es sich um ein Mädchen aus einer adligen Priesterfamilie handelte, da ließe sich allenfalls ein Plan fassen, aber hier geht es um ein Freudenmädchen, die wie Bambus am Fluß im Strome dahintreibt, die begibt sich nur zu einem Lehensfürsten oder anderen hohen Herren. Da du ein bekannter Sardinenhändler bist, der in der ganzen Stadt herumkommt, wie kann man dich da mit ihr zusammenbringen! Wie wär's, wenn du tust, als ob du ein Lehensfürst wärst?« Saru-Genji stimmte ehrfürchtig zu: »Auch ich habe bereits so gedacht«, sagte er, und Naami meinte: »Die Hosokawa, Hatakeyama, Isshiki, Akamatsu, Toki, Sasaki, das sind alles Daimyô aus den nahen und nächsten Provinzen, die man seit jeher kennt, man kann sie also kaum nachmachen. Aber unter den Samurai aus dem Kantô-Gebiet, da haben wir zum Beispiel den Richter Utsunomiya, der hat noch nie die Hauptstadt besucht, und außerdem habe ich gehört, daß er demnächst in die Hauptstadt kommen will, da hätten wir doch Glück, wie wär's, wenn du den Utsunomiya spielen würdest?« Da sagte Saru-Genji: »Da bin ich der gleichen Meinung. Was das Nähere zur Person des Herrn Utsunomiya angeht, so habe ich dort Verwandte und weiß über die herkömmlichen Gewohnheiten dieses Herrn sehr gut Bescheid«, und Naami meinte: »Nun also, dann ist die Sache abgemacht. Der Utsunomiya ist aber ein Lehensherr, und ohne all die Leute wie seine Herren, seine Dienstleute und Aufwärter, bis hin zu Dienern und Boten und so fort geht es nicht«, doch Saru-Genji beruhigte ihn: »Da könnt Ihr ohne Sorge sein. Meine Genossen Sardinenhändler, das sind zwei-, dreihundert Mann, die schicke ich einen wie den anderen hinaus und lasse sie Samurai und Diener spielen. Mein Nachbar im Osten, ein Mann namens Rokuzaemon, das ist ein besserer Herr, der muß den Oberaufseher machen«, und Naami stimmte zu: »Ganz richtig.«

Nun ging Saru-Genji zunächst in die Fünfte Querstraße, sagte: »Der Herr Utsunomiya will in die Hauptstadt kommen, er hat in Kagamimoriyama in Ōmi Quartier genommen« und sorgte für die Verbreitung dieses Gerüchts, und da der Herr Utsunomiya ein Lehensfürst ist, ließen die Damen Kurtisanen in der Hauptstadt, die er doch gewiß besuchen würde, ihre Stuben schmücken und erwarteten ihn sehnsüchtig. Saru-Genji ließ nun wiederum zwei, drei Tage verstreichen, dann streute er in der Fünften Querstraße das Gerücht aus, der Utsunomiya sei schon in die Stadt gekommen, heute früh habe er bereits dem Shôgun seine Aufwartung gemacht, und Naami ging nun als erstes zu dem Haus, in dem sich Keiga befand, und dort trat ihm der Wirt entgegen und scherzte: »Ja was denn, Ihr habt in letzter Zeit lange nicht geruht uns zu besuchen! Wohin seid Ihr denn jetzt unterwegs? Ihr habt gewiß den Weg verfehlt!«, und flugs schickte er an die zehn junge Mädchen heraus, setzte ihm einen Becher vor und fragte: »Stimmt es wohl, das Gerücht, daß der Herr Utsunomiya in die Hauptstadt kommt? Wie ist's?« Und Naami sagte: »Es ist so. Ich habe ihn im Kantô getroffen, und er wird mich bestimmt besuchen. Daß er in die Hauptstadt kommt, steht fest, und wenn ich mit ihm zusammenkomme, werde ich zu ihm sagen: ›Ganz im Vertrauen, da ich gehört habe, daß Ihr in die Hauptstadt kommt, erlaube ich mir, von Eurer Unterkunft zu reden, kommt doch bitte hierher‹, und ich werde ihn hierher einladen, bereitet also alles vor. Reinemachen im Empfangsraum, dann, da er seine Leute bei sich hat, Unterkünfte, wo man seine Dienstleute, Jungmannen, Waffenträger und anderen Vasallen alle unterbringen kann, wenn's auch provisorische Hütten sind, richtet alles her. Dazu noch der Schmuck für den Empfangsraum, macht Ihr das alles? Die verschiedenen Dinge fürs Essen, das bereitet alles schön vor, und die Leutchen, die ihn ein bißchen trösten sollen – wer wird denn das sein?« Da sagte der Wirt: »Nun, da möchte ich doch den Herrn Naami bitten, welche von all den Damen, vielleicht seht Ihr sie Euch doch einzeln an!«, und damit schickte er an die dreißig Mädchen vor und zeigte sie dem Naami, und Naami schaute sie an und fand alle schön, als er aber gerade zehn unter ihnen auswählte, sah man beim Tor einen Mann von etwa zweiundzwanzig, dreiundzwanzig Jahren auf einem Falben mit lackiertem Sattel, Goldlackmalerei auf Birnengrund, er hielt den Bogen aus rohem Holz in der Mitte umgriffen, der Köcher hing ihm an der Hüfte, er hatte einen Hund an der Leine und zügelte sein Pferd, und Naami rief: »Aber da schaut doch den Herrn Utsunomiya!«, lief hinaus und wirklich, es war der erwartete Herr Utsunomiya, und Naami sagte: »Ja was denn, ja was denn, da sehe ich den Herrn Utsunomiya. Wenn es auch zum Verdruß des Herrn Wirts ist, kommt doch erst einmal herein!«, und er hielt ihm den Steigbügel, und unser falscher Herr Utsunomiya stieg gemächlich vom Pferd: »Wie Ihr es sagt, aber ganz unter uns, ich wollte Euch eigentlich Nachricht geben, aber irgendwie verging darüber die Zeit, und als ich wegen des Drum und Dran der Aufwartung beim Shôgun Rat einholte, wurde mir gesagt, ich solle schnellstens kommen, und so habe ich meine Aufwartung ein, zwei Tage früher gemacht. Es ist wirklich unverzeihlich, daß ich nichts von mir habe hören lassen – Ihr müßt schon entschuldigen! Ich werde Euch aber bestimmt besuchen!« Damit zog er sein Pferd heran und wollte aufsteigen, doch da kamen Keiga, Usugumo, Harusame und andere, etwa zehn Mädchen, herbei: »Aber wie denn, aber wie denn, Ihr werdet doch nicht so kaltherzig sein und vorbeiziehen, wo Ihr unmittelbar hier durchzukommen geruht«, und faßten ihn am Ärmel, und an der Hand in den Empfangsraum gezogen, trat er dort mit einer Miene ein, als ob ihm das gar nicht gefiele. Plötzlich aber zog es Utsunomiya durch den Sinn, wie er sich schämen sollte, wie wenig er es bedacht hatte, daß seine Rolle, die Rolle des Sardinenhändlers, der in der Stadt herumläuft, nun vertauscht sei, und er schämte sich vor allem im Gedanken daran, was im Herzen des Naami vorgehen mochte.

Der Wirt betrachtete den Utsunomiya durch einen Spalt hervor recht aufmerksam und hatte das Gefühl, nun, dieser Utsunomiya ist zwar ein Samurai aus einer fernen Provinz, aber sein Gesicht, seine Erscheinung sind doch recht ordentlich. So stellte der Wirt auf ein goldlackverziertes Tablett dunkelbraune Lackschalen für den Wein und sprach: »Nun, Herr Utsunomiya, bedient Euch bitte, und nach wem immer Euch der Sinn steht, dem bietet an!« Utsunomiya ließ sich vollschenken, und in seinem Herzen dachte er, ob Keiga, die mein Herz erfüllt, wohl da ist? Und welche wird es wohl sein – denn wenn ich sie so anschaue, sind das alles miteinander Kurtisanen, die Keiga in nichts nachstehen – ach, alle sehen Keiga zum Verwechseln ähnlich, und weil es derart viele Keiga sind, werde ich bestimmt beim Anbieten das Schälchen zerbrechen. Und wenn ich beim Anbieten etwas zerbreche, wird man mich auslachen, welche Schande – so ging ihm alles durcheinander im Kopf herum, und wie er nun seine Blicke zu dieser und zu jener hin rundum wandern ließ, reichte er schließlich einer ruhig und gesetzt wirkenden Kurtisane das Schälchen – und es war Keiga! Keiga gab sich dem Vergnügen der Stunde hin: »Das Schälchen kommt mir überraschend«, und sie nahm es entgegen, und als man die Schale nun der Reihe nach kreisen ließ, beneideten die anderen Kurtisanen, die dies gesehen hatten, Keiga, denn die Schale gehörte fortan ihr, und mochte auch weiter angeboten werden, es brachte doch keinen Nutzen, und so verließen einige der Kurtisanen den Empfangsraum, einige blieben und machten viel Rühmens. Jetzt sagte Naami: »Nun, Herr Utsunomiya, der Tag in der Stadt geht zur Neige, Ihr solltet zurückkehren, da die kleineren Gassen gefährlich sind, morgen kommt unbedingt wieder hierher!« – »Wahrhaftig, ich habe zuviel Wein getrunken und die Zeit des Aufbruchs vergessen. Man erlaube mir, daß ich mich zurückziehe«, und Utsunomiya kehrte in seine Wohnung zurück.

Alsbald kam Naami: »Nun, da haben wir es doch gut getroffen mit dem Herrn Utsunomiya! Aber es wird Nacht, und Keiga muß kommen. Richte den Empfangsraum in allen Dingen so her, wie er sein soll und warte. Und was die dienenden Leute angeht: Wenn einer betrunken und durcheinander ist, redet er, ohne gefragt zu sein. Und wenn er da meinetwegen sagt: ›Auch ich hatte Verluste im Sardinenhandel‹ oder ›heute habe ich mein Kapital eingebüßt‹ und man läßt ihn reden, so wäre das sicher demütigend. Und wenn einer im Schlaf redet und einen häßlichen Anblick bietet, dann muß er sich schämen.« So belehrte Naami ihn eindringlich und kehrte nach Hause zurück. Als Keiga wie erwartet in der Dämmerstunde kam und nach der Wohnung des Utsunomiya fragte, erfreute er sie auf verschiedene Weise. In ihrem Herzen dachte Keiga, wie merkwürdig, daß dieser Utsunomiya weder Leute aus seiner Sippe noch Verwandte um sich hat, ganz allein war er in den Empfangsraum gekommen, alles war in einem recht armseligen Zustand, die Dienerschaft war so laut, es war so sonderbar, so als ob der Herr nicht zu Hause sei, und da sie so dachte, konnte sie lange nicht einschlafen, und dabei machte sie sich Sorgen und quälte sich, während Utsunomiya, trunken vom Wein, sich im Schlafe streckte, gähnte und redete: »Hei, kauft Sardinen vom Saru-Genji aus der Bucht von Akogi!« Als Keiga das hörte, dachte sie, ach es ist nicht anders als ich gefürchtet, hat mir das doch von Anfang an merkwürdig ausgesehen, mit einem Sardinenhändler habe ich mich verbunden, wie jämmerlich! Was soll nun daraus werden? Wenn das nicht verborgen bleibt, ein Herz, das sich einem Sardinenhändler verbunden hat – ach wie schmutzig, ach wie fischig! – da wird kein Mensch mehr nach mir verlangen, ach könnte ich nur gleich die Haare abschneiden und Nonne werden und gehen, wohin immer mich die Füße tragen! Und während ihr das durch den Sinn ging, weinte sie bitterlich, und weil ihre Tränen auf Utsunomiyas Gesicht tropften, glaubte der, ein Sprühregen fiele: »Oh, oh, Kinder, deckt Binsenmatten auf!«, und er hatte noch nicht zu Ende gesprochen, als er sich im Bett aufsetzte und um sich blickte, da war eine schimmernde Frau neben ihm, die bitterlich weinte. Er dachte sofort, o wie schändlich, o wie schrecklich, ich habe gewiß im Schlaf geredet, und er sagte: »In meiner Volltrunkenheit habe ich mich im Rausche und nicht recht bei Sinnen hingelegt – was auch immer ich gesagt habe, ich weiß nichts davon. Was schlaft Ihr denn nicht?« Keiga hörte es und sagte: »Was redet Ihr bloß! Ihr seid Sardinenhändler! Wie dem nun sei, der, dem ich böse bin, das ist Naami.« – »Aber ich bin doch der Richter Utsunomiya! Den Namen ›Sardinenhändler‹, den kenne ich nicht. Ich höre ihn eben jetzt von Euch.« Wie er das sagte, dachte Keiga, wenn ich ihm alles aufs Mal sage, ist es für ihn gar zu beschämend, ich will ihn stückchenweise fragen, und sie sagte: »Wie ist's denn mit der Bucht von Akogi, von der Ihr im Schlaf geredet habt?« – »Ach das! Da ich diesmal zum allerersten Mal in die Hauptstadt gekommen bin, erhielt ich freundlicherweise Wort vom Shôgun: ›Wir möchten den Utsunomiya mit irgend etwas erfreuen. Spiele wie Hundetreiben, Hutschießen und Ballschießen sind nichts Besonderes. Woran sich heutzutage die Leute ergötzen, das ist die Dichtkunst: chinesische und japanische Gedichte, Kettengedichte. Vor allem, da wir gehört haben, daß Utsunomiya die Kunst der japanischen Gedichte liebt – das ist's!‹ Und Sasaki Shirô und Hankai Shirôzaemon erhielten Kunde, luden die Meister der Kettendichtung hienieden ein, und alle kamen zur Dichtersitzung. Den Pinsel führte der jüngere Bruder des Herrn Tokudaiji, ein Junge, der dreizehn wird, er ist der Schüler des Herrn vom Shôrenin, seine Handschrift ist ganz ausgezeichnet. Der Shôgun hatte bereits die Anfangsstrophe gegeben und jeder hatte der Reihe nach weitergedichtet, und als die Runde einmal durch war, da hatte man eben die Strophe

Bucht ohne Muße, wo man
Holz zum Salzsieden sammelt –

und ich dachte, wenn man jetzt weiterführe, indem man die Stimmung des folgenden Gedichtes heranzöge

Holz zum Salzsieden
aus der Bucht von Akogi:
legt das verbot'ne
Netz man dort häufiger aus,
würde gewiß man entdeckt.

– wie wäre das, und da ich mir das hin und her überlegte, habe ich wohl im Schlaf von der Bucht von Akogi gesprochen«, so legte er ihr ausführlich dar. »Das ist's aber nicht allein! Wie ist's mit dem Wort Brücke?« – »Ach damit! Da hatten wir die Strophe

Man kann sie nicht überschreiten,
die Brücke bei der Klause –

Und weil es in einem Lied heißt

In Michinoku
die Brücke des Flüsterns ist
mittendurch entzwei –
mag man sie auch betreten,
hinüber kommt man doch nicht!

und in einem anderen

In Kumano am
Fluß, ohne jeden Laut, ach,
kämst du herüber
über die Flüsterbrücke,
ganz heimlich, o ganz heimlich!

dachte ich, wie wär's, wenn man aus diesen beiden Gedichten etwas nähme und damit an diese Strophe anschlösse. Aber nein, so schließen die tüchtigen Leute aus der Hauptstadt schon lange an, das ist nichts Besonderes. Aber da hat nun ein Mann namens Hôshô mit einer Dame namens Izumi Shikibu verkehrt, und die Verbindung dieser beiden war keineswegs nur oberflächlich. Aber bei dieser Dame hat weiterhin auch der Priester Dômyô verkehrt und sich mit ihr verbunden, und als Hôshô davon hörte, sagte er zu Izumi Shikibu: ›Schreib einen Brief, wie ich ihn dir diktiere‹, und Izumi Shikibu sagte: ›Dann sag also, was für einen Brief ich schreiben soll‹, und als Hôshô nun sagte: ›Also schreib: Da Hôshô derzeit hier nicht zu sehen ist, komm doch schnell her. An den Priester Dômyô – Izumi Shikibu‹, bekam Izumi Shikibu einen roten Kopf: ›An so etwas hätte ich nie gedacht, was du da sagst‹, und sie war ganz kraftlos und schrieb den Brief, aber irgendwann zwischenhinein brach sie ein Eßstäbchen in fünf Teile und legte es dem Brief bei. Als der Priester Dômyô diesen Brief sah, dachte er, merkwürdig, sie schreibt, komm doch sofort, aber dann legt sie dieses Stäbchen dazu, das sie in fünf Teile gebrochen hat, merkwürdig – aber schließlich kam er dahinter, denn die Silben *hashi* (und *hashi* heißt ja sowohl Eßstäbchen wie auch Brücke) kommen in jeder der fünf Zeilen eines Scherzgedichtes vor, das lautet

Schickst mir einen Brief:
dächt' ich, es sei ernst, käme
wirklich zu dir her
und würde dann verprügelt –
ich dürft' mich nicht beklagen!

Das mußte sie bestimmt gemeint haben, und Hôshô war also zu Hause, so mußte es sein, und da ihm dies klar geworden war, ging er nicht hin und entging seinem Tode, und das allein, weil er die Dichtkunst beherrschte. Aus diesem Gefühl heraus dachte ich, wie wär's wenn ich auf hübsche Art mit einer solchen Stimmung, auf die keiner verfällt, anschlösse, und da ich mich in Gedanken damit abplagte, muß ich wohl im Schlaf *hashi* gesagt haben.« – »Das mag ja so sein«, sagte Keiga, »aber wie steht's damit, daß Ihr im Schlaf ›Saru-Genji‹ sagtet?« Als Utsunomiya das hörte, meinte er: »Auch so etwas mußte ich wohl sagen! Nun, als wir so mittendrin im Eifer waren, ›Göttliches‹, ›Buddhistisches‹, ›Liebe‹, ›Vergänglichkeit‹, ›Erinnerung‹ war alles schon dagewesen, eben war ›Hauptstadt‹ an der Reihe und ich zerbrach mir den Kopf, doch da gibt es die Strophe

Voller Gram und Einsamkeit
am Teich von Sarusawa.

Da hat nämlich in alter Zeit ein Kaiser mit einem Mädchen, das bei Tisch aufwartete, einer *uneme*, tiefere Beziehungen gehabt, aber bald darauf verbannte er sie aus seinen Gedanken, die *uneme* war voller Gram und ganz verwirrt ging sie mitten in der Nacht auf und davon und warf sich in den Teich von Sarusawa, und da sie starb, war der Kaiser sehr betrübt, er begab sich eilends zum Teich von Sarusawa und ließ den Leichnam der *uneme* suchen und herausziehen, doch wie er sie ansah, da hatte sie, die so schön gewesen mit ihrem Haar, das wie Eisvogelgefieder schimmerte, mit ihren anmutigen Seitenhärchen, den schwarzen Augenbrauen, geschwungen wie der junge Mond, mit ihrer sanften Gestalt, sich ganz verändert – Wasserlinsen und Unrat aus dem Teich hatten sich an sie gehängt, und als er sah, wie sie sich so völlig gewandelt hatte, geruhte er gnädigst zu dichten

Da meiner Liebsten
ganz schlafverwirrtes Haar im
Sarusawa-Teich
als Wasserlinsen schimmern
ich seh – ach wie so traurig!

Mit diesem Lied klagte er um sie. Jene Strophe nimmt die Stimmung dieses Liedes auf. Später hat Genji, als er zur Großen Leuchtenden Gottheit von Kasuga pilgerte, sich den Teich von Sarusawa angesehen und sich dabei erinnert, daß in alter Zeit jene *uneme* sich hier hineingeworfen, man machte Gedichte aus dem Stegreif, und als man ihrer gedachte, dichtete jemand – man weiß nicht wer –

Ihr Trauerweiden
am Teich von Sarusawa!
Meiner Geliebten
vom Schlaf verwirrtes Haar bringt
ihr mir in Erinnerung.

An diese Stimmung dachte ich und überlegte hin und her, und da muß ich wohl im Schlaf von Saru und Genji gesprochen haben. Aber das ist wirklich lästig, kommt, laßt uns schlafen.« Doch Keiga sagte wiederum: »Es ist nicht nur das. Ihr habt gesagt: ›Hei, kauft Sardinen‹, wie steht es damit, das möget Ihr mir erklären!« Und während Keiga das sagte, fand sie es gar zu komisch, so daß sie laut lachen mußte, und dabei errötete Utsunomiya bis über beide Ohren, und eigentlich wollte er sich bereits als Sardinenhändler zu erkennen geben, doch dann faßte er sich und sagte: »Da scheine ich also auch davon im Schlafe gesprochen zu haben! Als wir nämlich bei unserem Kettengedicht zum letzten Teil kamen und das Blatt umgedreht wurde, hatten wir die Strophe

Am Otoko-Berg:
Was erbitte ich mir bei
seinem Felsenquell –

Aber so anzuschließen, wie es alle Welt immer wieder macht, das ist langweilig. Nun hat die Izumi Shikibu, von der ich gerade gesprochen, einmal Fische gegessen, die man Sardinen, *iwashi*, nennt (das ist also ein Wort, das gleichlautend ist wie der Anfang von ›Felsenquell‹, *iwashi*mizu), und als sie beim Essen war, kam Hôshô. Izumi Shikibu schämte sich und versteckte hastig die Sardinen, Hôshô sah, wie sie etwas versteckte, dachte aber niemals an Sardinen, sondern meinte, sie habe einen Brief von Dômyô versteckt, und sagte: ›Was hast du denn da so schön versteckt? Das beunruhigt mich‹, und als er sie eigens so fragte, trug sie ihm singend vor

Im Land, wo sich die
Sonne erhebt, verehrt man
ihn, den Felsenquell,
zu dem jedermann pilgert,
soweit man nur denken kann.

Wie Hôshô das hörte, kehrte die Farbe in sein Gesicht zurück und er sagte: ›Da hast du also einen Fisch verwendet, der als Arznei gilt, da er die Haut durchwärmt und vor allem die Gesichtsfarbe der Frauen erhöht, und ich habe dich gescholten!‹ Und von da an waren sie einander noch mehr zugetan. Die Stimmung dieses Gedichts fand ich recht originell, und so ließ ich meine Gedanken darum kreisen, und da ich mich in Gedanken damit herumquälte, habe ich im Schlaf wohl *iwashi,* Sardine, gesagt. Aber das sind wirklich lästige Vorwürfe. Ihr mögt jetzt fragen, was Ihr wollt, ich gebe keine Antwort mehr.« Da dachte nun Keiga, wenn er wirklich ein Sardinenhändler wäre, würde er nicht so vielerlei von der Dichtkunst verstehen, wahrhaftig, es mußte doch Utsunomiya sein, der zum erstenmal in die Hauptstadt kam, und daß er nun alles durcheinanderbrachte, was im Palast gesprochen worden war, nun, bei wichtigen Dingen ist es doch so: Wes das Herz voll ist, geht der Mund über, und nach nochmaliger Überlegung fand sie es ganz selbstverständlich, daß er im Schlaf so gesprochen hatte, und sie lösten gegenseitig die Bänder ihrer Unterkleider, wurden vertraut miteinander und schworen einander ewige Liebe, und das schien kein leichtfertiger Schwur.

Hierzu ist zu sagen: Als er bei Naami in Diensten stand, hatte er unentwegt sein Herz der Dichtkunst zugewendet, daher konnte er nicht nur ohne Scheu aus dem Stegreif dichten, sondern auch seinen Herzenswunsch nach einer unerreichbaren Liebe befriedigen, das war ganz einfach die Macht seines Wissens. Wie schon Konfuzius sagte: Schätze im Speicher verfaulen, Schätze, die man in sich trägt, verfaulen nicht; dessen wurde er sich jetzt bewußt. Danach offenbarte Utsunomiya seinen Namen als Sardinenhändler, aber wo es sich um die Liebe handelt, ist kein Unterschied zwischen Hoch und Niedrig, und da sie einen Bund geschlossen hatten, wie es auf dieser Welt sonst keinen gibt, nahm er sie mit nach der Bucht von Akogi, sie wurden reich, es ging ihnen glänzend und ihre Kinder und Enkel gediehen, und das alles, weil sie von tiefem Gefühl zueinander erfüllt waren, aber auch, weil er in der Dichtkunst nicht unbeschlagen war. Was daher in der Tat ein jeder lernen sollte, das ist die Dichtkunst!

Katzenbüchlein

Trifft man auf eine so glückliche Regierungszeit, daß in der Welt Frieden, im Reich Sicherheit und Ruhe herrschen, dann handelt es sich um eine Verwaltung, für die nicht nur die Menschen – wie es sich von selbst versteht, sondern sogar Vögel und Vierfüßler dankbar sind. Das übertrifft wahrhaftig die Zeiten eines Yao und Shun. Im siebenten Jahr der Ära Kyôchô (1602) erging in der mittleren Dekade des Achten Monats ein Regierungserlaß, daß in der Hauptstadt die Leinen der Katzen zu lösen und die Katzen freizulassen seien. Gleicherweise wurde an der Kreuzung der Ersten Querstraße von der Stadtverwaltung eine Anschlagtafel aufgestellt, deren Aufschrift lautete:

- In der Hauptstadt sind die Leinen der Katzen zu lösen. Katzen dürfen nur noch frei gehalten werden.
- Kauf und Verkauf von Katzen ist einstweilen einzustellen.
  Zuwiderhandlungen gegen diesen Befehl werden auf das strengste geahndet.
  Obiges zur allgemeinen Kenntnisnahme.

Wegen obiger Verwaltungsmaßnahme hängte man den Katzenlieblingen allenthalben Schildchen an und ließ sie frei laufen, und darüber freuten sich die Katzen ganz ungemein und sprangen überall herum; man sprach von Ausflügen ins Grüne, und es bot sich ihnen beste Gelegenheit zum Mäusefang. Binnen kurzem waren die Mäuse voller Furcht und Bangen, sie flohen und verbargen sich, weder auf Trägerbalken noch im Dachgebälk liefen sie herum. Und selbst wenn irgendwo ein Mäuslein ging, dann nur in größter Heimlichkeit, ohne den leisesten Laut. Es war gar nicht mehr schön. Das ganze Volk aber dachte, hoffentlich besteht dieses Verbot weiter und wird nicht nachlässig gehandhabt!

Da gab es nun einen allseitig geachteten Mönch, einen Mann aus der Oberstadt. Er hatte das Böse von sich getan und strebte nach dem Guten, er betete des Morgens um den ewigen Bestand von Himmel und Erde, des Abends um Ruhe in diesem Leben und um eine Wiedergeburt an glücklichem Ort, sowie um das gleiche Maß an göttlicher Gnade für alle Wesen dieser Welt des Gesetzes; das »Tor der Lehre« und das »Tor der Betrachtung«, beide traten bei ihm klar zutage. Mönche wie Laien, Männer wie Frauen ließen Tränen rühmender Bewunderung fließen. Wahrhaftig, man mußte ihn einen Dainichi Nyorai, einen Buddha des Absoluten nennen!

Ob sogar Vögel und Vierfüßler von den rühmenswerten Wahrheiten wissen? – eines Nachts hatte er einen merkwürdigen Traum. Jemand, den man für einen Mäusepriester halten konnte, trat hervor und sprach: »Ich habe zwar Hemmungen, vor den Herrn Mönch zu treten und ihn anzusprechen, doch da wir unentwegt am Tag und in der Nacht, des Morgens und des Abends unter der Galerie den Inhalt der Lehre in Euren Predigten mit anhören und Ihr sagtet, durch ein Bekenntnis könne man seine Sünden tilgen, bin ich gekommen. Da wir also Scham und Reue zeigen, geruhet auch Ihr, uns mit einem Sinnspruch zu unterweisen!« Darauf antwortete der Mönch: »Aus eurer Mäuseart heraus redet ihr so freundlich daher«, und da er es ganz außergewöhnlich fand, sagte er: »Es heißt: ›Gras, Baum, Erdboden, alles wird Buddha‹, also scheinen auch fühllose Kräuter und Bäume Buddha zu werden. Und da die Lehre besagt, daß durch das einmalige Erkennen Buddhas zahllose Sünden getilgt werden und daß sowohl Buddha wie Paradies allein im eigenen Herzen existieren, so daß man also nicht weit zu gehen hat, um sie zu finden, wie sollten da

Vögel und Vierfüßler, als Wesen, die ein Leben besitzen, nicht durch einmaliges Erkennen dieser Wahrheit Buddha werden können?« Und er forderte die Maus auf: »Lege mir also dein Bekenntnis ab!« Die Maus wischte die Tränen ab, die sie geweint hatte, und sagte: »Da man jetzt in der Stadt den Katzen die Leinen abgenommen hat, hat sich unser ganzes Geschlecht, einer wie der andere versteckt, einige sind geflohen, andere sind zugrunde gegangen, und auch die wenigen, die jetzt noch übriggeblieben sind, denken, daß es heut oder morgen mit ihrem Leben zu Ende sein kann, und sagt man auch, daß man sich ängstlich in den Schatten eines Fundamentsteines oder unter die Galerie duckt, man muß doch unablässig auf der Hut sein. Und auch wenn man sich sagt, man sucht sich eine Unterkunft in einem Loch, dann dauert es keine ein, zwei Tage, und man kann es nicht mehr aushalten, mit seinem Atem nur hier drinnen eingeschlossen zu sein. Aber selbst wenn man nur ganz selten in diese Welt der Vergänglichkeit hinaustritt, schwupps! wird man gepackt, vom Kopf her zerbissen und zermalmt, das Fleisch von den Knochen gerissen, und solch düsterem Schicksal ausgeliefert zu sein, ist wahrhaft eine traurige Verstrickung aus einem früheren Dasein!« Hierauf antwortete der Mönch: »Was du hier so jammervoll vorbringst, halte ich für sehr bedauerlich. Wenn ich dich jetzt ganz besonders mit einem Spruch unterweise, dann halte ich dich für meinen Jünger, wie du es vorhin erwähnt. Da muß ich nun zu allererst davon reden und dich hören lassen, daß ihr euch durch schimpfliches Betragen bei den Menschen verhaßt macht. Selbst wenn ein einzelner Priester wie ich ganz selten einmal einen Regenschirm beklebt und hinstellt – schon freßt ihr am Griff herum und zerstört ihn; stellt er, um seine Gönner bewirten zu können, geröstete Bohnen und schwarze Bohnen zur Meditation bereit, so ist nach einer einzigen Nacht alles weg; von der Priesterschärpe, vom Gewand will ich gar nicht reden – Fächer, Bücher, bespannte Wandschirme, Reiskuchenschnitten, getrocknete Bohnenkäsescheiben – nichts dergleichen kann man aufbewahren, aber mag einer ein noch so sanftmütiger und geduldiger Hoher Priester sein, es ist doch selbstverständlich, daß er sein Leben fristen möchte. Und erst recht gilt dies natürlich in bezug auf Laien.« Da antwortete die Maus: »Eure Beispiele sind uns wohlbekannt, doch wir mögen den jungen Mäusen gegenüber Einwände vorbringen, soviel wir wollen, unsere gutgemeinten Worte widerstreben ihren Ohren; sagen wir, eine gute Arznei schmeckt dem Munde bitter, wollen sie ganz und gar nicht hören, nein, sie stellen nur noch Schlimmeres an. Wir sagen ihnen, als erstes und wichtigstes, macht euch bei den Menschen nicht verhaßt! Niemals sollt ihr euch in Waschhut oder Sommergürtel des Herrn Nachbarn im Norden oder des Herrn Nachbarn im Osten, in die Schürzen der Teehausmädchen und Dienerinnen, in Sommerkleider und Socken, ferner in die Säume von Rockhosen und Schulterwesten, in die Ecken der Truhen, in Bündel und Körbe einnisten und einen Hausstand gründen, niemals sollt ihr Dinge anknabbern, wenn sie nicht zur Nahrung dienen und ihr euch damit auch kein Verdienst erwerbt. Aber obwohl wir ihnen schon von der Zeit an, wenn sie noch nackt und bloß sind und noch im Kindergürtelchen stecken, sagen, sie sollen nicht an Krügen und ähnlichem herumlaufen, sie lieben nichts als zügellos und frei zu sein, machen Kopfkissen, Matten, Zimmerdecken, alte Dächer zu ihrer Wohnstatt und vollbringen nichts als schlimme Dinge – aber es ist einfach nichts zu machen.« Und während sie so sprach, erwachte er, und schon dämmerte der Morgen.

In der nächsten Nacht kam im Traum eine getigerte Katze zu ihm und sprach sehr ernsthaft: »Zufolge der Heiligkeit des Herrn Mönchs ist, wie man mir mitgeteilt und mich hat wissen lassen, ein solcher Mäusekerl hierher gekommen – und bei ihrer Mäusegesinnung sind das Kerle, welche der Mensch haßt – und hat allerlei geredet. Um von jener Maus zu sprechen – im Grunde muß die doch ein rechter Oberspitzbub sein! Der Herr Mönch wird jetzt zwar sein Erbarmen über sie ausgießen, aber er wird bald wieder davon ablassen. Auch sollte ich wohl einen groben Überblick über unseren Stammbaum geben. Höret also! Wenn ich so rede, mag es wohl so aussehen, als wollte ich mit der Maus wetteifern, doch könntet Ihr uns vielleicht verachten, wenn ich Euch die Gründe nicht aufzeige«, und die Katze krümmte ihren Rükken und kauerte sich hin, funkelte mit ihren großen Augen und sprach: »Wir sind Nachfahren des Tigers, den man in Indien wie in China fürchtet. Japan ist nun ein kleines Land, und der Größe des Landes entsprechend wurden eben wir Katzen herübergebracht. Daher gibt es in Japan auch keine Tiger. Seit der Zeit des Kaisers der Periode Engi hat man hier eine Vorliebe für uns, bei Kashiwaki hat man geruht, uns hinter die Innenvorhänge zu setzen. Und seit der Zeit des mönchgewordenen Exkaisers Go-Shirakawa legt man uns eine Leine an und hält uns nahe bei sich. Da wir an die Leine gelegt sind, können uns die Mäuse gerade vor der Nase herumtanzen, und wär's auch gerade nach unserem Herzen – wir können sie nicht fangen. Möchten wir gern Wasser trinken, schnurren wir und miauen, und möchten wir auch noch so gern trinken, wir können den Kopf ausstrecken und uns quälen – es ist nichts zu machen. Will man sich durch Worte verständlich machen: da wir das indische Sanskrit gebrauchen, versteht uns kein Japaner. Alles in allem, wir werden eigentlich durch Anbinden umgebracht. Dieses allerhöchste Erbarmen nun, so großartig, so als ob der Mond geruht, in einer jämmerlichen Hütte Aufenthalt zu nehmen: daß man geruht, sich wegen der Lage der Katzen Gedanken zu machen, daß man die Leinen löst und all die Bitternis von uns nimmt, dafür sind wir wahrhaftig dankbar. Daß das Leben dieses Herrschers fünfhundertachtzig Jahre währen möge, das flehen wir inbrünstig, zur Morgensonne gewendet, schnurren und verneigen wir uns.« Der Mönch erwiderte: »Die Katze spricht wahrhaft bewundernswert. Denke ich aber an den Sinn des Katzenkampf-Beispiels, das der Zen-Mönch Nansen gibt – wie steht es da? Nansen sagte zu den kämpfenden Katzen, wenn ihr Vernunft hättet, würdet ihr euch nicht gegenseitig zerreißen, weil ihm aber keine antwortete, tötete er sie und zerschnitt sie in zwei Teile. Obwohl sie also getötet wurden – haben sie sich etwa geändert? Allein, man fühlt sich hier doch sehr beklommen. Wenn ich als Geistlicher so etwas sehe, kann ich es nicht einfach auf sich beruhen lassen. Es ist nur natürlich, daß ich hier vermitteln möchte. Das Rad der Vergeltung bringt es mit sich, daß wer stirbt, geboren wird, daß wer geboren wird, stirbt, dies ist ein ewiger Lauf, der sich stets wiederholt, und einer, der nur tötet, kann hierbei der Vergeltung nicht entgehen. Nur wer durch Erleuchtung erkannt hat, daß das Gesetz der ganzen Schöpfung die Leere ist, kann sich offenbar lösen von den vielerlei Übeln von Tod und Leben, kann sich der Verknüpfung der Sechs Möglichkeiten der Wiedergeburt – in der Hölle, als Hungerteufel, als Tier, als böser Dämon, als Mensch oder als Himmelswesen – in einer der Drei Welten, der Welt der Begierden, der Welt der Farbe, der Welt der Farblosigkeit entziehen, indem das Leben erlischt. Höret auf, Lebendiges zu töten! Man soll stattdessen Bonito-Fisch in euer Futter mischen, und wenn ihr gelegentlich getrocknete Sardinen und Heringe oder Räucherlachs zur Morgen- oder Abendmahlzeit hättet – wie wär's damit?« Auf diese Frage hin sagte die Katze: »Es mag ja so sein, wie Ihr sagt, aber überlegt und schaut doch erst einmal! Ihr Menschen habt den Reis, und das eben hält euch eure Fünf inneren Organe und die Sechs Eingeweide in Ordnung, und Hand und Fuß gesund, so habt ihr gut reden. Wenn ich höre, daß all die herrlichen Dinge aus Berg und Meer dazu da sind, um als Nahrung zu dienen, nun, bei uns ist es genauso – da sie uns vom Himmel als unsere Nahrung zugewiesen wurden, fressen wir eben Mäuse, das hält Krankheit von uns fern und macht uns springen und laufen, daß wir selbst den Vögeln kaum nachstehen dürften. Auch unser gemächliches Mittagsschläfchen halten wir, weil wir Mäuse fressen wollen. Von nun an Geduld zu üben – da werden wir deshalb kaum der gleichen Meinung sein können. Überlegt es Euch doch einmal recht!« Als die Katze so sprach, konnte er, der doch ein allumfassend und unendlich gütiger Mensch war, keine Antwort finden, er war zu Tränen gerührt und völlig fassungslos.

Er erwachte aus seinem Traum, fiel aber gegen Tagesanbruch noch einmal in einen leichten Schlummer, da kam die Maus, die wir schon kennen, und sprach: »Da die Dinge nun so liegen, werden wir kaum noch in der Hauptstadt ausharren können«, und die Mäuse der Ober- und der Unterstadt kamen zusammen, es wurden Bekanntmachungen in Umlauf gesetzt, und die Mäuse versammelten sich und hielten Rat: die Mäusegruppe von der Westwache am Saum des Funaoka-Berges, die vom Flüßchen im Goryô-Gehölz, die von Tachiuri im Gehölz beim Shôkoku-Tempel, die Gruppe aus dem Jurakutei-Palast im Wäldchen von Kitano, und die von der Unterstadt in der Sechseckhalle. Unter diesen trat eine Maus mit verständigem Gesicht hervor und sprach: »Da die Dinge einmal so liegen, wird uns wohl nichts anderes übrigbleiben, als mit dem Leben abzuschließen. Was können wir tun, um unser Leben noch einmal zu verlängern?«, und man erörterte alles mögliche. Über der Bekanntmachung in der Hauptstadt waren bereits fünfzig Tage vergangen, nicht eine Fischgräte hatten sie zwischen die Zähne bekommen, es war ihnen nicht einmal vergönnt, Ölgebackenes oder Brathähnchen zu riechen, und wenn sie nicht von einer Katze erwischt wurden, so mußten sie von alleine Hungers sterben. Da ergab sich zufällig ein guter Plan. Man hatte nämlich folgendes gehört: Anläßlich von Landvermessungen in Ōmi hatte man bei der Festsetzung der Feldsteuer den Bauern mit Gewißheit gestattet, den Reis ungeschnitten zu lassen. Wenn man nun als allererstes während des Winters dorthin ginge, Weib und Kind unter den Reispflanzen unterkommen ließe, dort Neujahr verbrächte und die Wärme abwartete, dann könnte man den Nothelfer Jizô im nördlichen Distrikt anflehen, man könnte in die Berge linker und rechter Hand überallhin vorstoßen, zum Ikaga- und zum Okudani-Berg, und, wenn es auch ein bißchen Furcht einflößte, nach Sekigahara am Ibuki-Berg, nach Samegai, Surihari, Sawayama, nach Takanohata und dem Tokoro-Berg, zum Hakusanji-Berg, zu den Äckern von Konari im Ober-Gamô, zum Fuse-Berg, Nunobiki-Berg, zum Hachiman-Berg mit dem Kannon-Tempel, zum Spiegelberg und zum Morgensonnenberg, zum Adlerschwanzberg im Distrikt Kô, zu den Dörfern und Ortschaften beim Mikami-Berg, Shigaraki-Berg, Ishi-Berg, nach Awazu, Matsumoto, Uchidenohama, zum Injô-Tempel am Nagara-Berg, zum Kloster Enryaku, nach Sakamoto, Katata, Hira, Komatsu, in die Gegend der Leuchtenden Gottheit von Shirahige, nach Uchioroshi, Imazu, Kaizu, Shiozu, an die Bucht von Shiga, und wenn sich eine Fahrgelegenheit zu Schiff böte, auf die Insel Chikubu, zum Kloster Chômyô, und sogar zur Insel Oki – man könnte da überall wilde Yamswurzeln ausgraben und fressen und einmal Leib und Leben fristen. Was wir mehr als alles andere vermissen: die großen Spiegelreiskuchen, Blütenblattkuchen, Röstküchlein, Hagelkuchen, Reiskuchenschnitten und Okoshi-Reis, werden wir, da bald Neujahr ist, unterm Frühlingsregen zum Trost in unserer Langeweile anbeißen, und wir werden fröhlich zusammen eins piepsen und uns vergnügen, und während sie so Pläne schmiedeten, wurden sie von ihrem Erzfeind, der Katze, verjagt, und noch der Rückzug brachte viel Gram. Indessen als die Mäuse sahen, wie auch die Katzen von jenen fürchterlichen Wesen, die man Hunde nennt, dort und hier umhergejagt wurden, wie sie an Straßen und Flußufern hinfielen und liegenblieben und wie sie von Regen und Erdreich durchnäßt wurden, faßten sie wieder Mut: es gibt doch eine Vergeltung! Und sie gingen nach allen Richtungen davon. Eine von den Mäusen, die lange Zeit bei einer adligen Priesterfamilie im Tempel gelebt hatte, hängte drei holperige Gedichte aneinander:

Will's Mäuslein fangen,
die Katz, doch steht hinter ihr
schon ein Hund bereit:
wer hier auf der Lauer liegt,
wird also selbst belauert!

Bin ich einst nicht mehr:
an diese Welt hienieden
zur Erinnerung
ein Wunsch: ach ein einzig Mal
jetzt nur keine Katzen mehr!

Piepsen wir ganz leis:
wie sie ihre Ohren stellt,
wie in der Katze
Augen dann die Funken sprühn –
ach ist das doch entsetzlich!

Der Mönch dachte in seinem Herzen, wenn ich diesen Vorfall den Leuten erzähle, wird sich das Gerücht breitmachen, ich sei verrückt, und er wollte sich sehr davor hüten, einem nahen Freund aber berichtete er von dem seltenen Traumspiel, und der sagte: »Ist das nicht zum Lachen!«, die Mäuse aber wurden, wie der Mönch es gesagt hatte, immer dünner gesät, sie schleppten nichts mehr weg, sie liefen nicht mehr neben dem Kopfkissen herum. Eine Verwaltungsmaßnahme dieser Art ist von alters her bis jetzt eine dankenswerte Sache. Der Fürst wird reich, das Volk gedeiht, für lange Zeit ist alles voll beglückt und man kann endlich sorglos sein.

Saufbrüderchen

In alter Zeit nannte man mit Rücksicht auf unsere Dynastie diese Gegend, wo Himmel und Erde sich trennten, das Land der Götter, doch stand auch das Gesetz Buddhas in Blüte, und desgleichen war man wohlversehen mit Herrscherregeln – angefangen vom ersten Menschenkaiser bis hin zum Kaiser der Ära Engi; die Regierung war schlicht, und man geruhte sich des Volkes anzunehmen: denkt man selbst an die Zeiten eines Yao und Shun, wie könnten sie besser gewesen sein? In der Welt traten dennoch merkwürdige Dinge in Erscheinung. Auf dem Berg Ōe in der Provinz Tamba wohnten Teufel, und sobald es dunkelte, kamen sie und raubten Menschen aus den Zentralprovinzen und sogar aus den anderen Provinzen, man weiß nicht wie viele. In der Hauptstadt hatten sie den Anfang mit siebzehn oder achtzehn hübschen Frauen gemacht, und sie raubten solche weiterhin in großer Zahl. Obwohl das Mitleid mit allen diesen nicht geringer war, richtete es sich nun doch auf folgendes: Der Mittlere Kabinettsrat Ikeda no Kunitaka, der im Kaiserpalast diente, war geschätzt und beliebt bei Seiner Majestät, die Kostbarkeiten häuften sich in seinem Hause, er gehörte zu einer reichen und vornehmen Familie, und er hatte eine einzige Tochter. Sie hatte eine Gestalt mit allen erdenklichen Vorzügen empfangen, und unter denjenigen, die dieses schöne Edelfräulein sahen oder von ihr hörten, gab es keinen, der sie nicht liebgewonnen hätte. Die Eltern waren ihr ganz besonders zugetan. Dieses so vornehme Fräulein verschwand eines Abends, man wußte nicht wohin. Allen voran der Vater Kunitaka, dann die gnädige Frau – sie jammerten; die Ammen, Wärterinnen, Frauen, selbst wer sonst noch gerade dazukam – sie drehten das oberste zuunterst. Der Kabinettsrat in seinem übergroßen Kummer rief die Palastwache zur Linken: »Nun höre, Palastwache! Ich vernehme, daß es einen Doktor von ehrenhaftem Ruf mit Namen Muraoka no Masatoki gibt, der in der Hauptstadt unvergleichlichen Ruhm genießt. Bring ihn her!« Die Wache sagte »zu Diensten«, brachte ihn her und führte ihn in den Palast. Mochte es noch so demütigend sein und den Leuten zu Ohren kommen – sowohl der gequälte Vater Kunitaka wie auch die Herrin setzten sich mit ihm zusammen: »Nun, Masatoki, höre. Nach menschlicher Gepflogenheit wird selbst einer mit fünf oder zehn Kindern keines davon vernachlässigen. Wir nun haben unsere einzige Tochter gestern abend in der Dämmerung aus den Augen verloren, ohne zu wissen, wohin sie ging. Sie ist in diesem Jahre dreizehn, und seit sie in einem Jahr des Tigers das Licht der Welt erblickt hat, war sie von Amme oder Wärterin begleitet, selbst wenn sie nur von der Veranda herunterstieg, und auch der rauhe Wind war ihr unangenehm, deshalb, falls dies das Werk eines die Menschen in die Irre führenden verwandelten Wesens ist – ach, warum nur hat es nicht mich mitsamt meinen Gefährten weggeholt!« So sprach er und hielt den Ärmel vor das Gesicht: »Befrage das Orakel, Doktor!« Und indem er vor dem Doktor Geld aufhäufte – hunderttausend Lochmünzen – fuhr er fort: »Falls du weißt, wohin das Fräulein gegangen ist, sollst du Kostbarkeiten in Menge erhalten. Nun befrage das Orakel recht, recht sorgfältig!« Der Doktor war natürlich ein berühmter Mann, und so zog er eine einzige Schriftrolle heraus, überblickte die gegebene Lage, schlug die Hände übereinander und sagte: »Was die Richtung anlangt, in welche das gnädige Fräulein gegangen ist, so handelt es sich um das Werk der Teufel auf dem Berg Ōe in der Provinz Tamba. In bezug auf ihr Leben habe ich nichts zu vermelden. Wenn aber meine Wenigkeit fernerhin einen Ratschlag erteilen dürfte: sollte man nicht ohne jeden Zweifel um ihr Leben beten? Wenn ich die Linien dieses Orakels richtig betrachte, so ist ein Gelübde vor Kannon abgelegt worden, und es erscheint mir wie ein Tadel, weil jenes Gelübde anläßlich ihrer Geburt noch nicht eingelöst wurde. Falls man eine Wallfahrt zur Kannon unternimmt und das Gelübde erfüllt, wird Kannon das gnädige Fräulein unversehrt in die Hauptstadt zurückkehren lassen« – so orakelte der Doktor, als ob er alles vorhersähe, und kehrte in sein Haus zurück.

Der Mittlere Kabinettsrat und auch die Herrin vernahmen dieses, und es war ohne Beispiel wie sie jammerten: ist's Traum oder ist's Wirklichkeit? Als der Herr Mittlere Kabinettsrat, noch während seine Tränen fielen, eilends einen Bericht für den Kaiserhof verfaßte, geruhte der Kaiser diesen einzusehen, und er versammelte Kanzler und Minister, doch die verschiedenen Meinungen gingen auseinander. Da trat der Herr Regent vor: »Zur Zeit des Kaisers Saga ereignete sich Ähnliches. Die Teufel wurden aber durch den Großmeister Kôbô gebannt, verließen das Reich, und es gab keine weiteren Schwierigkeiten. Wenn man aber jetzt und hier den Yorimitsu herbeirufen würde und ihm den Befehl erteilte, die Teufel zu schlagen, dann würden vor ihm und seinen Leuten – angefangen mit Sadamitsu, Suetake, Tsuna, Kintoki und Hôshô – die Teufel vor Angst erzittern und Respekt bekommen, so kommt mir zu Ohren. Diesen Leuten sollte man unbedingt Befehl erteilen!« Richtig, dachte der Kaiser, und ließ den Yorimitsu rufen. Als Yorimitsu den kaiserlichen Befehl vernahm und sich eilends in den Palast begab, empfing ihn der Kaiser: »Nun, Yorimitsu, höre! Auf dem Berg Ōe in der Provinz Tamba wohnen Teufel und verursachen Schaden. Haben hier in Unserem Land, innerhalb Unserer Grenzen vielleicht irgendwo Teufel zu hausen? Und erst recht besteht kein Grund dafür, daß sie in Unserer nächsten Umgebung Menschen quälen! Unterwirf sie!« So lautete der kaiserliche Auftrag. Yorimitsu vernahm den Befehl – ein wichtiger kaiserlicher Auftrag in der Tat! Aber da Teufel Wesen sind, die sich verwandeln können, würden sie da nicht – falls sie wüßten, daß ihnen eine Strafexpedition entgegenkommt – sich in Staub oder das Laub der Bäume verwandeln, und wäre es da nicht für unsere gewöhnlichen Menschenaugen schwierig, sie finden zu können? Doch wie könnte man sich einem kaiserlichen Befehl widersetzen! Ich werde eilends nach Hause zurückkehren, werde meine Leute zusammenrufen, und wir werden unser Gebet an Buddhas und Götter richten, an deren Kraft wir ja nicht heranreichen: um die Kraft der Götter müssen wir bitten, so wird es wohl richtig sein – so dachte Yorimitsu, und er pilgerte mit Hôshô zum Yawata-Schrein, Tsuna und Kintoki wallfahrteten nach Sumiyoshi, und Sadamitsu und Suetake schlossen sich zur Andacht in Kumano ein, und sie legten verschiedene Gelübde ab, und da unser Land von allem Anfang an ein Land der Götter und des Buddha-Gesetzes ist, hörten die Götter auf die Gebete, es gab immer wieder von neuem Gnadenerweise, und die Freude hätte nicht größer sein können – unter diesen Gedanken kehrten alle nach Hause zurück und versammelten sich an einem Ort, doch die verschiedenen Meinungen gingen auseinander.

Yorimitsu sprach: »Diesmal sind Menschen der Aufgabe kaum gewachsen. Wenn wir sechs alle zusammen uns als Bergasketen verkleiden, so tun, als hätten wir uns auf den Bergpfaden verirrt, uns nach der Burg der Teufel in der Provinz Tamba erkundigen und auf diese Weise ihre Wohnstätte in Erfahrung bringen, sollte es uns leicht gelingen, einen Kampfplan zu ersinnen und zuzuschlagen. Jeder bereite einen Tragkorb vor und lege Rüstung und Helm hinein. Nun, ihr Leute, wie ist's?« Da er so sprach, sagten sie »zu Diensten« und jeder richtete einen Tragkorb her. Zunächst nun Yorimitsu: Er legte in seinen Tragkorb eine Rüstung mit scharlachroter Schnürung, die er »Perlmuttkette« nannte, einen Helm mit fünfteiligem Nackenschirm in derselben Farbe, den er »Löwenkönig« nannte, dazu ein Schwert von zwei Fuß ein Zoll Länge, das er »Blutschlürfer« genannt hatte. Hôshô fügte zu einem Brustpanzer mit violetter Schnürung einen Helm von derselben Farbe; die kleine Lanze von zwei Fuß, die er »Felsenschneider« nannte, steckte er in den Tragkorb, indem er den Schaft zweifach mit Metallgewinden versah und ihn auseinanderschraubte auf eine Länge von drei Handbreiten. Auch Tsuna fügte zu dem Brustpanzer mit knospengrüner Schnürung den gleichfarbenen Helm und steckte sein Schwert mit Namen »Teufelsschneider« in den Tragkorb. Sadamitsu, Suetake und Kintoki fügten den von ihnen gewählten Brustpanzern ebenfalls die gleichfarbenen Helme zu und jeder steckte ein Schwert in seinen Tragkorb, das den anderen in nichts nachstand. In Bambusrohren, die man Sasae nennt, nahmen sie Reiswein mit, sie steckten Feuerstein und Zunder ein und befestigten Regenpapier oben auf ihren Tragkörben, sie nahmen Schwerter mit sich nach jedermanns Belieben, Kopftücher, Leinenjacke, Tritonshörner und Pilgerstäbe, wie sie die Bergasketen tragen, und während sie den Göttern und Buddhas im Lande Japan inbrünstig Gelübde ablegten, verließen sie die Hauptstadt und eilten nach der Provinz Tamba. Selbst ein Dämon wie Temmahajun hätte bei der Erscheinung dieser Leute Respekt empfunden.

Da sie sich beeilten, gelangten sie unversehens zum Berg Ōe, von dem man hört, daß er in der Provinz Tamba liege. Sie trafen einen Reisigsammler, und Yorimitsu sprach: »Nun, du Mann aus den Bergen, wo liegt denn der zehntausend Fuß hohe Berg in dieser Provinz? Weise uns doch gütigst das Felsenhaus der Teufel!« Der Gebirgler vernahm dies und erzählte, wenn man über diesen Gipfel hinübersteige nach der anderen Seite, und wieder jenseits des Tales und des nächsten Gipfels, das heiße man die Wohnstätte der Teufel, aber Menschen könnten dort nicht weitergehen. Yorimitsu hörte es, und mit dem Gedanken »sei's drum – diesen Gipfel nehmen wir«, drangen sie durch das Tal und erklommen den Gipfel, da aber sahen sie eine Felsenhöhle, und darinnen befanden sich in einem Reisighüttchen drei alte Männer, und als Yorimitsu sie sah, sagte er: »Was für Leute möget ihr sein? Ich kann euch nicht recht sehen!« Die Alten antworteten und sprachen: »Wir sind keine verwandelten Wesen, die andere in die Irre führen. Der eine ist aus dem Distrikt Kake im Lande Tsu, der andere aus dem Dorf Otonashi im Lande Ki. Und ich bin aus Yamashiro, aus der Nähe der Hauptstadt. Frau und Kinder wurden uns von dem Teufel namens Shutendôji, der sich jenseits dieses Berges aufhält, geraubt, und in unserem Gram sind wir eben hierhergekommen, um diesen Feind ebenfalls zu schlagen. Wenn ich die Herren Wandermönche richtig betrachte, so sind sie auch nicht gewöhnliche Leute. Sie sehen so aus, als hätten sie kaiserlichen Befehl erhalten und seien die Beauftragten, den Shutendôji zu vernichten. Da uns drei Alten Frau und Kinder entrissen wurden, wollen wir euch auf jeden Fall den Weg weisen. Legt doch auch die Tragkörbe ab und verschnauft ein bißchen, ihr solltet euch von der Anstrengung etwas ausruhen, ihr Wandermönche!« Yorimitsu hörte dies und sagte: »Wie Ihr es sagt, da wir vom Herumlaufen auf den Bergpfaden ermüdet sind, wollen wir uns von der Anstrengung etwas erholen.« Damit nahmen sie die Tragkörbe herunter und stellten sie ab, zogen den Wein in den Bambusrohren hervor und boten ihn den drei Männern zum Trinken an. Die Alten sagten: »Ihr müßt euch irgendwie einschleichen. Jener Teufel trinkt dauernd Wein, sein Name entspricht dem, er heißt Shutendôji, Saufbrüderchen. Wenn er vom reichlichen Wein betrunken daliegt, weiß er nicht mehr, was vorn und was hinten ist. Wir drei Alten haben hier nun einen wunderbaren Wein. Er heißt *Jimben-kidoku*-Wein, das bedeutet: ›den Göttern recht, für Teufel Gift‹. Wenn ein Teufel von diesem Wein trinkt, verliert er die Kraft, nach Belieben fliegen zu können, und er wird es nicht merken, wenn man ihn schneidet oder sticht. Trinkt dagegen ihr diesen Wein, wird er euch zum Heiltrank. Und so soll man ihn für alle Zeit *Jimben-kidoku*-Wein nennen. Er wird schon seine Wunderkraft erweisen!« Unter diesen Worten zog er einen mit Ziernieten geschmückten Helm hervor: »Setze diesen auf und schlage den Kopf des Teufels ab! Es wird dir dabei nichts geschehen« – und er fügte den besagten Wein bei und gab alles Yorimitsu. Die sechs Männer sahen zu, und wie sie zu Tränen gerührt dachten: »Sind uns hier nicht die Götter der drei Schreine erschienen?« und sich alles tief einprägten, konnten sie vor Dankbarkeit kaum mehr ein Wort hervorbringen. Da traten die Alten vor die Felsenkammer, erklommen, um den Weg zu weisen, den Zehntausendfuß-Gipfel, und als man eine etwa hundert Fuß lange, dunkle Felsenhöhle durchkrochen hatte und zu einem Bach in engem Tal hinausgetreten war, sprachen die Alten: »Steigt am Oberlauf dieses Baches empor und haltet Ausschau. Es muß sich dort ein Mädchen von siebzehn oder achtzehn Jahren befinden. Fragt sie gründlich aus. Sobald ihr euch anschickt, den Teufel zu erschlagen, werden auch wir euch wieder beistehen. Soweit also sind euch die Götter von Sumiyoshi, Yawata und Kumano erschienen« – und damit verschwanden sie wie ausgelöscht.

Die sechs Männer sahen es, warfen sich anbetend auf den Spuren der heimkehrenden Gottheiten der drei Schreine zu Boden, und im Vertrauen auf die erhaltene Unterweisung stiegen sie am Bach empor. Da erblickten sie, wie ihnen gesagt worden, ein Mädchen von etwa siebzehn, achtzehn Jahren, das wusch blutige Sachen, und seine Tränen fielen darauf, und wie Yorimitsu sie sah, fragte er sie, wer sie sei. Das Mädchen aber vernahm es und sprach: »Nun, ich bin aus der Hauptstadt, aber ich wurde eines Nachts von Teufeln ergriffen und hierher gebracht, wo ich weder meine beiden geliebten Eltern noch meine Amme oder meine Wärterinnen zu sehen bekomme – ach habet Mitleid mit meinem so erbärmlichen Zustand!«, und sie weinte gar sehr. Doch während ihre Tränen fielen, sprach sie: »Dieser erbärmliche Ort nennt sich ›Felsenhaus der Teufel‹, und keine Menschenseele kommt hierher. Ihr Herren Wandermönche seid nun irgendwie hierher gelangt. Ach nehmt mich doch mit in die Hauptstadt zurück!«, und sie konnte nicht weitersprechen und weinte nur heftig. Als Yorimitsu das hörte, fragte er sie: »Wessen Fräulein Tochter seid Ihr denn in der Hauptstadt?«, und sie antwortete: »Ich bin die einzige Tochter des Mittleren Kabinettsrats Hanazono, aber ich bin hier nicht allein, wir sind mehr als zehn. Auch die Tochter des Mittleren Kabinettsrats Ikeda no Kunitaka ist kürzlich ergriffen worden und befindet sich hier, aber der Teufel liebt sie und hält sie noch zurück, später jedoch wird man aus ihrem Leib das Blut auspressen, es Wein nennen und trinken, und man wird es Zukost nennen und Fleischstücke abschneiden und essen, und daneben zu stehen und dieses Elend mitanzusehen, ist ebenfalls zum Verzweifeln. Der Tochter des Mittleren Kabinettsrats Horikawa hat man heute früh auch Blut ausgepreßt. Ich wasche eben ihr Leinenkleid, das macht mich so traurig. Ach es ist wirklich furchtbar« – und sie weinte heftig. Da war es wahrhaft nur natürlich, daß selbst die Männer, welche die Teufel gering achteten, allesamt an Tränen würgten. Yorimitsu sagte: »Wir sind hierher gekommen, um die Teufel mir nichts, dir nichts zu unterwerfen und euch alle in die Hauptstadt zurückzubringen. Nun beschreibt uns bitte die Wohnstätte der Teufel!« Als das Fräulein von dieser Sachlage vernahm, sprach sie: »Ist's Traum oder ist's Wirklichkeit? Wenn es darum geht, werde ich sprechen. Also: Steigt weiter diesem Bach entlang hinan und haltet Ausschau. Da ist ein eiserner Wall errichtet und es sind eiserne Torbauten erstellt, in diesen sind Teufel versammelt und halten Wache. Dort solltet ihr irgendwie hineinkommen und euch umschauen. Drinnen stehen ziegelgedeckte, smaragdene Palasthallen, an denen Edelsteine herabhängen. In den vier Himmelsrichtungen hat man die vier Jahreszeiten nachgebildet, und unter der Bezeichnung ›Erlauchter Ort aus Eisen‹ hat man ein eisernes Haus errichtet, und sobald es Nacht wird, versammelt er uns darinnen, heißt uns kosen und Hände und Füße streicheln, und wir stehen auf und legen uns nieder. Am Eingang des Käfigs hat er aus der Schar seiner Untergebenen den Hoshikumadôji, den Kumadôji, den Torakumadôji und den Kanedôji, die er seine Vier Himmelskönige nennt, als Wache aufgestellt. Wie ich hörte, ist die Stärke dieser vier Männer von solchem Ausmaß, daß es niemanden gibt, mit dem man sie vergleichen könnte. Shutendôji nun sieht folgendermaßen aus: seine Hautfarbe ist hellrot, er ist von großer Gestalt, sein Haar ist rundum abgeschnitten und steht ihm wirr um den Kopf, und wenn er tagsüber auch als Mensch erscheint, ist er doch fürchterlich, sobald es Nacht wird – er ist dann über zehn Fuß hoch, und es gibt keinen, mit dem ich ihn vergleichen könnte. Dieser Teufel trinkt dauernd Wein. Liegt er betrunken da, dann merkt er es nicht einmal, wenn er sein Leben verliert. Schleicht euch also irgendwie ein, schenkt dem Shutendôji Wein ein, und wenn ihr seht, daß er betrunken daliegt, erschlagt ihn, wie es euch gefällt. Schließlich müssen Dämonen erschlagen werden, wenn ihr Schicksal erfüllt ist! Macht euch irgendwie einen Plan, ihr Wandermönche!« So sprach sie.

Nun, die sechs Männer verließen sich auf die Worte des Mädchens, und als sie am Oberlauf des Baches emporstiegen, gelangten sie alsbald an ein eisernes Tor. Die Teufelswächter sahen sie und munterten sich gegenseitig um die Wette auf: »Was sind denn das für Leute, ei, merkwürdig! Daß wir gerade zu einem Zeitpunkt, da er einen Menschen liebt, statt ihn zu fressen, erfahren sollen, daß Narren wie Motten sind, die ins Feuer fliegen! Auf denn, hereingezogen, zerschnitten und gefressen!« Einer von den Teufeln sagte: »Man soll nichts überstürzen und damit Schaden anrichten! Eine so merkwürdige Zuspeise schickt sich nicht für uns. Wir sollten dem Herrn davon Kunde geben und sie seinen Wünschen entsprechend hereinziehen, zerschneiden und fressen!« So sprach er. Wahrhaftig, das war richtig, und während man so dem Inneren zuschritt, erstatteten die Wächter Bericht, es verhielte sich so und so, und als der Dôji das vernahm, meinte er: »Das sind merkwürdige Umstände! Ich will auf jeden Fall mit ihnen reden. Bittet sie hierher!« – und so bat man die sechs Männer auf die Galerie. Hierauf nun blies ein übelriechender Wind, es donnerte und es blitzte, daß man vergaß, wo vorn und wo hinten war, und mitten darin, hellrot von Farbe, groß von Gestalt, die Haare rundum abgeschnitten und wirr abstehend, mit einem Eisenstab als Stock und finster um sich blickend stand er da, daß sich einem alle Haare sträubten. Der Dôji sagte: »Der Berg, auf dem ich wohne, ist kein gewöhnlicher Berg. Hoch ragen seine Felsen auf, tief eingeschnitten sind seine Täler, kein Weg ist vorhanden. Selbst die Schwingen, die den Himmel streifen, und die Tiere, die auf dem Erdboden laufen, kommen nicht hierher, da es weder Weg noch Steg gibt. Nun gar ihr alle, als Menschen – seid ihr etwa gekommen, indem ihr durch die Lüfte gefahren seid? Sprecht, ich will es hören!« Yorimitsu vernahm es und sprach: »In der Absicht, die geheimen Künste zu erlernen, bahnte sich der Eremit En einst einen Weg auf pfadlosen Bergen, er ging, wo Teufel wie Hinterteufel, Vorderteufel, Übler Teufel sich befanden, und traf mit ihnen zusammen, und sie lehrten ihn Zaubersprüche und gaben ihm Speise, und unaufhörlich, Jahr für Jahr bis jetzt, versehen sie ihn mit Nahrung und umsorgen ihn. Wir Wandermönche schöpfen aus demselben Strom. Was unsere Heimat anlangt, so sind wir vom Berge Haguro in Dewa; wir hatten uns zum Jahreswechsel auf den Ōmine zurückgezogen, und da es allmählich Frühling wurde, haben wir uns gestern noch mitten in der Nacht aufgemacht, um einen Blick auf die Hauptstadt zu werfen, aber wir sind auf den finsteren Gebirgspfaden in die Irre gegangen, und während wir uns dachten, daß es doch einen Weg geben müßte, sind wir nun bis hierher gekommen. Hier vor das Angesicht des Dôji zu gelangen, das ist ganz und gar eine Fügung des Eremiten En und für uns außerordentlich beglückend. Daß man den Schatten ein und desselben Baumes genießt, daß man aus dem Strom ein und desselben Flusses schöpft – das sind, wie man hört, Verknüpfungen aus einem früheren Leben. So gewähre uns für ein Weilchen Unterkunft! Da wir Wein mitgebracht haben, möchten wir in tiefstem Respekt dem Dôji einen Becher darreichen, und auch wir wollen uns am Wein laben und die ganze Nacht hindurch ein Trinkgelage halten!«

Als der Dôji das vernahm, rief er sie von der Galerie zu sich hinauf, in der Meinung, sie seien harmlose Leute, und um ihr Herz weiter zu erforschen, sagte er: »Ich höre, daß ihr Wein mitgebracht habt. Auch ich möchte den Herren Wandermönchen eine Schale Wein anbieten, jedem von euch!« Und so erwiderten sie »zu Diensten«, vor dem Dôji aber standen Weinkrug und Schale, gefüllt mit ausgepreßtem Blut, das er Wein nannte. Der Dôji hob die Schale und bot sie Yorimitsu an. Yorimitsu erhob sie und leerte sie bis auf den letzten Tropfen. Shutendôji sah es und gebot: »Die Schale weiter an den nächsten«, und so sagte Yorimitsu »zu Diensten« und reichte sie Tsuna. Auch Tsuna nahm die Schale in Empfang und leerte sie bis auf den letzten Tropfen. Nun sprach der Dôji: »Ist keine Zuspeise da?«, da hieß es »zu Diensten«, man schien jetzt etwas zu schneiden, und auf einem Brett legte man Arm und Schenkel vor dem Dôji nieder. Sowie der Dôji es sah, sagte er: »Richtet euch etwas her und langet zu!« Mit einem »zu Diensten« sah Yorimitsu, was da zu schneiden war, sagte: »Ich richte mir etwas her und greife zu!«, zog das Messer, das er an der Hüfte stecken hatte, schnitt ein vier bis fünf Zoll großes Stück Fleisch ab und verzehrte es schmatzend. Sowie Tsuna das sah, schnitt er mit den Worten »Dank der ehrenwerten Gabe, auch ich greife zu« ebenfalls ein Stück von vier, fünf Zoll ab und aß es offensichtlich mit Wohlbehagen. Als der Dôji das sah, sprach er: »Wie sonderbar! Auf was für einem Berge mögen die Herren Wandermönche wohl zu leben gewohnt sein, daß sie so merkwürdigen Wein und Zukost zu sich nehmen?« Yorimitsu vernahm es und erwiderte mit artigem Gruß: »Dein Argwohn ist verständlich. Als wir die geheimen Künste lernten, hieß es: Es geht nicht an, etwas abzulehnen, das aus Barmherzigkeit geboten wird – mag es auch unserem Herzen nicht genehm sein. Insbesondere gibt es ein Wort, das mir beim Leeren der Schale solchen Weins und solcher Zukost im Sinne schwebte, wie wir im Leeren schweben, nämlich: Schlagen und geschlagen werden sind nur Traum, und da solches gerade Buddhaschaft bedeutet, die man in diesem Leib erlangt hat, gibt es beim Leeren und im Leeren nicht zweierlei Geschmack. Auch wir sind zusammen in der Schwebe, mit Respekt zu sagen.« Da mochte der Dôji wohl gedacht haben, »bei Göttern und Dämonen gibt es keine Abwege«, denn er war so fröhlich, daß er sogar den artigen Gruß des Yorimitsu erwiderte. Der Dôji sprach: »Es tut mir leid, daß ich euch Wein und Zukost vorgesetzt habe, die eueren Herzen mißfallen. Sie sind untauglich für die übrigen Herren Wandermönche«, und es sah aus, als ob sein Herz sich beruhigt habe. Nun verließ Yorimitsu die Stube und brachte den erwähnten Wein herbei. »Da wir diesen Wein von der Hauptstadt mitgebracht haben, möchten wir auch dem Dôji ehrerbietigst eine Schale anbieten. Zum Vorkosten –«, damit leerte Yorimitsu eine Schale und reichte sie dann dem Dôji hin. Der Dôji nahm die Schale in Empfang und leerte sie ebenfalls. Wahrhaftig, dank dem, was den Göttern recht, glich der Geschmack des Weins dem Honigtau, unvorstellbar, unsagbar köstlich. Er freute sich über alle Maßen, sprach: »Da sind Mädchen, die ich sehr liebe, ruft sie herbei, ich will sie trinken lassen!«, und man rief die Tochter des Kunitaka und die Tochter des Hanazono und brachte sie in die Stube. Als Yorimitsu dies sah, schenkte er ihnen ein mit den Worten: »Dies biete ich den Damen aus der Hauptstadt an!«

In übergroßer Freude und benommen vom Rausche sprach der Dôji: »Ich will euch aus meiner Vergangenheit erzählen! Was meine Heimat anlangt, so bin ich aus Echigo, und ich bin als Knabe in einem Bergkloster erzogen worden, aber da gab es Eifersüchteleien unter den Mönchen, und man hat mehrere Mönche erstochen, und so bin ich in jener Nacht auf den Berg Hiei gelangt und dachte, das ist der Berg, auf dem ich Wohnung nehme. Ein Mönch namens Dengyô jedoch redete von den Buddhas und jagte mich davon, indem er erklärte, dies sei die Lichtung, auf der *er* stehe. Meine Kräfte waren ihm nicht gewachsen und ich verließ den Berg, und wiederum, als ich auf diesem Gipfel hier wohnte, kam ein widerlicher Kerl, der sich Großmeister Kôbô nannte, und weil er mich mit seinen Beschwörungen auch von da vertrieb, gibt es jetzt an diesem Ort hier, den keine Kraft erreicht, auch keine solchen Mönche. Sie halten ihre letzte Meditation auf dem Berg Kôya. Wenn ihr jetzt wiederum zurückkehrt von hier, sollt ihr nichts darüber verlauten lassen. Ich lasse mir aus der Hauptstadt die Mädchen herbeibringen, die ich haben möchte, und beschäftige sie, wie es mir gefällt, und schaut euch doch nur einmal hier um! An den smaragdenen Palasthallen hängen Edelsteine herab, und Ziegel reiht sich an Ziegel, zehntausend Bäume und tausend Kräuter hat man vor Augen, man denkt, es sei Frühling, aber auch der Sommer ist da, man denkt, es sei Herbst, aber auch der Winter ist vorhanden. Innerhalb einer solchen Stube habe ich als ›erlauchten eisernen Ort‹ ein Haus aus Eisen errichtet, und sobald es Nacht wird, versammle ich darinnen die Frauen, lasse sie meine Hände und Füße streicheln und heiße sie aufstehen und sich niederlegen, und welcher Fürst von Himmels Gnaden könnte es mir hierin wohl zuvortun? Was mir jedoch das Herz bedrückt: da gibt es einen bösen Krieger, in der Hauptstadt wohl bekannt, namens Yorimitsu. Seiner Kraft läßt sich nichts in Japan an die Seite stellen. Unter den Gefolgsleuten dieses Yorimitsu sind Sadamitsu, Suetake, Kintoki, Tsuna und Hôshô allesamt Krieger, welche beide Arten der Künste, die schönen Künste und die kriegerischen Künste, beherrschen. Diese sechs Männer bedrücken mir das Herz. Und warum das so ist: Es war im vergangenen Frühling, als ich einen mir dienenden Teufel namens Ibarakidôji als Boten in die Hauptstadt gehen hieß und dieser am Graben bei der Siebenten Querstraße auf jenen Tsuna traf. Ibaraki erfaßte sofort die Sachlage, nahm die Gestalt einer Frau an, näherte sich dem Tsuna, ergriff stracks seinen Haarknoten, packte ihn fest und wollte ihn mit sich nehmen, sobald aber Tsuna das sah, zog er flugs seine drei Fuß fünf Zoll Eisen und schlug Ibarakis Arm ab, hast du nicht gesehn, so geschickt. Der dachte sich schließlich eine List aus und holte seinen Arm wieder zurück, doch ich will jetzt davon nicht weiter reden. Aus Widerwillen und Furcht vor diesen Kerlen gehe ich nicht in die Hauptstadt.«

Daraufhin musterte Shutendôji Gestalt und Augen des Yorimitsu, ohne ihn aus dem Blick zu lassen, und sagte: »Ihr seid wohl merkwürdige Leute, und wenn ich deine Augen richtig betrachte, bist du doch Yorimitsu! Und der nächste, das ist Tsuna, der dem Ibaraki den Arm abschlug! Die übrigen vier sind, denk ich, Sadamitsu, Suetake, Kintoki und Hôshô. Die Augen, mit denen ich euch schaue, werden sich wohl nicht täuschen – das ist abscheulich, erhebet euch! Ihr Teufel, die ihr gerade hier seid, nehmt euch in acht, verletzt euch nicht! Auch ich gehe«, und wie er so sprach, wechselte er die Farbe und war in schrecklicher Aufregung. Als Yorimitsu dies sah, dachte er, es sei ein großes Unglück, wenn er jetzt Ausflüchte mache und dadurch Schaden stifte, und da er ein Mann war, der von Grund auf sowohl die kriegerischen wie die schönen Künste beherrschte, lachte er dröhnend, ohne sich im mindesten beunruhigt zu zeigen: »Nun, das ist ein fröhliches Wort! Den tapfersten Kriegern Japans sollen wir Bergasketen gleichsehen! Selbst die Namen dieses Yorimitsu und Suetake höre ich zum erstenmal, erst recht haben meine Augen diese Leute noch nie erblickt. Wenn ich richtig verstehe, was du eben gesagt hast, dann höre ich allerdings, daß es verruchte, grausame Menschen sind. Ist es nicht unerhört, schändlich – solchen Leuten nur zu gleichen, ist schon abscheulich! Hier eine Unterweisung in unsere geheimen Künste: In alter Zeit hat Śakyamuni, um Lebewesen zu erretten, die Pfade des Gebirges zu seiner Wohnung gemacht und seinen Leib hungernden Tigern und Wölfen hingegeben; um Fühlendes und Gefülloses zu erlösen, hat er sich Shufû genannt und zog in die verschiedenen Länder, um sich religiöser Übung zu widmen. Als er einmal auf einem Bergpfad dahinzog, tönte es vom Grunde eines tiefen Tales herauf: ›Alles Irdische ist vergänglich‹, und daher stieg er, obwohl er nicht wußte, was für ein Wesen es war, hinab ins Tal und sah nach, da war dort ein schrecklicher Teufel mit acht Häuptern und neun Füßen, der ›Neunfuß-Achtgesicht-Dämon‹. Shufû näherte sich ihm und sprach: ›Lehre mich den Rest des halben Spruchs, den du eben rezitiert hast!‹ Der Dämon antwortete: ›Es ist zwar leicht, dich das zu lehren, doch ich habe den Hunger vor Augen und bin kraftlos; wenn ich den Leib eines Menschen zu mir nehmen könnte, würde ich den Rest rezitieren.‹ Als Shufû das vernahm, sagte er: ›Das ist wohl leicht zu machen. Wenn du den Rest aufsagst, werde ich hier dir zur Speise dienen.‹ Da freute sich der Dämon gewaltig und rezitierte den Rest des Spruches. Und als er rezitierte: ›Das ist das Gesetz von Werden und Vergehen; Werden und Vergehen nehmen ein Ende, und das Erlöschen wird zur Freude‹, wurde Shufû belehrt und ließ sich, indem er dankend grüßte, in das Maul des Dämons hineinstecken, doch da erschien er als Bodhisattva, als Nothelfer, der Dämon war nämlich Vairocana Buddha, und Shufû war Śakyamuni. Und als er einmal ein Stück seines Leibes vom Gewicht einer Taube abschnitt und einem Falken darbot, geschah es ebenfalls, um Lebendiges zu retten, und da wir Bergasketen, die wir uns zufällig hier befinden, denselben Werken nachgehen, sollst du, indem ich dir einen Spruch darbiete, schnell Zuversicht gewinnen: Man soll sich um etwas so nichtig wie Tau und Staub nicht grämen!« Und weil Yorimitsu sprach, als ob alles seine Richtigkeit habe, ließ sich der Dôji überlisten, sein Gesicht nahm wieder die alte Farbe an und er sprach: »Ich danke dir für deine Worte. Zwar denke ich, daß jene Kerle unmöglich bis hierher kommen werden, doch da mir dies dauernd auf dem Herzen liegt, vergesse ich den Grund meiner Sorge nicht einmal, wenn ich betrunken bin. Nimm es also für Geschwätz, da ich trunken war vom Wein, den ihr mitgebracht habt. Daß ich so rot bin, macht der Wein! Haltet mich nur nicht für einen Teufel! Ich sehe nicht anders aus als ihr – mag ich auch fürchterlich erscheinen, schaut man nur flüchtig hin – gewöhnt man sich an mich, bin ich ein freundlicher Bergasket« – und er sang und tanzte und beruhigte sein Herz, und wie er sich immer und immer wieder einschenken ließ und trank, drang ihm der Wein, der ja jener *Jimben-kidoku*-Wein war, durch die Fünf inneren Organe und die Sechs Eingeweide, Herz und Erscheinung gerieten in Verwirrung und er sprach: »Wie ist's, ihr Teufel, die ihr gerade hier seid, ihr sollt auch etwas von diesem wunderbaren Wein bekommen, und dann sollt ihr die Herren Wandermönche ergötzen und eins tanzen!« – »Zu Diensten«, sagte Yorimitsu, und auf der Stelle sah er sich um, und mit den Worten: »Erst will ich euch Wein einschenken« kredenzte er den nebeneinander sitzenden Teufeln von dem besagten Wein, so daß er ihnen durch die Fünf inneren Organe und die Sechs Eingeweide drang und sie vorn und hinten nicht mehr unterscheiden konnten. Da stand aber unter ihnen Ishikumadôji mit einem Schwung auf und tanzte.

»Was für Leute doch
haben aus der Hauptstadt sich
hier zu uns verirrt?
Wein und Zukost allzumal
wird da wohl zugeteilet!
Ei wie lustig doch!«

So sang und tanzte er wiederholt, zwei, drei Mal. Hörte man gut hin, so erkannte man als Bedeutung des Liedes: die hier anwesenden Bergasketen sollen zu Wein und Zukost gemacht werden! Alsbald stand Yorimitsu auf um einzuschenken. Sowie Tsuna sah, daß der Dôji die Weinschale in Empfang genommen hatte, erhob er sich mit einem Schwung und tanzte.

»Vorbei ging das Jahr,
im Felsenhaus der Teufel
zog der Frühling ein.
Der Wind, er verführet die
Blüten und streut sie umher.
Ei wie lustig doch!«

Und auch er sang und tanzte wiederholt, zwei, drei Mal. Die Bedeutung dieses Liedes war: mit den hier anwesenden Teufeln werden wir es machen wie der Sturmwind, der die Blüten zerstreut – die Teufel aber fanden nicht im mindesten die Bedeutung dieses Liedes heraus, sie hatten das Gefühl, es sei sehr lustig, und mehr und mehr umfing sie der Rausch, und der Dôji sagte: »Nun, ihr Teufel, die ihr hier anwesend seid! Ihr müßt mir die Herren Wandermönche recht ergötzen! Die zwei Damen lasse ich in meinem Palast zurück. Jetzt wird ein bißchen ausgeruht! Morgen wollen wir wieder zusammenkommen.« Damit begab sich der Dôji ins Innere seiner Burg. Sobald die verbliebenen Teufel sahen, daß der Dôji sich zurückzog, streckten sie sich da und dort aus und lagen da wie Tote.

Als Yorimitsu das sah, näherte er sich den beiden Edelfräulein: »Wessen Fräulein Töchter seid ihr in der Hauptstadt?« – »Ich bin die Tochter des Mittleren Kabinettsrats Ikeda no Kunitaka, ich wurde vor kurzem geraubt und hierher gebracht und weder meine beiden geliebten Eltern, noch meine Amme oder meine Wärterinnen habe ich zu sehen bekommen – ach habt Mitleid mit meinem so erbärmlichen Zustand!«, so brachte sie heftig weinend hervor. Als sie nun das andere Edelfräulein fragten, sagte sie: »Ich bin die jüngere Tochter des Staatsrats Yoshida«, und immer wieder: »Wie verhaßt ist mir, daß mein Leben immer noch nicht erloschen!«, und die beiden Fräulein schonten ihre Stimmen nicht und weinten herzzerbrechend. Als Yorimitsu dies vernahm, sprach er: »Da ist es recht und billig, wenn wir heute nacht die Teufel unterwerfen und euch mit uns in die Hauptstadt nehmen, wo ihr eure geliebten Eltern zu Gesicht bekommen sollt. Führet uns zu dem Schlafgemach des Teufels!« Und als die beiden Edelfräulein das vernahmen, sprachen sie: »Ist's Traum oder ist's Wirklichkeit?«, und sie sagten: »Wenn die Dinge so stehen, wollen wir gut und gerne den Führer zum Schlafgemach des Teufels machen, doch seht euch gut vor!«, und Yorimitsu dachte vor allem: »Wenn es sich so verhält, wollen wir uns gut rüsten!«, und er trat heimlich zur Seite. Yorimitsu warf sich nun in seine »Perlmuttkette« genannte Rüstung mit der scharlachroten Schnürung, er setzte den von den Göttern der drei Schreine verliehenen Helm mit dem Nietenzierat auf und darüber stülpte er seinen eigenen, »Löwenkönig« geheißenen Helm von derselben Farbe, er trug sein Schwert »Blutschlürfer« und trat hervor, in seinem Herzen betend und den Nothelfer Hachiman anrufend. Die übrigen fünf Männer legten ebenfalls ihre jeweiligen Rüstungen an, jeder trug ein Schwert, das auch nicht geringer war, und mit den Frauen an der Spitze schritten sie in aller Heimlichkeit und kühlen Herzens voran. Sie traten aus der geräumigen Stube heraus und überschritten eine steinerne Brücke, und als sie die Lage im Innern der Burg in Augenschein nahmen, lag alles betrunken da, nicht ein Teufel war da, der sie mit »Wer da!« angerufen hätte. Sie kletterten und stiegen über die Teufel hinweg, und als sie nun schauten, war mitten in einer geräumigen Stube ein Haus aus Eisen errichtet, an seiner Tür war ein dicker eiserner Riegel vorgeschoben, und mit gewöhnlicher menschlicher Kraft konnte man unmöglich ins Innere eintreten. Als sie durch das Gitter hineinblickten, waren an allen vier Seiten Lichter hoch aufgestellt, man hatte Eisenstäbe und Lanzen nebeneinander hingestellt, und als sie die Gestalt des Dôji betrachteten, hatte er sich ganz in seine Nachtgestalt verwandelt, er war mehr als zwanzig Fuß hoch, sein Haar war rot und stand zu Berge, zwischen den Haaren hervor wuchsen Hörner, Bart und Augenbrauen waren ihm üppig gediehen und gingen ineinander über, Hände und Füße glichen Bärentatzen, und weit hatte er alle viere von sich gestreckt – betrachtete man ihn, wie er so dalag, mußten sich einem alle Haare sträuben. Wie gut, daß die drei Götter erschienen und sprachen: »Bis dahin habt ihr es sehr geschickt gemacht. Nun seid guten Mutes! Wir wollen Hände und Füße des Teufels mit Ketten binden und sie an Pfosten in den vier Himmelsrichtungen festknüpfen, so wird er wohl nicht dazu kommen, sich zu bewegen. Yorimitsu schlage ihm den Kopf ab, ihr übrigen fünf stellt euch vorne und hinten hin und haut ihn in Stücke! Es wird euch kein Leid geschehen«, und sie stießen die Türflügel auf und verschwanden wie ausgelöscht. Tief prägten es die Männer in ihre Herzen ein, und sie freuten sich unendlich, daß ihnen die Götter der drei Schreine soweit erschienen waren, und im Vertrauen auf ihre Unterweisung trat Yorimitsu zu dem Haupte hin, zog den Blutschlürfer, rief dreimal die Gottheiten der drei Schreine an und erbat ihren Beistand und schlug zu: da öffnete der Teufel die Augen, und mit den Worten: »[illegible] wie erbarmungslos, ihr Wandermönche, und ich hatte doch gehört, daß ihr ohne Trug seid – für Götter und Dämonen gibt es ja keine Abwege« – wollte er aufstehen, aber weil ihm Hände und Füße mit Ketten gebunden waren und er nicht aufstehen konnte, erhob er seine Stimme und brüllte, und seine Stimme war, als ob Donner und Blitz und Himmel und Erde erdröhnten.

Die Krieger hatten natürlich sehr scharfe Schwerter, und weil sie unablässig mit raschen Schwerthieben zuschlugen, sprang das Haupt bis zum Himmel empor. Es faßte Yorimitsu ins Auge und zielte mit einem Biß auf ihn. Durch den nietengeschmückten Helm wurde es jedoch in Schrecken versetzt, und Yorimitsu geschah kein Leid. Sie hieben Beine und Arme vom Rumpf ab und traten in den großen Hof hinaus. Aus der Mitte der zahlreichen Teufel meldete sich Ibarakidôji: »Den Kerlen, die den Herrn erschlagen haben, will ich zeigen, was ich kann!«, und unbewegten Angesichts trat er zum Kampfe an. Sobald Tsuna ihn sah, bedrängte er ihn mit den Worten: »Was du kannst, sollte ich wohl wissen – dir will ich mal was zeigen!«, doch obwohl sie eine Weile miteinander kämpften, war weder Sieg noch Niederlage zu ersehen. Mit Gewalt nebeneinander tretend packten sie sich mit festem Griff und rangen miteinander, um den oberen nach unten zu zwingen, die Kraft des Tsuna war die von dreihundert Männern, aber die Kraft des Ibaraki wird wohl noch gewaltiger gewesen sein, denn er nahm den Tsuna und warf ihn zu Boden. Yorimitsu sah es, lief herbei und hieb Ibarakis jämmerlichen Kopf ab, aber sowie Ishikumadôji, Kanedôji und mehr als zehn andere Teufel, welche die Tore bewachten, dies sahen, schrien und brüllten sie, jetzt, da der Dôji nicht mehr sei, wo sollten sie da noch wohnen? Da sollte doch auch das Felsenhaus der Teufel in Stücke fallen! – und sie stellten sich zum Kampf. Die sechs Männer sahen es, und um den großtuerischen Kerlen zu zeigen, was sie konnten, kehrten sie die Kriegskünste hervor, die sie gelernt hatten, jagten hier die Teufel und trieben sie dort davon, und die vielen Teufel wurden allesamt unterworfen, und nun ruhten die Männer ein Weilchen aus und schöpften wieder Atem.

Yorimitsu sprach: »Nun, ihr Damen, ihr möget rasch heraustreten, jetzt wird euch kein Leid mehr geschehen!«, und sowie die geraubten Frauen seine Stimme vernahmen, stürzten sie aus ihrem Gefängnis hervor, und als sie Yorimitsu sahen, riefen sie: »Ist's Traum oder ist's Wirklichkeit? Rettet doch auch mich!«, und sie falteten die Hände: »Mich auch! Mich auch!«, und wollte man für ihr Seufzen und Klagen einen treffenden Vergleich finden, kommt einem zum Bewußtsein, so eben muß es sein, wenn ein schwerer Sünder den Händen der Höllenschergen übergeben und in die Hölle mit ihren endlosen Qualen geworfen wird, nun aber wird er durch den Stab des Nothelfers Jizô mit einem Zauberspruch herausgeholt und gerettet.

Als nun die sechs Männer mit den Edelfräulein an der Spitze die innere Palastanlage betrachteten, hingen an Hallen und Türmen Edelsteine herab, man sah die vier Jahreszeiten dargestellt, Ziegel reihte sich an Ziegel – unvorstellbar, unsagbar prächtig. Wiederum, als sie zur Seite blickten, lagen da Totengerippe und gebleichte Knochen, lag da rohes Menschenfleisch und solches, das in Essig eingemacht war, und inmitten dieses unerträglichen Anblicks, weinend und klagend, ein Mädchen von siebzehn oder achtzehn Jahren, dem ein Arm abgenommen und die Schenkel abgetrennt waren und von dem das Leben noch nicht gewichen war, und als Yorimitsu sie sah, fragte er, wessen Fräulein Tochter in der Hauptstadt dieses Edelfräulein sei. Die Fräulein vernahmen es und sagten: »Das eben ist die Tochter des Mittleren Kabinettsrats Horikawa«, und Yorimitsu lief eilends zu ihr hin: »Wie denn, edles Fräulein, das ist ja furchtbar! Wir sind Wandermönche, welche die Teufel allesamt unterworfen haben und Euch in die Hauptstadt zurückführen wollen, und nun soll ich in die Hauptstadt zurückkehren und Euch allein hier lassen! Ach welcher Kummer! Selbst in solch schauerlicher Hölle wird mein Herz von Euch angezogen, bei Euch wird es zurückbleiben«, und er streichelte ihr Haar: »Wenn es irgend etwas gibt, was Ihr auf dem Herzen habt, was es auch sei, erzählt es mir. Wenn wir in die Hauptstadt zurückgekehrt sind, wollen wir es Vater und Mutter wohl übermitteln. Mein edles Fräulein, wie ist es!« Da er also sprach, erfuhr sie, wie es stand: »Ihr beneidenswerten Menschen! Wie ich mich schäme, daß dieses so jämmerliche Leben, vergänglich wie Tau, nicht längst erloschen und ich den Menschen eine solche Gestalt zeigen muß! Wenn ihr in die Hauptstadt zurückkehrt und Vater und Mutter dies wissen laßt – ach der Kummer, mit dem sie mich gar sehr beklagen werden! Ein Andenken wird zwar Anlaß zur Trauer sein, doch schneidet trotzdem mein schwarzes Haar ab und sagt, es sei ein Andenken an die Tochter. Und saget, daß ich dieses Gewand mit den kleinen Ärmeln bis zur letzten Stunde getragen habe, wickelt das schwarze Haar hinein, gebt es meiner lieben

Mutter und saget ihr eindringlich, sie möge für mein Leben in einer anderen Welt beten. Und nun, ihr Wandermönche dort, bevor ihr euch auf den Rückweg macht, erweiset mir den Dienst, meine Kehle zu durchschneiden und mein Leben zu beenden« – und sie weinte herzzerbrechend. Yorimitsu vernahm es, und mit den Worten: »Wahrhaftig, das ist recht und billig. So werden wir also in die Hauptstadt gehen und Vater und Mutter alles berichten, und wenn es auch übermorgen wird, so werden doch Leute kommen, um Euch abzuholen. Falls ich jetzt um Urlaub bitten und gehen darf ...« trat er aus der erbärmlichen Höhle heraus, und da sie Täler und Höhen eilends überschritten, gelangten sie unversehens dahin, wo die Unteren Dörfer am Fuße des Berges Ōe liegen. Yorimitsu sprach: »Nun, ihr Leute hier, lasset eilends Pferde stellen, die Damen sind in die Hauptstadt zu bringen! Wie steht's, wie steht's!«, und man sagte »zu Diensten«, zu dieser Zeit vernahm aber auch der damalige Statthalter von Tamba, den man den Herrn Kanzler vom Großpalast nannte, von dieser Sache, und da er es für ein begrüßenswertes Ereignis hielt, ließ er sie eilends mit Proviant versorgen. Mittlerweile schickte er sie mit Pferden und Sänften in die Hauptstadt.

Sobald man in der Hauptstadt davon hörte, zog man, um die Ankunft des Yorimitsu zu sehen, lärmend hinaus und wartete. Unter denen, die ausgezogen waren, befand sich auch der Herr Kabinettsrat Ikeda mit seiner Gattin, denen die Tochter entrissen worden war, und um sie möglichst bald zu treffen, gingen sie den Erwarteten bis wer weiß wohin entgegen, und als sie Yorimitsu endlich fanden, und es »da! hierher!« rief, schaute auch das Fräulein geschwind, und da war's die Mutter, und das Fräulein brach in Tränen aus. Wie die Mutter das sah, lief sie schnell herbei und hielt die Tochter fest – war es Traum oder Wirklichkeit? – und da sie herzzerbrechend weinten, vernahm es auch der Herr Mittlere Kabinettsrat, und in der großen Freude, die Tochter, von der er einmal getrennt, ein zweites Mal zu treffen, hieß er sie eilends nach Hause zurückkehren. Yorimitsu begab sich in den Palast des Kaisers, der Kaiser gewährte ihm Audienz und bewunderte ihn über die Maßen. Von nun an begann eine Regierungszeit, in welcher das Reich lange, lange friedlich gelenkt wurde. Es gab niemanden – von dem Einen Herrscher oben bis zu den Zehntausenden des Volkes unten –, der nicht die Verdienste jenes Yorimitsu als eines waffengewaltigen Kriegers von seltener Beispielhaftigkeit bewundert hätte.

Ihara Saikaku:
Das ewig währende Schatzhaus Japans

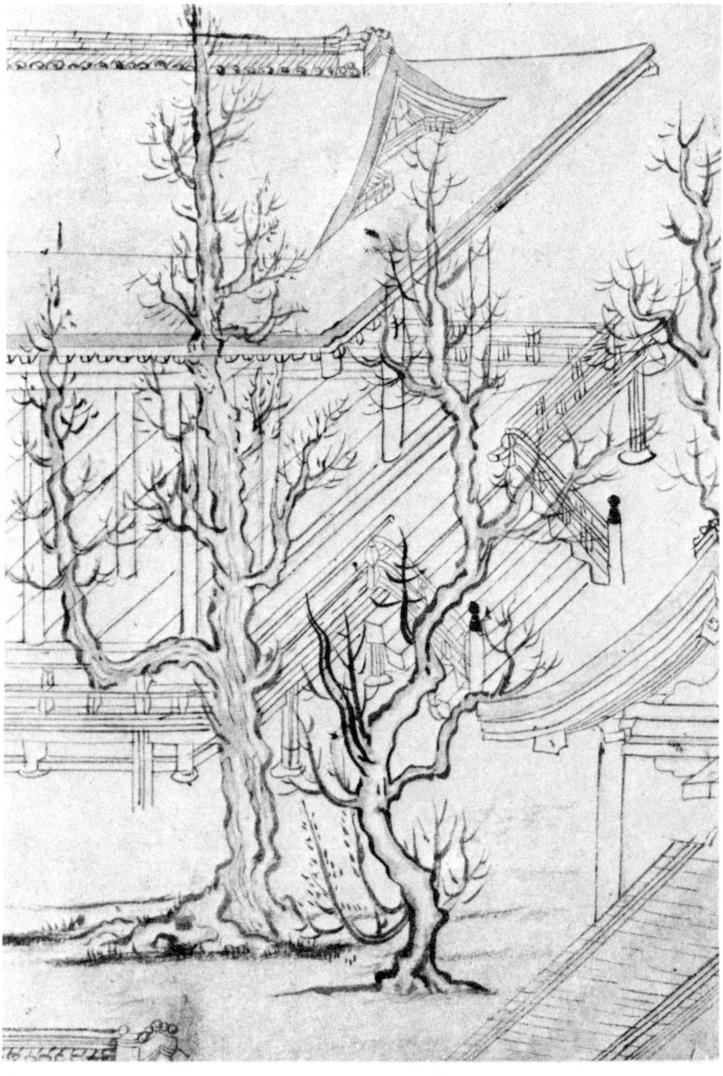

Wind aus dem zerrissenen Fächer des Erben

Ein Mann, dessen Sparsamkeit in der ganzen Stadt bekannt war.

Sein Sprößling, der ein Goldstück fand und ein Vermögen verlor.

Gern hat man in seinem Anwesen Pflaumenbäume, Kirschbäume, Kiefern und Ahorn, aber noch lieber doch wohl Gold, Silber, Reis und Geld. Man schaut sich lieber einen im Hof errichteten Speicher als einen im Garten angelegten Berg an, und die Aufkäufe anläßlich der schönsten Gelegenheiten zu den vier Jahreszeiten gewähren alle Lust des himmlischen Paradieses, dessen war einer überzeugt, der in unserer Residenzstadt wohnte, weder die Shijô-Brücke zum östlichen Freudenviertel überschritt noch von der Ōmiya-Straße aus weiter westlich als bis zum Ausgang nach Tamba ging, keinen Mönch von den Bergklöstern zu sich ließ und das fahrende Volk mied, gegen leichte Erkältungen und Wurmleiden selbst eine Arznei bereitete, des Tages mit Eifer seinem väterlichen Gewerbe oblag, des Nachts nie sein Haus verließ, sondern ohne lautes Intonieren, um die Nachbarn beiderseits nicht zu stören, zu seinem einsamen Vergnügen die Nô-Lieder sang, die er in seiner Jugend gelernt hatte. Daß er ein Licht anzündete und in den Text schaute, kam nicht vor. Er sang, was er auswendig wußte, und hatte so nicht die geringsten Kosten. Dieser Mann scheuerte während seines ganzen Lebens keinen Holzschuhriemen durch, noch zerriß er sich einen Ärmel an einem Nagelkopf. In allen Dingen nahm er sich in acht, so daß er in seinem einen Leben zwanzigtausend Pfund Silber zurücklegte, und als er achtundachtzig Jahre alt war, ließen sich seine Mitbürger, damit es ihnen ebenso gut gerate, von ihm ihre Maßabstreicher zuschneiden.

Nun hat aber jedes Leben seine Grenzen, und so erlebte der Greis, als im selben Jahr der Wintersprühregen fiel, das Abziehen der Wolken des Kummers nicht mehr und ließ am Kissen seines plötzlichen Todes seinen einzigen Sohn zurück, der sein ganzes Vermögen erbte und mit einundzwanzig Jahren ein geborener Reicher war. Dieses Söhnchen huldigte der Sparsamkeit noch mehr als sein Vater, der zahlreichen Verwandtschaft spendete er kein einziges Eßstäbchen, als es ans Verteilen von Andenken an den Verstorbenen ging, und nach Beendigung der siebentägigen Trauer öffnete er am achten Tag Klappladen und Tür und gab sich voller Eifer dem Gewerbe hin, das ihn ernähren sollte, stets betrübt, wann immer er Hunger verspürte, so daß er nicht einmal etwas schneller ging, wenn er jemand nach einem Brande besuchte. Mit dem Aufstellen solcher Wirtschaftspläne ging das

Jahr herum, und es kam das nächste, als er eines Tages sagte: »Heute ist der Todestag meines alten Vaters«, den Familientempel aufsuchte und auf dem Rückweg ihn die Erinnerung an früher noch stärker ankam und seine Tränen die Ärmel befeuchteten. »›Dieses handgewebte grobseidene Gewand mit gewürfeltem Muster hält länger als ein Leben‹, sagte mein Vater, als er es noch trug, aber wenn ich es bedenke, war sein Tod bedauerlich, denn hätte er jetzt noch zwölf Jahre gelebt, hätte er einen ganzen Hunderter voll gemacht. So jung gestorben – welch beträchtlicher Schaden!« So weit hatte ihn seine Habsucht mitgenommen, als auf dem Heimweg nahe der Murasaki-Heide, am Fuße der Bambushecke des Kaiserlichen Arzneigartens, das Lehrmädchen in seiner Begleitung, in einer Hand den leeren Opferreisbeutel, mit der anderen einen versiegelten Brief aufhob, den er nahm und las: »An Wohlgeboren Hanakawa. Von Zweidrei«, stand auf der Rückseite. Mit Reiskleister war er zugeklebt, und außer einem sorgfältig aufgedrückten Siegel war da eine liebevoll gepinselte Aufschrift: »Die Fünf Großmächtigen Nothelfer«. »Das muß der Name eines Hofadligen sein, der mir noch nicht zu Ohren gekommen ist«, dachte er, setzte seinen Weg nach Hause fort und fragte dann jemand, der las die Anschrift und sagte: »Das ist sicher an ein Freudenmädchen der niedrigsten Stufe im Shimabara-Viertel adressiert.« Damit warf er den Brief weg, aber der Hausherr dachte sich: »Ich hätte doch immerhin einen Bogen Papier aus Sugihara gewonnen und nichts verloren«, öffnete in aller Stille den Brief und sah zu seinem Erstaunen ein kleines Goldstück herauskullern, das er zunächst mit einem Goldprüfstein untersuchte. Danach stellte er mit Freuden fest, daß die Waage genau das Gewicht von einem Momme und zwei Fun anzeigte, beschwichtigte sein klopfendes Herz und gebot seinen Gehilfen Stillschweigen: »Das ist fürwahr ein unverhofftes Glück! Davon lassen wir niemand etwas erfahren.« Als er darauf den Brief las, fand er weder Liebe noch Leidenschaft, sondern eine trockene Aufstellung: »Obwohl Eure Bitte ausgerechnet in dieser Zeit kommt, seid Ihr mir doch teurer als mein Leben, und so habe ich auf mein Frühjahrsgehalt etwas geborgt und erlaube mir, es zu Eurem Gebrauch zu übersenden. Zwei Momme davon sind Entgelt für verschiedene Leistungen, der ganze Rest ist ein Geschenk. Ihr könnt damit die in den Jahren angewachsenen Schulden begleichen. Jedermann muß entsprechend seinen Verhältnissen planen. Der Dame Nokaze aus dem Hause Ōzaka gab ein Reicher aus den westlichen Provinzen für die Chrysanthemenfestkosten dreihundert Goldstücke, aber mein Würfelchen wiegt an Herzlichkeit ebenso schwer. Hätte ich's, würde ich es Euch neiden?« Als er dieses ergreifende Schriftstück gelesen hatte, wuchs sein Mitleid. »Auf keinen Fall darf ich dieses Goldstück einheimsen. Schon der Gedanke allein wäre schrecklich. Aber wenn ich es jenem Manne zurückerstatten wollte, so wüßte ich doch seinen Wohnort nicht. Ich werde deshalb nach Shimabara gehen, dessen Lage mir bekannt ist, Hanakawa aufsuchen und ihr den Brief überreichen.« Das beschloß er, richtete rasch die losen Strähnen seines Seitenhaares und brach auf, aber kaum hatte er das Haus verlassen, erfüllte ihn der Gedanke an die unentgeltliche Rückgabe dieses Goldstücks mit Bedauern, und fünf bis sieben Mal hatte er seinen Entschluß geändert, bis er unversehens am Eingangstor zum Freudenviertel ankam. Er zögerte, sofort einzutreten, und verweilte eine Zeit, dann trat er auf einen Mann zu, der aus einem Empfangshaus zum Weinholen ging, und fragte ihn: »Es ist doch nicht verboten, ohne vorherige Anmeldung durch dieses Tor zu gehen?« Der Mann machte, ohne zu antworten, nur eine Bewegung mit dem Kinn ins Innere.

»Wohlan denn!« sagte er sich, nahm seinen geflochtenen Hut ab und ging mit ihm in der Hand in stark gebeugter Haltung nach und nach an allen Teehäusern am Ausgang vorüber und gelangte in die Straße der Freudenmädchen. Da kam aus dem Hause Ichimonjiya die Dame Morokoshi die Zweite in großem Aufzug nahe an ihm vorbei und er fragte: »Die wohlgeborene Dame namens Hanakawa?« Die große Kurtisane wandte sich ihrer Betreuerin zu und sagte nur: »Kenne ich nicht.« Die Betreuerin zeigte mit dem Finger in eine Richtung, wo über den Türen kurze blaue Vorhänge hingen, und sprach: »Dort herum geruhet zu fragen!« Ein hinten stehender Knecht faßte ihn scharf ins Auge und rief: »Wenn du mit dem Mädchen zusammen bist, schauen wir dir zu!« – »Wenn ich mit ihr was zu tun haben wollte, hätte ich Euer Gnaden nicht um Auskunft gebeten!« versetzte er und begab sich weiter nach hinten, da und dort nachfragend, bis er es gefunden hatte. Aber als er sich nach ihr erkundigte, bekam er kurz angebunden die Auskunft, daß sie ein Freudenmädchen der unteren Klasse zum Preise von zwei Momme sei und seit zwei, drei Tagen sich unpäßlich fühle und sich deshalb zurückgezogen habe. Da überreichte er den Brief nicht und kehrte um, als sich ein Leichtsinn seiner bemächtigte, den er bis dahin nicht gekannt hatte. »Eigentlich ist dieses Goldstück ja gar nicht mein Geld. Wenn ich zur Erinnerung für mein ganzes Leben bloß für dieses Goldstück und nur diesen einen Tag heute mir ein Vergnügen leiste, damit ich auch im Alter was zum Erzählen habe ...« So faßte er den Entschluß, dachte keineswegs an die Straße der großen Empfangshäuser, sondern besuchte ein Teehaus, stieg in den ersten Stock bei einem gewissen Fujiya Hikoemon und mietete für die Tageszeit ein Mädchen für neun Momme. Beschwingt vom ungewohnten Wein, begann er hiermit seine Übungen, Liebesbriefe empfing und schrieb er, Stufe um Stufe stieg er hinauf, bis er sich die großen Kurtisanen restlos gekauft hatte; und unter der Obhut der »Vier Himmelskönige« Gansai, Kagura, Ōmu und Ranshu, die zu dieser Zeit als Possenreißer auftraten, entwickelte er sich ohne Mühe zu einem Meister der einschlägigen Künste, so daß fortan sogar die Stutzer unter den Lebemännern ihn zum Vorbild nahmen. Er wurde bekannt als der »Herr Liebeswind aus dem Fächerladen«, der alles verpuffte. Ach, der Mensch, das unbekannte Wesen! Man konnte zusehen, wie in vier, fünf Jahren auf diese Weise von den zwanzigtausend Pfund Silber kein Stäubchen und kein Aschenrest übrigblieb und er nicht mehr die Glut anzublasen vermochte. Ein alter Fächer, das Wahrzeichen des Hauses, blieb ihm; »Wie gewonnen, so zerronnen!« besang er sein Schicksal den lieben langen Tag, und wenn ihn dann ein gewisser, grundsolider Kamadaya sah oder hörte, pflegte der zu sagen: »Ach, das viele Geld, das heutzutage so schwer zu verdienen ist«, und seinen Kindern diese Geschichte zu erzählen.

Drei Momme und fünf Fun Silber im Morgengrauen

Eine Braut, deren Eifersucht ganz Mimasaka kannte.

Ein Herr über neun Speicher mit Namen Zôgô.

Finden sich Ehegatten, wie es ihnen der zehntausendjährige Kalender vorherbestimmt hat, so ist das wunderbar, finden sie sich nicht, hat das auch seinen Reiz. Heutzutage aber fragt niemand mehr danach, ob man füreinander bestimmt sei, noch ob man Schönheit besitze, es ist vielmehr allgemeiner Brauch geworden, eine Tochter vorzuziehen, die im Zeichen des Goldes geboren ist und darum Gold bringt. Deshalb erkundigt sich der moderne Ehevermittler zunächst nach der Mitgift, dann erst stellt er die Frage: »Ihre Tochter hat doch kein körperliches Gebrechen?« Welch Unterschied zur guten alten Zeit! Die Habsucht hat sogar das natürliche Begehren des Menschen verändert.

Am Oberlauf des Wakegawa, des »Stromes der Liebe«, der durch Tiefen und Untiefen geht, lebte im Dorf Sarayama bei Kume einer namens Yorozuya, der seit der Begründung eines Hausstandes in Jahren und Monaten zu Wohlstand gekommen war und solch unvorstellbaren Reichtum erworben hatte, daß er nur noch dem in Mimasaka allbekannten Zôgô nachstand. Obwohl des Nachts die Geister der Silberberge, die er aufgehäuft hatte, stöhnend umgingen, hörte kein armer Mann etwas davon. Denn er war jeglichem Prunk abhold, sein Giebelbalken ragte nicht höher als andere, und sogar am Neujahrstag vollbrachte er in der hänfenen Staatshose, die er zur Zeit seiner Heirat hatte schneidern lassen, nun schon vierzig Jahre lang seine Anstandsbesuche. Es kümmerte ihn nicht, welche Farbe, welches Muster gerade in Mode war, er trug einen Frühling um den andern den gleichen Umhang mit kleinen blaßgelben Siebenpunktmustern im schwarzen

Kreis, und seine Kleider zeigten außer einem hellen Blau weder Herbstlaub- noch Glyzinienfärbung. Dagegen war das Haus Zôgô mit seinen Speichern, neun an der Zahl, so reich und würdig, daß es auch dem Lande zur Zierde gereichte.

Yorozuya, der heimliche Reiche, hatte einen einzigen Sohn mit Namen Kichitarô, den sah er, als er dreizehn Jahre alt war, sich mit Papier aus Sugihara die Nase putzen und enterbte ihn. Er hatte eine Tante in Aboshi, Provinz Harima, zu der er seinen Sohn mit den Worten schickte: »Nimm dir den reichen Herrn Nabaya zum Vorbild!« Nachdem er seinen eigenen Sohn verstoßen hatte, nahm er den einzigen Sohn seiner jüngeren Schwester zu sich und ließ ihn bis zum Alter von fünfundzwanzig, sechsundzwanzig Jahren inmitten der Ladendiener arbeiten, aber als er sah, daß seine Sparsamkeit so weit ging, daß er sogar Strohsandalen aus dem Kehricht auflas und sie als Dünger für die Melonensaat nach Hause schickte, fand er solchen Gefallen an ihm, daß er ihn an Kindes Statt annahm und ihm sein Haus übergab. Als er eine angemessene Schwiegertochter suchte, sprach er eine Hoffnung aus, die ganz unüblich war: »Wenn es ein Frauenzimmer gäbe, das ein wahrer Ausbund an Eifersucht ist, möchte ich sie als Schwiegertochter nehmen.« Die Welt ist weit. Eine Tochter nach seinem Wunsch fand sich, die Ehe ward geschlossen, die Eltern zogen sich auf einen Ruhesitz zurück und übergaben den gesamten Besitz, doch nun begann der Erbe im Gefühl, Gold und Silber sein eigen zu nennen, sich einiges herauszunehmen, er sah sich nach einer Nebenfrau um und wollte es mit fahrenden Gauklerknaben treiben, aber da lieferte jene Schwiegertochter, wie es der Vertrag vorsah, eine Eifersuchtsszene und erhob ein solches Geschrei, daß er aus Scheu vor der Öffentlichkeit von seinen Ausschweifungen abließ und sich aufs Weintrinken und frühe Zubettgehen beschränkte. Da der Herr des Hauses nicht ausging, konnten es die Ladendiener erst recht nicht, und so ließen sie sich im Lampenschein nieder, aus lauter Langeweile in den Kontobüchern blätternd, während die Lehrlinge sich am Rechenbrett übten und somit im Hause alles in bester Ordnung war. Wie gut also die Eifersucht der Herrin war, über die man anfangs gelacht hatte, kam nun jedermann in den Sinn.

Es gilt allgemein, daß die Nachgiebigkeit der Eltern gegenüber ihrem Sohn den Grund zur Zerrüttung des Hauses legt. Mag man auch geziemend streng beginnen, meist steckt ihm die Mutter oder der Vater, eins wie das andere, heimlich etwas zu, so daß er anfängt, verschwenderischer zu leben als es seine Verhältnisse erlauben würden. Härte ist dem Sohn von Vorteil, Schwäche sein Unglück. Als Vater und Mutter Yorozuya gestorben waren, machte die Schwiegertochter eine Wallfahrt nach Ise und besichtigte auf der Heimreise die Residenz und Ōsaka. Sie lernte den modischen Putz anderer Damen kennen und übertrug ihn auf ihr Äußeres, auch ihr Herz wandelte sich entsprechend, hieß es doch, Eifersucht sei ein Zeichen von Unreife, und so übte sie fortan Nachsicht. Der Hausherr sagte sich: Jetzt gilt's! und lebte auf; eine Krankheit vortäuschend, brach er mit der Erklärung, das heimatliche Klima sei seiner Gesundheit nicht zuträglich, nach der Gegend der Residenzstadt auf, wo er sich in die beiden Künste der Dirnen- und Schauspielerliebe einweihen ließ, jeden Tag so viel Geld aussäend, daß im Nu alles in Liebe aufging. Nähnadeln mag man zu Hauf in den Speicher werfen, es sammelt sich nichts an. Gemieden vom Gold und Silber, das lange Zeit in seinem Hause heimisch war, verlassen vom Gott des Reichtums im inneren Schatzhaus, erwachte er am Ende aus seinem Traum und erschrak. Er zog seinen Handel im großen Stil auf, betrieb eine Wechselstube und erweiterte seine Ladeneinrichtung; das Gold und Silber der Leute erhielt er in unendlicher Fülle zur Aufbewahrung und legte es bald hier, bald dort an, um zum Jahresende wieder so viel im Säckel zu haben wie ehedem. Aber es ist nicht alles Gold, was glänzt, und als in der Neujahrsnacht die Papierlaternen der Gläubiger unheilkündend leuchteten, hoffte er: »Wenn mir nur diese eine Nacht die Rechnung aufgeht – von morgen an bin ich frei!« Seine letzte Lochmünze hatte er abgebucht, seine Abrechnung abgeschlossen, als die Glocke die vierte Morgenstunde schlug. Er besaß jedenfalls nicht mehr die kleinste Münze Geldes, rief aber trotzdem den Verkäufer von Glücksgottbildern herein, um ihm zu sagen: »Hättest du einen Glücksgott ohne Hut, den würde ich kaufen!« und ihn wieder fortzuschicken. Gleich darauf klopfte es an die Tür, ein Mann namens Hyôgoya trat ein und reichte ihm einen Lederbeutel: »Hier sind eintausend und fünfhundert Unzen in Goldmünzen. Ich möchte sie fürs kommende Jahr deponieren.« Er zählte das Geld hin. »Beim letzten Zins von Euch waren drei Momme und fünf Fun schlechte Silbermünze dabei.« Er hielt sie ihm hin. Yorozuya hatte kein Wechselgeld mehr, seine Vermögenslage kam an den Tag.

Yokoi Yayû:
Das Wachtelkleid

Lobrede auf den Blattfächer von Nara

Welchem Einfall von erhabenster Seite mag man sich anvertraut haben, als der Blattfächer, wohl zur Zeit der Kaiser im blauerdigen Nara, zum berühmten Erzeugnis dieser Gegend wurde? Ist in der Welt einer in der Kunst *seines* Weges nur eben recht bewandert, dann wird er auch ohne vielseitige andere Fertigkeiten bestehen können. Der Blattfächer ist nun – außer daß er mit Bedacht Wind hervorbringt – ein rechter Taugenichts, er taugt weder zum Taktklopfen bei Melodie und Silbe, noch hat er den Ehrgeiz, an der Hüfte zusammengefaltet dem Publikum zu schmeicheln. Es scheint, er führt das Leben eines wie Wolken und Wasser schweifenden Wandermönchs, den man aus seinen Gedanken verbannt, als wäre er Abfallholz. Darum strebt er auch nicht nach der Behausung eines Kästchens aus Kiri-Holz. Bei der Abendkühle unter den Kürbisranken, auf dem Kissen beim Mittagsschlaf waltet er seines Amtes, aber sobald in den Herzen der Menschen der Herbstwind aufkommt, sieht es nicht so aus, als wolle man auch im kommenden Sommer wieder seine Zuflucht zu ihm nehmen. In einer Ecke der Rumpelkammer haust er zusammen mit dem Papierkorb, und wird er auch von den Füßen der Mäuse beschmutzt, so ist er doch immer noch dem Faltfächer überlegen, der seines Papiers beraubt, Wind und Wetter ausgesetzt wird. Ich schenke dir mein Vertrauen! Du hast dich an mich gewöhnt – doch vom Anblick meines nackten Leibes im Schlafe, mit Verlaub, darfst du keinem was erzählen!

Wenn die Staatshose
ich trage, geb ich ihm frei,
meinem Blattfächer!

Biographie einer irdenen Reibschüssel

In der Provinz Bizen gab es ein junges Mädchen. Obwohl sie vom himmelweit abgelegenen Lande stammte, glich ihre Gestalt dem Aussehen des berühmten Fuji, und tief im Herzen mag sie wohl gedacht haben, es wäre doch zu traurig, wenn sie in diesem hinterwäldlerischen Dorf vermodern würde, und so ging sie auf und davon – zu Pferd oder mit dem Schiff, wie sich die Gelegenheit bot –, weit hinweg auf den Markt in der Hauptstadt, und als sie in einem Geschäft, das ihr bekannt war, ein Weilchen nach einem Lebensunterhalt Ausschau gehalten hatte, just um die Zeit, wenn unter dem kalten Dezemberhimmel jedermann alle Hände voll zu tun hat, der Wind das letzte Laub mit sich nimmt und alle Welt die alten Rußbesen wegwirft, da gab es im Zuge der Neubeschaffung aller Geräte in einer Küche eine gute Stelle für sie, und gleichzeitig mit der Regelung ihrer Dienstobliegenheiten wurde sie passend verheiratet mit einem Mann, der als Reibstößel bekannt ist. Der glich nun keineswegs dem Kashiwaki von der Palasttorgarde, dem Herrn von Eichenholz, der schien eher ein Mann so rauh wie Kiefernholz, und da er ein treuer Geselle von ganz und gar schmuckloser Gemütsart war, verschloß auch sie ihr Herz nicht, und so arbeiteten sie einmütig von früh bis spät in ihrem arbeitsreichen Dienst, bis sie aus den zerriebenen Yamswurzeln einen Brei so weiß wie Schnee erhielten, sie wünschten sich, so unzertrennlich zu sein wie Klebreis, und sie schlossen sich so eng zusammen, daß wohl kein Wässerlein zwischen sie tropfen konnte, aber um diese Zeit kam es häufig vor, daß sie, wenn in gemeinsamem Dienst die Nacht weit vorgerückt war, mit einem Mann, der sich Schablöffel nannte, und den man früher im Palast seines angenehmen Äußeren wegen – feinfaserig und aus Zypressenholz – »Nachtigall« gerufen hatte, unter dem Spülstein ein Schläfchen hielt, und seit dies durch die Maschen eines fremden Korbes durchgesickert war, mischte sich – auch wenn es nicht zutraf – innerhalb des Gesindes, mit dem das Zusammenleben peinlich geworden war, der gemeine Weinwärmkessel mit seinem Schnabel ein, aus den krummen Gedanken des Schöpflöffels nahm der Skandal seinen Ausgang, selbst die irdene Röstpfanne zerbrach die Freundschaft, und von früh bis spät wurde sie vom Teekessel belästigt, das Meerrettichreibeisen, nach beiden Seiten scharf, bot jedenfalls auch keinen Halt, und da sie, vom Gemüsebrei beschmutzt, verzweifelt und in Schande geraten war, schämte sie sich wie die Frau des Mai-ch'en, sie dachte an die alte Geschichte von der Dame, die das Schreiben übte, und schließlich mag sie die Vergänglichkeit erkannt haben, die uns zur Erde zurückkehren heißt, und so warf sie sich eines Nachts aus Zorn über die herumtollenden Mäuse vom Rand des Wandbretts herunter, doch dabei erlitten Gesicht und Gestalt Bruchschäden, und ihr Aussehen wurde geradezu häßlich.

Da sie auf diese Weise nicht mehr imstande war, ihren Obliegenheiten beim Kochen nachzukommen, war der Herr sehr zornig, nicht einmal zu dem Spezialmittel Kitt reichte es für sie, Gatte und Gattin wurden auseinandergerissen, bis zum Innenhof hinunter wurde sie erniedrigt, weil man sie aber trotzdem immer noch mit in den Dienst einreihte, sobald es im Frühsommerregen durchtropfte, gab es nicht einen Augenblick, in dem die Tränen ihres Kummers je getrocknet wären, doch auch hier wurde ihre Lage unsicher, und so rollte sie hinaus zum Brunnenrand, und nachdem sie in Bitterknöterich und Labkraut begraben war, und es niemanden mehr gab, der sie bemitleidet hätte – es mag wohl um die Zeit gewesen sein, wenn bald der Tau in

Reif übergeht und die Laute der Insekten an der Wand heiser werden –, da wurde sie vom Torwächter des Tempels nahebei aufgehoben, und während ihr zum zweitenmal in einem Zimmer Zuflucht gewährt wurde, wandelte man sie in ein Feuerbecken um, woran sie nicht gewöhnt war, man wärmte in ihr Reiswein, kochte Tee, und indem sie in diesem Jahr hier ihre Trübsal überstand, fielen bald die Pflaumenblüten ab im Frühlingsregen, und als auch das Setzen der Moxa im Zweiten Monat vorüber war, wurde wiederum sogar die Asche aus ihr herausgeklopft und es wurde etwas in ihr angepflanzt, was man gemeinhin Pfeffer nennt, und wenn ihr dabei auch die Augen brannten, nun, sie mußte es auf sich nehmen, doch damit ging die Buntheit des Herbstes vorüber und sie lag schließlich beschmutzt auf dem Schutthaufen am Ende der Brücke. Die Folge war, daß sie beim Spiel ungezogener Kinder in Scherben ging, die ihrerseits in dunkler Nacht zu Wurfgeschossen wurden, bei denen man nicht weiß, wo sie wohl landen.

Worte über den Reiskuchen

Seht Ihr es denn nicht: der Reiskuchen besitzt den richtigen Reiz und er ist überdies durch die vier Jahreszeiten hindurch in Mode. Zunächst einmal: unterm Ersten Himmel eines Neuen Jahres, wenn am Morgen Kiefer und Bambus erneuert werden, da ist zwar der gekochte Reis von Anfang an nicht anders wie alle Tage, weil aber Nara-Teesuppe und alle Arten von Nudeln ein schlaffes Essen sind, legte man sich auf Gemüsesuppe mit Reiskuchen fest – darüber muß man sich wohl schon in der Götterzeit den Kopf zerbrochen haben. Später kommt das Zerteilen der großen Spiegelkuchen, die man der Rüstung dargebracht hatte, die Kälte des Neujahrsmonats geht dahin unterm Reiskuchenessen, und was den Zweiten Monat anbetrifft, so gab es wohl jemanden, der dichtete, die Knödel zur Tag- und Nachtgleiche seien auch Buddha lieber als Blumen; beim Fest der Kräuterkuchen aber fallen die Pfirsichblüten, und während Azalien- und Goldnesselblüte vorübergehen, klingt schläfrig die Stimme des Bohnenmuskuchenverkäufers, der Himmel umwölkt sich auf das Rufen der Frösche hin, und wenn dann der Lenzregen langweilig zu rieseln beginnt, brät man zur Unterhaltung getrocknete Reiskuchenschnitten, wobei man wohl auch von den Nachtgeschichten jenes Vorstehers des Pferdeamtes zur Rechten angesteckt wird. Im Hasenmonat bilden die üblichen Hasenblumen, die Deutzien, ihre Blütenwolken, ihr Duft im Mückennetz ist wundersam; sobald die Buschmücken an der Traufe surren, als ob sie Reiskuchen stampften, sind auch Päonien und Päonienkuchen ganz köstlich, und wenn man von den tausend Opferknödeln im Kloster von Mii hört, ist auch das sehr verehrungswürdig. Schon beim Anblick der in Schilfblätter gewickelten Klebreisknödel fühlt man sich schön kühl, aber erst der Duft, während man sie aus der Umhüllung löst – er ist noch ergötzlicher! Am ersten Tag des Wasserlosen Monats geruhen sogar die feinen Leute viel Aufhebens um die sogenannten Eiskuchen zu machen, aber um die Hundstage herum, wenn Gras und Laub zusammenschrumpeln, kommen einem die zum Wässern in zinnerne Becken gelegten Reiskuchen in den Sinn, und das gibt eine Kühle, die der Zechbruder nicht kennt. In jener Nacht des Briefmonats, in der auch der Wind Nachricht bringt und die Sterne der Weberin und des Rinderhirten sich treffen, bringt man nur Opferwein dar und keine Mäusetagskuchen, und das ist schade. Beim Totenfest schickt man die Totenseelen mit Knödeln weg; der Herbst rückt mit Süßkleeblüten und Süßkleekuchen vor; ist nach den Vollmondknödeln zum Vollmondtag auch das Fest der Kastanienkuchen vorüber, dann fängt seit jeher der Zehnte Monat mit den Kuchen vom Ebertag an zu toben, und wenn man in der schneidenden Kälte von Regen und Wind des Spätherbstes sich im Kreise versammelt, dann ist wohl die richtige Zeit, sich mit am Feuerbecken gerösteten Reiskuchen zu erquicken. Beginnt man dann allmählich, die buddhistischen Feiern abzuhalten, erinnert auch der sich häufende »Mehlschnee« und »Reiskuchenschnee« an Kuchen, und »Hagel« ist nicht nur der Name eines Weins, es gibt auch Hagelkuchen. Mit den Ersttagskuchen feiern wir den ersten Tag des Letzten Monats, weil aber der Letzte Monat sowieso ganz eine Welt von Reiskuchen ist, kann ich sie gar nicht alle anführen. Nun denn, wenn die Verfasser chinesischer Gedichte lediglich den Wein zu ihren Freunden zählen und auch durch den Pinsel eines Li T'ai-po und eines Tu Fu keine Anpreisung des Reiskuchens erfolgte, sind doch mir an meinem Tor sowohl der Zechbruder wie der Enthaltsame willkommen, denn das Scherzgedicht vereint wie der buddhistische Shintô beides, und sowohl die Trinkfreudigkeit eines Liu Po-lun wie die Reiskuchenliebhaberei des Karotei entsprechen dem Gedanken des Scherzgedichts.

Biographie des Teufels

Der Teufel lebte in alter Zeit im Lande des Buddha, doch da er sich verging und eine Reliquie des Buddha stahl, geriet er in Indien unter die herrenlosen Gesellen und ging nach China hinüber. Dort verbarg er sich – auch ein Teufel ist schließlich einmal achtzehn! – unterm Kopfkissen der schönen Yang Kuei-fei und wurde von einem bärtigen Mann namens Chung K'uei davongejagt. Ach wie mühselig lebt sich's da selbst für jemanden im Besitz des Tarnmantels! So trennte er sich von der Teufelstochter Jurôhime, nackt löste er sein Besitztum auf, und darauf erblickte er wohl erstmals in Japan das Licht der Welt als ein Kind, das den Eltern nicht gleicht. Um diese Zeit mögen seine Tränen noch leicht geflossen sein. Durch die Spitzfindigkeit eines Liedes von Tomoo wurde er in die Enge getrieben – aber wie dem nun sei, bis er sich auf und davon machte, gab es für ihn keinerlei Abwege, so daß der Eremit En, von Mitleid erfüllt, ihn zum Lastentragen auf dem Ōmine und dem Katsuragi anstellte. Doch sein Benehmen wurde immer bösartiger, und da er meinte, geröstete Reiskuchen seien nichts Besonderes, brachte in der Dämmerung am Gossenstrom seine schreckliche Gefräßigkeit – für den Teufel ein Maulvoll – damals vor langer Zeit einen Mann zum Weinen. Und nicht nur dies: da seine Geilheit am Berg Suzuka, seine wilden Räusche am Berg Ōe, der Narrenstreich, den er am Berg Togakushi dem Koremochi spielte, ruchbar wurden, drohten auf dieser Welt so viele Gefahren, daß es sogar hieß »Wäschewaschen nur in Abwesenheit des Teufels«! Dies erregte aufs heftigste den Zorn der Götter, und mit Sardinen und Steineichenzweigen als Foltergeräten scheuchten sie ihn fort. Schließlich traf ihn das Austreiben mit gerösteten Bohnen, und nicht einmal mehr bei einem alten Weiblein konnte er herumlungern. So wandte er sich einem Dienstantritt in der Unterwelt zu. Doch obwohl er sich ein Weilchen der Lehre des Buddha widmete, war es unvermeidlich – da ihm von Geburt an Kleidung nicht zu Gesichte stand –, daß er die Kerbmarken der Waage der Vergeltung erlernte und sich die Bedienung des Kesselfeuers merkte; wegen der groben Arbeiten des Peinigens nannte man ihn den Kerkermeister, und er wurde Handlanger in der Hölle. Wie nicht anders zu erwarten, entstand nun eine Welt, von der alle bösen Auswüchse entfernt waren, alle Menschen besangen den Frieden, bei den Burgruinen, welche die Grenze zwischen Tango und Tamba bilden, strich der Wind einsam durch die Kiefern, auf dem Schwarzgrabhügel von Adachigahara wucherte das Gras, und keine Menschenseele fragte danach. So ist jetzt gerade noch auf den Firstziegeln das Konterfei des Teufels erhalten geblieben, auf den Bildern von Ōtsu wird er verlacht, und wir haben in der Tat eine Welt, in der sowohl der Abstinenzler wie auch der Teufel fehlt.

Ein Wort zum Morgenschlaf

Unter all den Lehren des Shintô, des Konfuzianismus und Buddhismus, von den erlauchten morgendlichen Staatsgeschäften oben bis zum emsigen Tageslauf am Rechenbrett, dem Erwerb des Lebensunterhalts durch Einkauf auf den Märkten unten – die Lehre, in den Tag hinein zu schlafen, findet sich gerade nicht darunter. Zählt nicht, sobald der Hahn zum erstenmal gekräht, der treue Untertan, von den Mücken zerstochen, beim Tabakspfeifchen die Glockenschläge im anbrechenden Morgen? In der Tat: Kaiser Hsüan-tsung aus dem Reich der T'ang tätschelte seiner Lieblingsfrau die Hüften und dürfte darüber sogar die Morgenmahlzeit vergessen haben, und wenn der junge Herr Sohn sich im Übermaß an Liebe und Wein erfreut, ist ihm gar übel auf der Brust und schwer der Kopf, und nie wird er die Blüte der Morgenwinde kennenlernen, und sollte er die zehntausenderlei Dinge Bedienten überlassen, wird das der Anfang vom Ende des Vermögens sein. Steht allerdings die Schwiegermutter im Altenteil, die hienieden nichts mehr zu erledigen hat, frühmorgens auf, um ihr frommes Spielchen mit Buddha zu treiben, wird sie darob von der ganzen Familie im Hauptgebäude gescholten, da wäre es für solche Leute doch besser, sie würden sich im Schlaf auf die andere Seite drehen, während man im Stövchen das Feuer anmacht. Das heißt natürlich nicht: Schlaf, und wenn du darüber deine Geschäfte vernachlässigst – in den kurzen Nächten des Dritten, Vierten und Fünften Monats jedoch, wenn einem so recht nach Schlaf zumute ist, da ist gerade der Morgenschlaf einfach köstlich. Zwar ist das Auge nicht mehr ganz vom Schlummer umfangen, doch liegt man schlaftrunken zwischen Traum und Wachen, und im Schlafgemach sich vorzustellen, wie die Blüten in der Morgensonne duften, wie in den Kiefern noch das Morgenzwielicht hängt, das ist wohl schöner noch als aufstehen und schauen. Die gewohnte Stimme des Bohnenquarkverkäufers zieht vorüber, die Geräusche des laufenden Brunnenrades, das Geschilpe der Spatzen, die sich zum Futterpicken versammeln – doch gerade in dem Augenblick, in welchem man dem Gefühl geborgener Muße erliegt, schrickt man zusammen bei einer lästig Einlaß begehrenden Stimme, und stößt man dann einen Regenladen auf, steht die Sonne hoch am Himmel, zehn Uhr ist schon vorbei, das von dem so tüchtigen jungen Diener geschöpfte und bereitgestellte heiße Wasser ist ganz und gar ausgekühlt und wird damit bedauerlicherweise zu einem kalten Guß auf die Gefühle des Dieners. Da leuchtet doch ein, daß es besser ist, im Morgenschlaf das Kissen zu drücken, als klugerweise früh aufzustehen, den ganzen Tag lang nur mit Mühe die Augen wachzuhalten und im Mittagsschlaf die Stunden zu stehlen, und so mache ich eben den Langschläfer. Wenn aber dann im Herbst die Nächte länger werden und es wieder herrlich ist, früh aufzustehen, da darf ich mich auf einmal wieder einen Frühaufsteher nennen – darum mögen sowohl Buddha wie Konfuzius ein Weilchen in Geduld darüber hinwegsehen.

Hör die Nachtigall
tief in der Nacht und lieg doch
im Morgenschlummer!

Lob der irdenen Röstpfanne

Die Röstpfanne, die ungeflickt ihr Leben lang nur von einem Tag auf den andern denkt, wird zwar in der offenen Feuerstelle gering geachtet, erörtert man aber ihre Tugenden, erscheint sie sehr verehrungswürdig. Pfannen und Kessel zerfallen in eine zahlreiche Verwandtschaft, das Arzneipfännchen protzt mit Bildern und Mustern in Silbergravierarbeit, der Teekessel mit seinem wechselvollen Schicksal wird als ein Erzeugnis von Temmyô oder Ashiya hoch geschätzt, als wertvolles Stück trägt er seine Nase hoch, denn Kanô Tanyû hat ihn entworfen, da müssen wohl auch Tarô und Jirô, der große und der kleine Topf aus der Küche, von alleine auf den Wohlstand der Familie stolz sein. Die irdene Röstpfanne nun hat gar keinen Anhang, kein Band, das sie an irgend etwas in dieser Welt knüpfte; wenn Lu T'ung bei nächtlicher Arbeit Tee röstete, leistete sie ihm in der Einsamkeit der Regennacht Gesellschaft; wenn als Belohnung nach dem Ansetzen der Moxa die Röstbohnen in der Pfanne prasseln, bringt das den Ohren der Witwe von nebenan Freude. Die Händler nun, die sie zu Markte tragen, haben zwar die Theorien der großen Sung-Philosophen Ch'eng Hao, Ch'eng I und Chu Hsi über die Besonnenheit nicht gehört, dennoch nehmen sie sich ständig sehr in acht und tragen sie auf schmalen Wegen oder über provisorische Stege nicht mit großen Schritten. Sie halten sich aus jedem Wortwechsel heraus, selbst wenn sie auf dem Markt zu Kreuze kriechen müssen, ganz unähnlich den Launen von Pferdeknechten und Bootsführern. Leider streitet die Röstpfanne in einer regelrechten Kyôgen-Posse mit der großen Trommel um die Macht; daß aber infolge eines Einfalls des Herrn Ou-yang ihre Kehrseite mit Vogelleim bestrichen und sie damit zur Fliegenfalle wurde, dürfte nicht nach ihrem Herzen gewesen sein, und wenn dies auch eine unpassende Beschäftigung war – geht man davon aus, daß jener Dreifuß einen Mann in Trinkerlaune um seine Nase gebracht hat, oder daß ein Kessel dazu diente, den Räuber Ishikawa Goyuemon zu schmoren, dann ist dieses Vergehen doch sehr leicht. Seit die Röstpfanne bei den Besuchen des Herrn Wada in Ōiso unter dem Decknamen einer Kappe sehr beliebt war, steht sie in hoher Gunst bei alten Leuten, und weil sie da gewöhnlich auf blankem Kahlkopf sitzt, dürfte sie dem Kupferkessel mit seiner spiegelnden Rundung kaum nachstehen.

Weil die Hitze des Wasserlosen Monats heute schwerlich nachlassen wird, wohlan, so will ich im Wind des Sumida-Flusses meinen Fächer ruhen lassen, und ich besteige in Ushigome ein Boot:

Welche Kühle gleich!
Am hinausgleitenden Boot
streift raschelnd das Schilf.

So scherze ich und man dreht die Stange, das Boot aber ist natürlich ein kleines Fahrzeug und nicht gerade prächtig. Zwar ist kein Platz für einen Speisekorb vorgesehen, da es unter den heute Mitfahrenden jedoch geschickte Käuze gibt, haben sie großartig ein Fäßchen aufgestellt. Wir passieren zahlreiche Brücken, und sobald wir bei Ryôgoku auf die Weite des Flusses hinausrudern, bläst der Wind die Ärmel des dünnen Sommergewandes zurück, bis man es sogar als kalt empfindet – da muß wohl auch der Herbst gerade von diesem Wasser her seinen Anfang nehmen! Die Higurashi-Zikaden an der alten Eiche dort zirpen »auch heute ist es dunkel geworden«; während die Lichter der Teehäuser an den Ufern miteinander wetteifern, lösen auch die nahe bei Imado ankernden Boote ihre Taue, lassen Saitenspiel und Flöten ertönen, und jedes treibt auf seine Weise dahin. In Kyôto schlägt man im trockenen Flußbett des Kamo bei der Vierten Straße Holzgerüste auf, hier jedoch zieht man es vor, hundert Schiffe Bord an Bord aneinanderzureihen, doch das dürfte auch in den Augen der Residenzvögel kein Makel sein. Von den Booten keines, das nicht sein Lied singt, unter den Menschen niemand, der nicht in ausgelassenster Stimmung ist. Vor dem Hüttchen auf dem Vergnügungsboot »Takaomaru« rieseln die Funken eines Feuerwerks wie bunte Ahornblätter nieder, im Widerschein der Laternen der Yoshino-Schenke duftet der Rauch der Fischbratereien balsamischer noch als Blüten. Hört man die Nachtigallenstimmen der Tanzmädchen hinter den Vorhängen, ist man voller Neugier, sieht man die schwankenden Schritte der Betrunkenen auf dem Vorderschiff, ist man voller Bedenken. Der Duft von Aloeholz und Räucherwerk läßt das Herz höher schlagen, sehr jung erscheint im Kerzenlicht die Silhouette eines Mädchens mit lang herabhängenden Ärmeln, das Suppe bringt, und im Vorzimmer eines Daimyô sind Mimen in Rockhosen anwesend. In der Weinstube der Dienerinnen weilen Heilkünstler, die ihre Kahlköpfe mit Kappen bedeckt haben. Das dröhnende Gelächter dort – was wird da wohl so spaßig sein? Das Gezänk der Bootsführer hier – es ist doch einfach unvernünftig.

Greise beim Go-Spiel gaukeln das Bild von Einsiedlern vor, stimmen und Mienen von Schauspielern lassen mich vermuten, daß auch ein Theater hier schwimmt. »Eier, Eier! Gebratener Bohnenkäse mit Soße! Melonen, Wassermelonen! Lange Shamisensaiten!« – lästig ertönen im

Südwesten die Stimmen der Händler, und im Nordosten rudern sie ebenfalls herum. Boote, auf denen Badewasser erhitzt wird; Boote, auf denen Reiswein verkauft wird; Bohnenmuskuchen gibt's, die keine Kuchen, sondern Freudenmädchen sind; rhythmische Tänze gibt's, bei denen man keine Trommel trifft. Einige Boote treiben bei Mimeguri oder Fukagawa dahin, andere halten still bei der Ryôgoku-Brücke. Die Formen der Unterhaltung mögen vielgestaltig sein, die Absicht, sich zu vergnügen, ist ein und dieselbe. Hierunter muß es aber wohl auch Menschen geben, die unterm tiefer werdenden Nachthimmel davonrudern, vom Freudenviertel angezogen im Gedanken »ich möchte den Liebesschwur von Asakusa, der nicht oberflächlich gemeint war, nicht brechen, und vielleicht wird sie auf dem Matsuchiyama auf mich warten und sich Sorge machen ...« Sollte man in der Meinung »wenn man, bei welchem Vergnügen auch immer, nur gleichgestimmt sich anschließt und schaut und hört ...«, hier sich dennoch bedrückt und unzufrieden fühlen, ist das jedoch nicht schimpflich.

Allmählich ziehen die Wasser des himmlischen Silberstromes von Osten nach Westen; wenn die ach so verhaßte Witwenkrähe krächzend über die Kiefern streicht, durch die schon die Helligkeit lugt, wahrhaftig, wohin werden da die Boote, von denen es überall wimmelte, alle gegangen sein? Dort, wo sich der Nebel teilt, verschwinden sie rudernd, nur Melonenschalen sehe ich als Erinnerung im Morgengrauen auf dem Wasser treiben, und das wiederum stimmt traurig.

Zum Lob meiner Pfannendeckel-Spruchtafel

Als ich einst in Musashi flüchtiges Reisequartier bezog, sah ich in einem kümmerlichen Laden etwas, das mir begehrenswert erschien. Es war der Deckel eines Pfännchens, wie es die Nachtigall ersehnt haben mag. Die Querleiste war abgefallen, die Spuren der Nägel geblieben, Astlöcher hatte er, so groß, daß der Mond hindurchlugen konnte, die Farbe, uralt und rauchschwarz, war ungekünstelt. Wie ich so über seinen armselig-verlorenen Zustand sann, meinte ich, daß er wohl einem einsamen Mönch bei der Vorbereitung der Opferspeisen für Buddha gedient haben könnte, oder daß ihn ein altes Weiblein in einem gemieteten Haus zum Ärger der Schwiegertochter hat anräuchern lassen, oder aber daß man ihn, welch ein Jammer, bei Gelegenheit zu Geld gemacht und sogar einem Garnelenhändler überlassen hat – wofür aber wird jetzt der Besitzer mich ansehen, der ich ihn erwerben will? Nun spricht man zwar in der Welt von der irdenen Reibschüssel ohne Deckel, hier aber ist nur ein Deckel, sein Leib ist irgendwo von ihm getrennt worden. Setzte ich ihn jetzt auf eine andere Pfanne, geriete er in den Ruf der Treulosigkeit, und das wäre schade, und wie ich dies mitfühlend sah, sprach ich mit einem, der gut zu schreiben versteht, und der hat ihn zu einer Spruchtafel für meine Klause gemacht.

Wer hat zum Kochen des Breis
mit trockenem Laub das Feuer entfacht?
Wenn nach des Rußes Alter du fragst –
Antwort wird nicht erbracht.
Kehr ich der Welt den Rücken
wie einer zerbrochenen Pfann':
Auch recht, geflickter Deckel du,
mit dir vergnüg ich mich dann!

Frageworte an die Chrysanthemen

Chrysanthemen, gepflanzt und im Stich gelassen, magern von alleine ab, entfalten sich von alleine, und die roten sind einfach rot, die weißen sind einfach weiße Chrysanthemen. Wenn man jetzt aber die Jahr für Jahr sich erneuernde Blütenpracht von Chrysanthemen, die in reichen Häusern von Welt mit Sorgfalt gehegt, in Blumenkästen eingeschlossen und mit dem Maßstab vermessen werden, mit Menschen vergleicht, so denkt man wohl an jene, die unter der Bezeichnung »Kurtisanen« in Freudenviertel verkauft werden, wo sie als Takao oder Ōshû auf der Höhe ihrer Macht stehen, von Männern geliebt werden, die sie nicht in ihrem Herzen tragen, und die von flüchtigem Kopfkissen aufstehen und sich niederlegen: haben ihre Mütter sie etwa aufgezogen, daß sie gerade so sein sollen, werden Regen und Tau jene etwa beglücken, daß sie gerade so sein sollen? Als in alter Zeit P'eng Tsu Chrysanthementau in seinen Becher schöpfte, bewahrte er sich ein Lebensalter von achthundert Jahren, als Masashige die Chrysantheme auf sein Banner malte, bezwang er einen Feind von hunderttausend Reitern. Mag ein Narr um solches flehen, ein törichter Feldherr um jenen Erfolg neidisch sein – werden bloß darum die Blüten in ihrem Herzen stolz sein? Ihr Chrysanthemen, ich möchte euch zur Probe etwas fragen: ist jenes fette Verwöhntsein erstrebenswert – oder ist dieses bescheidene Magersein beglückend?

Als ich wisperte: nun wohl, auch wenn ihr nicht antwortet, in diesem Fall kenne ich euer Herz recht gut – da ließ der Herbstwind die schweigenden Blüten eben nicken.

Ihr Chrysanthemen!
Meßhilfe eines Spanners
borge ich mir nicht!

Erörterung der Träume

Vom Traum in der Nacht des Frühlingsanfangs, wenn man das Glück des ganzen Jahres mit Hilfe des Schatzschiffes erwartet, bis zur Festlegung der Träume vom Berg Fuji und den Falken, ist alles rein japanische Tradition, den Ohren eines Chinesen muß es wahrhaftig vorkommen wie Schlafgebrabbel von Japanern! Nun, denkt man an Vorteil und Nachteil beim Träumen, so ist wohl die Geschichte von Lu Sheng, der auf seinem Kopfkissen in Han-tan in Sekundenschnelle ein ganzes langes Leben durchträumte, ein gar zu alter Hut, so will ich nicht mehr davon reden. Chuang-tse wurde zum Schmetterling und schäkerte im Lackbaumgarten, den Shun Yü-fen zogen die Ameisen mit sich und so besuchte er im Traum Huai-an, das Land des Ameisenkönigs. Als Ono no Komachi, Dame aus den höchsten Kreisen, in der Nacht so schwarz wie Nubabeeren ihr Gewand auf die linke Seite drehte, dürfte sie wohl kostenlose Traumliebe geplant haben. Nicht allein der Gott des Katsuragi, auch Götter, die man sonst am hellichten Tag kaum zu sehen bekommt, geruhen im Morgengrauen auf dem Kopfkissen Audienz zu geben, sobald das siebentägige Gelübde erfüllt ist. Da erhält man also solcherart ehrwürdige Mitteilungen im Traume, Buddha aber, wie mag's nur sein, hält die Welt hienieden für eitel und vergänglich und vergleicht sie Traum und Schaum, und seither ordnen die Menschen auch die Wirklichkeit in den Bereich des Traumes ein, ja sie gehen sogar so weit, die Welt zu hassen, und das ist sehr bedauerlich. Wenn Traum und Wirklichkeit schließlich dasselbe wären, zählte man da statt dessen die Träume zur Wirklichkeit, vergnügte sich im Wachen und vergnügte sich im Schlaf, nun so müßte man, erstreckte sich das Leben über die Monde und Tage von fünfzig Jahren, zu einer Rechnung von hundert Jahren kommen! Daß es bei Göttern und Dämonen keine Abwege, bei Kurtisanen keine Aufrichtigkeit, und bei Heiligen keine Träume gibt – zu welcher Zeit hat das wohl einer festgesetzt? Dämonen und Götter hören es und freuen sich, die Kurtisanen hören es und werden sich ärgern, nur die Heiligen dürften sich nichts dabei denken. Denn da ihnen weder kalt noch heiß wird, ist ihnen eins wie's andere recht, und ein solches Gemüt ist auf dieser Welt doch recht dankenswert!

Inschrift für ein Handwaschbecken

Nun denn, seit dem Morgen, an dem ich in dieses Handwaschbecken das Jungwasser schöpfte, habe ich mich, nicht faul, an sein Dastehen gewöhnt, es spiegelt den Weidenzweig, mit dem ich die Zähne putze, ich spüle einmal den Mund, wasche einmal die Hände und denke, seid so rein wie die einfache Pflaumenblüte beim Vordach, und warum sollte, wenn ich mich wasche, nicht auch der Staub von meinem Herzen gehen? Ich weiß nun allerdings nicht, ob das in Eurer Laube verehrte Becken aus Stein oder aus Kupfer oder ob es Hafnerware ist, das Wasser unterwirft sich ja von allem Anfang an dem Becken, eckig oder rund, während das Becken nur der Liebhaberei seines Besitzers zu entsprechen hat. Seht Ihr nicht: durch alle vier Jahreszeiten nimmt dieses Wasser kein Ende und ist doch Morgen für Morgen nicht das ursprüngliche Wasser. Unter den zehntausend Prinzipien, die hierin beschlossen sind, ist es vor allem der poetische Geschmack des Scherzgedichts, der, dem Wasser ähnlich, sich durch Generationen hindurch nicht verbraucht, und der, dem Wasser ähnlich, sich von Zeit zu Zeit erneuert, so daß dem, der schöpft und begreift, alles klar werden muß. Nun schicktet Ihr kürzlich jemanden und erbatet von mir diese Inschrift. Ich habe gehört, daß auf der Badeschüssel des T'ang eine Inschrift angebracht war, die lautete »Tag für Tag frisch«, und das heißt doch wohl, der ursprüngliche Schmutz sei weggewaschen, und das Herz sei tagtäglich rein. Erst recht nun Euer Becken! Weil ich selbst unterm hellen Vergnügen des Reisessens und Weintrinkens gewöhnlich den Schöpflöffel in die Hand nehme, möchte ich mich nun einmal vom Reiz des Scherzgedichtes trennen und als Inschrift die Worte »Stunde für Stunde frisch« anbringen, denn damit dürfte ich die Inschrift jener Badeschüssel noch übertreffen, und jener Weise des Altertums wird gewiß Beifall nicken. Mag diese Welt im Regen des Fünften Monats heiter oder umwölkt sein, mögen die Wasser des Ts'ang-lang sich trüben – wenn nur der Grund dieses Wassers klar ist, dann waschet Eure Mützenbänder, spület Eure Ohren und schließt mit ihm Freundschaft auf lange Zeit für ein Leben in Muße.

Tausch das Wasser aus:
bleibt der alte Mond doch drin,
im Handwaschbecken!

Prosagedicht auf das Reisen

Frühling: wenn die Glöckchen der Postpferde klingeln und alles bunt ist von gemusterten Badekleidern – sind es nicht Reisegesellschaften aus der Hauptstadt, die nach Ise pilgern? Sommer: es strömt der Juniregen; in Kanaya und Shimada bilden sich große Gruppen um die Daimyô herum. Herbst: Baum um Baum an der Kiso-Straße hüllt sich in buntes Laub; Tränen beim Ertönen von Affenstimmen; dem Beutelchen des einsamen Wanderers wird Gnade zuteil. Winter: im

Schneegestöber des Suzuka-Passes findet der Fuß des Eilboten kaum festen Halt – dies alles dürfte auf verschiedene Weise unser Mitgefühl erwecken. Die Reiseschilderungen der Dreiundfünfzig Stationen der Ostmeerstraße sind zwar in aller Mund, und doch setzt man häufig auf schleimiger Schneckenspur von Liederdichtern und Verfassern von Kettengedichten die bekannten Worte vom »Reiseschlaf in Saya no Nakayama« fort und wird umschlungen vom »Efeu an den Hügeln von Utsu«, aber jene Einsamkeit, wie sie in einem Haiku des Kyoriku durch die Erwähnung der »Zehnerknödelchen« zum Ausdruck kommt, erkennt man nicht. Oder man verfällt auf Legendenbücher, die vom Ursprung von Klöstern, Schreinen und Ruinen künden, auf Erörterungen von Entfernungen und Richtungen, und so bleibt noch manches übrig, was aufhebenswert ist für ein Scherzgedicht. In einem Prosagedicht auf das Reisen von Kyoriku wird die Welt eines Pferdetreibers erschöpfend dargestellt, und in einer Abhandlung des Mokudô werden Aufstieg und Fall einer Lockdirne geschildert. Ich will das nun keineswegs nachahmen, aber wie es heißt: wes das Herz voll ist, geht der Mund über. Ist von Mitgefühl beim Reisen die Rede, denkt man an Saigyô, wie er seinen Hut festbindet, oder an die Spuren von Sôgis Strohsandalen – aber auch beim Hin und Her eines Daimyô, mögen da noch so sehr die Silberbeschläge am Tabakservice glänzen, schmerzen den lieben langen Tag hindurch im Tragsessel die Beine, und hört man auch das Durchtropfen des Regens in einem Nachtgewand aus Seidendamast, wie wäre solches möglich, wenn nicht auf der Reise?

Nun denn, Abenddämmerung im festgesetzten Nachtquartier: bei den Sandkegeln am Eingang flattert ein Vorhang; Hintern an Hintern reihen sich die Pferde, denen man die Hufe wäscht; der Posthalter, mit wirrem Haar, aber im Zeremonialgewand, spült rasch die schmutzigen Füße; auf lackierten Untersetzern springen kleine, lebende Meerbrassen – da wird es wohl seine Schwierigkeit haben, vom »Reisekopfkissen aus Gras und Kräutern« zu sprechen! In den Nebenquartieren geht es nicht ganz so großartig zu; vor den Geschäften qualmt es unter den tragbaren Badezubern; Schatten trüber Papierlaternen wandern rundum; wer sich zum Schlaf niederlegt, zerquetscht die Läuse auf der hölzernen Kopfstütze, wer noch nicht schläft, schimpft beim Nachzählen des Wechselgeldes. Da kein Händeklatschen ertönt, das jemanden herbeirufen soll, empfindet man die Verlassenheit besonders stark. Der Mond versinkt, Pferde wiehern, und nachdem auch die Stimmen von Strohsandalenhändlern und Schnapsverkäufern, von blinden Masseuren und Quacksalbern sich wieder eingestellt haben, lärmen die hölzernen Klappern, und das alles gehört untrennbar zu einer großartigen Reise.

Überhaupt der Anblick des Hofes dieser Gasthäuser: man zieht Sago-Palmen, und nicht eines, wo man nicht Kiefern gepflanzt hat. In

Hatatoge hat man eine Miniaturlandschaft angelegt, in Ōiso und Odawara hat man Steinchen ausgestreut. Auf der Hofmauer sind zwar Nägel aufgepflanzt, aber die Haken und Krampen am getünchten Tor sind verzogen und fassen nicht. Die Badestube ist so maßlos geräumig, daß die Mäuse am hellichten Tag in die Irre geführt werden; die Abortmatten schließen direkt an die gute Stube an; die Pflaumenblüten auf der Tapete hängen unter ihrem nicht vorhandenen Duft zerrissen herunter; eine Grille zirpt, und das eben bewegt das Herz. Auf dem Eßtischchen jämmerlich anzusehen ein Wels, nicht größer als ein Gelbschwanzfischlein, gerösteter Bonito, eingelegte Rettichblätter; im Schüsselchen zum Bohnenkäse geschnittener Riementang von kaum wahrnehmbarem Geschmack; und wenn man, wer weiß wie oft, versucht hat, die zu dick geratenen Eßstäbchen zurecht zu schnitzen, ist man verdrossen.

»Rotschürzen« scheint nur in der Nähe der Hauptstadt eine geläufige Bezeichnung für Lockdirnen.

Nacht: Man läuft dem leichten Mädchen nach, das Antwort gab, und wenn auf das gesummte Liedchen hin die Regentür zurückgeschoben wird, ist man neugierig, welcher Art heute nacht der Bund, zu dem ein Wispern die Brücke geschlagen hat.

Wohin man kommt, hängen in den Geschäften Pferdeschuhe, Strohsandalen und Hutschmuck; in einem erbärmlichen, alleinstehenden Haus hat man diese Dinge, an Bambus befestigt, auch noch am Wegrand ausgestellt. An Reiseführern, billigen Heftchen im roten Umschlag, hängen eiserne Schwertstichblätter als Beschwerer; die Bohnenmuskuchen im Kasten hat man mit einem Lappen bedeckt so schwarz wie Ruß. Die rotbäuchigen Karpfen von Hakone stecken auf festgerollten Strohbündeln, die Seeteufel von Umezawa sind mit Haken an den Dachtraufen aufgehängt.

Nun denn, da das Wetter vom Himmel abhängt, durchqueren wir ausgerechnet den Ōi-Strom bei einem Wasserstand, der nur eben ans Knie reicht, und am Sakawa-Bach werden wir ganz unerwartet zwei Tage lang aufgehalten. Gerade auf den Tag, an dem es im Teehaus von Arai neuen Aal gibt, trifft das Fasten für den verstorbenen Vater, und man ißt statt dessen in einem niedrigen, windschiefen Häuschen geröstete Reiskuchen, die schon reichlich betagt sind; gestern wurde man in Ōhama von einem Seidenhändler, einem Reisegefährten, mit Nudeln traktiert, heute pflegt man einen erkrankten Ise-Pilger, der sich heimlich von zu Hause fortgeschlichen hat; am Tenryû-Fluß trägt der Wind einen neuen Hut davon – so wechseln Freud und Leid sich täglich ab, und Glück und Unglück auf der Reise scheinen wohl doch nicht vom »guten Tag zum Beginn einer Reise« im Kalender abzuhängen.

Nicht nur der Wanderer kennt Gefühle auf der Reise! Wer einen Tragsessel mietet, neidet den Trägern die Rüstigkeit; die den Sessel tragen, neiden dem Mieter das Geld. Aus welcher Zeit wohl mögen die Witzeleien stammen, die sie sich an den Ladeplätzen zurufen? »Finsterfaust« etwa, das sind 35 Mon, denn finster ist's an Neumond, das ist allemal der Dreißigste des Monats, und fünf Finger hat die Faust; oder »zweimal zehn und Bandô«, das müssen 28 Mon sein, denn das Bandô-Gebiet besteht aus acht Provinzen. Am Morgen läuft so einer durch Toba im Tag-und-Nacht-Eildienst, am Abend verführt er ein Dienstmädchen in Himeji – er ist ein ungewisser, plötzlicher Regenschauer, und auch die Zukunft eines solchen »Hans Wölkchen« ist ohne Sicherheit.

Mag ein bärtiger Dienstmann breitbeinig auf dem Hals des besorgt um seine Lendenschmerzen die Furt durchwatenden Trägers sitzen und den unerreichbaren Fuji betrachten, mag ein einäugiger Pferdetreiber einen blinden Wanderkünstler aufsitzen lassen und den dunklen Kuragari-Paß überschreiten – ist das Durchschweifen dieser Welt je ohne Kummer? Und noch dazu: der Bootsführer, der den Mund zu voll nimmt, wird von der Wache in Ōsaka verprügelt, und vom Reiskuchenhändler mit abgefaulter Nase heißt es, daß ihm sogar von Bettlern Besuch zuteil wurde. Wahrhaftig, betrachtet man den Lauf eines ganzen Lebens, so sind wir alle auf der Reise, und wenn ich die Welt mit einer Reiseszenerie vergleiche, dann nicht nur, weil man sie als flüchtigen Aufenthaltsort bezeichnet. Wie beim Voranschreiten auf der Reise nimmt man Freud und Leid im Schauen auf, und so sollte zum Beispiel auch die Geschichte jener Kaiserin im Nonnenstand, welche die Sechs Wege erblickte, hier nicht übergangen werden. Das Schicksal desjenigen, der ein Meister des Scherzgedichts ist, entspricht indessen nicht dem Vorbild jenes »entsag der Gnade, dringe ein ins Nicht-Handeln«, das der Mönch gelobt. Derb den Kopf zur Kugel geschoren, ist er neugierig auf den Frühling in Yoshino und Hatsuse, schweift er hierhin und dorthin auf den Wellen von Matsushima und Kisagata; indem er um drei Mon feilscht, entgeht ihm schließlich das billige Pferd, das auf dem Heimweg war; da er keinen Mitfahrer hat, zieht man seinetwegen das Fährboot nicht heraus; des Mondes wegen verfehlt er den richtigen Weg, nimmt also zu seinem Leidwesen für eine Nacht das Mitleid der Bewohner eines abgelegenen Hauses hinter den Bergen in Anspruch, und während er am Rand der Feuerstelle, in der man Schilf verbrennt, seine Knie wärmt, lehrt er das Kind, welches ein hohler Zahn schmerzt, einen Zauberspruch, und man bewirtet ihn mit Hirseknödeln. Oder es besucht einer ein altes Kloster, das er kennt, und die Mönche verfassen auch ein wenig chinesisch-japanische Kettengedichte, trösten sich mit einem Go-Brett, dem die Beine ausgegangen, und wenn er nach fünf, sechs Tagen mit Bedauern scheidet, überißt er sich an Kiefernschwämmen; so schweift er zehntausend Meilen weit hierhin und dorthin wie Wasser und Wolken, ungebunden und sorglos, und doch mag es auch vorkommen, daß ihn plötzlich das

Heimweh überfällt, weil man an jenem Ort einen Diener Sompei nennt, denn das ist auch der Name des Schwiegersohns der eignen Tante.

Ich nun habe, während ich in den zehn Jahren meiner Amtszeit die Kiso-Straße und die Ostmeerstraße immer wieder landauf und landab bereiste, alles zusammengenommen an die 1040 Meilen hinter mich gebracht, und wenn ich auch nicht weiß, in welchem Maße ich noch reisen werde, wenn ich noch länger lebe, so bin ich doch in diesem Jahr schon an die vierzig und damit bald ein alter Mann, und denke ich an das Erlebte zurück, verberge ich unbesonnen nicht meine Rührung, und so schreibe ich dieses Prosagedicht auf das Reisen – und daß ich dazu noch den Pinsel in vorübergehender Unterkunft verwende, dürfte wahrhaftig ein törichter Zeitvertreib sein.

Abhandlung über die Gespenster

Es gibt Wesen auf der Welt, die man Gespenster nennt; häufig werden sie zu Frauen, erscheinen als Kinder, und auch Gerüchte von umgehenden kahl geschorenen Großmönchen sind zu hören; von Gespenstern mit nach der Mode ausrasiertem Halbmond über der Stirn hört man jedoch gleichwohl nichts. Als jemand sich erkundigte, aus welchem Grunde Gespenster nur des Nachts hervorkommen, erhielt er zur Antwort, das sei wegen der Belästigung durch die Kinder, von denen es bei Tage gewöhnlich wimmelt – das dürfte ein treffender und weiser Ausspruch sein! Nehmen sich die Gespenster einen Angsthasen zur Gesellschaft, so gelingt ihre Kunst besonders großartig, stoßen sie aber auf einen in der Kriegskunst Geübten, dann unterlaufen ihnen unvorhergesehene Fehler. Ein Teufel verwandelte sich einmal in ein Tantchen und holte seinen Arm wieder zurück, ein Fuchs verwandelte sich in ein Alterchen und erhob Einwände gegen Fallen. Wahrhaftig, wollte ein Teufel zu einem Klosterbruder werden, ein Fuchs sich in ein Tantchen verwandeln, so wären ihre Erscheinungen wohl wenig reizvoll. Denn dies müßten – dem aufrichtigen Stil gemäß – ja wohl ihre natürlichen Urgestalten sein!

Zunächst nun kamen unsere Gespenster auf die Künste herunter, die Fuchs und Dachs treiben, und gelegentlich gehen auch Gerüchte von Gespensterkatzen oder Wasserkobolden um, sobald man aber bei der Erforschung ihres wahren Wesens hinter die Kulissen sehen kann, ist es reizlos. Erst die jeder Vernunft spottenden Gespenster sind vor allem bewundernswert. Denn die Götter geruhen letzten Endes bei der Heißwasserzeremonie sich im Wasser zu spiegeln, die Buddhas kommen einem entgegen, wenn man ihren Namen rezitiert, aber die

Gespenster, die auf das Erzählen von »Hundert Geschichten« hin Antwort fühlen lassen – sie sind, da sie keine bestimmbare Gestalt besitzen, weder in der »Bildersammlung der Drei Kräfte« angeführt noch wurden sie vom Pinsel des Bilderschatzes für den Unterricht erfaßt. Nur in den billigen Leseheftchen mit den roten Umschlägen ist ihre schmachvolle Gestalt festgehalten worden. Während indessen einst wie heute selbst die Schönsten aller Schönen am Ende ihres Lebens einen jämmerlichen Anblick bieten – im Sekidera verfallend, in Higaki umherirrend, im Teich von Sarusawa vom Tang umschlungen, in Gras und Laub der Heide von Ma-wei bleichend, und während schließlich auch Su Tung-p'os Diagnose der Neun Gestalten des Todes recht störend wirkt, ist gerade nur das Ende dieser Wesen unsagbar liebenswert, da weder der helfende Schatten eines Ziehvorhangs erbeten wird, noch Besen oder Putztuch vonnöten sind, denn die Gespenster entschwinden wie ausgelöscht.

Biographie des Grillen-Alten

Die Maulwurfsgrille fliegt zwar gut, vermag jedoch nicht, über ein Haus zu gelangen. Sie klettert zwar gut, vermag aber nicht, einen Baum bis oben zu erklimmen. Sie schwimmt zwar gut, vermag aber nicht, ein Tal zu überqueren. Sie gräbt zwar gut Löcher, vermag aber nicht, sich zu verbergen. Sie läuft zwar gut, vermag aber nicht, dem Menschen zu entkommen. Da sagt man wohl, sie ist im Besitz der Fünf Fähigkeiten und übt doch nicht eine aus. Hier ist ein alter Mann. Er verfaßt zwar chinesische Gedichte, aber die Gedichte werden nichts, er dichtet zwar Lieder, aber sie haben keine Ähnlichkeit mit Liedern, er schreibt zwar Dinge, aber sie sind nicht gut, er malt zwar Bilder, aber sie sind stümperhaft, er macht zwar Scherzgedichte, aber sie sind linkisch. Im Gedanken, ob ich jenem Insekt wohl nachstehe, habe ich mich selbst Grillen-Alter genannt. Ich bin schon recht alt, und da ich jetzt die Grenzen eines solchen Leibes kenne, verlange ich nicht, von anderen gelobt zu werden, und der Tadel der Menschen verdrießt mich nicht. Wozu also, wie die Grille im Sprichwort, sich ärgern und jener Amsel Freude machen? Gut, mag sie sich doch ärgern, ich möchte lieber lachen!

Das Fliegen der Falter von Blüte zu Blüte stellt wohl das Äußerste an Anmut dar. Da man sie nicht einer schönen Stimme wegen liebt, quält man sie auch nicht im Käfig – welch ein Glück! Sogar Chuang-tse in seinem Traum hat sich diesen Wesen überlassen. Man wird ihnen lediglich die Libellen an die Seite stellen können, doch Libellen werden – an Fäden gebunden, mit Vogelleim gefangen – sogar zum Spielzeug der Kinder, und das ist bitter, aber wahrhaft sehr bedauerlich ist jenes Sprichwort, welches sie gar mit dem Nasenhaar eines Dummkopfes festbindet. Es gibt aber auch Insekten, die man Motten nennt und die man mit den Augenbrauen einer schönen Frau vergleicht.

Wer Kinder besitzt, rackert sich ab, von seiner Zuneigung getrieben. Wespen nun nehmen andere Insekten und machen sie zu ihren Kindern. Es ist aber keineswegs so, daß sie auf deren Fürsorge im Alter angewiesen wären. Was werden sie wohl vererben wollen, daß sie sich so abmühen? Wollen diese »Gleich-mir-Wespen« (Grabwespen) mit ihrem *ware ni niyo, ware ni niyo,* »sei mir gleich, sei mir gleich«, sich vielleicht irgendwie selbst hochloben? »In die Blüten vernarrt sein« ist ein Ausdruck derer, die chinesische Gedichte verfassen, im klassischen japanischen Gedicht liest man so etwas eigentlich nicht. Es heißt, daß die Bienen Honig ausscheiden und für die Menschen sparen. Nur bauen sie ihre großen Nester in den Yakushi-Tempeln, wo selten eines Menschen Auge hintrifft, und wollen damit dem Reinemachemönch einen Schrecken einjagen. Und hätten sie keinen Stachel, so würden sie von den Menschen wohl nicht gehaßt.

Seit im Vorwort zu der »Sammlung von Liedern aus alter und neuer Zeit« vom Frosch geschrieben wurde, ist es sein Schicksal, für einen Dichter gehalten zu werden. Wenn sich in einer verschleierten Mondnacht der Wind gelegt hat, ist es schön, ihn von ferne zu hören. Weil er in einen alten Teich gesprungen ist und dabei den alten Bashô erweckt hat, kann man ihn wegen obigem kaum weiter schmähen.

Es heißt, daß man die Zikade gerade im Fünften Monat bei schönem Wetter erstmals hört. Sobald ungefähr mit der höchsten Sonnenhitze auch ihr Zirpen das Höchste hergibt, hat man das Gefühl, daß die Menschen sich den Schweiß nur so auspressen. Nun, man hört weder etwas vom »Ersten Schmetterling« noch von einem »Ersten Frosch«. Daß man nur eben von der »Ersten Zikade« spricht, ist also ein großes Verdienst. Man darf wohl behaupten, daß mit den Worten »Es sieht nicht so aus, als ob sie bald sterben« in einer Strophe des alten Bashô alles über die Zikaden ausgesagt ist.

Die Glühwürmchen bilden wohl das Höchste an jahreszeitlicher Beigabe, mit der nichts zu vergleichen ist. Sie fliegen am Wasser hierhin und dahin und schwärmen über den Gräsern. Ich denke sogar, daß im

Fünften Monat die Dunkelheit nur ihretwegen da ist. Aber von einem armen Gelehrten gefangen und zum Stellvertreter des Öllichts gemacht zu werden, ist wohl nicht der wahre Wunsch dieser Wesen! Daß man im klassischen japanischen Gedicht nicht »Glühwürmchenfeuer« dichten darf, ist eine außerordentliche Unfreiheit. Im Scherzgedicht sollte man das nicht nachahmen.

Die Higurashi-Zikade tritt zwar in großer Zahl auf, ist aber nicht lästig. Sie kommt etwa um die Zeit, wenn die Hitze ihren mittäglichen Gipfel überschritten hat und am Abend der Tau sich auf die Gräser setzt. Die Zikade, die *Tsukutsukubôshi* heißt, zirpt auch *Tsukushi koishi*, »nach Tsukushi sehn ich mich«. Hierzulande geht die Rede, daß jemand aus Tsukushi, der auf der Reise starb, zu dieser Zikade geworden ist. Unser Mitgefühl wird wohl nicht geringer sein, wie wenn der Kuckuck sehnsüchtig in die Wolken ruft.

Die Spinne knüpft mit Geschick ein Netz, hält sich versteckt und sinnt darauf, andere zu verderben. Man besingt sie in Liedern vom »Warten in der Dämmerung«, aber obwohl sie einmal Vermittlerin war für den Rücktritt von den Amtsgeschäften, ist es doch abscheulich, daß sie so ganz und gar das Herz eines Bösewichts hat. Erster Feind unserer Dynastie in alter Zeit, hat sie sogar den Yorimitsu in Schrekken versetzt, ist das nicht furchtbar! Wird es aber auch vorkommen, daß einer ein klein wenig Mitleid aufbringt, wenn an dem verwilderten Vordach eines aufgegebenen Hauses verlassen der Flügel einer Zikade hängt? Unentwegt baut die Spinne ihre Nester – warum nennt man dann diejenigen, die ohne Unterkunft auf der Ostmeerstraße hierhin und dahin ziehen, »Spinnen«?

Die grünen Raupen vergleicht man mit Leuten, die sich vor Ärger aufblasen, als haarige Raupe bezeichnet man einen schwierigen Dienstherrn. Kratzbuckel und Geizkragen heißen nur so, sie sind aber keine Insekten. Einen Fettkäfer haßt man nicht, solange man damit die Küchenschabe meint, denkt man dabei aber an einen Schmarotzer, mag man ihn nicht.

Das Leben der Seidenraupen nimmt für die Menschen ein Ende, für wen aber lassen sich die Bärenspinner verbrennen? Die Eintagsfliege wird herangezogen als Beispiel der Vergänglichkeit, der Bitterknöterichfresser dient als Vorwurf für Liebhaber von abseitigen Dingen. Da werden gelegentlich wohl auch Leute, die Scherzgedichte verfassen, von solchen, die keine Scherzgedichte verfassen, als Bitterknöterichfresser bezeichnet.

Von den beiden, die man gleicherweise mit dem Namen einer Kostbarkeit ruft, ist der Edelsteinkäfer liebenswürdig, der Goldkäfer nichtswürdig.

Morgens und abends sind die Ameisen geschäftig, sie gleichen Menschen, die keine Zeit haben zwischen den Geschäften der Welt. Sie hören nicht auf, sich im Osten und im Westen zu sammeln und zu verteilen und Futter zu suchen. Wann wird man der Hauptstadt Huai-an entfliehen und den Frieden seines Leibes erlangen? Dennoch sollte man sich nicht an einer Stelle, wo die Gelegenheit schlecht ist, mit einem Loch abgeben und einen Wall von zehntausend Fuß niederreißen wollen.

Die Fliege wurde von Ou-yang Hsiu gehaßt, der Bücherwurm wurde von Chôshôshi bemitleidet. Ein Floh, der von den Zähnen eines Hundes zerkaut wird, ist sehr selten, aber eine Laus, die von den Händen eines Affen gesucht wird, dürfte nur schwer entrinnen können.

Eine Schnecke sollte sich nur im Wasser aufhalten, wie kommt es, daß sie sich auf Gras und Blättern vergnügt? Sie besitzt zwar ein Haus, aber da sie es überallhin mitschleppt, zeigt ihr Gang nichts, was der Leichtigkeit eines wie Wasser und Wolken schweifenden Wandermönchs ähnlich wäre.

Schlange und Regenwurm können gehen, auch wenn sie keine Beine haben, der Beine Überzahl bei allen Arten von Hundertfüßlern ist dagegen ohne Nutzen.

Die Gottesanbeterin ist mager, ihr Herz aber ist kühn aus dem Stolz heraus, eine Axt zu tragen. Diese Sorte gibt es wohl auch unter den Menschen.

Weber, Glöckchengrille und Pferdegebißgrille hat man nach der Ähnlichkeit ihrer Stimmen benannt, das Kieferninsekt dagegen hat mit der Kiefer gar nichts zu tun – weshalb hat man ihm da wohl einen solchen Namen gegeben? Den gleichen Namen trägt aber auch ein haariges, schreckliches Insekt, es bringt die Kiefern zum Verdorren und ist den Menschen zuwider. Wenn sich an einem Ort zwei Männer namens Yahei befinden, von denen sich der eine um sein nächstes Leben sorgt, während der andere das Töten von Lebendigem zu seinem Geschäft macht, da muß es sich um die gleiche Sorte handeln wie beim Kieferninsekt.

Das *tsuzurisase*, »laß flicken!« des Heimchens belehrt die Menschen, daß die Nächte kalt werden; das Insekt, das in den Wasserlinsen wohnt, wird mit seinem *ware kara*, »durch mich« wohl sich selbst beklagen, aber wenn der Sackträger *chichi yo*, »Väterchen!« ruft, besteht keine Ähnlichkeit mit dem Gecko, der seiner Frau gedenkt. Er liebt nur den Vater – warum wohl sehnt er sich nicht nach der Mutter?

Die Schnaken verdienen das Äußerste an Haß, aber wenn man sie so etwa um den Hasenmonat herum, an einem Abend, an dem es vor dem Haus schön gemütlich ist, erstmals wohl leise gehört hat, oder wenn sie so etwa um den Langen Monat herum kraftlos übriggeblieben sind, wirken sie doch recht verlassen. Ein Haus, in welchem die Mückennetze aufgehängt sind, der Rauch in einem Dorf, wo man Mückenfeuer brennt – sie sind überdies Träger dichterischer Eleganz geworden. Da die Buschmücken besonders wild sind, wird es bei den Nachtgesprächen der Sieben Weisen im Bambusgebüsch für die Fächer wohl keine Pause gegeben haben!

In alter Zeit ist ein Herr Superior, der Anhänglichkeit ans Geld bewahrt hatte, zu einer Schlange geworden und hat den Geldkasten umschlungen, und Sukekuni, der voller Liebe an den Blüten hing, ist zum Schmetterling geworden und hat sich in den Gärten verlustiert. Zu was für einem Insekt wird nun wohl einer werden, der sein Herz an das Scherzgedicht gehängt hatte? In die Blüten vernarrt und vom Mond bezaubert, voller Sehnsucht nach dem Schatten der spät in die Nacht hinein brennenden Lampe, seine Stimme erhebend beim Duft der Nara-Teesuppe – man wird wohl Mitleid mit ihm haben müssen!

Theorie über die Geister

Sie besitzen weder die Stärke eines Teufels, für den es nur ein Maulvoll war, noch können sie es mit den Verwandlungskünsten der Gespenster aufnehmen – was für Wesen sind denn also Geister? Betrachtet man ihre Erscheinung auf Bildern, so tragen sie auf dem Kopf ein dreieckiges Papier, halten – obwohl im Hauskleid mit weiten Ärmeln – einen Bambusstock, und bei manchen ist unterhalb der Knie noch etwas vorhanden, bei manchen nicht. Diejenigen, bei denen die näheren Umstände auf ein »Ach wie liebe ich doch die irdische Welt« zu weisen scheinen, das sind männliche Geister. Diejenigen, die einen »hallo, hallo« anrufen, dürften als weibliche Geister zu erkennen sein. Sie nähern sich häufig wandernden Mönchen und erbitten ein Sutra, ohne etwas zu spenden, und gelegentlich kommt es auch einmal vor, daß sie einen kräftigen Krieger sehen und eine Bitte an ihn richten. Treten sie ganz unnötig in Erscheinung und erschrecken Frauen und Kinder, so dürfte es sich um das Werk von Laubgeistern halten. Wahrhaftig, hätten die Menschen im Sterben die Freiheit, zu einem Geist zu werden, dann würden die Toten, welche die Buddhaschaft nicht erlangen, selbstverständlich einer wie der andere um die Wette zurückkommen und Anweisungen für Beileidsbesuche und Bestattung erteilen, und sie würden selbst noch wegen des Kleingeldes im Beutel, von dem zu reden sie versäumt hatten, und wegen des Wechselgeldes für den Nachbarn, der aus Freundlichkeit nichts davon verlauten läßt, Mitteilung machen, und man hätte Wolken hartnäckigen Festklammerns am Irdischen auszufegen – ob es sich da wohl um ein uns ganz einfach nicht übermitteltes Gesetz jener Welt handelt, daß die Geister so selten sind in einer Welt, in der kein Tag vergeht, an dem der Tau auf der Heide von Adashi nicht verdunstet? Nun – wenn man beim Totenfest im Frühherbst die Stuben mit Weiderich und Laternen schmückt, eine Speisefolge von Nudeln und Knödeln auf Eßtischchen mit irdenem Geschirr und Hanfstengel-Eßstäbchen anrichtet und in jedem Haus die Geister einlädt, führt man sie vom Vordereingang her an der Hand herein, und heiter mögen sie wohl auch hergekommen sein – und doch müssen sie irgendeine Scheu haben, denn ihre Gestalt hat man noch nicht erblickt, und so fühlt man sich wohl etwas beschämt, wenn die Bewirtung beim Willkommensfeuer vorüber ist. Inmitten der Tanzkleider mit ihren bunten Mustern müßten sie sich wohl des weißen Totenkleides schämen. Und weiterhin: Funaoka und die Heide von Toribe sind berühmt für ihre Geister, aber Höhlen zum Wohnen sind nirgends sichtbar, und keiner hat je einen Eingang gesehen. Zu sagen »Geister gehen um, gehen um« ist folglich ein ganz allgemeiner Fehler in der Benennung. Das Umgehen ist beschränkt auf die Geister des Theaters, hat ein Kenner des Altertums gesagt.

Möcht gar einen Schirm?
Entschwinden läßt er den Geist,
der Herbstsprühregen!

Prosagedicht zum Frühlingsanfang

Da heute die Nacht ist, in der die Teufel umherschwärmen, steckt man an allen Häusern Sardinenköpfe und Steineichenzweige heraus. Wo aber sollten bei der Tradition des Landes unseres Großen Fürsten noch Wohnstätten von Teufeln sein? Es heißt, die Weisen der alten Zeit hätten sich, gekleidet in Staatsgewand und Zeremonialhut, diese Nacht besonders in acht genommen. Für mich alten Mann, der ich der Welt entflohen bin, gibt es – außer daß ich die Füße zum Stövchen unter der warmen Decke ausstrecke und mit den Jahren geize – nichts, dessen ich eingedenk sein müßte, und so kann ich ganz beruhigt sein. Es ist zwar ein unpassendes Tun in einer Welt, die ich im Stich gelassen, wenn aber jetzt ein im Hause ergrauter Mann die schlotternden Staatshosen über die gekrümmten Hüften zieht, der Form halber Bohnen herumstreut und mit zittriger Stimme die Teufel verscheucht, dann erinnere ich mich längst vergangener Zeiten, und das ist ergötzlich. Jeder macht es wieder anders, um die Bohnen denen zukommen zu lassen, die sie in der Zahl ihrer Lebensjahre auflesen und damit Unheil von sich abwenden wollen, aber früher bekam man diese Zahl an Bohnen zusammen, wenn man nur um seine Knie herum suchte, jetzt jedoch ist es so weit gekommen, daß man selbst in einem Raum von acht Matten nicht genug findet, so daß einem noch zu suchen übrig bleibt – wie schäbig! Nachdem sie heute abend rundum durch die Straßen gezogen sind, werden die Stimmen der Männer, die Unheil von sich abwenden, mit vorrückender Nacht immer heiserer, und selbst bis in diese Gegend hinein lärmen sie. Daß einer, dessen fortschreitende Jahre sich immer dichter häufen, dessen Gestalt häßlich und dessen Herz hart geworden und den man jetzt in der Welt verabscheut, als Greis nicht hinausgeworfen wird, das wenigstens ist ein großes Glück.

Warum keinen Zweig
mit Pflaumenblüten dazu,
Steineichenhändler?

Mit dem Schnee fegt von
den Pflaumenblüten am Zaun
man auch Unheil ab.

Blüht die Pflaume wohl,
wo zwischen Glück und Teufeln
die Grenze am Zaun?

Anhang

Nachwort

Dieser Band entnimmt dem reichen Vorrat japanischer Erzählkunst von den Anfängen bis in das 18. Jahrhundert Texte verschiedenster Herkunft und Form, verschieden in Niveau, literarischer Gestaltung und inhaltlicher Zielsetzung, aber gleich in einem Punkt: sie alle gehören zu den beliebtesten und kurzweiligsten Klassikern, zum eisernen Bestand der japanischen Literatur. Qualität, Popularität und Realitätshaltigkeit gaben den Maßstab für unsere Auswahl. Sie bringt Erzählungen und Aufzeichnungen, die ohne Umweg Realität vermitteln, weil sie die Erfahrung des Schreibenden schildern; Geschichten, die in aller Munde sind, Überlieferungen, die gern gehört werden; und schließlich Texte, die Elemente beider Typen mit dichterischer Phantasie vereinen.

Neben diese inneren Kriterien tritt als Erfordernis für ein derart zeitumspannendes Lesebuch die äußere Kürze der einzelnen Literaturstücke. Diesem Anspruch werden aus mündlicher Überlieferung stammende Geschichten naturgemäß am besten gerecht. Alle Stücke sind in sich abgeschlossen, auch Episoden, die wir umfangreicheren Epen oder Historien entnahmen.

Die Frage nach der Popularität ergibt für jede Epoche neue Antworten. Zunehmende soziale Differenzierung führt zur Konkurrenz verschiedener Literaturrichtungen und -gattungen, und die Kommerzialisierung gedruckter Literatur mit ihrer Abhängigkeit vom Lesergeschmack erzeugt das Phänomen der Massen- und Trivialliteratur, von der unsere Sammlung kein Beispiel gibt, da ein so umfassender repräsentativer Querschnitt nicht in unserer Absicht lag. Nicht nur, aber auch aus diesem Grunde brachten wir keinen Abschnitt aus einem vorkommerziellen Literaturprodukt, das als längstes zusammenhängendes Werk der klassischen Literatur Japans gilt: dem Genji monogatari, jenem höchst anspruchsvollen Urbild des geschwätzigen Trivialromans, einer Reduzierung des höfischen Milieus auf ein Panorama, wie es den Augen einer gebildeten, ganz der Konvention ergebenen und wenig originellen Hofdame erschien. Davon abgesehen, bietet kein Abschnitt des Genji monogatari die Selbständigkeit oder die Kurzweil, die wir für unsere Auswahl voraussetzen.

Im Gegensatz zu solcher Fiktion, die gerade so viel realen Hofklatsch zitiert, daß eine scheinbare, von Klischees entstellte Wirklichkeit entsteht, verkörpert die Mehrzahl der hier vorgestellten Texte Geschichten, die sich durch Handlungsfülle, Vielfalt der vermittelten Wirklichkeitsbereiche und Vorstellungen – das Reich des Numinosen und der Magie gehört dazu – oder humoristische Zuspitzung auszeichnen. Ein geringerer Teil bietet »Rohmaterial«, d. h. nicht zur Story verarbeitete Schilderungen und Überlegungen, die durch genauen Blick und Selbständigkeit des Urteils auffallen und sich einer zuhörenden oder lesenden Öffentlichkeit als gemeingültige Weisheit einprägten.

Der Rahmen, in dem die ältesten der hier übersetzten Geschichten im 8. Jahrhundert schriftlich festgehalten wurden, ist mythologisch, historisch und topographisch. Kaiserlichem Machtanspruch verdankt das 711/712 geschriebene, aus früheren Berichten zusammengetragene Kojiki (»Aufzeichnungen alter Geschehnisse«) seine Entstehung. Ungewöhnlich ist die redaktionelle Vorgeschichte dieses frühesten Literaturzeugnisses Japans: Hieda no Are mußte auf kaiserlichen Befehl den gesamten überlieferten, die kaiserliche Herkunft bezeugenden Stoff auswendig lernen. Rund dreißig Jahre später schrieb Ō no Yasumaro das Kojiki nach seinem Diktat nieder. Das Resultat umfaßt Kosmogonie, Theogonie, Göttergenealogie, Herabkunft einer Gottheit, Reichsgründung, Sagen und Berichte über die frühen Kaiser. Die Genealogie des Kaiserhauses wird prestigefördernd gestreckt und um einige nichthistorische Ahnen bereichert, während den frühesten historischen Souveränen überhöhte Lebensalter zugeschrieben werden. Die Forschung läßt dagegen erst Ende des 3. Jahrhunderts unserer Zeitrechnung, rund tausend Jahre nach dem Termin, den das weit ausführlichere, acht Jahre später verfaßte Nihongi für die Reichsgründung ansetzt, die ersten historischen Herrscher auftreten.

In diese Zeit würde auch, ihre Historizität vorausgesetzt, die Geschichte vom stummen Prinzen Homujiwake fallen. Es ist natürlich müßig und überflüssig, die rationalen Elemente solcher Erzählungen für historisch, die irrationalen oder sagenhaften für unhistorisch zu erklären. Angemessener ist eine Betrachtungsweise, die in dieser Vermischung der Sphären, vor allem in religiöser Motivierung menschlicher Zustände und in der magischen Beweisführung, ein Zeugnis archaischer Welterfassung sucht und nicht nur die Realität des 3. oder 4. Jahrhunderts. Diese Realität erscheint in kulturhistorischen Einzelheiten (gegabelter Einbaum, Ortsnamen, Barttracht, Vogelstellerei usw.); die reale politische Konstellation scheint durch im zwiespältigen Verhältnis zum zunächst feindseligen, erst zu versöhnenden Gott von Izumo, dem Gegenspieler der kaiserlichen Ahnengottheit. Ihre eigentümliche Gestalt erhält die Geschichte durch die in einem naiven Gemisch von Japanisch und Chinesisch erfolgte Niederschrift mit chinesischen Schriftzeichen – die japanische Silbenschrift kommt erst im 9. Jahrhundert auf –, während Nihongi, Fudoki und Nihon ryôiki chinesisch abgefaßt sind. Nicht der fremden Schrift, wohl aber der Distanz zur lebendigen Erzählsituation, zur ausgewogenen Überlieferung, sind gewisse Ungereimtheiten anzulasten, wie die chronikartig verkürzte und halbwegs unverständliche Hinagahime-Episode, die sich vom bedächtig ausholenden Tonfall der übrigen Partien stark abhebt.

Von stilistischer Einheit ist die nachfolgende kurze Erzählung, die zwar wie die erste in die »historische« Zeit der »Menschenkaiser« gebettet ist, aber von Gottheiten handelt. Es folgt eine Heldensage um den starken und wilden Prinzen Yamato-takeru (Wousu), den sein kaiserlicher Vater von einem gefährlichen Abenteuer in das andere schickt, um sich seiner zu entledigen. Der Held wird mit göttlicher Hilfe zum großen Eroberer und Unterwerfer feindlicher Stämme und Gottheiten: Verklärung und Idealgestalt des historischen Heerführers, der im kaiserlichen Auftrag die Grenzen des Yamato-Reiches sichert und erweitert. Er ist auch für den kaiserlichen Kult eine zentrale Figur: Er erhält von Yamato-hime in Ise das »Grasmäheschwert«, eine der künftigen kaiserlichen Throninsignien. Yamato-takeru ist der Prototyp des jung dahinscheidenden japanischen Helden, der Momente der Schwäche und Empfindsamkeit neben kämpferischer Tüchtigkeit und Brutalität aufweist.

Meist in einem Atem mit dem Kojiki wird das Nihongi (»Annalen des Sonnenursprungslandes«) genannt, die 720 vollendete hochoffizielle, unter der Leitung des Prinzen Toneri von Ō no Yasumaro und anderen Aristokraten verfaßte erste Reichsgeschichte, die in dreißig Kapiteln vorwiegend annalenhaft Mythologie und Geschichte Japans bis 697 behandelt. In den historischen Teilen ausführlicher als sein Vorläufer, zieht das Nihongi schriftliche Quellen heran und konstruiert eine fingierte Frühgeschichte, die bis 660 v. Chr. zurückreicht und bis zum Ende des Zweiten Weltkrieges die offizielle Lesart repräsentierte. Fiktive Elemente finden sich auch in einer Reihe von Sagen, die hier und da eingestreut und religions- und kulturhistorisch aufschlußreich sind, wie »Der Dammbau von Mamuta« mit dem Motiv des Menschenopfers oder »Die Perle«, die von einem Jagdopfer handelt. »Der Rotfuchs« geht aus von dem Brauch, tönerne Grabbeigaben (haniwa) zu verwenden, die möglicherweise Gefolge und Reittiere des Bestatteten verkörpern. Die anekdotenhafte Episode »Hirsche« liefert die legendäre Erklärung für die Verbannung der adeligen Saeki aus der Umgebung des Kaisers und gibt damit einen poetisch verbrämten politischen Bezug.

Die Reihe der historiographischen Quellen beschließen die Fudoki (»Landesbeschreibungen«), topographische Aufzeichnungen aus der Nara-Zeit, die neben administrativ verwertbarem Material (Erzeugnisse, geographische Einzelheiten, Schaffung einer verbindlichen Ortsnamen-Orthographie mit Hilfe chinesischer Zeichen) auch »Altüberliefertes und Ungewöhnliches« aus den einzelnen Provinzen, nach Distrikten geordnet, enthalten. Leider ist die Zahl der erhaltenen Fudoki nicht groß, vollständig ist nur das Izumo fudoki (733), teilweise sind Harima-, Hitachi-, Bungo- und Hizen fudoki überliefert. Jedoch finden sich Fragmente weiterer Aufzeichnungen aus nahezu fünfzig Provinzen als Zitate in späteren Quellen. Dazu gehört auch die von uns übersetzte Lokalsage aus dem Tango fudoki, die in einem Kommentarwerk zum Nihongi vom Ende des 13. Jahrhunderts bewahrt geblieben ist.

Die Initiative zur Schaffung dieser Fudoki lag ebenfalls bei der Regierung. In dieser Hinsicht sind alle drei Werke, aus denen wir »Geschichten« herausgegriffen haben, amtliche Schriftzeugnisse des frühen 8. Jahrhunderts, des Jahrhunderts der von China inspirierten Reformen im Verwaltungs- und Kulturbereich. Der Hof in Nara verwaltete das Schriftwesen nach den Erfordernissen staatlicher Praxis. Privatangelegenheit blieben nur weniger umfangreiche Produkte, wie chinesische und japanische Gedichte – aber auch schon für die früheste Anthologie japanischer Gedichte, das Manyôshû, wird vermutet, daß die Anregung von höchster Stelle kam.

Das änderte sich im neunten Jahrhundert, als sich der Kaiser samt seiner Bürokratie in Heian-kyô, dem heutigen Kyôto, etabliert hatte. Gelehrte Laien und Mönche sammeln Geschichten erbaulichen oder unterhaltsamen Inhalts und erfinden sie wohl auch. Von dem buddhistischen Mönch Kyôkai aus Nara stammt das Nihonkoku gembô-zenaku ryôiki (»Aufzeichnungen über wunderbare oder seltsame Begebenheiten bei der Vergeltung von Gut und Böse im diesseitigen Leben im Lande Japan«), kurz Nihon ryôiki genannt, dessen Vollendung gegen 820 anzusetzen ist. Auch die hier aufgezeichneten Geschichten sind noch chinesisch geschrieben und nach chinesischem Vorbild angelegt, spielen aber durchweg in Japan und sollen, nach den einleitenden Worten des Verfassers, Belege für die Wirksamkeit der buddhistischen Religion und ihrer Nothelfer auf japanischem Boden liefern. Es sind 116 in chronologischer Folge angeordnete Geschichten, mit wenigen Ausnahmen fromme und naive, den Titel bestätigende Legenden aus der Zeit vom 5. Jahrhundert bis in die Entstehungsjahre; der größte Teil gehört jedoch der Nara-Zeit (710–784) an. Weniger fromm, z. T. nicht einmal buddhistisch motiviert, sind nur die Schwänke am Anfang der Sammlung (Nr. 1 und 3), die wir wegen ihrer bewußten und drastischen Komik hier darbieten. Die Geschichte von der Heirat mit einem Fuchsgeist, gleichzeitig eine Sippenursprungslegende und im übrigen auch atypisch für die Sammlung, ist bemerkenswert, weil sie von den hierzulande bekannten Fuchsgeistgeschichten chinesischer Prägung stark abweicht – hier endet die Affäre nach der Aufdeckung des »Betrugs« versöhnlich, die Liebe besiegt alles Befremden und der Mann verzeiht dem Geistwesen, »weil du und ich ein Kind gezeugt haben«, und setzt die Ehe fort. Die übrigen hier übersetzten Legenden entsprechen dem einfältigen Belohnungs- und Vergeltungsschema einer volkstümlichen Religion.

Die Bedeutung dieses Werkes erschöpft sich nicht in seiner Eigenschaft als ältester Quelle der Mirabilienliteratur Japans. Es ist gleichzeitig der Ahn einer bis ins 14. Jahrhundert reichenden Reihe ähnlich angelegter Werke, in denen bald der Bekehrungseifer, bald die Lust am Heiteren, Komischen, Grotesken oder die böse Lust am Furchtbaren überwiegt. In seiner Tradition stehen sowohl Konjaku monogatari wie auch Uji-shûi monogatari, aus denen in diesem Band eine reiche Auswahl geboten wird.

Eine Sonderstellung innerhalb der altjapanischen Literatur nimmt dagegen das vollständig übersetzte Taketori monogatari (»Die Geschichte vom Bambussammler«) ein. Wahrscheinlich die älteste, sicher die früheste erhaltene, in japanischer Umgangssprache niedergeschriebene Erzählung – von unbekanntem Verfasser und unsicherer Datierung, zumeist im späten 9. Jahrhundert angesetzt – besitzt es weder die erzählgerechte Kürze der bisher erwähnten Geschichten noch die zum Lesen eingerichtete Länge der kommenden Romane. Man kann es als märchenhafte Erzählung auf zwei Ebenen begreifen: einer Rahmenhandlung mit dem Bambussammler, Kaguyahime und dem Kaiser als Hauptpersonen und, innerhalb dieses Rahmens, fünf Geschichten um die den Freiern der Kaguyahime gestellten Aufgaben. Märchenhaft ist der Aufstieg des ursprünglich armen Bambussammlers zum reichen Mann, nachdem ihm der leuchtende Däumling im Bambus Glück gebracht hat, dem Märchen entnommen ist auch das Motiv der vor unlösbare Aufgaben gestellten Freier (die zu erlangenden Kostbarkeiten sind z. T. in chinesischer Literatur belegt, im übrigen spürt man auch den Einfluß indischer, durch den Buddhismus verbreiteter Märchen und Sagen). Satirisch wirkt dagegen die Darstellung der Freier – Prinzen und hohe Würdenträger –, die als erfindungsreiche Betrüger oder weltunerfahrene, dem gemeinen Mann unterlegene Narren auftreten. Sie stehen für die Hofschranzen der frühen Heian-Zeit (9./10. Jahrhundert), denen eine unmännliche Liebe zu den galanten Künsten und ein gestörtes Verhältnis zu ihren Amtspflichten nachgesagt wird. Die achtungsvolle Behandlung des Kaisers hingegen, sein dezentes Scheitern bei der Liebeswerbung und Kaguyahimes huldvolle, ja zärtliche Abschiedsworte lassen sich nicht nur aus der historischen Situation, sondern auch aus erzählerischer Vernunft erklären: der Kaiser ist der einzige in Frage kommende, ernstzunehmende Partner für das feenhafte Wesen vom Monde.

Schon in den »Taten des Prinzen Yamato-takeru« kamen verschiedene archaische, meist längere Liedformen vor. Ebenso verwendet das Taketori monogatari eine poetische Form im höflichen oder entscheidenden Zwiegespräch. Hier ist es das klassische einunddreißigsilbige, fünfzeilige Kurzgedicht. Ein solcher poetischer Dialog ist aber keineswegs nur eine literarische Erfindung, er ist Spiegel des realen, tagtäglichen Gedankenaustauschs der belesenen Volksschichten. Eine solche Art zu sprechen bestimmte auch den Charakter vieler in Anthologien seit dem frühen 10. Jahrhundert gesammelter Gedichte, die ohne Kenntnis ihrer Entstehungsphasen nicht recht verständlich waren und deshalb zugleich mit Erläuterungen aufgezeichnet wurden. Das Prinzip der prosaisch eingeleiteten Poesie – eine Umkehrung der im Taketori monogatari herrschenden Struktur der poetisch verzierten Prosa – wird sichtbar in Ise monogatari (»Geschichten aus Ise«) und Yamato monogatari (»Geschichten aus Yamato«), Liebesgeschichten aus der ersten Hälfte des 10. Jahrhunderts.

Mit ihnen kommt die eigentümliche Gattung der »Liedgeschichten« (uta-monogatari) auf, von denen bis in das 11. Jahrhundert mehrere Sammlungen entstanden. Ihrer Struktur diente die T'ang-Novellistik als Vorbild, im übrigen sind sie rein japanische Erzeugnisse, in der Sprache wie im Stoff, der dem Alltagsleben entstammt und dem Zeitgeschmack entspricht. Auftreten und Vordringen einer eigenständigen Literatur bringt man nicht nur mit der Entwicklung einer lautlich verwendbaren Silbenschrift, aus Verkürzungen chinesischer Schriftzeichen gewonnen, in Verbindung, sondern auch mit dem Abbruch der diplomatischen Beziehungen zu China anläßlich des Zusammenbruchs der T'ang-Dynastie gegen Ende des 9. Jahrhunderts. Es war auch kein Zufall, daß in der Frühphase der »nationalen« Literatur (Lyrik, Tagebücher und Romane, z. B. Genji monogatari) die Initiative so häufig bei weiblichen Autoren lag: die leichter erlernbare Silbenschrift wurde zunächst ein wenig verächtlich »Frauenhand« (onnade) genannt. Das führte zu dem Kuriosum, daß der Dichter und Beamte Ki no Tsurayuki sich nicht zu seinem in Silbenschrift verfaßten Tagebuch Tosa nikki (935) bekennt, sondern eine Frau als Schreiberin auftreten läßt.

Aus Ise- und Yamato monogatari, beide anonym, wählten wir vor allem die episch ergiebigsten, nicht nur aus einem karg kommentierten lyrischen Dialog konstruierten Geschichten aus. Sie handeln von Liebesglück und -leid, von unerfüllter Sehnsucht ebenso wie vom Mädchenraub, und sie übernehmen zuweilen die Rolle einer chronique scandaleuse, wenn es um heikle Affären geht (z. B. die Liebelei einer zur Enthaltsamkeit verpflichteten kaiserlichen Prinzessin am Schrein zu Ise). Von den realen Geschäften der Männer wird ebenso abstrahiert wie von menschlicher Umwelt, wie im 9. Stück des Ise monogatari, das von einem Mann handelt, der aufbrach, »im Osten eine Provinz zu finden, in der er leben konnte«. Wahrscheinlich mußte er einen ungeliebten Statthalterposten in einer fernen Provinz übernehmen. »Er zog dahin mit ein, zwei Männern, die alte Freunde waren.« Wahrscheinlich hatte er aber ein ansehnliches Gefolge außer seinen Freunden. Romantische Verkürzungen dieser Art trugen gewiß ebenso wie die Naivität und märchenhafte Übertreibung mancher Partien zu der außerordentlichen Beliebtheit bei, die insbesondere dem Ise monogatari zuteil wurde.

Ein literarisches Genre, das nicht mehr Überlieferung und Fiktion, sondern persönliche Erfahrung und geschilderte Wirklichkeit bietet, begründen die treffsicheren Bemerkungen und die ebenso aufmerksamen wie engagierten Beschreibungen der Hofdame Sei Shônagon im Makura no sôshi (»Kopfkissenhefte«), verfaßt um die Jahrtausendwende, dessen realistische Bestandsaufnahmen von keinem Autor in ihrer Unbefangenheit je übertroffen wurden. Sei Shônagon, Sproß einer Gelehrtenfamilie, stand im Dienste einer kaiserlichen Gemahlin und konnte infolgedessen das Geschehen im Palast aus nächster Nähe beobachten. Ihr Werk ist eine Mischung aus heterogenen Abschnitten verschiedensten Umfangs, über dreihundert an der Zahl, die von tagebuchartigen Aufzeichnungen und Erlebnisschilderungen bis zu Anekdoten, Reflexionen und Aufzählungen reichen. Die bequeme Verwendbarkeit einer solchen Form für alle möglichen Sujets, auch für sachliche Information, regte in der Folgezeit zahlreiche Schriftsteller an, sich ihrer zu bedienen. Auch Yoshida Kenkô, der Verfasser des Tsurezuregusa, steht, formal gesehen, in ihrer Tradition.

Der bündige Stil, die häufig wiederholte ungekünstelte Qualifizierung mit dem Prädikat »reizvoll« vermitteln das Private, Notizenhafte dieser Schreibweise. Als Quelle für das intimere Hofleben und die Psychologie der Höflingsgesellschaft geht das Makura no sôshi weit über die einfältige oder oberflächliche Charakterisierung in den »Liedgeschichten« wie auch im Genji monogatari hinaus. Ebenso unkonventionell ist das Erleben der Landschaft: dem lyrischen Schwärmen von Blüten und Nachtigallen abgeneigt, läßt sich Sei Shônagon von kräftigeren Reizen fesseln: »Wenn man nach Kiyomizu wallfahtet und den Abhang hinaufsteigt, verspürt man ganz stark den Duft brennenden Reisigs, das ist sehr reizvoll.«

Man ist geneigt, als zartfühlenden Gegenpol zur Verfasserin des eher ungenierten Makura no sôshi die Dame Murasaki Shikibu, die Schöpferin des Genji monogatari, zu betrachten. Sie kommt hier mit zwei Abschnitten ihres Tagebuchs, das vom Herbst 1008 bis zum Anfang des Jahres 1010 geführt wurde, zu Wort. Sie stand als Hofdame im Dienst der kaiserlichen Gemahlin Akiko, deren Niederkunft mit einem künftigen Kaiser sie ausführlich beschreibt, womit sie ein aufschlußreiches Dokument der rücksichtslosen Irrationalität ihres Zeitalters liefert. Der zweite Abschnitt, eine wenig zartfühlend formulierte Kritik an Sei Shônagon, zeigt die Verfasserin als boshafte Konkurrentin und scheinheilige Moralistin.

Die auf den Hof und seine Exponenten konzentrierte Thematik dieses Tagebuchs überschreitet das vorwiegend autobiographische Sarashina nikki (»Sarashina-Tagebuch«), ein weiterer Vertreter dieser unter den schreibfreudigen Damen der Heian-Zeit beliebten Gattung. Die Verfasserin, bekannt als »Tochter des Sugawara Takasue« und 1008 geboren, berichtet über ihre 1020 erfolgte Reise aus der Provinz Kazusa im Osten Japans nach der Hauptstadt und über einschneidende familiäre Ereignisse bis 1058. Der Reisebericht ist reich an Naturschilderungen, die sich häufig in witzigen Vergleichen niederschlagen: so strömt das Wasser eines Flusses »weiß und schnell dahin, als ließe man in der Reibschüssel geriebenes Reismehl dick dahinfließen«.

Während sich dergestalt eine individualistische Hofdamen-Belletristik in verschiedenen, wenig formenstrengen Gattungen entfaltete, erschien vermutlich bald nach 1120 mit dem Konjaku monogatari (»Geschichten, die jetzt schon lange her sind«) die umfangreichste Geschichtensammlung der japanischen Literatur, die inhaltlich außerordentlich weit gespannt ist und in geographischer Hinsicht bis an die Grenzen des seinerzeit für Japan geistig und kulturell bedeutenden Raumes geht: Indien und China liefern neben Japan die 1040 Erzählungen des Werkes. Großenteils bezieht es sich auf die Lehre Buddhas, ihre Verbreitung und Wirkung, und verkörpert hierin ebenso wie das vorangegangene Nihon ryôiki, dessen Legenden es teilweise übernimmt, unterhaltsame Erbauungsliteratur. Wie ein rechtes Volksbuch enthält es aber auch viele unfromme und humoristische Geschichten und Elemente aus dem japanischen Mönchs- und Volksleben, die zudem überwiegend aus mündlicher Überlieferung hervorgehen, soweit sie nicht dem unbekannten Verfasser zuzuschreiben sind. Unsere Auswahl aus dem Konjaku monogatari, die umfangreichste der Anthologie, schöpft hauptsächlich aus diesem Material. Für die erbaulichen Teile liegen weitaus häufiger schriftliche Vorbilder vor. So stützen sich die Bände I bis V, die aus Indien erzählen, auf den buddhistischen Kanon und handeln von Buddha und seiner Lehre, während die chinesischen Erzählungen der Bände VI bis X der buddhistischen, konfuzianisch-moralisierenden und historischen Literatur Chinas entstammen. Von den auf Japan entfallenden Bänden XI bis XXXI handeln die ersten zehn von der Verbreitung des Buddhismus in Japan, von wunderbarer Wirkung gläubiger Hingabe, vom Eintritt berühmter Persönlichkeiten in das Klosterleben, von beispielhafter Pietät, vergoltenen Wohltaten und bösen Dämonen. Daß es auch hier nicht immer züchtig hergeht, zeigt die Geschichte von der Kaiserin-Großmutter von Sanjô, deren Nonnenweihe ein höchst unflätiger Mönch vornimmt. Auch der Anteil buddhistischer Räson beschränkt sich in Einzelfällen auf einen moralisierenden Schluß.

Vom 22. Band an (der 21. Band ist nicht erhalten) beherrschen weltliche Gegenstände die Thematik. Es wird der Reihe nach berichtet von Ministern aus dem im 10./11. Jahrhundert politisch maßgebenden Hause Fujiwara, von Bogenschützen, Reitern und Ringern und anderen Kraftmeiern, von Erfindern, Go-Spielern, Ärzten, Divinationsmeistern, Musikern und Dichtern, von mutigen Kriegern, von wunderbaren Begebenheiten, die, so will es ein interpretierender Nachsatz, auf Verdiensten in einer früheren Existenz beruhen, von Toten- und Tiergeistern, von Dämonen, von erheiternden Vorfällen, komischen Käuzen und falschen Heiligen, von Raub, Vergewaltigung und Mord, von unheimlichen Tieren und der Liebe zu übernatürlichen Wesen. Der letzte Band enthält Erzählungen verschiedenster Art.

Die Sprache ist lapidar und volkstümlich, dem heutigen Schreibstil ähnlich in einer Mischung chinesischer Zeichen mit japanischer Silbenschrift aufgezeichnet. Die allen Geschichten gemeinsame einleitende Formel »Es ist jetzt schon lange her«, deren sinojapanische Lesung konjaku in den Werktitel einging, signalisiert weder strikte Vorzeitigkeit noch die zeitlose Überwirklichkeit des Märchens. Gewiß fallen namentlich die indischen und chinesischen Überlieferungen in die durch die Formel suggerierte graue Vorzeit, aber die große Masse der aus Japan stammenden Geschichten handelt von Personen und Geschehnissen der jüngeren Vergangenheit vom 9. bis zum 11. Jahrhundert. Außerdem sind sie, ganz unmärchenhaft, meist wie Legenden und Sagen örtlich und zeitlich festgelegt, vor allem, wenn berühmte Personen der Geschichte im Mittelpunkt stehen. Der irrationale oder anekdotenhaft übertriebene Hergang vieler Geschichten schließt aber den hohen Wahrheitsgehalt kultureller und sozialer Einzelheiten nicht aus. Gerade in solchen Einzelheiten kommen die allgemeinen Zustände in einer aktualisierbaren Überdeutlichkeit zu Wort. In der Geschichte von dem Räuber Hakamadare, »der sich auf dem Grenzschrankenberg totstellte und einen anderen umbrachte«, erfährt man, daß dieser Mann, der den Raub zu seinem Handwerk gemacht hatte, ergriffen und eingesperrt, bei einer Großamnestie aber wieder »hinausgeworfen« wurde und sich so nackt, wie er aus dem Gefängnis geworfen wurde, an den Wegrand legte und totstellte, um eine günstige Gelegenheit abzuwarten, bei der er dann einen zu neugierigen Ritter zuerst seiner Waffen, dann seines Lebens und zuletzt seiner Kleider beraubte – welche rühmlichere Konsequenz wäre denn einem nackten und wenig sanftmütigen, verzweifelten Mann dieses Metiers sonst geblieben? Das Stück beschreibt auch die Reaktion der Öffentlichkeit: Hakamadare wird bewundert, der ahnungslose, womöglich mitleidige Ritter verspottet.

Diese Skrupellosigkeit einer erfolgsorientierten Ethik, unvereinbar mit der buddhistischen Mitleidsethik, kommt in anderen Erzählungen des 29. Bandes, der die Überschrift trägt: »Ruchlose Taten«, ebenfalls zum Ausdruck und stellt die realitätsnähere Korrektur buddhistischen Wunschdenkens dar. Unter der gleichen Rubrik steht auch die Erzählung von dem Mann, der mit seiner Frau nach Tamba reiste und am Berg Ōe gefesselt wurde, das Vorbild der in Form einer surrealistischen Ermittlungsakte abgefaßten Novelle Yabu no naka (»Im Gebüsch«) von Akutagawa, der übrigens als großer Verehrer des Konjaku monogatari auch andere Anleihen machte. Aber das Vorbild bedarf nicht des Mordes oder der Tötung, um seinen erzählerischen und didaktischen Zweck zu erreichen, und das Geschehene, die Vergewaltigung der Frau, wird vom Verfasser gleichsam entschuldigt, denn »das

Herz des jungen Mannes war sehr schamhaft. Er beraubte die Frau nicht ihrer Kleider. Das Herz des Ehemannes war sehr einfältig.« (Freilich wird dieses Urteil erst nach der Lektüre der vorangehenden Notzuchtsgeschichte verständlich, in der ein ehemaliger Samurai seinem Opfer auch die Kleider raubt.) Diese nüchterne, illusionslose Moral findet ihr Gegenstück in der realistischen Erzähltechnik, welche die psychologische Wahrheit offenläßt, während Akutagawa die verschiedenen Möglichkeiten durchspielt. Als im Original der Mann, nachdem die Frau ihn befreit hat, »eine Miene machte, als sei er nicht mehr er selbst«, nennt ihn seine Frau einen Feigling und er schweigt. Die dramatisierende, in »menschliche Abgründe« führende Interpretation blieb dem 20. Jahrhundert vorbehalten, der Erzähler des 12. Jahrhunderts konnte sich mit den Tatsachen bescheiden.

Der Verzicht auf Illusionen drückt sich auch in der Darstellung des Erotischen aus. Von keiner konfuzianischen Moral eingeengt, sind die Liebesbeziehungen so frei wie unbefangen. Es kommt nicht die schwüle und lüsterne, blumig umschreibende Erotik der chinesischen Novellen und Romane auf, die dort unter dem Deckmantel einer offiziell verordneten Prüderie gedieh. Statt dessen werden hier die Dinge unverblümt beim Namen genannt. Die Lust am Grotesken feiert gerade hier ihre ärgsten Triumphe; so in der Geschichte von den abhanden gekommenen Genitalien oder in jener von der begatteten Kohlrübe. Auf der gleichen Ebene der fröhlichen Indiskretion liegen die Geschichten, die sich mit menschlichen Ausscheidungen befassen. Daß mehrfach gerade »heilige Männer» in undelikaten Positionen erscheinen, spricht für den volkstümlichen Überdruß am Erhabenen.

Dank dieser auch vor dem intimsten Winkel der Menschlichkeit nicht zurückschreckenden Lust am Erzählen und der Beschränkung auf das Objektive gibt das letzte Drittel des Konjaku monogatari Einblick in die Verhältnisse der Heian-Zeit und zeigt drastisch im Detail, was Menschen und Institutionen vermögen.

Ungefähr hundert Jahre später, vermutlich zwischen 1213 und 1218, entstand eine ähnliche Sammlung von 197 Geschichten unter dem Titel Uji-shûi monogatari (»Nachlese zu den Geschichten aus Uji«). Uji war ein Ort bei Kyôto, wo ein gewisser »Oberkabinettsrat aus Uji« residierte, dem zeitweilig das Konjaku monogatari und außerdem diese Geschichtensammlung als dessen Ergänzung zugeschrieben wurde. Das heute als anonym betrachtete Werk enthält über achtzig weitgehend mit Texten des Konjaku monogatari übereinstimmende Geschichten und weiteres Material, das sich schon in vorangehenden Sammlungen findet. Nicht nachweisen läßt sich jedoch eine schriftliche Vorlage für rund fünfzig Erzählungen, die auf Japan bezogene Stoffe religiösen, märchenhaften oder humoristischen Charakters verarbeiten und die wir hauptsächlich für unsere Auswahl herangezogen haben. Im Gegensatz zum Konjaku monogatari zeigt das Uji-shûi monogatari weder inhaltliche noch geographische Gliederung (einige kontinentale Überlieferungen finden sich auch hier) und vermeidet den kräftigen, einfach konstruierten Satzbau seines Vorgängers zugunsten eines flüssigen Literatenstils. Die literarische Ambition äußert sich auch im Verzicht auf kommentierende Zusätze und die stereotypen Schlußfloskeln des Konjaku monogatari.

Unsere Auswahl ist überwiegend humoristisch. Es treten wieder einige geistliche Sonderlinge auf, wie wir sie aus dem Vorläufer kennen, aber auch betrügerische »heilige Männer« und wahre Heilige, die Wunderdinge vollbringen. Zu letzteren gehört auch der »heilige Mann aus der Provinz Shinano«, der über eine wunderbar potente Reisschale gebietet. Diese Legende ist ein treffendes Beispiel für die Nähe des Wunders zum Humor, der auch noch das konsequente Verhalten der vernachlässigten Almosenschale kennzeichnet, wenn sie mitsamt dem Reisspeicher in die Lüfte steigt, oder wenn sie mit Reissäcken im Gefolge hoch am Himmel dahinzieht. Eine Zauberschale mit Hintersinn als Symbol eines humoristisch verbrämten Wunderglaubens ist charakteristisch genug für die Mentalität des mittelalterlichen Japaners, um der gesamten Anthologie ihren Namen zu geben.

Derbe Szenen aus dem Volke und der höfischen Lebewelt enthält das Buch, aber ebenso Muster raffinierter Kurzgeschichtentechnik mit einer Spitze gegen unsinnige Konventionen (»Wie eine Dame ... einen Wind fahren ließ«) und dialogischer Präzision, die mit dem Stilmittel der Wiederholung arbeitet (»Wie ein Mann des Tsunemasa Buddhastatuen weihte«).

Entstand das Uji-shûi monogatari auch unter der neubegründeten Militärregierung in Kamakura, nachdem die Kaisermacht 1185 zusammengebrochen war, sein Stoff und sein Stil gehören doch der Vergangenheit an. Aus der gleichen Zeit stammt ein gegenwartsbezogenes, belehrendes und gleichwohl gern gelesenes Werk von epischer Geschlossenheit: die buddhistische Tendenzschrift Hôjôki (»Aufzeichnungen aus den zehn Fuß im Geviert meiner Hütte«), 1212 von dem Mönch Kamo no Chômei (1153–1216) geschrieben. Der Titel bezieht sich auf die winzige Klause, in der Chômei die letzte Phase seines von bitteren Erfahrungen geprägten Lebens verbringt. Die kurze Schrift behandelt Erlebtes und motiviert seine Haltung, die deutlich Ambivalenz verrät: die geschilderten Katastrophen führen ihn zwar zur Weltflucht aus Welterkenntnis, am Ziele seiner Flucht aber, eben in jener Hütte, genießt er das Dasein, freut er sich seines Idylls und der Künste. Zu dieser Selbstkritik, von ihm ebenso vermerkt wie aufkeimende Zweifel an seiner Gläubigkeit, kommen gesellschaftstheoretische Ansätze, die darauf hinauslaufen, daß der bedürfnislose Einsiedler das ideale Leben führe, weil er weder soziale Verpflichtungen zu erfüllen noch fremde Arbeitskraft in Anspruch zu nehmen habe.

Es ist der Schluß naheliegend und schon oft gezogen worden, daß die Instabilität der Herrschaftsstrukturen und der damit verbundene Verlust sozialer Positionen dem buddhistischen Dogma vom Unwert irdischen Daseins ein bisher nicht beigemessenes existentielles Gewicht verliehen habe. Die machtpolitische Umwälzung spielt im Hôjôki zwar auch eine Rolle (sie deutet sich an in den Bemerkungen im Zusammenhang mit der vorübergehenden Verlegung der Hauptstadt), es dominieren aber mit Genauigkeit und poetischem Gleichmaß geschilderte Heimsuchungen: Großbrand der Hauptstadt (1177), Orkan (1180), Hungersnot und Epidemie (1181/82) sowie Erdbeben (1185).

Buddhistischer Mönch war auch Yoshida Kenkô (1283–1350), der Urheber jener eher vergnügten Plaudereien des Tsurezuregusa (»Allerlei aus Mußestunden«). Das formal dem Makura no sôshi nahestehende, gegen 1331 abgeschlossene Werk verkörpert den heiteren Gegenpol zum Kulturpessimismus des Hôjôki. Das Motiv des memento mori erscheint häufig genug, dient jedoch eher einem bieder belehrenden »Mensch, nimm dich in acht!« als Vorwand. In 243 Abschnitten brachte der weltoffene Verfasser Reflexionen, Bekenntnisse und Belehrungen, aber auch Sagen, Geschichten, Anekdoten und volkskundliche Mitteilungen zu Papier. Bei aller Eigenwilligkeit den herrschenden geistigen und geistlichen Traditionen verpflichtet, verehrt er die alte Zeit und ihre Sitten, empfindet den ästhetischen Reiz der im Verfall sich manifestierenden Vergänglichkeit, liebt die Natur und die Einsamkeit, so wie er auch die paradiesische Freiheit von Institutionen liebt. Seine Widersprüchlichkeit, die sich in nonkonformistischen Urteilen auf der einen und klassisch formulierten Gemeinplätzen auf der anderen Seite äußert, macht ihn zu einer der glaubwürdigsten Gestalten des späten geistlichen Mittelalters, während seine volkstümlich dargebotene Gelehrsamkeit (der Vergleich mit J. P. Hebels »Schatzkästlein des rheinländischen Hausfreundes« liegt nahe) ihm nicht nachlassende Beliebtheit sicherte.

Nur wenig später – zwischen 1350 und 1370 – entsteht das Taiheiki (»Chronik des Großen Friedens«), ein voluminöses Epos aus einer speziell den kriegerischen Ereignissen seit dem 12. Jahrhundert gewidmeten Reihe historischer Romane, deren berühmtester das Heike monogatari (»Die Geschichte des Hauses Taira«) ist. Der einem Mönch Kojima zugeschriebene Roman handelt von der Auflehnung des Kaisers Go-Daigo gegen die ihn bevormundende Militärregierung, von seinem kurzlebigen Erfolg und der Begründung der Schwertadelsherrschaft der Ashikaga im Muromachi-Viertel in Kyôto, von der Flucht Go-Daigos nach Yoshino und dem damit begründeten kaiserlichen Schisma, das von 1336 bis 1392 währte; die weitere Darstellung gründet sich auf die nun folgende Auseinandersetzung und die Festigung der Ashikaga-Herrschaft – daher der angesichts des Inhalts verblüffende Buchtitel: eher Verheißung als Inhaltsangabe. Das Werk mischt Fiktion mit Historie, schafft in der Gestalt des kaisertreuen

Feldherrn Kusunoki Masashige das Ideal des Samurai und genoß als militärgeschichtliche Quelle in Kriegerkreisen hohes Ansehen, wie auch die »Herkunft der Schwerter Onimaro und Onikiri« für Liebhaber der Schwertkunst von Interesse war. Rhythmisierende Versionen des Romans, die zunächst von Mönchen, seit der Edo-Zeit auch von professionellen »Taheiki-Vorlesern« vorgetragen wurden, taten das ihre zu seiner Verbreitung im Volke. Ebenso war es schon dem Heike monogatari ergangen, das durch die im Lande umherziehenden blinden »Lauten-Priester« (biwa-hôshi) unter das leseunkundige Landvolk getragen wurde, im Gegensatz zur höfischen Literatur der Heian-Zeit die nur adlige Leser erreichte.

Die Verwertung der letztgenannten Stoffe für das Volk besorgten die Otogizôshi (»Büchlein zur unterhaltsamen Gesellschaft«), die vom 15. Jahrhundert an auftreten. Sie bringen volkstümliche, anonyme Erzählungen, wohl häufig von Hofadligen und Mönchen verfaßt. Inhaltlich sind sie den überlieferten Romanen, Tempelentstehungslegenden, Sagen und Märchen verpflichtet, sie sind in einem auch Frauen und Kindern zugänglichen Idiom abgefaßt und dienten so einer Bürgerschaft als Lektüre, die sich seit dieser Zeit in den kleinen wirtschaftlichen Zentren der Feudalfürstensitze zu bilden begonnen hatte. Ihre Entwicklung läuft somit der Entwicklung der Städte und einer städtischen Kultur parallel.

»Das Büchlein vom Possenreißer-Genji« ist eine in die merkantile Gegenwart verlegte Travestie des Genji-Romans, die auch vor anderen Denkmälern jener höfischen Epoche nicht halt macht. Das »Katzenbüchlein« dagegen parodiert die Polizeimaßnahmen der seit 1603 etablierten Tokugawa-Herrschaft in Edo, dem späteren Tôkyô. Das Märchenhafte, das dieser Traumgeschichte eignet, erscheint verstärkt im »Saufbrüderchen«. Die tapferen Krieger, die wir mit ihren Namen als historische Personen im Konjaku monogatari kennenlernten, sind, schon im Taiheiki zu legendären Helden gestempelt, nunmehr nur noch Märchenfiguren. Desgleichen führen auch der Kaiserhof und die adlige Beamtenschaft nur noch ein unwirkliches Märchendasein. Die Parallele zu den Märchenbearbeitungen von J. A. Musäus drängt sich auf.

Die weitere Verbreitung der Otogizôshi fällt zusammen mit der Entwicklung des Buchdrucks mit beweglichen Lettern gegen Ende des 16. Jahrhunderts. Um 1620 kamen auch Holzplattendrucke auf und lösten das ältere Verfahren ab. Gleichzeitig entstand in den Städten, zunächst in Kyôto, dann in Ōsaka, ein Verlagswesen, dem die Versorgung eines mittlerweile kaufkräftigen Bürgerstandes mit Literatur Profit brachte. Neben den Otogizôshi druckte man anspruchslose Hefte in japanischer Silbenschrift, die zunächst von Angehörigen der adeligen und gebildeten Stände geschrieben wurden. Sie dienten der Erziehung, Unterhaltung und sachlichen Information (z. B. über das Bordellwesen).

Vorwiegend den beiden letzten Funktionen wird die Produktion des ersten bedeutenden Prosaisten aus bürgerlichem Hause, Ihara Saikaku (1642–1693), gerecht. Seine auf urbanem Ondit, lebemännischer Erfahrung und phantasievoller Stilisierung basierenden Schilderungen kreisen um zwei Pole: käufliche Liebe und Profit. 1688 erschien Nihon eitaigura (»Das ewig währende Schatzhaus Japans«), eine Sammlung von dreißig Geschichten aus dem kaufmännischen Milieu. Die Anregung zu dieser Chronik geschäftlichen Erfolgs und Ruins schreibt man der seinerzeit populären »Lehre für Reiche« (Chôja-kyô) zu, einer 1627 anonym erschienenen Schrift. Unsere Auswahl zeigt humoristisch komprimierte Darstellungen der Psychologie des schlimmsten Geizhalses, der unversehens, so will es die Ironie des Erzählers, zum Verschwender wird oder aller vorausschauenden Planung zum Trotz den Niedergang seines Hauses nicht aufhalten kann. Sprache und Satzbau verraten den routinierten Anhänger der scherzhaften, ein Motiv dem anderen assoziierenden haikai-Kettendichtung, der herrschenden poetischen Form, die gewöhnlich von mehreren Teilnehmern einer Dichtergesellschaft gestaltet wurde. Auch die antithetische Struktur mancher Passagen zeugt von der Anwendung dieser lyrischen Prinzipien auf eine geistesverwandte Prosa.

Gleichwohl bewahrt diese Prosa ihre epische Zielstrebigkeit, sie dient zunächst dem Erzählen einer moritatenhaften Geschichte. Eine in »freier« Betrachtung eines Gegenstandes sich verlierende Prosa als strengeres Pendant zu jener ziellosen Kettendichtung schreibt Saikakus Zeitgenosse Bashô (1644–1694), Japans berühmtester haikai-Dichter. Er pflegt freilich eine feinsinnig gekünstelte Synthese von literarischer Erinnerung und Erlebniswelt. Erst bei Yokoi Yayû (1702 bis 1783), dem Sproß eines vornehmen Geschlechtes, gewinnt die haikai-Prosa die nötige humoristische Distanz, um mit alltäglichen Dingen und literarischer Überlieferung ihr loses Spiel treiben zu können. Die literarische Ausbeute seines Lebens ist im posthum (1785 und 1823) erschienenen Uzuragoromo (»Wachtelkleid«) enthalten. Es handelt sich um sorgfältig stilisierte Essays über hunderterlei Themen: Fächer und Morgenschlaf, Träume und Handwaschbecken, Holzschuhe und Topfdeckel, Vogelscheuche und vergeßliche Greise ..., das alles zwanglos in ironischen Bezug zur geistigen und künstlerischen Überlieferung Japans und Chinas gesetzt und mit einer pseudo-gelehrten Nomenklatur angereichert: Abhandlung, Theorie, Biographie, Lobrede, Disput oder Prosagedicht werden die Essays überschrieben. Diese Bezeichnungen gehen auf eine weitverbreitete chinesische Anthologie des 6. Jahrhunderts zurück. Auch Bashô und seine Epigonen kleideten ihre Essays in diese Terminologie. Aber im Gegensatz zu deren eher gravitätisch und hölzern wirkenden humoristischen Ansätzen kann Yokoi Yayû seiner Einfälle nur mit Mühe Herr werden.

Seine anspielungsreich pointierte Art der Darstellung, die eine entsprechend gebildete, mit dem kulturellen Hintergrund vertraute und die Gedankengänge des Autors nachvollziehende Leserschaft voraussetzt, läßt sich nicht immer einem Publikum mit völlig anderem Bildungshorizont leichthin vermitteln. Wir wählten deshalb die in dieser Hinsicht weniger ausgeprägten Essays für den vorliegenden Band aus. Von derartiger Problematik sind Erzählungen, die nicht diesen sekundären, d. h. auf früheren Schöpfungen aufbauenden Charakter besitzen, weitgehend frei. Selbst archaische Überlieferung ist leichter zu vermitteln, weil sie gewissermaßen »voraussetzungslos« erzählen will.

Die Übersetzungen versuchen, Wortschatz, Stil und Satzbau der Originale so treu wiederzugeben, daß die epochalen und dichterischen Eigenheiten auch aus dem deutschen Text sprechen. Das erforderte jeglichen Verzicht auf »Verbesserung« von wirklichen oder vermeintlichen Unzulänglichkeiten des Originals. Soweit Textstellen korrumpiert oder lückenhaft waren, wurden die Ergebnisse der japanischen Textkritik herangezogen. Gelegentlich haben wir kleinere erklärende Zusätze wie z. B. Jahreszahlen nach abendländischer Zeitrechnung oder Erklärungen von Wortspielen angefügt. Vorhandene Übersetzungen zogen wir dankbar zu Rate, stützten uns aber in jedem Fall ausschließlich auf den japanischen Originaltext. Neue, d. h. noch nicht in westlichen Sprachen vorliegende Übertragungen brachten wir aus Yamato monogatari, Konjaku monogatari, Taiheiki, Otogizôshi und Uzuragoromo. Von den anderen Texten liegen zum Teil keine deutschen Übersetzungen vor.

Erläuterungen

(* verweist auf ein Stichwort des Glossars)

Aufzeichnungen alter Geschehnisse

S. 7 Wanami:
Hier wie auch im Folgenden finden sich zahlreiche Versuche, die Herkunft geographischer Namen zu erklären. Dabei handelt es sich um Volksetymologien, z. T. hervorgerufen durch die Notwendigkeit, die Namen in chinesischer Schrift wiederzugeben, wobei man bemüht war, neben dem Lautwert auch der Bedeutung der Namen gerecht zu werden.

S. 7 ... und ließ ihn schwören ...
Durch die folgenden Beschwörungen soll die vorausgegangene Weissagung erneut bestätigt werden.

S. 8 ... setzten sie ... eine Gruppe von Leuten ein ...
Es handelt sich um Kronbauern, die den Namen eines (oft kinderlosen) Angehörigen des Kaiserhauses erhielten, um ihn durch Vererbung lebendig zu bewahren.

S. 8 Schlange:
In den Mythen um die in *Izumo heimischen Gottheiten spielt die Schlange eine große Rolle. Auch der *Große Gott von Izumo, Ōkuninushi, erscheint mehrfach in der Gestalt einer Schlange. Die Schlangengestalt der Hinagahime offenbart eigentlich deren göttlichen Charakter. Gleichzeitig spiegelt sich in dieser Episode die Verständnislosigkeit gegenüber einer religiösen Vorstellungswelt, die den Anschauungen des aus *Yamato kommenden Herrschersohnes und seiner Umgebung fremd und feindlich erscheint.

S. 9 achtzig Gottheiten:
Hier wie in der folgenden Geschichte *(achtzig Prinzen,* S. 10) steht, wie mehrfach in den japanischen Mythen, die Zahl achtzig für eine größere, runde Zahl. Sie ist als eine Erweiterung der Zahl *acht* aufzufassen, deren alter Symbolgehalt zu Beginn des 8. Jh. bereits nicht mehr verstanden wurde. Durch die Zahl acht sollte eine Totalität, eine Ganzheit, zum Ausdruck gebracht werden: die »acht Himmelsrichtungen« oder die »acht Länder« z. B. sind *alle* Himmelsrichtungen bzw. *alle* Länder. Diese Bedeutung hat sich noch erhalten im Namen *»Land der Großen Acht Inseln«* (siehe S. 11), entstanden im Anschluß an den Mythos von der Geburt dieser Inseln, die stellvertretend für alle japanischen Inseln (und im mythischen Zusammenhang für »Welt« schlechthin) stehen.

S. 10 Die Taten des Prinzen Yamato-takeru:
Der Text des *Kojiki* ist hier um die Passagen gekürzt, die nicht von Yamato-takeru handeln.

S. 10 trugen drei Prinzen den Titel Thronfolger:
Nachfolger auf dem Thron wurde den Texten zufolge Prinz Wakatarashihiko (Kaiser *Seimu). Er hat offensichtlich nur sehr kurze Zeit geherrscht. Nach ihm bestieg ein Sohn des Prinzen Yamato-takeru den Thron (Kaiser *Chûai), der vermutlich 362 starb. Merkwürdigerweise werden die Gemahlinnen des Prinzen Yamato-takeru als *kaiserliche Gemahlinnen* bezeichnet (z. B. S. 13, S. 16), und auch in bezug auf seine eigene Person verwenden die Texte Verben, die sonst nur für die Person eines Kaisers gebraucht werden. Man möchte daraus schließen, daß sich hinter den legendären Taten, die von Yamato-takeru berichtet werden, historische Vorgänge verbergen, von denen uns nichts bekannt ist.

S. 11 Zu dieser Zeit trug Prinz Wousu sein Haar ...
D. h. er trug noch die Haartracht der Knaben.

S. 12 will ich dir einen Namen geben ...
Das Wort *takeru* bedeutet »tapferer und starker Held«. Wie bei den Namen *Kumaso-takeru* und *Izumo-takeru,* die als Namen von Lokalherren (der Kumaso bzw. von Izumo) zu betrachten sind, soll damit eine überragende Heldenfigur gekennzeichnet werden: Yamato-takeru ist der »Held von Yamato«.

S. 12 Der Izumo-takeru trägt ein Schwert ...
Sowohl dieses wie das nächste Lied (*Auf Sagamus Gefilden ...*, S. 13) beginnt mit einem sogenannten »Kopfkissenwort«, einem feststehenden Beiwort zu Izumo bzw. Sagamu, dessen Bedeutung nicht mehr verstanden wird und das sich folglich der Übersetzung entzieht.

S. 13 standest du, nach dem ich rief.
Diese Gedichtzeile wird auch interpretiert: *standest du, der nach mir rief.*

S. 13 »Ich werde anstelle des Prinzen in das Meer gehen ...«
Menschenopfer dieser Art, vor allem für Meer- und Flußgottheiten (vgl. a. »Der Dammbau von Mamuta«, S. 21), scheinen tatsächlich stattgefunden zu haben.

Annalen des Sonnenursprungslandes

S. 21 ... hielten sich der Kaiser und die Kaiserin ...
Kaiser *Nintoku und seine Gemahlin, die kaiserl. Prinzessin Yata.

S. 23 Der Rotfuchs.
Die Geschichte spielt zur Zeit des Kaisers *Yûryaku.

*S. 24 Drittes Regierungsjahr der Kaiserin *Kôgyoku:*
644.

Landesbeschreibungen

S. 27 Iyobe no Umakai no Muraji:
Der Bericht dieses Statthalters ist nicht erhalten. Die Geschichte wird jedoch ebenfalls überliefert in einem Langgedicht der Mitte des 8. Jh entstandenen Gedichtsammlung *Manyôshû*. Der Schlußsatz unserer Übersetzung, *Voller Runzeln die Haut ...*, wurde nach dem Text des *Manyôshû* ergänzt.

S. 27 Zur Zeit jenes Kaisers, welcher im Asakura-Palast ...
Gemeint ist Kaiser *Yûryaku.

S. 29 Edelsteinkästchen:
Das japanische Wort *tama-kushige* ist doppelsinnig. *tama* heißt sowohl »Edelstein« wie auch »Seele«, man könnte daher auch übersetzen »Seelenkästchen«. Allerdings deckt sich dieser Begriff »Seele« nicht völlig mit unserem modernen Seelenbegriff. Man hat an dieser Stelle unter *tama* etwas wie »Lebenskraft« zu verstehen, dasjenige, was den Menschen am Leben hält. Das Altern ist dann ein allmähliches Schwinden dieser Lebenskraft; der Tod tritt ein, sobald sie den Menschen ganz verlassen hat.

Aufzeichnungen über wunderbare und seltsame Begebenheiten ...

S. 33 Donnergott:
Man kennt in Japan verschiedene Vorstellungen von Donnergottheiten. Dem *Nihongi* zufolge läßt Kaiser *Yûryaku durch Chiisakobe no Muraji den Donnergott, dessen Gestalt er sehen möchte, vom Berg Mimoro holen. Der Gott erscheint als riesige *Schlange*. Die hier berichtete Geschichte wirkt wie eine Travestie der älteren Vorlage. Andererseits bringt man den Familiennamen des Sugaru, Chiisakobe (»Kleinkind-Volksgruppe«), mit der Erscheinung des Donnergottes in Gestalt eines *kleinen Kindes* in Zusammenhang, wie wir sie in der S. 35 ff. berichteten Geschichte finden. Aber auch dort wird das vom Donnergott geschenkte Kind mit der Schlange in Verbindung gebracht. Später tritt auch die chinesische Vorstellung vom *Drachen* dazu, so etwa in einer Episode der *Geschichte vom Bambussammler,* S. 56 ff.

S. 34 als der ... Steuerreis gestampft wurde:
Der noch unenthülste Reis, der als Steuer abzuliefern ist, wird durch Stampfen im Mörser zuvor enthülst.

S. 34 »Kommweiterhin«:
Volksetymologische Erklärung des Wortes *kitsune* = Fuchs.

S. 34 da wie das Ende der Seele so fern ...
tama-kagiru, das »Enden der Lebenskraft«, ist ein »Kopfkissenwort«, das im Zusammenhang mit *fern* (zeitlich und räumlich), *undeutlich, verschwommen* und mit *Abendsonne* verwendet wurde. Es ergibt sich daraus der Vergleich mit einem Sachverhalt, der kaum oder nur noch schwach erkennbar ist, oder der nur noch eine schwache Wirkung zeitigt.

S. 40 Ich will deine Frau werden . . .:
Das Angebot des Mädchens wie die ganze Geschichte der »Schlangenheirat« gehört zu einem weit verbreiteten Märchentypus. Die hier erzählte Version, in der ein »dankbares Tier« das Mädchen von der Schlange befreit, ist – ohne buddhistische Zutaten – in vielen Gegenden Japans als Volksmärchen aufgezeichnet worden.

S. 41 Zur Braut will ich dich haben . . .:
Diesem nur schwer verständlichen Lied ist immerhin zu entnehmen, daß die begehrte Yorozunoko aus Amuchi mit einem Fluch belegt wird. Der *Bergasket – ein »weiser Mann«, und nicht umsonst sind die Bergasketen die Beherrscher der magischen Künste! – spricht Zauberworte und schlürft dabei den Wein »umgekehrt«, verkehrt herum. »Verkehrt herum« klatscht auch der enttäuschte Liebhaber einer Geschichte der *Geschichten aus Ise* in die Hände, um dadurch einen Fluch herabzurufen (siehe S. 84). Der Glaube, daß man zu zauberischen Zwecken eine Handlung umgekehrt oder verkehrt herum vorzunehmen habe, ist weit verbreitet. Das Darbringen von Reiswein, wobei der Opfernde auch selbst vom Wein genießt, ist gewöhnlich Bestandteil einer gottesdienstlichen Handlung. Wenn es hier ins Gegenteil verkehrt erscheint, kann es sich nur um »schwarze« Magie, um Schadenzauber, handeln.

Die Geschichte vom Bambussammler

S. 66 Der alte Mann war in diesem Jahr gerade eben fünfzig:
Hier zeigt sich eine Unstimmigkeit im Text, denn weiter oben hieß es (S. 47), er sei siebzig.

Geschichten aus Ise

S. 75 Kaiserliche Großgemahlin an der Östlichen Fünften Straße:
Fujiwara no Nobuko, die Tochter des Fujiwara no Fuyutsugu. Sie war eine Gemahlin des Kaisers *Nimmyô, Mutter des Kaisers *Montoku.

S. 75 Kaiserliche Gemahlin Nijô:
Fujiwara no Takaiko, 842–910. Gemahlin des Kaisers *Seiwa, Mutter des Kaisers *Yôzei.

S. 79 So dichteten sie hin und wieder . . .:
Die hier nicht wiedergegebene Fortsetzung der Geschichte ist fast identisch mit der S. 105 f. übersetzten Geschichte aus den *Geschichten aus Yamato*.

S. 80 das der Kaiser liebte . . .:
Angeblich Kaiser *Seiwa. Seine Mutter war Fujiwara no Akiko. Bei dem *jungen Mann aus dem Hause Ariwara* soll es sich um *Ariwara Narihira handeln.

S. 84 »verkehrt herum«:
Siehe Erläuterung zu S. 41.

Geschichten aus Yamato

S. 87 Toshiko:
Toshiko war die Gattin des Fujiwara no Chikane, eines Sohnes des Fujiwara no Tadafusa.

S. 87 Oberkabinettsrat Minamoto:
*Minamoto no Kiyokage, 884–950, ein Sohn des Kaisers *Yôzei. Er war ein Schwager des Fujiwara no Chikane.

S. 87 Kaiser im Teiji-Palast:
Kaiser *Uda.

S. 87 Kaiserliche Gemahlin Kyôgoku:
Fujiwara no Yoshiko, Tochter des Fujiwara no Tokihira.

S. 87 Körbe mit Bärtchenrand:
Aus Bambusstreifen geflochtene Körbe, bei denen die Enden der Streifen am Börtchen nach außen abstehen.

S. 87 Prinz Momosono:
gestorben 927, ein Sohn des Kaisers *Daigo.

S. 88 Ende der tiefen Trauer:
Die tiefe Trauer dauert bis zum 7. Tag nach dem Tode. Das Ende des Neunten Monats ist gleichzeitig Herbstende.

S. 88 Fujiwara no Chikane:
Gatte der Toshiko. Er war später Statthalter von Hizen.

S. 89 Biwa-Palast:
Der Biwa-Palast, der seinen Namen von den dort angepflanzten Mispelbäumen hatte, war von Fujiwara no Nakahira (875–945) bewohnt. Nakahira war Kanzler zur Linken.

S. 90 Kloster von Shiga:
Kloster Sufuku in Shiga.

S. 90 Zôki:
Ein als Dichter bekannter Mönch. Nähere Daten sind nicht bekannt.

S. 90 Der Prinz . . .:
Prinz Momosono. (Siehe oben zu S. 87.)

S. 94 tuschfarbenes Kleid:
Das schwarze Mönchsgewand.

S. 95 Kintada:
*Minamoto no Kintada.

S. 96 Staatsrat Yoshiie:
Möglicherweise Tachibana no Yoshiie, 864–920.

S. 98 Kaiser in Nara:
Einer der in *Nara residierenden Kaiser. Nara war 710–784 Hauptstadt.

S. 100 Obasute-Berg:
Das *Yamato monogatari* ist der älteste japanische Text, der von der »Altenaussetzung« handelt. Hier erscheint die Aussetzung der Alten jedoch nicht als feste Institution, sondern als individuelles Schicksal. In den *Kopfkissenheften* (siehe S. 123 f.) erzählt Sei Shônagon eine Geschichte, in der die Institution der Altenaussetzung abgeschafft wird – ein literarischer Topos, der als Volksmärchen in Japan weit verbreitet ist. Gleichzeitig gibt es in Japan aber auch zahlreiche, an bestimmte Plätze geknüpfte Sagen, in denen berichtet wird, man habe dort ehedem die alten Leute ausgesetzt, wenn sie 60 Jahre alt wurden. Ob tatsächlich ein solcher Brauch je bestanden hat, scheint dennoch fraglich. Es ist eher anzunehmen, daß es sich dabei um ehemalige Bestattungsplätze handelt.

S. 102 Da das Trogboot weg ...:
Das Gedicht erhält seinen Reiz aus einem doppelten Wortspiel: *fune,* der (Pferde)trog, ist gleichlautend mit *fune,* Boot. Das »Boot« im Verein mit dem »Ruder« im Namen des jungen Gefolgsmannes liefert das Bild: die Welt wird mit dem Meer verglichen.

Kopfkissenhefte

S. 109 Der Erste Tag im Neujahrsmonat:
Die Festlichkeiten zum Beginn des neuen Jahres ziehen sich mit Unterbrechungen fast über den ganzen Ersten Monat hin. Besonders wichtig sind dabei der erste, der siebente und der fünfzehnte Tag.

S. 109 »Schau der blaugrauen Pferde«:
Eine Zeremonie am Kaiserhof, bei welcher dem Kaiser eine bestimmte Zahl Grauschimmel vorgeführt wurde. Zu Lebzeiten Sei Shônagons waren es vermutlich zwanzig. Dem Fest wurde eine glückverheißende Wirkung zugeschrieben: das Betrachten dieser Pferde sollte die bösen Einflüsse für das kommende Jahr abwehren. Später galt der Anblick eines Schimmels am 7. Tag des Neujahrsmonats ganz allgemein als glückbringendes Omen.

S. 110 Vollmond-Reisbrei:
Nach dem Mondkalender ist der fünfzehnte Tag eines Monats stets Vollmondtag. Daher der Name des Reisbreis, der an diesem Tag als Festspeise gereicht wird. Er ist eine Art Eintopfessen, denn er enthält neben dem Reis zahlreiche weitere Ingredienzien wie Reiskuchenstückchen, Mungobohnen, Riementang usw.

S. 110 Breistock:
Zum Brauchtum dieses Tages gehört das Anfertigen von Stöcken, die ursprünglich (in manchen Gegenden noch heute) dazu dienten, den Vollmond-Reisbrei zu divinatorischen Zwecken »umzurühren«. Je mehr Reiskörner daran hängen blieben, desto reicher die Ernte des Jahres! Daher der Name. Im höfischen Brauchtum des 10. Jh. handelte es sich um hübsch verzierte Stöcke, mit denen man spaßeshalber die jungen Damen zu schlagen trachtete. Der ursprüngliche Sinn des Brauches – auch heute noch in manchen Gegenden lebendig – wird deutlich durch die mancherorts phallische Form zeigenden Stöcke: das Schlagen sollte Kindersegen bringen. Die hübsche Szene mit der jungen Ehefrau zeigt, daß man sich dieser Bedeutung durchaus bewußt war.

S. 110 Ernennungen:
Während dreier Tage, vom 9. bis zum 11. Tag des Neujahrsmonats, fanden im Kaiserpalast die Neuernennungen der Provinzialbeamten statt.

S. 111 die Majestäten:
Kaiser *Ichijô, der von 986–1011 regierte, und seine erste Hauptgemahlin, Fujiwara no Sadako (977–1000), eine Tochter des *Fujiwara no Michitaka.

S. 116 Fest des Fünften Monats:
Das am Fünften Tag des Fünften Monats gefeierte Fest geht zum großen Teil auf chinesisches Brauchtum zurück. Beifuß und Schwertlilien sollen die üblen Einflüsse, welche die heiße Jahreszeit mit sich bringt, abwehren. Den Kräutersträußchen kommt dieselbe Aufgabe zu. Festspeise des Tages sind in Schilfblätter gewickelte Knödel aus Klebreis.

S. 117 Takaie. Fujiwara no Takaie (979–1044).

S. 119 der Herr Regent:
*Fujiwara no Michitaka, der Vater der Kaiserin Sadako.

S. 119 Korechika:
*Fujiwara no Korechika.

S. 119 »Kein Weg mehr zu sehn« ...:
Die Kaiserin und ihr Bruder zitieren aus einem Gedicht, das in der Gedichtsammlung *Shûishû* enthalten ist:

Es schneit im Bergdorf
und es häuft sich der Schnee, daß
kein Weg mehr zu sehn –
Wer heut zu mir käme, den
blickte voll Mitleid ich an.

S. 122 »Kuckuck, schrei doch nicht so laut« ...:
Zitat aus einem Gedicht, das in Band 8 des *Manyôshû* überliefert ist und von der Hand einer Dame aus dem Hause Fujiwara, einer Gattin des Kaisers *Temmu, stammen soll:

Kuckuck, Kuckuck, ach
schrei doch nicht so laut! Man wird
sonst deine Stimme,
Juni-Perlchen zugesellt,
noch auf ein Schnürchen ziehn!

(Juni-Perlchen sollen die perlartigen Früchtchen der Blütenmandarine sein.)

S. 122 Romanheld Nakatada:
Nakatada ist die Hauptfigur des *Utsuho monogatari.* Er verbrachte seine Kindheit in einem hohlen Baum tief im Gebirge, für den Unterhalt seiner Mutter sorgend.

S. 123 »Gestern erst hat man...:
Anfang eines Gedichtes aus dem *Kokinshû:*

Gestern erst hat man
Reispflänzchen ausgezogen,
doch unversehens
schwanken die Halme, wehet
der Herbstwind über sie hin.

S. 123 Tsurayuki:
*Ki no Tsurayuki.

S. 123 Aridôshi:
Siehe Erläuterungen zu S. 100, *Obasute-Berg.*

S. 126 »seine Stimme schreckt den klugen Herrscher aus dem Schlaf«:
Zitat aus einem Lied, das im *Wakan rôeishû* aufgenommen ist:

Der Wächter mit dem Hahnenhut im
Morgengrauen singet,
seine Stimme schreckt den klugen
Herrscher aus dem Schlaf.
Die Glocke aus der Hand der Fu in
tiefer Nacht erklinget,
ihr Dröhnen durch des dunklen
Himmels Lauschen dringet.

S. 127 »Noch im letzten Schein des Mondes ...«:
Zitat aus einem Lied, das im *Wakan rôeishû* enthalten ist:

Morgendlichen Schmuck und Kleidung leget
jede Dame an,
und im Palast der Wei beweget sich die
Glocke.
Noch im letzten Schein des Mondes zieht
der Wanderer dahin,
und bei Han-ku kräht der Hahn.

S. 127 Tsunefusa:
*Minamoto no Tsunefusa.

S. 131 Kaiserin:
Fujiwara no Akiko, Tochter des *Fujiwara no Michinaga. Hauptgemahlin des Kaisers *Ichijô nach dem Tode der Kaiserin Sadako.

S. 131 weißes Podest:
Ein mit Vorhängen umgebenes Podest diente in den Palästen des Hochadels als Sitz und Ruhelager. Die Kaiserin hält sich wegen ihrer baldigen Niederkunft im Palast ihres Vaters auf: der Kaiserpalast darf nicht durch eine Geburt (kultisch) verunreinigt werden. Die weiße Farbe des Podestes, das Auswechseln aller Vorhänge und Decken – auch hier mußte alles weiß sein – hatte ebenfalls nicht hygienische, sondern kultische Gründe.

S. 131 Regent:
*Fujiwara no Michinaga.

S. 131 böse Geister:
Man war in dieser Zeit sehr stark von der Vorstellung beherrscht, daß allenthalben böse Geister lauerten und den Menschen bedrohten. Krankheiten aller Art führte man weit mehr auf das Wirken böser Geister zurück als auf natürliche Ursachen. Geburt und Kindbett boten übelwollenden Geistern besonders günstige Gelegenheit zu wirkungsvollem Tun (Kaiserin Sadako war z. B. im Kindbett gestorben), dem man durch Exorzisten vorzubeugen hoffte: die bösen Geister sollten von der Kaiserin abgelenkt werden, indem man sie veranlaßte, von den bereitgestellten Medien (meist Hofdamen der Kaiserin) Besitz zu ergreifen.

S. 131 Erzabt:
Shôsan, 940–1011.

S. 131 Abt Kyôchô:
Fehlschreibung für Chôchô, 935–1015. Abt des Klosters Kôfuku in *Nara. Entstammte der Familie Mibu.

S. 131 Abt und Klosterverwalter:
Saishin, 954–1030. Sohn des Minamoto no Masanobu.

S. 132 Abt Ingen:
954–1028.

*S. 132 Abt des *Ninna-Klosters:*
= Saishin, Abt und Klosterverwalter.

*S. 132 Palastseelsorger aus dem *Miidera:*
Erzabt Eien, 980–1044, ein Neffe des Saishin. Er war ein Sohn des Prinzen Munehira und Enkel des Kaisers *Murakami.

S. 132 Vorsteherin des Hofdamenamtes:
Fujiwara no Yoshiko, 994–1027, älteste Tochter des *Fujiwara no Michinaga, Schwester der Kaiserin, später Gemahlin des Kaisers *Sanjô.

S. 132 Prinzessin:
Fujiwara no Takeko, 999–1036, dritte Tochter des *Fujiwara no Michinaga, Schwester der Kaiserin, später Gemahlin des Kaisers *Go-Ichijô, von dessen Geburt hier berichtet wird.

S. 132 jüngere Prinzessin:
Fujiwara no Yoshiko, 1007–1025, vierte Tochter des *Fujiwara no Michinaga, Schwester der Kaiserin, später Gattin des Kronprinzen, des späteren Kaisers *Suzaku, Mutter des Kaisers *Go-Reizei.

S. 132 Kanetaka:
Fujiwara no Kanetaka, 985–1053.

S. 132 Masamichi:
Minamoto no Masamichi. ?–1017.

S. 132 Tsunefusa:
*Minamoto no Tsunefusa.

S. 132 Leiter des Palastamtes der Kaiserin:
Fujiwara no Tadanobu, 967–1035.

S. 132 Reis, den man verstreut hatte . . .:
Zum Vertreiben böser Einflüsse.

S. 132 Haar vom Haupt der Kaiserin . . .:
Man will die Kaiserin dem besonderen Schutz Buddhas anheimstellen, indem man sie rein formal die Nonnenweihe empfangen läßt und ihr deshalb symbolisch auch ein Büschel Haare abschneidet.

S. 133 Vizekommandant zur Linken und Vorsteher der Kammerherren:
Minamoto no Yorisada, 977–1020, ein Sohn des Prinzen Tamehira.

S. 133 Priester Shinyo:
971–1020. Aus der Familie Fujiwara.

S. 133 Unterabt aus dem Hôjû-Kloster:
Shinkaku oder Shinkô, 971–1038, aus der Familie Fujiwara. Später Erzabt.

S. 133 Knäblein:
Der spätere Kaiser *Go-Ichijô.

Sarashina-Tagebuch

S. 137 Weg in die Ostlande:
Siehe *Ostmeerstraße. Die Verfasserin wuchs in der Provinz Kazusa auf.

S. 137 Geschichte wie der um den glänzenden Genji:
*Genji monogatari.

S. 137 Aufbruch:
Damit ist noch nicht der Beginn der eigentlichen Reise gemeint, sondern ein diesem voraufgehender kurzer Aufenthalt an anderem Ort. Dieser »Aufbruch« verdankt seine Entstehung astrologischen Vorstellungen.

S. 138 Am 17. Tag brachen wir frühmorgens auf . . .:
Die im Tagebuch anschließend eingeschobenen historischen Erinnerungen wurden hier wie an anderer Stelle ausgelassen.

S. 139 »Ich will etwas fragen . . .«:
Zitat aus einem Gedicht in den *Geschichten aus Ise,* siehe oben S. 78.

S. 139 chinesischer Schirm:
Ein großer Schirm, der von fahrenden Künstlern aufgestellt wird zum Zeichen, daß sie eine Vorstellung geben wollen.

S. 141 »Acht Brücken«:
Die Verfasserin erinnert an eine Episode in den *Geschichten aus Ise,* siehe oben S. 76.

S. 141 Auf der Fläche des Sees:
Gemeint ist der Biwa-See.

S. 142 Yukinari:
Fujiwara no Yukinari, 972–1027.

S. 142 Nagaie:
Fujiwara no Nagaie, Sohn des *Fujiwara no Michinaga.

Geschichten, die jetzt schon lange her sind

*S. 153 Regent und Großkanzler von *Sanjô:*
Fujiwara no Yoritada, 924–989. Seine hier auftretende Tochter Akiko wurde 991 Nonne und starb 1001.

S. 155 »Wie die Kaiserin-Großmutter von Sanjô Nonne wurde«:
Die Erzählung wird im Originaltext mit Episoden aus dem Nonnenleben der Exkaiserin weitergeführt, die jedoch weniger handlungsstark als die vorangehende Szene sind und deshalb nicht übersetzt wurden.

S. 161 . . . lebte ein Jäger:
Jagen ist nach buddhistischer Ethik wie alles Töten sündhaft.

S. 171 Griff:
Tsuneyo deutet mit diesem Wort an, daß Narimura ein in den Griffen geübter Ringer war.

S. 172 Ringermeister Tamenari:
Er war 1031 beim festlichen Ringen im Palast der Meister der Linken.

S. 175 Statthalter von Ōsumi:
Der Name ist im Text ausgelassen, anderen Quellen läßt sich jedoch entnehmen, daß es sich hier um Sakurashima no Tadanobu (Daten für bekleidete Ämter: 962–968) handeln muß.

S. 176 Hakamadare: Siehe auch S. 202 ff.

S. 180 ... und sprach zu der alten Frau: »Was ist das für ein Stein?«: wurde nach der Fassung dieser Geschichte in der *Nachlese zu den Geschichten aus Uji* ergänzt.

S. 192 Mondglanzschwamm:
Japanisch *watari* oder *tsukiyotake* = Pleurotus japonicus Kawamura.

S. 199 Grabhügel:
Vom 4. bis 7. Jh wurde der Hochadel in Hügelgräbern bestattet. In der 2. Hälfte dieser Periode enthielten diese große steinerne Grabkammern, die durch einen Gang erreichbar waren, bevor sie mit Erde bedeckt wurden. Hier muß es sich um ein freigelegtes Hügelgrab dieser Art handeln.

S. 201 »Das ist sicher ein Kerl, der aus Mino nach der Hauptstadt wandert«:
Wortspiel mit *mino* = Stroh-Umhang.

S. 212 Schön singet der Hahn ...:
Unsere Übertragung weicht von der ersten Zeile und den letzten Teilen der beiden letzten Zeilen des Originals ab. Im Original (*asamo yoi / Ki no kawa yusuri / yuku mizu no / izusa ya musa ya / irusa ya musa ya*) besteht die erste Zeile aus einem stehenden Attribut (»Der Hanfrock schön«) zu dem Wort Ki am Anfang der zweiten Zeile, das neben dem Provinznamen Ki auch »tragen« heißt. Aufgrund der Deutung in der Geschichte selbst kommt auch die Bedeutung »Morgen« für *asa* hinzu, daher unsere freie Übersetzung. *musa ya* in den beiden letzten Zeilen ist ein Reimwort ohne Sinn.

213 zog es ihm Leber und Leib zusammen ...:
Die Leber gilt als der Sitz des Mutes.

Nachlese zu den Geschichten aus Uji

S. 220 Weißer Berg:
Der Hakusan oder Shirayama in der Provinz Kaga, Hauptgipfel eines vulkanischen Bergmassivs, 2 702 m, auf dem sich der »Schrein des Weißen Berges« befindet.

S. 220 Heiliger Gipfel:
Der Mitake oder Kimbusen im Distrikt Yoshino bei Nara, wo sich die Bergasketen mit Vorliebe aufhielten.

S. 222 Entenzungenkräuter:
Der chinesische Name der *nagi* oder *konagi* (Monochoria vaginalis var. plantaginea Solms-Laub.), einer einjährigen Wasserpflanze mit herzförmigen, eßbaren Blättern und violetten Blütchen.

S. 222 Kanzler zur Rechten in der Bôjô-Straße:
Identisch mit Fujiwara no Morosuke, 908–960.

S. 223 Kotgasse:
Der alte Name der betr. Gasse lautete Gusoku-Gasse und erlaubte das Wortspiel Guso > Kuso (Kot).

S. 227 sein Neffe Kunitoshi:
In Wirklichkeit ein 1099 gestorbener jüngerer Bruder des Kakuyû. Seinen Statthalterposten in Mutsu hat er nie angetreten.

S. 229 Weihbühne:
Platz, auf dem Mönchsweihen vorgenommen wurden. Solche Weihbühnen bestanden am Tôdai-Kloster (Nara), am Kannon-Kloster (Prov. Chikuzen) und am Yakushi-Kloster (Prov. Shimotsuke), bis später am Enryaku-Kloster auf dem Berg Hiei die Weihbühne mit ihrer hier erzählten Ursprungslegende die anderen Stätten ersetzte. Das alte Kloster war 966 abgebrannt und durch Jie wieder aufgebaut worden.

S. 230 sumutsukari:
Extrakt aus geriebenem Rettich, vermischt mit in Essig eingemachten Sojabohnen, durchgeseihter Sakehefe und Sojasoße.

S. 231 Ietsuna:
Fujiwara no Ietsuna, Kammerherr und Statthalter von Shinano. Sein Bruder *Yukitsuna* war Statthalter verschiedener Provinzen.

S. 231 Hoffeuer:
Japanisch *niwabi*, ein kultisches Feuer, das während der ganzen Kagura-Zeremonie brennt.

S. 232 Silbenschrift-Kalender:
Die üblichen *Kalender waren rein chinesisch verfaßt und nur entsprechend Gebildeten verständlich.

S. 238 Kanzler zur Linken von Uji:
Fujiwara no Yorinaga, 1120–1156, verantwortlich für den Aufstand der Ära Hôgen, endete durch Selbstmord.

S. 240 und alle Säcke gingen sicher beim Hause ihres Herrn nieder:
Diese Legende ist in einer berühmten Bildrolle aus dem 12. Jh. (*Shigisan*

engi emaki) dargestellt, die dem Erzabt von Toba, *Kakuyû (siehe S. 227), zugeschrieben wird.

S. 240 Herrscher der Periode Engi:
Kaiser *Daigo.

S. 241 Môren Koin,
gewöhnliche Lesung: Myôren.

S. 241 vor dem Großen Buddha des Tôdai-Klosters:
752 fertiggestellte, vergoldete, 16 Meter hohe Bronzestatue des Buddha Vairocana.

S. 243 schrieb ein Namenstäfelchen aus:
Tritt einer in Dienst oder Lehre ein, so überreicht er dem Herrn oder Lehrer ein Täfelchen, auf dem Rang, Name und Datum vermerkt sind.

S. 247 ... daß er auch bei Tage bei ihr weilen mußte:
Bei der in der Heian-Zeit in Adelskreisen üblichen Form der »Besuchsehe« kam der Ehemann zunächst nur des Nachts in das Haus der Ehefrau, nach einer gewissen Zeit erforderte es jedoch der Anstand, daß er sich auch bei Tage zeigte.

S. 249 Direktor des Amtes für buddhistische Angelegenheiten und Barbaren:
Eine dem Ministerium für die Zivilverwaltung angegliederte Behörde, die für Personalangelegenheiten der buddh. Geistlichkeit und ausländische Gesandtschaften zuständig war.

Aufzeichnungen aus den zehn Fuss im Geviert meiner Hütte

S. 256 An Toten, Männern und Frauen, gab es mehrere Tausend ...:
Der unserer Übersetzung zugrunde gelegte Text hat *mehrere zehn,* wir stützen uns jedoch auf die anderweitig überlieferte wahrscheinlichere Textvariante.

S. 257 Richtung des Widders:
südsüdwest.

S. 257 verlegte man plötzlich die Hauptstadt:
Die Hauptstadt wurde auf Veranlassung des *Taira no Kiyomori, des ehemaligen Großkanzlers und derzeit mächtigsten Mannes im Staate, nach Fukuhara (das heutige Kôbe) verlegt, das er zu einer größeren Stadt ausgebaut hatte. Kaiser und Exkaiser residierten aber nur etwa ein halbes Jahr in Fukuhara, eine Umsiedlung für längere Zeit erwies sich als undurchführbar.

S. 257 ... daß Kyôto zu Zeiten des Kaisers Saga gegründet worden war:
Kyôto (Heian-kyô) wurde 794 von Kaiser *Kammu gegründet. Sein Sohn, Kaiser *Heijô, der 809 zugunsten seines Bruders, Kaiser *Saga, auf den Thron verzichtet hatte, versuchte 810 auf den Thron zurückzukehren, wobei er Nara wieder zur Hauptstadt machen wollte. Der Plan mißlang, Exkaiser Heijô mußte sich in ein Kloster zurückziehen und Kyôto blieb Hauptstadt. Kamo no Chômei spielt wahrscheinlich auf diese Ereignisse an.

S. 257 Die Herzen der Menschen wandelten sich ...:
Kamo no Chômei hat hier den Wandel vor Augen, der sich durch die Verschiebung der Machtverhältnisse ergab: Pferd und Sattel kennzeichnen den Kriegeradel, der in den voraufgegangenen Jahrzehnten zur Macht gelangt war, Rind und Wagen waren die Fortbewegungsmittel des Hofadels, der seiner ehemaligen Vormachtstellung verlustig gegangen war. Die Ländereien im Südwesten lagen der neuen Hauptstadt, d. h. den Privatländereien der Familie Taira näher als diejenigen im Nordosten. Kamo no Chômei beklagt diesen Wandel (s. a. weiter unten: »Betrachtete man die Straßen ...«), er teilt durchaus die Verachtung für den Kriegerstand.

S. 257 legendäre Bohlenhalle:
Anspielung auf die Bohlenhalle, welche die Kaiserin *Saimei 661 in Chikuzen zu zeitweiligem Aufenthalt erbaut haben soll.

S. 258 Obwohl die verschiedensten Gebete begannen ...:
Um Regen herbeizuführen, wurden in Shintô-Schreinen und buddhistischen Tempeln Gebete und Sutrenlesungen angeordnet, dazu führte man offiziell und inoffiziell die verschiedensten Zauberpraktiken und Opferhandlungen durch.

S. 259 Schließlich begaben sich wohl zurechtgemachte Leute ...:
Leute aus gutem Hause, die sich an die Etikette halten, werden durch den Hunger zum Betteln getrieben.

S. 259 Weltalter des Unreinen und Bösen:
Das letzte der Drei Weltalter, gekennzeichnet durch allgemeine Unordnung und universalen Verfall.

S. 259 ... schrieb er auf seine Stirn den Buchstaben A ...:
Das A ist der erste Buchstabe des Sanskrit-Alphabets und wird deshalb als Wurzel aller Dinge betrachtet. Durch die Betrachtung des Buchstabens A lassen sich alle Leiden überwinden, kann man von allem Übel erlöst werden.

S. 261 Später fehlten mir verwandtschaftliche Beziehungen ...:
Kamo no Chômei spielt hier vermutlich auf den Tod seines Vaters an, den er verlor, als er etwas über zwanzig Jahre alt war. Damit zerschlug sich offensichtlich auch seine Hoffnung, die Nachfolge seines Vaters als Priester an einem Zweigschrein des *Kamo-Schreins antreten zu können, ein Amt, das sich durch Generationen in der Familie vererbt hatte.

S. 263 ... bleibt es nach Westen zu offen:
Im Westen liegt das buddhistische Paradies. Siehe auch die Geschichte S. 230.

S. 263 ... und stehle so dem Mönche Man das elegante dichterische Bild:
Anspielung auf ein Gedicht des Sami Mansei (Mansei war 721 Mönch geworden), das im *Shûishû* enthalten ist:

Die Welt hienieden –
womit vergleich ich sie wohl:
Im Morgengrauen
hinausrudernder Boote
weißschäumender Wellenspur.

S. 263 ... gedenke ich des Flusses bei Hsinyang ...:
Anspielung auf ein »Lauten-Weise« betiteltes Gedicht des chinesischen Dichters *Po Chü-i, in dem es heißt: *Am Hsinyang-Fluß / geleite ich den nächtlichen Gast. / In den Blättern des Zimtbaums, / in den Blüten des Schilfs / singt der Herbstwind.* Damit wird gleichzeitig Gen Totoku (Minamoto no Tsunenobu, 1016–1097) eingeführt, der die »Zimtbaum-Schule« des Lautenspiels begründete.

S. 263 Wir ziehen Schilfblüten aus ...:
Die Schilfsprossen, welche die Blütentriebe enthielten, dienten als Gemüse.

S. 264 ... auf den Spuren des Alten der Zikadenlieder ...:
Anspielung auf Semimaru, einen berühmten Lautenspieler, der am Ōsaka-Berg, südlich von Ōtsu, wohnte.

S. 264 Sarumaro Môchigimi:
Legendärer Dichter vom Beginn der Heian-Zeit.

S. 264 ... frage ich mich, gilt's dem Vater, gilt's der Mutter?:
Anspielung auf ein Gedicht des *Gyôgi, das im *Gyokuyôshû* enthalten ist:

Der Kupferfasan
schreit sein horohoro, hör
ich seine Stimme:
denkt er wohl an den Vater?
Denkt er wohl an die Mutter?

S. 266 die Sieben wunderbaren Dinge:
Sieben Arten kostbarer Dinge: Gold, Silber, Smaragd, Glas, Koralle, Achat, Riesenmuschel (Tridacna gigas Lam.).

S. 266 Finsternis der Drei Jenseitswege:
Wer im diesseitigen Leben keine Erleuchtung gefunden hat, muß nach dem Tode dafür büßen und auf diesen »Drei schlimmen Wegen« gehen: dem Weg des Feuers (Weg der Hölle), dem Weg der Schwerter (Weg der Hungerteufel, d. h. derjenigen, die als Hungerteufel wiedergeboren werden) und dem Weg des Bluts (Weg der Bestien, d. h. derjenigen, die als Bestien wie-

dergeboren werden). Auf dem Weg des Feuers wird man durch schreckliches Feuer verbrannt, auf dem Weg der Schwerter mit Schwertern und Stöcken gequält, auf dem Weg des Blutes fällt man sich gegenseitig an.

S. 266 das Andenken des Laienbruders Vimalakirti:
Vimalakirti hatte eine ebensolche Hütte zur Meditation gebaut.

S. 266 das Tun von Suddhipanthaka:
Er war zwar zunächst der dümmste und faulste Schüler Buddhas, doch dann raffte er sich auf, widmete sich religiöser Übung und erlangte die Erleuchtung.

S. 266 Mönch Renin:
Mönchsname des Kamo no Chômei.

Allerlei aus Mussestunden

S. 271 Buddhas Geburtstag:
Als Buddhas Geburtstag gilt der 8. Tag des Vierten Monats. In vielen Tempeln errichtet man im Hof ein blumengeschmücktes Hüttchen, in das eine Bronzestatue Buddhas gestellt wird, welche die Gläubigen mit einem Aufguß von Hortensienblättern übergießen.

S. 271 Reinigungszeremonien am Ende des Wasserlosen Monats:
Am Ende des Sechsten wie am Ende des Zwölften Monats wurde das Ōharai (»Große Reinigung«) vollzogen, das von Schuld und ritueller Unreinheit befreien sollte. Es wurde durchgeführt, indem zahlreiche Opfergaben dargebracht und das Ritualgebet der Großen Reinigung gesprochen wurde, wobei der amtierende Priester einen mit Hanf- und Papiermaulbeerfasern behängten Zweig über die Anwesenden schwang. Im Volksbrauchtum gehört zu den Reinigungszeremonien des Tages Baden im Meer, Übergießen mit Wasser, durch einen Schilfring steigen usw.

S. 272 Anrufung der Buddhas im Kaiserpalast:
Vom 19. bis 21. Tag des Zwölften Monats fand in der Seiryô-Halle des Kaiserpalastes eine buddhistische Feier statt, bei welcher die Namen der verschiedenen Buddhas rezitiert wurden, wodurch man sich Befreiung von Sünde erhoffte.

S. 272 Aufbruch der Boten . . .:
In der mittleren Dekade des Zwölften Monats begaben sich kaiserliche Boten zu den Gräbern bestimmter Kaiser, um dort die Ersten Ähren aus den verschiedenen Provinzen darzubringen.

S. 272 Verehren der Vier Himmelsrichtungen:
Am Neujahrstag vollzieht der Kaiser die Verehrung von Himmel und Erde sowie der Vier Himmelsrichtungen, um dadurch für das kommende Jahr Unglück abzuwenden und eine reiche Ernte zu erbitten.

S. 272 Nacht, in der die Toten kommen:
In der letzten Nacht des Jahres wie auch zu einem entsprechenden Termin im Sommer (*Totenfest) erwartete man den Besuch der Totenseelen.

S. 272 Kiefern:
*Neujahrskiefern.

S. 272 der Wind allein weckt im Menschen das Herz:
Zitat aus einem Gedicht des Saigyô (1118–1190):

In allen Menschen,
selbst im gedankenlosen
Menschen noch wird er
zuletzt das Herz erwecken,
der erste Wind des Herbstes.

(*Shinkokinshû* Nr. 299)

S. 272 Yüan und Hsiang ...:
Zitat aus einem vierzeiligen Kurzgedicht des chinesischen Dichters Tai Shu-lun (732–789). Die ersten beiden, von Yoshida Kenkô nicht zitierten Verse weisen auf die Sehnsucht des Dichters nach der fernen Hauptstadt im Osten hin. Yüan und Hsiang sind Flüsse in der Provinz Hunan.

S. 274 Karahashi =
Minamoto no Masakiyo (1182–1230).

S. 274 Beulen-Maske des »Zweiten Tanzes«:
Der »Zweite Tanz« folgt innerhalb des feststehenden Repertoires der Hoftänze auf den »Ama-Tanz«, den er parodiert. Die Tänzer sind ein »Alter« mit lächelnder Maske und eine »Alte«, die eine Maske mit dick aufgeschwollenem Gesicht trägt.

S. 275 Kinyo =
Fujiwara no Kinyo (?–1301).

S. 276 Erzabt Ryôgaku:
Angehöriger der Tendai-Sekte und Dichter, Lebensdaten unbekannt.

S. 276 heute soll er den Palast besuchen ...:
bezieht sich auf den Jimyô-in, den Sitz des abgedankten Kaisers Fushimi (1288–1298, gestorben 1317) im Norden Kyôtos.

S. 277 Gokuraku-Tempel und Kôra:
Die beiden Tempel liegen am Fuße des Otoko-yama im Süden von Kyôto, auf dessen Gipfel sich der als eigentliches Reiseziel des Priesters erwählte Haupttempel Iwashimizu-Hachimangû befindet.

S. 278 Ninna-Kloster:
Im Text Omuro, »erlauchtes Gemach«, ein Name, den das Kloster wegen des zeitweiligen Aufenthaltes des abgedankten Kaisers *Uda in besonderen Räumen erhielt.

S. 278 »Reihenhügel«,
Narabi no oka, drei nebeneinander liegende Hügel südlich des Ninna-Klosters.

S. 278 Herbstlaub anzuzünden...:
Um am Feuer Sake zu erwärmen. Bezug auf ein Verspaar von *Po Chü-i:

Zwischen den Bäumen den Reiswein zu wärmen,
brennen wir rotes Laub.
Auf dem Felsen Gedichte zu schreiben
fegen wir grünes Moos.

S. 283 Soundso-Amidabutsu:
Der Name Amidabutsu (Amida Buddha) ist bei einigen Sekten als Mönchsname üblich mit einem vorangestellten Namenszeichen. Der erwähnte anonyme Priester dürfte ein Laienmönch gewesen sein, der sich seinen Unterhalt auch als Meister der *Kettendichtung verdiente.

S. 285 Großkanzler Horikawa:
Minamoto no Tomomori (1249–1316).

S. 285 ehemalige Regent vom Jôdô-Kloster:
Kûjô Tadanori (1248–1332).

S. 285 Ankimon-in:
Fujiwara no Yûshi (1207–1286), Tante des Kûjô Tadanori.

S. 285 Kanzler zur Linken Yamashina:
Saionji Sanekata (1217–1273).

S. 285 Shukugahara:
Ort in der Provinz Musashi.

S. 285 Buddhagebete der Neun Paradiesesstufen:
Angeblich Anrufen Buddhas in neun verschiedenen Rhythmen.

S. 286 Großkanzler Kitayama:
Saionji Sanekane (1249–1322).

S. 286 Kaiserin:
Hauptgemahlin des Kaisers *Go-Daigo.

S. 287 Chieh und Chou:
Die letzten Herrscher der Hsia- und Yin-Dynastie Chinas, Paradebeispiele des grausamen Herrschers.

S. 290 Der Ehrwürdige Jônen:
Ältester des Saidai-Klosters (1251?–1331).

S. 290 Kanzler Saionji:
Saionji Sanehira (1290–1326).

S. 290 Exzellenz Suketomo:
Hino Suketomo (1290–1332).

S. 291 Oberkabinettsrat Mototoshi:
Minamoto no Mototoshi (1261–1319).

S. 293 Kanzler zur Rechten vom Tokudai-Kloster:
Fujiwara no Kintaka (1253–1305).

S. 293 Großkanzler Shôkoku:
Fujiwara no Sanemoto (1202–1265).

S. 294 Oberkabinettsrat Tô:
Fujiwara no Tameuji (1222–1286).

Chronik des Grossen Friedens

S. 297 mehr als jeder andere seiner Familie . . .:
Die Familie Shiba wie auch die Ashikaga stammen von den Minamoto ab.

S. 297 äußerste Seitenlinien der Minamoto:
In dieser Zeit gelten die Ashikaga als die Hauptlinie der Minamoto.

S. 298 Hafuri:
Die Priesterfamilie des Unteren Schreins von Suwa in der Provinz Shinano.

S. 299 tönende Pfeile:
Pfeile mit einer verdickten, innen hohlen und mit Löchern versehenen Spitze, die beim Fliegen einen brummenden Ton erzeugen.

S. 300 Abt Gakuren:
Fehlschreibung für Gakuun. Gelehrter Mönch des Patronatstempels Yokawa auf dem Berg Hiei, Sproß der Fujiwara-Familie, gestorben 1007.

Büchlein zur unterhaltsamen Gesellschaft

S. 303 Ebina no Rokurôzaemon:
Ein Mann dieses Namens wird mehrfach in der Literatur erwähnt. Er soll Vasall des Hauses Ashikaga gewesen sein. Auch wird von ihm berichtet, er habe sich beim Sarugaku, einem Vorläufer des Nô-Spiels von komödiantischem Charakter, als Sänger hervorgetan.

S. 303 Saru-Genji:
Saru heißt »Affe«. In Anlehnung an die lautliche Übereinstimmung mit *Saru*gaku, »Posse«, haben wir den Namen als »Possenreißer-Genji« interpretiert.

S. 303 Nur ich allein . . .:
Gedicht aus dem *Ise monogatari,* Abschn. 27.

S. 303 Fünf Körperteile:
Beide Arme, beide Beine, Kopf = der ganze Körper.

S. 304 In alten Zeiten ...:
Dieses Gedicht wird in mehreren Sammlungen überliefert, jedoch in anderem Zusammenhang.

S. 305 Als der Kommandant Genji ...:
Hier bezieht sich Saru-Genji auf das *Genji monogatari,* doch bringt er die Sequenzen des Romans durcheinander. Als Genji veranlaßt wurde, die Dritte Prinzessin zu heiraten, war Aoi no Ue schon lange verstorben.

S. 305 Tretball:
Höfisches Ballspiel, bei dem der Ball durch Stoßen mit dem Fuß in der Luft gehalten werden mußte.

S. 305 Wer auf dieser Welt ...:
Gedicht aus dem *Genji monogatari,* Buch Kashiwaki.

S. 305 ... geruhte gnädigst zu seinem Kissen zu treten:
d. h. er erschien ihm im Traume.

S. 308 ... und sie wurden zu bekannten weisen Männern:
Die Episode ist dem *Gempei seisuiki* nacherzählt.

S. 312 Hundetreiben, Hutschießen und Ballschießen:
Sämtlich Spiele der Krieger. Beim Hundetreiben bilden die Schützen einen großen Kreis, in dessen Mitte ein Hund gejagt und mit stumpfen Pfeilen beschossen wird.

S. 313 Holz zum Salzsieden ...:
Dieses und die folgenden Gedichte lehnen sich stark an Gedichte aus verschiedenen Sammlungen an, z. T. stimmen sie fast oder ganz überein.

S. 313 ein Mann namens Hôshô:
*Fujiwara no Yasumasa.

S. 314 Voller Gram und Einsamkeit ...:
Zur folgenden Episode siehe oben »Geschichten aus Yamato«, S. 98.

S. 315 Später hat Genji ...:
Eine Episode dieser Art findet sich im *Genji monogatari* nicht.

S. 315 ... und das Blatt umgedreht wurde:
Bei der Kettendichtung wird eine bestimmte Zahl von Strophen zunächst auf die Vorderseite eines einmal gefalteten Blattes geschrieben, dann werden die beiden Innenseiten beschrieben, zum Schluß wird »das Blatt umgedreht« und die Rückseite des gefalteten Blattes beschrieben.

S. 316 erging . . . ein Regierungserlaß . . .:
Dieser Regierungserlaß ist nicht dichterische Erfindung, sondern Tatsache.

S. 317 »Tor der Lehre«, »Tor der Betrachtung«:
Lehre (Dogmatik) und Meditation.

*S. 319 Kaiser der Periode *Engi:*
Kaiser *Daigo.

S. 319 bei Kashiwaki . . .:
Anspielung auf das *Genji monogatari,* Buch Kashiwaki: Kashiwaki sieht die Dritte Prinzessin und verliebt sich in sie: ihr Kätzchen hatte mit seiner Schnur den Bambusvorhang in die Höhe gehoben, hinter dem die Prinzessin saß. Siehe auch oben S. 305.

S. 321 wenn es auch ein bißchen Furcht einflößte, nach Sekigahara:
In Sekigahara in der Provinz Mino fand im Oktober 1600 die Entscheidungsschlacht zwischen Tokugawa Ieyasu und der Partei des Toyotomi Hideyori statt.

S. 321 Spiegelreiskuchen, Blütenblattkuchen . . .:
*Reiskuchen.

S. 322 Menschenkaiser:
Im Gegensatz zu den göttlichen Nachfahren der Sonnengöttin, die im Himmel residierten, der erste (legendäre) Herrscher, der sich das Land Yamato untertan machte und der als erster *irdischer* Ahn der Kaiserfamilie angesehen wird. Er ist als Kaiser Jimmu kanonisiert.

S. 323 Jahr des Tigers:
Innerhalb der zyklischen Zählung der Jahre wiederholen sich die unter der Bezeichnung »zwölf Himmelszweige« zusammengefaßten chinesischen Tierkreiszeichen, an deren dritter Stelle der Tiger steht.

S. 326 Der eine ist aus dem Distrikt Kake . . .:
Er nennt die Orte, wo die drei Schreine liegen, zu denen die Krieger zuvor gepilgert waren.

S. 330 aber da gab es Eifersüchteleien . . .:
Aufgrund der unter Mönchen weitverbreiteten Knabenliebe, von der uns Novellen besonders aus dem 14. Jh. zu berichten wissen. Vgl. auch S. 182.

S. 331 Es war im vergangenen Frühling . . .:
Vgl. die etwas abweichende Version oben S. 299 f.

S. 334 »Ich bin die jüngere Tochter des Staatsrats Yoshida . . .«:
Dies steht im Widerspruch zu der Bemerkung S. 330, wonach es sich um die Tochter des Hanazono handeln müßte.

S. 341 von der Ōmiya-Straße aus weiter westlich . . .:
d. h. er ging nie zum Freudenviertel von Shimabara.

S. 341 ließen sich seine Mitbürger . . . ihre Maßabstreicher zuschneiden . . .:
Man erachtete es als besonders glückbringend und langes Leben verheißend, wenn man zum Glattstreichen des Reises beim Füllen des entsprechenden Hohlmaßes ein Holz- oder Bambusbrettchen verwenden konnte, das ein 88jähriger zugeschnitten hatte, da sich die Bestandteile des chinesischen Schriftzeichens für Reis in die Bestandteile der Zahl 88 zerlegen lassen.

S. 342 Von Zweidrei:
Deckname eines Kunden aus dem Freudenviertel.

S. 342 Die Fünf Großmächtigen Nothelfer:
Diese fünf im Heiligtum von Sumiyoshi verehrten *Nothelfer werden damit als Hüter des »Postgeheimnisses« angerufen.

S. 342 Zwei Momme davon . . .:
Der anscheinend höhere Betrag kommt durch Umrechnung in den Silberkurs zustande.

S. 342 aus dem Hause Ōzaka:
Name eines Freudenhauses. Auch bei den weiteren »Häusern« handelt es sich um entsprechende Etablissements.

S. 344 zehntausendjähriger Kalender:
Astrologischer *Kalender, in dem Bezug genommen wird auf persönliches Schicksal, günstige Eheverbindungen usw.

S. 344 Wakegawa:
Fluß in der Provinz Bizen, dessen Name eine Anspielung enthält auf die Bezahlung von Diensten im Freudenviertel, daher wird er im Text als »Fluß der Liebe« bezeichnet.

S. 344 Geister der Silberberge:
Der Glaube, daß Gold und Silber Geister besitzen, die bei Nacht umgehen, war offensichtlich weit verbreitet. Er tritt in zahlreichen Sagen zutage.

S. 345 den reichen Herrn Nabaya . . .:
Wahrscheinlich handelt es sich – wie auch bei dem oben erwähnten Zôgô – um Personen, die tatsächlich im 17. Jh. ihres Reichtums wegen bekannt waren.

S. 346 in der Neujahrsnacht die Papierlaternen der Gläubiger . . .:
Neujahr bildete den wichtigsten Abrechnungstermin, zu dem alle Schulden beglichen werden sollten.

S. 346 Glücksgottbilder:
Zu Neujahr wurden die Bilder des Glücksgottes, die als Talisman dienten, ausgewechselt. Der Glücksgott trägt Beamtentracht, zu der unweigerlich ein Hut gehört.

Das Wachtelkleid

S. 349 im blauerdigen Nara:
Im *Manyôshû* ist »blauerdig« ein feststehendes Beiwort für Nara, doch gehen die Meinungen über die ursprüngliche Bedeutung des Wortes weit auseinander.

S. 349 Taktklopfen bei Melodie und Silbe:
Der Blattfächer wird hier (wie späterhin) dem Faltfächer gegenübergestellt, den man gerne zum Taktklopfen verwendet und der unentbehrlicher Bestandteil der formellen Kleidung ist.

S. 349 In der Provinz Bizen gab es ein junges Mädchen:
Bizen war für die Produktion irdener Reibschüsseln berühmt.

S. 349 glich ihre Gestalt dem Aussehen des berühmten Fuji . . .:
d. h. wenn man die Reibschüssel umkehrt. Gleichzeitig nannte man ein hübsches Gesicht auch ein »Fuji-Gesicht«.

S. 350 . . . und alle Welt die alten Rußbesen wegwirft . . .:
Im Zwölften Monat war großer Hausputz, zu dem das Entfernen des Rußes im Gebälk gehörte, obligatorisch. Hinterher wurden nicht nur die verschmutzten Rußbesen weggeworfen, sondern im Prinzip alles beschädigte und alte Küchengerät erneuert.

S. 350 Kashiwaki von der Palasttorgarde:
Anspielung auf das *Genji monogatari*. Vgl. oben S. 305.

S. 350 Schämte sie sich wie die Frau des Mai-ch'en . . .:
Anspielung auf eine chinesische Anekdote. Chu Mai-ch'en lebte während der Früheren Han-Dynastie, seine Biographie ist im *Ch'ien Han shu* überliefert. Er soll aus sehr armer Familie stammen. Seinen Lebensunterhalt verdiente er zunächst durch den Verkauf von Brennholz, doch während er hausierend damit herumzog, rezitierte er die klassischen Schriften. Seine Frau schämte sich seiner Armut und verließ ihn. Später aber wurde Mai-ch'en Präfekt von K'uai-ch'i. Als nun Mai-ch'en in seiner Eigenschaft als Präfekt durch seine alte Heimat zog, erblickte ihn seine ehemalige Frau und erhängte sich aus Scham.

S. 350 die alte Geschichte von der Dame, die das Schreiben übte . . .:
Anspielung auf eine Episode des *Genji monogatari*. Die Dame Ukifune, die sich aus Gram wegen eines Fehltritts in den Fluß Uji stürzt, wird durch einen Mönch gerettet und wird Nonne. Neben geistlichen Übungen widmet sie ihre Zeit Schreibübungen.

S. 351 Scherben ..., die ihrerseits in dunkler Nacht zu Wurfgeschossen wurden ...:
»Wurfgeschoß in dunkler Nacht« ist ein Sprichwort, das auf den ungewissen Ausgang einer Sache hinweist.

*S. 351 der *Reiskuchen besitzt den richtigen Reiz ...:*
Nämlich als Objekt der Haikai-Dichtung, da er Lebensnähe und Alltäglichkeit vermittelt und damit den Ansprüchen der humoristischen Haikai-Dichtung entspricht.

S. 351 Spiegelkuchen, die man der Rüstung dargebracht hatte ...:
Seit dem ausgehenden 15. Jh. brachte man in den Kriegerfamilien an Neujahr vor Rüstung und Helm große runde *Reiskuchen dar, die man am 11. Tag des Neujahrsmonats in einer Glückwunschfeier verzehrte.

S. 351 Fest der Kräuterkuchen:
Das Fest vom Dritten Tag des Dritten Monats, das auch als Puppenfest bekannt ist. »Fest der Kräuterkuchen«, da man Kräuterkuchen auf den Puppenaufbauten darbrachte.

S. 351 Nachtgeschichten jenes Vorstehers des Pferdeamtes zur Rechten:
Anspielung auf das *Genji monogatari,* wo einmal von nächtlicher Unterhaltung zwischen Genji, dem Vorsteher des Pferdeamtes zur Rechten und anderen über die Vorzüge verschiedener Frauen die Rede ist.

S. 352 tausend Opferknödel:
Früher brachte man im Kloster Mii am 16. Tag des Vierten Monats zur »Zedrachbaum-Andacht« (= *Sendankô*) tausend Knödel (= *sendangô*) dar. Damit sollten die tausend Kinder der Kishibo (Hāritī) gespeist werden, und gleichzeitig bat man damit um die Gesundheit der eigenen Kinder.

S. 352 in Schilfblätter gewickelte Klebreisknödel:
Die Festspeise zum Fünften Tag des Fünften Monats (Knabenfest). Siehe auch oben S. 116 f.

S. 352 In jener Nacht des Briefmonats:
Das *Sternenfest am Siebten Tag des Siebten Monats.

S. 352 Vollmondknödel zum Vollmondtag:
Der 15. Tag des Achten Monats ist *der* Vollmondtag. Man bringt dem Mond des Abends Knödel, Persimonen, Kartoffeln und Wein dar, stellt herbstliche Gräser und Blumen auf und betrachtet den Mond.

S. 352 Fest der Kastanienkuchen:
Kastanienkuchen aß man am Fest des »Doppelten Yang«, einem am Neunten Tag des Neunten Monats gefeierten Herbstfest chinesischen Ursprungs, das auch als *Chrysanthemenfest bekannt ist.

S. 352 Ebertag:
Analog der zyklischen Bezeichnung der Jahre nach den chinesischen Tier-

kreiszeichen finden wir eine ebensolche Bezeichnung der Tage, die sich im Zwölferrhythmus wiederholt. Der Eber steht an zwölfter Stelle. Der erste Tag des Ebers im Zehnten Monat spielt im Volksbrauch eine wichtige Rolle. In der Stunde des Ebers (abends von 9–11) ißt man *Reiskuchen, um den Winter über gesund zu bleiben.

S. 352 »Mehlschnee«, »Reiskuchenschnee«:
Schnee von bestimmter Beschaffenheit wie etwa unser Pulverschnee.

S. 352 Karotei:
Dichtername eines Freundes des Verfassers, an den – als Liebhaber der *Reiskuchen – die »Worte über den Reiskuchen« gerichtet waren.

S. 352 Biographie des Teufels:
In diesem Essay wird auf zahlreiche Märchen- und Sagenmotive, Sprichwörter und literarische Topoi angespielt, die zusammen eine »Biographie« des Teufels ergeben.

S. 352 Reliquie des Buddha:
Die Geschichte vom Diebstahl einer Buddha-Reliquie durch einen Dämon (sie wird ihm wieder abgejagt) ist mit der Entstehungslegende mehrerer buddhistischer Tempel in Japan verwoben.

S. 352 auch ein Teufel ist einmal achtzehn!:
Sprichwort mit der Bedeutung: Jedes Ding hat seine Blütezeit.

S. 352 ... und wurde von einem bärtigen Mann namens Chung K'uei davongejagt:
Chung K'uei (japanisch Shôki) ist der Dämonenbezwinger der chinesischen Legende. Er wird vor allem mit Kaiser *Hsüan Tsung (713–756) und seiner schönen Geliebten *Yang Kuei-fei in Zusammenhang gebracht.

S. 353 für jemanden im Besitz des Tarnmantels!:
Tarnmantel und Tarnkappe, Siebenmeilenstiefel u. ä. gehören im japan. Märchen zur Ausstattung der Teufel.

S. 353 Teufelstochter Jurôhime:
Eine literarische Figur, die in der Überlieferung nicht aufscheint.

S. 353 nackt löste er sein Besitztum auf:
Teufel werden allgemein nackt dargestellt, höchstens ein Tigerfell um die Hüften wird ihnen zugestanden. Vgl. auch weiter unten: *Da ihm von Geburt an Kleidung nicht zu Gesichte stand.*

S. 353 ein Kind, das den Eltern nicht gleicht:
Sprichwort: Ein Kind, das den Eltern nicht gleicht, ist ein Teufelskind (oder auch: ist kein Menschenkind).

S. 353 mögen seine Tränen noch leicht geflossen sein:
»Teufelstränen« sind falsche Tränen, aber es gibt auch das Sprichwort:

»Tränen selbst im Auge eines Teufels«, mit der Bedeutung: auch ein harter Mensch empfindet manchmal Mitleid.

S. 353 Spitzfindigkeit eines Liedes von Tomoo:
Zur Zeit des Kaisers *Tenchi soll sich ein Aufrührer der Hilfe verschiedener Teufel bedient haben, deren man nicht Herr wurde. Auf Befehl des Kaisers ging nun Ki no Tomoo in die aufrührerischen Provinzen und schickte den Teufeln ein Gedicht:

Da Gras und Bäume
unseres Großen Fürsten
Land zugehören –
wie könnte da der Teufel
Wohnstatt sich hier befinden!

Dieses Lied überzeugte die Teufel, daß sie sich am falschen Platz befanden, und sie verschwanden.

S. 353 gab es für ihn keinerlei Abwege:
Das Sprichwort »Bei Dämonen (Göttern) gibt es keine Abwege (Unrecht)« ist auch in der Form »Bei Teufeln gibt es keine Abwege« gebräuchlich. Es besagt zunächst, daß die Handlungsweise göttlicher Wesen ohne Falsch ist, muß aber – gerade in bezug auf den Teufel – auch so verstanden werden, daß Teufel und Dämonen an gewisse Wege gebunden sind, von denen sie nicht abweichen können. Siehe auch oben S. 330 und 335.

S. 353 Reiskuchen seien nichts Besonderes:
Sprichwort: »Geröstete *Reiskuchen für den Teufel«, in der Bedeutung: Etwas sofort aufessen, wie der Teufel die Reiskuchen (vgl. hierzu auch die Geschichte oben S. 199 ff.). Doch auch ein Teufel hat das einmal satt!

S. 353 für den Teufel ein Maulvoll:
Anspielung auf eine Episode aus den *Geschichten aus Ise,* siehe oben S. 76. Als Sprichwort bedeutet »Für den Teufel ein Maulvoll«, daß eine Sache leicht zu bewerkstelligen sei.

S. 353 seine Geilheit am Berg Suzuka:
Der Feldherr Tamuramaro soll einen am Berg Suzuka hausenden Teufel mit Hilfe der schönen Suzuka besiegt haben, indem Suzuka den Teufel betörte.

S. 353 seine wilden Räusche am Berg Ōe:
Siehe oben S. 322 ff. die Geschichte »Saufbrüderchen«.

S. 353 der Narrenstreich, den er am Berg Togakushi dem Koremochi spielte:
Anspielung auf das Nô-Drama *Momijigari*: Taira no Koremochi trifft bei einem Herbstausflug in die Wälder auf eine Schar junger Mädchen, die ihn zu Wein und Tanz einladen. Berauscht schläft er ein, wird im Traum gewarnt, erwacht und findet statt der jungen Mädchen lauter Teufel, die er besiegt.

S. 353 »Wäschewaschen (nur) in Abwesenheit des Teufels«:
Sprichwort mit der Bedeutung: »Endlich kann man nach Belieben verfahren«, denn der Teufel (er steht hier für die unbeliebte Schwiegermutter) ist einmal nicht da. Wie auch oben (Geröstete Reiskuchen für den Teufel) wird der Sinn des Sprichworts verdreht.

S. 353 Sardinen und Steineichenzweige . . .:
Am Neujahrstag steckt man vor dem Hauseingang Sardinen und Steineichenzweige zur Dämonenabwehr auf. Dem gleichen Zweck dient das *Bohnenwerfen.

S. 353 obwohl er sich . . . der Lehre des Buddha widmete . . .
Anspielung auf die Redensart »(heuchlerische) Anrufung Buddhas durch den Teufel« oder »(Schein-)Gebet des Teufels« in bezug auf Scheinheiligkeit, verdächtige Frömmigkeit.

S. 353 Kleidung nicht zu Gesichte stand:
Anspielung auf die Redensart »dem Teufel ein (Mönchs-)gewand«, die unserem »Wolf im Schafspelz« entspricht.

S. 353 Kerbmarken der Waage der Vergeltung:
In der Hölle werden die Sünden gewogen, um danach das Maß der Höllenstrafen zu bemessen. Die Kerbmarken befinden sich auf dem Waagbalken.

S. 353 Welt, von der alle bösen Auswüchse entfernt waren:
Anspielung auf das Märchen von den beiden Alten: Dem guten alten Mann wird von den Teufeln der Kropf entfernt, der böse alte Mann bekommt ihn zusätzlich zum eigenen Kropf angesetzt.

S. 353 Burgruinen, welche die Grenze zwischen Tango und Tamba bilden . . .:
Ruinen der Burg des »Saufbrüderchens« auf dem Berg Ōe.

S. 353 Schwarzgrabhügel von Adachigahara: Grabhügel, in welchem der Überlieferung nach Teufel hausen sollten.

S. 353 Welt, in der sowohl der Abstinenzler, wie der Teufel fehlt:
Anspielung auf die Redensart »dem Teufel ein (Mönchs-)Gewand«, die

S. 353 Bilder von Ōtsu:
Von den Bewohnern des Städtchens Ōtsu am Biwa- See in einfachem Verfahren gemalte und an Passanten verkaufte Bilder zunächst buddhistischen Inhalts. Ihre Blütezeit, in der vorwiegend Bilder humoristischer Art hergestellt wurden, fällt in das 18. Jh. Mit Vorliebe wurden Sprichwörter, Redensarten, Volksweisheiten bildlich dargestellt, so auch die obengenannte Redensart »dem Teufel ein (Mönchs-)Gewand«.

S. 354 tätschelte seiner Lieblingsfrau die Hüften:
Gemeint ist die bereits weiter oben genannte *Yang Kuei-fei.

S. 355 Teekessel ... als ein Erzeugnis von Temmyô ...:
Der Teekessel, der bei der Teezeremonie Verwendung findet, ist oft ein besonders schönes Stück. Teekessel aus Ashiya oder Temmyô werden besonders geschätzt, vor allem aber wird ein Teekessel, der von einem berühmten Künstler wie Kanô Tanyû (1602–1674) entworfen wurde, der auch für die Manufaktur von Temmyô gearbeitet hat, als große Kostbarkeit betrachtet.

S. 355 dennoch nehmen sie sich ständig sehr in acht:
Die irdenen Röstpfannen sind nämlich sehr zerbrechlich!

S. 355 daß jener Dreifuß einen Mann in Trinkerlaune ...:
Anspielung auf die oben S. 277 f. wiedergegebene Episode.

S. 355 daß ein Kessel dazu diente, den Räuber Ishikawa Goyuemon zu schmoren ...:
Der besagte Räuber wurde 1594 gefaßt und in Kyôto auf die erwähnte Weise hingerichtet.

S. 355 Besuche des Herrn Wada in Ōiso ...:
Wada Yoshimori (1147–1213) war Gefolgsmann des Minamoto Yoritomo. Er kam 1213 bei einem Aufstand um. Sein Besuch in Ōiso, wo er ein dreitägiges Gastmahl hielt, ist sprichwörtlich. Schauspieler, als Yoshimori verkleidet, verwendeten eine Kopfbedeckung, die als »Röstpfanne« bezeichnet wurde. Diese Kappe war sehr beliebt bei Mönchen und alten Männern.

S. 355 Kupferkessel:
»Kupferkessel-Kopf« ist auch scherzhafte Bezeichnung für einen Kahlkopf.

S. 356 Residenzvögel,
oder Hauptstadtvögel, hier doppelsinnig verwendet: Leute aus Kyôto.

S. 356 »Takaomaru«:
Takao ist in Kyôto berühmt wegen seiner im Herbst prächtig gefärbten Ahorne, daher die Anspielung auf das wie bunte Ahornblätter niederrieselnde Feuerwerk.

S. 356 Yoshino-Schenke:
Die Yoshino-Berge sind der Kirschblüten wegen berühmt, daher die entsprechende Anspielung.

S. 356 Mimen in Rockhosen:
Mimen, d. h. Männer, die primitive Pantomimen aufführen, gehören zu den auf niedrigster gesellschaftlicher Stufe stehenden Straßenkünstlern. Sie ihres Auftretens vor einem *Daimyô halber in der formellen Kleidung höhergestellter Personen zu sehen, ist ein ungewohnter und – da die Mimen solcher Kleidung ungewohnt sind – komischer Anblick.

S. 357 Liebesschwur von Asakusa:
Wortspiel mit dem Ortsnamen Asakusa (Stadtteil Edos): er bedeutet *seichtes* Gras.

S. 357 Matsuchiyama:
Wortspiel mit matsu = warten.

S. 357 himmlischer Silberstrom:
Milchstraße.

S. 357 Witwenkrähe:
Eine allein lebende Krähe. Der Krähenruf im Morgengrauen kündet die Abschiedsstunde im Freudenviertel an, daher ist er verhaßt.

S. 357 Pfännchen, wie es die Nachtigall ersehnt haben mag . . .:
Anspielung auf ein im *Fukuro sôshi* überliefertes Gedicht:

Liebe Nachtigall,
warum weinest du so sehr?
Möchte gerne Milch (?),
möchte gern das Pfännelein,
sehn mich nach meiner Mutter . . .

Zu dem Gedicht heißt es: »Ein Lied, das ich dichtete, als ich die Nachtigall singen (oder weinen) hörte, weil die Stiefmutter, bei der sie sich befand, das kleine irdene Pfännchen dort dem eigenen Kind gab, dem Stiefkind aber nicht.«

S. 358 Mit dem Maßstab vermessen werden . . .:
um auf Chrysanthemen-Ausstellungen gezeigt zu werden, wo man die Blüten nach Größe, Farbe usw. beurteilt.

S. 358 Takao:
Name mehrerer berühmter Kurtisanen aus dem Yoshiwara, dem Freudenviertel Edos.

S. 358 Ōshû:
Berühmte Kurtisane aus Shimabara, dem Freudenviertel Kyôtos.

S. 358 P'eng Tsu:
Soll bei König Mu der Chou als Page gedient haben. Er wurde wegen eines Vergehens verbannt. Als er in der Verbannung Chrysanthementau trank, entging er Alter und Tod. Die Legende wird im *Taiheiki* nacherzählt.

S. 358 Masashige:
*Kusunoki Masashige.

S. 358 Spanner:
Die Spannerraupe, die auch bei uns mit der »Spanne« als Maß zusammengebracht wird.

S. 359 Traum in der Nacht des Frühlingsanfangs . . .:
In der Nacht nach dem Neujahrstag oder in der Nacht nach Frühlingsanfang legt man sich ein Bild des »Schatzschiffes« mit den Sieben Glücksgöttern unter das Kopfkissen, sagt einen Zauberspruch auf und hofft, dadurch mit einem glückbringenden Traum bedacht zu werden.

S. 359 Träume vom Berg Fuji . . .:
Unter den Traumbildern, die als glückverheißend gelten, steht der Traum vom Fuji an erster Stelle, an zweiter Stelle steht ein Traum, in dem Falken erscheinen.

S. 359 Lu Sheng:
Held einer chinesischen Novelle, die in Japan als Nô-Spiel dramatisiert wurde. Lu Sheng zieht aus, die Welt kennenzulernen. Bei der Rast in der Herberge zieht ein ganzes reiches Leben auf dem Kaiserthron als Traum an ihm vorüber. Er erkennt Wert und Unwert irdischen Glücks.

S. 359 Shun Yü-fen:
Held einer chinesischen Novelle. Im Traum gelangt er nach *Huai-an,* der Hauptstadt eines mächtigen Reiches, wo eine großartige Laufbahn seiner harrt. Erwacht forscht er seinem Traume nach und erkennt, daß er in der Hauptstadt des Ameisenkönigs war. Vgl. die Übersetzung dieser Novelle, »Das geträumte Leben«, in *Die goldene Truhe* (Hanser 1959), S. 91 ff.

S. 359 Jungwasser:
Das erste, am Neujahrsmorgen geschöpfte Wasser. Man bereitet daraus den »Glückstee« und verwendet es auch für weitere Neujahrsspeisen, die alle glückhafte Bedeutung haben sollen.

S. 361 »Zehnerknödelchen«:
Eine Spezialität vom Fuße des Utsuya-Passes in der Provinz Suruga. Kleine, weiß, gelb und rot gefärbte Knödelchen, je zehn Stück auf Bambusspeiler gesteckt oder auf einen Faden gereiht.

S. 361 Sandkegel am Eingang:
An den Poststationen häufte man zu Neujahr oder wenn hoher Besuch erwartet wurde, beiderseits der Wageneinfahrt Sandkegel auf.

S. 361 lärmen die hölzernen Klappern . . .:
mit denen sich die Händler ankündigen.

S. 362 Pferdeschuhe:
Eine Art Strohsandalen für Pferde.

S. 362 Fasten für den verstorbenen Vater . . .:
am Jahrestag seines Todes.

S. 362 Ise-Pilger, der sich heimlich von zu Hause fortgeschlichen hat . . .:
In der Edo-Zeit hatte sich die Sitte eingebürgert, heimliche Pilgerfahrten

nach Ise durchzuführen, d. h. man schlich sich fort, ohne die Erlaubnis der Eltern oder des Herrn einzuholen. Der Betreffende durfte dafür nicht bestraft werden.

S. 363 »Hans Wölkchen«:
Kumo-suke, einer, dessen Leben so unstet ist wie die Wolken.

S. 363 des besorgt um seine Lendenschmerzen die Furt durchwatenden Trägers . . .:
Der Träger, der tagaus tagein die Reisenden auf seinen Schultern durch die Furt trägt, ist des dauernden Watens im Wasser wegen besonders anfällig für rheumatische Erkrankungen.

S. 363 jene Kaiserin im Nonnenstand . . .:
Kenreimonin (1155–1213), die Nonne gewordene Gattin des Kaisers Takakura (1168–1180). Sie war die zweite Tochter des *Taira no Kiyomori. Die Sechs Wege (d. h. Existenzformen nach dem Tode) sind Weg der Hölle, der Hungerteufel, der Bestien, der kämpfenden Dämonen, der Menschen, des Himmels.

S. 364 in den zehn Jahren meiner Amtszeit:
Yayû, Sproß einer adligen Kriegerfamilie, trat 1727 die Nachfolge seines verstorbenen Vaters im Dienst des Daimyô von Owari an.

S. 364 Ein Teufel verwandelte sich einmal in ein Tantchen:
Siehe oben S. 299 f.

S. 364 ein Fuchs verwandelte sich in ein Alterchen . . .:
Es wird erzählt, ein so verwandelter Fuchs wollte einen Jäger von der Verwerflichkeit des Fallenstellens überzeugen, doch als sie an einem Rattenloch vorbeikamen, konnte er der Versuchung nicht widerstehen und verriet sich.

S. 364 dem aufrichtigen Stil gemäß . . .:
Witzige Anspielung auf den Stil des Haikai-Dichters *Bashô.

S. 364 Künste, die Fuchs und Dachs treiben . . .:
In zahlreichen Märchen, Sagen und Schwänken wird von Verwandlungskünsten dieser Tiere erzählt, die häufig in menschlicher Gestalt die Menschen nasführen möchten, was ihnen nicht immer gelingt – vgl. a. oben S. 294.

S. 364 Gerüchte von Gespensterkatzen . . .:
Anspielung auf die S. 283 f. wiedergegebene Geschichte, in der das »wahre Wesen« der *Gespensterkatze sich recht einfach entpuppte.

S. 364 Heißwasserzeremonie:
Zu zahlreichen dörflichen und shintôistischen Festen gehörende Zeremonie, bei der ein Priester oder ein Schreinmädchen Bambusblätter in kochendes Wasser taucht und verspritzt.

S. 365 Erzählen von »Hundert Geschichten«:
Es heißt, wenn man sich des Nachts versammelt, hundert Lichter aufstellt und dann hundert merkwürdige Geschichten erzählt, wobei jeweils ein Licht gelöscht wird, erscheint nach der letzten Geschichte und dem Erlöschen des letzten Lichtes ein Gespenst.

S. 365 billige Leseheftchen mit den roten Umschlägen:
In diesen Heftchen wurden Märchen und Gespenstergeschichten wiedergegeben, wobei – da sie für Kinder und des Lesens wenig Geübte gedacht waren – Abbildungen im Mittelpunkt standen, denen nur wenig Text zur Erläuterung beigegeben war.

S. 365 im Sekidera verfallend . . .:
Anspielung auf das (in Wirklichkeit wenig bekannte) Schicksal der Dichterin *Ono no Komachi, die ihr Alter in großer Armut im Sekidera-Kloster verbracht haben soll.

S. 365 in Higaki umherirrend . . .:
Siehe oben S. 95.

S. 365 im Teich von Sarusawa vom Tang umschlungen . . .:
Siehe oben S. 98.

S. 365 in Gras und Laub der Heide von Ma-wei bleichend . . .:
Anspielung auf das Ende der schönen *Yang Kuei-fei, die beim Aufstand des An Lu-shan (756) von Soldaten in der Heide von Ma-wei getötet worden sein soll.

S. 365 Su Tung-p'os Diagnose der Neun Gestalten des Todes:
Anspielung auf ein Gedicht des chinesischen Dichters Su Tung-p'o (1036 bis 1101), in dem er neun Gestalten des Todes unterscheidet.

S. 366 Sprichwort, welches sie gar mit dem Nasenhaar eines Dummkopfes festbindet:
Das Sprichwort lautet »Mit dem Nasenhaar eines Dummkopfes kann man eine Libelle anbinden«, womit gesagt werden soll, Dummköpfe haben lange Haare in der Nase.

S. 366 Wespen nun nehmen andere Insekten . . .:
Die Grabwespen vergraben kleine Insekten, die den ausschlüpfenden Wespenlarven zur Nahrung dienen.

S. 366 vom Frosch geschrieben wurde . . .:
Im Vorwort zum *Kokinshû* heißt es: »Hört man die Stimme der Nachtigall, die in den Blüten singt, die des Frosches, der im Wasser wohnt, dichtet da nicht alles, was da lebt, sein Lied?«

S. 366 Weil er in einen alten Teich gesprungen ist . . .:
Anspielung auf ein berühmtes Haiku des Dichters *Bashô:

Ein uralter Teich –
mitten hinein springt ein Frosch:
der Laut des Wassers.

S. 367 von einem armen Gelehrten gefangen . . .:
Von dem chinesischen Gelehrten Chê Yin heißt es, daß er Glühwürmchen gesammelt habe, um bei ihrem Licht zu studieren.

S. 367 wenn der Kuckuck sehnsüchtig in die Wolken ruft . . .:
Legende um einen chinesischen Herrscher aus der Zeit der Drei Reiche, der auf den Thron verzichtet hatte, starb und sich in einen Kuckuck verwandelte, der nun jedes Frühjahr kam und mit klagender Stimme sang.

S. 367 obwohl sie einmal Vermittlerin war für den Rücktritt von den Amtsgeschäften . . .:
Anspielung auf eine chinesische Anekdote, derzufolge Kung Shê von Ch'u, als er sah, wie ein fliegendes Insekt in einem Spinnennetz hängenblieb, das Gefühl hatte, der Beamte sei einem solchen fliegenden Insekt zu vergleichen, worauf er seine Behörde informierte und zurücktrat.

S. 367 Erster Feind unserer Dynastie . . .:
In den ältesten Geschichtswerken ist von lokalen Ureinwohnern die Rede, die der erobernden Dynastie Widerstand leisteten. Diese nannte man »Erdspinnen«, möglicherweise weil sie in Höhlen oder Grubenwohnungen lebten.

S. 367 hat sie sogar den Yorimitsu in Schrecken versetzt:
Anspielung auf das Nô-Spiel »Tsuchigumo«, in dem der kranke Yorimitsu von einem Wesen gequält wird, das sich als Spinnengeist entpuppt, der in einem Grab haust. Er wird von Yorimitsu besiegt.

S. 367 warum nennt man dann diejenigen . . .:
Wortspiel: man nennt diese Leute *kumo* = Wolke (siehe oben S. 363), dieses Wort ist gleichlautend mit *kumo* = Spinne.

S. 368 Hauptstadt des Huai-an . . .:
Siehe oben S. 359.

S. 368 Die Fliege wurde von Ou-yang Hsiu gehaßt . . .:
Siehe oben S. 355.

S. 368 der Bücherwurm wurde von Chôshôshi bemitleidet . . .:
Chôshôshi ist der Dichtername des Kinoshita Katsutoshi (1569–1649). In seinem »Prosagedicht auf den Bücherwurm« bedauert er den Bücherwurm, der sein ganzes Leben in den Büchern zubringt, spricht aber gleichzeitig den Wunsch aus, wenn er, der Bücherfreund, nach seinem Tode die Buddhaschaft nicht erlangen könne, möchte er gern zum Bücherwurm werden.

S. 368 Gecko, der seiner Frau gedenkt:
Es heißt, wenn man das Blut des Gecko auf den Körper einer Frau streicht,

geht es nicht mehr weg. Es verschwindet jedoch, sobald diese Frau untreu wird.

S. 369 für den es nur ein Maulvoll war . . .:
Siehe oben S. 76.

S. 369 auf dem Kopf ein dreieckiges Papier . . .:
Ein solches Papier binden sich die nahen Verwandten, die Sargträger usw. beim Leichenzug an den Kopf.

S. 369 Laubgeister:
Geister, die so schwach sind wie Laub, das vom Winde bewegt wird.

S. 369 Tanzkleider mit ihren bunten Mustern:
Kleider zum Bon-Tanz, der früher beim Totenfest in den Dörfern getanzt wurde.

S. 370 Männer, die Unheil von sich abweisen:
Bestimmte Lebensjahre gelten als gefährlich. Wer ein solches Lebensjahr vor sich hat, betätigt sich ganz besonders bei diesem Teufelaustreiben.

Glossar

Acht Myriaden Gottheiten Zusammenfassende Bezeichnung sämtlicher Gottheiten des Shintôismus.

Achtfache Große Gottheit von Izushi Acht Gottheiten, als Einheit aufgefaßt und verkörpert in acht göttlichen Schatzstücken (zwei Juwelenschnüre, ein Wellen-Errege-Tuch, ein Wellen-Abschneide-Tuch, ein Wind-Errege-Tuch, ein Wind-Abschneide-Tuch, ein See-Spiegel und ein Ufer-Spiegel), die vor Zeiten von Korea nach Japan gebracht worden sein sollen. Izushi liegt in der Provinz Tajima.

Adashino (Heide von Adashi) Am Fuße des Atago-Berges nördlich von Kyôto gelegener alter Friedhof.

Agui Im Gebiet des Hiei-Bergs gelegener Bezirk, in dem sich Reiseunterkünfte für Mönche auf dem Wege zur Hauptstadt befanden.

Aoi Malve. In den vorliegenden Texten handelt es sich jedoch stets um die *futaba-aoi* (Asarum caulescens maxim.), die Haselwurz. Die Pflanze treibt aus einem unterirdischen Rhizom einen kurzen oberirdischen Stengel mit zwei herzförmigen Blättern und blüht im Frühling mit blaßlila Glöckchen.

Arai Eine Poststation der Ostmeerstraße (Tôkaidô) am Hamana-See in der Provinz Tôtômi.

Ariwara Narihira 825–880, einer der »Sechs Unsterblichen der Dichtung«. Auch als Vizekommandant Ariwara oder Zaigo bekannt. Er galt als Muster männlicher Schönheit und Held zahlloser Liebesabenteuer. Im Ise monogatari sind seine Taten legendarisiert.

Asaka-Berg Im Distrikt Asaka, Provinz Iwashiro.

Ashigara-Paß 759 m hoher Paß zwischen Sagami und Suruga. 899 wurde hier eine Grenzschranke errichtet.

Ashihara Shikoo Siehe Großer Gott von Izumo.

Ashikaga Takauji 1305–1358, Militärregent der Muromachi-Zeit.

Ashikaga Tadayoshi 1306–1352, Heerführer.

Ashikaga Tadafuyu ?–1400, Heerführer.

Atago-Berg Im Nordwesten Kyôtos, an der Grenze zur Provinz Tamba, über 900 m, mit Atago-Schrein.

Awata-Berg Im Distrikt Atago, östlich von Kyôto, am Anfang der Ostmeerstraße, Ausgang nach Ōtsu.

Awazu Heide von Awazu. Im Südosten von Ōtsu.

Azuma (»Osten«) Ursprünglich Gebiet östlich von der Grenzschranke von Ōsaka (bei Ōtsu am Südende vom Biwa-See). In der Nara-Zeit rechnete man Tôtômi und Shinano zum »Osten«, später bildete das Gebirge von Hakone die Westgrenze.

Bandô-Gebiet Acht Provinzen östlich von der Grenzschranke von Hakone (Sagami): Musashi, Sagami, Kôzuke, Shimotsuke, Kazusa, Shimôsa, Awa, Hitachi.

Bashô Matsuo Bashô, 1644–1694, berühmtester Haikai-Dichter.

Bergasket Anhänger des Shugendô (synkretistische Sekte, deren Glaubensinhalte eine Vermischung von Bergverehrung, esoterischem Buddhismus und taoistischen Ideen darstellen), die vorzugsweise auf bestimmten Bergen hausten (Kimbusen, Ômine), in charakteristischer Tracht bettelnd durch die Lande zogen und im Volke als Kenner magischer Praktiken galten.

Berichte von der Wiedergeburt im Paradies Buddhistisches Werk von Ôe no Masafusa (1041–1111), 1099 vollendet.

Bidatsu Kaiser, regierte 572–585.

Bildersammlung der Drei Kräfte Wakan sanzai zue. Ein von Terajima Ryôan 1712 verfaßtes bebildertes Lexikon, nach Kategorien (Astronomie, Geographie, Zoologie, Botanik u. a.) geordnet, 105 Kapitel.

Binzuru Japanisierte Form des Sanskrit-Namens Pindola. Buddhistischer Nothelfer, Jünger Buddhas und Wunderarzt, einer der Sechzehn Arhats (Heiligen), stammt aus Brahmanenfamilie. Sein Standbild galt als heilkräftig durch Berührung.

Bishamon Einer der »Vier Himmelskönige«, der Beschützer des Nordens. In Japan auch als Glücksgott verehrt.

Bohnenwerfen Eine der Praktiken zur Vertreibung von Übeln. In der Nacht vor Frühlingsbeginn wirft man mit den Worten »Teufel hinaus, Glück herein« geröstete Bohnen in den Zimmern aus und schließt gleichzeitig fest die Türen. Damit will man sich für das ganze Jahr Unglück fernhalten. Zum gleichen Zweck ißt man eine Bohne mehr als man Jahre zählt. Wir hören erstmals von diesem Brauch aus Tagebüchern des Adels im 15. Jh.

Bohnenmuskuchen Gedämpfte Brote, die mit einer gesüßten Paste aus Mungo-Bohnen gefüllt sind.

Brahma-deva Japanisch Bonten, fungiert als Wächter vor dem Tempeltor.

Briefmonat Alter poetischer Name des Siebenten Monats.

Ch'eng Hao, Ch'eng I, Chu Hsi Berühmte Vertreter des chinesischen Neukonfuzianismus im 11./12. Jh.

Chi K'ang 223–262, einer der chin. »Sieben Weisen des Bambushains«.

Chinzei »Schutz nach Westen«, 743 kurzfristig eingeführter offizieller Name für Kyûshû, der in der Literatur weiterlebte.

Chrysanthemen-Fest In der Heian-Zeit von China übernommenes Fest, das am Neunten Tag des Neunten Monats, dem Tag des »Doppelten Yang«, gefeiert wurde. In der Heian-Zeit gehörte bei Hofe dazu ein Staatsbankett, bei dem mit Chrysanthemenblüten gewürzter Wein getrunken und Gedichte gemacht wurden. Am Podest der Majestäten wurden Säckchen mit Kornelkirschen aufgehängt und Vasen mit Chrysanthemen aufgestellt. Das Schatzamt brachte künstliche oder mit »Tau« (d. h. Watte) bedeckte Chrysanthemen dar, die man eine Nacht hindurch dem Tau ausgesetzt hatte. Später traten Chrysanthemen-Wettbewerbe dazu. In der Edo-Zeit zählte es zu den »Fünf Festen«.

Chûai Kaiser, ?–ca. 362.

Chuang-tse 4. Jh. v. Chr., chinesischer Philosoph und neben Lao-tse berühmtester Vertreter des philosophischen Taoismus.

Daian-Kloster Shingon-Kloster in Nara, geht auf den Kronprinzen Shôtoku zurück.

Daigo 885–930, Kaiser, regierte 897–930.

Daimyô »Großname«, seit Ende der Heian-Zeit Eigentümer größerer Ländereien, die seinen Namen tragen, dann Lehensmann mit großem Lehen und in der Tokugawa-Zeit vom Shôgun eingesetzter Territorialherr mit bedeutendem Einkommen.

Dengyô-daishi oder Saichô 767 bis 822, Begründer der japanischen buddhistischen Tendai-Sekte.

Dômyô 974–1020, Sohn des Fujiwara no Michitsuna, wurde 1016 Abt des Tennô-Klosters.

Drei Buddhistische Schätze (Dreifacher Schatz) Die drei tragenden Elemente des Buddhismus: Buddha, Lehre und Mönche. Der Ausdruck steht gelegentlich für buddhistische Kultstätte.

Drei Welten, jap. sangai Die drei Seinszustände, in denen sich die Wiedergeburt alles Lebenden vollzieht: Welt der Begierde, der Farben (Formen) und der Farblosigkeit (Formlosigkeit).

Emishi Fremdvölker in Nordjapan, die in frühhistorischer Zeit in harten Kämpfen nordwärts gedrängt wurden. Sie gingen z. T. im japanischen Volk auf. Ihre letzten Reste wurden erst im 10. Jh. endgültig besiegt bzw. nach Hokkaidô vertrieben. In den heutigen Ainu sieht man Nachfahren der Emishi.

En, der Eremit En, jap. En no Gyôja En no Ozuna, 634–?, Begründer der asketischen Sekte des Shugendô. Er soll seine Familie mit 32 Jahren verlassen und die nächsten 30 Jahre auf dem *Katsuragi-Berg verbracht haben, wo er sich der Askese und religiösen Übungen widmete. Er soll weit umhergewandert sein und auch die Berge *Kimbusen und *Ōmine erschlossen haben. Er gilt nicht nur als frommer Buddhist, sondern auch als gewaltiger Magier, welcher der Legende nach Teufel zum Wasserschöpfen und Brennholzsammeln anstellte. Seiner Zauberkünste wegen wurde er 699 nach Izu verbannt.

Engi Regierungsperiode 901–923.

Enyû 959–991, Kaiser, regierte 969–984.

Eshin oder Genshin 942–1017, Mönch der Tendai-Sekte und Verfasser der »Sammlung der wichtigsten Texte zur Hinübergeburt« (Ōjôyôshû).

Evodienholz Evodia rutaecarpa, ein in Südchina und Japan heimischer Baum mit unangenehmem Geruch.

Freilassen von Tieren Auf dem buddhistischen Tötungsverbot, das sich auf alles Lebende bezieht, basierendes Bestreben, gefangene Tiere durch Loskaufen und Freilassen zu retten.

Fuchs Der Fuchs spielt eine große Rolle im Volksglauben. In Märchen und Sagen erscheint er vor allem als Verwandlungskünstler, der entweder damit seiner Eitelkeit frönen oder den Menschen einen Streich spielen möchte. Die »Heirat mit einem Fuchs« zeigt am ehesten Verwandtschaft mit Märchen, in denen ein »dankbares Tier« durch die Ehe dem Partner Glück bringt, bis seine wahre Gestalt entdeckt wird und es verschwinden muß.

Fudô Eine »Erscheinungsform« des Großen Sonnenbuddha Dainichi (Mahâvairocana), als »Lichtkönig« von Flammen umlodert, mit Schwert und Strick als Strafvollstreckungswerkzeugen ausgestattet dargestellt.

Fugen Auf einem Elefanten dargestellter *Nothelfer, der Buddhas magische Kraft verkörpert.

Fujiwara no Korechika 974–1010, Neffe des Michinaga, wurde wegen einer Respektlosigkeit gegenüber Kaiser Kazan nach Kyûshû verbannt.

Fujiwara Michinaga 966–1027, der mächtigste Staatsmann aus dem Hause Fujiwara.

Fujiwara Michitaka 953–995.

Fujiwara Tadaie 1033–1091.

Fujiwara Tomonori ca. 918–974.

Fujiwara Yasumasa 958–1036, Gemahl der Izumi Shikibu, Statthalter in verschiedenen Provinzen.

Fujiwara Yoritada 924–989.

Fukagawa Stadtteil von Edo (Tôkyô).

Fun Gewichtseinheit (0,375 g).

Funaoka-Hügel Feuerbestattungsplatz und Richtstätte im Norden Kyôtos. Auch berühmter Aussichtsort.

Fünf Gebote Das Verbot, zu stehlen, zu töten, Unzucht zu treiben, zu verleumden und Sake zu trinken.

Fünf innere Organe und Sechs Eingeweide Herz, Leber, Lunge, Milz und Niere sowie Großer Darm, Kleiner Darm, Galle, Magen, Eingeweide zwischen Herz und Leiste, Blase.

Gangô-Kloster In der Residenz von Asuka (Yamashiro), nahe beim späteren Nara, gegründet 588 von Soga no Umako, vollendet 596.

Geheimlehre Gleichbedeutend mit Lehre der Shingon-Sekte, der von *Kôbô-daishi in Japan eingeführten esoterischen Richtung des Buddhismus.

Genji Prinz Genji, der »Glänzende Genji«, der Held des ca. 1010 vollendeten Kolossal-Romans der Hofdame Murasaki Shikibu.

Gespensterkatze Es heißt, wenn eine Katze ein bestimmtes Alter oder eine bestimmte Größe erreicht hat, erlangt sie die Fähigkeit, sich in einen Menschen zu verwandeln. Im Märchen wird z. B. erzählt, wie eine Katze die Großmutter umbringt und deren Gestalt annimmt. Während sie weitere Untaten begeht, wird sie verwundet. Am nächsten Morgen sieht man dieselben Wunden an der vermeintlichen Großmutter und die Gespensterkatze ist erkannt.

Gidarin-Kloster Kloster der Tendai-Sekte im nördlichen Kyôto.

Gion Kloster in Kyôto, der spätere Yasaka-Schrein.

Glyzinie Der Bast der Glyzinie (wie auch Lindenbast) wurde früher zu Geweben verwendet, die besonders haltbar waren.

Go-Daigo 1288–1339, Kaiser, regierte 1318–1339.

Go-Spiel In Adels- und Mönchskreisen beliebtes Brettspiel (361 Felder, je 180 schwarze und weiße Steine, Einkreisungsprinzip).

Go-Horikawa 1212–1234, Kaiser, regierte 1221–1232.

Go-Ichijô 1008–1036, Kaiser, regierte 1016–1036.

Gokuraku-Tempel Zum Iwashimizu-Schrein gehöriger Tempel.

Goldbote Kaiserlicher Abgesandter, der den Transport des Goldes aus Michinoku in die Hauptstadt zu leiten hat. Die Goldminen von Michinoku wurden seit 749 ausgebeutet.

Go-Shirakawa 1127–1192, Kaiser, regierte 1155–1158.

Gossenstrom, Akutagawa Entspringt in Kyôto und fließt südwärts in den Yodogawa.

Götterbehörde Amt, das erst im Rahmen der Taihô-Gesetzgebung (701) eingerichtet wurde. Erwähnungen, die sich auf einen früheren Zeitraum beziehen, sind fiktiv.

Götterloser Monat (kaminazuki, kannazuki) Der Zehnte Monat, in dem sich die Gottheiten aus allen Provinzen im Großschrein von Izumo versammeln. Nach anderer Deutung heißt das Wort: Gewitterloser Monat.

Götterspiel (kagura) Darbietung von Tänzen zu Musik- und Liedbegleitung in festgelegter Reihenfolge anläßlich bestimmter höfischer Feste (z. B. bei der »Rückkehr vom *Kamo-Fest«) zu Ehren der Götter. Dazu gehören kurze Interludien rein unterhaltsamer Natur (sarugaku), wie komische Pantomimen.

Grenzschranken Ursprünglich existierten die »Drei Grenzschranken« als Schutz gegen die *Emishi im Osten und Norden Japans. Diese Barrieren wurden 798 abgeschafft und durch die hauptstadtnähere Sperre bei Ōsaka (südlich von Ōtsu am Biwa-See) u. a. ersetzt. Auch private Sperren wurden später errichtet.

Grenzschrankenberg Paß, auf dem eine Grenzschranke errichtet ist. Häufig wird unter dieser Bezeichnung die Sperre von Ōsaka bei Kyôto oder die Sperre zwischen den Provinzen Sagami und Suruga verstanden.

Große Gottheit von Ise Die Sonnengottheit Amaterasu, die als Ahnherrin der kaiserlichen Familie gilt.

Großer Gott von Izumo Es handelt sich um Ōkuninushi, einen Nachkommen des Gottes Susanoo. Unter verschiedenen Namen verehrt (z. B. auch als *Ashihara Shikoo) stellt er innerhalb der in Izumo spielenden Mythen eine Art Kulturheros dar. Wie sein Ahnherr Susanoo, der als Bruder und Widersacher der Sonnengöttin gilt, erweist er sich als Gegenspieler der Yamato-Herrscher.

Großes Fahrzeug, Kleines Fahrzeug Die zwei Hauptströmungen des Buddhismus. Das »Kleine Fahrzeug« (Hînayâna) mit dem egoistischen Streben nach Erlösung (Nirvâna) aus eigener Kraft steht dem »Großen Fahrzeug« (Mahâyâna) mit der Konstruktion des altruistischen *Nothelfers gegenüber.

Große Weissagung, d. h. Hirschschulterblatt-Orakel Ein Hirschschulterblattknochen wurde an bestimmten Stellen angebohrt und ins Feuer gelegt. Aus den dabei entstehenden Sprüngen las man die Antwort auf die im Orakel gestellten Fragen. Das Hirschschulterblatt-Orakel ist seit der prähistorischen Yayoi-Zeit (ca. 200 vor bis 300 n. Chr.) archäologisch nachgewiesen. Es entspricht dem chinesischen Schildkröten-Orakel.

Grubenhaus Haus, dessen Fußboden tiefer liegt als das umgebende Erdreich. In prähistorischer Zeit und, vor allem in abgelegenen Gebieten, noch bis weit in historische Zeit hinein übliche Form der Behausung.

Gyôgan-Kloster Tendai-Kloster im Norden Kyôtos.

Gyôgi oder Gyôki 668–749, Begründer des Ryôbu-Shintô, demzufolge Shintô-Gottheiten Manifestationen von Buddhas seien. Er trat auch durch karitative und kulturelle Bestrebungen (Straßenbau u. a.) hervor.

Hachiman Zuerst in Usa (Kyûshû) verehrter Gott, später mit Kaiser Ōjin (?–394) identifiziert. Sein Schrein auf dem Otoko-Berg bei Kyôto stand in enger Beziehung zum Kaiserhaus und dessen Zweig der kriegerischen Minamoto, die ihn als Sippengott betrachteten und seine allmähliche Wandlung zum Kriegsgott verursachten.

Haiku Der »Kurzvers«, der klassische Dreizeiler (5/7/5 Silben), der seit *Bashô die traditionelle Lyrik beherrscht.

Hakamadare Legendärer Räuber, von manchen identifiziert mit dem berüchtigten Räuber Fujiwara no Yasusuke, der im Jahre 988 im Kerker durch Selbstmord endete.

Halle der Kriegerischen Tugend (Butokuden) Hier wurden Pferderennen und Bogenschießen vom Pferde in Anwesenheit des Kaisers veranstaltet.

Hanffäden und Papierstreifen An Zweige oder Stöckchen gebunden, stellen sie eine der üblichen Opfergaben für shintôistische Gottheiten dar.

Hase Alter Name: Hatsuse, Shingon-Kloster in Nara.

Hasenmonat Alter poetischer Name des Vierten Monats.

Hatatoge Großflecken in der Provinz Sagami, Distrikt Ashigara.

Hatsuse Siehe Hase.

Hauptstadt, Residenzstadt Der Sitz des Kaisers und seiner Verwaltung, vor 710 innerhalb der Provinz Yamato häufig wechselnd, 710–784 in Nara (Heijô-kyô), 784 in Nagaoka (Provinz Yamashiro), 794 bis 1869 in Heian-kyô (später: Kyôto), danach in Tôkyô, dem früheren Edo. Nach der Heian-Zeit (794 bis 1185) wird außerdem Kamakura, von 1192–1333 der Sitz der Militärregenten, als Hauptstadt bezeichnet.

Hauptstadtvogel Austernfischer oder Strandschnepfe, Haematopus ostrealegus L., jap. miyakodori. 42 cm lang, 82 cm breit, Oberseite schwarz, Unterseite weiß, weiße Flügelbinde, roter Schnabel und rote Beine.

Heian *Haupt- und Residenzstadt (später unter dem Namen Kyôto) von 794–1869. Als *Heian-Zeit* bezeichnet man die historische Periode von 794–1185, in der die Souveränität noch beim Kaiser lag.

Heichû Kurzname des Taira no Sadafumi, ?–923, Beamter niederen Ranges, Vizekommandant der Hofgarde zur Linken. Berühmter Frauenheld, dessen Gedichte die Grundlage der »Erzählungen von Heichû« (Heichû monogatari) bilden.

Heijô oder Heizei 774–824, Kaiser, regierte 806–809.

Henjô-Tempel Shingon-Kloster im Nordwesten Kyôtos.

Hiei-Berg Gebirge im Nordosten von Kyôto, in dem zahlreiche Klöster seit der Begründung der Hauptstadt Heian-kyô entstanden sind. Der Haupttempel der Tendai-Sekte, das Enryaku-Kloster, wurde dort von *Dengyô-daishi 788 gegründet. Seit dem Ende der Heian-Zeit taten sich die dort hausenden Mönche als Krieger hervor.

Himmlischer Hund (tengu) Unter diesem Namen verbirgt sich ein schwer definierbares Geisterwesen, dessen Name aus dem Buddhismus zu stammen scheint und das einmal als geflügeltes Himmelswesen von außerordentlichen magischen Kräften und wildem Wesen erscheint, einmal als langnasiger geflügelter Kobold, der verwandte Züge zu Beggeistern aufweist.

Hofdamenhalle (Naishidokoro) Kultstätte des Heiligen Spiegels im Inneren Palast.

Hôjô Familie, deren Mitglieder zwischen 1138 und 1333 politisch aktiv und seit 1219 führend waren.

Hôjô Shirô Tokimasa 1138–1215.

Hôjô Takatoki 1303–1333.

Hôjô Tokiyuki ?–1353.

Homuda-Hügelgrab Grab des Kaisers Ōjin (?–394), eines der größten erhaltenen Hügelgräber in der Nähe von Ōsaka.

Hônen 1133–1212, Begründer der Jôdo-Sekte, lehrte, daß die Erlösung (d. h. die Wiedergeburt im paradiesischen »Reinen Land«, jôdo) durch Glauben und Gebet (Anrufen Buddhas) erreicht werde.

Hôrai Insel der Seligen, die weit im Osten mitten im Meer liegen soll. Man hat mehrfach versucht, zu dieser Insel zu gelangen, um die dort wachsenden Früchte der Unsterblichkeit zu holen.

Horikawa 1079–1107, Kaiser, regierte 1087–1107.

Hôshô Identisch mit *Fujiwara no Yasumasa.

Hosshô-Kloster Von Kaiser *Shirakawa gegründetes Kloster im Osten Kyôtos, nach 1342 verfallen.

Hsü Yu Legendärer Tugendhafter, dem der chinesische Kaiser Yao den Thron angetragen haben soll, worauf er sich die Ohren wusch, um sich der Befleckung zu entledigen.

Hsüan-tsung 685–762, chinesischer Kaiser, regierte 713–756. Er vernachlässigte angeblich unter dem Einfluß seiner Favoritin *Yang Kuei-fei die Regierungsgeschäfte.

Ichijô 980–1011, Kaiser, regierte 986–1011.

Ikenoo Ort im Distrikt Uji, Provinz Yamashiro.

Imade-Fluß Fließt vom Nordosten Kyôtos südwärts.

Imado Stadtteil Edos auf dem Westufer des Sumida, zwischen Kototoi- und Shirahige-Brücke.

Indra (jap. Taishakuten) Mit Brahma-deva zusammen Hüter der Tempeltore.

Ingyô ?–454, Kaiser, regierte 437(?) bis 454.

Ise In Ise befindet sich etwa seit dem Beginn des 4. Jhs. das Hauptheiligtum der kaiserlichen Familie. Es besteht aus dem Inneren Schrein, in dem die Sonnengöttin und Ahnherrin des Kaiserhauses, Amaterasu, verehrt wird, und dem Äußeren Schrein, der einer Nahrungsgöttin, Ukemochi, geweiht ist. Die alle 20 Jahre neu erstellten Schreine sind das Ziel zahlreicher Pilger, vom 16. Jh an sind Vereine zur Finanzierung gemeinsamer Wallfahrten bekannt; in der Edo-Zeit kam vor allem die »heimliche Wallfahrt« nach Ise in Mode, für die man nicht bestraft werden durfte, auch wenn man ohne Erlaubnis der Eltern oder des Herrn wegging.

Iwashimizu-Schrein Im Süden Kyôtos auf dem 143 m hohen Otoko-Berg gelegenes Shintô-Heiligtum, dem *Hachiman geweiht.

Izumi Shikibu Um 1000, Dichterin, Tochter des Ōe no Masamune, in erster Ehe verheiratet mit dem Statthalter von Izumi, Tachibana Michizane (daher ihr Name), später mit *Fujiwara no Yasumasa (vgl. S. 176); als Geliebte berühmter Persönlichkeiten in die Literaturgeschichte eingegangen (vgl. S. 219).

Izumo Eine der alten Provinzen an der dem Festland gegenüberliegenden Küste. Gleichzeitig steht Izumo mit seinem berühmten Heiligtum (wohl dem ältesten innerhalb Japans) in ältester frühhistorischer Zeit stellvertretend für ein größeres Gebiet mit relativ eigenständiger Kultur, das zu Beginn der *Yamato-Herrschaft etwa Ende des 3. Jhs. auf friedlichem Wege dem Yamato-Reich einverleibt wurde, dabei aber seine religiöse und kultische Autonomie zu wahren suchte.

Jagdgewand (karigoromo) Bestehend aus Pluderhosen und Obergewand, dessen Ärmel nur am Rückenteil festgenäht sind. Durch die Vorderkante der Ärmel ist ein Schnürchen gezogen. Ursprünglich aus Hanf- oder Grasleinen, später aus gemusterter Seide. Aus einem zur Jagd getragenen Gewand entwikkelt, war es in der Heian-Zeit zur Alltagstracht des Hofadels geworden und wurde später auch vom hohen Kriegeradel übernommen.

Jie 912–985, Erzabt der Tendai-Sekte, posthum Ryôgen genannt. Er errichtete das 966 abgebrannte Enryaku-Kloster neu.

Jizô Gottheit des unendlichen Erbarmens, Nothelfer der Reisenden, Schwangeren und Kinder.

Jôzô Daitoku 891–964, Mönch des Enryaku-Klosters, Sohn des Gelehrten Miyoshi Kiyoyuki.

Kakinomoto Hitomaro 7./8. Jh., aristokratischer Dichter, Günstling des Kaiserhauses, wurde später als größter Dichter Japans gefeiert.

Kakuyû 1053–1140, Sohn des Minamoto no Takakuni (= Uji Dainagon), unter dem Namen Erzabt von Toba als Maler berühmt. Ihm wurden die farbig ausgeführten »Bildrollen zur Entstehungsgeschichte des Klosters auf dem Berge Shigi« (vgl. S. 238 ff.) und humorvolle Tuschzeichnungen von anthropomorph aufgefaßten »Vögeln und Vierfüßlern« zugeschrieben.

Kalender Der japanische Kalender basiert auf dem Mondjahr, zu dessen Harmonisierung mit dem Sonnenjahr Schaltmonate eingeschoben werden mußten (7 Schaltmonate in 19 Jahren). Mit den dem Kalender zugrundeliegenden astronomischen Kenntnissen wurden auch die astrologischen Vorstellungen aus China übernommen. Sie gewannen in der Heian-Zeit großen Einfluß auf die höfische Gesellschaft, später erlangten sie z. T. allgemeine Verbreitung. Der geschriebene oder gedruckte Kalender hatte demgemäß die wichtige Funktion, neben der Einteilung des Jahres über alle astrologischen Aspekte der einzelnen Tage zu unterrichten, d. h. vor allem anzugeben, welche Tage für welche Verrichtung glücklich oder unglücklich seien.

Kameyama 1249–1305, Kaiser, regierte 1259–1274.

Kameyama-Palast Im Westen Kyôtos liegender Palast der Exkaiser Go-Saga und Kameyama.

Kammu 737–806, Kaiser, regierte 781–806.

Kamo Die nördlich von Kyôto gelegenen beiden *Kamo-Schreine,* die zu den ältesten Kultzentren Japans zählen, bilden den Mittelpunkt mehrerer Festlichkeiten, die vor allem für das heian-zeitliche Kyôto von Bedeutung waren. Am »Mittleren Vogeltag des Vierten Monats« fand das *Kamo-Fest* (auch einfach »das Fest«) statt, das auch Aoi-Fest genannt wird, da an diesem Tag alles mit den Blüten der *Aoi geschmückt wird. Vom Hof wurden Boten zum Palast der Kultprinzessin in der *Murasaki-Heide geschickt, die sich von dort zuerst zum Unteren, dann zum Oberen Schrein begab. In beiden Schreinen fanden die gleichen Zeremonien statt, zu deren unterhaltendem Teil Tänze und Pferderennen gehörten. Da auch Abgesandte des Kronprinzen und der Kaiserin teilnahmen und sich alles um die Wette prachtvoll aufputzte, wollte jedermann diesen Aufzug sehen, wozu man vom Wagen oder von Schaugerüsten aus zusah. Am nächsten Tag fand die *Rückkehr vom Kamo-Fest* der Kultprinzessin statt, die sich in ihren Palast in der Murasaki-Heide zurückbegab. Die Rückkehr war erneut mit Festlichkeiten verbunden. Das *Außerordentliche Kamo-Fest* fand am »Unteren Vogeltag des Elften Monats« statt. Es glich im allgemeinen dem Fest vom Vierten Monat, doch nahm die Kultprinzessin nicht daran teil. Nach der *Rückkehr vom Außerordentlichen Kamo-Fest* wurde im kaiserlichen Palast ein *Götterspiel (kagura) aufgeführt. Das große *Pferderennen von Kamo* wurde am Fünften Tag des Fünften Monats im Rahmen religiöser Zeremonien durchgeführt. Es liefen zwanzig Pferde, die in zwei

Zehnergruppen geteilt waren, die »Roten« und die »Schwarzen«. Sieger wurde nicht ein einzelnes Pferd, sondern eine Gruppe.

Kanaya Station der *Ostmeerstraße am westlichen Ufer des Ōi in Tôtômi, gegenüber von Shimada.

Kannon In Ostasien feminisierter Nothelfer der Gnade und des Mitleids.

Kantô »Östlich der Grenzschranken«, soviel wie *Bandô.

Kanzlei für die Hochschulen (Daigaku-ryô) Dem Beamten-Ministerium angegliederte Behörde, der die Aufsicht über die Ausbildung künftiger Beamter oblag.

Kashiwabara Palast des Kaisers *Kammu.

Katsuragi Der Berg Katsuragi liegt an der Grenze Yamatos zur Provinz Kii. Der *Gott vom Berg Katsuragi* (Hitokotonushi) zeigte sich erstmals Kaiser *Yûryaku. Als später der Eremit *En, der den Katsuragi zum Wohnsitz erwählt hatte, zwischen dem *Kimbusen und dem Katsuragi eine Brücke errichtet haben wollte, baute zwar der Gott des Kimbusen sein Teilstück, der Gott des Katsuragi aber wollte nur des Nachts arbeiten, da er sich bei Tage seiner Häßlichkeit schämte. Daher wurde die Brücke nicht fertig.

Kettendichtung (renga) Gemeinschaftliche Stegreifdichtung, die im 13. und 14. Jh. aufblühte und das in der Heian-Zeit beliebte höfische Kurzgedicht (waka) ablöste. Die Kettendichtung verwendet die Kurzgedichtstrophen (Dreizeiler und Zweizeiler) abwechselnd in teils freier Assoziation der Motive, teils vorgeschriebener Plazierung bestimmter Motive. Man dichtete abwechselnd. Die isolierte erste Strophe eines solchen Gemeinschaftswerkes hieß später Haiku (Dreizeiler, Kurzvers).

Ki no Aritsune 815–877, namhafter Dichter, Schwiegervater des *Ariwara Narihira.

Ki no Tsurayuki 868(?)–945(?), Dichter der frühen Heian-Zeit, Herausgeber der *»Sammlung von Liedern aus alter und neuer Zeit« (Kokinshû) und Verfasser des Tosa nikki.

Kimbusen Höchster Gipfel der Yoshino-Berge bei Nara, auf dem sich ein Kloster gleichen Namens befindet, ursprünglich der Tendai-Sekte zugehörig, von *En no Ozuna gegründet; Mittelpunkt der Shugendô-Bewegung.

Kimmei Kaiser, regierte 539–571.

Kintoki Siehe Sakata no Kintoki.

Kiri Paulownia imperialis, ein besonders leichtes und dennoch haltbares Holz.

Kisaichi no Munehira Ringer zur Zeit des Kaisers *Ichijô, als Teilnehmer am Ringerfest vom 28. Tag des Siebenten Monats 993 erwähnt.

Kiso-Straße Ein Wegabschnitt der durch das Landinnere von Kyôto nach Edo führenden Straße (Nakasendô).

Kiyohara no Motosuke 909–990, Gelehrter, bearbeitete die älteste Gedichtanthologie (Manyôshû), indem er Lesehilfen anbrachte, und gab selbst eine Gedichtanthologie heraus.

Klassisches japanisches Gedicht Das fünfzeilige Kurzgedicht mit 31 Silben (waka, uta, tanka), das jahrhundertelang seit dem 9. Jh. vorherrschte und in zahlreichen offiziellen (d. h. vom Kaiser befohlenen) Sammlungen überliefert wurde. Das Dichten gehörte wie das Ausüben musikalischer Künste zum guten Ton am Hofe.

Knochen- oder Leicheninsel Die auch in Quellen nach dem 9. Jh. erwähnte, jedoch nicht näher lokalisierte Vorstellung einer Knochen-

oder Leicheninsel geht möglicherweise auf Aussetzungsbestattung auf unbewohnten Inselchen zurück.

Kôbô-daishi oder Kûkai 774–835, Begründer der japanischen Shingon-Sekte und umfassend gebildeter und fruchtbarer Schriftsteller, dem die Legende mehrere Kulturtaten ersten Ranges zuschreibt. Er gilt auch als Teufelsvertreiber.

Kôgyoku 594–661, Kaiserin, regierte 642–645.

Konfuzius 551–479 v. Chr., wirksamster Philosoph Chinas, dessen Ethik bis in die Neuzeit die Grundlage für das Staatsleben bildete.

Kôra-Tempel Zum Iwashimizu-Schrein gehöriger Tempel am Fuß des Otoko-Berges.

Kôya Der Berg Kôya (Kôyasan) (Prov. Kii) trägt eine weitläufige Klosteranlage, 816 von *Kôbô-daishi begründet und seitdem stetig gewachsen; heute reich an Kunstschätzen.

Kuckuck (hototogisu) Cuculus poliocephalus poliocephalus Latham, verschieden von unserem Kuckuck; sein japanischer Name hototogisu geht auf seinen Ruf zurück.

Kudara Japanischer Name des koreanischen Paekche, eines im Südwesten der koreanischen Halbinsel gelegenen Staates, der 663 von seinem östlichen Nachbarstaat Shiragi (kor. *Silla) vernichtet wurde. Mit Japan verbündet, spielte Kudara eine wichtige Rolle in der Vermittlung kontinentaler Kulturgüter.

Kumano Die »Drei Berge von Kumano« in der Provinz Kii bildeten seit dem Altertum ein religiöses Zentrum, zu dem man pilgerte, um sich in der Bergeinsamkeit religiöser Übung zu widmen. Zunächst Stätte besonderer Andacht zur *Kannon, war Kumano beliebtes Wallfahrtsziel des Hofadels der Heian-Zeit. Später stand der Gedanke der Wiedergeburt im Paradies im Vordergrund und im ausgehenden Mittelalter wurde Kumano zu einem Mittelpunkt des *Bergasketentums.

Kumaso-takeru Die Kumaso waren ein Volksstamm, der im Süden Kyûshûs ansässig war und im 4. Jh. von den Yamato-Herrschern unterworfen wurde. Sie treten in den beiden ältesten Geschichtswerken mehrfach in Erscheinung. In den Brüdern »Kumaso-takeru« sind ihre Anführer zu sehen.

Kume Ein *Bergasket, der nach dem Konjaku monogatari (XI, 24) durch strenge Askese die Fähigkeit zu fliegen erworben hatte. Als er während eines Fluges die nackten Schenkel einer jungen Frau erblickte, die in einem Flusse Wäsche wusch, verlor er durch den erwachenden Geschlechtstrieb seine Zauberkraft und fiel vor der Frau zu Boden. Er heiratete sie darauf.

Kurama-Berg Im Norden Kyôtos, 570 m, mit Kurama-Kloster.

Kurusu Die Heide von Kurusu befindet sich in den Bergen östlich von Kyôto in Yamashina.

Kusunoki Masashige 1294–1336, Heerführer während des kaiserlichen Schismas, Inbegriff des treuen Vasallen und Helden.

Kyôgen Komische Zwischenspiele bei einer Nô-Aufführung.

Kyoriku 1656–1715, Haikai-Dichter, stand *Bashô nahe.

Land der Ewigkeit, Land ewiger Glückseligkeit (Tokoyo no kuni) Die Vorstellung einer in weiter Ferne liegenden »Insel der Seligen« ist stark beeinflußt vom chinesischen Bilde des Berges P'eng-lai (jap. *Hôrai), einer Insel der Seligen, die man in den östlichen Meeren gesucht hat.

Langer Monat Poetischer Name des Neunten Monats nach dem Mondkalender, wohl auf Grund der Klarheit des Vollmondes.

Li T'ai-po 701–762, chinesischer Dichter, neben *Tu Fu und *Po Chü-i bedeutendster Dichter der T'ang-Zeit.

Lotos-Sutra Das »Sutra vom Lotos des Wahrhaftigen Dharma«, der Haupttext des *Großen Fahrzeugs, speziell der Tendai-Sekte, besteht aus 8 Bänden mit 28 Kapiteln; es enthält die Lehre des historischen Buddha und informiert über die Manifestationen des ewigen Buddha.

Meditationsmeister (zenji) Bezeichnung eines buddhistischen Mönches, der die Meditation pflegt, sowie ehrender Titel eines verdienten Mönches. Am Hofe waren im 8. Jh zehn Meditationsmeister angestellt.

Mii(dera) Tendai-Kloster bei Ōtsu (Biwa-See), auch Onjô-Kloster genannt.

Mimeguri Stadtteil oberhalb der Ryôgoku-Brücke in Edo.

Minamoto oder Genji Vom Kaiserhaus abstammende weitverzweigte Sippe, deren Zweig der Seiwa-Genji unter Minamoto no Yoritomo 1192 die Militärregierung von Kamakura begründete.

Minamoto no Kintada 889–948, Dichter des Heian-Hofes.

Minamoto Kiyokage 884–950, Sohn des Kaisers Yôzei.

Minamoto Sadafusa 1130–1188, bekannt als Dichter.

Minamoto Sadamu 815–863, Sohn des Kaisers Saga.

Minamoto Tsunefusa 996 Vizekommandant der Kaiserlichen Leibgarde zur Linken.

Minamoto Yorimitsu ?–1021, Held zahlreicher Legenden.

Minamoto Yukitô Um 1100.

Mokudô 1666–1723, Haikai-Dichter, Anhänger Bashôs.

Momme. Gewichtseinheit (3,75 g).

Mon Münze der Edo-Zeit.

Montoku 827–858, Kaiser, regierte 850–858.

Morokoshi Alter japanischer Name für China.

Moxa Japanisch mogusa, Artemisia chinensis, woraus ein Extrakt gewonnen wird, der in kleinen Klümpchen auf die Haut gedrückt und angezündet wird. Die Anwendung erfolgt gegen Schmerzen aller Art.

Murakami 926–967, Kaiser, regierte 946–967.

Muraoka no Gorô Taira no Sadamichi Siehe Taira no Sadamichi.

Murasaki-Heide Gebiet am nördlichen Stadtrand Kyôtos.

Musiker Japanisch Beijû, Bezeichnung der an Kagura-Aufführungen (siehe Götterspiele) der Heian-Zeit beteiligten Wachtoffizianten der kaiserlichen Leibgarde, denen das Musizieren (jap. Zither, Flöte u. a.) oblag.

Naniwa Das heutige Ōsaka.

Nara 710–784 Hauptstadt Japans.

Nara-Teesuppe Mit Sojabohnen, Mungobohnen, Kastanien u. ä. zusammengekochter Reis, der mit Tee übergossen und verdünnt wird.

Neujahr Neujahr, das beim Mondkalender meist in die Zeit zwischen Mitte Januar und Mitte Februar fällt, ist ein von vielen Bräuchen begleitetes Fest, das sich über mehrere Tage erstreckt und in der Mitte des Monats mit dem ersten Vollmond des Jahres (»Kleines Neujahr«) einen zweiten Höhepunkt erlebt. Zu den äußeren Zeichen des Festes gehören die *Neujahrskiefern,* Kiefernzweige, oft im Verein mit Bambus, die man neben dem Hauseingang aufstellt. Unerläßliches Requisit des Neujahrs sind auch die »Spiegelkuchen«, große runde Reiskuchen, die, zwei oder drei aufeinandergelegt, zusammen mit Früchten und Zweigen auf dem Hausaltar oder in der Schmucknische ausgelegt werden.

Neun Quellen Bezeichnung der Totenwelt.

Neunfache Umzäunung Synonym für Kaiserpalast.

Nimmyô 810–850, Kaiser, regierte 833–850.

Ninna-Kloster Shingon-Kloster im Nordwesten Kyôtos.

Nintoku ?–427, Kaiser, regierte 394–427.

Nitta Yoshisada 1301–1338, berühmter Feldherr in den Kämpfen während des kaiserlichen Schismas, kämpfte auf der Seite der rechtmäßigen Süddynastie, gilt zusammen mit *Kusunoki Masashige als Ideal des kaisertreuen Vasallen.

Nordberg Die Höhen in der nördlichen Umgebung Kyôtos.

Nothelfer Bodhisattva (jap. bosatsu), die vom *Großen Fahrzeug des Buddhismus entwickelte Helfergestalt, die auf ihren eigenen Eingang ins Nirvâna verzichtet, um anderen Sterblichen die Erlösung zu erleichtern.

Nubabeere Eine schwarze Beere, die seit ältester Zeit zur Bezeichnung tiefschwarzer Farbe dient.

Odawara Stadt in der Provinz Sagami.

Ōe-Berg Westlich von Kyôto, an der Grenze zu Tamba.

Offene und Geheime Lehre Als Offene Lehre bezeichnet man den Buddhismus außerhalb der tantristischen Shingon-Sekte, die sich als Geheimlehre begreift.

Ōhama Stadt in der Provinz Mikawa.

Ōi-Strom (Ōigawa) Bildet die Grenze zwischen Suruga und Tôtômi und mündet in die Bucht von Suruga.

Ōiso Station der *Ostmeerstraße an der Bucht von Sagami.

Ōmine Gebirgszug in Yamato, der an die Yoshino-Berge südlich anschließt; eines der Zentren des *Bergasketentums.

Ono no Komachi Legendenumwobene Dichterin der frühen Heian-Zeit.

Ono no Yoshifuru 884–967, beim *Sumitomo-Aufstand Befehlshaber der Strafexpedition.

Östliche Berge (Higashiyama) Die Anhöhe östlich vom Kamo-Fluß bei Kyôto, bis 466 m im Norden und 293 m im Süden ansteigend.

Ostmeerstraße (Tôkaidô) Die immer wieder die Küste berührende große Straße in die östlichen Provinzen, die bis zum Verwaltungssitz der Provinz Hitachi führte. In der Tokugawa-Zeit bildete sie die berühmte Verbindung zwischen Edo und Kyôto mit 53 Stationen.

Ōtarashihiko Oshirowake Posthum Keikô genannt, Kaiser, ?–355(?).

Ou-yang Hsiu 1007–1072, chinesischer Schriftsteller.

Paradies des Westens Das »Reine Land höchster Glückseligkeit« im Westen, das Land, in dem der Buddha des unermeßlichen Lebens wohnt. Wer mit ganzer Seele den Buddha anruft, erlangt die »Hinübergeburt«.

Po Chü-i 772–846, chinesischer Dichter. In Japan besonders früh bekannt und beliebt.

Regenmacher-Sterne Die Hyaden.

Reiskuchen Die wichtigste Fest- und Opferspeise. Reiskuchen werden aus Klebreis hergestellt, der in Wasser eingeweicht und gedämpft und dann in großen Mörsern mit dem Stößel gestampft wird, bis sich eine zähe, teigartige Masse gebildet hat, die von Hand zu Kuchen geformt wird. Auf diese Weise werden etwa die zu Neujahr verwendeten »Spiegelkuchen« (große, runde Kuchen), streifenartige »Schnitten« u. ä. hergestellt. Man kann diese Masse auch mit verschiedenen Beigaben verkneten, die, wie Beifuß oder andere Kräuter (»Kräuterkuchen«), Kastanien o. ä. den Geschmack beeinflussen, oder die, wie rotes Bohnenmehl oder zerriebene Sesamkerne gleichzeitig färbend wirken. Auch kennt man mit Mungobohnen, Bohnenmus o. ä. gefüllte Reiskuchen (»Päonienkuchen«). Man ißt Reiskuchen in Wasser oder Suppe eingeweicht oder aufgekocht, gedämpft, gebraten, mit oder ohne bestimmte Soßen. Die meisten dieser »Kuchen« sind salzig.

Reispflanzmonat Alter poetischer Name des Fünften Monats nach dem Mondkalender.

Ringkämpfer Sie traten in der Heian-Zeit am Hofe beim Ringerfest (sumai no sechi) im Siebenten Monat vor dem Kaiser auf, nachdem im Frühling kaiserliche Abgesandte in den Provinzen geeignete Kämpfer eingeladen hatten. Beim Wettkampf traten linke und rechte Gruppen gegeneinander auf (wie auch bei anderen Wettkämpfen).

Ryôgon-Halle (Ryôgon-in) Von Ennin (794–864) begründeter, der *Kannon geweihter Tempel.

Ryugyô Mönch, Sohn des Minamoto no Toshitaka, Schüler des Groß-Erzabtes Kangyô (1103–1159) der Shingon-Sekte.

Sadamitsu Siehe Taira no Sadamitsu.

Saga 786–842, Kaiser, regierte 809 bis 823.

Saidai-Kloster Eins der »Sieben Großen Klöster der Südlichen Hauptstadt (Nara)«, der Ritsu-Sekte zugehörig.

Saigyô 1118–1190, Mönchsname des Satô Norikiyo, der zunächst Krieger war, mit 23 Jahren aber seine Familie verließ und ein berühmter Wandermönch, Dichter und Schriftsteller wurde.

Saimei 594–661, Kaiserin, regierte 655–661.

Saion-Kloster Kloster der Jôdo-Sekte im Norden Kyôtos.

Sakata no Kintoki Legendärer Krieger der späten Heian-Zeit, einer der vier treuen Vasallen des Minamoto no Yorimitsu (?–1021).

Sammlung von Liedern aus alter und neuer Zeit (Kokin wakashû) 905/6 auf kaiserlichen Befehl von *Ki no Tsurayuki u. a. veranstaltete lyrische Anthologie, die fast ausschließlich aus Kurzgedichten besteht. Berühmte Vorrede über Ursprung und Wesen der japanischen Dichtkunst.

Samurai Eigentlich der »Dienende«, der Gefolgsmann, das bewaffnete Personal des hohen Adels, dessen Stellung nach der Heian-Zeit sozial aufgewertet wurde, bis der Samurai als »Krieger« in der Tokugawa-Zeit nach 1600 die soziale Hierarchie anführte.

Sanjô 976–1017, Kaiser, regierte 1011–1016.

Sarusawa Teich von Sarusawa, neben dem Kôfuku-Kloster in Nara.

Saya no Nakayama Ein vielbesungener Höhenweg auf der *Ostmeerstraße in der Provinz Tôtômi.

Schrein Bezeichnung eines shintôistischen Heiligtums im Gegensatz zum buddhistischen Tempel oder Kloster.

Schwarze Tür (Kurodo) Im innersten Palastbezirk im Norden der Seiryô-Halle gelegene Galerie.

Schwert „Grasmäher“ Der Legende nach das Schwert, das der Gott Susanoo im Schwanz der von ihm besiegten achtköpfigen Schlange fand. Es wurde später im Schrein von Atsuta aufbewahrt und gehörte zu den Throninsignien, bis es mit Kaiser Antoku, der 1185 in den Wellen den Tod fand, verloren ging.

Seimei Abe no Seimei, 921–1005, Astrologe und Divinationsmeister.

Seimu Kaiser, ?–355(?).

Seiwa 850–880, Kaiser, regierte 858–876.

Seiwa-Genji Siehe Minamoto.

Sekidera Kloster bei Ōtsu (Biwa-See), ursprünglich ein Teil des *Miidera.

Shamisen Dreisaitiges Musikinstrument mit lederbespanntem Resonanzboden, seit dem 16. Jh. in Japan gebräuchlich.

Shiba Takatsune 1303–1365, Angehöriger des Hauses Ashikaga, Feldherr.

Shiga-Kloster Auch Sufuku-Kloster genannt. Seine Überreste finden sich im Norden von Ōtsu.

Shiki, Gott Shiki Dämon (oder Dämonen), der von den Magistern der Mantik angerufen wird, um ihnen mit Dienstleistungen im Sinne der Schwarzen Magie zur Seite zu stehen.

Shimabara Freudenviertel im Westen Kyôtos an der Straße nach Tamba.

Shinjô-Tempel Zweigtempel des Ninna-Klosters.

Shirakawa 1053–1129, Kaiser, regierte 1072–1086.

Shôgun Ursprünglich »Feldherr«, als Titel gebraucht im Zusammenhang mit der Pazifizierung der im Osten Japans lebenden *Emishi, dann seit 1192 Titel der Militärregenten aus der Sippe der Minamoto und der von diesen abstammenden Ashikaga und Tokugawa (bis 1867).

Shômu 701–756, Kaiser, regierte 724–749.

Sieben Landstraßen (Shichidô) Die sieben großen Regionen, in die ganz Japan mit Ausnahme der Zentralprovinzen Yamashiro, Yamato, Kawachi, Izumi, Settsu eingeteilt war. Der Name rührt daher, daß alle Regionen von Verbindungsstraßen und -wegen zur Hauptstadt durchzogen waren, z. B. *»Ostmeerstraße« (Tôkaidô).

Sieben Weise im Bambushain Sie lebten zur Zeit der chinesischen Chin-Dynastie (3./4. Jh.).

Silla Japanisch Shiragi, alter Staat im Südosten Koreas, der 552 das japanische Protektorat Mimana, 663 den von Japan unterstützten koreanischen Staat Paekche (*Kudara) und 668 das nördlich angrenzende Koguryo annektierte. Als erster koreanischer Einheitsstaat bestand Silla bis 918.

Sôgi 1421–1502, einer der berühmtesten Meister der *Kettendichtung.

Standestitel (kabane) Erbliche Titel aus frühhistorischer Zeit, z. B. Omi, Muraji, Kimi, Sukune, Atae, Obito, Fubito, Miyatsuko usw. Sie wurden den Familiennamen nachgestellt, wie z. B. »Kitsune no Atae« (S. 35). 685 erfolgte eine Neuregelung, die acht Standestitel beibehielt: Mahito, Asomi, Sukune, Imiki, Michinoshi, Omi, Muraji, Inagi.

Sternenfest (Tanabata) Das auf chinesische Vorstellungen zurückgehende Fest wurde am Siebenten Tag des Siebenten Monats gefeiert, wenn die sonst durch die Milchstraße getrennten Sterne der Himmlischen Weberin (Wega im Sternbild der Leier) und des Hirtenknaben (Altair) zusammentreffen sollen. Man schrieb diesbezügliche Gedichte auf schmale, farbige Papierstreifen und hängte sie an Bambuszweigen im Freien auf. Zahlreiche Volksbräuche, die am gleichen Tag begangen werden, haben allerdings keinen Bezug auf dieses aus China übernommene Fest. In der Edo-Zeit gehörte es zu den offiziellen »Fünf Festen«.

Suetake Siehe Taira no Suetake.

Suinin Kaiser, regierte ?–333(?).

Sumida-Strom (Sumidagawa) Strom in Musashi, an dessen Mündung sich seit dem 16. Jh. Edo (Tôkyô) ausbreitete.

Sumitomo-Aufruhr Der 939 von Fujiwara no Sumitomo angezettelte Aufstand, der 941 niedergeschlagen wurde.

Sumiyoshi Großer Shintô-Schrein bei Ōsaka.

Sun Ch'en Chinesischer legendärer Prototyp der genügsamen Armut, von Beruf Mattenweber, in der Dichtkunst und Kalligraphie bewandert; er wurde ein tüchtiger Beamter am Hofe, besaß aber keine Bettdecke.

Sutoku 1119–1164, Kaiser, regierte 1123–1141.

Tachibana no Mochinaga ?–1168.

Tachibana no Suemichi ?–1060, als Dichter bekannt.

Taira Vom Kaiserhaus abstammendes Geschlecht, dessen wichtigste Linie sich zu einer Kriegersippe im Osten entwickelte, jedoch durch Jahrhunderte mit den *Minamoto im Streite lag, bis 1185 ihr Stern endgültig unterging.

Taira no Kiyomori 1118–1181, mächtigster Politiker der Taira, 1167 Großkanzler, Inthronisator seines Enkels Antoku.

Taira no Nakaki ?–930, Vizekommandant der Palasttorwache und Vizestatthalter von Ōmi.

Taira no Sadafumi Siehe Heichû.

Taira no Sadamichi 9./10. Jh, auch: Muraoka Gorô T. S. Einer der vier treuen Vasallen des *Minamoto no Yorimitsu.

Taira no Suetake Einer der vier treuen Vasallen des Minamoto no Yorimitsu.

Tamu-Gipfel Heiligtum auf einem Berg bei Nara, Distrikt Takechi (Takaichi).

Tamura 758–811, Feldherr der frühen Heian-Zeit, mit vollem Namen Sakanoue Tamuramaro, erwarb Verdienste um die Befriedung der *Emishi im Osten.

T'ang Chinesische Dynastie, 618 bis 907, unter der die Beziehungen zu Japan auf künstlerischem und literarischem Gebiet sowie im Rechtswesen intensiviert wurden.

T'ang (wörtlich: heißes Wasser) Gründer der chinesischen Shang-Dynastie (1766 v. Chr.).

Temmahajun Dämonenkönig des sechsten Himmels. Ein Wesen, das einen im buddhistischen Glauben behindert, das Menschenherz verwirrt, die Weisheit stumpf macht und die Wurzel des Guten hindert.

Temmu Kaiser, regierte 673–686.

Tenchi (Tenji) 626–671, Kaiser, regierte 668–671.

Tennô-Kloster Auch Shitennô-Kloster genannt, liegt im Gebiet des heutigen Ōsaka, ursprünglich zur Tendai-Sekte gehörig.

Tischkammer (Daibandokoro) Raum in der Seiryô-Halle des Kaiserpalastes, Dienstraum der im Palast dienenden Damen.

Toba 1103–1156, Kaiser, regierte 1107–1123.

Tenryû-Fluß Mündet in der Provinz Tôtômi in das Meer.

Tôdai-Kloster »Großes Östliches Kloster«, bedeutendes Kloster in Nara, in dem 752 die Kolossal-Bronzestatue des »Großen Buddha« geweiht wurde.

Tokudai-Kloster Alter Name des Ryûan-Klosters in Kyôto.

Tonpferd Auf den Hügeln der frühjapanischen Herrschergräber des 4. bis 6. Jhs. wurden Tonzylinder, später Tonfiguren (Pferde und andere Tiere, Menschen aller Stände, Häuser, Geräte) aufgestellt. Es ist bis heute nicht geklärt, welche Bedeutung und Funktion diesen Figuren im einzelnen zukommt.

Toribe-Tempel, Toribe-Berg Der Toribe-Berg ist ein alter Feuerbestattungsplatz im Osten Kyôtos. Nahebei liegt der Toribe-Tempel (auch: Toribeno-Tempel).

Totenfest Das stark vom Buddhismus beeinflußte Totenfest (Urabon, Bon-Fest) wird in der Mitte des 7. Monats gefeiert. Es weist aber auch aus dem indischen und chinesischen Volksbrauchtum stammende Züge auf und hat sich in Japan mit Vorstellungen von der Rückkehr der Totenseelen zu bestimmten Zeiten verbunden (auch an Neujahr wurden die Totenseelen erwartet). Den Toten wird mit Feuern und Lichtern der Weg gewiesen, sie werden bewirtet, unterhalten und am Ende des Festes wieder mit Lichtern und Opfergaben weggeschickt, die man häufig auf dem Wasser davonschwimmen läßt.

Toyosaki 805–865, kaiserlicher Prinz.

Traum Seit ältesten Zeiten glaubt man, im Traum Belehrungen, Weisungen, Offenbarungen von Gottheiten zu empfangen, sei es, daß eine Gottheit eine solche Mitteilung wünscht und sich ein Medium wählt, sei es, daß der Mensch im Traum Belehrung durch eine Gottheit sucht und sich zu diesem Zwecke im Bereich eines Schreines aufhält. Belehrung im Traum erhofft man auch durch Einhalten gewisser Vorschriften zu erreichen.

Tritonshorn Gehäuse der Trompetenschnecke (Tritonium nodiferum Lam.), das an der Spitze abgeschnitten und mit einem Metallmundstück versehen wurde. Es fand als Signalhorn im Kriege Verwendung, gehörte aber auch zur Ausrüstung der *Bergasketen.

Ts'ang-lang Fluß in der chinesischen Provinz Hupei.

Tsukushi Alter Name für Nord- oder ganz Kyûshû.

Tsuna Siehe Watanabe (Gengo) Tsuna.

Tu Fu 712–770, chinesischer Dichter.

Tuschestein Reibestein, auf dem durch Reiben der festen Tusche mit wenig Wasser die schreibfertige Tusche hergestellt wird.

Uda 867–931, Kaiser, regierte 887 bis 897.

Umezawa Ort in der Provinz Sagami.

Ushigome Stadtteil von Edo, innerhalb des heutigen Stadtteils Shinjuku in Tôkyô.

Utsu-Berg An der Ostmeerstraße in der Provinz Suruga.

Uzumasa Ort im Distrikt Kadono bei Kyôto, wo sich das 603 gegründete Shingon-Kloster Kôryû befindet.

Vier Himmelskönige (Shitennô) Im buddhistischen Pantheon Trabanten des *Indra, beherrschen die vier Himmelsrichtungen.

Vorhangständer Gestell, bestehend aus zwei senkrecht stehenden, in einen Fuß eingelassenen Stangen, auf denen eine breite Querstange liegt, an der fünf Stoffbahnen als Vorhang herabhängen.

Wagen In der Heian-Zeit benützte der Hofadel als Verkehrsmittel mehrere Typen schwerer, überdachter, einspänniger, zweirädriger Wagen, die von Rindern gezogen wurden.

Wang Tzu-yu ?–388, chinesischer Gelehrter.

Wasserloser Monat Alter poetischer Name des Sechsten Monats.

Watanabe (Gengo) Tsuna Einer der vier treuen Vasallen des *Minamoto no Yorimitsu.

Wegegott Wegegottheiten sollen die Reisenden behüten, Übel und Seuchen abhalten und häufig auch Menschen wie Feldern Fruchtbarkeit verleihen.

Yakushi-Buddha Krankenheilender Buddha.

Yamashina Flecken im Distrikt Uji, südöstlich von Kyôto.

Yamashina-Kloster Alter Name des Kôfuku-Klosters in Nara, Haustempel der Familie Fujiwara, der ursprünglich in Yamashina bei Kyôto im Anwesen des Fujiwara no Kamatari lag.

Yamato Das alte Kernland des japanischen Kaiserreichs. Bis gegen Ende des 8. Jhs. errichteten fast alle Herrscher ihre Residenz in dieser Provinz, deren Name auch als Synonym für Japan selbst gilt.

Yamato-hime Tochter des Kaisers *Suinin, Schwester des Kaisers Keikô, Tante des Prinzen Yamato-takeru. Sie wurde von Kaiser Keikô damit beauftragt, das Heiligtum der Sonnengöttin zu betreuen, das in dieser Zeit (vor 355?) nach Ise verlegt wurde.

Yang Kuei-fei Lieblingsfrau des chinesischen Kaisers *Hsüan-tsung, mit deren Hilfe ihre Sippe sich einflußreicher Positionen bemächtigte.

Yao und Shun Sagenhafte, vorbildliche, weise Herrscher des chinesischen Altertums.

Yawata-Schrein Der *Iwashimizu-Schrein auf dem Otoko-Berg im Süden Kyôtos.

Yorimitsu Siehe Minamoto no Yorimitsu.

Yoshino Gebirge im Süden der Provinz Yamato.

Yôzei 868–949, Kaiser, regierte 877–884.

Yûryaku Kaiser, regierte ca. 455 bis 489.

Zen Der Zweig des Buddhismus, der die Meditation betont, in Japan nach der Heian-Zeit aufblühte und sich zu verselbständigen begann.

Zôga 917–1003, berühmter Mönch der Tendai-Sekte, von vornehmer Herkunft, Sohn eines Staatsrates aus der Familie Tachibana.

Hinweise zur Aussprache, Namensschreibung und Zeitrechnung

Aussprache. Die Vokale werden annähernd wie im Deutschen ausgesprochen; sie sind kurz, sofern nicht ein Dehnungszeichen (^ über Kleinbuchstaben, ¯ über Großbuchstaben) eine Länge anzeigt. Einige Konsonanten werden wie im Englischen ausgesprochen, nämlich:

ch = tsch
j = dsch
sh = sch
z = stimmhaftes S

Namen. Der Familienname steht vor dem Vornamen. Familien- und Vornamen von Aristokraten wurden zumeist durch die Genetivpartikel *no* verbunden.

Zeitrechnung. Die ältere japanische Zeitrechnung beruht auf dem Mondkalender. Der Jahresbeginn fällt im allgemeinen in die Zeit zwischen Mitte Januar und Mitte Februar. Der »Erste Monat« entspricht somit etwa dem Februar, der »Zweite Monat« dem März usw. (Siehe auch das Stichwort »Kalender« im Glossar.)

Die *Jahreszählung* erfolgte in ältester Zeit nach den Regierungsjahren der jeweiligen Kaiser, später wurden nach chinesischem Vorbild »Jahresdevisen« gewählt, die über mehrere Jahre beibehalten wurden. Gleichzeitig wurden die Jahre nach dem auf der Kombination der »Zehn Erdstämme« mit dem »Zwölf Himmelszweigen« beruhenden Sechzigerzyklus bezeichnet. Nach den Zwölf Himmelszweigen, die gleichzeitig die zwölf chinesischen Tierkreiszeichen darstellen, wird auch

die *Uhrzeit* berechnet. Danach entspricht die Doppelstunde

der Ratte	23– 1 Uhr	des Pferdes	11–13 Uhr
des Rindes	1– 3 Uhr	des Widders	13–15 Uhr
des Tigers	3– 5 Uhr	des Affen	15–17 Uhr
des Hasen	5– 7 Uhr	des Hahnes	17–19 Uhr
des Drachen	7– 9 Uhr	des Hundes	19–21 Uhr
der Schlange	9–11 Uhr	des Ebers	21–23 Uhr

QUELLENNACHWEIS

Vom *Uzuragoromo* abgesehen, folgen alle Übersetzungen den Texten der Ausgabe *Nihon koten bungaku taikei* (NKBT).

Kojiki: (NKBT Bd. 1) S. 196 ff., 258 ff., 202 ff.
Nihongi: (NKBT Bd. 67) S. 393 ff., 403 ff., 447, 485. (NKBT Bd. 68) S. 259.
Fudoki: (NKBT Bd. 2) S. 470 ff.
Nihon ryôiki: (NKBT Bd. 70) 1/1–3, 7, 10; 2/8, 33.
Taketori monogatari: (NKBT Bd. 9) S. 29–67.
Ise monogatari: (NKBT Bd. 9) Nr. 4–6, 9, 12, 16, 23, 63, 65, 69, 95, 96.
Yamato monogatari: (NKBT Bd. 9) Nr. 3, 9, 13, 41, 64, 66–68, 103, 105, 122, 126, 133, 134, 137, 141, 148–150, 152, 155–158.
Makura no sôshi: (NKBT Bd. 19) Nr. 1, 3, 5, 9, 28–30, 39, 100, 102, 130, 184, 220, 226–230, 244, 303, 313, 319.
Murasaki Shikibu nikki: (NKBT Bd. 19) S. 447 ff., 496.
Sarashina nikki: (NKBT Bd. 20) S. 479 ff.
Konjaku monogatari: (NKBT Bd. 24) 13/34, 16/7.
(NKBT Bd. 25), 19/18, 20; 20/10, 13; 23/16, 19, 22, 23, 25; 24/8, 55; 25/7; 26/2, 13, 18.
(NKBT Bd. 26) 28/2, 6, 11, 16, 18, 20, 23, 24, 39, 44; 29/18, 19, 22, 23, 29, 31, 39; 30/14; 31/15, 25
Uji-shûi monogatari: (NKBT Bd. 27) Nr. 1, 5, 14, 19, 26, 33, 34, 37, 38, 69, 73, 74, 76, 77, 87, 99, 101, 109, 110, 113, 129, 133.
Hôjôki: (NKBT Bd. 30) S. 23–45.
Tsurezuregusa: (NKBT Bd. 30) S. 89, Nr. 3, 7, 8, 11, 18, 19, 21, 29, 31, 32, 39–45, 47, 50–54, 60, 68, 71–74, 79, 80, 87, 89, 92, 106, 107, 115, 118–121, 137, 152, 154, 162, 175, 183, 191, 206, 218, 230.
Taiheiki: (NKBT Bd. 36) S. 225 ff.
Otogizôshi: (NKBT Bd. 38) S. 165 ff., 297 ff., 361 ff.
Nihon eitaigura: (NKBT Bd. 48) S. 36 ff., 160 ff.

Uzuragoromo: Iwata Kurô, *Kampon Uzuragoromo shinkô,* Tôkyô 1958. Nr. 1, 6, 8–12, 14, 15, 18, 20, 23, 31, 40, 48, 64, 80.

Die Abbildungen im Textteil entstammen den »Bildrollen zum Jahresbrauchtum« (*Nenjû gyôji emaki*).

Die Karten 1, 3 und 4 basieren auf dem Kartenband des *Nihon rekishi daijiten,* Tôkyô 1971, fol. 8 und 14.

Abb. 1: Provinzen im 8. Jahrhundert
Diese Provinzeinteilung bestand mit wenigen Ausnahmen bis in das 19. Jahrhundert

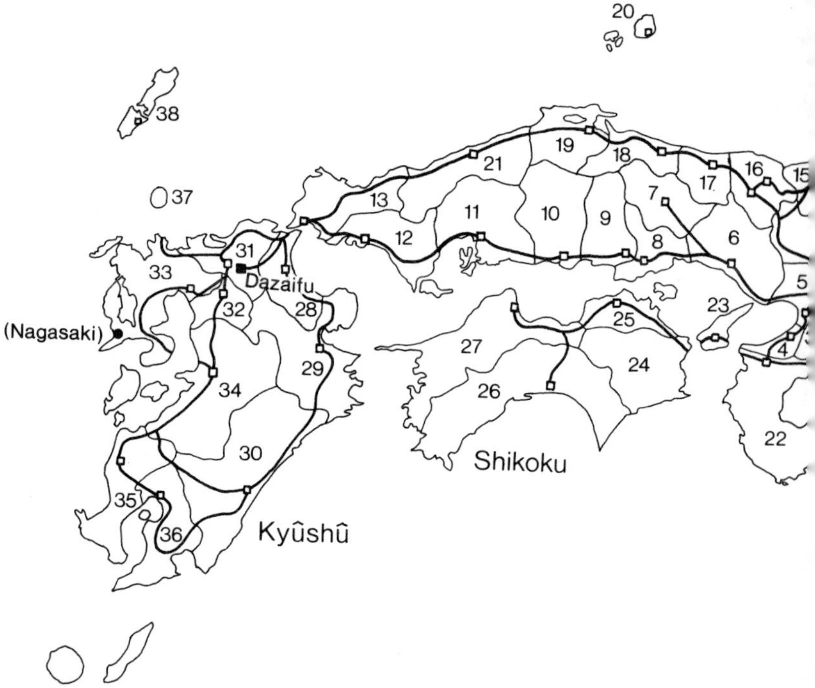

Aki 11
Awaji 23
Awa (Shikoku) 24
Awa (Hauptinsel) 50
Bingo 10
Bitchû 9
Bizen 8
Bungo 29
Buzen 28
Chikatsu-Omi (Omi) 54
Chikugo 32
Chikuzen 31
Dewa 61
Echigo 67
Echizen 63
Etchû 66
Harima 6
Hida 56
Higo 34
Hitachi 53
Hizen 33
Hôki 18
Hyûga 30
Iga 39
Iki 37
Inaba 17
Ise 40
Iwami 21
Iyo 27
Izu 46
Izumi 4
Izumo 19
Kaga 64
Kai 47
Kazusa 51
Ki (Kii) 22
Kii 22
Kôchi (Kawachi) 3
Koshi (Echizen, Etchû, Echigo) 63, 66, 67
Kôzuke 58
Michinoku (Mutsu) 60
Mikawa 43
Mimasaka 7
Mino 55
Musashi 49
Mutsu (Michinoku) 60
Nagato 13
Noto 65
Oki 20
Omi 54
Osumi 36
Owari 42
Sado 68
Sagami (Sagamu) 48
Sanuki 25

——— Straßen und Wege
□ Sitz der Provinzverwaltung
(   ) Später entstandene Städte

Satsuma 35
Settsu 5
Shimôsa 52
Shima 41
Shimotsuke 59
Shinano 57
Suô 12
Suruga 45
Tajima 16
Tamba (Taniwa) 14
Tango 15
Taniwa (Tamba) 14
Tosa 26
Tôtômi 44
Tsushima 38
Wakasa 62
Yamashiro 1
Yamato 2

Gliederung in Zentralprovinzen
und Sieben Regionen
oder »Sieben Landstraßen«:

Zentralprovinzen: 1–5
Sanyôdô: 6–13
San'indô: 14–21
Nankaidô: 22–27
Saikaidô: 28–38
Tôkaidô (Ostmeerstraße): 39–53
Tôsandô: 54–61
Hokurikudô: 62–68

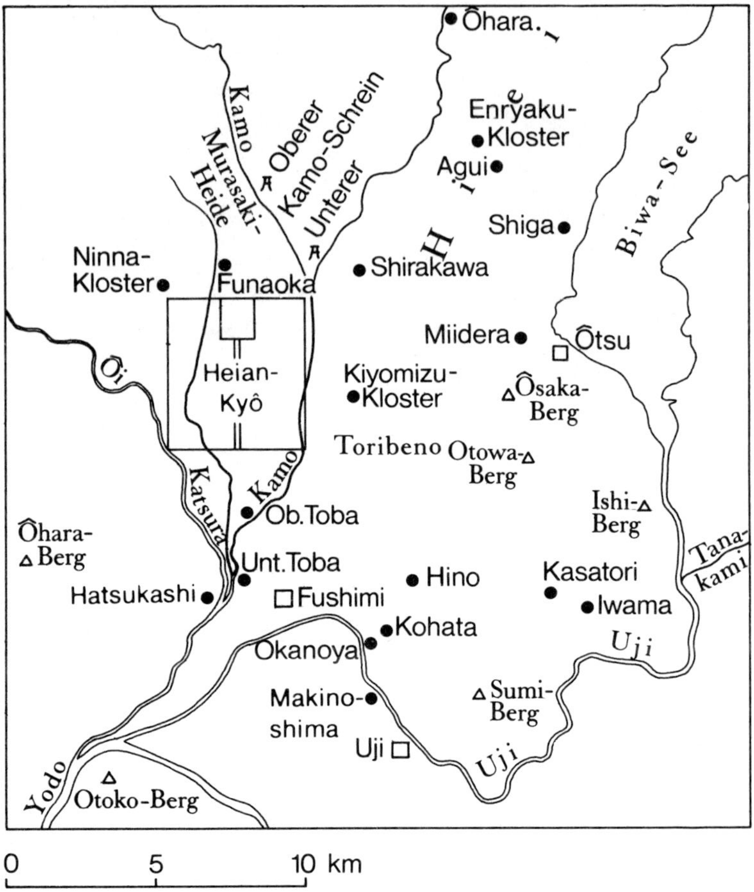

Abb. 2: Hauptstadt Heian und Umgebung

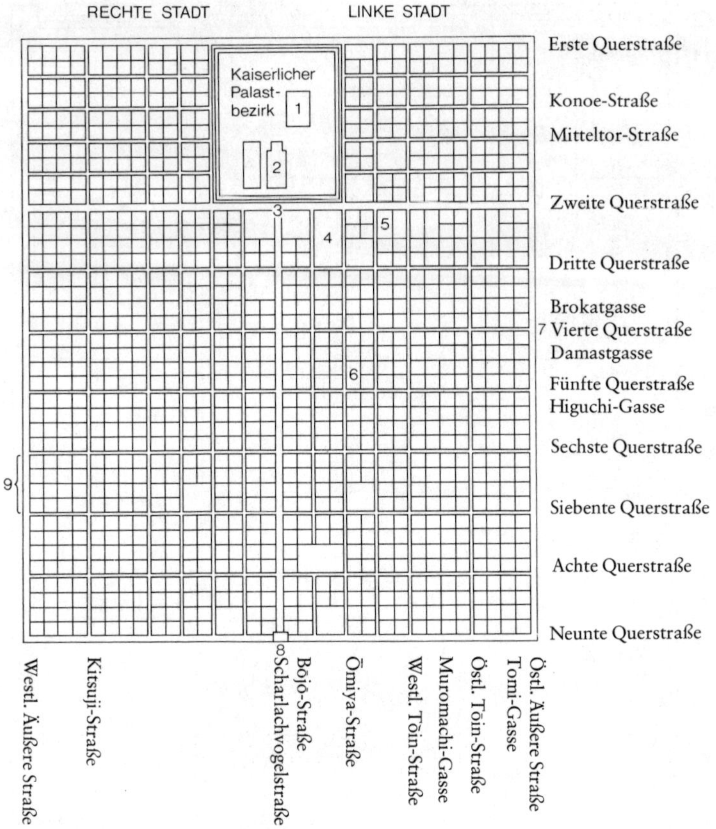

1 Kaiserlicher Palast
2 Acht Ministerien
3 Scharlachvogeltor
4 Park der Götterquelle
5 Horikawa-Palast
6 Gojô-Palast
7 Shijô-Brücke
8 Rashô-Tor
9 Shichijô-Viertel

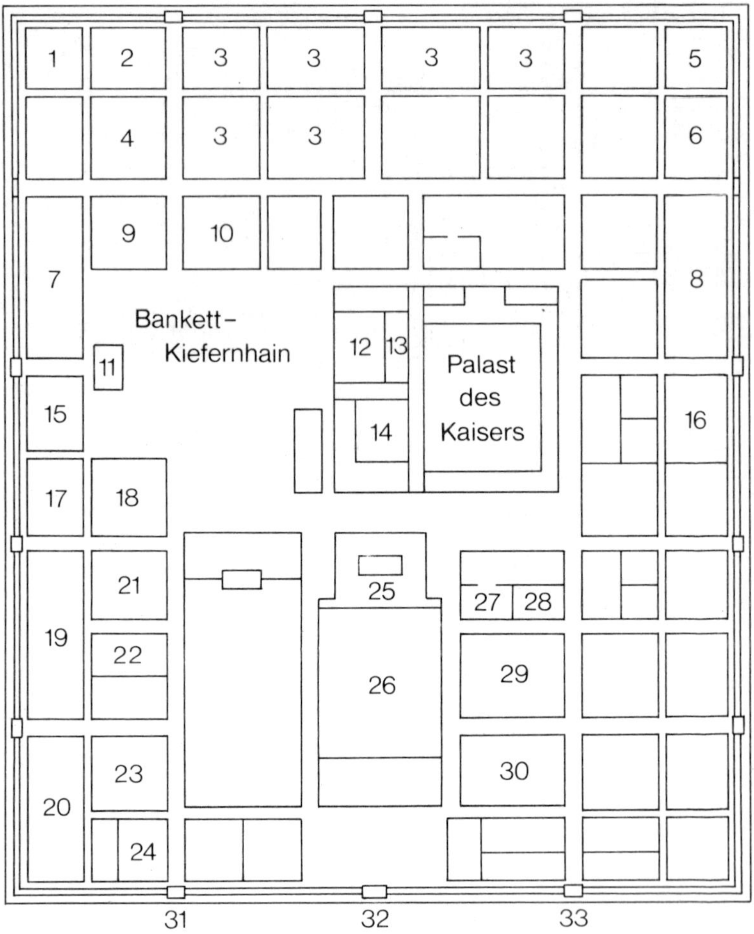

Abb. 4: Plan des Kaiserlichen Palastbezirks in Heian

1 Lackkammer
2 Zeughaus
3 Großspeicher
4 Ministerium für die Großspeicher
5 Teegarten
6 Hofamt für Tanzdarbietungen
7 Kaiserliche Leibgarde zur Rechten
8 Kaiserliche Leibgarde zur Linken
9 Bibliothekskanzlei
10 Amt für Dichtung
11 Halle der Kriegerischen Tugend
12 Hofküchenamt
13 Viertel der Aufwärterinnen
14 Shintôistische Kulthalle
15 Hofgarde zur Rechten
16 Hofgarde zur Linken
17 Kanzlei der Palastwerkstätten
18 Behörde für das Sakebrauen
19 Marstallkanzlei zur Linken
20 Marstallkanzlei zur Rechten
21 Kanzlei für den Kaiserlichen Arzneibedarf
22 Palastbrunnen
23 Ministerium der Verwaltung mit Kanzleien für Buddhismus und Barbaren sowie für Kaiserliche Gräber
24 Justizministerium
25 Staatszeremonienhalle
26 Palast der Acht Ministerien
27 Ministerium für den Kaiserlichen Palast
28 Kanzlei für Divination
29 Regierungskabinett
30 Ministerium für die Bevölkerung
31 Kôka-Tor
32 Scharlachvogel-Tor
33 Bifuku-Tor

Inhalt

Aufzeichnungen alter Geschehnisse

Annalen des Sonnenursprungslandes

Landesbeschreibungen

Mönch Kyōkai: Aufzeichnungen über wunderbare und seltsame Begebenheiten bei der Vergeltung von Gut und Böse im diesseitigen Leben im Lande Japan

Die Geschichte vom Bambussammler

Büchlein zur unterhaltsamen Gesellschaft

Ihara Saikaku: Das ewig währende Schatzhaus Japans

Yokoi Yayū: Das Wachtelkleid

Anhang